Joseph Roth
Heimweh nach Prag

# Joseph Roth
# Heimweh nach Prag

*Feuilletons – Glossen – Reportagen für das »Prager Tagblatt«*

Herausgegeben und kommentiert
von Helmuth Nürnberger

WALLSTEIN VERLAG

**Bibliografische Information der Deutschen Nationalbibliothek**

Die Deutsche Nationalbibliothek verzeichnet
diese Publikation in der Deutschen Nationalbibliografie;
detaillierte bibliografische Daten sind im Internet
über http://dnb.d-nb.de abrufbar.

Erste Auflage 2012
Wallstein Verlag, Göttingen 2012
www.wallstein-verlag.de
Vom Verlag gesetzt aus der Stempel Garamond
Umschlaggestaltung: Susanne Gerhards, Düsseldorf
Druck und Verarbeitung: Friedrich Pustet, Regensburg
ISBN 978-3-8353-1168-8

# Inhalt

*Texte für das Prager Tagblatt*



*Anhang*

## *Christus*

Oh Herr! – O damals litt ich nicht –
ich jauchzte über meine Wunden
und durch den Flor der dunklen Stunden
ging ich der Liebe Weg zum Licht – –
Doch jetzt durchwühlt mich diese Qual
der Brüder, die einander hassen:
ich kann von meinem Kreuz nicht lassen
und sterbe täglich tausendmal …

Oh Herr! – Die Tage sind so rot,
weil sie in heißem Blute schwammen
und alle Nächte sind nur Flammen,
von deren Brand der Himmel loht – –
ich berge still mein Angesicht
und harre auf mein Auferstehen:
denn – Herr! – nun will ich wieder gehen
der Weltenliebe Weg zum Licht …

## *Bruder Mensch*

O Bruder Mensch!
Da es noch Tag war, kannte ich dich nicht: –
Nun, da es Nacht, liebkos' ich deine Nähe
und sinke in die Knie und rufe: wehe!
daß ich nicht sehen kann Dein Angesicht! …

Ich drückte kaum zum Gruße Dir die Hand,
wir waren zungenfremde Weggenossen,
nun unser Blut vereint die Flur durchflossen,
weiß ich: du bist mir nah und blutsverwandt.

Weil du mich schlugst, besitzest du mich ganz:
um dich zu lieben, mußt' ich dich erst morden!
O, Bruder Mensch! Vergib', daß ich erlag!

Doch bis vollendet dieser Höllentanz
ist Licht in uns und Licht um uns geworden –
Sieh, Bruder Mensch: Durch Nebel wuchtet schon der Tag! …

### *Soldaten*

Alle haben sie diesen müden
seltsamen Zug in den bleichen Gesichtern:
in ihren Augen zittert ein schüchtern
taumelndes Ahnen von Heimat und Frieden …

Alle tragen sie an den müden
Füßen den Staub von zerwanderten Jahren:
Durch viele Länder sind sie gefahren
Und haben noch nicht nach Hause gefunden …

Manchmal nur röten sich ihre Wangen,
wenn sie frohe Kunde erlauschen
und sie sitzen zusammen und tauschen,
flüsternde Reden von süßem Verlangen …

Ihre harten, zerrissenen Hände,
faltet die Demut und Kindheits verwehte
Worte lassen sie still im Gebete:
Herr, mach ein Ende! O, Herr, gib' ein Ende! …

## *Frühling*

Frühling, Deine Blütenhände
gleiten über Erdenwellen
und aus Tiefen überschwellen
Säfte Tal und Hügelllände.

An den Wegen, die ich schreite,
lächeln alte Meilensteine,
junge Birke lacht in eine
glückumspannte Sonnenweite.

Stunden, die ich gar nicht zähle,
taumeln trunken von den Türmen,
fallen golden in das Stürmen
meiner maidurchwühlten Seele.

Alle Gräser wispern Kunde
von dem grünen Zauberwirken – –
wie mich Strauch und Baum umzirken,
fühle ich mich eins im Bunde

mit der saftdurchtränkten Rinde,
mit dem Stein am Grabenrande,
mit dem weißen Straßenbande,
mit der Wolke, mit dem Winde …

Quillt in mir ein starker Glaube,
wie der Saft in jungem Weine:
Alles bin ich im Vereine:
Gott und Mensch und Wurm im Staube! –

MAI 1918

## *Nervenchok*

Seht her: in einen Zauberknäu'l gebannt
schlottert und taumelt er an schwanker Krücke,
bald hart am Pflasterrand und bald zurück
prallt klappernd sein Gebein an rauhe Wand.

Und aller Augen sind ihm zugewandt:
der frechen Neugier und des Mitleids Blick --
ein Kind, das spielt, hält mitten still im Glücke,
als blickt' es plötzlich in ein dunkles Land ...

O, seht ihn an! In graues Tuch gewandet,
der Menschheit Heldentum in torkelndem Zick-Zack
zwei Kreuzchen scheppern und zwei Bänder fliegen --

Im roten Meer von Blut und Siegen
Ist des Jahrhunderts stolzes Schiff gestrandet -
Und *das* ist Euer Wrack! ...

## *Unter dem Protektorate*

Es war im zweiten Jahrgang der vom Pressequartier herausgegebenen »Großen Zeit«, da stand ich eines Abends in der Aula eines »akademischen Freistaats«. Die Aula war festlich beleuchtet. Der Portier strahlte im Festglanz seiner Seidenschärpe. Die Diener trugen sonntägliche Amtskappen, hatten geputzte Goldknöpfe und in ihren erwartungsvollen Augen lag Respekt vor kommenden Dingen, ganze Magazine von Respekt. Auch ein unscheinbarer Herr in Zivil hatte sich eingefunden und gebärdete sich so unauffällig, daß er eine verzweifelte Ähnlichkeit mit einem Detektiv bekam. Die Stiege erlitt eben die letzte Liebkosung eines Besens, als eine Gruppe von fünf oder sechs Herren in Zylindern erschien. Daß es Professoren waren, sah man an ihren Gesichtern, in denen Lampenfieber und Ergebenheit miteinander abwechselten. Draußen, vor der Rampe fuhr eines jener Autos vor, bei deren Anblick der noch im Zivil Befindliche den Mund aufmachen, der dem Rock des Kaisers schon Verfallene »Frontmachen« und mit Herz und Hand zum Kappenschirme spritzen mußte. Dem Auto entstieg ein sporenklirrender Herr mit Säbel und Federbusch und schritt unbedingt elastisch die Stiege empor. Bewegung unter den Zylindern. Glatzen leuchten plötzlich auf, wie Geistesblitze. Einer murmelt: »Es begrüßt.« Der hohe Gast erwiderte »freundlich«. Der kleine Zug setzte sich in Bewegung. Ein Federbusch voran, fünf Glatzen hintennach. Erst nach Minuten, als sich die Ergebenheitsstarre bei den Dienern gelöst hatte und sie, erfüllt von dem Ereignis, ihre Devotions- und Bewunderungsgefühle auszutauschen begannen, während sie hie und da achtungsvoll zu dem Mitglied des allerhöchsten Kaiserhauses auf dem Chauffeursitze hinsahen, wagte ich – demütig, wie es sich k. k. Dienern gegenüber, die soeben – empfangen hatten, gebührt, eine Erkundigung. Ich erfuhr, daß eine wissenschaftliche Gesellschaft, die wohl wegen ihrer frappanten Identität mit Reptilien sich mit einem Zweige der Naturlehre befaßt, heute eine Sitzung abhalte »unter dem Protektorate« ... Da mich der Detektiv unauffällig zu mustern begann und ich ohnehin zwei Musterungen schon glücklich überstanden hatte, tat ich keine weiteren Fragen mehr und entfernte mich schleunig, trotzdem ich noch gerne die Elastizität des hohen Herrn beim »Verlassen« seiner Schützlinge und diese selbst beim Zylinder-Wedeln bewundert hätte. Allein, ich ging und nahm den Trost mit, daß ich in Wien Schauspiele solcher Art noch häufiger als zuträglich erleben könnte.

Denn Wien war die Brutstätte der »Protektorate«. Sie, die in Österreich Staat, Gesellschaft, Kirche und den lieben

Gott »einverleibt« hatten, richteten ihre Expansionsbestrebungen auch auf die Gebiete der Kunst und der Wissenschaft. Keines Medizäers Güte lächelte der deutschen Kunst. Aber die Vertreter der deutschen Kunst und diejenigen, die sich dafür hielten, lächelten der Güte ihres Medizäers zu. Künstler entfalteten Knopfloch- und Redeblumen am Strahl von Fürstengunst. Schriftsteller »eigneten zu«, was sie sich angeeignet hatten. Heldentenöre schmetterten Jubelkantaten aus ordengefüllten Brüsten. Gottbegnadete Sängerinnen schlossen Bündnisse mit Herren von Gottes Gnaden. Was sie draußen vor dem Tore hörten, ließen sie im Saale widerhallen und wenn sie auch nicht immer so billig davonkamen wie bei Goethe. Der König sprach und fünftausend Schmarotzer liefen. »Strebende« Künstler prostituierten sich in »Huldigungen«. Wehe denen, die gleichgültig blieben »anlässlich« eines Jubiläums. Die, trotzdem sie »hervorragend« waren, sich dennoch nicht »zur Verfügung stellten«. Die nicht »im Sinne« des Allerhöchsten Willens taten. Man ließ sie laufen und wenn sie auch Gerhart Hauptmann hießen, um einem Josef Lauf den Adel zu verleihen zu geruhen. Man entfernte das Denkmal eines lebenden Dichters, um einen toten Müller, der sich Könige zugeeignet hatte, huldvollst zu empfangen. Man »empfing« lobhudelnde Vertreter der Presse und der Wissenschaft und »sprach sich« dementsprechend »lobend« aus. Unter dem Regenschirme allerhöchster Protektorate blieben Kunst und Wissenschaft trocken. Diejenigen, die nicht sangen, wie der Vogel, der in den Zweigen wohnet, kamen in Glashäusern königlicher Gnade doch auf einen grünen Zweig. Man ließ Gnade für Kunst ergehen. Auch für Wissenschaft. Beide bettelten um Gnade.

Wozu baute man Hochschulen? Damit man geruhen könne, einmal jährlich studieren zu wollen. Wozu ernannte man Professoren zu erblichen Hofräten? Damit sie schöne Knickse machen vor stupiden Hoheiten. Zwischen Exerzierplatz und Nachtlokal erteilte man einem Uraniavortrag gnädigst Audienz. Und Millionen Federn träufelten dienstbeflissen »Schilderungen«. Tausend Kodaks knipsten erschaudernd. Und der Bürger blieb stehen, schwenkte seinen Habig und sang Gott erhalte. Was war geschehen? Ein Pferd gestürzt? Ein Kanarienvogel entwichen? O, weit gefehlt! Ein Erzherzog ausgestiegen! … Und sie krümmten sich lächelnd unter dem allerhöchsten Fußtritt des Protektorates.

## *Menschliche Fragmente*

### Der Zeitgenosse

Das war einmal Mensch. Nannte sich Ebenbild Gottes, Krone der Schöpfung und wandelte aufrecht, und mit den Füßen durch den Staub, aus dem er gemacht war. Er ging freier, als der Löwe, blickte mutiger, als der Tiger und erhob seine Augen zu dem Fluge des Adlers und zu den Gestirnen des Kosmos …

Was ist das? Fabeltier, Insekt, Reptilie sagenhafter Vorzeit? Der Oberkörper wagrecht, die Arme seitlich nach auswärts gebogen, in jeder Hand einen Stab, das Gesicht parallel zum Straßenpflaster: ein Vierfüßler. Warum steckt es in einer Kleidung, die man den Rock des Kaisers nannte, als dieser noch der Direktor der Irrenanstalt: Vaterland war und »sein« Rock Zwangsjacke? Warum ist dieses Geschöpf nicht nackt und behaart, wie andere Tiere? Warum führt es nicht ein Mensch an der Leine? Warum trägt es am Hals keine Marke? Fürchtet es nicht den Wasenmeister?

Es ist Mensch! Mensch mit menschlichem Antlitz, mit einem Hirn, das denken, phantasieren, erfinden, träumen, arbeiten, wagen, schaffen kann! Mensch, aus den Niederungen des Heldentums und der Kanonenfutterage mit gebrochenem

Rückgrat und geborstenen Nervensträngen zurückgekehrt in die Heimat. Seht, wie er torkelt! Sein Gang ist ein Zick-Zack, mißlungene Karikatur eines Blitzes. Sein schlotterndes Gebein scheppert, wenn es an die Mauer stößt, und zuckt im nächsten Augenblick, wie im Ekel von der steinernen Wand zurückgeschleudert, an den Rand des Trottoirs. Er weiß nicht, was der nächste Augenblick ihm in den Weg schickt. Er kennt keinen Weg. Nur eine Richtung, vages Traumbild einer »Direktion«, Folge der militärischen und unzuverlässig, wie diese …

Was ist das? – *Fragment*, Überbleibsel eines Menschentums, das jubeln und weinen, herrschen und niederknien, befehlen und flehen konnte. Im wirren Jammer seines Zick-Zacks Symbol einer Gegenwart, die mit gebrochenem Rückgrat zwischen Revolutionen, Weltanschauungen und Gesellschaftsunordnungen torkelt. Was bleibt Ihr stehen, Zeitgenossen? Seht! Es ist »Nervenchoc und Rückgratbruch«: Euer Spiegelbild …

## Der General

Täglich um die Morgenstunde, zu der ein Pfeifendeckel zur Salzsäule erstarrte: Exzellenz, ich melde gehorsamst … geht der General die Straße entlang, frischrasiert und Backenbart-gepflegt. In seinem Gang militärische Knappheit und Pseudo-Zielbewußtheit, in der Haltung inhaltslose Dressur. Sein Auge noch so blitzblau, wie damals, als er vor dem Feinde und zwischen beiden eine Brigade stand. Bemüht, in die Zukunft zu sehen, sieht er Vergangenheit. Vergangenheit mit Tafelmusik, Donnerhall, Marschkompagnie, Gehorsam und Sklavensinn. Wenn ein Soldat an dem General vorbeikommt, bemüht sich der alte Herr, nicht zu sehen. Er will nachsichtig sein und drückt ein Auge zu. Aber dann ist Bitterkeit, Lehre, gähnender Weltraum, Grenze der Vernunft. Er war General, weil sie ihn »Exzellenz« nannten. Er war General im Gefüge der Brigade. Er war »komplett«, als ihn die andern grüßten. Er war ein Individuum. Immer ein Bestandteil, wie ein Knopf, ein Kolbenhals, ein Tornister, eine Wasserjacke. Er fand seine Ergänzung im Gehorsam der Andern. Jetzt ist er Überrest, Fragment Brigadier ohne Brigade, Stratege ohne Dienstreglement, Herr ohne Diener. Aber Herr noch immer, mit der Gloriole einer tragischen Ironie um die Generalskappe, standesbewußt ohne Stand und ehrenhaft ohne Kodex …

## Der Gast

In der Gemeinschaftsküche sitzen sie an weiß gedeckten Tischen und täuschen sich Sattheit vor mit Markenabgabe, Trinkgeldern und Papierservietten. Die Gemeinschaftsküche ist Ruhepunkt im Wirrsal der Stunden, Fata Morgana eines Mittagstisches, Vision eines standesgemäßen Hungers. Aber Einer ist, der hat keinen Ruhepunkt, keine Vision, keine Fata Morgana. Er hat *nur* Hunger. Er kommt täglich um dieselbe Stunde, flackernde Begehr in den Augen, mit der gespensterhaften Lautlosigkeit eines vom Grabe Auferstandenen. Er grüßt nicht, bittet nicht, fordert nicht. Er kommt nur, steinerner Gast mit der Menageschale, und sein Kommen ist Drohung und Gebet, seine Lautlosigkeit Befehl … Für eine Weile erstarren die, die an dem Traumbild von einem Mittagstische sitzen. Ihr Reden, das den Zweck hatte, Gemütlichkeit des Sattseins vorzutäuschen, verstummt. Es gibt noch Schlimmeres: Einer ist, der hat keinen Ruhepunkt, keine Fata Morgana, keine Vision … Er hat nur Hunger. Er *ist* selbst Hunger. Hunger im Korpus eines menschlichen Fragments. Aus dünnen, ausgefransten Uniformärmeln hängen grobknochige, rote Hände mit dick aufgelaufenen, blauen Adersträngen schlaff herunter. Hände, deren Vergangenheit

Arbeit und Angriff hieß; ihre Gegenwart ist Betteln. Rotblaugeschwollene Füße quellen aus den Trümmern eines zerrissenen Stiefels hervor. Füße, deren Vergangenheit Zielschreiten und Wanderung war; ihre Gegenwart ist Schleichen. Er kommt jeden Tag. Lautlos und unerbittlich kommt er, der Hunger, gerade, wenn die Andern dabei sind, ihn zu verleugnen …

### *Die Straße*

Hier bin ich demutsvoll und schäme mich
Im Angesicht der steinernen Paläste
Wie in Erwartung kaiserlicher Feste
Rastet die Straße, blank und feierlich.

Laternenpfähle blicken stolz auf mich
Und warten wie Lakaien auf die Gäste –
Die Bäume neigen ihre dunklen Äste
Ein Galawagen rollt – ich schäme mich …

Denn meine Kleider haben noch an sich
Der jahrelangen Armut dunkle Reste
Und des Vagantentums verfehmte Geste
Haftet an mir noch, treu und wunderlich …

Im Angesicht der steinernen Paläste
Bin ich voll Bettlerscheu und schäme mich.

### *Frühling!*

Oh, einmal möcht' ich Baum am Wegrand sein
Und Strom und Saft durch Strang und Faser fühlen!
Und mit dem Wipfel in den Wolkenkühlen
Unendlichkeiten haschen Gott und Sonnenschein …

Mich aber peitscht irdischer Ohnmacht Pein,
Im Staub zu düngen, Leib in Kost zu wühlen,
Hände zu brauchen, die rastlos wie Mühlen,
Ichtum zu schänden, Gottheit zu entweih'n.

Doch wenn Märzwinde mit der Erde spielen,
Wenn Weidenbusch und Haselstrauch vom Wein
Des Frühlingtau's in Gottesrausch verfielen –

Steh' ich erschlafft! – ohnmächtiges Gebein:
Auf einem Weg, der niemals führt zu Zielen,
Ein zwecklos eingerammter Meilenstein. –

## *Wiener Hoffnungslichter*
### *Die Nachtbeleuchtung der Wiener Cafés*

Sie brannten gestern zum erstenmal und offenbarten eine gewisse Eigenschaft, von der man in guter Gesellschaft nicht gern spricht. Um deutlicher zu werden: Sie dufteten nicht …

Also die Sache begann so: Um 10 Uhr stellte ein Mann ein Gefäß auf einen Tisch. Ein Gefäß, das man ebensogut für eine Handgranate, wie für eine vorsintflutliche Lampe aus dem Tempel der Astarte von Sidon aus dem Jahre 700 v. Chr. halten konnte. Dazu kam eine Leiter, wie sie Zimmermaler zu benutzen pflegen. Die Musik brach ab. Eistassen blieben unausgelöffelt. Schwarze wurden kalt. Unter allgemeiner andächtiger Aufmerksamkeit bestieg der Mann die Leiter. Ein Kellner reichte ihm die Lampe.

Nach fünf Minuten erschien am oberen Lochrand des Gefäßes ein Etwas. Der Ober sagt, das wäre ein Docht.

Und alle glaubten es.

Der Mann auf der Leiter brannte ein Streichholz an; es verlosch. Ein zweites. Ein Drittes. Ein Viertes. Ein Fünftes. Eine ganze Schachtel.

Der Ober brachte ihm eine neue.

Ich zählte: Beim zweihundertzweiunddreißigsten fing jenes Etwas, von dem ein offenbar phantasiebegabter Kellner gesagt hatte, es wäre ein Docht, zu brennen an. Ein blaues Flämmchen flackerte. Es war kein Zweifel: Die Azethylenlampe war da. Wiens neueste Kaffeehauserrungenschaft. Wiens Nacht- und Hoffnungslicht …

Es drohte, jedesmal auszulöschen. Es war beleidigt. Konnte die noch brennenden protzigen elektrischen Lichter nicht vertragen. Weshalb das Fräulein an der Kasse »Auslöschen!« kommandierte.

Und eh' man's sich versah, war »es« finster.

Nur die blauen Flämmchen brannten noch an einigen Tischen und zwei an der Decke. Es war wie im Bergwerk. Eine undefinierbare Gestalt ging von Tisch zu Tisch. Es war der Herr Direktor. Er sagte nicht: Ergebenster! Auch nicht: Habe die Ehre! Und nicht: Küß' die Hand! …

Er rief: Glück auf!

Die Musik intonierte: In der Nacht, in der Nacht … An meinem linken Nachbartisch erwachte die Liebe. Es war wie im Kino. Einfach zum Küssen …

Nur der Mond störte. Ausgerechnet Vollmond! Durch keinerlei Kohlennot gedrosselter Vollmond.

Infolge dessen begann die Musik: Droben, wo die Sternlein steh'n …

Als ich zahlen wollte, fand ich im Lichte der Azethylenlampen den Ober nicht. Er war seinerseits damit beschäftigt, Gäste zu suchen, deren Verschwinden der erste Segen der neuen Lichtquellen war …

Auf meinem Rundgang durch die Stadt beobachtete ich die herrlichste Sylvesterstimmung. Diese neuen Lampen! Irgendwo hörte ich Champagnerpfropfen knallen. Man begrüßte das neue Licht.

Am Ring sah's Goethe und zitierte: Mehr Licht! …

Im Café »Central« leuchteten die Geistesblitze zur Genüge …

Im Scheine dieser schrieb ich das Obige …

## *Von Hunden und Menschen*

*Wien*, im September.

Zu den vielen Straßenbildern des Wiener Kriegselends hat sich seit einigen Tagen ein neues gesellt: ein vom Kriege zum rechteckigen Winkel konstruierter Mensch – Invalide mit Rückgratbruch – bewegt sich auf eine fast unerklärliche Weise durch die Kärtnerstraße und kolportiert Zeitungen.

Auf seinem mit dem Trottoir eine Horizontale bildenden gebrochenen Rücken sitzt – ein Hund. Ein wohldressierter, kluger Hund, der auf seinem eigenen Herrn reitet und aufpaßt, daß diesem keine Zeitung wegkommt. Ein modernes Fabelwesen: eine Kombination Hund und Mensch, vom Krieg ersonnen und vom Invalidenjammer in die Welt der Kärtnerstraße gesetzt. Ein Zeichen der neuen Zeit, in der Hunde auf Menschen reiten, um diese vor Menschen zu bewachen. Eine Reminiszenz an jene große Zeit, da Menschen wie Hunde dressiert und in einer sympathischen Begriffskombination als »Schweinehunde« von jenen benannt wurden, die selbst Bluthunde waren, aber so nicht genannt werden durften. Eine Folge des Patriotismus, der die aufrechten Ebenbilder Gottes abhängig machte von vierfüßigen Geschöpfen, die niemals den Seelenaufschwung besaßen, Heldentum und Kanonenfutter zu bilden und höchstens zur Sanität assentiert werden durften. An der Brust des Invaliden baumelt ein Karl-Truppenkreuz. Am Halse des Hundes hängt eine Marke. Jener mit dem Karl-Truppenkreuz ist ein Leidender. Dieser mit der Marke ist ein Tätiger. Er bewacht das Leid des Invaliden. Er bewahrt ihn vor Schaden. Das

Vaterland und die Mitmenschen konnten ihm nur Schaden zufügen. Diesen hat er es zu verdanken, daß jener ihn bewacht. O, Zeichen der Zeit! Ehemals gab es Schäferhunde, die Schafherden, Kettenhunde, die Häuser bewachten. Heute gibt es Menschenhunde, die Invalide bewachen, Menschenhunde, als Folgeerscheinung der Hundemenschen. Wie eine Vision wirkte auf mich dieses Bild: ein Hund sitzt auf einem Menschen. Ein Mensch ist froh, von diesem Hunde abhängig sein zu können, da er sich erinnert, wie er von anderen abhängig sein mußte. Gibt es Traurigeres, als diesen Anblick, der ein Symbol der Menschheit zu sein scheint? Wir haben es herrlich weit gebracht durch diesen Krieg, in der die Kavallerie abgeschafft wurde, damit Hunde auf Menschen reiten können! ...

### *Herbst*

Du, der Sommer erstirbt –
Sommerwellen verfluten.
Fülle verdorrt und verdirbt,
Goldne Stunden verbluten.

Wesen aus Gottheit und Schaum,
bist Du mir wieder zerflossen? –
Oh, ich kann es Dir kaum
sagen, wie Alles erschlossen:

Tage voll Wunder und Zier,
wie von tausenden Gralen,
Alle habe ich Dir
Gesammelt in glühenden Schalen.

Tempel aus seidenem Blau,
Nächte in violner Verhüllung, – –
Kommst Du, schimmernde Frau,
Traum mir zu sein und Erfüllung?

Ganz bin ich aufgetan, – –
Daß ich Dein Kommen nicht fehle,
Harre ich, Dich zu empfahn,
Frau mit der silbernen Seele …

## *Das Märchen vom Sophiensaal*

*Wien*, im Oktober 1919

Märchen ereignen sich mitten im Getriebe des Werktages, der grauen Nüchternheit der simplen Ereignisse. Die Geschichte des Sophiensaales könnte auch ganz gut wie ein Märchen beginnen: Es war einmal …

Also: es war einmal ein Festsaal, der war wie ein Gedicht, oder noch besser, der Saal der Säle, der Hohefestsaal. Er strahlte im tausendfältigen Glanze der Lichter und auf seinem Parkettboden wirbelten die zartesten, weißen Halbstiefelchen an zartesten, weißen Damenfüßchen. Es gab keinen vornehmen Ball, der nicht in jenem herrlichsten aller Säle stattgefunden hätte und Prinzen und Fürsten und sonstige Märchen- oder Kinodramenpersönlichkeiten waren seine gewohnten Besucher. Und was das Märchenhafteste war: dieser Festsaal war eigentlich kein Festsaal. Nein! Er war eine Badeanstalt. Eine, zwar nicht ganz einfache, aber immerhin: eine Badeanstalt. Natürlich nur im nüchternen Schein des sommerlichen Alltags. Alljährlich aber kam Prinz Karneval dahergeritten, klopfte mit seinem Glockenstäbchen dreimal an das Tor der Sophiensäle und plötzlich trocknete das Bassin vollkommen aus, wie seinerzeit das selige rote Meer und siehe da: am Grunde des vertrockneten Sees leuchteten und lockten die bestgewichsten Parkettböden. Da ward aus der Badeanstalt plötzlich ein Ballpalast. Die vornehmsten Bälle wurden dort veranstaltet. Das allerfeinste Publikum – es war noch zu jener Zeit, da es ein feines

Publikum gab – bewegte sich in seinen Räumen mit gemessener Grazie und stilvoller Eleganz.

Aber einen Schmerz noch konnte der Ballpalast nicht verwinden: Da gab es einen alten Kaiser namens Franz Joseph, dessen Höflinge behaupteten, der Sophiensaal, der herrlichste aller Ballsäle, der Hohefestsaal, das Gedicht von einem Festsaal, besäße nicht die genügende »Feuersicherheit«. Denn Hofmenschen sind böse Leute und trockene Patrone und haben nichts anderes zu tun, als bei einem Ballpalast nach Feuersicherheit zu fragen. Also ließen sie den alten Kaiser nicht hingehen und der Sophiensaal war sehr traurig über seine Hofunfähigkeit ...

Dennoch geschah einmal das Wunder und der alte Kaiser kam. Es geschah aus Anlaß der dritten internationalen Kochkunstausstellung. Da war der gute Sophiensaal getröstet und feierte weiter seine heiteren Feste.

Aber da nun einmal das Glück alles Schönen und Guten auf Erden nicht vollkommen sein kann, mußte es sich der Sophiensaal gefallen lassen, daß sich just in seinen Räumen eine tragikomische Geschichte ereignete:

Franz Joseph war wieder einmal in den Sophiensaal gekommen, zu einem Fest, das kaufmännische Kreise veranstaltet hatten. Ein Herr vom Komitee hatte die ebenso ehrenvolle als schwierige Aufgabe, die Anwesenden dem Kaiser vorzustellen. Der gute Mann entledigte sich seiner Arbeit mit so viel Anstand, daß er einem Anstand nicht entgehen konnte. Er stellte nämlich der Reihe nach alle Persönlichkeiten folgendermaßen vor: »Herr Damian Zipfl – Se. Majestät, der Kaiser; Herr Moritz Kohn – Se. Majestät, der Kaiser; Herr Valentin Täuber – Se. Majestät, der Kaiser« und so fort in nicht endenwollender Folge. Aber selbst ein Kaiser kann ungeduldig werden und da Franz Joseph zu jener Zeit noch ein gut Stück Humor gehabt haben dürfte, ließ sich die so oft wiedergekaute Majestät etwa folgendermaßen vernehmen: »Es wird schon genug sein! Nennen Sie mir nur die Herren. Ich glaube, mich dürften doch die Meisten schon kennen …«

Solche und ähnliche Geschichten erlebte der Sophiensaal in reicher Folge. Bis plötzlich die böse Konkurrenz des Konzerthaussaales auftauchte und den Glanz der Sophiensäle um ein Beträchtliches herabminderte. Als nun aber gar der Krieg ins Land zog, da war es mit aller Pracht vorbei: der Sophiensaal wurde ein simples Rekonvaleszentenheim. In seinen Räumen roch es nach Kampfer und Jodoform und statt der Walzerklänge flatterten irre Seufzer kranker Menschen durch alle Winkel des Palastes …

Nun meldet ein trockener Aktiengesellschaftsbericht: Bei der am 30. v. M. abgehaltenen 78. Generalversammlung unter dem Vorsitze des Präsidenten Oberbaurates Ferdinand Dehm waren 479 Aktien mit 95 Stimmen vertreten. Das Objekt wird im Herbste dieses Jahres seiner alten Bestimmung zugeführt. Der Verlust von 49.971 K 47 h wird auf neue Rechnung vorgetragen.

## *Spaziergang in Schönbrunn*

Ein Schloßhauptmann und ein Zeremoniendirektorstellvertreter und ein Diener mit einer altösterreichischen Amtskappe und ebensolchem, d. h. böhmischen Dialekt sind geblieben. Das sind die Reste des Märchens von Schönbrunn.

Die Bäume fröstelt's im naßkalten Herbstregen. Sie stehen da, wie Menschen, die man im Regen zurückläßt und warten heißt und die sich nicht wegrühren können und patschnaß werden müssen.

Die Zimmer, Kabinete, die Vorzimmer, die Stiegen heißen noch so, wie man's von Zimmern und Stiegen in Märchenbüchern erwartet. Die »Trabantenstube«, das »chinesische

Rundkabinet«, das »Vieux lac-Zimmer«, das »Millionenzimmer«. Und das Imperfektum in den Erklärungen des Dieners und des Schloßhauptmanns: hier pflegte, hier stand … hier starb … dort wurde … Wie seltsam glimmert das Wunder durch die Kruste von Staub und Geschichte! …

Eine Stiege. Steinfliesen, blauer Plafond. Breit, herrisch. Man schämt sich vor dieser Stiege, wie man so dasteht in einem bürgerlichen Winterrock, mit aufgekrempelter und kotbespritzter Hose. Es ist die – »blaue Stiege«. Wohin anders kann sie führen als in die »Trabantenstube«?

Da ist eine braune, zierliche Fußbodentäfelung. Ein falbes Braun, wie das der Lindenblätter im Spätherbst. Soll man darauf treten? Auf die Diele eines echten »Nußbaumzimmers«?

In einem großen, kahlen Zimmer steht ein Schreibtisch am Fenster, ein alter, sehr kleinbürgerlicher Toilettenspiegel drückt sich schüchtern in einen Winkel. Und in der anderen Ecke steht das Bett, das eiserne Bett. Puritanisches Eisen. Hier starb ein alter Kaiser. Deshalb heißt es das »Sterbezimmer«.

Kaiser Karl hat die angrenzenden Appartements neu herrichten lassen. Die Kaiserin Zita sollte dort wohnen. Die Geschichte, die zu machen sie sich einbildeten, ist ihnen zuvorgekommen. Kaiserin Zita hat nie dort gewohnt. Hat nie gewohnt in diesem großen Rosar-Zimmer.

Ein großes Gemälde, die alte Habsburg im Aargau, hängt an der Wand. Bilder des Malers Rosar. Sie sind geschmeichelte Landschaftsporträts. Als hätte der Maler der gnädigen Frau Natur beim Porträtieren zugerufen: Bitte recht freundlich. Und die Natur hätte gelächelt …

Was ist das? Ein Kabinet, wie ein Tempelchen aus dem Osten. So rund, so zierlich, so rund, so wunderbar, wie ein Kapitelchen aus der Geschichte von Li-Hu-Tsang und Tai-Pe-To. Pastellbildchen an den Wänden, wie hingehaucht von einem fernen, wunderbaren Ostwind, der Teeblüten im Haar trägt und kleine silberne Glöckchen um die Schultern. Das »chinesische Rundkabinet«.

Dort rieche ich den Moder der Jahrhunderte. Ein paar Kapitel der Weltgeschichte liegen aufgerichtet auf dem Bett, auf dem Napoleon schlief, und der Herzog von Reichstadt starb. Der Diener, ein Interpret der Ereignisse, weiß genau das Datum.

Wißt ihr, wie chinesisches Rosenholz ist? Schüchterne Röte kleiner Mädchenbrüste. Es ist eine Farbe, die Duft hat. Dazwischen indische Zeichnungen, wie mit einer Nadel, die man in Farbe getaucht, ausgeführt. Und die Zeichnungen kommen aus Konstantinopel, der Stadt am Goldenen Horn, dorther, wo das Horn am goldensten ist. Über eine Million hat die Kaiserin Maria Theresia dafür ausgegeben, für dieses seltsam-fremde »Millionenzimmer«.

Ein Besen lehnt in einer Ecke und ein »Bartwisch«. Sie repräsentieren die Gegenwart. Sie spielen Realität. »Weißt du«, sagt der »Bartwisch« zum Besen, »oben im zweiten Stock werden hundertsieben Proletarierkinder amerikanisch gespeist!«

## *Das Taftkleid*
## *(Eine ukrainische Geschichte)*

Es war ein herrliches Taftkleid. Schwarz, mit Samteinsatz und Flitterperlen, von einer weichen und schmiegsamen Kühle, wie sie die großen dunklen Blätter tiefroter Spätrosen haben, die im Nachbarsgarten des Kirchendieners Alexei Afinowitsch blühten. Es stand so fest, wie der Erfolg der Wunderkuren des blinden Kobsaren Tiowfej und des Milchzaubers der Hexe Katja, daß zwischen Don und Dnjepr kein zweites Taftkleid dieser Art vorhanden war. Nastja Iwanowa, meine fürsorgliche Hausfrau, hatte es von ihrem Manne bekommen, dem Sergeanten Nikolaj Iwanow, der es wieder anlässlich eines kleinen Pogroms in dem etwa fünf Werst entfernten Judenstädtchen der reichen Schankwirtin Sonja Israelowitsch geraubt hatte. Nastja Iwanowa, wie schon erwähnt: meine fürsorgliche Hausfrau, war kraft dieses Taftkleides entschieden die vornehmste unter allen Dorfbewohnerinnen.

Jahre waren vergangen; die Kuh des Bauers Kuszpeta war an Magenkrämpfen elend zugrunde gegangen. Alexej Pawlow, der Taugenichts, kehrte aus dem Kiewer Zuchthaus zurück, der Krieg brach aus, Nikolaj Iwanow, der Mann meiner fürsorglichen Hausfrau, ward in den Karpathen vermißt, das Dorf hatte Manniges gelitten, die Landstraße die Eisenhufe der Kavallerie, die benagelten Stiefelsohlen der Sturmtrupps, die zerrissenen und nackten der Kriegsgefangenenzüge, die Räder der Artillerie- und Trainkolonnen an ihrem Leibe zu spüren bekommen. Freundliche und feindliche, preußische, zarische, österreichische Einquartierungen wechselten miteinander ab. Aber in all dem jähen Wechsel der Zeiten und Dinge hatte das Taftkleid seinen Zauber bewahrt, war es allsonntäglich Brennpunkt der Bewunderung und Gegenstand des Neides alter und junger Dorfbewohnerinnen geblieben. Es verlieh seiner Besitzerin Würde und Rückgrat, verschaffte ihr Geltung und Ansehen. Ihre Kuh durfte unbehindert auf nachbarlichen Wiesen grasen, ihr Söhnchen Sascha unverprügelt Äpfel stehlen. Nastja Iwanowa, meine würdige Hausfrau, war eine Persönlichkeit, und ein Stückchen vom Glanz ihres Taftkleides umschimmerte auch mich, ihren harmlosen Mieter und Hausgenossen.

Da kamen die Bolschewiken. Nastja Iwanowa war eine erbitterte Gegnerin jedes Kommunismus. Sie hielt es mit Petljura, dem Kosakenhetman, der die Bolschewiken bekämpfte, und mit seinem Stellvertreter im Dorfe, dem Ataman Nikita Kolohin, der das Dorf befestigt und es zu einem

Stützpunkt ausgebaut hatte. Auf hügeligem Südrand des Dorfes hatte Ataman Nikita sein Hauptquartier aufgeschlagen, auf dem Kirchturm Maschinengewehre zur Abwehr bolschewistischer Flugzeuge aufgestellt und Alarm- und Signalapparate eingerichtet. Wenn die Sirenen in langgedehnten Tönen zu heulen, die Maschinengewehre auf dem Kirchturm zu rattern anfingen, wußte man: die Flieger sind da! Der Bauer Kuszpeta ließ die Sense fallen, mit der er eben das Gras auf seiner Wiese gemäht hatte, lief zu der hohlen Weide, die am Wiesenrand stand und holte aus der Höhlung seinen Schatz hervor, hundert goldene Dukaten in einem großen braun- und blaukarierten Taschentuch. Katja, die Hexe, ergriff ihre alte Katze, die sich gerade am Fensterbrett gesonnt hatte, beim Genick, der blinde Tiowfej brach sein Lied: Pulubyl ja tibia za twoju Krafatu – mitten im Worte »Krafatu« ab, so daß sein Kra– wie ein heiserer Unheilsruf klang, und Alexej Pawlow, der fünf Jahre im Kiewer Zuchthaus gesessen hatte, steckte die Bibel, die ihm der Pope von der Kiewer Strafanstalt mitgegeben, und in der Alexej Pawlow ganze Nächte inbrünstig blätterte, weil er nicht lesen konnte, zu sich. Meine fürsorgliche Wirtin aber, Nastja Iwanowa, griff nach ihrem Taftkleide, das auf einem rostigen Türhaken seinen Ehrenplatz hatte, und schlug es in ein eigens zu diesem Zweck stets bereit gehaltenes großes weißes Packpapier. Alles rannte, jeder mit seinem Schatz, unter den Viadukt, den die Preußen noch im Jahre 1918 mitsamt einer kleinen Lokalbahn am Ausgang des Dorfes angelegt hatten, warteten dort das Tuten der Sirenen, das Knattern der Maschinengewehre, das Rattern der Flugzeuge ab und kehrten dann nach Hause zurück.

Es war Mitternacht, der Mond schien, das Dorf schlief. Nur Alexej Pawlow blätterte in seiner illustrierten Bibel. Da begannen die Sirenen zu pfeifen. Schüchtern erst, schläfrig, daß es tönte, wie das Gähnen meiner fürsorglichen Wirtin

Nastja Iwanowa. Dann immer voller, stärker und schneller. Nastja Iwanowa sprang auf. Ich hörte das Packpapier im Dunkel rauschen, sie packte ihr Taftkleid ein. Die Dorfstraße entlang eilten die Menschen dem Viadukt zu. Nastja Iwanowa mit ihnen. Sie fiel in einen Graben, raffte sich auf und lief weiter. Nach fünf Minuten entdeckte sie, daß sie ihr Taftkleid vermutlich im Straßengraben hatte liegen lassen. Sie eilte zurück, wälzte sich den Graben hinunter. Gott und allen Heiligen Lob! Das Kleid lag da! Nastja Iwanowa rannte, das knisternde Paket fest an die Brüste gedrückt. Außer Atem kam sie am Viadukt an.

Die Nacht war erfüllt mit Geratter und Geknatter. Unter dem Viadukt kauerten die Menschen, sprachen leise mit angstbebenden Stimmen. Einige waren eingeschlafen. Auch Nastja Iwanowa.

Als sie im kühlen Morgengrauen erwachte, war ihr erster Gedanke: das Taftkleid! Aber weh! Heilige Mutter Gottes! Das Paket war weg. Man hatte es gestohlen. Gestohlen das herrliche, einzige Taftkleid, das seinesgleichen suchte zwischen Don und Dnjepr!

Nastja Iwanowa lief, rannte, raste zu Ataman Nikita. Der Soldat Onufrij Romanjuk stand Wache. Er ließ sich die Gelegenheit nicht entgehen und versetzte Nastja einige Kolbenhiebe. »Ich geb dir zwei Rubel«, flehte Nastja. »Zehn will ich, Hundeseel!« bellte der Soldat Onufrij wie ein wütender Dackel mit seiner versoffenen Fistelstimme. »Gut, gut, ja, zehn!« weinte Nastja.

Sie kam vor den Ataman. Sie bat, kniete: »Herr, Herr, mein schönes, herrliches Taftkleid! Man hat es mir gestohlen, heute in der Nacht, unterm Viadukt!«

Der Ataman war ein guter Herr. Er schickte zwei Soldaten aus. Die durchsuchten Haus um Haus und fanden endlich das Taftkleid bei der Katja, der Hexe.

Nastja Iwanowa trocknete rasch ihre Tränen. Beide Hände

streckte sie nach ihrem Schatze aus. Ein Wildbach? Oh, ein Wildbach hätte sich wie eine schleichende Schnecke ausgenommen neben der nach Hause rasenden Nastja. Sie lief zum Tisch, packte aus. Aber, was war das? Ein alter, schmutziger Unterrock lag in dem Papier. Das Taftkleid? Wo war das herrliche Taftkleid?

Es hing am rostigen Haken hinter der Tür. Nastja Iwanowa hatte es in der Nacht verwechselt. Denn habt ihr wirklich geglaubt, Katja, die Hexe, hätte das *Taftkleid* herausgegeben?! …

## *Die Rote Armee*

### Genosse Regimentsarzt

Vor drei Tagen sah ich in Augustowo, wie ein einfacher russischer Soldat einen schlafenden Regimentsarzt weckte. Der Muschik schrie nicht etwa: Euer Gnaden, Infanterist Iwan Iwanowitsch Kolohin bittet sie gehorsamst, aufstehen zu wollen, sondern »Stawaj towarysz!«, was zu deutsch heißt: Steh auf, Genosse!

Und – könnt ihrs glauben? – der Regimentsarzt stand wirklich auf.

Man kann die Rote Armee verstehen, wenn man die Phantasie aufbringt, sich einen Offizier vorzustellen, der nicht weiterschläft, wenn ihm ein Infanterist: Steh auf! sagt. Aber das ist noch immer nicht das Entscheidende. Sondern die Tatsache, daß der also geweckte Offizier auch weiter Offizier bleibt. Denn ich sah, wie der Regimentsarzt sich den Schlaf aus den Augen rieb und dem Muschik befahl: »Pajdjom!« – und wie dann der Regimentsarzt voranging, der Muschik ihm folgte, hinter ihm »in Haltung«. Nicht ausgerechnet drei Schritte Distanz, sondern vielleicht nur anderthalb. Denn es war ein Soldat der Roten Armee.

AUGUST 1920

Offiziere und Soldaten speisen in einer gemeinsamen Messe. Aber die militärische Form ist da. Die Rote Armee ist nicht gedrillt, aber diszipliniert. Sie wird gewiß nicht schikaniert, aber ausgebildet. Die Russen werfen nicht mit Pflastersteinen, sondern schießen. Ihre Karabiner sind von neunziger Konstruktion. Einige österreichische Mannlicher-Gewehre, Modell 95 sah ich auch.

### Die Gliederung der Sowjet-Armee

Die Sowjettruppen sind in Divisionen, Brigaden, Regimenter, Kompagnien und Sotnien geteilt, und nicht in Räuberbanden. Ihr Dienstreglement ist wahrscheinlich ein bißchen zusammengestrichen, aber es ist da. Die Russen marschieren, und wahrscheinlich können sie sogar Parade marschieren, kurz, die Rote Armee ist keine Freibeuterschar, sondern eine Armee. Eine antimilitaristische Armee! O Witz der Weltgeschichte! Kreuzritter des zwanzigsten Jahrhunderts. Kreuzritter des Sozialismus.

### Die Ausrüstung der Freiwilligen

Von vielen Seiten hört man, die Bolschewiken, die sich in der Nähe Ostpreußens zeigen, wären schlecht ausgerüstet. Das stimmt nicht. Es ist Täuschung. Die Bekleidung der Truppen nämlich, die jetzt Polen besetzen, ist nur nicht einheitlich. Es sind wie gesagt, Freiwilligenregimenter. Sie kämpfen in denselben Uniformen, in denen sie eingerückt sind. Ich sah nur wenige Kavalleriepatrouillen in einheitlicher Uniform. Zumeist ist die Einheitlichkeit der Uniformierung vom Offizier abhängig. Es gibt Offiziere, die sich aus einem militärischen Stilgefühl heraus für die Uniformierung ihrer Truppen besonders interessieren. Das sind zumeist sehr bezeichnenderweise deutsche Offiziere und Unteroffiziere.

Man macht sich kaum eine Vorstellung davon, wieviel Deutsche in der russischen Armee sind. Die Distinktion der Offiziere ist, wenigstens bei der Kavallerie, meist irgendwo an der Bluse eine Schleife, in vielen Fällen sind Offiziere von der Mannschaft überhaupt nicht zu unterscheiden.

### Zahlungsmittel

Die Russen zahlen mit Sowjetgeld und mit litauischem. Das Infanterie-Regiment 101, das ich in Augustowo sah, hatte sehr viel litauisches Papiergeld. Die Sowjettruppen finden alles furchtbar billig in Polen. Ich sah, wie ein Infanterist ein Pfund Bonbons in einem Judenladen kaufte. Er gab fünfhundert Rubel dafür. Als ihm der Jude herausgeben wollte, winkte der Soldat ab.

Die Folge dieser Überschwemmung mit Sowjetrubeln ist natürlich ein rapides Steigen der Preise. In sämtlichen besetzten Gebieten sind die Preise über Nacht um fünfundzwanzig Prozent gestiegen. Die Kaufleute von Suwalki und Augustowo fangen schon jetzt an, Waren ins Innere von Rußland zu schaffen. Das ist leicht. Man fährt innerhalb des Sowjetgebiets mit einer Legitimation der Heimatsgemeinde oder überhaupt ohne Papier. So hat sich die Welt geändert. Der Paß, ehemals eine russische Spezialität, ist ein Reise- und Kulturdokument des »freien Westens« geworden.

### Das Kulturniveau

Im allgemeinen ist das geistige Niveau des russischen Soldaten dasselbe geblieben, nur das moralische hat sich gehoben. Ich sprach mit mehreren Kosaken, die von Lenin nichts wußten. Dagegen ist Trotzki geradezu eine legendäre Persönlichkeit im russischen Heere. »Trotzki«, sagte mir einer, »ist der größte Mann der Welt. Wenn er spricht, kann er alles von den Soldaten haben. Er spricht so laut, daß ihn zwei Regimenter, in weitem Karree aufgestellt, hören können. Trotzki ist größer als der Zar.«

Zeitungen sind bei keinem russischen Soldaten vorzufinden. Von Zeit zu Zeit bekommen sie umsonst das sozialistische offizielle Blatt zugesendet. Heeresberichte werden vom Kommandanten beim Appell verlesen. Politische Vorträge halten Studenten, Schriftsteller, Künstler, die eigens zu diesem Zwecke die Truppen besuchen. Schreiben und lesen können immer noch die wenigsten Soldaten. Es wird politisiert. In den Schänken, wo allerdings kein Schnaps verabreicht wird, sitzen die Muschiks herum und lassen sich, gewöhnlich von einem jüdischen Kameraden, vorlesen.

### Die Freiwilligenmeldungen

Man macht sich kaum einen Begriff davon, wie viele junge Leute sich freiwillig zur Roten Armee melden. Und das sind nicht nur Polen, Deserteure, die vorher geflüchtet waren und jetzt zurückkehren, sondern Deutsche und zwar deutsche Arbeiter aus dem Rheinland. Mit jedem Schiff, das von Swinemünde nach Königsberg fährt, kommen ungefähr zwanzig rheinländische Arbeiter, die sich der Roten Armee zur Verfügung stellen wollen. Sie haben selten Glück. Sie sind ungeschickt genug, mit vorschriftsmäßig visierten Pässen über die Grenze kommen zu wollen, da aber die Interalliierte Kommission im Verein mit der deutschen Behörde überhaupt jeden Grenzverkehr verbietet, ist ein Überschreiten der Grenze nur auf Schleichwegen möglich. Die deutsche Postenkette an der Grenze ist sehr dicht, aber die polnischen Deserteure, die nach Rußland hinüberwollen, sind auf einen Trick gekommen. Sie lassen sich von jemandem begleiten, der im Lande bleiben will. Und während sie die Flucht wagen, stellt sich der simulierende Flüchtling hart an der Grenze auf und läßt sich von den Wachtposten so lange beobachten, bis er annehmen kann, daß sein Kamerad glücklich drüben ist.

## *Herbst in Berlin*

Morgenstunden, von Trübsalglasur sanft überhauchte, schaukeln, Frühwind geschwellt, pausbackig durch die Stadt. Von Pflichtweckergeklingel aus weicher Bettheimlichkeit geschrillt, klettert der Mensch, Herr der Schöpfung, verspätet an frommen Morgensprüchleinsprossen empor zu Wachheit und Waschbecken.

Hausverwalterbesen wischen Gewesenes und Gestern und welkes Laub aus der Pflastersteine Angesicht.

Straßenbahnen schlottern, von der Insassen Tatendrang getrieben, stromsparend Schienen entlang dem Segen der Arbeit zu. Und Kinder, mit Bravheit und Schulmappen versehen, Morgenkakaogeschmack in den Mündern, wiederkauen eiligst deutsche Dichter. Andre wirbeln aus nächtlicher Lauheit, blättergleich, von Hungerwind geschüttelt, in den Maschinen-Behälter Welt. Indes, kaum gesehen und nichtsdestoweniger, eine Sonne über marineblaue Himmel schlendert, sorglos, als wären Bürostühle, Treibriemen und Kultur unbekannt auf Erden.

*

Bei Herbstmittagssonnenstrahl häuten sich die Litfaßsäulen neu mit Offenbarungen profitsuchender Lebensfreude, die verführerisch noch nach frischdünstendem Klebekleister duftet. Aus den Dielen der Erde sprießt die Ernte der Saison. Damenhüte erblühen auf Kleiderstengeln in den Schauscheibengärten von Wertheim und Tietz.

Sonnensatte kehren heim zu Perserteppich und Premiere.

Und schon klimmt der Spielplan aus sommerlichen Possenniederungen olympische Höhen hinan. Große Filmereignisse werfen ihre Schatten auf die Leinwand.

Nächte sind passantenbelebt und von frisch errungener Amüsierfreude durchpulst. In den großen Schauspielhäusern der Welt gibt man das Spiel vom Leben des reichen Mannes.

*

Aber im Tiergarten ist Herbst. Alleen wandeln trauerbunt durch die Welt. Herbst ist im Tiergarten.

## *Von Rittern und Rossen*

»Tattersall«, der Name ist nicht eigens erfunden worden für die Institution, sondern sie ist die Erfindung eines Mannes, der »Tattersall« hieß. Wer so heißt, muß ein Traber sein. Man hat nicht einen Namen, der aus Pferdehufgetrappel besteht, und ist dabei doppelter Buchhalter oder Oberlehrer. Der Mann lebte im 18. Jahrhundert, war Engländer, Traber und gründete 1777 in *London* den ersten »Tattersall«, eine Anstalt zur Wartung und Aufzucht der Pferde. Die nahen Beziehungen, die seit jeher zwischen Pferden und der vornehmen Welt bestanden haben, verursachten es, daß die englischen Adeligen den Tattersall zu einem Zusammenkunftsort erhoben, einer Art Klub. So bildete sich mit der Zeit jener Tattersall heraus, wie wir ihn kennen. Seit einigen Jahrzehnten schon werden in den europäischen Tattersalls nicht nur Pferde gezüchtet und gewartet, sondern auch Reiter.

Im Tattersall riecht es nach Pferdemist, Parfüm und Leder. Es ist knallendes Aroma. Damoklespeitschen hängen sozusagen in der Luft. So riecht es auf Junkergütern, in Kasernenhöfen und in den Romanen der Natalie von Eschstruth.

Stroh und Häcksel auf dem Boden im Umkreis. Im Hof ist die Erde lockerer. Hufdressierter Sand, wie auf dem Rennplatz. Unten ist Garderoberaum. Aus Seitengängen hört man Pferdewiehern, Hufescharren. »Tattersall, Tattersall« scharren die Hufe.

Drinnen reitet man. Zwanzig Mark die Stunde ist in den meisten Tattersalls der übliche Preis. Allerdings kann man unter Musikbegleitung reiten, oder ohne. Das musikalische Reiten ist nicht nur gesund, sondern auch festlich. Die Reiter sind durch besondere Unternehmungslust gedopt und die Pferde dreßgestriegelt. Die Herren haben geblähte Nüstern und die Damen tragen schwarze und blonde Mähnen praktisch unter steifen Männerhüten, die wie Feuerwehrhelme um das Gesicht geschnallt sind. Die Rosse bemühen sich, möglichst geräuschlos aufzutreten, und machen den Eindruck, als hätten sie sich Gummiabsätze unter die Hufe nageln lassen. Sie traben immer im Kreis, immer im Kreis, es sieht aus, wie ein lebendig gewordenes Karussell. Die Pferde halten gleichen Schritt und achten gegenseitig darauf. Wenn ein Pferd, Gott behüte! den Schritt wechselt, ist es gesellschaftlich blamiert, und das ist bei Pferden schrecklich.

Die Musik ist dünn, es ist die Ballmusik der Pferde, sie hört sich an, als bestünde sie aus Blech und Glas. Die Melodien sind die alten Schlager, bei den Rossen sehr beliebt. Nicht die neuesten Dielen-Foxtrotts, denn die Pferde fühlen aristokratisch, haben eine durchaus reaktionäre Weltanschauung und verachten die Schiebe- und Schiebertänze. Es sind ewig die gleichen Melodien. Das Flügelhorn prustet ernste Lagen, die jüngste Trompete schlägt eine steife, gefrorene Kapriole, da fährt ihr eine alte Baßtrompete rügend dazwischen, und aus ist's.

Plötzlich kippt die Melodie um, die Reiter setzen feierliche Mienen auf, man könnte meinen, jetzt habe sich eine gründliche Wandlung in ihrer Seele vollzogen, und wirklich! Siehe da: die Pferde wechseln den Schritt. Links, rechts, links, rechts. Oder gar, sie machen alle kehrt und spielen umgekehrtes Karussell.

Dann schlägt die Musik einen wütenden Galopp an, und Roß und Reiter schnauben, machen Windsbraut, spielen Elemente, die steifen Feuerwehrhelme der Damen verschieben sich ein bißchen, der Herren Nüstern sprühen Funken, der Sand spritzt auf in feinen Staubwölkchen, man zittert um das Monokel und versucht dennoch zu beweisen, daß man – oho! – mit Monokel galoppieren kann, es sind schreckliche fünf Minuten, hilf, lieber Gott, bis die Musik ein Einsehen hat und stillehält, und die Pferde langsamer atmen und die Reiter verschnaufen.

Hinter der Barriere, auf einer Art Estrade, sitzen die Familien und freuen sich, wie gut Emma und Kurt »sich halten«. An der Barriere mit dem Pferd stehenzubleiben und der Tante Minne einen Gruß zuzurufen, die hinten Tee schlürft und Kuchenreste sorgfältig mit dem Teelöffel sammelt, ist verboten, aber geduldet. Man hält sehr gerne ein Weilchen im Reiten inne und zeigt sich seinen Erziehern: seht ihr, wie gut das Geld angelegt war?

Oh, Reiten ist eine vornehme Angelegenheit! Deshalb hat sich ihrer der neue Adel bemächtigt. Sie sitzen heute schon auf stolzen Rossen, die gestern noch, um nicht durch die Brust geschossen zu werden, Armeelieferanten waren. In einem Berliner Tattersall zeigte man mir einen Delikatessenhändler, der mit keinen anderen Tieren je etwas zu tun gehabt hatte, als mit geräucherten Heringen. Heute hat er zwei Rappen im Stall, und er reitet im Tattersall musikalisch im Dreß, mit französischen Reithandschuhen, die er sich eigens aus Paris kommen ließ.

Auch kleine Landwirte kommen nach Berlin an bestimmten Tagen, um sich hier zur Vornehmheit emporzureiten.

Sie haben Reitvereine gegründet und arrangieren sich Galoppaden in Berlin. Sie sitzen zwar nicht schlecht auf den Pferden, aber sie benehmen sich etwas ungetüncht. Das heißt, sagte mir ein Stallmeister, sie geben zu wenig oder zu viel Trinkgeld. Und daran erkennt man die Menschen und die Reiter ...

## *Der Stuhl meines Schneiders*

In der Bellermannstraße 17 im Hofparterre nistet der Schneider O. mit Frau und Kind. Aber eigentlich ist nicht der Schneider O. Wohnungsinhaber, sondern der Stuhl. Man könnte vielleicht sagen, das Bett sei Mieter. Nein, der Stuhl ist es. Denn das Bett hatte O. von Anbeginn. Mit dem Bett begann es überhaupt. O. heiratete vor anderthalb Jahren. Dazu mußte er unbedingt ein Bett haben. Und anderthalb Jahre dauerte es, da war O. schließlich so weit, daß er sich einen Stuhl kaufen konnte. Und nun ist der Stuhl der eigentliche Herr in Zimmer und Küche. Der Stuhl steht im Zimmer in der Ecke und wartet. Nur Gästen des O. gewährt er Platz, indes O., das Zentimetermaß um den Hals, eine Stecknadel zwischen den Lippen und die Kreide in der Linken, die Maße notiert. Wenn der Gast fort ist, geht der Stuhl in seine Ecke zurück. Bei besonderen Anlässen sitzt O. selbst auf dem Stuhl. Dann ist er sehr feierlich.

Schneider O. wohnte zunächst in einer Küche, nur in einer Küche. Jetzt hat er Zimmer und Küche, eine Wiege, ein Kind, einen Eimer, einen Tisch, ein Bett, und alles das beherrscht der Stuhl. Die Wohnung kostet siebenundzwanzig Mark im Monat.

Einen Anzug näht O. für zweihundertunddreißig Mark fertig. Das ist billig. Aber es kommen verhältnismäßig Wenige, um sich Anzüge machen zu lassen. Wenn O. Geld hätte, in der Zeitung zu inserieren, kämen vielleicht mehr. Denn nun hat O. einen Stuhl und die Gäste können sich sogar setzen. Anderthalb Jahre mußten die Gäste stehen. Ich saß auf dem Stuhl. Meister O. saß auf dem Bett. Das Kind lag in der Wiege. Die Frau arbeitete in der Küche. Die Wohnung sieht aus wie kahlgeschoren. Sie riecht nach nichts. Es gibt noch ganz andere Wohnungen, die nach nichts riechen, aber sie sind nur elend. Diese hier ist grausam. Und Wohnungsinhaber ist der Stuhl. Anderthalb Jahre hat alles auf ihn gewartet: der Schneider, der Kübel, das Bett, die Wiege. Es ist ein ganz gewöhnlicher hölzerner Stuhl. Aber es ist *der* Stuhl. Und nun weiß ich auch, warum die Wohnung so grausam ist: weil ein Gegenstand sie bewohnt und der Mensch, der auch da ist, ein Gebrauchsgegenstand ist. Als wäre der Mensch ein Stuhl. Er ist aber nur ein Schneider, der Hunger hat. Dennoch bekommt seine Frau in der nächsten Zeit noch ein Kind. Und da wird für den Schneider vielleicht der Anlaß gegeben sein, sich auf den Stuhl zu setzen.

## *Cochinchina*

In Cochinchina sieht man sehr viel Maulbeerbäume. Außerdem Tabakfelder. Auf den Tabakfeldern wächst nicht nur Tabak, sondern auch malayische Weiblichkeit. Es gibt kein Tabakfeld in Cochinchina, auf dem nicht mindestens drei malayische Frauenspersonen, wie aus dem Boden gesprossen knien würden. Die malayischen Frauengesichter sehen großen Tabakblättern ähnlich, in die die Cochinchinaer Spitzbuben Augen, Nase und Mund geschnitten haben.

Die Chinesen in Cochinchina tragen Zöpfe. Nur die chinesischen Missionäre tragen statt des Zopfes ein Kreuz: Auf der Brust. Sie sehen aus – nun, wie verkleidete Chinesen.

In dem Städtchen Cholon ist eine Schule. Eine ältliche Europäerin unterrichtet kleine Annamiten und Kambodschaner, Knaben und Mädchen. Die Kinder sitzen auf dem Steinboden mit gekreuzten Beinen und halten die Schiefertafel auf den Knien. Sie schreiben unermüdlich: a, e, i. Das nennt man: Kultur ins Land tragen. Ehe die alte Jungfer ins Land kam mit ihren Griffeln und Schiefertafeln hingen die braunen Kinder wie Affen an den Zweigen der Gummiguttbäume. Sie wuchsen wie Panther und Schleichkatzen. Jetzt lernen sie: a, e, i. Später Zinsen- und Prozentrechnung. Dann ist Kultur im Land.

Es ist immer sehr viel Sonne in Cochinchina. Das Sonnengold ist flüssig wie schmelzender Goldlack. Land, Menschen, Bäume, Häuser sind mit Sonne lackiert.

*

Ich weiß das alles noch ganz genau, obgleich es schon recht lange her ist, seitdem ich in Cochinchina war. Ich war damals noch ein ganz kleiner Junge und ging in die Schule. Eines Tages sagte der Lehrer: »Heute nachmittag um 3 Uhr kommt ihr alle her. Jeder bringt zehn Pfennig mit!«

»Herr Lehrer«, piepste jemand, »ich habe keine zehn Pfennig!«

»Na, komm nur!« sagte der Herr Lehrer, und hatte ein Gesicht dabei wie ein Kaiser, der soeben eine Amnestie erlassen hat.

Am Nachmittag um 3 Uhr gingen wir nach Cochinchina. Cochinchina ist mitten in der Stadt. Über dem Hauseingang hing eine rotweiße Fahne. Das Fahnentuch wehte über einem Blechschild, auf dem in weißen Buchstaben »Weltpanorama« schimmerte.

Cochinchina liegt in einem runden Kasten mit vielen Gucklöchern. Wir mußten alle auf die Stühle steigen, um Cochinchina zu sehen. Nach jedem Bild gurgelte der Kasten mit leise plätscherndem Klang, dann räusperte er sich und spuckte ein neues Bild aus.

Es war wundervoll in Cochinchina.

Vorgestern sah ich »Cochinchina« im »Weltpanorama« angekündigt. Aber, als ich hinkam, gab man die »Dolomiten«.

Ein älteres Ehepaar blickte inbrünstig durch die Gläser. Sie flüsterte: »Du, weißt Du noch?« Sie machten ihre Hochzeitsreise noch einmal durch. Sie sahen König Laurins Rosen und die Toblacher Hütte und die Schwebebahn. Nur als das Hotel kam, schwiegen sie. Sie waren noch einmal in ihrem Cochinchina.

Es ist immer noch derselbe Kasten. Er gurgelt, räuspert sich und spuckt Bilder. Nur, daß ich heute nicht mehr auf den Stuhl zu steigen brauche, sondern sitzen bleiben kann. Und es sind die Dolomiten.

## *Der Wochenmarkt der Modelle*

Aula der Akademie der bildenden Künste. Eine Vormittagsstunde. Madame Dubarry, Napoleon, ein Bettler, Venus Anadyomene, Tannhäuser, Herakles, der griechische Jüngling, das Mädchen vom Lande, der Frühling, und überhaupt Themen für Maler. Kosten fünf Mark die Stunde, sind hier abzuholen. Modellbörse.

Einmal wöchentlich zwischen Zwölf und Eins kommen die Modelle Berlins in der Aula zusammen, um sich anzubieten. Sie sind ausgestellt, wie Puppen in einem Laden. Jedes Gebrechen ist hier Vorzug. Der Bucklige freut sich seines Buckels. Jede Tugend ist hier doppelte Tugend. Die Gutgewachsene freut sich ihres Wuchses. Die Häßliche muß ausgesprochen häßlich sein. Objekte der künstlerischen Darstellung müssen alle Merkzeichen des Typischen besitzen, um symbolisch zu wirken. Die Hökerin muß Hökerin sein, doppelt unterstrichen. Eines jeden Eigenschaften müssen so aussehen, als schaute man sie durch ein Vergrößerungsglas. Ein Bettler soll das Bettlertum der Welt verkörpern. Sonst ist er keiner. Es genügt nicht, daß er Lumpen trägt. Er muß zum Lumpentragen *geboren* sein. Dann ist er »Modell«.

Also kommen hier alle Gegensätze zusammen und alle »Charakteristischen«. Junge Mädchen in der Mehrzahl. Denn, man muß nichts gelernt haben zum Modellstehen. Man muß nur aussehen. Die persönliche Erscheinung als Beruf.

Alle, die noch nicht gefrühstückt haben und nicht wissen, ob sie zu Mittag essen werden, kommen hierher. Maler haben gute Herzen. Sie bezahlen nicht nur, sie geben auch zu essen. Man muß nur Glück haben.

Es sind viele darunter, die das Sich-Anbieten verstehen. Sie sind schon lange Modelle. Sie haben ein halbes Leben »gestanden« und »gesessen«. Es sind namenlos Berühmte darunter. Ihre Porträts hängen in den größten Museen der Welt, zwischen kostbarsten Sammlungen. Ihre Körper sind verewigt, werden von Kennern mit zugekniffenen Augen bestaunt. Die Originale selbst stehen immer noch in der Aula. Sind im Wert nicht gestiegen, sondern eher gefallen.

Seit einiger Zeit ist Lohnbewegung unter den Modellen. Sie organisieren sich zu einer Art freier Gewerkschaft. Sie wollen mehr Geld für die Stunde. Eine Zeitlang haben sie gestreikt. Einen Mindestpreis fürs Modellstehen haben sie noch nicht erreicht.

Sie stehen da, willenlos, ergeben und warten. Maler kommen und prüfen. Ihre Augen dringen geübt durch Mantel, Rock, Bluse, tasten Brüste, Arme, Schenkel ab. Es ist Menschenjahrmarkt.

Am interessantesten sind die Männer. Jeder einzelne ist Typus. Repräsentant eines Menschenschlages, einer Klasse, eines Berufes.

Da ist ein alter, würdiger Herr mit Backenbart. Er kennt alle Kunstrichtungen. Die alten, die neuen, die zukünftigen. Er ist sein Leben lang herrschaftlicher Diener. Das heißt, er ist eigentlich nie Herrschaftsdiener gewesen. Aber in seinem zweiten Leben ist er Herrschaftsdiener. Er ist dreiundzwanzigmal als Herrschaftsdiener porträtiert worden. Er ist nie im wirklichen Leben in einem Grafenschloß gewesen. Er war in seiner Jugend Kulissenschieber.

Da ist Napoleon. Er war vierzehnmal Napoleon. Davon viermal nach der Schlacht bei Moskau. Er steckt mitten in einem großen Deckengemälde eines herzoglich anhaltinischen Schlosses. Von Beruf war er Privatbeamter. Er versteht nichts von Schlachten. Er hat einmal bei den Pionieren gedient. Er weiß, was ein Ponton ist. Er ist dennoch Napoleon. Sechsmal auf Elba. Zweimal auf St. Helena. Er hat Napoleons Leben auswendig gelernt. Er weiß sämtliche Napoleonanekdoten. Er hat sich über seine eigene Biographie ordentlich informiert.

In der Nähe der Akademie, in einem kleinen Gasthaus in der Goethestraße, kommen die Modelle am Nachmittag zusammen. Auch von hier aus werden sie von Malern geholt. Hier erledigen sie Standesfragen.

Seitdem die Filmindustrie ins Ungeheure wächst, haben die Modelle reichlich Nebenbeschäftigung als Statisten. Da bekommt man fünfzig Mark für den Tag, aber es ist eben ein ganzer Tag, und es ist doch nicht dasselbe. Es ist nicht die richtige hohe Kunst.

Dennoch wandern die Jungen alle ab. Nur die Alten bleiben dem Modellstehen treu.

Ein Berliner Dienstmann in Pension, schon an die Sechzig, ist einmal als der Seher Kalchas zu einem großen Wandgemälde im Hause eines Berliner Bankiers verwendet worden. Seitdem ist er Kalchas. Manchmal läßt er sich herbei auch einen Bettlertyp abzugeben. In der Hauptsache ist er

Kalchas, der Seher, und das ist sein wichtigstes Erlebnis. Er feierte vor einem Jahre sein zwölfjähriges Kalchasjubiläum, und die Kollegen veranstalteten ihm zu Ehren ein bescheidenes Fest.

Er hatte häufig Gelegenheit, im Film zu statieren, aber er tuts nicht um ein Königreich. Er verachtet den Film.

Er kommt jede Woche, stellt sich an eine Säule und wartet. Kein Maler hat für ihn Verwendung. Aber er geht nicht zum Film. Er ist eine Schöpfung Homers. Er ist eben Kalchas, der Seher.

## *Erwerbsloses Volk*

Im Museum für deutsche Volkskunde in der Klosterstraße traf ich die Erwerbslosen. Zwölf im ganzen. Zwölf Erwerbslose im Museum für deutsche Volkskunde sind mehr, als hundert Professoren an der Akademie der Wissenschaften. Zwölf Erwerbslose sind zehntausend, hunderttausend, Millionen, sind das ganze deutsche Volk. Gestern sah ich das ganze besiegte deutsche Volk siegreich im Museum für deutsche Volkskunde.

Seit ungefähr zwei Monaten finden Führungen Erwerbsloser durch die Museen und Galerien Berlins statt. Arbeitslose, die nicht wissen, wovon sie in der nächsten Woche ihre Frau, ihre Kinder, sich selbst ernähren werden, suchen einen Vormittag lang nicht nach Beschäftigung, wie sonst alle Vormittage. Sie kommen ins Museum, zeigen ihre Erwerbslosenkarte vor, und, wenn zehn beisammen sind, fängt das Studium an. Ein Doktor, ein Professor, ein Kunsthistoriker führt und erläutert. Zwölf, zehn, vierzehn Erwerbslose folgen, lauschen, lernen. Ein boshaftes Schicksal kann es zustande bringen, daß dem einen oder dem andern von den Zwölf just an dem Vormittag, an dem er schlesische Spinnrocken aus dem siebzehnten Jahrhundert studiert, eine gutbezahlte Stellung verloren geht. Er aber studiert schlesische Spinnrocken …

In der Nähe der Klosterstraße ist die alte Kirche mit dem wunderbaren Glockenklang. Die Erwerbenden, die durch die Klosterstraße hasten, hören die wunderbaren Glocken nicht und sehen die zwölf Erwerbslosen nicht. Sie haben keine Zeit. Die Erwerbslosen aber haben keine Arbeit. Sie haben Zeit.

Es sind zwei Weißhaarige unter den studierenden Erwerbslosen, Setzer oder so. Die legen umständlich ihre Brillen an. Die übrigen sind jünger. Satt sieht keiner aus. In diesen dünnen Paletots friert man sicherlich draußen. Das Museum ist geheizt.

Da der Herr Führer kommt – er hat einen graumelierten Bart und Brillengläser, und er sieht sehr museal aus in seinem sympathisch-altmodischen Cutaway, als käme er soeben aus irgendeinem der alten Museumsschränke – greifen zwei, drei Hände zögernd zu den Hüten, und einer grüßt, und es ist wie ein Wieder-jung-werden und Schulknabe-sein.

Das Museum für deutsche Volkskunde ist sonst leer. Wer kümmert sich um Museen? Wenn man einen Erwerb hat?

Der Führer spricht von den Unterschieden nieder- und oberdeutscher Wohnkultur. Einer der Erwerbslosen weiß etwas. Er hat auf seiner Reise durch den Norden Deutschlands diese und jene Beobachtung gemacht. Er freut sich, sie mitteilen zu können. Er erzählt, wie ein Schüler, der froh ist, im geeigneten Augenblick etwas unbedingt Wichtiges zu wissen. Ich würde mich gar nicht wundern, wenn jetzt der Herr Führer sein Klassenbuch hervorzöge: Brav, Schulze, sehr brav!

Und die andern neiden ein wenig dem Mann sein Wissen.

## *Malvine Biviand, die Tänzerin*

Spanische Küste. Fischerkneipe. Im Sommer, wenn die Fischer ihre Kähne dichtmachen und sich zum Langostasfang rüsten, wird viel gesoffen und geliebt. Die Langostas sind Heuschreckenkrebse, keine Fische. Man kann an ihnen nicht reich werden. Man kann ein paar Pesetas verdienen, um über den Winter auszukommen.

Die Kneipe, das Ufer, die ganze Welt riecht nach Teer und Pech. Die Fischer rauchen dazu, und das stinkt nicht minder. Vielleicht ist manchmal auch Musik. Mit Kastagnetten, Tarantella. Wie der spanische Scirocs, den man »Solano« nennt. Ehe sie den Segura, den Jucar, den Guadalviar hinauffahren, hinunterfahren, wollen sie noch einmal tanzen sehen, die Fischer. Die Tochter des Wirtes tanzt ihnen vor. Sie kann tanzen. Alle Spanierinnen können, glaub' ich, tanzen. In einem Land, in dem die Gärten »Huertas« heißen, sind alle Frauen geborene Tänzerinnen.

Die Wirtstochter ist arm, sie trägt einen zerschlissenen Rock. Man sieht ihre Haut leuchten. Weil das Leben ein Film ist und der liebe Gott Regisseur, kommt der mächtig reiche deutsche Zigarrenfabrikant in jenes Fischerdorf und just in jene Kneipe. Und just ist Musik. Mit Kastagnetten, Tarantella. Und just tanzt die Wirtstochter.

In Deutschland heißen die »Huertas« nur Gärten, und die Frauen, die in den Bars tanzen, sind nackt oder kostbar angezogen und tragen kein zerschlissenes Kostüm. Auch riecht es nach »Moschus«, »Diva«, »Venusträne«, Puder, nicht nach Teer und Pech. Diese Filmregie ist zu verführerisch in Spanien. Dem kinologischen Weltgesetz zufolge verliebt sich der mächtig reiche Fabrikant in die tanzende Spanierin und nimmt sie nach Deutschland mit und »zeigt ihr die Welt«, und sie heißt »die spanische Tänzerin«.

Und er heiratet sie, heißt es.

Nun darf sie kostspielige Launen haben. Sie läßt sich einen spanischen Tänzer nach Berlin kommen. Er wird ihr Partner. »Das spanische Tänzerpaar.« Kastagnetten, Tarantella.

Dieser spanische Tänzer bringt einen Solanohauch mit und ein bißchen Parfüm aus den heimatlichen Huertas. Er spielt mit Leidenschaft. Seine Tanzpartnerin spielt mit. So nebenbei ereignet sich ein wenig Weltgeschichte. In Berlin ist Revolution. Alle Menschen spielen, auch wenn sie nicht Spanier sind. Die Spanier erst recht.

Die spanische Tänzerin – sie heißt Malvina Biviand – wird berühmt. Nicht auf der Bühne, sondern im Klub. In vielen Klubs. In den vornehmen. Sie gewinnt und verliert Tausende, Hunderttausende. Spanier gewinnen und verlieren immer viel.

Neue Männer treten auf: ein rumänischer Doktor, ein ukrainischer Diplomat. In einem Spielsalon, dessen Besitzer ein Falschspieler ist, verliert die Biviand mit einem Mal sechshunderttausend Mark. Sie versetzt ihren Schmuck.

Sie ist egoistisch, weiblich-hysterisch, mondän, gebieterisch, wild, vielleicht brutal unter Umständen. Jedenfalls elementar. Obwohl sie die europäische Salonphraseologie aller Kultursprachen beherrscht. Das kinologische Weltgesetz schreibt ihr »Seele mit Kastagnetten« vor. Sie darf den Operettenglauben einer zivilisierten Berliner Menschheit nicht enttäuschen. Sie muß »Affären« haben, Bogenlampenglorie, Kulissenhintergrund. Die Welt ist wirklich aus Pappendeckel: Ein Spielerskandal folgt dem anderen. Die Kriminalpolizei tut dem Filmregisseur den Gefallen und greift ein. Nach einer durchspielten Nacht. In einem berühmt-berüchtigten Spielsalon in der Wilhelmstraße.

Eine Biviand darf sich nicht banal verhaften lassen. Es muß Steigerung, Höhepunkt, Niedergang, Überraschung sein. Eine Berliner Spielklubbesitzerin aus Pankow kann ohne weiteres vor die Richter kommen. Die spanische Tänzerin muß »verschwinden«.

Sie verschwindet. Taucht im Sommer plötzlich in Marienbad auf. Wo es »international« ist. Sie spielt. Sie spielt gegen das Gesetz. Gegen die Gesellschaftsordnung. Sie wird verhaftet. Endlich.

Malvina Biviand darf nicht in der Untersuchungshaft vor Aufregung krank werden und zum Beispiel sterben. Vielleicht möchte sie sterben. Oder wieder ein kleines Fischermädchen sein und in der Kneipe tanzen, wo es nach Teer und Pech riecht. Aber sie darf die Welt nicht enttäuschen. Sie wird frei. Sie »verschwindet«.

Vorgestern spielte sie im Kasino in Meran. Sie verliert hundertsechzigtausend Lire. In der Meraner Kurhausbar sprudelt Sekt aus geheimen Springbrunnen in dünngeschliffene Gläser.

Vor Malvina Biviand steht ein halbgeleertes Sektglas. Sie hat – offenbar in einer goldenen Kapsel – Cyankali, Friedenscyankali. Sicher. Sofort wirkend. Sie schüttet Cyankali in das halbgefüllte Sektglas. Keiner hat's gesehen.

Sie trinkt und stirbt. Unter Kastagnettengeklapper tanzt ihre Seele ins Jenseits.

## *Polizeibericht*

Vorgestern starb im Wartesaal vierter Klasse des Schlesischen Bahnhofes der zweiundvierzig Jahre alte ukrainische Bauer Olexa Solonenko. Ein Paket Briefe aus der Heimat, einen Paß mit zweiunddreißig Sichtvermerken und Stempeln und eine Halskette aus amerikanischem Doublegold fand bei ihm die Polizei. Aus den Papieren des Toten – so berichtete sie – geht hervor, daß Olexa Solonenko nach zweiundzwanzigjährigem Aufenthalt in Brasilien in seine ukrainische Heimat, nach Ostgalizien, zurückkehren wollte.

Dieser Bericht aber ist unvollkommen. Ich möchte ihn ergänzen:

*

Olexa Solonenkos Dorf ist eine Straße mit sechsundsiebenzig Hütten und einer Dorfkapelle, die wie Spielzeug aus der Knabenzeit eines Heiligen aussieht. Hinter dem Walde allerdings blinkt das Schloß, wie ein Punkt, den der liebe Gott mit echter, weißer Sonnentinte hingetupft hat, nachdem er die beiden Häuserzeilen des Dorfes fertiggeschrieben hatte. Im Schloß wohnt der polnische Graf und in einer der sechsundsiebenzig Hütten Olexa Solonenko. In Olexa's Hütte leben zwei Schweine, ein Großvater, eine graugesprenkelte, schwarze Katze, Frau Katharina und zwei Kinder, Nikita und Jossip. Olexa Solonenko war erst zwanzig Monate verheiratet.

Olexa hat fünf Morgen mit Weizen, Mais, Rüben und Klee. Den Weizen trägt er zur Mühle, die Maiskolben hängt er über den Winter am Dachrand seiner Hütte auf. Dann sieht das Dach aus, wie eine große, kantige Narrenkappe aus Stroh mit vielen Kukuruztroddeln. Von den Rüben nähren sich die Schweine, der Großvater und die Kinder. Und den Klee verkauft Olexa an den Wirtshausjuden.

Olexa ist ein bescheidener Mensch: Wenn der Förster vorübergeht, hält Olexa den Hut in der Hand; wenn der Inspektor mit blanken Spiegelstiefeln erglänzt, hält Olexa den Hut in der Hand; wenn der Gendarmeriewachtmeister vorbeirasselt, hält Olexa den Hut in der Hand; wenn der Graf trab trab durch die Felder reitet, hält Olexa den Hut in der Hand, so lange, bis Roß und Reiter nur noch wie eine große schwarze Hummel am Horizontrand kleben.

Manchmal hat der Graf den verblüffenden Einfall, umzukehren. Hält Olexa nicht immer noch den Hut in der Hand, heult des Grafen Rohrstäbchen durch die Luft und trifft Olexas Backe.

Wenn Olexa aber immer noch den Hut in der Hand hält, so heult des Grafen Rohrstäbchen durch die Luft und trifft auch Olexas Backe.

Gefällt dem Grafen Olexas Schwein, so wird es für die Schloßküche geschlachtet.

Gefällt aber dem Grafen Olexas Schwein nicht, so gefällt ihm Olexas Frau.

Und außerdem muß Olexa jährlich so und so viel Weizen an das polnische Schloß liefern. Dafür bekommt er eine Quittung. Die darf er sich aufheben.

Der Agent von der amerikanischen Gesellschaft hat rote Haare und ein gesprenkeltes Gesicht. Er sieht aus, als hätte der Himmel auf ihn Sommersprossen regnen lassen. Der Agent spricht mit Olexa Solonenko. Olexa beschließt, nach »Bransolia« auszuwandern. Die Schiffkarte gilt nach Pernambuco, Brasilien.

*

In Brasilien trifft Olexa auf Nikita Kolohin, Iwan Lafzcuk und Pantalemon Petriw. Sie arbeiten bei einem Plantagenbesitzer, der »Sennor« heißt. Die bauen Mais und Weizen und die Maiskolben hängen nicht an den Dachrändern, sondern an Stangengerüsten. Sonst sind keine Änderungen zu bemerken. Alle, die hier arbeiten, sind ukrainische Bauern. Sie haben eine griechische Kirche, wie daheim.

Olexa ist ein bescheidener Mensch. Wenn der Schreiber vom Amt vorübergeht, hält Olexa den Hut in der Hand; wenn der Hausverwalter mit breitem Strohhut, lang und dünn, wie ein lebendig gewordener Regenschirm, den Weg beschattet, hält Olexa den Hut in der Hand; wenn der Aufseher zu schimpfen beginnt und Fluchtdampf prustet, hält

Olexa den Hut in der Hand; wenn der Sennor trab trab durch die Felder reitet, hält Olexa den Hut in der Hand, so lange, bis Roß und Reiter nur noch wie eine große schwarze Hummel am Horizontrand kleben.

Fünfzehn Jahre lebt Olexa in Brasilien. Briefe nach Hause schreibt Pantalemon Petriw, der etwas gelernt hat. In den Briefen steht, daß Katharina die Schweine pflegen soll und die Jungen prügeln. Er, Olexa, würde bald nach Hause kommen und ihnen schon zeigen.

Darauf erwidert Katharina: ein Schwein ist bereits erstickt, die Kinder wachsen, der Großvater lebt höchstens noch zwei Wochen, und Nastja, die Tochter des Schusters, hat ein Kind vom Grafen bekommen und ist in die Stadt gegangen, als Amme.

Diesen Brief liest Pantalemon Petriw, der etwas gelernt hat, dem Olexa siebzehnmal vor, und dann kann Olexa Wort für Wort den ganzen Brief auswendig.

Um sich zu überzeugen, daß dem wirklich so ist, läßt sich Olexa den Brief noch einmal vorlesen.

Dann bekam Olexa keine Briefe mehr, und die Zeitungen schrieben, es sei Krieg.

Nach fünf Jahren erzählt der Verwalter, daß zwar der Krieg aufgehört, aber die Revolution begonnen habe. Die Bauern hätten das Land aufgeteilt und die polnischen Grafen wären futsch.

Da bekam Olexa Sehnsucht nach Katharina, dem Schwein und den Buben. Er wollte wissen, ob wenigstens einer von ihnen im Kriege Gefreiter geworden.

Am Abend desselbigen Tages kommt Pantalemon Petriw mit einer neuen Mundharmonika daher und bläst eine alte Kolomeika.

Also packt Olexa Solonenko seine Ersparnisse – achthundertsechsundvierzig Dollar – zusammen und klettert in Pernambuco aus dem Zug.

Wenn ich nach Hause komme, denkt Olexa, ziehe ich in des polnischen Grafen Schloß und rede portugiesisch. »No, Sennor!« werd' ich sagen.

Damit die Leute sofort wissen, daß ich portugiesisch spreche, kaufe ich mir einen neuen Anzug.

Olexa Solonenko kauft sich einen breitschultrigen, quadratisch wattierten Anzug und amerikanische Schaufelstiefel und sieht aus, wie ein aus Rechtecken zusammengesetzter Mensch.

An eine silberne Kette mit Herzanhängsel heftet er eine riesige Zwiebeluhr, die so laut hämmert wie ein fleißiger Dachdeckergehilfe.

In die linke, obere Rocktasche schiebt Olexa ein schönes, rotes Taschentuch mit dem amerikanischen Sternenbanner in der Mitte.

*

In Berlin muß Olexa Solonenko sich nach einem Paßvisum umsehen. Er steht zwei Tage vor fünf Ämtern, dann zwei Stunden vor einem Herrn, der genauso aussieht wie der polnische Graf. Also sind die polnischen Grafen doch nicht futsch! denkt Olexa Solonenko.

Dann kann er weiterfahren; vom Schlesischen Bahnhof aus.

Wer weiß, ob man ihn da wird fahren lassen, denkt Olexa.

Sein Zug geht erst in fünfeinhalb Stunden. Also kann er noch einen Tee trinken.

Während er den Tee schlürft, hört er plötzlich Pantalemon Petriw die Kolomeika spielen. Und er sieht ein totes Schwein. Und sein Sohn ist wirklich Gefreiter. Und der Graf reitet durch die Felder und hat den verblüffenden Einfall, umzukehren. Olexa hat aber den Hut nicht abgenommen, weil er ja soeben aus »Bransolia« gekommen ist.

Davon wird dem Olexa so zum Sterben heiß, daß er stirbt.

Er steht im Himmel und der Himmel ist eigentlich ein riesiges blaues Taschentuch mit einem amerikanischen Sternenbanner. Und die Sterne sind aus rotem Doublegold. Und die Engel blasen auf neuen silbernen Mundharmonikas eine Kolomeika.

Da nimmt Olexa den Hut ab und hält ihn in der Hand.

»Warum hältst du so den Hut in der Hand?« fragt ihn der liebe Gott.

»Lieber Gott«, sagt Olexa, »vielleicht reitet der Herr Graf vorüber ...«

## *Das Märchen vom Geiger*

Er war ein Geiger und lief mit einem lächerlichen Namen bewaffnet in der Welt herum. Er hieß Thomas Ungewinn, und war blond, und stets auf dem Punkt, das Leben zu verlieren um eines Knopfes willen, – wie Geiger sind.

Er hatte eine goldene, von vier wunderbaren Saiten überspannte goldene Geige. Eine Saite war aus Eisen, die zweite aus Silber, die dritte aus Gold und die vierte war ein blondes feines Elfenhaar.

Wenn Thomas spielte, so hörten die Flüsse zu rauschen auf, und die Hügel erhoben sich auf die Zehenspitzen und wollten Berge werden, um den Geiger sehen zu können. Alle Meere der Welt gefroren zu gewaltigen Eisdecken, sodaß die Schiffe, die unterwegs waren, nicht weiter konnten. Die Wolken, die noch mindestens drei Tage Zeit gehabt hätten, am Himmel spazieren zu gehen, konnten es nicht erwarten, endlich Regen zu werden, um dem Geiger recht nahe zu werden. Die wilden Tiere in den Wüsten und in den Wildnissen wurden zahm und die Jäger hätten sie bequem fangen können, wenn sie selbst nicht vergessen hätten, daß sie zum Fang ausgezogen waren: So war die Musik.

Und selbst der liebe Gott – hörte er den Geiger unten spielen – sagte zu seinen Engeln: Pst, bleibt nur still einen Augenblick. Der da unten spielt ausgezeichnet. Es ist geradezu ein göttlicher Genuß.

Lange Jahre spielte Thomas Ungewinn so auf seiner Geige und wußte selbst nicht, zu welchem Zweck. Bis er eines Tages von der wunderschönen Prinzessin hörte.

Die wunderschöne Prinzessin lebte in einem fernen Lande und wollte partout nicht heiraten. Als sie sich gar zu sehr von Männern umdrängt sah, erließ sie eine Bekanntmachung, daß sie nur jenen zu ihrem Gemahl und zum Herrn ihres Landes erküren wolle (erküren, schrieb sie), der ihr die größte Kunst zeigen würde.

Da kamen die größten Künstler und Weisen aller Länder.

Es kam einer, der baute aus Kristalltau und Himmelsbläue ein Schloß für die Prinzessin mit einer Brücke aus echtem Regenbogen.

Und ein zweiter, der strich mit einem Pinsel über die Leinwand und malte die Prinzessin so lebendig, daß alle Herren und Damen vom Hofe einen tiefen Knix machten, wenn sie an dem Bild vorbeikamen, weil sie glaubten, das wäre die lebende Prinzessin.

Und ein dritter, der lief zum Ergötzen der Prinzessin den ganzen Tag mit den Sonnenstrahlen um die Wette und war schneller als sie.

Und ein vierter, der konnte mit Mond und Sternen jonglieren, wie ein Zirkuskünstler mit Parapluies.

Aber erst, als der Geiger kam mit seiner goldenen Geige lächelte die Prinzessin.

Den wird sie heiraten, zischelten die Damen vom Hof. Den Kerl wird sie heiraten, tuschelten die Herren vom Hofe. Und die Zeitungen schrieben von einem freudigen Ereignis, das bevorstehen sollte. Dem ganzen Lande bevorstehen sollte – schrieben die Zeitungen.

Die Prinzessin aber schickte eine ihrer stummen schwarzen Sklavinnen zu dem jungen Geiger mit einer Botschaft. Er sollte zu ihr um Mitternacht ins Schloß kommen.

Thomas Ungewinn kam und sagte: Ich liebe dich, Prinzessin. Ich will dir vorspielen.

Nicht jetzt, sagte die Prinzessin. Morgen.

Da ging Thomas Ungewinn und war beleidigt.

Die Prinzessin aber schickte ihm eine ihrer stummen schwarzen Sklavinnen nach und ließ ihn zurückholen.

Du bist ein Esel, Thomas Ungewinn, sagte die Prinzessin. Aber gerade darum will ich dich heiraten. Morgen soll Hochzeit sein.

Da war Thomas Ungewinn sehr unglücklich. Er ging nach Hause und konnte nicht mehr schlafen.

Am nächsten Tag aber erschien ein eleganter Herr im Schloß und gab seine Visitenkarte ab auf der stand: Florian Leichtgemut, Tanzmeister.

Was willst du? fragte ihn die Prinzessin.

Dich! Teuerste Prinzessin! sagte Florian und machte eine feine Verbeugung, daß sein Frackhemd knisterte.

Was kannst Du? fragte die Prinzessin.

Tanzen, sagte Florian. Laß, bitte, aufspielen.

Da ließ die Prinzessin den Geiger holen und befahl ihm, zu spielen.

Indes tanzte sie mit Florian Leichtgemut Walzer, Foxtrott und Onestep und war sehr selig.

Als sie gerade an dem spielenden Thomas Ungewinn vorüberwirbelten, sagte die Prinzessin zu ihrem Tänzer: Dich will ich heiraten.

Da entfiel dem Thomas die Geige und zerschellte klirrend. Der Geiger fiel zu Boden, tat noch einen tiefen Atemzug und war tot.

Florian und die Prinzessin hörten zu tanzen auf.

Holt einen anderen Musikanten, schrie Florian. Die Prinzessin aber lief auf den toten Geiger zu, küßte ihn und weinte.

Und dann heiratete sie den Florian Leichtgemut und es herrschte große Freude im Lande.

### *Lauter Juxen*

»Juxartikel« sind gewissermaßen aus Blech, Pappe, Holz und anderen Materialien hergestellte Pointen, die zwecks Irre- und Nasführung einer harmlosen Mitmenschheit durch eine mechanische Tätigkeit ausgelöst werden. Ich stelle mir vor, daß »Juxartikel« ungefähr wie Volkslieder entstehen; so, von Hand zu Hand wandernd, immer größerer Vollendung, feinerer Wirkung entgegengehen. Sie haben schon so was Ursprüngliches in ihrem Wesen.

Ich kann mir allerdings auch einen genialen Erfinder denken, der, seinen Nächsten wie sich selbst liebend, in der Einsamkeit seiner Giebelstube Tag und Nacht über eine originelle Methode nachdenkt, wie die zivilisierte Menschheit unangenehm zu verblüffen wäre. Solche Erfinder sterben vielleicht vor der Patentierung ihrer Lebenswerke einen freudlosen Hungertod, indes draußen das Volk aus ihren Kulturtaten Mut und Hoffnung für ein neues Jahr schöpft. Das Volk ist undankbar.

*

Rastlos schreitet mit jedem Jahr die Entwicklung der Karnevalkultur vorwärts. Aus einer Unterredung mit einem fliegenden Juxbasarbesitzer gebe ich folgendes wieder:

Während des Krieges ruhte der Forschertrieb der Juxerfinder fast vollkommen. Man beschränkte sich auf Niespulver, explodierende Zigarren, zusammenkrachende Stuhllehnen. *Inter arma silent musae.*

In den letzten Kriegsjahren begannen die Invaliden sich mit der Erfindung und Herstellung der »Juxe« zu befassen. Heute beschäftigen sich ungefähr zweitausend Invaliden in Deutschland mit der Herstellung und Erfindung von Juxartikeln.

Der Erfinder des ersten explodierenden »Frosches« war ein slawischer Triestiner. Er hieß Iwan Krak und war von Beruf Uhrmacher. Er lebte in der zweiten Hälfte des 19. Jahrhunderts. Es ist nett von dem Mann, daß er »Krak« hieß. Wirklich: »Krak!« Deshalb nannte man den explodierenden Frosch lange Zeit »Krak-Krak«. Ein Beweis für die Existenz einer regulierenden Bestimmungsmacht im menschlichen Geschehen. Hier rief nicht ein Ereignis eine onomatopoetische Bezeichnung hervor, sondern die Onomatopoesie eines Namens verursachte ein Ereignis.

Alljährlich wurden vor dem Kriege in Deutschland ungefähr 200 Juxartikel erfunden und zur Patentierung eingereicht. Ein seltsames Verhängnis verursachte es, daß sämtliche Juxartikel nur in der Hand ihrer Erzeuger funktionieren. Die herrlichsten Gemeinheiten werden im Patentamt eingeschüchtert und verpuffen blindgängerisch.

Interessant ist die Feststellung, daß die meisten Erzeugnisse aus Baiern kommen. In Nürnberg werden sehr viele Juxe ersonnen. Baiern hat seit jeher sehr viel Sinn für Jux.

Auf dem Wege durch die Friedrichstraße, die Lindenpassage entlang bis zum Bahnhof Friedrichstraße werden die »Juxe« verkauft. Nur die »Zauberartikel« müssen besonders erläutert werden. Das versteht man so ohne weiteres nicht. Erst wenn's erläutert wird, versteht man's auch nicht.

Das Fräulein, das die Zauberdinge erklärt, hat flatternde Pupillen und rudernde Handbewegungen. Sie plätschert in Wundern.

Drei kleine Jungen haben gemeinsam einen eisernen Nagel gekauft. So einen, den man durch die Finger durchstößt, wobei schmerzverzerrtes Antlitz zu mimen wäre. In Wirklichkeit ist der Nagel eigentlich gar nicht durchs Fleisch gegangen, sondern – das sage ich nicht.

Die drei kleinen Jungen gehen sehr glücklich mit dem Nagel hinaus. Nach fünf Minuten kommen sie wieder. Sie haben das Kunststück vergessen. Sie lernen's wieder.

Nach fünf Minuten geht die Ladentür: die drei kleinen Jungen. Sie haben das Kunststück vergessen.

Das Fräulein mit den flatternden Pupillen nimmt ihnen den Nagel ab und gibt ihnen dafür ein Zauberei. Die Geschichte mit dem Zauberei ist leichter zu kapieren. Die drei kleinen Jungen gehen mit dem Zauberei auf die Straße und lassen es fallen. Es ist aus sehr dünnem Holz und zerbricht auf dem Pflaster.

Darüber lacht ein Erwachsener, der soeben einen Zaubernagel und einen Nirvanalöffel erstanden hat. Der Erwachsene hat buschige Augenbrauen. Er hat ganze Tannenforste über den Augen.

Ich hasse ihn.

## *Die Welt ist klein*

Mein Friseur war Gefangener in einem französischen Lager. Er wurde von amerikanischen Soldaten bewacht. Eines Tages sagte ihm ein Amerikaner: Borg mir Deine Uhr. Wenn der Krieg aus ist, schicke ich sie Dir zurück.

Haha! lachte der Friseur. Wenn der Krieg aus ist! – Nahm herzlichen Abschied von seiner Uhr und gab sie dem Amerikaner.

Der konditionale Teil des amerikanischen Versprechens erfüllte sich. Der Krieg war aus.

Am Weihnachtstage erhielt mein Friseur einen Brief aus Amerika. Von dem Soldaten, der inzwischen wieder Apotheker geworden war. In dem Brief schrieb der Amerikaner: Teurer Kamerad, schreib mir, ob Du die Uhr willst oder ihren Dollarwert. Vielleicht magst Du auch Lebensmittelpakete? Ich bin Dein treuer Kamerad.

*

Ein anderer Amerikaner hatte im Kriege einen schwerverletzten Deutschen gefangen genommen. Der Amerikaner transportierte »seinen« Gefangenen in ein belgisches Hospital, nahm Urlaub von der Front und beschloß, den Deutschen gesund zu pflegen.

Aber der Deutsche starb.

Vor dem Tode gab er dem Amerikaner einen Ring zum Andenken. Der Ring war aus Eisen, mit einem Reichsadler auf schwarzweißrotem Hintergrunde. Es war ein armer, gesinnungstüchtiger Ring.

Die Eltern des Deutschen inserierten in der Zeitung: Unser Sohn ist verschollen, wahrscheinlich in fremder Erde begraben. Wer etwas von ihm weiß, möge es uns mitteilen.

Die Eltern des Deutschen bekamen eines Tages den Ring und einen Brief aus Amerika. In dem Brief stand: Hier ist der Ring Eures Sohnes. Schneidet ihn entzwei und schickt mir die Hälfte zurück. Es ist ein Andenken an einen Gefährten.

*

Gestern las ich in einer Zeitung: Zwei Freunde ersuchen vermögende Sportsleute, Klubs, Filmstars, Kriegsgewinner, ihnen zu einer kleinen Ausrüstung zu verhelfen, damit sie zu Fuß und im Paddelboot um die Welt reisen können.

Die Männer, die wackeren, die zu Fuß und im Paddelboot um die Welt reisen wollen, gefallen mir. Sie haben nie Geographie gelernt. Deshalb ist ihnen die Welt klein.

Erst die Berechnung schafft Entfernung, Distanz. Alles

Böse kommt von daher und alles Mißverständnis. Weil wir glauben, daß wir zu weit voneinander entfernt sind, als daß wir uns hören und verstehen könnten, schweigen wir und sprechen miteinander.

### *Weltuntergang*

Jährlich, mindestens einmal, droht die Welt unterzugehen. Nun melden die Blätter, daß der Komet *Pons-Winnecke*, der zwischen den Nachtlokalen des Äthers beschwipst umhertaumelt, unwiderstehlich angezogen von den Berechnungen der Astronomie, in den nächsten Wochen wieder in den Bannkreis einer Sternwarte gerät und der Erde mit seinem leuchtenden Flederwisch liebkosend übers Angesicht fährt. – Aber die Welt geht bestimmt nicht unter.

In einer Wiener »Reformschule« – einer Anstalt, in der Schulkinder manchmal auch unterrichtet werden, – sah ich die Zeichnung eines kleinen Mädchens: Wie die Welt untergeht. Die roten Linien auf der Klassentafel krümmten sich in einer Art Krampf-Zick-zack. Und die Kreide lag in Mehlstaub verwandelt auf dem Katheder. Hefte und Bücher flogen mit gesträubten Blättern in dem windschiefen Klassenzimmer umher. Der Herr Lehrer saß mit einem gebrochenen Lineal in Händen, eine geknickte Autorität, auf dem Boden neben dem Stuhl. Alle Kinder lagen tot und verletzt in den Bänken, die sich vertikal aufbäumten. Rote Kreide rann in Strömen.

Einen gewaltsamen Weltuntergang durch Explosion hätte ich mir früher, vor dem Kriege, vorstellen können, als die Welt, Elektrizität und Fortschritt unaufhörlich einatmend, mit technischen Sensationen zum Bersten gefüllt, eines Tages ganz allein, ohne Zusammenstoß, wirklich geborsten wäre. Aber heute ist kein Zerplatzen mehr möglich. Das Stadium der Einschrumpfung durchlaufend, wird die Welt schimmlich verdorren, wie eine Zitrone, die in der Schublade vergessen liegen geblieben ist.

In einem verschwiegenen Raum eines Berliner Bahnhofes fand ich diese Tafelinschrift: »Der Schlüssel befindet sich bei der Wärterin, die als solche kenntlich gemacht ist.«

Die Wärterin, von Gott »als solche« kenntlich gemacht, aß eine Schmalzstulle. Ich hätte sie agnosziert, wenn ich ihr im wilden Wald begegnet wäre, oder auf dem Ball des Witwenklubs »Rosentugend«, oder auf der Nasenspitze des Montblanc. Aber sie war »als solche« nicht behördlich kenntlich gemacht.

Ich fragte sie: wodurch sie kenntlich gemacht wäre?

Durch eine Armbinde, sagte sie. Aber die Armbinde trüge man jetzt nicht mehr, seit der Revolution.

Und *das*, seht ihr, ist Weltuntergang.

## *Autoritäten*

Autorität wird von Gott selbst verliehen. Ihre äußeren Kennzeichen sind selten Szepter und Reichsapfel, sondern meist Gebrauchsgegenstände, einfache, wochentägliche, wie zum Beispiel ein Schnurrbart oder eine Goldborte.

Unser Griechischlehrer, der einen grünen Rock trug und von einem Patinaschimmer umgeben war, wie ein seltener Aorist, schwang einen großen, schwarzgebundenen Katalog, gewissermaßen ein Damokles-Klassenbuch über unseren Häuptern und war doch keine Autorität. Der Schuldiener aber, der Valentin hieß, einfach Valentin, hatte nur einen rechteckigen Schnurrbart mit geschliffenen Spitzen und allerdings eine Schulglocke. Und war eine Autorität.

Papierene Autoritäten, wie die eines Lehrers zum Beispiel – ob sie nun auf Kathedern oder Thronstühlen sitzen – kann eine Revolution stürzen. Die Autoritäten von Gottes

Gnaden mit den dünngeschliffenen Schnurrbartenden und der Goldbortenglorie um den Kopf sind das stete Bleibende im welthistorischen Wechsel der Gesinnungen.

Wer zur Autorität geboren ist, wird nicht Staatsmann oder Professor, sondern irgend etwas Beliebiges, Subordiniertes. Zum Beispiel Wetterprophet.

*

Täglich sehe ich den tanzenden Tisch an der Straßenecke. Den tanzenden Tisch zeigt ein Mann, der offenbar Autorität hat. Sein Tisch tanzt nur, wenn fünf oder sechs Leute ihre Hände auf der Platte halten. Der Mann trägt eine großkarierte Sportkappe und einen wehenden Schlips. Er flattert mit einem großen roten Taschentuch. Seiner Autorität gehorchend stützen sechs Leute ihre Hände auf die Tischplatte.

Dann rotiert der Tisch mit den Sechsen schnell, immer schneller, bis der Autoritäre Halt ruft.

Der Tisch bleibt plötzlich stehen, und alle Sechs fallen in den Straßendreck.

Das Geheimnis des tanzenden Tisches besteht in einem Trick. Das Geheimnis erfährt man nur um den Preis von zwei Mark.

Wer einmal im Dreck gelegen hat, entschädigt sich für den eigenen Schaden und den Spott der Unbeteiligten durch den Ankauf des Geheimnisses, um mit dem Respekt, den seine erhandelte Macht hervorruft, seine frühere Lächerlichkeit auszugleichen.

Der Straßenhändler strömt Autorität aus, wie ein Motor elektrischen Treibstrom und richtet um sich einen Autoritätswall auf. Und ist nur ein Straßenhändler.

*

Autorität haben alle Besteckmenschen. Das sind Wesen, die das Zeichen ihrer Hörigkeit, als wären sie Messer oder Gabel, in Gestalt eines Monogramms auf Livreeknöpfen und Kappenschildern eingraviert haben. Autoritäten sind Portiere und Schaffner. Was dir ein Straßenbauingenieur in Zivil sagt, muß nicht richtig sein. Aber ein Mann aus Tressen, Schnurrbart und Farbentuch weiß alles. Bei einem Backenbärtigen gar ist ein Irrtum ausgeschlossen. Seine Worte schreiten im Parademarsch zum Takt einer unhörbaren Militärmusik in sicherer Defilierung auf gerader Luftlinie dem »Direktion« gewordenen Ziele zu.

Eine Autorität ist der unbekannte, alle kennende Herr im Cutaway, der mich im Kaffeehaus höflich grüßend stört, sanft beruflich schaukelnd zwischen Tisch und Tisch, freudige Überraschung im Antlitz, wenn er mich sieht, weil er so lang, lang schon auf mich gewartet und die Sehnsucht seiner Kindheit endlich in Erfüllung gegangen ist. Alle Kellner, die frackflügelschlagend zwischen sich öffnenden Gästereihen durchschießen, schlängeln sich in Ellipsenbiegung um den Herrn und sein Blick, der strenge werden kann, macht eine wehende Serviette erstarren.

Autorität ist auch eine Kassierin, die wie eine riesengroße Likörflasche in Frauenform, wahrscheinlich zu Reklamezwecken, hinter Glas und Zuckerpyramiden auf erhöhtem, lehnelosen Stuhl sitzt; und nichts ist, was ihr entginge.

Minister hebt und senkt die Wage der Gelegenheit, wie eine Wasserwelle Schiffsplankenbretter. Ihre Autorität ist vergänglich, weil erworben.

Ewig bleibt der Portier des Gebäudes.

## *Hellas*

Aus dem neuen Griechenland hörte ich jüngst klassische Dinge. Ein vertriebener König kehrte zurück. Das Volk jubelte. Ein schändlicher Verräter – hieß er nicht Thersites? –

ward in Acht getan und von den Edlen auf offenem Platz bespien. Die Besten scharten sich um den König. Ich glaube, Pallas Athene, ihm selbst nur sichtbar, schwebt dem Basileus zur Rechten.

Wenn er in seine Burg kommt, nach alter Sitte gebadet und mit duftenden Toiletteartikeln aus dem unterjochten Perserland von seinen braunen Sklaven behandelt ist, legt er ein blütenweißes, leichtes Hausgewand an und macht bei den würdigen Penaten einen Antrittsbesuch. Wir freuen uns! – sagen die Penaten. Dann schreitet der Basileus (ein Oxytonon, – der Akutus liegt über der letzten Silbe), würdig, wie ein Hexameter, auf Versfüßen in sein Schlafgemach, in dem die Gemahlin seiner harrt und Hera über eheliche Pflichterfüllung wacht.

Nächstens wird der gute König neuerlich gekrönt und der unvermeidlich blinde Sänger, von einem lockigen Knaben an der Hand geführt, wird in den Kreis treten und die Saiten schlagen zu einem Epos, das man nach Jahrhunderten noch in der Tertia wird präparieren müssen. Das ist der Lebenszweck der blinden Sänger.

Täglich lese ich Nachrichten aus Athen. Wenn Doktor Johann Täubrich, mein alter Griechischlehrer, noch lebt, liest er sie auch. Und wenn er noch unterrichtet, läßt er seine Schüler »Kalogeropoulos« deklinieren.

Kalogeropoulos ist übrigens ein trefflicher Name für einen Ministerpräsidenten. So könnte sogar ein Ministerpräsident aus der zweiten Olympiade heißen: nicht nur einer von Neunzehnhunderteinundzwanzig. Kalogeropoulos heißt nämlich ein Mann, der einen Staat gut führt. Und was »Venizelos« heißt, kann ich mir nicht erklären.

Ich glaube, auch der Doktor Täubrich läßt »Venizelos« nicht deklinieren. »Venizelos« ist politisch und linguistisch antihellenisch und an der Phonetik dieses Namens, von dem ich nicht weiß, ob er ein Oxytonon oder ein Paroxytonon oder gar ein Properismenon ist, scheitert eigentlich meine ganze Geschichte von der oben geschilderten Heimkehr eines vertriebenen Königs.

Dieser König heißt nämlich Konstantin und stammt aus dem Geschlechte Schleswig-Holstein-Sonderburg-Glücksburg. Und wenn schon nichts anderes an diesem Namen, so sind die Bindestriche antihellenisch. Von Bindestrichen habe ich bei Doktor Johannes Täubrich nichts gelernt.

Ich zweifle nun auch daran, daß der König Konstantin, obwohl er »Basileus« heißt und ein Oxytonon ist, von einem Lieblingssklaven gebadet und gesalbt wird. Ich glaube, er hat einen Leibfriseur und der ist sicher ein Deutscher.

Das Parlament in Athen liegt in der Stadionstraße und hat wahrscheinlich auch eine Nummer. Vielleicht: dodeka, oder heptaginta. Und der Präsident Lombardos läutet mit einer Glocke. Nie hat man in der Agora mit einer Glocke geläutet.

Ich bin überzeugt, daß Kalogeropoulos eine Zigarre gelegentlich raucht. Das griechische Volk placiert sich auf einer Galerie und ruft: Hinaus! – wenn ein Venizelist spricht.

Kalogeropoulos fährt übrigens nach London, ungefähr wie einer, der nur Simons heißt, nicht auf einem Triremis, einem Dreiruderer, sondern auf einem Dampfer mit five o'clock und Bordkapelle. Oh! Dr. Johannes Täubrich! …

Daß unten auf der Landkarte, wo Europa aufhört und gelegentlich eine Halbinsel gen Afrika ausstreckt und kleine Inseln, wie europäische Fragmente im ägäischen Meerbusen schwimmen, noch »Hellas« besteht, ist eine Sinnestäuschung, deren Beständigkeit hervorgerufen wurde durch Homer und Doktor Johannes Täubrich. Aoriste baumeln, wie zwecklose Troddeln, im humanistischen Bewußtsein. Immer noch wallt um jeden modernen Drahtbericht aus Athen der klassische Versklang.

Ich glaube, es ist eine Vergeßlichkeit der Weltgeschichte, daß sie in Griechenland einen Republikaner Kriegshetzer und einen König Retter werden läßt. Sie hat vergessen, daß der Basileus aus einem Geschlecht mit Bindestrichen stammt.

Die Klassik hängt im humanistischen Museum wie ein inhaltsloser Schlafrock. In Athen, nicht sehr weit von der Stadionstraße, offeriert eine Litfaßsäule Khedive-Zigaretten und Nackttänze. – Oh, Hellas! …

## *Rundgang um die Siegessäule*

*Berlin*, 16. März.

Der Himmel hat sich schön blau gemacht als ginge er zum Photographen, und die Märzsonne ist menschenfreundlich und gefällig. Die Siegessäule steigt nackt und schlank zur Bühne empor, als nähme sie ein Sonnenbad. Nach dem Popularitätsgesetz im Leben aller hervorragenden Persönlichkeiten ist auch sie erst durch ihren Unfall zu jener Volkstümlichkeit gelangt, die nur mißglückte Attentate zu verursachen imstande sind.

Viele Jahre war sie ziemlich einsam. Straßenphotographen mit langbeinig stochernden Apparaten benützten sie als kostenlosen Hintergrund für die grundlos lachenden Gesichter der Photographierten. Sie war ein Nippesgegenstand der deutschen Geschichte, den Fremden ein Ansichtskartenobjekt, den Schulkindern Lehrspaziergangsziel. Der erwachsene Einheimische bestieg sie nie. Jetzt aber, um die Mittagsstunde, stehen zwei-, dreihundert Berliner um die Siegessäule herum und atmen die Überreste einer entzweigeschnittenen Sensation und politisieren. Ich weiß bestimmt, daß jener Herr im Radmantel mit dem breitrandigen Hut, der aussieht, wie ein aus den tiefsten Verborgenheiten des Tiergartens kommender Riesenpilz, ein stiller Gelehrter ist und sich zum Beispiel mit der Kristallisation der Quarze befaßt. Er geht seit fünfundzwanzig Jahren täglich eine ganz bestimmte Allee ab, hin und zurück, mit der Pünktlichkeit eines messingnen Uhrpendels, und dann nach Hause. Heute aber, seht! ging er nur einmal seine Allee entlang und begab sich zur Siegessäule. Und er hört mit großem Interesse zu, wie ein kleiner Mensch, der seinen Hut in der Hand hält und mit einem blaugeränderten Taschentuch seine schwitzende Glatze poliert, über Pikrinsäure spricht. Ich weiß nicht, ob gerade Pikrinsäure etwas mit der Kristallisation der Quarze zu tun hat. Das Interesse jenes Quarzgelehrten für Pikrinsäure wucherte ins Grenzenlose. »Dynamit« – höre ich – »ist ganz gefährlich. Mit Dynamit sprengt man Tunnels. Die Pappkartonschachtel macht das Dynamit noch gefährlicher, weil es nämlich drin eingeschlossen ist.«

»Daß man diese Zündschnur nicht sofort gerochen hat!« wundert sich eine Dame. »Ich rieche jeden kleinsten Brandgeruch im Hause!« Die Frau schnuppert, als würde sie heute noch den Brandgeruch der Zündschnur spüren. Alle Frauen schnuppern mit und sagen ergeben: ja!

»Wat is det eijentlich Bigrin?« fragte mich ein riesenhafter Mensch. Über seinem Antlitz lagerte ein rosafarbener Schimmer, als sähe er gerade in einen Alpensonnenuntergang. Er ist so heiter bei diesem Bigrin, wie bei der Rede über ein Volksbelustigungsmittel. Ein Deutschnationaler meint, ein Kommunist müsse es getan haben. Ein plötzlich auftauchender Kommunist verdächtigt einen Deutschnationalen. Hierauf entspann sich eine Meinungsverschiedenheit und der brenzlige Geruch einer parteipolitischen Lunte stinkt empor zum Himmel.

Indes steigt die Siegessäule sorglos und ahnungslos, schnurstracks hinauf und ist froh, daß sie endlich für alle Besucher gesperrt ist.

## *Christian Morgenstern*
## *(Aus Anlaß seines 50. Geburtstages)*

Christian Morgenstern gehört zu jenen deutschen Dichtern, an denen die Nachwelt deshalb schuldig wird, weil sie die Schuld der Mitwelt gutzumachen sich verpflichtet fühlt. Die Nachwelt ist den Dichtern immer gefährlicher, denn eine noch so stupide, gefühlsrohe Mitwelt.

Hätte Morgenstern gelebt, so wär's am 30. März mit einem Glückwunschtelegramm des Verlegers und allenfalls noch einiger hervorragender Schriftsteller genug. Christian Morgenstern konnte eine telegraphierende Mitwelt lächelnd ignorieren. Gegen eine nachrufende Nachwelt ist er wehrlos.

Das Schlimmste in der Nachwelt sind die Biographen; das sind die Lebensplünderer und Datenmerker. Schrecklich, schrecklich ist die Literaturgeschichte.

*

Ich will deshalb gar nicht literarhistorisch und biographisch werden. Viele, viele Menschen lesen heute Christian Morgenstern. Sie brauchen keine literarischen Analysen und keine »eingehende« Charakteristik. Ich will nur versuchen, Morgenstern in Schutz zu nehmen vor der aus Be- und Nachrufsgründen lesenden Nachwelt.

Diese Sorte Nachwelt will Euch einreden, daß der »echte« oder der »andere« Morgenstern der »tragische« gewesen sei. Nicht der Dichter der Lattenzäune, der lächerlichen Silben, der göttlichen Geringfügigkeiten.

Der »tiefe Weltschmerz« ist immer wieder Gegenstand ihrer treuherzigen biographischen Versicherungen. Als ob es je einen Dichter *ohne* tiefen Weltschmerz gegeben hätte! Als ob jemals schon ein Lächeln andern Gründen entquollen wäre, als tragischen! Erkenntnis nicht stets auf dem Umweg über Enttäuschung und Bitterkeit einem Künstler geworden wäre!

Kämpfernaturen (Hebbelnaturen) suchen in konsequenter Unerbittlichkeit ein ehernes Gesetz zu konstruieren, demzufolge jede Tragik auf natürlichen Voraussetzungen beruht. So ist die Logik des Weltgeschehens errichtet. Versöhnliche Naturen sind nicht in der künstlerischen Auswirkung, aber im philosophischen Sinn reifer. Sie stehen abseits der Geschehnisse und über ihnen. Sie haben die natürlichen Voraussetzungen längst erkannt, aber niemals diese Erkenntnis »verwendet«. Sie haben die Tragik überwunden, sie lächeln darüber.

*

So lächelt Christian Morgenstern und es tut ihm deshalb unrecht, wer mit pathetischem Eifer sein Lächeln zu entschuldigen trachtet. Seine Literarhistoriker fühlen sich verpflichtet, dem »Laien« zu versichern: »Glaubt nicht, daß Christian Morgenstern nur von Lattenzäunen und Purzelbäumen und lächerlichen Silben singt. Er singt auch schön von Frühling und Liebesschmerz. Und das ist der eigentliche Morgenstern.«

Das aber ist der eigentliche Morgenstern nicht! Sondern der unfertige sang von Liebesleid und Frühlingslust und Schmalzdingen. (Siehe: »Der Melderbaum«, herausgegeben von Gertrud Isolani bei A. R. Meyer).

Der reife Morgenstern sang von einem Huhn, das in der Bahnhofshalle spaziert und den Herrn Stationsvorsteher sucht. In der Lächerlichkeit dieser unvermittelten Begriffsverknüpfung: Bahnhofshalle, Huhn, Stationsvorsteher ist die Tragik genau so erschütternd wie in Hebbel's »Nibelungen«, in Shakespeares »Lear«, in Strindberg's »Totentanz«.

Aus jeder einzelnen Narrenkappenschelle höre ich das das große befreite Lachen Gottes über die törichten Unterschiede einer vernunfterfüllten Welt: die glaubt, die Tragik eines beispielsweise von seiner Ehefrau betrogenen Stationsvorstehers wäre größer, denn die eines verirrten Huhns.

## *Hotelfrühling*

Im Vestibül des großen Hotels, in dem Menschen aus Valutaländern wohnen, halte ich mich gerne eine Stunde oder länger auf. Die braungetäfelte Decke besteht aus lauter wunderschönen Quadraten, und in der Mitte jedes Quadrats wächst eine elektrische Lampe. Die Lampen sehen aus wie gläserne Blüten und werden von goldenen Blättern beschattet.

Die Decke ist niedrig, aber weit und die Möbel auch. Es geht alles irgendwie ins Breite hier und Schlaraffenländische. Die Zutraulichkeit der niedrigen Decke sagt: steh' nicht auf! Die breiten Polsterstühle sagen: streck' deine Beine aus!

Ich strecke ein Bein aus und blicke mit sehr viel Vergnügen auf die Bügelfalte meiner Hose, der man's nicht ansieht, daß sie meine einzige ist. Des weiteren freut es mich, daß meine Schuhkappen glänzen, weil sie soeben der Stiefelputzer Unter den Linden mit einem weichen Flanelltuch blank frottiert hat.

Wenn ich so eine Viertelstunde lang mich hineingesessen habe in Üppigkeit und Wohlergehen, bin ich zu der Überzeugung gelangt, daß ich ein Mensch aus einem Valutaland bin und in diesem Hotel wohne.

Der Liftboy, der einen Brief durchs Vestibül trägt, weicht im Devotionsbogen meinen frottierten Schuhkappen aus. Der Liftboy hat keine Ahnung daß ich hier nicht wohne. Wenn ich ihn rufe, bleibt er außerhalb des Valutabannkreises, in dessen Mittelpunkt ich sitze, stehen und zieht mit einer wohldressierten eckigen Armbewegung seine braune Kappe. Seine Augen sind groß und blau und bewundernd auf mein Gesicht gerichtet. Er hat ganze Magazine von Respekt in seinen Augen. Sein Gesicht ist jungenhaftig-apfelwangig, er riecht angenehm nach Milch wie ein sauberer Säugling. Er lernt schon seit zwei Jahren Achtung vor valutarischem Alter.

Die weiße Serviette des Kellners fängt bereits zehn Schritte vor mir ehrfurchtsvoll zu wedeln an. Der Herr Direktor, der würdig wie ein Großwesir über die gedämpften Ornamente des Smyrnateppichs schreitet, neigt gemessen sein Haupt, wenn ich ihn ansehe.

Mit der Zeit gewinne ich Interesse für meine Kollegen-Millionäre. Sie sind sehr schön gekleidet. Die Männer riechen irgendwie nach neuen Lederkoffern und englischer Rasierseife und Eisenbahnkohle. Die Frauen tragen leise Ahnungen von russsischem Parfüm durch den Raum. Es ist ein herbsüßlicher Duft, er streichelt liebevoll meine Nasenspitze, verschwindet und kehrt wieder.

Die Millionäre können sich ausgezeichnet in Positur setzen. Die Jungen tragen zartgelbe Frühlingsmäntel mit Gürteln und diskreten Schnallen. Die Hüte sind meist hellgrau und in der Mitte leise, wie zufällig eingedrückt. Die Handschuhe sind weiß. Die Halbstiefel sind braun oder braungelb, und wenn sich die jungen Millionäre setzen, ziehen sie ein klein wenig die Hose hoch, so daß man die halbseidenen Strümpfe sehen kann.

Die alten Millionäre aber haben den Frühling noch nicht zur Kenntnis genommen. Denn nicht das Steigen der Quecksilbersäule, sondern das der Aktien ist maßgebend. Die alten Millionäre tragen immer noch Winterpaletots und gefütterte Handschuhe und halten ihre frisch geköpfte Zigarre solange erwartungsvoll im Mund, bis ein Kellner mit gespreizten Frackschößen herbeiflattert, unterwegs schon ein Streichholz brennbereit an die Reibfläche der Schachtel drückend.

Um fünf Uhr spielt die Kapelle im Speisesaal »Peer Gynt«. Die Millionäre wenden sich von dem Geschäfte ab und den Frauen zu. Die Millionärinnen trinken Mokka und schlürfen Eis und essen Kuchen mit den Fingerspitzen und halten bei jeder Gelegenheit den kleinen Finger der rechten Hand ausgestreckt, so, als wäre er besonders gereicht und dürfte mit keiner Tasse in Berührung gebracht werden.

Wenn ich das Hotel verlasse, steht der Portier grußbereit vor der Drehtür, willenlos, wie ein Besteck. Denn er hat das Monogramm seines Inhabers auf Brust und Kopf eingraviert. Ein Chauffeur fragt, ob ich einzusteigen geruhe.

Ich geruhe nicht. Ich bin nicht mehr Millionär.

## *Die Rebellion der Totengräber*

Über dem Gewerbe der Totengräber lag etwas von dem Frieden der Ewigkeit; waren sie doch sozusagen Mittler zwischen Diesseits und Jenseits. Auf ihren Schultern trugen sie Spaten und Schaufeln und den leisen Hauch einer großen unbekannten Ferne. Entrückt waren sie allem Kleinlichen und jedem Alltag. Ihre Tätigkeit war so romantisch, daß man den simplen Zweck ihrer Arbeit – den Broterwerb – nicht glauben konnte. Ihr Beruf war eine Berufung. Ihr Arbeitsgebiet ein Heiligtum. Und niemals drang ein Schall von dem lächerlichen Geschrei des Jahrmarkts: Welt zu ihnen. Sie gruben im Krieg, sie gruben in der Revolutionszeit, sie gruben während der Putsche. Sie gruben und gruben.

Aber seit dem 1. April 1921 streiken sie! »Streik« ist eine irdische Lächerlichkeit. Gut genug für Kohlenarbeiter und Straßenbahnschaffner. Für alle, die im Leben und fürs Leben »Werte schaffen«. Wer aber im Dienste der Ewigkeit steht, wessen Tun eingeordnet ist in die große Rolle schicksalshafter Geschehnisse, wer selbst Teil der großen jenseitigen

Notwendigkeiten geworden ist, wird durch einen Streik paradox.

Die genaue Zahl der streikenden Totengräber in Berlin läßt sich nicht feststellen. Die Organisation der Streikenden ist nicht straff genug, wohl wegen der großen Entfernungen einzelner Streikgebiete und, weil auf manchen Friedhöfen die Aufgaben des Sargträgers mit denen des Totengräbers und Gruftgräbers zusammenfallen.

Der Grund dieses Totengräberstreiks ist sehr einfach: Man versucht, ihre Löhne herabzudrücken.

Nicht einmal ein Totengräber arbeitet heutzutage um Gottes Willen, sondern für Geld. Bis jetzt betrug der Stundenlohn für die Männer vier Mark bis fünf Mark achtzig. Für die Frauen, die zumeist härtere Arbeiten verrichteten, etwas weniger. Bei achtstündiger Arbeitszeit – es sterben tagsüber nämlich sehr viele Menschen – sind's rund vierzig Mark täglich. Das ist gewiß nicht viel, aber verhältnismäßig nicht allzu wenig. In den Gärtnereien, die für Lebende angelegt sind, verdienen Hilfsarbeiter ungefähr die Hälfte.

Mit diesen Lohnverhältnissen wären die braven Totengräber ja noch eine Weile zufrieden gewesen, aber die Synode, die ebenfalls eine Art Unternehmen ist, versuchte die Löhne abzuschrauben. Und das ließen sich die Berliner Totengräber nicht gefallen.

Jedenfalls hat die Weltwirtschaft kein Stilgefühl, wenn sie mit dem Lohndrücken just bei den Totengräbern beginnt. Dieser Stand bleibe womöglich verschont von innerer Politik! Vor dem Totengräber sind wir alle gleich.

Eine Tageszeitung hat die Meldung gebracht, daß die Totengräber Grüfte geschändet und Bohlen entwendet haben. Tatsächlich sind Bohlendiebstähle vorgekommen. Allein, was wäre das für eine Streikmethode? Die Friedhofarbeiter verwahren sich aufs schärfste dagegen, Grabschändungen begangen zu haben. Vielmehr sind Diebstähle ausgeführt worden, weil infolge des Streiks die Friedhöfe fast gar nicht bewacht sind. Eine Rache an Toten für Lohnherabsetzungen, die durch Lebende verursacht werden, wäre töricht.

*

Gestern war ich in Weißensee, der Stadt der Friedhöfe. Die Heckenrosen blühten dort und die Obstbäume. Die Kinder spielen in den stillen Vorstadtstraßen und bestaunen prunkvolle Leichenzüge. Trauernde Menschen tragen rührende Kränze und Blumentöpfe. Junge Mädchen in schwarzen Kleidern sind an einem blauen Frühlingstag, wie stille, tiefe Vorwürfe gegen Gott.

Und die Toten wissen nicht einmal, daß sie von der Technischen Nothilfe bestattet werden. Die Toten kümmern sich überhaupt nicht um die Weltwirtschaft.

Es ist so echte irdische Torheit, daß hier, an der Schwelle der Ewigkeit, Lohnkämpfe stattfinden müssen und Streikposten stehen! Totengräber, Totengräber, eure Aufgabe ist der Friede! …

## *Stiefelputzer*

Ich möchte der Öffentlichkeit Mitteilung machen von der Bedrängnis und Not der Stiefelputzer, die unter der Weidendammer Brücke ihrem sauren Gewerbe sozusagen nachsitzen. Sie sind im ganzen ein halbes Dutzend ungefähr. Gestern sprach ich mit ihnen.

Stiefelputzer haben im Laufe des Tages sehr wenig Gelegenheit, sich auszusprechen. Ihre Tätigkeit bedingt Schweigen. Der Friseur zum Beispiel ist in der weitaus günstigeren Lage: er hat an dem Kopf der Menschen zu arbeiten, der normalerweise der Sitz der Sprechwerkzeuge und des Gehörapparates ist. Der Stiefelputzer aber hat an tauben und stummen Füßen zu tun. Er lagert fast horizontal über dem Fußrücken des Passanten, sein Körper bildet einen sehr spitzen Winkel, und seine Hände greifen mit Bürsten und Lappen mehrere Male nach dem rechten Fuß, den linken Fuß, ehe diese beiden in jenen glänzenden Zustand versetzt sind, der eine Mark fünfzig oder zwei Mark Ausgaben rechtfertigt.

Es ist durchaus nicht leicht, Stiefelputzer zu sein. Der Tagesverdienst ist gerade nicht der schlechteste, man hat unter sehr, sehr günstigen Umständen 50 Kunden im Tag und manchmal sind zehn Gutgelaunte darunter, die einen höheren als den verlangten Preis zahlen. Aber der Bettler z. B., der drüben an der Straßenecke steht und dessen Beschäftigung lange nicht so menschenfreundlich ist, wie die der Stiefelputzer – er singt nämlich: An der Quelle saß der Knabe … – verdient mit Leichtigkeit 100 Mark im Laufe eines Vormittags.

Längst ist jedenfalls die Zeit vorbei, in der die Straßen-Stiefelputzerei den Auftakt zu einer Milliardärkarriere bedeutete. In Amerika, hieß es immer, fange man mit dem Stiefelputzen an und höre mit dem Goldberge-Schaufeln auf. Offen gestanden: Ich hab' es nie recht glauben können. Ich sah schon manchen Millionär, der gewiß besser daran täte, Stiefel zu putzen. Aber noch nie hatte in meinen Augen ein Stiefelputzer Aussichten auf Millionen.

Nun droht den Stiefelputzern, neben der chronischen Gefahr, keine Millionäre zu werden, auch noch die, nicht einmal Schuhputzer zu bleiben. Es geschah nämlich folgendes: Ein Mann, der offenbar das Geld zum Millionär hat, kam auf die Idee, die Stiefelputzerei zu organisieren. Er soll an den Magistrat fünftausend Mark gezahlt haben, um den Platz an der Weidendammer Brücke zur Besetzung mit sechzehnjährigen Mädchen benutzen zu dürfen. Diese Mädchen sollen von nun ab das Stiefelputzen besorgen. Man hat es natürlich auf Stiefel und Herz der männlichen Passanten abgesehen.

Und bereits sind am letzten Sonnabend im Städtischen Arbeitsnachweis, Gormannstraße, mehrere junge Mädchen gegen einen Wochenlohn von hundert Mark, freier Verpflegung und Uniformierung für die reizende Beschäftigung der Stiefelputzerei gewonnen worden. Die Stiefelputzer aber schrieben einen Brief an den Magistrat, sagten, daß sie sich nicht wie Hunde würden wegjagen lassen. Ihr Recht sei bitter ersessen und erputzt, Abnutzungsgebühr für die durch ihr Sitzen zerbrochenen Pflastersteine könnten sie selbst zahlen, und überhaupt diente das Stiefelputzen sechzehnjähriger Mädchen just in der Friedrichstraße nicht zur Hebung der Sittlichkeit. Auf diesen Brief ist der Magistrat eine Antwort schuldig geblieben.

## *Rabindranath Tagore in Berlin*

Den Dichter der indischen Wälder und Seelen würdig zu empfangen, putzten die Berliner Photographen schon seit Tagen ihre Apparate blank und der Filmgesellschaften flinke Sendboten gürteten ihre Lenden und exerzierten Kurbeln. In den Schaukästen der kulturbedeckten Wände hing das Zeitschriftenbildnis Rabindranath Tagores, und die Passanten stauten sich. Lange schon hegte ich den Verdacht, daß sie einen Fakir meinten, wenn sie einen Dichter sahen, und selbst in europäischen Dichtern Fakire vermuteten. Als ich in die Universität hineingelangt wurde, fand ich meinen Verdacht bestätigt.

*

Rabindranath Tagore fuhr im Auto vor die Universität, vor der Hunderte Karten schwangen und Einlaß forderten. Als das Auto hielt, stürzte sich eine Kulturmenschheit vor den Wagenschlag und auf das Dach des Autos kletterte ein

Mann vom Film und tat, was die Sitte gebot: er kurbelte. Die Universität hatte den Dichter eingeladen. Der Rektor hatte etwas zuviel eingeladen, der Raum war klein, die Studenten saßen bereits in den Bänken, als eingeladene Frauen, die stehen mußten, ohnmächtig wurden und die Pedellen drängten die Schüler aus den Bänken in die Seitengänge. Nachdem diese voll waren, kamen immer neue Menschen zu den Pforten und fanden keinen Einlaß. Das Geräusch, das daraufhin entstand, verringerte sich durch den Aufstieg der Exzellenz von Harnack auf das Katheder und durch die Erhebung seines ruhegebietenden Zeigefingers. Die Verlegenheit dagegen verringerte sich nicht, sondern wuchs und gebar den goldkettengezierten Rektor Magnificus, der auch auf das Katheder trat und mit der Schutzpolizei drohte für den Fall, daß die Studenten nicht die Mittelgänge räumen würden. Dem Rektor zur Seite schoß ein Jüngling in die Höhe, forsch und schneidig, in Kappe und Band, und nachdem der Rektor abgetreten war, schnarrte der Jüngling: Kommilitonen! und forderte freie Bahn, um die Schutzpolizei holen zu können. Er wurde ausgelacht und verschwand, aber ein paar Mittelgänger schämten sich vor Indiens Wäldern und begannen, sich zu entfernen, nachdem ein bekannter Bürgerrechtslehrer sie persönlich sanft hinauszuschieben angefangen hatte. Es war eine praktische Anwendung des Bürgerrechtes, und in diesem Falle wirklich notwendig und am Platz. Dagegen war jener Student gewissermaßen als Verkörperung des Korps-, Kriegs- und Kruggeistes, der die deutsche Jugend zum großen Teil beseelt und zum übrigen benebelt, einfach forsch. Kein Wort mehr darüber.

*

Ich erzähle dies alles ausführlich, weil ich glaube, daß zwischen diesen Vorgängen und der Verwirklichung der Tagoreschen Absichten mehr Zusammenhänge bestehen, als selbst

Rabindranath Tagore es glaubt. Er muß wohl ein großer Dichter sein. Nur ein ganz großes Genie kann die Seelenruhe bewahren im Anblick der photographischen Apparate, die noch im Saale aufgestellt waren, während der berühmte Mann von indischen Wäldern sprach. Er sprach von den Unterschieden der östlichen und westlichen Kultur, und wie zur Bestätigung der Unterschiede knackste ein Kodak. Er zitierte große indische Werke, urälteste Gottesweisheit und die urjüngste Kamera obscura bemühte sich gewissermaßen europäische und indische Mystik in dem Dunkel ihres Innern zu verbinden. Als der Dichter von der ewigen Menschlichkeit sprach und von der Torheit aller gleißenden Dinge, sah ich die goldene Kette des Rektors und hörte den Ruf des Studenten in Kappe und Band nach der Schutzpolizei.

*

Es war aber trotz allem Snobismus eine große, ehrliche Begeisterung und zum ersten Male eine Demonstration für eine Kulturangelegenheit. Eine Demonstration von einem Umfang, wie sie bis jetzt nur großen Zeiten, Kriegsausbrüchen und politischen Phraseologien zuteil geworden war. Ein Beweis immerhin, daß eine geistige Angelegenheit auch Wirkung haben kann. Als der Dichter die Pforten der Universität verließ, salutierte der vom Korpsstudenten herbeigeholte und mitten in seiner Funktion des Hinausschmeißens im Namen westlicher Gesetze unfruchtbar gemachte Schutzmann, und das war die eigentliche größte Wirkung dieses großen Besuches. Ein Schutzmann salutiert sehr stramm vor einem Dichter.

*

In der nächsten Meßterwoche werden die Berliner Rabindranath Tagore sehen können; um sechs Mark schon. Jeder Mann kann es sich leisten. Vielleicht ist es dem Kinooperateur, vorausgesetzt, daß er Sinn hat für wichtige Kulturereignisse, gelungen, jenen Moment festzuhalten, in dem der Polizist den Dichter gegrüßt hat. Es ist möglich, daß von diesem Moment an eine neue Ära der Weltgeschichte zu rechnen ist. Eine Ära, in der der Korpsgeist vor dem Geist verstummt – und die Waffe sich senkt vor der Göttlichkeit. Und deshalb sei Rabindranath Tagore gesegnet.

## *Das neue Heim*

Jenen Augenblick werde ich nie vergessen. Jenen Augenblick, in dem der rote Richard mir die Liste und Tinte und Feder vor die Augen führte, auf daß ich unterschreibe. Ich unterschrieb. Deshalb wohl halte ich jenen Augenblick für den historischen, historischesten (und scheue, wie zu sehen, keine Sprachvergewaltigung). Der Augenblick ereignete sich an dem letzten Abend des Cafés des Westens. Und die Liste, auf die ich meinen Namen setzte, war der papierene Grabstein, dem der rote Richard dem toten Literatencafé gewidmet hat. An jenem Abend hielt Ludwig Hardt, der Rezitator, seine Grabrede und wurde verhaftet und wieder freigelassen. Auch ich wurde verhaftet und gab meine Personalien ab. Nie! ich werde jenen Abend nie vergessen.

Ecke Joachimsthalerstraße und Kurfürstendamm schleicht Wehmut mir in's Herz hinein. Solch eine Bretterverschalung ist um das Café des Westens. Aus dieser Holzverpuppung wird sich im Herbst eine Diele herausschälen. Ich habe die aufdringlich-unabweisbare Empfindung: daß ein paar Stammgäste noch hinter der Bretterverschalung im alten Café verblieben sind. Sie werden in das neue eingemauert. Und mitten zwischen die Rhythmen des Dielenjubeljazz' wird ein Literatenskelett klopfgeistern; im Herbst.

Gegenüber der Kaiser-Wilhelm-Gedächtniskirche ist das

Romanische Café. Nicht gegenüber. Sondern vis-à-vis. (Der Kaiser-Wilhelm-Gedächtniskirche ist immer etwas vis-à-vis.) Im Romanischen Café saßen Bürger. Sie sitzen immer noch. Aber sie sind nebensächlich. Sie saßen früher im großen Raum, im kleinen Raum, auf der Terrasse. Manchmal kam ein Nichtbürger. Er wurde anti empfunden. Heute sitzen die Literaten im großen Raum, im kleinen Raum, auf der Terrasse. Und die Bürger werden anti empfunden.

Recht geschieht ihnen. Sie glauben schon mehr zu sein, weil die Arrivierten selbst über die Kaffeehausmenschheit spotteten. Eine Menschheit, die »keine Werte schafft«. Und ich wüßte doch so gerne, so gerne, was für Werte ein Patenthosenknopffabrikant schafft? Selbst der Literat braucht Patenthosenknöpfe, gewiß! Aber dreitausend Jahre bestand die Welt ohne einen einzigen Patenthosenknopf. Sind Patenthosenknöpfe Werte?

Und die Maler selbst, die der Patenthosenknopferzeuger patente Gesichter konterfeiten und die Schriftsteller, die als Reklamechefs in Patenthosenknopffabriken sich durch Posaunenstöße aufbliesen, lachten auch über die Literaten. Die Maler und Schriftsteller erzeugten nämlich Werte. Und die Literaten träumten nur von Werten. Aber sie träumten wenigstens von Werten. Die anderen aber träumten von einem schönen neuen Nachtkastl.

Die Literaten sind Revolutionäre im Traum; die Andern nicht einmal in der Wachheit Demokraten. Die Literaten haben Mokka in den Adern. Und die Andern Malzkaffee, verkalkten. Die Literaten haben die Pose der Genialität. Die Andern nur die der Tüchtigkeit. Weder sind die einen genial, noch die Andern tüchtig.

Deshalb schleicht Wehmut mir in's Herz hinein, wenn ich am verschandelten Café des Westens vorbeikomme. Aber es gibt, tröste ich mich, ein geographisches Schicksal. Hier, Ecke Joachimsthalerstraße und Kurfürstendamm werden immer

Literaten sitzen. Und wenn drinnen Jazz getanzt werden sollte, so werden ihn die Literaten »adäquat« empfinden. Und wenn Herr Pauli, der Besitzer, zwanzig Mark für den Mokka fordert, so werden die Literaten ihn trotzdem schuldig bleiben. Seinem geographischen Schicksal entgeht man nicht.

## *Kinder*

Die Kinder sind in dieser Welt, in der die Erwachsenen so unwahrscheinlich rasch überhandnehmen, das einzig Erfreuliche. In meiner Straße spielen Kinder, und ich sehe ihnen zu: sie beschäftigen sich nicht mit Psychoanalyse und Graphologie; nicht einmal einen »Komplex« haben sie. Von Traumas ganz zu schweigen. Sie lesen keine Neuigkeiten und wissen nicht, wer Klante ist. Sie regen sich nicht auf, wenn eine Zeitung verboten wird. Es ist empörend, wie gleichmäßig sie Reifen spielen, während man der öffentlichen Meinung einen Maulkorb anprobiert. Ich glaube gar, sie ahnen nichts von der Geliebten Roswolskys, die das größte Werk des Jahrhunderts sein soll. Sie pfeifen auf das Jahrhundert. Und sie haben keine Spur von Gesinnung.

Traurig ist nur die Tatsache, daß die Kinder älter werden müssen, von einem Beruf ergriffen und vom Leben eingetreten. Sie müssen eine »Generation« bilden, das heißt: aus der stillen Straße in die Weltgeschichte gelangen. Denn nur der Geschichte wegen werden Kinder geboren, und weil die Historiker Epochen brauchen. Bei dieser Gelegenheit fällt manches für die Statistiker ab, die hocherfreut sind, wenn sie Geburtenzahlen berechnen dürfen. (Epidemien sind übrigens auch was für Statistiker.)

Ihrer Pflicht eingedenk wachsen die Kinder und lernen in der Schule Gedichte und Sprichwörter. Zum Beispiel: Edel sei der Mensch, hilfreich und gut! An guten Lehren mancher

Art ranken sich die Kinder sozusagen empor, bis sie endlich zur letzten Weisheit gelangen, nämlich zum Schießpulver. Dann werden sie entweder Soldaten, oder sie begnügen sich mit der Ermordung eines Spaziergängers.

Wenn ich an derlei denke, kann ich kein Kind mehr ansehen, ohne seine Zurückentwicklung zu prophezeien. Ich fürchte, daß mir jener goldblonde Knabe nach fünfzehn Jahren im Buchladen begegnet, wo er hinter einem mit Stimmungswachskerzen bestandenen Pult erlesene (o Doppelsinn!) Lyrik in den tantenbesäten Raum fallen lassen wird. Oder er könnte auch ein Magistratsschreiber werden in der Abteilung römisch IV, und seine Lebensaufgabe bestände darin, rationierte Doppelmilch gesegneten Frauen vorzuenthalten. Ich sehe schon, wie er Sonntags, weit über seine Verhältnisse hinaus im Bett liegend, den Hochzeitsmarsch zwischen pergamenten dürren Lippen zerpfeift und am Nachmittag mit seinem Mädchen in den Grunewald zieht, der sauren Minne zu pflegen. Und ihr Kleid riecht nach Stärke.

Er ist ein Streber, er strebt der Sektion römisch XXVI entgegen, wo das Büro einen roten, grüngeränderten Teppich hat, und an den Türen Visitenkarten hängen. Diese Stellung ist mit einer Pension, einer lebenslänglichen, verbunden, und einem um genau zwanzig Millimeter tieferen Gruß des Magistratsdieners, der Knutschke heißt und nicht anders.

Was kann mein Liebling noch alles werden? Ein Staatsanwalt, der mich verurteilt? Ein Grenzrevisor, der mit zahlreichen Händen in meinen geheimsten Taschentüchern nach Unmoralitäten stochert? Ein Schieber im Gürtelrock, der das Rot seiner knallenden Stiefel gegen meine Nase spritzt, wenn er mir in der Eisenbahn gegenübersitzt? Dauerredner, Geheimspitzel, Mädchenhändler, Heiratsvermittler, Geldverleiher, Steuereinnehmer, Gemeinderat, Leichenbeschauer, Assessor, Familienbadaufsichtsbeamter? Was wird aus meinem lieben, blonden Knaben?

Und das braune Mädchen, das die Schwester an der Hand führt, und das mir vor einigen Tagen sein neues Kleid zeigte und mich fragte, ob ich auch so schöne Wäsche hätte? Wird sie Beamtin im Telephonamt oder im Büro der Stenotypistinnen? Und keines von den jungen, ungeduldigen, kleinen, weißbeblusten Mädchen wird eine Viertelstunde früher den Brief fortlegen dürfen, der mit den geschäftsdeutschen Wendungen anfängt: Wir bestätigen dankend und erlauben uns inliegend … Indes draußen schon Heinrich wartet …

*

In der »Salzburger Zeitung« las ich eine Geschichte, so wunderbar, daß sie nur das Leben erfunden haben kann.

Es ging ein Gendarmeriewachtmeister über Land, ein »Postenführer«, und kam an einem kleinen See vorbei. Ein fünfjähriges Mädchen stand am Ufer und weinte, weil ihr Papierschifflein so weit hinausgeschwommen war. Da beging der Gendarmeriewachtmeister eine Pflichtverletzung, indem er seinen Dienstweg unterbrach, seine Rüstung ablegte und ins Wasser sprang, um dem Mädchen sein Papierschifflein zu holen.

Ein gütiger Herrgott, dem es furchtbar fatal war, daß in seiner Welt ein Edelmensch Gendarmeriewachtmeister sein mußte, des kargen Brotes wegen, blies ein bißchen in die Wellen, strudelte sie durcheinander, und der Gendarm ertrank, das Papierschifflein in der Hand.

## *Reise*

Die fremden Länder blühen erst hinter den Grenzen auf, von Zollrevisoren bewacht, umrandet von Paßgesetzen, und die Ferne, nach der die Sehnsucht zielte, ist auch nur ein Staat mit Oberhaupt und Schutzpolizei, Bevölkerungszuwachs und Steuerdeklaration. Hielt man einen exotischen Laut für den Schrei der Sehnsucht, so war's bestimmt nur ein Pfiff der Lokomotive. Alle Bahnhöfe der Welt riechen gleichmäßig nach Steinkohle und nicht nach Versprechungen. Der Expreßzug ist stickig, von schnarchenden Menschen erfüllt, die nicht aussehen, wie Reisende, nicht den Duft fremder Geheimnisse tragen, sondern Butterbrot in fleckigen Taschen und Seßhafte sind, alle Schwächen ihrer erbärmlichen Menschlichkeit in dem Quadratmeter Kupee auspacken und so nebeneinander häufen, daß der Betrachter erschrocken in den Korridor zurückprallt. Ich sah eine wunderschöne Frau in mein Abteil steigen und meine Seele erbebte. Am nächsten Morgen schlug sie die Augen gegen das Gepäcknetz auf und ich blickte nüchtern auf ein Wesen in weiblichen Kleidern, dessen Gesicht alle Folterqualen einer durchrüttelten Nacht in seinen Zügen trug. Der Wind, der durch das offene Fenster kam, mischte Ruß und Puder durcheinander und der Schlaf lag wie Kleister in ihren Augenwinkeln. Wie mußte ich erst aussehen!

Ich kam in ein fremdes Land und drückte einem unbekannten Portier mein Billet in die ausgestreckte Hand, statt einer Visitkarte, wie es sich eigentlich gehört hätte. In der fremden Stadt sah ich grünpatinierte Kirchenkuppeln sich wölben und Kirchtürme, die gotisch in den Himmel turnten. Bettler lauerten vor den Kirchentüren und Bettlerinnen mit Bartstoppeln, sozusagen schlecht rasierte Bettlerinnen. Sie lauerten den Gläubigen auf und überfielen weiche Seelen mit einer frommen Litanei. Kinder, Greise und Frauen warfen den Bettlern Geld in den Schoß und dachten sich dabei: Gott sieht es.

Ich schaute in fremde Büroräume und die Leute, die dort arbeiteten, trugen Schutzärmel, schwarze, genau wie bei uns daheim. Blonde und andersgefärbte Mädchen saßen über Schreibmaschinen und dachten an die sechste Stunde, welche die Stunde der Erlösung für die Frauen dieses Jahrhunderts zu sein pflegt. Aber es war erst kaum nach zwei. Von einem nahen Glockenturm fiel ein Viertelstundenschlag in den Büroraum und die Mädchen horchten auf, denn es konnte, wer weiß, ein Wunder sich ereignen und sechs schlagen. Aber, als wäre es bei uns, blieb es hartnäckig ein Viertel nach zwei und die Mädchen klapperten rüstig weiter. Auch in den fremden Ländern sind die Uhren seelenlose Maschinen. Und die Mädchen werden es auch …

Ich kam in ein Spital und es roch nach Kampfer und Jodoform, wie alle Spitäler der Welt. Die Krankenschwestern flatterten mit breiten, weißen Hauben, wie mit gesteiften Flügeln, von Bett zu Bett, und die Kranken stöhnten so bekannte Laute, daß es mir heimatlich wurde. Offenbar, dachte ich, sprechen die Menschen nur dann fremde Sprachen, wenn sie gesund sind. Aber der Schmerz ist die größte und siegreichste Internationale und sein Ausdruck überall verständlich, wie Musik.

Die Ärzte kamen in weißen Mänteln, ein bißchen blutbespritzt, aus dem großen Operationssaal, wo sie einen Einzelnen zum Wohle der Gesamtheit gerade zerschnitten hatten. Der Kranke wurde hinausgetragen, von zwei gleichgültigen und stämmigen Wärtern, und er lag noch im Dämmer der Narkose, einen Schritt vor der Schwelle des Paradieses, und in seinem blutlosen Gesicht lag die Seligkeit des Jenseits. Alle Menschen sind gut, wenn sie tot sind, dachte ich. Bei uns daheim sehen die Toten auch so aus.

Auch in den Gärten der fremden Stadt war ich, wo die Liebe blühte. Frauen und Männer gingen hier und saßen zusammen auf den Bänken und versicherten einander, daß sie sich liebten, was höchst überflüssig war, denn man merkte es ohne weiteres. Der Abend ging in den Alleen hin und her und wartete auf die Nacht wahrscheinlich. Ein Schutzmann stampfte einher und bemerkte ihn gar nicht, obgleich es doch seine Pflicht ist, alles Verdächtige sofort aufzuschreiben.

In den Gast- und Kaffeehäusern des fremden Landes flitzen die Kellner dienstbereit, in Erwartung des abgeschafften Trinkgeldes, durch die Reihen der Gäste, die trotzdem ungeduldig sind und gelegentlich mit den Eheringen gegen die Gläser klopfen. Und daran erkennt man die Verheirateten. Man kann Tee, Kaffee und Likör trinken, es schmeckt manchmal anders als bei uns, aber wenn man bereits getrunken hat, ist es, als hätte man's zuhause getan.

Die Menschen sprachen anders. Die Häuser sahen anders aus: Es war kurzum ein fremdes Land. Aber, was maßgebend ist, und die Nationen der Welt eigentlich repräsentiert, nämlich die Grenzgendarmen und die Zollwächter – sie sind hier und dort einander gleich. Sie haben alle Beutehände und tastende Blicke, die körperlich sind.

Ich weiß nicht, was jemand zu erzählen hat, wenn er eine Reise tut. Ich könnte jahrelang zuhause sitzen und zufrieden sein. Wenn nur nicht die Bahnhöfe wären. Man glaubt, sie riechen nur nach Steinkohle, aber es sind eigentlich Versprechungen der Ferne. Und man glaubt, ein schriller Laut, der die Nacht durchschauert, sei nur ein Pfiff der Lokomotive. Und es ist ein Schrei der Sehnsucht. Und wunderschöne Frauen steigen gelegentlich zu Einem ins Abteil …

## *Nackttänze*

Celly de Rheydt steht als Vertreterin der Nackttanzkunst vor dem Gericht. Als sie nach Berlin kam, tanzte sie gelegentlich mit großem Erfolg die Hörselbergszene aus »Tannhäuser«. Es war in einem kleineren Theater. Die Tannhäuseroper sah dort ungefähr so aus, als hätte Richard Wagner sie für das Ballett verfaßt. Der Venusberg wurde aus seiner störenden literarischen Umgebung sozusagen herausgemeißelt und stand für sich allein da, betanzt von nackten Mädchen. Sie waren von hauchdünnen Schleiern nicht verhüllt, sondern umweht. Und sicherlich war *diese* Darstellung der Venusbergszene die wahrheitsgemäße. Die jungen Damen der klassischen Liebesgöttin trugen auch keine Kleidung. Der Opern-Tannhäuser ist bemüßigt, fleischfarbene Kleidungsstücke für Haut zu halten und sich von ihnen verführen zu lassen. Der Tannhäuser, der Frau Celly auf der Bühne umtanzen ließ, sah echte Nacktheit um sich, wie der richtige Tannhäuser seinerzeit. Gegen eine solche naturalistische Wiedergabe der Zustände auf dem Venusberg wäre auch vom künstlerischen Standpunkt nichts einzuwenden gewesen. Jedoch ist die Oper nicht dieses Venusbergs wegen geschrieben worden, und dessen erotische Zustände sind der Tragik des Helden wegen da. Deshalb wars ein Mißbrauchen des Werks. Frau Celly de Rheydt lieh sich von der Kultur sozusagen den Richard Wagner aus, um, bloß mit seinem Nimbus angezogen, tanzen zu dürfen.

*

Ich sah noch mehrere Hörselbergdarstellungen im vergangenen Jahr. Die Leute saßen mit roten Wangen an weiß gedeckten Tischen und tranken abgestandenen Sekt. An den Tischen vorbei wirbelten die Frauen, rhythmenlos, und sahen aus, wie verkörperte Gegensätze der Musiktakte. Langstielige Lorgnons sprangen mit hörbarem Klaps in die Höhe und reckten ihre Hälse. Einsame Hornbrillen erglommen. Konzentrische Kneifer verloren ihren Halt auf den Nasen. Die ganze Optik war in rosa Erotik gehüllt. Die nackten Mädchen streiften hier und dort ein Tischtuch. Durch die Männer, die am Tisch zusammengerückt saßen und mit den geröteten Gesichtern, wie ein Bündel unheimlich großer Riesenradieschen aussahen, ging ein Zucken und sie taten einen Schluck sauren Sekts. Eine Saison lang dauerte diese Berliner Körperrevue. Dann war die Masse durch die Masse stumpf geworden. Die Welt begann wieder auf Spitzenhöschen zu reagieren. Die Hornbrillen interessierten sich für Unterröcke. Die Kneifer – oh, köstlicher Doppelsinn des Wortes! – verloren ihren Halt nur noch beim Anblick seidener Strümpfe. Nun ist es wieder, wie einst. Die Verhüllung wirkt, nicht die Erfüllung. Das Versprechen und nicht das Geschenk. Infolgedessen kommt mir der Celly de Rheydt-Prozeß ein bißchen antiquiert vor.

*

Viele Erwachsene gelangen aus der Pubertät nicht heraus. Sie sind Zotenleser und Kabinengucklochseher. Ihr Bedürfnis erschöpft sich vollkommen in einem ewigen Forschen nach Wandritzen und Schlüssellöchern. Alle dem Amusement geweihten Stätten kommen diesem Bedürfnis freudig entgegen. Die Röcke der Damen auf den Bühnen sind mehrfach geschlitzt. Ein wohlgeformtes Bein enthüllt sich für eine Sekunde dem applaudierenden Blick und verschwindet wieder mit unheimlicher Schnelligkeit. Eine Spange an der Schulter will den Anschein erwecken, daß sie allein Vorderteil und Rücken des Kleides zusammenhält und – hast Du nicht gesehen! – plötzlich aufspringen kann. Auf ein solches Versagen einer Spange harrt man. Ach! Sie springt nicht. Es fällt ihr nicht ein, zu springen. Und überdies ist das Kleid sicher zugenäht. Die Leute haben ihr Geld gezahlt, um einen Genuß zu empfangen. Man bot ihnen nur die Erwartung und die Enttäuschung. Das ist unsittlich.

*

»Celly de Rheydt« sei Marke und Sammelbegriff. Es gibt also: bekleidetes »Celly« und unbekleidetes. Dank dem letzteren war die Welt nahe daran, von ihrem Pubertätsdrang nach Beinen, Schultern und Brüsten befreit zu werden. Wenn den Stätten des Amusements befohlen worden wäre, drei Jahre lang nackte Tänzerinnen in Massen auftreten zu lassen, so hätten vielleicht sogar lüsterne Agraffen ihre Anziehungskraft verloren. Wer die Nacktheit verbietet, fördert die Erotik des geschlitzten Kleides; des Schlüssellochs; der lückenhaften Badekabine.

*

Daß nun aber gar die Justiz sich in ehrfürchtige Togas hüllt, ein Staatsanwalt schlaflose Nächte verbringt, Akten dimensional anschwellen, Verteidiger ciceronische Beredsamkeit entwickeln und ein Pfarrer als Sachverständiger geladen wird, das ist eine Verschwendung von Pathos und Feierlichkeit, deren oft und dringend gebrauchte Wirksamkeit in dieser Welt der Gottlosen und der Spötter nur abgestumpft wird. Der harmlosere Teil der Öffentlichkeit ist imstande, den Celly de Rheydt-Prozeß für einen Kampf der Freiheit gegen die Muckerei aufzufassen, etwa wie den Reigen-Prozeß, weil jener diesem auf dem Fuße folgt. Der Staat macht für die Erledigung dieser Angelegenheit eine viel zu weit ausholende Geste. Man wird sehr viele Phrasen tönen hören, von Freiheit, Tyrannei, Opfer. Die Welt des Amusement wird sich ein paar Begriffe leihen von der Kultur. Eine Anleihe wie jene der Frau Celly de Rheydt bei Richard Wagner. Es wird um die Frage: »Trikot oder Fleisch im Venusberg« gehen und man wird glauben, es handle sich um die Sittlichkeit »Tannhäusers«. Oh, welche Verwirrung! –

## *Der Spruch an der Wand*

In Pompeji – so berichten die Blätter – sind neue Ausgrabungen gemacht worden. Es gelang, ein Haus mit Balkons,

Loggien und einem fast unversehrten Stockwerk aus der Lava zu befreien. In einem der Zimmer fand man die Wandinschrift: »Du sollst nicht begehren nach dem Weibe Deines Nächsten.«

Aus dieser Inschrift schließt man, so wird berichtet, daß der Inhaber des Hauses – ein Philosoph gewesen sei. Es muß doch eine seltsame Stadt gewesen sein, dieses Pompeji! Seine Durchschnittsbewohner hielten es für selbstverständlich, nach den Weibern ihrer Nächsten zu begehren. Nur die Philosophen taten es offenbar nicht, und schrieben das Verbot an die Wände.

Wenn einmal – so stelle ich mir vor – eine unserer Städte verschüttet würde, wie dazumal Pompeji – man könnte nach zwei Jahrtausenden anläßlich einer Ausgrabung ein unversehrtes Zimmer finden, mit Sprüchen an der Wand:

»Iß' was gar ist,
Trink' was klar ist,
Sprich, was wahr ist.«

Und man würde daraus schließen, daß der Inhaber des Hauses eine prachtvolle Köchin, einen alten Weinkeller gehabt habe und ein wegen seiner Wahrheitsliebe allgemein verhaßter Zeitgenosse gewesen sei.

## *Der Chauffeur Kaiser Karls*

Im Café, in dem die Überreste der Bohème an ihren Schulden, die sie im alten Café des Westens gemacht haben, weiterzehren, an einem Tisch zwischen Dichtern und anderen fraglichen Existenzen, kurz, an meinem eigenen Stammtisch, traf ich gestern einen Mann vom Hof. Es ist der Chauffeur des österreichischen Hofes, der ehemalige Leibchauffeur des ermordeten Erzherzog-Thronfolgers von Österreich-Ungarn,

Franz Ferdinands, und der spätere Chauffeur Kaiser Karls des Letzten.

Er heißt *Schober*, wie das gegenwärtige österreichische Staatsoberhaupt, aber er ist jetzt Chauffeur der tschechoslowakischen Gesandtschaft in Berlin, bei der er seit dem Umsturz bedienstet ist, wie zu hoffen, zur größten Zufriedenheit beider Potentaten. Dieser Chauffeur ist deshalb eine so bemerkenswerte Persönlichkeit, weil er zu den meistphotographierten Menschen Mitteleuropas gehört. Er selbst besitzt eine große Anzahl Postkarten, auf denen er in Begleitung von Fürsten und Generälen, Befehlshabern und sonstigen blamierten Menschen, der Weltgeschichte zu sehen ist. Das heißt: die anderen sind eigentlich in seiner, des Chauffeurs Begleitung, – wenigstens zu der Zeit, in der sie photographiert wurden. Seit damals haben sich die Gesichtspunkte verschoben, und die Verschuldungen der Chauffeure am Weltkrieg sind geringer geworden, als die der »führenden« Persönlichkeiten, von denen man sich jetzt zu überzeugen anfängt, daß sie nur die Geführten waren – zumindest von den verdienstvollen Chauffeuren eben. Herr Schober ist jetzt ein liebenswürdiger junger Herr in Zivil, der sich im Café sehr gerne interviewen läßt und schon deshalb einem General vorzuziehen ist.

Herr Schober ist gut gekleidet und ebenso situiert, denn er verdient tschechoslowakische Kronen; viel mehr als damals, da er noch bei Hofe war. Damals erhielt er hundertfünfzig Kronen im Monat und mußte sich den Namen eines Habsburgdieners gefallen lassen. Heute dient er seinem angestammten Vaterlande. Er kam direkt vom Militär zum Erzherzog-Thronfolger Franz Ferdinand nach Konopischt. Das war im Jahre 1912. Hier bediente er eins der Privatautos des Erzherzogs, in dessen Dienst er bis zu der Mordtat von Sarajewo verblieb. Von Haus Konopischt weiß er nur Gutes zu erzählen. Die Frau des Thronfolgers, die bekannte Gräfin

Chotek, war eine ausgezeichnete Hausfrau. Sie gab sehr viel auf Reinlichkeit im Hause und überzeugte sich sozusagen eigenhandschuhig von dem Staub auf Nachtkästchen, Tischplatten, Schubladen usw. Eines Tages kam Kaiser Wilhelm nach Konopischt. Von jener historischen Begegnung der beiden Potentaten, bei der die Angelegenheit des kommenden Weltkriegs von den beiden großen Männern auf einem harmlosen Spaziergang im wunderschönen Park besprochen wurde, verblieb Herrn Schober, dem Chauffeur, eine Krawattennadel Kaiser Wilhelms, eine goldene, deren Wert nur ein bißchen darunter leidet, daß sie ein großes »W« aufweist, das man je nach Belieben mit »Wilhelm« oder »Weltkrieg« deuten kann. Herr Schober trägt jedenfalls diese Krawattennadel nicht. Als Franz Ferdinand nach Sarajewo fuhr, ließ er seine Privatautos in Konopischt und benutzte ein Militärauto. Wer weiß, ob Herr Schober nicht allein dadurch seinem Tod entgangen ist. Er meint allerdings, daß er vielleicht so geschickt gelenkt hätte, daß es dem Attentäter kaum gelungen wäre, sein Vorhaben auszuführen. Und es ist sehr reizvoll, sich vorzustellen, daß vielleicht der ganze Weltkrieg nicht gekommen wäre, wenn Franz Ferdinand seinen Leibchauffeur mitgenommen hätte.

Ich stelle mir Herrn Schober nicht mehr am Lenkrad des Automobils vor, sondern an dem der Weltgeschichte. Dem König Ferdinand von Bulgarien half Herr Schober einmal in Schönbrunn in den Mantel und bekam dafür einen hohen bulgarischen Orden. Die große Silberne erhielt er nach jenem Unfall Kaiser Karls in Torrato, während des Krieges. Es war das einzige Mal, daß der Kaiser Karl sich in einer problematischen Lebensgefahr befand. Damals wäre er, so schrieben die Zeitungen, ertrunken. Herr Schober weiß sonst von keiner Lebensgefahr zu erzählen. Auch die ehemalige Schauspielerin, die Freundin des alten Franz Joseph, konnte Herr Schober nach Schönbrunn führen. Damals fand sie noch alle Türen offen. Kaum war der alte Kaiser tot – und schon verwehrte man ihr den Eintritt. Vor Schönbrunn lag die Barriere des Zeremoniells.

Herr Schober erzählt von seinen Kollegen, den übrigen österreichischen Hofchauffeuren: einer, namens Schlager, ist in Wien geblieben und steht in Diensten der österreichischen Regierung. Schober selbst ist, wie gesagt, in der Gesandtschaft seines Heimatlandes, und der dritte Chauffeur, namens Lehrer, hat wahrscheinlich den harmlosesten der Sukzessionsstaaten gewählt: er dient nämlich im Hause Rothschild.

## *Die tönende Mauer*

Die Straße heißt Müllerstraße und ist von solch qualvoller Unaufhörlichkeit, als trüge sie ihren Namen nicht nach einem, sondern nach allen Müllers der Welt. Sie liegt, wie das meiste Qualvolle, im Norden der Stadt, und besteht aus Mietskasernen und Lagerplätzen und auch freien Plätzen, die, von Bretterzäunen mangelhaft verdeckt, ihre peinlichen Blößen den Passanten enthüllen müssen. Kein Unkundiger ahnt, daß von dieser Müllerstraße ein bescheidener Seitenweg zu dem wenig bekannten und wie durch eine besondere Härte des Magistrats nach dem Norden versetzten, aristokratischen Schillerpark führt. Dagegen sieht jedermann gegenüber diesem Weg einen Kientopp, in dem anachronistische Filme gegeben werden. Und links neben den Lichtspielen sind, könnte man sagen: die Tonspiele.

Ich meine: Die tönende Mauer.

Ich stand an einem linden Tauwettertag zwei Stunden und länger neben der tönenden Mauer und lauschte ihren Offenbarungen. Sie wußte von zwei Kinderbetten, einem Kinderwagen, einem Militärmantel, einem grauen Straßenanzug, einem »frisch abgelegten Frack«, zwei unorthographischen

Cutaways, die mit »K« und »ai« geschrieben waren, und mehreren Schlafstätten und Zimmern für garantiert solide Herren bei anständigen Familien; und weniger anständige Anzeigen.

Diese Mauer ist nämlich eine Art Inseratenzeitung aus Mörtel und Stein, in der die Zeile gar nichts kostet. Oder eine aufgerollte und Fläche gewordene Litfaßsäule. Die Menschen im Norden, die etwas oder sich selbst anbieten, und die andern, die ein Bedürfnis nach Kinderbetten, Schlafstätten, Freundschaft und Liebe haben, verkehren durch schriftliche Ankündigungen auf dieser Wand miteinander.

Und auch jene, die einander persönlich schreiben müssen, benutzen die Mauer. Wer lesen kann, liest hier eine Welt. Eine Schrift lautet: *»Libe Miez, ich kome Sonntag wie gewöhnlig.«*

Es ist wahrscheinlich der Brief eines Halbwüchsigen an die Geliebte seines mutierenden Herzens. Ich stelle mir vor, daß »Miez« ein wasserblondes Mädchen ist, mit Haaren, die so feuchtglatt gestrählt sind, als hätte man sie schon aus dem Spreekanal gezogen. Viele arme Mädchen im Norden haben noch im lebenden Zustand Haare und Gesicht von freiwillig Ertrunkenen.

Eine blaue Kreide hat solches mitzuteilen: *»Ich ferkaufe den blauen Hut, wen Du nicht abholen kommst, Elsa!*
*Pauline Ebers.«*

Mit weißer Kreide steht am unteren Mauerrand: *»Pauline gib mir meine Kiselsteine!«*

Es gibt sehr viel Tragik in der Welt, fast noch mehr als Kieselsteine. Am traurigsten ist es, wenn Paule sich die Kieselsteine leiht und gar nicht mehr daran denkt, sie zurückzugeben. Dabei ist zu bedenken, daß der Mensch jeden Tag Kieselsteine braucht, und daß man sie in der großen Stadt nicht mehr häufig findet. Man muß schon einen Bauplatz ausfindig machen oder in einen noch wenig bekannten Park laufen, um schöne glatte Kieselsteine zu finden, die vom

Regen glatt geschliffen sind, daß man sie in die Tasche stekken kann und in den Händen fühlen, wie etwas Sanftes, Frommes, unendlich Kostbares.

Ich wünschte mir sehr, einen oder mehrere solcher Korrespondenten zu sehen und ich sah, als es zu dunkeln anfing: ein kleines Mädchen, eine Frau und zwei Männer. Sie klebten Zettel an die Mauer. Das kleine Mädchen war offenbar von ihren Eltern hergeschickt. Sie trug keinen Kleister mit, sondern schwenkte den schon klebrigen Zettel wie ein kleines Fähnlein in der Hand. Er war klebebereit und gut stilisiert und zeichnete sich durch eine künstlerische Rondeschrift aus. Es war ein prachtvoller Zettel, und er kündigte eine Schlafstelle an. Für die Qualität dieser Schlafstelle sprachen die Orthographie und die Kalligraphie. Und wenn sonst nichts auf diesem Zettel stünde, als nur das Wort Schlafstelle und die Adresse, ich würde hingehen, brauchte ich eine Schlafstelle. Die Frau trug einen Kleistertopf unter dem Tuch, mit einem spärlich behaarten Pinsel. Sie wählte einen möglichst auffälligen Platz für ihre Kundmachung, es war sozusagen ein Platz an der Sonne, wie er dieser Frau im Leben niemals beschieden sein wird. Und sie kündigte ein *»Rad zum Verkauf«* an.

Die zwei Männer, die von ihren Pappenschildern so beschattet waren, daß ich nur ihre gedrungenen Gestalten und ihre kurzen, muskelstrangkarierten, nackten Hälse sah, waren schon mit der Technik des Klebens vertrauter. Sie hatten eine Tube Zahnpasta in der Tasche und sie quetschten daraus behutsam Regenwürmer aus Klebstoff und befestigten geschickt und sicher ihren Zettel, so daß er allen Unbilden der Witterung standhalten wird. Sie suchten einen *»jungen, verschwiegenen, schlanken Gefährten zu Sport und Spiel«*.

Es ist schön und erhebend, wieviel Respekt die Menschen vor einander haben. Keiner, der mit unehrlicher Geriebenheit sein Plakat über ein fremdes klebt. Raum für alle hat diese

Wand. Ich höre das ewige Tönen dieser Mauer. Sie offenbart mir die Leiden und Kümmernisse aller, die hier ihr Privatleben plakatieren. Ohne Scheu und aufrichtig. Ein anderesmal will ich versuchen, [ihnen allen zu folgen, die hier anzeigen, Kinderbetten kaufen, Schlafstätten mieten, Cutaways anprobieren.

Und, wenn ich kann, den Kindern Kieselsteine bringen, Fräulein Else die Raten für den blauen Hut bezahlen und »ihn« veranlassen, einmal auch am Sonnabend zu kommen, auf daß »Miez« sich freut.]

## *Ballett*

Im Probesaal, der nackt ist wie ein Klassenzimmer, tanzt das Ballett. In der Ecke rechts steht das Klavier, wenn ich nicht irre, der einzige dunkle Fleck in dieser pädagogisch-hellen Umgebung. Selbst der Klavierspieler ist blond. Ich sitze auf dem Podium, neben dem Katheder. Jawohl neben dem Katheder. Das Katheder ist ein Pult mit klassenbuchähnlichen Heften belegt. Die Hefte enthalten verschiedene Rubriken, in denen steht: »1. Minister«; »2. Minister«; und ähnliche Würdenträgerbezeichnungen. Erstaunlicherweise heißen die Minister zum Beispiel: Elsa mit Vornamen. Es sind Staatsposten des Balletts. Der Dienst derer, die sie bekleiden, ist Tanzen. (Eine Politik, die in den Fußspitzen liegt.) An der linken Pultwand befinden sich drei Druckknöpfe. Es sind Klingeln. Wenn sie der Herr Ballettmeister Hoffmann drückt, erscheinen entweder die Tänzer oder die Tänzerinnen oder die »Solodamen« oder auch alle. Nach Belieben, bitte. Oben läuft die Wände entlang ein Balkon, mit Vorhängen, leider. Hinter den Vorhängen kleiden sich die kleinen Tänzerinnen aus und um. Die ganz kleinen Tänzerinnen sind siebenjährige Kinder. Es gibt hier eine Schule, in der sie tanzen, um Lesen,

Schreiben, Rechnen zu lernen, und andere Dinge, die Tänzerinnen brauchen. Diese kleinen Tänzerinnen verursachen ein großes Gesumm auf dem Balkon, just, wenn die Probe beginnen soll. Drei Stockschläge des Herrn Ballettmeisters, mit einem Rohrstäbchen auf den Boden getupft, hören sich an wie das Aufstoßen mit einem Marschallstab vor Beginn eines königlichen Zeremoniells. Drei Löcher sind in das Gesumm geschlagen.

»Mignon!« ruft der Herr Ballettmeister. Der Klavierspieler läßt einen Tanz den Tasten entrasen. Eben noch standen die Herren im Straßenanzug. Die Damen saßen und standen in den Ecken. Sie haben weiße Wirbelwindkleidchen an und nackte Beine. Die Füße stecken in weichen Schuhen, die sehr biegsam sind, mit Sohlen wie aus Brieftaschenleder. Wenn es nicht so unsinnig klänge, möchte man sagen, die Füße stecken in Handschuhen. Eben noch standen, wie gesagt, die Herren im Straßenanzug. Jetzt haben sie plötzlich hergezauberte Pauken in der Hand, in die sie jubelnd schlagen. Sie schlingen sich durch die weißen Mädchenreihen wie noch nicht fixierte graue Cäsuren durch Verse aus weißer Weiblichkeit. Von Melodiewinden geschaukelt, wiegen sich die Körper.

Plötzlich verfangen sich irgendwo die Takte im Gestrüpp. »Aufhören!« pocht der Stock des Herrn Ballettmeisters. Die Musik bricht ab. Ein halbzerrissenes Tonbündel ragt noch eine Weile in die Luft.

»Noch einmal!« Der Tonbündelrest ertrinkt in den Anfangsklängen. Das war glatt. Die Trommeln klangen überall, wie ordnungsgemäße Punkte, sauber hinter die Rhythmen gehaut. Die Herren treten ab.

Dann ist Pause. Die Damen trippeln in die Ecken. Sie erhalten Theaterbillets von einem umherziehenden Herrn. Sie stecken die Karten in das Kleid, an die Brust, zweitens, weil sie keine Tasche haben und erstens, weil das überhaupt die natürliche gottgegebene Tasche der Frau ist.

Die kleinen Tänzerinnen summen schon wieder. Ein Bündel brauner und blonder Mädchenköpfe ragt über das Balkongeländer herunter, von fortwährendem Getuschel geschaukelt. Der Herr Ballettmeister ruft die Kinder und dann trippeln sie tripp, trapp, mit dem Geräusch eines Sommerregens die Stiege entlang in den Saal. Dann drückt der Herr Ballettmeister auf den Knopf, auf das die Solodamen herfürtreten. Die Kinder ergreifen Palmzweige, die auf dem Klavier liegen und umrahmen die Gruppe der Tänzerinnen, wie ein kleiner Gartenzaun aus Kinderkörpern.

Hier sieht man die unmittelbare Wirkung der Musik: wie ein Ton einen Körper elektrisch durchfließt und eine Geste hervorruft. Wie die Melodie sich zum Körper wandelt und plastische Ausdrucksform wird. Wie nah verwandt die Künste sind: Musik und darstellende Kunst. Ich habe die zwingende Vorstellung, daß ein Bildhauer modellieren müßte bei Musikbegleitung. Es ist ein freudiges Exerzieren. Die militärische Exaktheit besänftigt sich in den weichen Bogen runder schleifender Bewegungen. Das Kommando ist sphärisch. Man gehorcht ihm nicht aus Not, sondern aus innerem Zwang.

Ich muß noch vom Herrn Ballettmeister erzählen: er ist nicht mehr ganz jung, der Herr Ballettmeister. Aber ich sehe, wie in seinem Körper die Rhythmen tänzeln. Wenn er rasch hintereinander: ta-ta-ta sagt, hüpfen seine Füße sozusagen innerlich. Manchmal stellt er sich in die Mitte und zeigt: die Damen müssen eine Schulter zurückbiegen. Und er biegt, wahrhaftig, eine Schulter geschmeidig zurück, daß er aussieht wie eine Tänzerin. Nur in der Ruhe ist er Herr und Ballettmeister. Hier ist endlich einmal eine Autorität ohne Steifheit. Ich liebe den Herrn Ballettmeister.

Er hat einen Rohrstab, aber der dient nur zu Illusionszwecken. (Der Rohrstab meines Rechenlehrers war keine Illusion.) Er kommandiert und befiehlt, aber sein Befehl ist durch Musik gemildert und seine Strenge von Melodien umrahmt.

In diesem hellen Klassenzimmer füllt sich dank der Musik die Luft mit Rampenlichterglanz. Die Tänzerinnen tragen nur weiße Wirbelwindkleidchen, aber wenn sie wirbeln, bekommen sie einen Regenbogenglanz. Es ist, als ob die ganze Theaterpracht in den Körpern, in den Bewegungen und in den Klängen verborgen wäre. Und des nachts, in der Vorstellung, ist die Kulisse nur Staffage, die Rampenlichter sind Behelf. Ei, wenn sie auf die Bühne kommen, diese Mädchen! Hier sehe ich sie aus dem Alltag und vom Balkon her tanzen. Ich sehe ihre Nummern im Klassenbuch, die Thyrsosstäbe, die Rohrstäbchen sind, die Engelsflügel, wie sie sozusagen angenäht werden. Ich bin in der Werkstatt der Träume. Ich sehe die Entstehung des Zaubers; seine chemischen Bestandteile.

Ich weiß, daß es etwa ein halbes Hundert Tänzerinnen gibt. Daß die meisten aus Familien stammen, die kein Geld haben. Daß die kleinen Engel auch rechnen lernen müssen. Daß sehr viel Anmut aus sehr viel Armut kommen kann. Ich weiß, daß am Abend die Mütter im Sonntagskleid im Parkett sitzen und unter fünfzig wirbelnden Zehenspitzen nur zwei ganz bestimmte Zehenspitzen sehen, die ihren Töchtern gehören. Und ich sehe, wie die Kinder, die eben noch Palmblätter in himmlischen Händchen trugen, mit der Stadtbahn heimfahren und mit dem Vater im Norden Berlins Mittag essen, aus einfachen Gefäßen mit Löffeln aus Zinn.

## *Sechstage-Rennen*

Sechs Tage lang sausten dreizehn Menschen auf Fahrrädern im Arenarund des Sportpalastes und das Publikum hat 43.000 Mark für Preise gestiftet. Die Dreizehn fingen Freitag abends um 9 Uhr an, und sie rannten Tag und Nacht, zur Essenszeit, zur Schlafenszeit, zu allen Zeiten.

Während draußen Straßenbahnen zu fahren anfangen und aufhören, Menschen sterben, vergiftet, verletzt, überfahren werden, rennen Dreizehn in der Arena. Bedenkt man, daß Gott in sechs Tagen die ganze komplizierte Welt erschaffen hat, so dünkt es einem sonderbar, daß Dreizehn seiner Geschöpfe in derselben Zeit nichts anderes tun, als auf ihren Rädern sitzen und Pedale treten. Doch, heißt es, wäre dies ein großes Ereignis, das die Menschheit sehnsüchtig zwei lange Jahre erwartet habe. Die ganze Menschheit. So weit sie Raum fand im Sportpalast, vor dem die großen Bogenlampen unermeßliches Licht verschwendeten, als wären sie Himmelskörper und würden vom lieben Gott selbst erleuchtet. Aus dunklen Straßen dampften die Menschen hervor, wie aus plötzlich geöffneten Ventilen. Automobile schlängelten sich, dünn geworden und elegant und ließen ihre Geschwindigkeit in graziösen Kurven abebben. Vor den Kassen drängte sich das Volk zu seiner Ertüchtigung. Die Logenplätze kosteten mehr als hundert, und der Eintritt für Kinder betrug zehn Mark. Ganze Häuser entvölkerten sich, und ihre Einwohner setzten ihr Familienleben, bestehend aus Kindern, Hunden und Wärmeflaschen, im Sportpalast fort.

So zogen die Griechen mit Sitzkissen und Zwiebeln ausgerüstet in die Euripideische Tragödie, die drei Tage dauerte.

In den vielen Sitzreihen entsprießen auf einmal viele tausend Zuschauerköpfe, wie Nadeln auf Steckkissen. Die Musik entfesselt einen Marschorkan: Das Fagott heult und zuckt, dünn und spitz, wie ein leckendes Flammenzünglein hervor aus dem ernsten Tongebäude des Flügelhorns. Halblautes Murmeln erhebt sich aus der Menge und entwickelt Säulen aus zerstäubten Silben, zerbröckelten Worten, verhauchendem Papiergeraschel. Auf einem Stuhl wächst ein grüner Schutzmann in die Höhe, wie eine Tanne aus einem

Gartenbeet. Seine Augen versenden möglichst weitreichende Blicke. Es sind sozusagen Blicke auf Zehenspitzen.

Über die Barrieren hängen kühne Menschenleiber, wie Kleider zum Trocknen. Die Presse sitzt am Ziel, bleistiftbewehrt, sachlich.

Jedesmal läutet eine Glocke, hell und siegreich, und ihre Luftschwingungen flattern gegen die Saaldecke. Die Kinder verstreuen ratlose Blicke und suchen vergeblich nach einem Kontakt mit den Eltern, deren Oberkörper fast bis in die Arena hinunterhängen. Die weißbekleideten Kellner spritzen durch die dunklen Menschenhaufen wie abgeschossene Leuchtraketen. In der Mitte sausen die Dreizehn in bunten Trikots auf schräger und glatter Ebene, wie losgelassene Kreisel. Durch einen Unfall scheidet einer aus dem Wettrennen aus, indem er einfach ins Publikum fliegt, wie ein geschleudertes Bierglas.

Aus den hinteren Galerien tönen halbverständliche Rufe, gewissermaßen dichtverschleierte Rufe. Sie fallen unter die Räder und werden überfahren.

Einer stürzt und die Nachfolgenden verwickeln sich in einen Knäuel aus Stahl, Trikot und Fleischkörpern.

Aus der Aktentasche seines Herrn drängt plötzlich ein mitgenommener Dackel seinen Kopf hervor und tut seine Anwesenheit kund. Oh, wie gern würde er hinter den Rädern dreinrasen! Er wackelt mit den Ohren und staunt, daß Menschen so rasend spazierenfahren.

Die Damen in den Logen schälen sich langsam aus den Pelzen und bereiten sich für die Nacht vor und das Wachen.

Gegen Mitternacht geht die Welt zu den Buffets, Bier trinken und die Begeisterung kühlen.

Aus mehreren Reihen sägt ein mächtiges Schnarchen durch die Luft. Kopf lehnt an der Schulter des Nächsten und eine Sitzreihe nimmt sich aus, wie eine Zeile Erschlagener. Noch dämmert der Morgen nicht, und bereits räumt man den Saal. Aus den Bänken werden die Menschen herausgeschaufelt und zu den Türen hinausgespült.

Graues Morgenblei ergießt sich über den Himmel, hinter dem ein Gott in sechs Tagen die Welt erschaffen hat, ohne zu rennen …

## *Artisten und Friseure*

Es hat sich erwiesen, daß die Artisten und Friseure eine wirklich internationale Gesinnung haben. Geschichtsschreiber sollten nicht achtlos an der Tatsache vorbeigehen, daß die ersten internationalen Kongresse, die in Berlin seit dem Weltkrieg stattfinden, von den Friseuren und Artisten abgehalten werden.

An diesen Kongressen geht es sehr bunt zu. Der Kongreß der Friseure fand in den Festräumen des Zoo statt und seine Teilnehmer kommen aus London, Wien, Prag, Brüssel, Amsterdam. Der Kongreß der Artisten wurde Montag nachmittag eröffnet. Delegierte französischer, italienischer, niederländischer, belgischer Artistenvereine sind in Berlin. Der Kongreß tagt im Metropolvariété.

Ich war bei der Eröffnung des Artistenkongresses und hörte die Reden. Der Vorsitzende der »Weltliga der Artisten«, Herr Villon aus Paris, dessen vornehme französische Eröffnungsrede selbst ein artistisches Werk war, sagte ungefähr folgendes: »In einigen Jahren werden Sie es erleben, daß die ungeheuren Fortschritte der Technik alle Distanz verringern werden, und daß die Entfernung von Berlin bis Barcelona eine lächerlich geringe sein wird. Wollen Sie, daß Ihre Humanität, Ihr Menschlichkeitsgefühl, Ihre Nächstenliebe hinter der Wissenschaft zurückbleibe?«

Das sagte ein Artist. Angehöriger eines Berufes, der von Intellektuellen gering geschätzt wird. Herr Villon war ein

Poilu, lag fünfzig Monate im Schützengraben und hat es nach dem Kriege durchgesetzt, daß deutsche Artisten, ohne ihre Herkunft verleugnen zu müssen, in Paris auftreten dürfen.

Der Kongreß wurde eingeleitet mit der – Internationale, gesungen von einem aus Artisten gebildeten Chor. Die anwesenden Vertreter der preußischen Regierung hörten die Internationale stehend an. Es war ein peinlicher Augenblick, als ein Delegierter sagte: Die ganze Erde ist unser Vaterland. Und als sich dann ein Anderer zum Vertreter des Auswärtigen Amtes wandte und ihn aufforderte – die Paßvisa abzuschaffen. Mit jener Naivetät, die die Vorstellung eines Artisten von einem Geheimen Legazionsrat entscheidend beeinflußt. Es war eine der lustigsten Kongreßeröffnungen überhaupt. Unter den Gästen sah man Zwerge, Zwitscherer, Tierstimmenimitatoren, Riesen, Gladiatoren, Springer, Gedankenleser. Bellachini, der berühmte Gedankenleser, fungierte als Dolmetsch des italienischen Delegierten. Als er sich anschickte, die Rede zu übersetzen, sagte der Vorsitzende, Belachini hätte eigentlich gar nicht warten müssen, bis der Delegierte gesprochen, da er ja ohnehin alles vorher gewußt habe. Der Vertreter der Bühnengenossenschaft, Präsident Rickelt, nannte die Artisten »Kollegen und Kolleginnen« und wurde dafür intensiv beklatscht. Zum ersten Mal wurde hier von einem offiziell entsandten Schauspieler das Artistentum gewissermaßen als die andere Fakultät der Schauspielkunst anerkannt.

Diese natürlichen Artistenmenschen haben meinen alten Verdacht, daß die Diplomatie ein Kinderspiel ist gegenüber der Kunst eines Clowns (eine primitive Körperbewegung so zu komplizieren, daß sie lächerlich erscheint), bestätigt. Wenn zehn Clowns im Völkerbund säßen, es erübrigte sich all jene übermäßige Kraftanstrengung, die nur dazu führt, daß primitive Weltbewegungen so unerhört kompliziert werden, daß sie tragisch erscheinen.

Den Artisten fehlt jenes Schmalz der Weltgeschichte, das man »Pathetik« nennt. Deshalb konnten sie den ersten wirklich internationalen Kongreß zustandebringen. Den Friseuren fehlt's an historischer Bildung. Sie sind in der glücklichen Lage, die Zeitungen nur für die Kunden abonnieren zu dürfen. Deshalb müßte ein Völkerbund, der etwas auf sich hält, alle Artisten und Friseure zu Ehrenmitgliedern ernennen.

## *Revolution der Kinderreichen*

Den Kinderreichen wurde es zu viel, und sie schlossen sich in Verbänden zusammen und bildeten den über ganz Deutschland bereits verbreiteten und populär gewordenen *»Bund der Kinderreichen«*.

Am letzten Sonntag hielt dieser Bund im Berliner Zirkus Busch eine Protestversammlung ab. Es war ein Kongreß aller Bezirks- und Provinzverbände. Der Zirkus, einer der größten Versammlungsräume Berlins, war halb gefüllt. Der Vertreter aus dem Rheinland überbrachte allein die Grüße von siebzigtausend Kinderreichen. Wieviel Mitglieder der ganze Bund zählt, ist nicht bekannt geworden. Jedenfalls ist er heute eine der mächtigsten Organisationen Deutschlands. Er besteht aus Angehörigen aller Parteien und Konfessionen, aller Stände und Nationalitäten. Allein, es überwiegen die revolutionären Parteien, weil – eine übrigens bekannte Erscheinung – die Konservativen und Wohlhabenden sparsam sind mit ihrer Fruchtbarkeit. Arbeiter und Kleinbürger, niedere Beamte, Lehrer und Doktoren und alle, die in Deutschland von Berufswegen für eine reiche Nachkommenschaft sorgen, bilden den »Bund der Kinderreichen«. Es sprachen: ein Privatgelehrter, ein Arbeiter, ein Doktor aus Breslau, ein Beamter aus dem Rheinland. Es war unter den Protestierenden weder ein Fabrikant zu sehen, noch ein Bankdirektor.

Kein Wunder, daß die Reden, wenn auch nicht immer einen revolutionären Tenor, so doch durchwegs eine revolutionäre Terminologie enthielten. Der Bund der Kinderreichen offenbarte sich so als ein Bund der Proletarier, der bewußten, der halb bewußten und der proletarische Zugehörigkeit Leugnenden. Die Versammlung forderte: Befreiung von Steuern, von jedem Hausbesitzer eine freie Wohnung oder eine zu halbem Mietspreise für kinderreiche Familien, einen größeren politischen Einfluß der Kinderreichen, und zwar soll die Zahl der Kinder die Zahl der Stimmen jedes Wählenden bestimmen. Also: Aufhebung des bestehenden Wahlrechts.

Den Argumentationen der Kinderreichen wird man sich nicht verschließen können. Daß die Zahl der Sprößlinge einer Familie die physische und geistige Qualität des einzelnen Kindes nicht nachteilig verändert, dafür liefert die Geschichte Beweise genug. Aber, daß politisch links gerichtete und geschulte Menschen für einen Mann, der vier Kinder gezeugt hat, fünf Wahlstimmen verlangt – das, das weist vielleicht in eine neue Zukunft. Geschah die Forderung unbedacht, so eröffnet sie doch theoretisch wahnwitzige Perspektiven.

Man denke: es entsteht ein neuer Adel. Die herrschende Klasse der Kinderreichen. Präsident der Republik wird nur ein Vater von mindestens zwölf Kindern. Die Unfruchtbaren und Kinderarmen sind in der schwachen und ohnmächtigen Opposition. Es steht jedem frei, die Herrschaft im Staate auszuüben, indem er seine Fruchtbarkeit potenziert. Als heiligstes aller Tiere wird das vorbildliche Kaninchen allenthalben im Staate verehrt und heilig gehalten.

Aller Menschen Sinn ist auf Vermehrung gerichtet. Erschreckend schwillt die Zahl der Menschen an. Die Erde gleicht einer Versammlung im Zirkus Busch. Stündlich stolpern Tausende und stürzen über die Ränder des Planeten hinüber in den Weltenraum.

Das sind die Folgen einer vorläufig noch fernen Zukunft. Die näheren Folgen werden sich in einer Interpellation Frankreichs über die Ziele des deutschen Bundes der Kinderreichen offenbaren. Er bedroht das fiktive europäische Gleichgewicht. Die Hausbesitzer fangen mit einer lebhaften Kindererzeugung an, um die freie Wohnung für eigene Zwecke behalten zu können.

## *Die Heimkehr des Imre Ziska*

Imre Ziska ist heimgekehrt zu Gott.

Ziska war Notar in einer kleinen rumänischen Stadt. Er stammte aus Ungarn. Zeit seines Lebens hatte kein Mensch daran gezweifelt, daß Imre Ziska geboren war und lebte. Seine Existenz war durch seine soziale Stellung nicht nur bestätigt, sondern sogar besonders unterstrichen. Imre Ziska wurde nicht nur zur Kenntnis genommen, sondern auch zur ehrfurchtsvollen Kenntnis. Kraft seines Amtes konnte er selbst anderen Menschen ihre Existenz, ihre Geburt, ihren Tod und ihren letzten Willen bescheinigen. Er gehörte zu jenem großen und weitverzweigten Apparat, mittels dessen die Schöpfung mit ihren Werken, den Geschaffenen verkehrt: er gehörte zur Behörde. Er war selbst Behörde. Seine Unterschrift hatte eine besondere, weil bezahlte Geltung. Seine Tätigkeit war eine Art Priestertum. Seine schreibende Hand ging sozusagen am Arm des Gesetzes. Dessen Körper gewordene Auswirkung war der Notar Imre Ziska.

Da wurde Imre Ziska ausgewiesen. Seht: ein Notar wurde ausgewiesen. Irgendein Wahnsinn muß die Gesetze erfaßt haben, daß sie sich selbst ad absurdum führten; sich selbst amputierten. Kein Gott verjagt seine schuldlosen Priester. Kein Heiligtum verstößt so mir nichts, dir nichts seinen Tempeldiener. Imre Ziska, der Notar, wurde heimatlos.

Wahnwitzige Welt! Ein Notar ohne Dokumente. Er hatte keine staatlich beglaubigte Heimat. Er war in jenem Gebiet geboren, das nach dem Weltkrieg der Tschechoslowakei zufiel. Die Slowaken sagten: Der Notar Imre Ziska ist ein Ungar! Und die Ungarn sagten: der Notar Imre Ziska ist ein Slowake. Und so stritten sich die Länder um seine Geburt. Nicht, weil sie stolz auf ihren Sohn waren, sondern weil sie ihn *nicht* haben wollten. Imre Ziska teilte das Schicksal Homers in einem umgekehrten Sinne. Zwischen den Grenzen hing Imre Ziskas dokumentarisches Ich in der Luft und zappelte mit den heimatswehen Beinen. Körperlich war der Notar vorhanden, staatsbürgerlich existierte er nicht. In keinerlei Grundbüchern stand sein Name verzeichnet. Pflicht- und rechtlos, unbeglaubigt und problematisch lebte der Notar. Er atmete, aß und trank, also war er. Er dachte sogar und lebte also, auch im philosophischen Sinne. Aber er bekam keinen Paß. Und also lebte er nicht.

Da ging Imre Ziska in ein Preßburger Hotelzimmer und erhängte sich. Er schritt über die einzige Grenze, an der vermutlich kein Paß verlangt wird: über die Grenze zwischen Diesseits und Jenseits. Er machte vorher sein Testament, ein Testament, das, von einem ungültigen Notar unterschrieben, angefochten werden könnte. Der letzte Wille eines Menschen, dessen vorletzte Willenskundgebungen gar nicht zur Kenntnis genommen werden konnten, weil ihnen die Voraussetzung jedes Willens: der existente *Wollende*, fehlte. In diesem merkwürdigen Testament schrieb Imre Ziska: »Ich gehe in die andere Welt, wo mich Petrus nicht um meinen Heimatschein fragen wird.«

## *Sadhu Sundar Singh*

In dieser Woche sprach der Herr Sadhu Sundar Singh in der Berliner Matthäikirche, um sechs Uhr abends, zu einer Zeit, in der die Kinos beginnen. Das Publikum stand lange unschlüssig zwischen dem Weib des Pharao und dem Mann aus Indien. Ein sehr großer Teil entschied sich für Fridericus rex.

Es blieben immer noch ein paar Hundert für Sadhu Sundar Singh übrig. Das ist ein Inder christlichen Glaubens, halb wie ein Priester gekleidet: mit Pupillen, die täglich in Brahmanenweisheit gewaschen werden, mystische Atropineinspritzungen erhalten; mit Händen, die anscheinend nur zu Beschwörungszwecken an den Armen hängen. Sadhu Sundar Singh sprach von dem Wunder seiner Bekehrung und von den Wahrheiten Jesu Christi. Dann wurde für irgendjemanden in der Kirche gesammelt. Und die Orgel spielte. Am nächsten Tag sprach der Prophet wieder. Die Kinos waren schlecht besucht. Die Orgel spielte und man sammelte für christlich getaufte Hindumädchen. Sie reisten dann nach Prag und weiter nach Europa, indisches Reis mit aufgepfropfter Zivilisation.

Herr Sadhu Sundar Singh wird ebenfalls mehrere europäische Städte bereisen. Die westliche Welt hat einen großen Bedarf an Propheten.

Im Panoptikum der Lindenpassage grassiert ein ägyptischer Feuerschlucker. Er heißt Abdul Rahim Miligi und wohnt in Neukölln. Er hat eine Holländerin geheiratet und vier Kinder gezeugt, die den berlinischen Jargon mundhaben. Abdul Rahim prophezeit am Nachmittag den Untergang der Welt. Am Abend schluckt er Feuer. In den Sommerferien verkauft er Schnürsenkel vor dem Eingang zum Lunapark. In der Kirche unter den Zuhörern Sadhu Sundar Singhs, befand sich auch Abdul Rahim mit Weib und Kindern. Vor dem Eingang stellte er zwei seiner Kinder auf und ließ sie Streichhölzer verkaufen.

Ich fragte Abdul Rahim, weshalb er zu Sadhu Sundar Singh gekommen sei?

Ich war auch in der Universität, bei Rabindranath Tagore, sagte Abdul Rahim. Ich mache im nächsten Jahr eine Tournee.

Wir gingen in ein Café und Abdul Rahim zeigte mir, wie herrlich er prophezeien kann. Er schickte seine Blicke ins Jenseits, ließ sie von dort, mit Metaphysik gefüllt, zurückkehren und tauchte die Hände in die Luft, wie in eine Waschschüssel. Dann kreuzte er sie über der Brust.

Seine Frau näht an einem Priestergewand zu Hause.

## *6647*

Das Börsenblatt für den deutschen Buchhandel teilt die Zahl der im Jahre 1920 in Deutschland erschienenen belletristischen Bücher mit. Sie beträgt 6647. Es ist nicht leicht, der Welt klarzumachen, daß ein so reicher literarischer Segen ein Fluch ist; daß ein Land, in dem so viel gedichtet wird, schlimmer dran ist, als eines, in dem viel gerüstet wird; daß kein Krieg und keine Pestilenz so verheerend wirken können, wie eine sogenannte schöne Literatur. Diese Zahl spricht Bände, in flotte Zeichnungen gehüllte in denen der liederliche Pinsel Strumpfbänder offenbart und Enthüllungen verspricht; die ganze große Literatur, deren Elemente Eros und Saccharin sind, Phrasenfuror und Sentiment, Donnerpathos und Gesäusel. 6647 Bände sind zu viel! Und erstreckt sich selbst das deutsche Reichsgebiet über den ganzen europäischen Kontinent, die Produktion von 6647 Werken in einem einzigen Jahre hieße eine geistige Mehrbelastung, drückender als jede Steuer und jede Reparationsforderung. Denn maßgebend für die schöpferische Potenz eines Volkes ist nicht die Anzahl seiner Schreiber, sondern das Ausmaß der (zeitlichen und räumlichen) Abstände von Schöpfer zu Schöpfer. Jeder wirklich Schaffende braucht ein Mindestmaß von freiem Raum, in dem seine eigene »Atmosphäre« sich bildet; er bedarf einer keimfreien Umgebung. Dichter müssen verstreut sein im Volke, wie seltene Goldkörner im Sand. Und wenn selbst alle Verfasser der 6647 Bände ehrliche Dichter wären, diese erstickende Nähe müßte ihnen allen schöpferischen Atem rauben. Schlimmes bedeutet diese Zahl. Sie bedeutet, daß in dichtbevölkerten Mietskasernen Schreibmaschine neben Schreibmaschine klappert, und die dünnflüssige Nichtswürdigkeit des diktierenden Dilettanten den echten Keim in der Brust des Nachbarn tötet. »Schulter an Schulter« kann man nur schießen. Nicht Werte schaffen.

## *Armenierpsychose*

Armenier sollen die zwei türkischen Politiker, Freunde Talaat Paschas und Mitglieder des jungtürkischen Klubs »Union et Progres«, des Nachts in der Uhlandstraße erschossen haben. Tags darauf wurde, ebenfalls im Westen Berlins, ein junger Mann tot auf der Straße aufgefunden. Man vermutet, daß der Erschossene mit dem politischen Attentat in Verbindung steht. Denn sein Gesicht weist zweifelsohne – slawische Züge auf. Man hat in Sachsen bereits einen armenischen Studenten verhaftet und nach Berlin gebracht. Augenblicklich ist ein Sprachkundiger beflissen, die Korrespondenz des Studenten zu übersetzen. Indessen hat sich der Stadt eine Armenierpsychose bemächtigt. Die Zeitungen schreiben, Berlin sei keineswegs ein »Tummelplatz der Blutrache«. Diese möge sich wo anders tummeln. Die Hausmeistersfrauen – sie heißen hier »Hauswartsgattinnen« – sehen in jedem russisch-jüdischen Hausbewohner einen Armenier.

Und es wohnen in der Gegend der Uhlandstraße sehr viele russische Juden. Auch Türken hält man für Armenier. Chinesen und Javaner erwecken den größten Verdacht.

Am Morgen nach dem Attentat stand ich vor dem Hause 47 in der Uhlandstraße, in dem die Erschossenen gewohnt hatten. Die Zeitungsfrauen unterhielten sich, es unterhielten sich die Milchwagenkutscher und die Polizisten, die den Tatort nur mangelhaft abgesperrt hielten, weil die Hauptsache schon vorbei war. Diese Armenier! – sagte eine Zeitungsfrau. Es war, als sagte sie: Diese Erbfeinde! Sie sollen zu Hause schießen – in Sarajewo! sagte ein Milchmann. Und der Polizist nickte, denn er erinnerte sich, daß Sarajewo zwischen Konstantinopel und dem Malayischen Archipel liege. Was sind denn das Armenier? – sagte ich. Det wern so Zijainer sint! kam irgendeine Antwort. Aber im nächsten Augenblick musterten mich vier, sechs, acht Augen so mißtrauisch, daß ich fürchtete, für einen Armenier gehalten zu werden.

Jedenfalls wurden nach dem Attentat ein Russe und ein Deutscher verhaftet. Und unter den vielen, vielen Menschen, die stündlich ins Polizeipräsidium kommen, um sich die ausgesetzte Belohnung von 50.000 Mark zu holen, war einer, der versprach, der Polizei eine armenische Kneipe zu zeigen. Es war ein Betverein christlicher Sektierer. Die dreihundertundfünfzig Armenier, die echten, die in Berlin seit vielen Jahren ansässig sind und einen unanfechtbaren Tabakhandel treiben, leben in ständiger Aufregung. Ich zittere für *alle* Ausländer und um den Klub der Prager besonders, der unter dem Vorsitz Egon Erwin Kischs in der Marburgerstraße den Neid der Eingeborenen erregt …

## *Die Mutter*

Gestern wurde der neunzehnjährige Arbeiter Franz Zagacki zu fünf Jahren Kerker verurteilt. Er hatte versucht, seine Mutter, während sie Kartoffeln schälte, zu töten, zuerst mit einem Beil, dann durch Würgen und Ersticken und schließlich durch Messerstiche. Dann raubte er der Mutter, die er für tot hielt, eine Brieftasche mit zweitausendzweihundert Mark aus dem Unterrock, ging in ein Zigarettengeschäft, bezahlte seine Schulden, kaufte Zigaretten, lud seine Freunde und die Geliebte, die ihm bei der Tötung geholfen hatte, zu einem »gemütlichen Zusammensein« in der Wohnung der vermeintlich getöteten Mutter und ging wieder fort, um sich einen lustigen Tag zu machen. Die Mutter aber blieb am Leben, ihr Sohn wurde verhaftet und ins Untersuchungsgefängnis gebracht.

Nun stand die Mutter vor dem Gericht und erzählte, daß sie ihrem Sohn verziehen habe. Kaum war sie von den Wunden, die ihr der Sohn beigebracht hatte, geheilt, und schon machte sie sich auf den Weg ins Untersuchungsgefängnis, und brachte ihrem Sohn Konfekt und Lebensmittel und kärglich ersparte Brocken. Sie zitterte, noch während sie krank lag, um die Gesundheit ihres Sohnes und hätte ihr Körper die Kraft gehabt, und hätte nicht der Lebensinstinkt damals gesiegt, als sie dem Tode nahe war, sie wäre ruhig unter ihren Matratzen, unter denen sie ersticken sollte, liegen geblieben, um ihren Sohn zu schonen.

Was sie von ihrem Kinde halte? – fragte man sie. Alles Gute! Ach, er war ja gar nicht selbst schuld, schlechte Gesellschaft hat ihn verführt, an allem ist die schlechte Gesellschaft schuld. Nichts hat sie von seinem Liebesverhältnis gewußt, er war nur ein bißchen aufgeregter Natur, der Sohn, und früher stets ein braver Junge gewesen.

Diese Mutter wird jetzt häufiger, als bis jetzt, den Sohn

im Kriminal besuchen. Konfekt wird sie zu Hause einpakken, mit zitternden Fingern, vor Weihnachten und zu allen Feiertagen, arbeiten wird sie und sparen für den Sohn, und ihre alte Seele wird um ihn weinen und auf ihn hoffen. Und es wird genau so sein, als befände sich der Junge nicht im Kriminal, sondern an der Hochschule oder im fremden Lande, oder in sonst irgendeinem Ort, woher es nicht leicht ist, zurückzukommen aus beruflichen oder Gott weiß, welchen Gründen.

Der Tag dieser Mutter ist ausgefüllt mit Tätigkeit und peinlicher, manchmal schmutziger Arbeit. Aber zwischen Geschäft und Geschäft, dem Scheuern der Diele und dem Kleinhacken des Holzes, wird ein kurzes verstohlenes Händefalten sein. Und stets, so oft sie sich hinsetzt, um Kartoffeln zu schälen, wie damals, als sie das Beil ihres Sohnes traf, weint sie vor Schmerz, aber stärker, als ihr Weh, ist ihre Hoffnung, größer, als der Schmerz der Glaube, und langsam wächst aus der Liebe zum Kind, wie junges Grün aus fruchtbarem Boden, vielleicht sogar noch ein schüchterner Stolz, unbegründet, sie weiß nicht, weshalb, nicht auf den Eigenschaften beruhend, sondern einfach auf der Tatsache der Existenz dieses Kindes.

Und so oft sie das Beil ansieht, oder sich seiner erinnert, ersteht ein fürchterlicher Tag aus der Vergangenheit. Und trotz seiner ganzen Furchtbarkeit ist er doch noch schwächer in den Konturen und an Eindruckskraft, als jener kommende herrliche Tag, an dem der Sohn heimkehrt, aufrecht, geheilt und reuig.

Reuig? Er hat nichts zu bereuen. Die Andern sind schuld, natürlich die Andern! Jeden Moment kann die Tür aufgehen und er tritt ein. Und obwohl es fünf Jahre sind, fünf mal dreihundertfünfundsechzig Tage, kann es doch jeden Tag geschehen. Denn die Mutter hält sich nicht an Tatsachen, sie leugnet den Kalender und das Kalenderjahr.

## *Die Gezeichneten*

Paul Uhlig in der Dortmunder Straße ist ein Kenner von Tätowierungen. Einerseits tätowiert er selbst, andererseits entfernt er Tätowierungen. Er hat eine große Erfahrung in diesen Dingen. Er war Matrose und sonst noch wahrscheinlich Verschiedenes, er hat in Amerika gelebt und auch in Mexiko. Geblieben sind ihm von seiner überseeischen Vergangenheit ein seemännischer Backenbart, eine Matrosenkappe, weiße weite Hosen aus Segeltuch, die ein günstiger Wind bläht, wenn Herr Uhlig ausschreitet, und eine Pfeife. Uhlig kann auch Hühneraugen schneiden. Seine Kundschaft ist groß, wenn sie sich auch nur aus der Nachbarschaft rekrutiert. Hinter einer Bretterverschalung in seinem Zimmer nimmt Herr Uhlig seine Operationen vor. Es sind sehr interessante Operationen. Es gibt seltsamerweise sehr viele Menschen in Berlin, die ihre Haut verzieren lassen wollen, als wäre sie eine Wohnung. Diese Menschen haben sehr viel Schönheitssinn und ein sinniges Gemüt. Sie halten was von Symbolen und verstehen auch etwas davon. In Amerika laufen allerdings noch mehr tätowierte Menschen herum. Uhlig kennt sogar Frauen mit tätowierten Brüsten.

Man nimmt Tätowierungen einerseits aus Aberglauben vor, andererseits, weil man nicht umhin kann, eine herrschende Sitte mitzumachen. Meist aber aus Aberglauben. Ein Anker mit einem Kreuz auf Handrücken oder Oberarm bewahrt vor Haifischen und Tod durch Ertrinken. Eine Flasche auf der Brust schützt den Menschen vor Giften aller Art. Ein Schiff mit Segeln bewirkt eine rasche Karriere im Seewesen. Ein Ring, eingebrannt auf einem Finger oder am Fuß, bewahrt vor Untreue. Man kann alle diese Tätowierungszeichen auch anders auslegen. Das hängt von dem Lande ab und von dem Individuum. Es gibt Familien, in denen sich der Glaube an ein bestimmtes Tätowierungszeichen forterbt, unaufhörlich. Manche Menschen halten Tätowierungen einfach für schön. Zwei Freunde fühlen sich durch gemeinsam vorgenommene Tätowierungen auf ihrer Haut in Not und Tod verbunden.

Neuerdings wird aber ein Bestreben sichtbar, Tätowierungen aus alter und neuer Zeit zu entfernen.

Erstens wegen der Polizei, und dann auch, weil man einen Aufstieg in eine sozial höhere Klasse vollziehen will. Es haben nämlich in letzter Zeit sehr viele tätowierte Menschen gute Geschäfte gemacht, und sie sind in die Lage gekommen, ihre Vergangenheit verleugnen zu können.

Während ich im Konferenzzimmer Uhligs saß, kam ein Paar, Mann und Frau. Der Mann hatte einen Verband um den Kopf, und Herr Uhlig erzählte mir später, daß sein Kunde gerade von einer Ohrenoperation käme und noch in ambulanter Behandlung sei. Der Mann hatte abstehende Ohren und war ihrer müde geworden. Etwa vierzig Jahre lief er mit diesen abstehenden Ohren herum, und plötzlich war es ihm zuviel. Es kommt für viele Menschen eine Zeit, in der sie ihrer Körperteile müde werden. Der Mann hatte aber außerdem noch ein ansehnliches Schiff auf dem Handrücken. Es war wie das Schiff aus einer Opernvorstellung vom »Fliegenden Holländer«, oder wie jenes, auf dem Robinson Crusoe seine Reise in die Welt angetreten hatte. Es war ein Schiff mit Segeln, Tauen und Gestänge, und sah man es an, ergriff einen die Lust nach Ferne, Meer und unbekannten Gegenden. Dieses wunderbare Schiff wollte der Mann von seiner Hand entfernt haben. Es heißt, daß er Juwelenhändler geworden sei und mit vornehmen Kundschaften zu tun haben wolle. Seine Frau trägt am Oberarm einen Anker, Zeichen der Hoffnung, wie man weiß. Ihre Hoffnungen scheinen sich erfüllt zu haben, denn sie verzichtet auf den Anker mit Rücksicht auf eventuelle Abendkleider modernen Schnitts. Die Operation dauert nicht lange, die Mittel, durch die eingeätzte Zeichen verschwinden, bleiben Geheimnis jedes Operateurs. Noch niemand ist daran gestorben. Herr Uhlig hat eine ganze Schublade voller Dankschreiben. Darunter auch eines von einem großen Hamburger Reeder. Es soll eingerahmt werden und wird nächstens im Operationszimmer unter Glas zu sehen sein.

## *Das Ende der Spielklubs*

In dieser Woche werden die Berliner Spielsäle gewaltsam von der Polizei geschlossen und die Physiognomie der Stadt wird um einen wesentlichen Zug ärmer. Die großen offenen Spielsäle der Friedrichstraße und des Alexanderplatzes, in denen man im Verlauf einer Viertelstunde den Rausch des Reichwerdens und die Qual der Verarmung genießen und erleiden konnte, werden sich in ehrbare Stoff- und Zigarrenläden verwandeln, in denen ein merkantil dressierter Wunsch nach Geld den Besitzern geringere Aufregung und gewissere Gewinne einbringen wird. Ich gehe zum letzten Male in einen dieser offenen Läden am Alexanderplatz. Ein großer Tisch in der Mitte, die Scheibe rotiert mit rasender Geschwindigkeit, und die Augen der Umstehenden kreisen mit, die Pupillen entrollen den Augäpfeln und kullern auf die Scheiben. Eine ovale Mulde füllt sich mit Papiergeld. Sie ist von Geburt und messingener Natur für Hartgeld bestimmt, unverdaut ragen die Papierscheine hervor, bis die gewaltsame Annexionshand des Croupiers einen formlosen schmutzigen Knäuel aus Geldscheinen in die Lade schiebt. Gleichzeitig dreht seine Linke, wohl orientiert über das Tun der Rechten, den Schlüssel um, und das Schnappen des Schlosses erweckt fatale Vorstellungen von ewigem, unwiederbringlichem Verlorenhaben. Wenn Enttäuschungen sich durch Geräusche bemerkbar machen würden, sie müssten wie zuschnappende

Schlösser klingen. Der Croupier ist ein Matrose. Er langweilt sich, der Einzige, in dieser allgemeinen Spannung. Seine Matrosenbluse mit dem marineblauen Kragen kontrastiert mit seinem Gesicht, das vernarbt und von Alkohol verfärbt ratlos auf nacktem Halse sitzt und des typischen Verbrecherschals entbehrt, der es einfassen muß, wenn es seine ihm von Gott zugedachte Gefährlichkeit ausdrücken sollte. Die Halbwüchsigen, stumme Kiebitze, sehen in dem Croupier das vollendete Resultat einer bereits angefangenen Karriere, einen Meister. Ein Neger, von Beruf Nachtportier, verbringt hier seine schlafheischenden Tage mit seiner Braut, die für ihn setzt, indes er auf einem Stuhl in der Ecke, mit halbherabgelassenen Liderjalousien, schlummert, in seinem halben Schlaf erinnert er merkwürdig an durchwachte Nächte in Hotelvestibülen oder an Zimmer im ersten Morgengrau. Das Weiße seines halben Augapfels schimmert bedrohlich, keiner der anwesenden Taschendiebe würde es wagen, in seine Nähe zu kommen, das halbe schlafende Aug' schreckt ihn, wie ein ganzes, lauerndes. Zwei junge Burschen haben zweihundert Mark gewonnen, sie machen Schluß und gehen fort, mit wippenden Schultern, aufgestemmten Ellenbogen, als gälte es, unsichtbare Hindernisse aus dem Weg zu räumen, als stellte sich ihnen harte Luft entgegen. Sie gehen in die Lindenpassage, wo allerhand Geschäfte zu machen sind, Luftgeschäfte und reelle mit gestohlenen Hunden zum Beispiel.

## *H-Moll-Symphonie*

Aus Budapest berichtet eine Korrespondenz, daß der Kinomusiker Istvan Nagy an plötzlichem Wahnsinn erkrankt ist, nachdem er an fünfzig Nachmittagen hintereinander die Schubertsche H-moll-Symphonie auf dem Klavier gespielt hatte. Beim einundfünfzigsten Mal brach in dem Klavierspieler Istvan berechtigter Wahnsinn aus. Das Gehirn revoltierte gegen den Mißbrauch bewußtloser Finger, nachgiebiger Tasten und ewiger Melodien. Das auf dem Klavier totgehämmerte Gewissen auferstand und wehrte sich. Zwischen den zwei Auswegen: H-moll-Symphonie oder Hunger wählte Istvan Nagy den dritten: Wahnsinn.

Tausende solcher Istvans leben in der Welt, spielen vor der Leinwand, sitzen im Dunkel, halb von einem Orchesterdach verhüllt, und begleiten Schattenbewegungen mit Melodie. Saß jemand schon in einem musiklosen Kino? Dann weiß er, wie schrecklich hohl das Geschehen auf der weißen Fläche ist, wie die Unerbittlichkeit ewiger Stummheit lastet, daß dagegen eine Versammlung von Taubstummen Vorstellung von Lautheit weckt. Der geschaute Vorgang sieht aus, wie das Schema eines ebensolchen Vorgangs, die Handlung etwa wie ein Grundriß einer ebensolchen Handlung. Die H-moll-Symphonie und die Barcarole, der Trauermarsch und der Sphinxwalzer erst machen aus Handlungsandeutungen Handlungen, aus dramatischen Silhouetten Gestalten. Der Musiker Istvan wattiert sozusagen Schatten mit Melodie, weitet Fläche zum Raum, schafft Hintergrund und Tiefe und dritte Dimension.

Dazwischen ist Pause. Ungeleitet von Melodie, musikverlassen müssen Reklamebilder vorbeiziehen, Frackverleihinstitute und Quellen eleganter Damenschuhe. Währenddessen packt Istvan im Vorraum sein Butterbrot aus sorglicher Hülle, sein sozusagen mit der H-moll-Symphonie erkauftes Butterbrot. Istvan hat Brillengläser, gegen die er haucht, um sie mit einem Taschentuchzipfel blank zu scheuern, vergrämte Brillengläser, aller häuslicher Kummer spiegelt sich in ihnen, ihre durchsichtige Materie hält alle Trostlosigkeit der Erde gefangen. Gram der Frau und Elend der Wohnung. Nach der Reklame kommt unerbittlich das

Lustspiel, für das ein Tango genügt, um es zu verlebendigen, eine heitere Melodie, marschmäßig, die Ereignisse hopfen und poltern, Takte gibt's, die verzweifeltes Hinunterkollern von Stiegen illustrieren, purzelnde Polkas, torkelnde Kontrabässe, in Musik gesetzte Clownerien. Während man es spielt, ahnt man deutlich, was auf der Leinwand zugeht, ohne sie zu sehen. Der hilflose und verliebte Oberlehrer verstreut Schulhefte, vergißt einen Regenschirm, stürzt ins Wasser – es ist ein Jammer. Bis schließlich der Kapellmeister dreimal an das Pult klopft, drei akustische Punkte in das Schweigen tupfend. Hier fängt das Drama an. Und Istvan weiß im voraus, daß am Ende des dritten Aktes der Held nach anderthalbaktiger Abwesenheit wieder auftaucht, Nachmittag um Nachmittag, jeden Tag genau so, den linken Fuß vorstreckend, den rechten seitwärts gestellt, einmal in dieser Nuance von der Linse aufgefangen und für alle Ewigkeit zu dieser Nuance verurteilt. In Istvan regt sich langsam der Wahn, und er fängt an, zu hoffen, daß einmal, ein einziges Mal in diesen dreißig Tagen, der Held vielleicht mit dem rechten auftritt und den linken Fuß seitwärts schiebt, und dann könnte man vielleicht, wer weiß, den Sphinxwalzer von Strauß spielen.

Vergebliche Hoffnung! Der Sphinxwalzer von Strauß setzt erst am Anfang des vierten ein, in jenem Augenblick, wo ein symbolisch bewölkter Nachthimmel den Gang der Schicksale unterbricht und kennzeichnet. Ach! Und dann folgt der Chopinsche Marsch, und dann ein Fetzen Barcarole, ein ergiebiges Mittelstück von Wallace, ein Zipfelchen Carmen und alles genau so, wie gestern, vorgestern und vor drei Wochen.

Es war ein sehr einträglicher Film, er konnte gar nicht abgesetzt werden, fünfzigmal hintereinander wattierte ihn Istvan mit den gleichen Melodien. Verhängnisvolle Stupidität eines Apparats, der bestimmte Bewegungen und Ereignisse auswendig gelernt hatte (memorierend photographiert). Und sie so und nichts anders wiedergeben konnte und Istvan, den Menschen, zwang, mechanisch zu sein bis zum Irrsinn.

## *Frau Prompteux*

Der Name ist wie Signal und Motto: »Prompteux«. Der Name hat Vehemenz, ist gewissermaßen klangliche Offensive. Frau Prompteux – es ist der Name ihres Mannes, eines Belgiers, sie selbst heißt: »Hickethier« – ist von dem Weimarer Schwurgericht zu sechs Jahren Zuchthaus verurteilt worden, und mit ihr zwei mitschuldige Männer, der eine zu drei Jahren, der andere zu einundzwanzig Monaten.

Der Schauplatz der Ereignisse ist nicht etwa Berlin, sondern Saalfeld und Frau Prompteux keine Lebe- oder Halbweltdame aus Paris oder Brüssel, sondern Kaufmannsgattin aus der Provinz und sechsunddreißig Jahre alt. Wie aus einem vornehmen Nachtlokal des Berliner Westens erscheint sie mit plötzlicher Willkür in die Provinz versetzt. Auch die kleineren Städte brauchen ihre Sensationen. Frau Prompteux ist Mutter von vier Kindern und ihre älteste Tochter siebzehn Jahre alt. Ein Saalfelder Kaufmann, namens Kolleck, Hausherr der Frau Prompteux, verlobte sich mit der Siebzehnjährigen und verliebte sich in seine zukünftige Schwiegermutter. Der Kaufmann Kolleck ist zehn Jahre jünger als Frau Prompteux, also sechsundzwanzig Jahre alt, und aus der Tatsache, daß er selbständiger Kaufmann, früherer Bankbeamte und sogar Hausbesitzer in der stillen Stadt Saalfeld war, kann man schließen, daß er von Natur ein sachlicher Mensch ist, ehrgeizig mit Maß, und bürgerlichen Idealen zustrebte. Durch Frau Prompteux wurde er Verbrecher. So gründlich hat selten jemand die Liebe gewandelt.

Kolleck überließ der Schwiegermutter die Führung seiner Geschäfte. Es ergaben sich finanzielle Schwierigkeiten und beide beschlossen, ihr Haus zu versichern, in Brand zu stekken und auszuwandern. Zweiundvierzig Menschen wohnten in diesem Haus, unbemittelte Arbeiter mit vielen Kindern. Frau Prompteux, die Mutter von vier Kindern, hatte den Plan ersonnen. Zu ihrem Schwiegersohn und Liebhaber hatte sie nicht viel Vertrauen. Er erschien ihr zu unschlüssig und zage. Deshalb gewann sie ein zweites Werkzeug, den Arbeiter Seidel. Der Arbeiter Seidel war wegen Diebstahls und unzüchtiger Handlungen vorbestraft, seit 1912 in einer Irrenanstalt untergebracht, aus der ihn Krieg und Frontdienst befreit hatten. Seine Unglaubwürdigkeit als Zeuge schien Frau Prompteux sehr günstig. Sie kaufte sich ihn durch Geld und ihren Körper. Und Seidel zündete das Haus an, während Frau Prompteux mit Kolleck und ihren zwei älteren Töchtern einen Ausflug unternahm.

Zufällig weist dieser Prozeß einen jener typischen medizinischen Irrtümer auf, die während des Krieges zu beobachten verboten waren: Aus dem Vorleben des Angeklagten Kolleck ist bekannt, daß er wegen Nervenleidens vom Militärdienst befreit war. Der Angeklagte Seidel, der nicht nur schwache Nerven hatte, wurde sogar aus dem Irrenhaus an die Front geschickt. Frau Prompteux konnte, gründlicher als der Staat, *beide* nervenschwachen Männer brauchen. Frau Prompteux war überhaupt ein Mobilisierungsgenie. In den Mitteln nicht wählerisch, und in den Werkzeugen ebensowenig. Rätselhaft ihre Gründe: Sie tat Böses ohne Zweck, es war eine ihrer Lebensfunktionen, das Böse tun. Liebte sie ihren Schwiegersohn? Und achtete ihn gleichzeitig gering? Wollte sie seinetwegen Verbrecherin werden, Haus und Kinder verlassen und in ein neues Land wandern? Und traute ihm nicht einmal die Fähigkeit zu, Vollender eines Entschlusses zu sein? Schalt ihn zage und setzte sich seinetwegen der Gefahr aus? Wußte um seine Nervenschwäche und stellte sie sogar als Aktivposten in ihre Rechnung und konnte zugleich sich selbst für ihn mißbrauchen?

Aus der Verhandlung ergab sich, daß Frau Prompteux auch mehrere andere Männer zum Anzünden des Hauses gegen einen Lohn von 50.000 Mark verleiten wollte. Dem Arbeiter Seidel ergab sie sich. Ihrem Geld konnten mehrere, wahrscheinlich bedürftige Männer, widerstehn. Ihrer Liebe nicht. Der Liebe einer sechsunddreißigjährigen Mutter. Das Widerspruchsvolle ihres Tuns macht Frau Prompteux unerklärlich und weckt die Vermutung, daß übersinnliche Zusammenhänge möglich sind. Liebt sie den Schwiegersohn und heuchelt seinetwegen Liebe zum Arbeiter Seidel? Die Männer sind verständlich: Opfer ihrer Leidenschaft. Die Frau mit der stets paraten Leidenschaft, die aus Liebe die Liebe verrät, sich selbst schenkt, um zu kaufen, mit Überlegung vor einem Minderwertigen Komödiantin ist, um den anderen Minderwertigen zu behalten – wer ist diese Frau Prompteux?

Sechsunddreißig Jahre lebte sie, Gattin und Mutter, in der Provinz, und niemand ahnte ihre seltsamen Fähigkeiten und Instinkte? Wie viele Menschen leben noch in der Provinz, dreißigjährig oder älter, in Saalfeld oder in Bitterfeld, Berlin, in der oder jenen Straße, wir sprechen mit ihnen, essen mit ihnen, haben gemeinsame Freunde und sie wissen selbst nicht, wie tief in ihnen die Mordlust brennt und eine Brunst, zu verderben? Unsere Gesichter sind harmlos und unser Lebenslauf maskierende Geste und wir wissen nichts von uns.

## *Rings um »Consul«*

In alphabetischer Reihenfolge mögen hier die *Geheimorganisationen Deutschlands* – der Polizei sind fast alle bekannt, der Öffentlichkeit kaum drei – verzeichnet werden:

1. In Berlin, Bayreutherstraße 13, und in Wannsee, Otto-Erichstraße 10, befindet sich ein »*Deutsches Auskunfts-* und *Detektivbureau.* In Wirklichkeit ist dieses Detektivbureau die *Arbeitsgemeinschaft Roßbach.* Nach einer im Verlag der »Viva« von Paul Frölich herausgegebenen Broschüre umfaßt der Stab der Arbeitsgemeinschaft 4500 aktive Mitglieder. Die Organisation besteht aus den Gauen: Mecklenburg, Pommern, Nieder- und Mittelschlesien. Der Arbeitsgemeinschaft gehört der Mörder der Rosa Luxemburg, *Runge*, an.

2. *»Bund der Aufrechten«* mit dem Ehrenmitglied *Prinz Oskar von Preußen* und – wie Frölich noch mitteilt – dem Grafen *Westarp.*

3. *»Deutscher Waffenring«* – seine Mitglieder sind Studenten.

4. *»Heimatbund der Königstreuen«* – mit Ludendorff an der Spitze.

5. *»Jungdeutscher Orden.«* Seine Mitglieder heißen »Knappen«. (In der Broschüre »Wider den weißen Mord« sind die telegraphischen Abkürzungen des Ordens angegeben und seine Umgangssprache. So heißt z. B. »K. M.«: »Knüppel mitbringen.«)

6. *»Jung-Bismarckbund«* in Berlin mit militärischer Organisation.

7. *»Olympia, Verein für Leibesübungen«*, dem das aus dem Kapp-Putsch bekannte Regiment Reinhard angehört.

8. *»Nationalverband deutscher Soldaten«* (bereits offiziell aufgelöst) mit (nach Frölich) 200.000 Mitgliedern und schließlich

9. *»Verband nationalgesinnter Soldaten«.* – Dazu kommen noch kleinere Organisationen, wie »Stahlhelm«, Wanderklubs, »Siedlungen«, »Schützengilden« usw.

Frölich teilt mit, daß sich unter den »Organisationszentralen« des »Deutschen Offiziersbundes« unter andern deutschen Städten noch zwei fremde befinden. Nämlich: *Amerongen* und *Innsbruck*.

*

Was die *»Organisation Consul«* betrifft, so hat seinerzeit Lipinski eines der »Rundschreiben« veröffentlicht, in dem die militärische Organisation des Verbandes geschildert wird. In einer der vielen Bestimmungen heißt es:

Diejenigen, denen ihre Tätigkeit jederzeit ein Abkommen gestattet, sind listenmäßig besonders zu führen. Es können Fälle eintreten, wo entschlossene Männer vorübergehend gebraucht werden. Als solche Fälle werden angeführt: Rädelsführern und Hetzern ihr Handwerk für alle Zukunft unauffällig zu legen. Rädelsführer und Hetzer bei Skandalen beiseite zu schaffen: Man ermordet diese »Hunde« durch Schuß und Gift: jedes Mittel ist recht.

Jeder zweite deutsche Abgeordnete kennt wenigstens einen Teil der Organisationen. Daß mit einem »Verbot« der Organisationen alles Genügende geschehen ist, daran dürfte die Regierung selbst zweifeln.

## *Das Haus der Vernünftigen*

Im Sanatorium für Nervenkranke, das mein Freund Dr. H. leitet, ein bekannter Irrenarzt, [lebten meines Erachtens *immer* Vernünftige. Die Patienten waren ja gar nicht nervenkrank – diese Bezeichnung galt für die Verwandtschaft – sie waren *nur* irrsinnig. Sie zogen sich von der Welt zurück, angewidert von dem gesunden Menschenverstand, der sie damals regierte. Sie wählten eine kleine Schizophrenie, ein bißchen Paranoia, ein Quäntchen Größenwahn eine harmlose *dementia praecox* statt der vorgeschriebenen staatsbürgerlichen Gesinnung, eines Assessorenberufs, einer Kadettenschule, einer Dozentur. Der Ausbruch des Weltkriegs gab ihnen recht. Draußen im Felde, wenn ich Wachtposten stand, dachte ich neidvoll an jene Glücklichen, die eine Gehirnparalyse sorgsam beschützte vor der Gehirnerweichung eines Pressequartiers oder vor dem Größenwahn eines Kaisers.

Von den 156 Patienten leben heute im Sanatorium hundert] – und *alle sind geheilt*. Alle sind vernünftig – nicht nur in jenem höheren Sinne, der die Normalität der Welt in Gänsefüßchen setzt, sondern genau so vernünftig wie die Andern, die wir Assessoren sind, Dozenten, Staatsbürger, – und imstande wären, wieder Wachtposten zu stehen, die Berichte eines Pressequartiers zu verfassen und zu lesen und einer Kriegslyrik Bravo zu klatschen. In der Heilanstalt lebt heute kein einziger Kranker mehr. Sie ist eine Art Pension für Normale. Es gibt männliche und weibliche Patienten. Sie veranstalten Fünf-Uhr-Tees, sie tanzen Shimmy, sie haben ein Grammophon, sie spielen Klavier und sind, dank der vortrefflichen Kunst meines berühmten Freundes, wieder dieselben stupiden Durchschnittsmenschen geworden, die sie vor ihrer Erkrankung gewesen. Sie lesen sogar Zeitung.

Ein Offizier, der im Kriege verschüttet war, arrangiert Skitouren und Rodelpartien. Ein Maler, der in der Zeit seiner Krankheit geniale Ansätze zeigte, malt wieder talentlose Porträts; ein Musiker spielt jeden Tag im Kino, ist Montag und Mittwoch frei und stellt seine Musikalität den Fünf-Uhr-Tees zur Verfügung; ein Student der Rechte ist wieder zu seiner angeborenen Dummheit gelangt und beweist sie, indem er sich für ein Examen vorbereitet. (Er wird es bestehn.) Und der Doktor H. hat nur die Obliegenheit einer Pensionsmutter zu erfüllen; er kauft Eier und Butter und Milch, beaufsichtigt eine Wirtschafterin, schreibt ein Buch über die nicht mehr vorhandene Schizophrenie und wartet vergeblich auf einen Geisteskranken.

In den anderen Privatheilanstalten leben noch ein paar uninteressante Fälle – und außerdem Gesunde, Normalgewordene. Wirklich Geisteskranke sind nur noch in den öffentlichen Anstalten zu finden, in denen sich Gesunde nicht lange aufhalten dürfen und aus denen sie in die brutal vernünftige Welt so schnell wie möglich zurückkehren müssen. In den privaten Sanatorien Berlins leben die Geheilten – aus Furcht vor der inzwischen gewaltig veränderten Welt, in der sich nur noch ein Verrückter auskennt. Ihre Furcht ist nicht mehr krankhaft, sondern eben sehr normal. Sie sind so vernünftig, daß sie nur im Irrenhause leben können und nirgends sonst. Das ist keine witzige Erfindung, sondern eine statistisch nachzuweisende Wahrheit: in den privaten Irrenhäusern Berlins leben nur noch vierzig Prozent Kranke, die anderen sechzig sind gesund und können das Irrenhaus doch nicht verlassen. Grausam und groß ist die Stadt, in den Wohnungen leben Schulter an Schulter die reichen Ausländer, russische Emigranten füllen die Pensionen – wer nicht das Glück hatte, vor einigen Jahren verrückt zu werden, wird es heute, wenn er zum Wohnungsamt kommt. Wer von den armen Ausländern vor 1914 nicht zufällig in Berlin gewohnt hat, bedarf einer Aufenthaltsbewilligung vom Fremdenamt, er wartet darauf vier, fünf und sechs Monate und darf während dieser Zeit keine Wohnung beziehen. (Die reichen Ausländer können ruhig warten, sie wohnen im Hotel.) Es ist nicht leicht, sein Brot zu verdienen, man ist auf Gelegenheitsverdienste angewiesen und auf Unterstützungen wohlhabender Verwandter. Die Straßen sind des Nachts unsicher, der Passant, der Dich höflich um Feuer für die Zigarette bittet, hält ein chloroformiertes Taschentuch für Deine Nase bereit. Ein Mann, der hinter Dir auf der Plattform steht, stößt Dich während der rasendsten Fahrt hinunter, weil er abspringen will. Im Verkehr von Café zu Café steigen die Aktien, aus Likörstuben werden Banken, über Nacht, mit der Aufschrift: Devisendiele. Der Dollar tanzt Jazzbands auf Himmelsleitern, Hände fuchteln durch die Luft und behindern den Straßenverkehr. Bettler krümmen sich an den Straßenecken und die Gebreste, die sie Dir fordernd zeigen, sind eigentlich Betriebskapital. Propheten durchziehen die Stadt und predigen einer verzweifelten Rotte Krieg oder Frieden. Menschen schlägt man ans Hakenkreuz und die Glocken läuten: Judas ist auferstanden! Gymnasiasten fahren im Auto direkt von der Einsegnungsfeier zur Börse; die Antike wird als klassisches Altmetall verhandelt. Der Kutscher auf dem Bock liest den Kurszettel; in der Filmbranche schlägt man ägyptische Schlachten. An den Straßenecken, in der Nacht, tuscheln geheimnisvolle Männer Dir ins Ohr von Nackttänzen – bis morgen früh. Die Welt ist irrsinnig.

## *Die namenlosen Toten*

Die namenlosen Toten der großen Stadt hängen, ordentlich in Reih und Glied, in den Photographenschaukästen des Polizeipräsidiums, im Parterre. Das ist die grausame Ausstellung der grausamen Stadt, in deren asphaltierten Straßen, grünbeschatteten Parks und blauen Kanälen der Tod lauert, mit Revolver, Knebel und betäubendem Chloroform. Das ist sozusagen die anonyme Seite der Großstadt, ihr Elend, das keinen Namen hat. Das sind ihre unbekannten Kinder, deren Leben Unrast, Kneipe und Verborgenheit heißt, deren Ende blutig ist und gewaltsam, ein mörderisches Finale. Sie stolpern besinnungslos in eines der zahllosen Gräber, die eigens für sie an allen ihren Wegen bereitstehen, und das einzige Andenken, das sie der Nachwelt hinterlassen, ist ihr Porträt, aufgenommen am sogenannten »Tatort« vom Apparat der Polizeikommission.

Durch den Korridor des Polizeipräsidiums gehen täglich, stündlich, sehr viele, hunderte Menschen und niemand bleibt vor den Schaukästen stehen, um sich die Toten anzusehen. Man geht ins Fremdenamt, ins Paßamt, um ein Visum zu holen, ins Fundbureau, einen Regenschirm suchen, in die Kriminalabteilung, einen Diebstahl anzuzeigen. Ins Polizeipräsidium kommen lauter Menschen, die mit den Dingen des Lebens zu tun haben, und, abgesehen von mir, kein einziger Philosoph. Wer sollte sich um die Toten kümmern? Diese Toten sind häßlich und vorwurfsvoll und hängen da wie Gewissensbisse. Sie sind so aufgenommen, wie sie gefunden wurden, ein unendlicher Schrecken lagert auf ihren Gesichtern, der Schrecken des Sterbens. Mit offenen Mündern stehen sie, ihr letzter Schrei liegt gleichsam noch in der Luft, man hört ihn, wenn man sie ansieht. Der Kampf des Todes hält ihre Augen halb offen, das Weiße schimmert unter dem Augenlid. Da sind Bärtige und Bartlose, Frauen und Männer, Jünglinge und Greise. Sie wurden auf der Straße gefunden, im Tiergarten, in Spreekanälen. Oft ist sogar der Fundort unbekannt oder nicht genau bekannt. Die Wasserleichen sind aufgedunsen, von Schlammkrusten bedeckt, sie sehen aus wie schlecht mumifizierte ägyptische Könige. Die Kruste auf ihren Gesichtern hat Risse und Sprünge, wie eine schlecht verwahrte Gipsmaske. Die Brüste der Frauen sind schauderhaft geschwollen, die Züge verzerrt, die Haare wie ein Häufchen Kehricht auf gedunsenem Kopf. Und der Ort, an dem sie der grausige Tod erreicht, kennzeichnet ihr ganzes Leben. Einer wurde am 21. Dezember 1921 im Abort des Potsdamer Bahnhofs gefunden. Am 25. Juni 1920 wurde jene Frau unbestimmbaren Alters aus dem Reichstagsufer der Spree gezogen. Am 25. Jänner 1918 starb jener bärtige zahnlose Kopf am Alexanderplatz. Am 8. Mai des Jahres 1922 starb dieser, ein junger Mann mit feierlichen Zügen, auf einer Bank am Arminiusplatz. Die friedlichen Züge hat er der wunderbaren Mainacht auf dem Arminiusplatz zu verdanken, die Nachtigall sang wahrscheinlich als er starb, der Flieder duftete und die Sterne glänzten. Am 26. Oktober 1921 wurde jemand, ein etwa fünfunddreißigjähriger Mann, in der Spandauerstraße in Zehlendorf auf einem unbekannten Grundstück erschlagen. Gott aber sieht hinter den Wolken, ungerührt, einen Weltkrieg lodern – wie sollte er sich da um einen einzelnen kümmern?

Es sind etwa hundert Photographien in den Kästen und sie werden immer wieder erneuert. Tausende sterben ungekannt in der großen Stadt. Sie haben keine Eltern, keine Freunde, sie haben einsam gelebt, sie sind vergessen gestorben. Sie saßen nicht fest im Gefüge einer Gemeinschaft – so viele Einsame gibt es in der großen Stadt. Wenn hundert erschlagen werden, leben noch Tausende weiter, ohne Namen, ohne Dach, Menschen wie Steine. Einer gleicht dem andern, alle kommen einmal gewaltsam um – und ihr Tod hat nicht so schreckliche Folgen und kommt nicht in die Zeitung wie der Tod eines Talaat Pascha zum Beispiel.

## *Das Schiff der Auswanderer*
## *An Bord der »Pittsburgh«*

Das Schiff der Auswanderer heißt »Pittsburgh« und soll um 11 Uhr und zwei Minuten Bremerhaven verlassen. Die Auswanderer sind Menschen aus dem Osten, Juden in der Mehrzahl, dem Europa der Pogrome glücklich entronnen, russische Bauern und junge ukrainische Weiber, mit bunten, leuchtenden Kopftüchern, die lebhaft an Sommerwiesen erinnern, blau- und rotgeblümt und fröhlich. Die White Star Linie, der die »Pittsburgh« gehört, hat endlich mit dem längst unzeitgemäß gewordenen Begriff des »Zwischendeckpassagiers« aufgeräumt – indem sie das Zwischendeck abschaffte und Kajüten dritter Klasse einführte. Verschwunden ist die ganze proletarische Romantik der ratlos herumkollernden Menschen und Koffer. Alle sind wohlverstaut in den schmalen Kabinen, die wie versperrbare Fächer in die Wände eingebaut sind. Juden, bärtige, und Kinder, russische Bauern, deren Gesichter zerfurcht sind wie Äcker, und leuchtende ukrainische Bäuerinnen sind eingeschachtelt. Ihre ganze Emigrantenärmlichkeit verborgen, nicht, wie bisher, preisgegeben forschendem und übermütigem Aug'. Dennoch gibt es viel sichtbares Elend, ehe es auf Deck verladen wird. Das Gepäck, seltsame, abenteuerliche Stücke, in alte aus Sackleinwand genähte Bettkissen, Matratzenüberzüge, rot und weiß leuchtende Intimitäten, hundertfach geknüpfte Bündel und Strohkörbe, mit vorsintflutlichen, groben Schlössern versehen. – – Alles wird auf kleinen, rasch rollenden, mit Elektromotoren betriebenen Wägelchen an den Hafen geschafft. Die Emigranten haben trotzdem noch viel zu schleppen. Es gibt Dinge, von denen sich der Mensch nicht trennen kann – auch nicht für eine halbe Stunde. Deshalb schwitzen die alten Juden unter den teuren Lasten, die sie auf gekrümmten Rücken, in steifgefrorenen Händen bis zu dem pausbäckigen, behelmten Schutzmann schleppen. Dieser Schutzmann ist ein prachtvolles Exemplar einer halb ländlichen, halb seemännischen Behörde. Seine runden Wangen sind rot und gleichsam von innen heraus leuchtend, als wäre in seinem Mund eine Kerze angezündet, wie in einem Lampion an Sommernachtfesten. Alte Schiffsköche sehen so aus. Der Helm, der dunkle Mantel, der Säbel passen nicht zu diesem Salzluftgesicht. Eine große Ruhe geht von diesem unwahrscheinlich leuchtenden, breiten Antlitz aus, und eine sanfte Güte, die alle Strenge der blinkenden Helmkuppel verleugnet und den Säbel desavouiert. Der Schutzmann steht am äußersten Ende der schmalen Brücke, die das Festland mit dem großen Meer verbindet. An ihm vorbei müssen die Auswanderer mit ihrem schweren Gepäck. Sie stellen mit großer Umständlichkeit ihre Bündel auf den Boden, sie suchen nach einer möglichst sauberen Stelle, sie möchten am liebsten zuerst eines ihrer großen rot- und blaukarierten Taschentücher auf die Erde breiten, ehe sie ein Päckchen niederlegen. Das alles dauert gute fünf Minuten, schon ertönt ein Gong auf dem Schiffe, eine Mahlzeit verkündend, in zehn Minuten soll die »Washington« einlaufen und die »Pittsburgh« muß den Hafen räumen. Aber der Schutzmann leuchtet rötliche Ampelruhe und Besänftigung, wenn man ihn ansieht, hat man sehr viel Zeit, mag das Schiff noch so große Eile haben. Man kramt aus unwahrscheinlich verborgenen, in Unterhemden eingenähte Brusttaschen, Pässe und Schiffskarten hervor und zeigt sie vor. Der Schutzmann studiert sie eifrig im Lichte seines eigenen Angesichtes.

Das Schiff (es hat einen Tonnengehalt von 16.600) faßt 1800 Passagiere. Von diesen besteht ein Drittel aus Auswanderern. Sie kommen aus Rußland und den Randländern, aus Polen und Litauen, der Osten Europas schüttet sie aus. Seit Jahrhunderten wandert dieses Volk der Ostjuden, der arme Bauer westwärts, Heimat verlassend, Heimat suchend. Eine große Traurigkeit geht von ihnen aus, ihren grauen Bärten, ihren zerfurchten Gesichtern, ihren rührenden unbeholfenen Bündeln. Eine Familie aus Kowel ist hier, eine alte Mutter in schwarzen Tüchern vermummt, zwei junge Töchter mit kurzgeschnittenem schwarzen Kraushaar, und ein zwanzigjähriger Sohn, ein Kerl mit breiten Schultern und roten Händen, die wie riesenhafte Werkzeuge aus seinen Ärmeln baumeln. Er lacht und schüttelt seine starken Schultern, seit zwei Jahren wandert er mit seiner Familie durch den sterbenden, traurigen Westen Europas, seinen Vater suchend, der vor zehn Jahren aus Kowel ausgewandert ist – Gott weiß, wohin. Sie waren in Budapest, sechs Monate, in ständigem Schreck vor der Tag und Nacht erwarteten Ausweisung, endlich von ihr erreicht, nach Wien getrieben, wo sie ein Jahr lang in einem gemieteten Kellerloch in der kleinen Schiffergasse wohnten. Auch hier schienen sie der Behörde eine Last – der Sohn trieb unerlaubten Kleiderhandel – sie wurden verweht nach dem traurigsten Osten Berlins, in die Hirtenstraße, wo die schwarze Börse ungeahnte Gewinne verspricht und nicht beschert. Endlich meldete sich ein Vetter in New York, der dort auf der Straße Zitronen und Orangen feilbietet, er schickte Schiffskarten und zehn Dollar pro Kopf – Gott hilft den Verlassenen. Jetzt reisen sie nach Amerika, eine große schöne Freiheit winkt den Kindern, ein Grab der alten Mutter, aber diesem Europa sind sie entronnen, dem Festland der Pogrome, der Polizei, der schwarzen Börse, des unerlaubten Kleiderhandels. Die ukrainischen Bauern fliehen vor Hunger, Pest und einer langsamen Wohltätigkeit. Der hat einen Schwager dort – Nikita heißt er – und jener einen Neffen, namens Timofej. Die Adressen stehen verzeichnet auf alten zerknitterten Umschlägen, sind kaum zu entziffern, seit vielen Wochen tragen die Bauern diese Kuverts in verborgenen Westentaschen, in Schnupftabakdosen und ungebrauchten Pfeifenköpfen aus Weichselholz. Die Bäuerinnen sehen mit den furchtsamen, flackernden Augen erschrockener Tiere Getreibe und Tumult, große Kräne, die wie lebendige Wesen Kohlenmengen schöpfen, sich langsam in der Luft drehen, Schöpflöffel wie große schwarze Riesenhände öffnen, um die Last auszuschütten. Sie hören den fremden schweren Klang einer Schiffsglocke, die warnenden Rufe der Hafenarbeiter, das Donnern oder Poltern der rollenden Lastwagen. Sie sehen, wie der Hafen sich weitet, dem offenen Auge Grenzenlosigkeit des Meeres darbietend und eine niegeahnte blaue Ewigkeit.

Hoch oben flattert das Sternenbanner der Vereinigten Staaten über der internationalen Schiffsfahne, die blau ist wie Meer und Himmel, mit einem weißen Kreis in der Mitte, der wie ein kleines Wölkchen aussieht. Auf der Kommandobrücke steht ein Mann, den Riemen seiner Mütze um Kinn und Ohren geschnallt, er erteilt Befehle in unverständlicher Fachsprache, geheimnisvoll, wie das Meer, sind Fremden seine Befehle. Ein kleiner Schlepper zieht mit meterstarkem Tau an dem großen Schiff, wie eine willige Triumphpforte öffnet sich langsam und feierlich die Schleusenbrücke. Die Auswanderer stehen an Bord, sie rufen dem verschwindenden Land etwas zu, obwohl sie niemand hieher begleitet hat, sie winken fremden Menschen, dem leuchtenden Schutzmann, den Hafenarbeitern, den Trägern. Oben, auf dem Rand eines riesigen Schornsteines, erscheint eine schwarze Figur, ein Schornsteinfeger, er sieht aus, wie das Spielzeug dieses Riesendampfers, so winzig und schmal ist seine Silhouette auf dem unendlich blauen Hintergrund. Aus den kreisrunden Fenstern der Kabinen sehen die Gesichter der Emigranten Europa zum letzten Mal.

## *Ahnenfabrik G.m.b.H.*

Der bürgerliche Mensch der Berliner Gegenwart empfindet mit steigenden Dividenden das Bedürfnis, seine Ahnen zu verbessern und sie der Umgebung anzupassen, die ihm ein günstiges Hausgeschick beschert hat: der Villa, dem Reitpferd und dem Lakai. Der Mensch edlen Geblüts aber, durch die Baisse in Pietät zu einem bedeutungslosen Visitenkartenornament degradiert, nutzt die Sehnsucht jenes Bürgers nach Stammbaum und Ahnengalerie und zeugt mit gerichtlicher Hilfe adlige Geschlechter – den notariellen Akt an Stelle des medizinischen setzend. Er adoptiert Kubinkes, die nach dem Gebot: Du sollst deinen Adoptivvater ehren! diesem eine einmalige, aber ansehnliche Subvention bescheren, auf daß sie geadelt leben auf Erden …

Es gibt in Berlin sogenannte Adoptivbureaus – ein forschender Blick in Boulevardblätter zweiten Ranges verrät ihre Adresse. Sie arbeiten mit einem großen Apparat von Ehevermittlern, distinguierten Damen der Gesellschaft, Lebemännern, Spielklubinhabern, Inseratenagenten. Sie veranstalten Gesellschaften und Tees, Tänze und Filmabende, die den Zweck haben, die Väter mit den gewonnenen Söhnen bekannt zu machen, das Nützliche mit dem Unangenehmen zu verbinden. Sie haben ihren Sitz in prachtvollen Häusern aufgeschlagen, deren Treppenaufgänge mit Marmor, Gold und Perserteppich den Aufstieg der geladenen Kubinkes zu höherer Rassigkeit symbolisieren. Sie haben Ritter, Barone und sogar Grafen »an Hand«, sie sorgen dafür, daß die Stammbäume ihrer Klienten in den Himmel wachsen, Wappen und edle Pferdegesichter zieren ihre Villenwände, altkonservative Zeitungen liegen auf den kleinen Tischchen ihrer Salons und Zeitschriften, die von edlem Waidwerk handeln, von Pferdezucht und Waldrodung, von jenen agrarischen Gebieten, in denen sich die sozusagen posthumen Ahnen der Kubinkes fortab zu tummeln haben.

Ich sandte eine Zuschrift an eine Chiffreadresse und bekam dann eine Einladung zu einem »Filmabend« in eine Tiergartenvilla. Unterschrieben war ein Herr mit dem biblischen Vornamen »Armin«, wie sich dann herausstellte, ein Cherusker aus Leitmeritz, ehemals in der Stoffbranche tätig und jetzt auf Zuchtpferde umgesattelt. Ich kam in einem Mietauto, vor dem Eisengitter der Villa warteten drei schwarzlackierte Privatautomobile mit gelbgraulivrierten Lenkern, die Scheinwerfer erfüllten die stille Gasse mit lärmendem Licht: Ein Herr, in schwarze Diskretion gekleidet, nimmt mir Mantel und Hut mit zärtlichen Gebärden ab, ich besteige eine Treppe aus Marmor und Rot, die stolz ist, als führe sie direkt zu Königsthronen empor – dieweil oben im Gegenteil der Herr Armin wartet. Er trägt ein freundliches Lächeln wie eine Schnurrbartbinde in der Lippengegend und geleitet den Gast in einen kleinen Salon. Sechs Herren verschiedenen Alters offerieren sich hier bestens, man läßt sich gewissermaßen nach den Prinzipien der Zuchtwahl adoptieren. Unter den Gästen befand sich ein Herr von S., dessen Namen in der deutschen Literatur bekannt ist, ein Baron v. Z., mehrere unscheinbare Von-Männer, zwei Bankbeamte, ein Börsenmensch in den Vierzigern, ein Jockei, ein Dompteur und zwei Zigarrenhändler. Man gab einen Kammerspielfilm, in dem Miederleibchen und Hemden jede Unzüchtigkeiten verhinderten, einen Film mit gehemmten Nacktheiten, verborgenen Pointen, mit einem versöhnlichen Schluß. Ein Klavierspieler massakrierte die Barkarole, Likör in geschliffenen, schlanken Gläsern entschädigte nicht ganz, die unbefriedigten Parteien bestellten Sekt. Gegen Langeweile halfen Witzblätter, wie der völkische »Hammer«, die Zeitschrift des Grafen Reventlow, die deutsche Tageszeitung »Wild und Hund«, ein Domino und ein Schachspiel. Väter und Söhne fanden sich schnell und schmerzlos, eine hier und dort bemerkbare Schüchternheit eines Gastes überwand Herr Armin, der, Vollwind in den Cutflügeln, alle Tische umsegelte. Die Geschäfte verliefen glatt. Visitenkarten »in gediegenstem Druck« verspricht eine geschickte Firma – man liest ihr Inserat vor dem Spiegel, in der Garderobe, an den Wänden der »Toilette« – Aufträge nimmt auch Herr Armin entgegen. Er liefert den Baron mit allem Zubehör, das Dokument und die Zacken, er ist ein tüchtiger Geschäftsmann, er hat's in der Stoffbranche gelernt und für seine Pfiffigkeit spricht der Umstand, daß er selbst bei seinem bürgerlichen Leitmeritzer Namen geblieben ist und bei seiner liberalen Gesinnung, ein Schuster, der barfuß läuft, ein

Adelsfabrikant mit bürgerlicher Bescheidenheit. Armin hat etwa zehn Adelige (zum Teil frühere Stabsoffiziere), die in seinem Hause verkehren wie in einem Klub und schon mindestens hundert Kubinkes ihren Namen verkauft haben dürften. Nicht alle Adoptionen werden in Berlin getätigt – Stuttgart, Mannheim, Königsberg, Hamburg, Erfurt kommen auch in Betracht. Notare wohnen überall in allen deutschen Städten, um die Adoptionen unauffällig zu gestalten. Inserate erscheinen in vielen Provinzzeitungen, es »rentiert sich«. Ein simples »von« mit jungem Stammbäumchen kostet anderthalb Millionen, ein alter Grafentitel fünf. Prinzen sind noch nicht engagiert. Die »distinguierten« Damen, geschickte Agenten, erhalten Prozente, strafbar ist eine Adoption nicht, also braucht man Tiergartenviertel, Öffentlichkeit und Inserat nicht zu scheuen.

Es ist anzunehmen, daß sich die Adeligen in Deutschland vermehren werden, wie der Sand am Meer. Jede Börsenhausse bringt reichgewordene Seifenhändler und verarmte Aristokraten. Die Geschlechter »derer von« errichten sich Denkmäler aere perennis, mit unerhörter Fruchtbarkeit sind ihre Lenden gesegnet. Es füllen sich die Tattersäle und die Waidgründe, die Metzger werfen ihre Messer fort und greifen nach Hirschfängern und den Enkeln erzählen sie von den Kreuzzügen ihrer Adoptivraubritter. Vor Mitternacht sagt Armin im Türrahmen: »Ich werde mir erlauben, Sie zu benachrichtigen.« Die Seifenhändler und Bankbeamten drücken seine Hand, die Adoptivväter nicken nur mit dem Wipfel ihrer Stammbäume. Die Söhne steigen in die Autos, die alternden Väter kehren zu Fuß heim. Sie flüchten vor den blendenden Scheinwerfern, mit denen jene in ihre adelige Zukunft rattern und »verlieren sich im Dunkel des Tiergartenviertels« – wie es in einem Roman von Rudolf Herzog heißt.

Schädliche Tiere sind Ratten, berüchtigt als Träger der Beulenpest, den Vorräten der Land- und Hauswirte gefährlich und den Frauen ein Graus. Man vernichtet die Ratten durch Gift, Katze und Hund und kunstreiche Fallen. Ein- oder zweimal im Jahre veranstalten die Hausherren ein Preis-Rattenwürgen, gewissermaßen als Abschreckung für alle kommenden Rattengeschlechter. Zehn Wolfshunde versammeln sich mit ihren Herren auf einem abgezäunten Platz. Drei Herren bilden ein Preiswürger-Komitee, indem sie sich weiß-rote Rattenschwänzchen aus Seide in die Knopflöcher stecken. Dann stellen sich ein paar Jungen aus der Nachbarschaft vor die Rattenfallen und warten auf den schrillen Pfiff eines Komiteemitgliedes. Das ist zugleich das Zeichen für die Hunde, ihre Herren vom Leinenzwang zu befreien. Die Jungen öffnen die Fallen und die Ratten springen mit einem Riesensatz in die Freiheit, die ihr Verderb ist.

Die Ratten sind dick und behäbig, zwei Wochen oder länger hat man sie gefüttert, mit Speck und fettbestrichenen Brotrinden, man hat sie zu anständigen Opfern erzogen – ein Wunder, daß ihnen die braven Hausherren keine rotweißen Schleifen um die Ohren gewickelt haben, zwecks Verschönerung ihres Todes.

Die Hunde benehmen sich wie gelernte Spitzel. Sie halten den Atem an, kein knurrender Laut entfährt ihnen, sie treten so leise auf den Sand, als hätten sie die Stiefel ausgezogen, sie spitzen die Ohren und strecken sie wie Zeigefinger in die Luft und klemmen die Schwänze ein. Die Ratten hocken immer noch, etwa zehn Schritte von ihren Gefängnissen entfernt, hocken still und lauschend, gebannt von der leise geahnten Gefahr, erschrocken durch die plötzliche Weite des Horizonts. Unbehagen faßt sie in der kalten Luft. Plötzlich tut Lux, ein vornehmer Hund, sauber gebürstet, mit glänzendem, pomadisiertem Fell und einem geradezu glatt rasierten modernen Hundegesicht einen mächtigen Satz, ein leises Knurren entfährt ihm, eine kleine Donnerimitation, und ehe man sichs versieht, hält er mit den Vorderbeinen und mit den weißen Zähnen eine Ratte am Genick, betäubt sie durch seinen scharfen Atem, freut sich noch ein bißchen an dem verzweifelten und ganz mechanischen unbewußten Zappeln ihrer Gliedmaßen und beißt zu. Rote Blutstropfen fallen auf den Sand, als weinte ein toter Körper, und der Blutdunst dringt den Tieren ins Gehirn, die Ratten huschen verstört und hilfesuchend durcheinander, sie sind ein verzweifelter Knäuel, wie Menschen in einer Theatergarderobe, wenn das Gebäude brennt, und die Hunde umkreisen sie witternd und böse und bilden einen gefährlichen Kordon, als hätten sie's bei einer Razzia gelernt. Gedämpftes Pfauchen und Schnauben erfüllt die Luft, ein unerhörtes Morden spielt sich ab, grausamer als ein Weltkrieg. Gespannt blikken die Hauswirte auf den mörderischen Kampf, sie sehen aus wie Feldherren, sie strecken witternd ihre Schnauzen in die Luft, wohliges Knurren entströmt ihren Bäuchen; es sind friedliche Bürger, der Polizei ein Wohlgefallen und in Ehrfurcht vor dem Strafgesetzbuch herangewachsen, sie lieben nur so ein bißchen Rattenblut und halten im übrigen die Menschenfresser für eine schwarze Schmach. Die Hunde bringen ihnen die Beute und wedeln mit den Schwänzen, wie mit Taschentüchern. Drei oder fünf Minuten hat der ganze Krieg gedauert, die Herren ziehen große, dicke, rote Würste aus den Rocktaschen und servieren sie den Hunden auf ausgestreckten Handtabletten.

Eine unheimliche Stille wird hörbar auf dem Felde der Ehre. Die Ruhe des Todes schreit, aber die Hausherren haben gute Gesinnungswatte in die Ohren gesteckt, ihr Gewissen ist rein, denn die Ratten sind bekanntlich schädliche Tiere, berüchtigt als Träger der Beulenpest, den Vorräten gefährlich und den Frauen ein Graus. Sympathisch werden sie nur, wenn man die befriedigten Hausherren, von den Wolfshunden an die Leine genommen, in die nächste Schankwirtschaft paradieren sieht, wo sie Bier trinken und von Politik sprechen. Ein Grammophon grölt: Wer wird denn weinen – – – und ich denke mit Wehmut daran, daß die Ratten nichts von Politik verstehen und keine Grammophone besitzen. Dieses Rattenwürgen – ließ ich mir sagen – war nur ein privates, ein kleines Familienfest, eine Probe für das große Rattenwürgen, das oft unter freundlicher Mitwirkung der Polizeihunde an großen öffentlichen Orten stattfindet. Ich dachte an das Sechstagerennen, an Schlachtfelder, Stahlbäder, Freiwilligenkorps Roßbach, Kapp-Putsche und was dergleichen menschlicher Vergnügungen mehr ist. Es war ein schöner, erbaulicher Sonntag.

## *Der falsche Dionysos*

Dionysos war bekanntlich der Gott des Weines und der Nacktkultur. Er lebte in den Wäldern mit Nymphenballetten und Faunklubs, aber auch in Weingärten, ein Freund der Winzer und insbesondere der Winzerinnen. Dionysos war einer der lustigsten Götter, die ich kenne: er hatte ein rundes Bäuchlein vorgeschnallt, wie eine Kalbfelltrommel, und trug im braungelockten Haar einen ulkigen Kranz. So saß er rittlings auf einem Faß, und sein rundes Gesicht war ein inkarniertes Wohlgefallen am Leben. Er war ein Gott, der auf Autorität keinen Anspruch machte und auf den Respekt der Sterblichen pfiff. Er kannte die Distanz nicht, die Zeus zum Beispiel immer zu behalten bemüht war, die Distanz zu Dingen, Menschen und Halbgöttern. Zeus donnerte, Dionysos trank. Jeder andere Gott hatte irgendeine Tugend: Apollo war im höchsten Grade musikalisch, Athene war ein strategisches Genie, Hephaestos ein famoser Kunstschlosser, und selbst Hermes, der das geringste Ansehen genoß und das bürgerliche Strafgesetzbuch mißachtete, hatte wenigstens die Tugend der beflügelten Leichtfüßigkeit. Einzig und allein Dionysos hatte keine Tugenden, nicht einmal ein klares Bewußtsein. Er torkelte durch die Unsterblichkeit, unverantwortlich und in unordentlichen Kleidern, und war auch sonst unanständig. Ich erinnere nur an die Dionysosfeste, die anderwärts Bacchanale hießen, aber ganz genau dieselbe Polizeiwidrigkeit waren. Dieser Dionysos, beziehungsweise der römische Bacchus, verkörperte die antiken Vorstellungen von Lebenslust und ewigem Rausch. Die Menschen lebten aus dem Vollen und unbewußt. Wenn es donnerte, zitterten sie vor Zeus, und tranken sie, sagten sie zum Dionysos: Du. Sie kannten keine Blitzableiter und brauchten nicht erst konventionelle »Bruderschaft« zu trinken. Ihre Freude am Körperlichen war harmlos und reine Lyrik, ohne Tendenz und ohne Kausalnexus mit Bewußtseinsvorgängen. Die Freude war neben Atmen, Essen, Liebe, einfache Lebensäußerung. Sie war kein »Amüsement« (Amüsement ist die Kommerzialisierung der Lebenslust, der Kettenhandel mit Freude). Dionysos aber war nicht Direktor eines Wald- und Wiesenvariétés.

Vor einigen Tagen las ich den Satz eines bekannten deutschen Schriftstellers, dessen Namen ich in diesem Zusammenhang nicht gerne nennen möchte. Der Satz wurde vor dem Kriege geschrieben und lautet ungefähr: Wir erleben jetzt, zu Beginn des zwanzigsten Jahrhunderts, eine zweite, beziehungsweise dritte Renaissance. Der Schriftsteller hat sich hoffentlich überzeugt, daß nur eine Art Pseudo-Renaissance angebrochen war. Eine Zivilisationsrenaissance, das heißt eine kommerzialisierte. Auf dem Lebensgefühl allein basierten kapitalkräftige Unternehmungen, sogenannte Vergnügungsstätten. Ein permanenter Freudendienst wurde eingerichtet. Er hielt sich in gewissen Grenzen. Er war verlogen, wie jede dieser Zivilisationserscheinungen. Aber er war geregelt. Er wurde zuerst zuchtlos nach dem Kriege. Aber er blieb verlogen. Und er berief sich auf – die Renaissance, um sein Recht auf Zuchtlosigkeit zu begründen. Ich las jüngst ein Kapitel Burckhardtscher Renaissance. Und sah die Vollmenschheit jener Zeit, die in rot durchpulsten Händen die Fahnen des Lebens schwang. Jeder ihrer Morgen war ein Freudengebet an Gott. Ihre Stunden rollten rot und bunt und angefüllt mit Sonne in rasendem Rotationsschwung. Jede Nacht war ein einziges, riesengroßes in warme Bläue und silbernen Sternenglanz gehülltes Freudenfeuer. Alles, Ding und Tier und Mensch war Bejahung. Alle diese Äußerungen überschüssiger und überschäumender Lebenskraft geschahen bewußt. Nicht lyrisch-harmlos, wie in der klassischen Zeit, sondern mit der mächtigen Tendenz: sag' ja! ja! ja! Vollendung deines Wonnebedarfs, Sättigung deines Lebenshungers und gleichzeitiges Überströmenlassen deiner Kräfte in Umwelt: Mensch, Wald und Ding. Es war ungefähr die (beschränktem Menschensinn allerdings nicht verständliche) jenseitige Tendenz alles Elementaren; die unbegreifliche, aber nichtsdestoweniger vorhandene Absicht eines stürzenden Meteors, eines schlagenden Blitzes, einer rollenden Lawine, einer künstlerischen Schöpfung. Aus der reinen Freude an der Körperlichkeit war eine künstlerisch gebändigte Sinnenwillkür geworden.

In dem Mitteleuropa der Gegenwart aber regiert der falsche Dionysos. Er trägt Monokel und Frack. Seine Sinnenlust ist pervers, weil sie nicht aus dem Überschuß kommt, sondern aus der Armseligkeit seines Flackerlebens. Die Nymphen sind Ballettmädchen, schlecht bezahlte, und die Faune sind Zuhälter. Mit welchem Recht beruft man sich Dionysos? Dionysos, der alte, dicke, liebe Kerl liegt im Weinlaub eines klassischen Hains begraben und ist unendlich traurig über seine Karikatur in den Bars Mitteleuropas. Er schüttelt den Kopf und sagt: Nie hat eine meiner Nymphen Celly geheißen …

## *Der letzte Azteke aus Gablonz*

Die letzten Azteken leben verstreut in der Welt, im Panoptikum, im Zirkus und in jenen Anstalten, in denen menschliche Seltenheiten geschätzt werden und von ihrer eigenen Seltenheit leben. Sie führen die beneidenswerte Existenz von Wetterfröschen, Kanarienvögeln und gezähmten Eichhörnchen, die ihre erfreulichen Eigenschaften zu einem Betriebskapital gestalten, mittels dessen sie sich das tägliche Brot, ein Glasdach über dem Kopfe und dergleichen Alltagsnotwendigkeiten mehr versorgen. Die Azteken sind gewissermaßen menschliche Kanarienvögel. Was bei den Kanarienvögeln das Zwitschern, ist bei den Azteken der Kopf. Ein Aztekenschädel ist länglich und läuft in eine sanfte Spitze aus, wie ein lieblicher Hügel. Die Stirn ist kurz, die Augen sehr glänzend und dennoch schläfrig, ein Feuer, das nicht lange brennt. Ein Azteke ist eine auffallende Erscheinung, also ein Wesen, das eines Impresarios bedarf. Ein Azteke, der seinen Impresario unterwegs verliert, kann von seiner Auffälligkeit nicht mehr leben. Von etwas anderem leben kann er erst recht nicht. Darin gleicht er den Menschen prinzlichen Geblüts, die aber, wenn sie entthront sind, eine Apanage beziehen. Über den Azteken ruht Gottes Gnade nicht, wie über den europäischen Fürstenhäusern, obwohl jene viel älteren Geschlechts sind. So alt sind sie, daß sie überhaupt nicht mehr sind. Sie pflanzen sich nicht mehr fort. Sie sind unfruchtbar, sie waren zu anständig, um sich in dieser Welt zu behaupten und sie gingen zu Grunde.

Den letzten Azteken lernte ich vor zwei Jahren im Berliner Panoptikum kennen. Ein Impresario mit einer goldenen

Uhrkette und einem Elefantenzahn führte ihn aufs Podium. Zugleich mit sieben Zwergmädchen, die ihre Biographie piepsten. Der Azteke sprach nicht, er neigte nur seinen Kopfhügel und sah mit seinen traurigen Flackeraugen auf die Rund- und Flachschädel, die unten saßen und den Daseinskampf so siegreich bestanden und nicht von ihrem eigenen Untergang zu leben brauchten. Der Impresario erzählte von den Azteken, die Mexiko gegründet hatten, von der Nahuafamilie, von Aztlan, dem »Land des weißen Reihers« und von Montecuzoma. Er erzählte, daß es außer diesem Azteken keinen einzigen mehr in der Welt gebe – und dabei klirrte der Elefantenzahn an die Goldkette – es war ein sehr leises Totengeläute für die Azteken und sein Vortrag war eine Messe. Nun ist das Panoptikum aufgelöst und versteigert. Der Impresario hat vielleicht die Memoiren eines Prinzen verfaßt und reist jetzt mit letzten Fürsten. Der letzte Azteke aber sitzt am Nachmittag im Café Bauer und entblößt kostenlos seine Sehenswürdigkeit und lebt vorläufig von Hülsenkleben in einer jüdischen Fabrik in der Hirtenstraße. Er ist zu schwach, um harte und lohnende Arbeit zu finden und zu anständig, um von Schiebungen zu leben. Denn seine Tugend ist eigentlich seine Not – und, wenn sie hätten schieben können, wären die Azteken noch da und Impresarios der letzten europäischen Dummköpfe. Der letzte Azteke spricht mit einer hohen Stimme und kann das »R« nicht aussprechen. Er sagt »leisen« und meint: reisen, er sagt: Labatt und meint: Rabatt – und es ist, als ob er zu anständig wäre, um ein grausames »R« auszusprechen; dieser barbarische Laut ist nichts für eine aztekische Zunge. Die hohen weichen Faltentöne entsprechen seinem sanften Gemüt. Die Musik begeistert ihn, er lauscht der Barcarole hingegeben, zumal, da es für ihn eine Balcalole ist – und eigentlich nur der Musik und der Zeitungen wegen geht er ins Café. Er liest die Feuilletons mit Vorliebe und Nachrichten aus dem Theaterleben.

Ich bat ihn, mir von seiner mexikanischen Heimat zu erzählen, aber da wußte er gar nichts. Dieser Azteke ist nämlich nicht in Mexiko geboren, sondern in Gablonz, wie die Kanarienvögel, die sich seit Generationen in Europa fortpflanzen und nur aus Prestige noch keine Sperlinge geworden sind. Mein Azteke ist in einem Gablonzer Hotel zur Welt gekommen, seine Eltern waren im Zirkus ausgestellt, es ist ein mitteleuropäischer Azteke, und er ist gar nicht der letzte, sondern der vorletzte: seine jüngere Schwester lebt in Amerika und wird vielleicht heiraten, wenn sie kann, und dann wird es neue Azteken auf der Welt geben. Der Azteke ist vierundzwanzig Jahre alt und wird wohl noch zehn Jahre leben. So sagt er, mit einem traurigen Mund und läßt seinen Langschädel hängen. Er hat eine schwache Lunge, einen »Blonchialkatal« und kein Vermögen. Vielleicht findet er hier, in diesem Café, in dem die Artisten verkehren, ein Engagement, einen Impresario. Seine Schwester schickt ihm vorläufig Geld, zwanzig Dollar führte er in der Brieftasche, als wären es die letzten Dollars der Welt. Es gehört wirklich ein Impresario zu einer Auffälligkeit. Ich beobachte die Menschen rings um uns, die in der nächsten Nachbarschaft eines Azteken sitzen und sich so wenig daraus machen, als wäre ein Aztek ihresgleichen. Die Menschen haben keinen Blick für die Abnormität, wenn sie umsonst ist.

## *Der fliegende Buchhändler*

Der fliegende Buchhändler heißt so, weil er den ganzen Tag auf einem Fleck steht. Er steht an einer belebten Straßenecke, auf seinem Wagen türmen sich literarische Abfälle, Kehricht der Wissenschaft, von der Zeit und von Herrschaften abgelegte Buchbände, wahllos der Kitsch neben Ewigkeitswerten, die Dichter mit den Vornamen »Hanns Heinz«

und Rudolf Hanns neben Gotthold Ephraim und Johann Wolfgang. Umweht von Wind und Zugluft und dem letzten Schimmer der verflossenen Buchhändler-Romantik, immer noch Anziehungspunkt für bedächtig bebrillte ältere Herren in braunen Pelerinen, steht der fliegende Buchhändler, heute nicht mehr wie einst mit seinen Büchern verwachsen, sondern zufällig in seinen Beruf verirrt, nicht mehr selbständiger Unternehmer, sondern Filialleiter eines Sortimenters, auf Prozente bedacht, nicht mehr Preise nach freier Laune bestimmend, sondern gebunden an das Diktat des Buchhändlers. Heute liegen auf dem Bücherkarren die schwer verkäuflichen Bände des Buchladens und sind eher teuerer, als billiger. Daneben steht der Buchhändler und trägt, als ob er Hosenknöpfe feilböte, eine dicke Uhrkette mit Elefantenzahn auf der Weste, das Abzeichen des kleinbürgerlichen Materialismus.

Allmählich aber geht eine Wandlung im »fliegenden Buchhandel« vor, den meisten unbekannt und dem flüchtigen Passanten auch schwer bemerkbar. An verschiedenen Straßenecken des Berliner Westens stehen nicht mehr die Beauftragten der Sortimenter, sondern selbständige Buchhändler, nicht mehr Männer mit Schnurrbart und Elefantenzähnen an den Uhrketten, sondern schmächtige Gestalten in dünnen Röcken, Gesichter, von Geist und Hunger zu gleichen Teilen gezeichnet – Intellektuelle, die ihre eigenen Bibliotheken feilbieten und denen genau so zumute sein muß, als trügen sie ihre eigene Haut zu Markte. Studenten, Wissenschaftler, Schriftsteller gehen mit ihren Bibliotheken auf die Straße. Für den künftigen Historienschreiber mag die Tatsache festgehalten sein, daß es eine Zeit gab in Deutschland, in der die geistigen Arbeiter ihr Handwerkszeug an den Straßenecken verkauften und sich tagelang müde stehen mußten, von einem Bein aufs andere tretend, eine schmerzliche Leere im Magen und die kümmerliche

Hoffnung im Herzen, daß der oder jener Passant, der neugierig stehen blieb, um einige Bücher aufzuschlagen, der längstersehnte Käufer sei, Suppenspender, Seelentröster, Daseinsverlängerer. Mir sind zwei »Geistige« bekannt – ein Naturwissenschaftler, Botaniker und ein Philologe – sie standen länger als eine Woche in einer Seitenstraße des Kurfürstendammes. Der eine hatte Werke über Staubfäden und Pollen ausgelegt und der andere tiefgründige Forschungen über den attischen Dialekt. Und als Käufer kamen in Betracht: geschniegelte Jünglinge und flanierende Damen, trippelnde Seidenpinscher und alles menschliche und vierfüßige Luxusgetier der westlichen Gegenden. Mit jener erstaunlichen Geschäftsuntüchtigkeit, die Botaniker und Philologen in Deutschland kennzeichnet, hatten die beiden dieselbe Straße gewählt, sie standen sich an den zwei Ecken gegenüber und verdoppelten ihr Leid; indem sie es teilten. Den Philologen fraß der Neid, wenn jemand sich dem Botaniker näherte und umgekehrt. Sie hatten auch Geschäftspausen – ihr ganzer Handel bestand aus Geschäftspausen und da standen sie in der Straßenmitte und sprachen. Sie kamen Tag für Tag mit zwei Stühlen und zwei Kisten, und merkwürdiger Weise störte sie kein Gesetzvollzieher. Sie froren – der Philologe hatte blaue Lippen, der Botaniker Frostbeulen – es war in der ersten Märzwoche, aber eines Tages kam da ein Schwede, ein gottgesandter Schwede vorbei, strich von einem Wagen zum anderen, hin und zurück, sprach mit beiden, bot jedem je eine halbe Million Mark und befreite sie von ihren Büchern und ihrer Mühsal. Wenn Botaniker und Philologen überhaupt vernünftig werden könnten, so würde ich hoffen, daß die Leute mit ihrer Million einen gemeinsamen Handel mit Druckknöpfen angefangen haben.

Die Tänzer Gottes leben und beten im Norden der Stadt Berlin, in jenem Viertel, in dem die menschliche Verzweiflung das Verbrechen gebärt und den Fanatismus, die Raubmörder und die Propheten, die Prostitution und die Priesterinnen, den Diebstahl und das Gebet. Seit einigen Wochen fließen der Straßenbahn von allen Seiten kleinere und größere Summen zu, von ehemaligen Schwarzfahrern, von denen einige eine Rate ihrer Schuld einsenden, mit dem Versprechen, den Rest später zu zahlen. Manche schicken mehr, als sie schuldig geblieben sind, denn sie berechnen ihre Schuld nach der Markentwertung und nach dem Index. Zuerst hatte es den Anschein, als wäre eine Epidemie ausgebrochen, eine Art Gewissensgrippe, eine Reinigungspsychose. Allmählich erfuhr man, daß die Schwarzfahrer sich weiß waschen wollten, weil sie einer neuen Sekte angehören, deren Priester jede kleinste Sünde verbieten – ein Sündenverbot mit rückwirkender Kraft. Die Gläubigen blättern in ihrem Gedächtnis zehn Jahre zurück und tilgen jeden Fleck ihrer Vergangenheit mit vieler Sorgfalt. Dafür erwarten sie bestimmt, in den Himmel der Seligen aufgenommen zu werden. Sie geloben einen Lebenswandel ohne Arg und Fehle mit Psalmengesangsbegleitung und Bibelzitaten. Blank und leuchtend ist ihr Erdensein, eine fromme und demonstrativ bezahlte Pilgerfahrt auf der Straßenbahn der Tugend. Und Mittwoch und Freitag haben sie Predigt und Gottesdienst. Die Tänzer Gottes versammeln sich in einem Saal, der gelegentlich an weltliche Tänzer, Witwenkränzchen und Ballkomitees vermietet wird und in dem manchmal noch sündiges Konfetti verstreut ist, eine weltliche Girlande aus Papierblüten hängt und in dessen Winkeln ein hartnäckiger Bier- und Schnapsdunst schläft, der nächsten Gelegenheit zu fröhlicher Wiederauferstehung harrend. Die

Tänzer Gottes sind hungrig und blutleer. Männer und Frauen, kleine Beamte und Handwerker, erkennbar an Kautschukkragen und loser Chemisette, gesteiften Brustpanzern, die den Zweck haben, einstürmende Versuchungen abzuhalten. Rückwärts klettern vorwitzig die Enden altmodischer Kravatten zum Rockkragen heraus und die Stiefel sind sauber, genagelt, geflickt und zerrissen. Diese Menschen kommen an den linden Frühlingsabenden aus Fabriken, Werkstätten und Bureaus. Mit abgewandten Sinnen wandeln sie durch das weltliche Getriebe der Straßen, der Lärm der Vehikel und die lebendige Geschäftigkeit der heimkehrenden Menschen gleitet an ihnen ab, wie Regenrauschen an gefetteten Fläschchen. Dann fallen sie, wie Tropfen einzeln in den Saal, nehmen Platz mit ergeben gesenkten Köpfen. Wie Sommerwind über ein Feld geneigter Ähren streicht die Rede des Priesters über sie hin. Der steht auf erhöhtem Platz, in einem schwarzen Rock mit grünem Patinaschimmer, er hat einen langen Hals mit ruhelos auf und abkletternden Adamsapfel und eine dünne Stimme, gewissermaßen eine magere Stimme, die sich keinen einzigen stärkeren Laut gönnt und aus Mangel an stoffhaltigen Worten täglich ein paar Pfunde abnimmt. Er sagt: Unser Tanz ist heilig, heilig ist unser Tanz. Wir sind das Gewissen der Welt. Wer eine Sünde hat, trete vor und bekenne. Und hervortreten die armen Gläubigen, die nicht wissen, daß die Welt an ihnen mehr sündigt, als sie an der Straßenbahn. Es tritt ein alter Mann hervor, mit zitternden Händen, blaue Äderchen bilden dichte Netze auf seinem rötlichen Gesicht. Er bekennt mit schwacher Stimme eine Sünde, legt zwei Finger auf die ausgestreckte Handfläche des Predigers. Wie ein sachter, ferner Landregen rinnt seine Beichte und ihm folgt eine Frau und noch eine und alle haben dieselben straffen Frisuren, die wie eine Kasteiung des Haares aussehen. Die schmerzlich gestrafften, gelbe, blutlose Ohrmuscheln freilassenden Frisuren und die billigen gelben Kämme, die eine Verhöhnung der weltlichen Eitelkeit sind. Sie haben einmal eine Nachbarin beleidigt oder ein Kind geschlagen, oder eine Ratte getötet – es sind wuchtige Sünden. Gott sieht mit gütigen Augen auf das Elend der Menschen, er läßt die Sünde geschehen, auf daß die Buße nicht ausbleibe.

Aber draußen in demselben Hause, befindet sich eine billige Bar mit rötlich geschminkten Lichtern und Mädchen. Und drinnen leben die Tänzer der Welt.

## *11,000.000*

Die Carnegie–Stiftung hat über die Verluste im Weltkrieg ein wertvolles Buch veröffentlicht. Daraus erfährt man, daß die Zahl der Toten aller Staaten elf Millionen beträgt. Drei Millionen starben den indirekten Heldentod infolge Krankheit. Acht Millionen retteten sich vor militärärztlicher Behandlung und entkamen mit Hilfe der Gewehrkugeln, Bajonette, Schrapnells und Giftgase unmittelbar ins ruhige Oberland der Ewigkeit. Dem Statistiker der Carnegie ist es wahrscheinlich nicht möglich gewesen, festzustellen, wie viele von den also direkt Gestorbenen vor ihrem letzten Atemzug noch vom Feldkuraten erwischt wurden. Es ist anzunehmen, daß nur die Wenigsten dem Seelsorger ihren endgültigen Abgang von der Kompagnie gehorsamst gemeldet haben können, obwohl bis jetzt nicht ein Einziger wegen unvorschriftsmäßiger Abrüstung von der himmlischen Aufnahmekanzlei »retourgestellt« wurde.

Aus dem Carnegie-Buch erfährt man ferner, daß der Weltkrieg mehr Tote zustande gebracht hat, als alle Kriege, die in der Zeit von 1815 bis 1914 geführt wurden. Ich schätze, ohne Lexikon, es werden etwa sechs anständige und einige kleinere Kriege in diesen hundert Jahren stattgefunden haben und ermesse daran, daß unser Weltkrieg ein wirklich imposanter war, ein Elf-Millionentöter, ein ganz patenter Weltkrieg. Wir müssen also dem Buch der Carnegiestiftung gewissermaßen verpflichtet sein; – ihm verdanken wir es, daß wir heute stolz von den noch nie dagewesenen elf Millionen reden dürfen.

Allein – woher wissen wir, daß sie noch wirklich nie dagewesen sind? Es ist kein Grund vorhanden, an der Wahrhaftigkeit jenes Carnegie-Buches zu zweifeln. Es ist vielmehr anzunehmen, daß nach *jedem* der vorhergegangenen Kriege ein ähnliches Buch erschienen ist und vielleicht sogar von der Carnegiestiftung herausgegeben. Vielleicht hat diese Stiftung den Zweck, nach jedem Krieg die Toten zu zählen und ihre imposante Ziffer der Welt zu verkünden. Es gibt dergleichen Stiftungen. Sie haben die Aufgabe, nicht nur statistisch zu belehren, sondern auch zu weiterem Töten anzueifern. Diesmal waren es elf Millionen. Vor fünfzig Jahren weniger. Nächstens mehr.

Es ist das Werk eines post-festum-Pazifismus. Er erfüllt die Aufgabe eines Leichenbestattungsamtes. Er sitzt im Bureau, wartet den Friedensschluß ab und begibt sich dann auf Carnegies Kosten zum Leichen-Lokalaugenschein. Die Aufnahme des Tatbestandes dauert fünf Jahre. Und während dieser Pazifismus noch die alten Leichen zählt, fängt die Welt an, schon neue herzustellen. Die Carnegiestiftung kann nicht zur Ruh' kommen …

## *Der 20. Oktober*

Morgen stellt die deutsche Regierung alle Zuschüsse an das Ruhrgebiet ein. Übermorgen schließen alle Bergwerksbesitzer. Dann sind hunderttausende von Arbeitern entlassen, brotlos und hungrig.

Ungefähr zwei Monate nach dem zum elementaren »Ausbruch« ernannten Beginn des passiven Widerstandes reiste ich durch das Ruhrgebiet und stellte fest, daß die Bevölkerung mit dieser Art des Kriegsführens zufrieden war. Sie bekam für die patriotische Geste Geld, ohne arbeiten zu müssen. Die Arbeiter erfanden damals den sogenannten »Grubenzokk«, sie fuhren in die Schächte und spielten sechs und acht Stunden Karten. Man liebte die Franzosen nicht, aber es war kein elementarer Haß, wie das deutsche Bürgertum, dank den Pressestellen seines Reichskanzlers Cuno geglaubt hat. Es war ein Mißvergnügen, daß man sich umso eher leisten konnte, als man ja dafür bezahlt und belobt wurde. Von Völkischen bewußt verbreitete Nachrichten über französische Greuel steigerten erst das Unbehagen über die Fremden zum Haß gegen sie, verursachten kleinere und größere Widerspenstigkeiten gegen die Anordnungen der Besatzungsbehörden und gebaren in unausbleiblicher Folge wirkliche Greuel. Die Erwähnung dieser Umstände ist notwendig, weil man die Menschen, die morgen hungrig sein werden, so besser kennen lernt. Die Ruhrarbeiter sind durch den »Grubenzokk« demoralisiert, durch völkische Propaganda erbittert, durch die (sehr gesteigerte) kommunistische Agitation zum äußersten Kampf entschlossen.

Der Reichskanzler Stresemann und die deutschen Zeitungen sind, wie immer, entschlossen, die Verantwortung Poincaré zuzuschieben. Die deutschen Reichskanzler und die deutschen Zeitungen tun dies nicht zum ersten Mal – sie haben noch immer nicht eingesehen, daß Poincaré, die Alliierten, die »Kulurwelt«, »Europa« und wie sonst noch manche abstrakte Humanitätsbegriffe heißen mögen, diese »Verantwortung«, zu der sie nicht »gezogen« werden können, die ihnen nur »zugeschoben« werden kann, gerne in Kauf nehmen. Poincaré versteht unter »Einstellung des passiven Widerstandes« die Rückkehr zu jenen Zuständen im Ruhrgebiet, wie sie dort vor dem 11. Jänner geherrscht haben. Die Wiederherstellung jener Zustände aber würde noch mehr kosten, als die Zuschüsse an das Ruhrgebiet und die finanzielle Weiterführung des passiven Widerstandes. Stresemann kann weder den Status Quo ante wiederherstellen, noch dem Ruhrgebiet weitere finanzielle Zuschüsse gewähren. Er wird also zusehen müssen, wie Poincaré die unausbleiblichen Unruhen im Ruhrgebiet niederkämpfen wird, um im Ruhrgebiet zu bleiben. In dieser Situation blieben Stresemann nur zwei Auswege offen: Einstellung der Reparationszahlungen und ein vollkommen hilfloses, ohnmächtiges Abwarten der traurigen Folgen. Man kann sich für den einen, *oder* den anderen Ausweg entscheiden, bzw. für den einen (den Versuch, zu verhandeln) zuerst, – hierauf, wenn dieser versperrt ist, für den zweiten (den offenen Bruch). Stresemann aber ist im Begriff, den alten Fehler aller deutschen Kriegs- und Nachkriegspolitiker zu wiederholen: er entscheidet sich für *beide Auswege gleichzeitig*; er droht mit dem Zeigefinger der Rechten und winkt mit dem der Linken. Im »Berliner Börsen-Kourier, einem sehr vorsichtige, sehr ernsten Blatt, dessen Mitarbeiter Stresemann übrigens war, stand gestern die Mitteilung, daß Deutschland die Reparationszahlungen einzustellen beabsichtige. Sicherlich wird diese Mitteilung, wenn nicht ganz widerrufen, so doch stark abgeschwächt werden. Allein jeder, der Stresemann kennt, erkennt darin seine Taktik: »Versuchsballone« aufsteigen zu lassen, ihre Wirkung zu erfahren und sie dann schnell wieder zurückzuziehen. Diese Taktik mag für die umgrenzte Politik einer Partei günstig sein. Einem Gegner, wie Poincaré gegenüber, ist sie doppelt gefährlich. Wiem wenn Poincaré Stresemann beim taktisch falsch (vielleicht auch achtlos) fallen gelassenen Wort von der Einstellung der Reparationen nähme? – – während inzwischen doch noch eine Verhandlungsmöglichkeit nicht erschöpft war? ....

Unternimmt Stresemann aber den Versuch, wenigstens den anderen Reparationsgläubigern die Augen über Frankreichs Grausamkeit zu öffnen – glaubt er wirklich mehr Erfolg zu haben, als sein Vorgänger Cuno? Als Stresemann kam, wurde eben dieser Umstand freundlich erwähnt, daß er nicht, wie andere, einen Ententeverbündeten gegen einen andern auszuspielen versuche. Will Stresemann Cuno wiederholen? Auch Stresemann droht mit Einstellung der Reparationen, mit Englands plötzlich zu erweckender Parteinahme, droht mit »Weltgeschichte«, »Verantwortung«, »Europa« …

## *Der Mann, der die Visa besorgt*

Der Mann, der die Paßvisa besorgt, steht von 8 Uhr früh bis 1 Uhr nachmittags vor einer der vielen Paßstellen, deren einzige Aufgabe es ist, Visa zu besorgen. Dieser Mann erzählte mir, daß vor jeder Paßstelle in Prag ein Kollege zu finden sei. Die Paßstellen haben nämlich nur offiziell die Aufgabe, Visa zu geben. In Wirklichkeit verweigern sie die Einreisebewilligungen, unter dem Vorwand, sie zu erteilen.

Davon leben die Konsulate der europäischen Länder, während die Männer *vor* den Konsulaten von der offiziell vorgetäuschten, aber in praxi nicht gehandhabten *Pflicht der Konsulate* leben. Diese Männer erteilen nämlich die Einreisebewilligungen – gegen ein Trinkgeld, das nicht, wie bei den Ämtern »Taxe« heißt und infolgedessen dem Zahlenden keine Unannehmlichkeiten verursacht. Wer sich also in Prag ein Visum nach Österreich, Jugoslawien, Italien, Deutschland usw. beschaffen will, gehe *vor* das Konsulat des betreffenden Landes und bleibe drei bis fünf Minuten auf der Straße. Hierauf verspreche er dem Mann, der sich unweigerlich melden wird, eine jeweils zu vereinbarende Taxe. In einer halben Stunde ist das Visum fertig.

Ich lernte den Mann, der die Visa besorgt, vor einem jener Konsulate kennen, das die Gewohnheit hat, *nur drei Amtsstunden im Tag* zu funktionieren und bei dem die Erteilung eines Visums mindestens zwei Tage zu dauern pflegt. Diese drei Amtsstunden brechen im Morgengrauen an und sind zu einer Zeit zu Ende, in der man in Mitteleuropa das erste Frühstück einzunehmen gewohnt ist. Wer nach dem ersten Frühstück in jenes Konsulat geht, findet es verschlossen und bleibt ratlos auf der Straße so lange, bis der Mann kommt.

Es ist ein prachtvoller Mann. Er hat Format. Er spricht alle europäischen Sprachen vollendet mangelhaft und verständlich. Er ist leise und behutsam und rührt an unsere Sorgen mit einem diplomatischen Zartgefühl, das der delikaten Zudringlichkeit aller diplomatischen Beamten um ein Jahrtausend europäischer Kultur voraus (oder zurück) ist. Er ist vernünftig. Der Beamte fragt Dich bei jeder Rubrik des »Fragebogens« nach den Daten, die bereits im Paß enthalten sind. Dieser Mann aber hat schnell begriffen, daß die Daten des Fragebogens mit jenen des Passes übereinstimmen und also abgeschrieben werden müssen. Er schreibt sie ab. Er lächelt. Er ist mit sich, mit Dir, mit der Welt zufrieden, während der Beamte nur mit sich zufrieden ist. Dieser Mann hat alle guten Eigenschaften eines Konsulatsbeamten. Deshalb ist er keiner.

Er ist ein Privatmann, berufen, aber ohne Beruf. Das treibt er schon 47 Jahre. Hoffentlich überlebt er noch die Paßschwierigkeiten. Im Krieg war er dienstführender Unteroffizier eines Spitals. Das zeugt von hoher Begabung. Er war stärker, geschickter, klüger, als das Vaterland, das ihn opfern wollte. Er trägt über einem sympathischen großen Gesicht einen kleinen schiefen Wind- und Wetterhut. Der gibt dem Mann etwas Verwegenes. Seine kleinen grauen Augen blicken irgendwohin, in die Weite. Sie erinnern an Zugvögel, die in irgendeinen Süden fliegen wollen.

Dieser Mann war niemals krank. Er liebt dreimal täglich, wie ein anderer zu essen pflegt. Er hat gesunde Zähne und ein starkes Kinn und rechtschaffene Schultern. Die meisten Beamten sind verkümmert, windschief, verheiratet und kinderreich. Kein Wunder, daß sie keine Visa erteilen, wie dieser prachtvoll gesunde, gute, ehrliche Mann.

So gesund und furchtlos ist er, daß er sagen darf: »Es ist Zeit, diese Paßschikanen abzuschaffen, daß jeder frei reisen kann«. Er lebt davon und ist ideal genug, eine Niedertracht nicht gutzuheißen, nur, weil sie ihn ernährt. Ich möchte einen Konsulatsbeamten so sprechen hören!

## *Das Land der Sonderbündler*

Dieses Land ist ein poetisches und industrielles zugleich. Es hat romantische Tradition und großartige Fabriken. In seinen Wäldern werden Gedichte erzeugt seit Jahrhunderten und in seinen Städten Leinwand erschaffen. Stahl, Eisen, Chemikalien, Seifen und Zucker. Über die dichterischen Flüsse wölben sich Brücken, mächtige, auf tragenden Pfeilern und in den Bäuchen der Dampfschiffe stapelt sich unermeßlicher Reichtum an Waren. Aus der Ferne sieht man Kirchtürme, hohe und noch höhere dampfende Schlote. Und in den Städten liegt Tag und Nacht eine schleierdünne Schicht aus Ruß und Kohlenstaub über ehrwürdigen Kuppeln, Turmspitzen, Uhren, Portalen. Tag und Nacht hasten Menschen durch die Straßen. Es ist ein großes Gedränge zu bestimmten Stunden in bestimmten alten, schmalen Gassen. Die Gassen, die Plätze sind auf diesen Verkehr nicht vorbereitet. Die alten Kirchturmglocken singen unzeitgemäß und langsam und die Straßenbahnen klingeln hysterisch und die ungeduldigen Automobile stauen sich und alle Hupen werden auf einmal nervös.

Manchmal glaubt man, mitten in einem Bahnhof zu stehen. Die Einheimischen machen den Eindruck von Fremden. Meist sind sie auch Fremde. Sie arbeiten acht Stunden in der Fabrik und ihre Wohnung ist außerhalb der Stadt. Sie durchqueren die Stadt wie einen gleichgültigen, schönen Bahnhof.

## Koblenz

Koblenz ist eine Festung, aus jener Zeit noch, da es mit C geschrieben wurde – und aus einer noch früheren Zeit, da es »Covelenz« hieß. Man sagt, es sei ein »wichtiger strategischer Punkt« und es stehen wirklich in den Koblenzer Anlagen fürchterliche steinerne Generale und sogar eine Kaiserin Augusta, nach der die schönsten Gartenanlagen der Stadt benannt sind.

Koblenz besteht eigentlich aus zwei Städten, von denen die eine unbedingt mit C geschrieben werden muß. Es ist nämlich die Altstadt mit ihrem Münzplatz, dem Hospitalplatz und dem Florinsmarkt. Unter dem Florinsmarkt sollen übrigens noch aus der Zeit des Dreißigjährigen Krieges große Goldschätze begraben sein und die ältesten Koblenzer wissen davon zu erzählen – aber nichts genaues. Man sieht manchmal in stillen Nächten einen alten Koblenzer über den Florinsmarkt schreiten und merkt, daß er sehr vertieft in Gedanken ist.

Aber er denkt gar nicht über die vergrabenen Schätze nach. Er hat nur ein wenig getrunken. Denn die alten Coblenzer, jene, die sich noch mit C schreiben, trinken etwas über den Durst und halten sich länger, als nötig, auf dem Florinsmarkte auf.

Dagegen gehen die jungen Koblenzer nicht mehr in ihre alten, schönen Kirchen, von denen eine, die Liebfrauenkirche, auf dem höchsten Punkte der Stadt liegt und im Anfang des 13. Jahrhunderts errichtet worden ist. Sie ist von jedem Punkte der Stadt sichtbar und es ist nicht einmal sehr beschwerlich, sie zu erreichen. Dennoch besucht man sie nicht. Es ist eine liebliche Kirche, sie liegt oben, wie ein Volkslied, ein kleines, gemauertes, mit Türmen, die sich gleichmäßig wiederholen, wie Refrains, und man hat gar keinen Respekt vor diesem Gotteshäuschen.

In der Kastorkirche dagegen ist der Erzbischof Kuno von Falkenstein begraben und es haben hier verschiedene Kirchenversammlungen stattgefunden und man bekommt vor ihr fast mehr Respekt als vor der Moselbrücke, die im 14. Jahrhundert gebaut wurde und dennoch über 300 Meter lang ist. Dagegen spielte man in dem kleinen Koblenzer Theater eine alte Operette von Lehár und die Damen auf der Bühne trugen weiße Strümpfe und schwarze Halbschuhe und alle Menschen im Parkett waren frisch gewaschen und rochen nach Seife.

Unangenehm ist in Koblenz nur die Befestigung, man geht zehn Schritte und sieht ein Fort. Man sieht Kasematten, Kasernen, einen »montelambertischen Turm« und dergleichen grausame Dinge mehr. Aber die Kasematten sind beruhigend leer. Die Generale in den Anlagen sind aus Stein. Und die Koblenzer (die mit K und die mit C) sind friedliche, lächelnde Menschen.

## Köln

Da ist Köln eine andere Stadt. Ihr äußeres Bild wirkt geradezu amerikanisch in dieser Atmosphäre aus Rheinlyrik und Heiterkeit. Es ist etwas von Berlin in dieser unpreußischen Stadt. Sie ist lauter, als sie sein müßte; hastiger, als ihr zusteht; sie übertönt die Ehrfurcht, die der Fremde vor ihr empfindet. Alle literarischen, historischen Erinnerungen, die ihr Name in ihm wachruft. Diese Stadt desavouiert sich, ihren Dom, ihre Sankt Maria im Kapitol, die Apostelkirche. Köln kann heute nicht mehr mit C geschrieben werden – trotz den Franzosen. Köln hat etwa 30 wunderbare Plätze, darunter den Neumarkt, den schönsten. Aber Köln nennt diesen Platz: *Paradeplatz.*

Und der Teil des Rheines, an dem Köln liegt, ist gar nicht malerisch. Er ist flach und langweilig, wie ein Teich. Und die Hauptstadt Köln ist leider »imposant«. Und es gibt einen Korso in Köln, allabendlich von 6 bis 8. Und eine große Anzahl Kinos und Filme aus dem ältesten Amerika, die fast so alt sind, wie der Dom.

Und in den Straßen spricht man englisch, französisch, russisch und jiddisch. Es gibt Stadtteile in Köln, die an Lemberg erinnern.

Es gibt eine schwarze Börse in Köln.

## Trier

In Trier steht das älteste steinerne Wohnhaus Deutschlands, der Frankenturm: er stammt aus dem 10. Jahrhundert und wird von Fremden besucht. Er wird jeden Tag ausgebessert. Und jeden Tag verfällt er.

In Trier sieht man sehr viele fromme Menschen, Priester, Nonnen und Mönche. Es gibt 11 katholische Kirchen dort und alle sind gut besucht.

Aber eine größere Rolle, als die Kirchen, spielen die Fabriken. Es ist eine sehr seltsame Mischung von Katholizismus und Industrie und Kommunismus. Die Arbeiter sind radikal. Ihre Frauen gehn vor der Arbeit zum Gottesdienst.

Am Sonntagnachmittag gehen alle ins Kino.

Am Sonntagabend trinken alle Wein.

Es gibt einen prachtvollen, verhältnismäßig billigen Wein in Trier. Dagegen ist die Schutzpolizei machtlos. Durch die stillen alten Straßen von Trier wandern lautgeschminkte

Prostituierte. Und an der »Porta Nigra«, dem schwarzen Tor, das die Römer im 3. Jahrhundert gebaut haben, und an den Rändern des Amphitheaters, in dem der Kaiser Konstantin Tausende gefangener Franken von wilden Tieren zerfleischen ließ, findet man heute nächtliche Liebesszenen, für die sich auch der neue Stadtpark und der Volksgarten eignen.

## Aachen

In Aachen erinnert auf den ersten flüchtigen Blick nur wenig mehr an die alte Krönungsstadt. Fabriken, Fabriken, Fabriken. Samt, Leinen, Feuerzeuge, Regenschirme, Schnaps, Bier, Knöpfe, Glocken, Drähte werden in Aachen erzeugt. Aber dann sieht man das Rathaus mit dem gewaltigen Granusturm; dann sieht man das Münster – an dem man alle Stile lernen kann, wie aus einer steinernen Kunstgeschichte; sieht man die Glasmalereien an den breiten behaglichen Fenstern des »Oktogons«. Man besucht den riesigen Krönungssaal, der etwas mehr als 40 Meter breit ist und man bekommt Respekt vor Aachen.

Man verliert ihn erst ein bißchen, wenn man wieder in die unwahrscheinlich respektlosen Straßen gelangt, in dieses Kurhaus mit dem großen Konzertsaal, in dem eine wahre Kaiser-Wilhelm-Pracht angestrebt ist. Während der Konzerte ist der Saal beleuchtet. Das fördert die Akustik – angeblich – aber es zerstört und verhindert die Sammlung.

Es ist sehr viel praktisches in Aachen. Man hört das Heulen der Fabriksirenen dreimal täglich. Und diese Stimmen der neuen Zeit übertönen alles Alter und jede Ehrfurcht.

## Die Putschisten

Die Putschisten sind nicht durchwegs bezahlte Menschen. Das rheinische Kleinbürgertum will von Preußen los. Die Kaufleute wollen – selbstverständlich – eine bessere Währung. Franzosenfreundlich sind wenige. Preußenfeindlich viele. Studenten, Regierungsräte, überhaupt höhere Beamte sind Fanatiker des Reichs-Einheits-Gedankens. Aber die mittleren Beamten sind gleichgültig.

Die Bevölkerung ist ruhig und sachlich. Man merkt nicht viel vom »leichtblütigen Rheinländer«; eher mehr vom »westfälischen Dickschädel«. Die Leute sind unpolitisch, sie lieben die Ruhe und das Gleichmaß. Die Führer der Putschisten, wie Dorten, Decker u. a. sind keine überragenden Persönlichkeiten. Sie haben eine gewisse Portion Tüchtigkeit und sehr viel Geld. Dafür schlechte Zeitungen und moralisch nicht einwandfreie Helfer.

Die Bevölkerung ist mißtrauisch. Die Los-von-Preußen-Bewegung ist noch keine Los-vom-Reich-Bewegung. Die Liebe zum Deutschtum ist stark. Als erstes Land, das sich vom Reich separiert, kommt das Rheinland kaum in Betracht.

## *Frau Sacher entschuldigt sich*

Ihre Majestät Frau Sacher, die Maria Theresia der österreichischen Gourmandie, hat am Dienstag, den 23. Oktober 1923 einen Kellner um Entschuldigung gebeten. Das Datum soll der Nachwelt überliefert werden, weil es historisch ist und den Zeitpunkt fixiert, an dem in Österreich das Kaisertum aufhörte, fünf Jahre, nachdem es aufgehört hatte.

Ein Kellner – obendrein Betriebsrat, und – Paradoxie dieser Zeit! – Betriebsrat und Kellner im sogenannten »Jagdsaal«, im feudalsten Abschnitt des feudalen Speisepalais, war von Frau Sacher (persönlich) entlassen worden. Dagegen protestierte die Organisation der Kellner. Es brach ein Streik aus. Frau Sacher bot dem entlassenen Kellner 25 Millionen an – wenn er ginge.

Aber er lehnte ab. Frau Sacher mußte sich bei ihm entschuldigen. Um halb acht Uhr abends nahmen die Kellner die Bedienung wieder auf. Äußerlich sieht es also beim Sacher aus wie gewöhnlich, will sagen: wie außergewöhnlich. Aber die Eingeweihten, mit den höfischen Besonderheiten Vertrauten werden wissen und die Gebärdenspäher und Geschichtenträger es weiter ins Volk streuen, wie im angestammten Herrscherhause die Tradition verletzt, das Gottesgnadentum geschmäht und das gesalbte Haupt entkrönt wurde.

Leider spielte sich alles hinter verschlossenen Türen des großartigen Jagdsaales ab. Die alte fiktive Revolution, bei der nur die Habsburger abgesetzt wurden, fand bei freiem Zutritt für jedermann statt. Aber bei diesem wirklichen Umsturz, dem Thronbruch der Dynastie Sacher, kennen wir weder Ursache noch detaillierten Verlauf … Und hätten doch gerne gesehen, wie diese Hand, die den Kochlöffel, durch den sie mächtig geworden, nie berührt hat, die gebieterische Gebärde des Hinauswurfs nicht zu vollführen wagt einem Betriebsrat gegenüber: hätten gerne gesehen, wie diese, von Prinzen aus dem mitregierenden Hause Habsburg oft geküßte Hand auf Geheiß einer Organisation dem beleidigten Kellner zögernd geboten wird.

Ach, wir sehn dergleichen nicht. Wir sehn die billigen Revolutionen, die in die Geschichte kommen und uns nicht die Möglichkeit bescheren, bei Sacher zu essen. Aber die eigentlichen, die wichtigen Umstürze sind uns zu kostspielig. Und ihr Gelingen bereitet uns, ach! – nur platonische Freude durch die schwächende Mitteilung eines »Entre-filets«.

## *Ebert*

Seine persönliche Tragik wächst mit dem Unglück Deutschlands. In diesem Sinne repräsentiert er es menschlich, nicht nur beruflich. Er wurde Reichspräsident, unfreiwillig und aus Verlegenheit. Er blieb es aus Notwendigkeit. Niemals hat er sich selbst überschätzt. Immer unterschätzten ihn andere. Er vereinigte in sich die besten Durchschnittstugenden des deutschen Volkes: Bescheidenheit und Tüchtigkeit; Eigenschaften, deren Segen sich in Zeiten gesicherter staatlicher Existenz erweist, die in unruhigen Zeiten staatlichen Zerfalls nicht zur Auswirkung gelangen. In solchen Zeiten kann Ebert nur ein Beispiel sein und kein Retter. Seine bürgerlichen Tugenden reichen nicht aus, um scheinbare Verfehlungen vergessen zu machen, die nur ein Genie rechtfertigen kann. Im ersten Jahr seiner Präsidentschaft erwischte ihn ein geschmackloser Photograph beim Baden, und »Ebert in Badehosen« wurde das wirkungsvollste, weil pöbelhafteste Argument gegen die Republik. Heute, im fünften, schwierigsten Jahr seiner Präsidentschaft, fällt er wieder als Reiter durch den Tiergarten den illustrierten Blättern anheim. Vor fünf Jahren lachte ihn der deutsche Spießer aus, das auf den Lokalanzeiger abonnierte Kleinhirn. Heute wollen ihn seine Genossen aus der sozialdemokratischen Partei ausschließen. Zwischen der rohen Mißgunst kleinbürgerlichen Pöbels und der Verständnislosigkeit des flachköpfigen Gewerkschaftssekretärs spielt sich die deutsche Tragödie: Ebert, ab.

Man kennt seine achtunggebietende Laufbahn, weiß, daß er Sohn eines Schneiders ist, Sattlergehilfe war, Redakteur der »Bremer Bürgerzeitung«, Arbeitersekretär, seit 1912 Mitglied des Deutschen Reichstages, gegen den Willen Bebels Mitglied des Parteivorstandes. Aber obwohl dieser Aufstieg dank persönlichem Verdienst und harter, stiller Arbeit gerade dem deutschen Lesebuch-Menschen imponieren sollte, wurde er Objekt billigen bürgerlichen Spottes. Der Durchschnittsmensch verträgt über sich nicht seinesgleichen. Und Ebert war »seinesgleichen«. Auch er war ein Durchschnittsmensch, und blieb es, solange er von seiner mächtigen Partei und allen klug und rechtlich Denkenden (ohne Unterschied der Partei) gestützt wurde. Menschliche Größe gewinnt er erst durch die stetig um ihn wachsende Einsamkeit. Dadurch verliert er erst recht die Fähigkeit, zu führen. Aber so wächst er hinaus, wächst über seine Partei, seine Stellung, sein Vaterland, wächst in die Region der »reinen Idee« und wird ein Beispiel leidender großer Menschlichkeit und passiven Heldentums.

Dabei bleibt es gleichgültig, ob der Beschluß, ihn aus der Partei zu entfernen, ausgeführt wird oder nicht. Er ist jedenfalls seit einer Woche nicht mehr eine »Stütze der Partei«, und sie kann seine Handlungen nicht mehr verantworten. Er ist ihr auch nichts mehr schuldig. Er ist als der (mittelmäßige) Politiker und Reichspräsident aus ihr hervorgegangen, nicht als der vollkommene Mensch. Seine Entwicklung als »Individualität« hätte sie sicherlich nur hindern können. Von einer Pflicht zur Dankbarkeit gegenüber der Partei kann bei Ebert keine Rede sein. (Es wäre denn ungefähr jene Dankbarkeit, die Goethe dem Weimarer Hofe schuldig war.) Gegen die Grundsätze der Partei, ja sogar des Sozialismus hat Ebert gewiß verstoßen. Aber mit gutem Gewissen, offen und öffentlich, im Dienste seines Wesens und einer Idee, unter einem innern und äußern Zwang. Er war eingekerkert in seiner Präsidentschaft wie in einer Zelle. Auch, wenn er gewollt hätte – eine Abdankung wäre unmöglich gewesen. Er mußte die ganze Zeit hindurch seine Stellung behalten, wie er sie seinerzeit hatte annehmen müssen. Und wie einem Häftling nichts anderes übrig bleibt, als Kompromisse mit seiner Umgebung zu schließen, so blieb Ebert nichts anderes übrig, als die glückliche opportunistische Veranlagung seines Wesens auszunützen, zu stillen, zu schlichten, zu mildern und zu vereinigen, wie es ihm sein Inneres gebot und wie es seine äußere Situation erheischte. Er war kein Liebling des Volkes, kein Begeisternder und ein langsam Begeisterter. Er wollte keinen Ruhm und erwarb sich nur Respekt. Das war seine Bestimmung. Beamte, wilhelminische, des Auswärtigen Amtes begegneten Ebert mit derselben Hochachtung, mit der sie etwa Hindenburg empfangen hätten. Im Jahre 1921 gab es in Berlin eine Buchausstellung. Der Leiter des Komitees, ein reaktionäres Vorstandsmitglied des reaktionären Buchhändler-Börsenvereins, äußerte sich zu einigen Bekannten vor der Ankunft Eberts, der die Ausstellung eröffnen sollte: »Was soll man tun? Er muß doch dabei sein!« Dann kam Ebert, im Winterrock, den Hut in der Hand, sagte: »Verzeihung« zu den Leuten an der Tür, die ihn nicht kommen sahen, blieb stehen, verneigte sich vor dem Komitee und sagte sehr leise: »Ich wünsche Ihnen Glück, ich freue mich sehr über eine deutsche Buchausstellung in dieser Zeit, ich eröffne die Ausstellung!« Dann reichte er jedem die Hand, auch Leuten, die zufällig dabeistanden, und ging von Stand zu Stand und lernte bei jedem, lernte Holzschnitte, Kupferstiche, Einbandkunst. Dann begleitete ihn jenes Vorstandsmitglied zum Auto und öffnete selbst den Wagenschlag. Und Ebert lächelte bescheiden, froh über die Ausstellung und – daß er selbst etwas gelernt hatte.

So, mit Erfolg um Achtung werbend, wuchs er in den Augen seiner politischen Gegner. So konnte im Oktober 1922 sein Provisorium aufhören und seine Präsidentschaft eine endgültige bleiben. Aber je mehr Ebert Gegner verlor, desto geringer wurde die Zahl seiner – Freunde. Je mehr er an Achtung gewann, desto mehr verlor er an Liebe. Er war den Parteien entrückt, nicht mehr Gegenstand ihres Haders, sondern ihrer Achtung, einer kühlen Achtung, und ihres leisen Mißtrauens. Er hatte die Einen angenehm enttäuscht und sich von den Anderen entfernt. Und weil es in diesen fünf Jahren der deutschen Sozialdemokratie nicht gelang, die deutsche Republik zu repräsentieren, Präsident Ebert es aber konnte und mußte, entstand – ohne Beider Schuld – ein deutlicher Gegensatz zwischen den grundsätzlichen Anschauungen der Partei und den Auffassungen Eberts von seiner Pflicht.

Sie bestand und besteht darin, die Einheit des Reiches zu wahren. Wenn man ihn vor die Frage stellte, ob hundert Arbeiter erschossen werden sollen oder ob das Reich zerfallen solle – er müßte sich für die Erschießung entscheiden. Er müßte sein eigenes Leben für die Einheit des Reiches opfern, das Leben seiner Kinder. Der Präsident einer glücklicheren Republik kann zurücktreten. Ebert kann es nicht. Er ist an den Präsidentenstuhl gefesselt. Dem Takt des Reichskanzlers und der ausführenden Behörden und Organe muß es überlassen bleiben, Ebert vor Konflikten zu bewahren. Allein es fehlt den deutschen Reichskanzlern, Behörden und Organen an Takt, den Ebert besitzt.

Wenn ihn jetzt die Partei verläßt, verlassen muß, wird Ebert ein Heimatloser sein und ein – Ohnmächtiger. Denn die Politik im Innern Deutschlands ist nicht durch eine menschliche Kapazität zu beeinflussen, sondern durch einen brutal Mächtigen. Aber aus dem Gegensatz zwischen Eberts Machtlosigkeit, Einsamkeit, Verlassenheit und den äußeren Widerständen der deutschen Parteien erblüht das tragische Schicksal einer einzigartigen Gestalt, eine Art traurigen Königtums, das nicht von dieser Welt ist.

## *Die völkische Armee*

Die völkische Armee – das ist jene heute nicht mehr geheime illegale Streitmacht in Deutschland, deren Abteilungen und Geschütze an der bayrisch-thüringischen Grenze sichtbar und hörbar sind, deren schnelles Wachstum sich in unheimlicher Stille und in unheimlich kurzer Zeit vollzogen hat und die heute – nicht für irgendeinen europäischen Staat – sondern für Deutschland selbst eine nicht mehr zu beseitigende Gefahr bedeutet. Diese Armee konnte sich dank der Saumseligkeit und zum Teil auch der bewußten Förderung mancher Reichsstellen so ungehindert und so schnell entwickeln. Denn noch 1920, nach dem mißglückten Kapp-Putsch gab es in Deutschland außer der Ehrhardtbrigade und den Roßbachmannschaften keine illegalen militärischen Formationen – es sei denn jene immer noch nicht ganz in's Zivilleben zurückgekehrten »Baltikumer«, die weder bei Ehrhardt, noch bei Roßbach Unterkunft gefunden hatten. 1920 war Hitler auch in Bayern noch unbekannt – er begann damals gerade in Münchner Wirtshäusern die ersten schwach besuchten Volksversammlungen abzuhalten. 1920 gab es nur Kameradschaftsvereine ehemaliger Soldaten, Offiziere und Unteroffiziere mit den obligaten Kameradschaftsabenden, Denkmalsenthüllungen, Ludendorff- und Hindenburgbesuchen. Um diese Zeit ungefähr begann auch der Ausbau der Organisation C. unter der Patronanz Ludendorffs in München, vor den Augen der bayrischen Behörden. Gleichzeitig setzte von bayrisch-legitimistischer Seite eine starke Propaganda für die Bildung wittelsbachtreuer Streitkräfte ein, unter Mitwirkung höchster bayrischer Behörden und der Geistlichkeit. Es war also im Jahre 1920 für einen jungen ledigen Mann zwischen zwanzig und dreißig in Deutschland nicht schwer, Unterkunft, Brot und Beschäftigung zu finden. Es gab viele Arbeitslose, die Arbeit suchten und nicht die Schlimmsten gingen zu den militärischen Formationen. Es waren nicht übermäßig Begabte, immerhin tapfere junge Leute, von Soldatenromantik erfüllt. Die weniger Anständigen wurden bei den Geheimorganisationen Spitzel und verdienten ihr Brot leichter. Immerhin konnte jeder unterkommen, der Lust hatte und gesunde Glieder, und zwar entweder in der Organisation C. oder bei Roßbachs Landarbeitergruppen, oder bei den königlich-wittelsbach'schen Truppen. Die Aufnahmsbedingungen waren überall mehr oder weniger die gleichen – nur bei den preußischen Frontkämpfervereinigungen war kurze Zeit die Rassenfrage ausgeschaltet. Alle diese Organisationen entwickelten sich nicht so geheim, daß es z. B. der Staatskommissär für öffentliche Sicherheit oder die politische Polizeibehörde nicht geahnt hätten. Sogar die kommunistischen Spitzelorganisationen kannten die einzelnen wehrhaften völkischen Organisationen ganz genau. Aber es lag nicht im Interesse der deutschen Behörden, diese Entwicklung zu hemmen. Die nationalen Organisationen erwiesen sich als willkommene Helfer in den oberschlesischen Abstimmungskämpfen, in deren Verlauf sie sich wirkliche Verdienste erwarben als Verteidiger der wehrlosen, polnischen Bandenüberfällen ausgesetzten deutschen Bevölkerung. Damals unterstanden die Organisationsangehörigen dem Reichswehrkommando in Breslau, sie erhielten von der Regierung Waffen, Munition und Geld. Als dann der Rathenaumord das Interesse der Bevölkerung an den Organisationen weckte, wunderte sich die deutsche Öffentlichkeit über die Reichhaltigkeit der Waffenlager bei den Völkischen. Es waren die Waffen und die Gelder, die ihnen die Regierung selbst zur Verfügung gestellt hatte. Mit diesen Waffen, diesen Geldern begannen sie den Krieg gegen die Regierung.

Der wichtigste Teil Oberschlesiens ging dennoch verloren, jetzt hatte man die Organisationen am Halse und war froh, daß sie keine Geldunterstützung verlangten, sondern sich das Nötige und sogar Überflüssige selbst versorgten – an eine Beschlagnahme der Waffen oder gar an eine Auflösung dachte man nicht, konnte man nicht denken. Auch Rathenau wußte von dem Bestand der Organisationen, auch er wußte, daß an ihrer Entstehung sein eigenes Amt, das Außenamt, schuld war – er glaubte nur nicht, daß man ihm, der aus Klugheit und Patriotismus sich nicht in diese Angelegenheiten mischte, nach dem Leben trachtete. Heute ist aus den Organisationen eine Armee geworden – man schätzt sie auf eine halbe Million Mann höchstens, 250.000 mindestens. Sie besteht aus einzelnen Teilen, die einander politisch sehr fern stehen. Allein sie ist von einem Geist beseelt: dem des Losschlagens, gleichgültig, gegen wen. Ihre hauptsächlichsten »politischen Bestandteile« sind:

1. die Heimwehren (Bürgersöhne, Studenten zumeist), gewesene Offiziere;
2. die technische Nothilfe;
3. Brigade Ehrhardt;
4. Roßbachverbände;
5. die alten Bürgerwehren (hohenzollernsche und wittelsbachsche);
6. Hitlers national-sozialistische Garden.

Von diesen sind die Ehrhardt- und Roßbachleute die militärisch gefährlichsten, weil diszipliniertesten. Ehrhardt unterstehen 16 Kompagnien »altgedienter« Soldaten und Matrosen. Gegen sie ist eine Polizeitruppe ebenso machtlos wie es die thüringischen und sächsischen »proletarischen Hundertschaften« sind. Nur eine zuverlässig republikanische Reichswehr wäre ihr gewachsen.

## *Vierzig Mann = 6 Pferde*

Als erster und einziger der mitteleuropäischen Staaten hat der tschechoslowakische eine Formel abgeschafft, die, trotz ihrer theoretischen Belanglosigkeit, in ihrer vielsagenden Kürze auf die einfachste Art das Wesen der mitteleuropäischen Staaten im allgemeinen und der gewesenen Donaumonarchie im besonderen ausgedrückt hat: die Formel 40 Mann = 6 Pferde. Ich saß einmal zehn Tage in einem Viehwaggon, der die oben zitierte Inschrift trug und – es war Anfang 1916 – von meinen begeisterten Kameraden mit grünen Tannenzweigen geschmückt worden war. Es war März, und wir fuhren, ohne es zu wissen, »gen« Rußland, um es dem Nikolai Nikolajewitsch zu zeigen. Aus strategischen Gründen und damit wir unsere viehische Gleichwertigkeit besser empfänden, schob man unseren Zug zwischen Mähr.-Ostrau und Krakau einige Tage und Nächte lang hin und zurück. Es schneite, und der Wind blies, weil zu beiden Seiten des Wagens die Türen schlecht schlossen. Wir drängten uns aneinander, lagen, wenn wir schlafen wollten, in unentwirrbaren Klumpen und sehnten uns nach der Wärme eines guten Pferdekörpers, dessen höheren Wert wir beim Anblick unseres Obersten empfanden. Ach! Wir waren nur 40 Mann und beneideten sechs Pferde. Wenn wir in einer Station ausstiegen, so geschah es nur, weil wir nach dem Gesetze der Feldtransportleitung gerade hier zu einer Massenfütterung getrieben werden sollten. Es klapperte, wenn wir über den Bahnhof gingen, das Klappern der Zähne übertönte das der Menageschalen, unsere erfrorenen Füße waren fühllos, und wir hörten nur den Tritt unserer genagelten Stiefel, ohne das Auftreten unserer Sohlen zu spüren. Den Offizieren trug man das Essen in die geheizte und beleuchtete zweite Klasse, dem Rechnungsunteroffizier und den übrigen Buchhaltern der Weltkriegsfirma in einen

Personenwagen dritter Klasse. Es war in einer kleinen galizischen Station, wir hatten den ganzen Tag »nichts Warmes« bekommen und erhielten in der Beköstigungsstation nicht jene Wassersuppe, auf die wir uns gefreut hatten, sondern einen Würfel hartgebackenen gelben Mais', der wie ein Pflasterstein in der Schale lag. Niemand sprach ein Wort. Wir kamen zum Wagen zurück, einige begannen verzagt den Mais zu kosten. Ein kleiner Einjähriger, von Beruf Versicherungsbeamter, machte einen Witz: Er sagte, man könnte die Tannenzweige unseres Wagens eher essen als den Mais. Und nun begannen fünf, zehn, zwanzig Hände den Tannenreisig abzunehmen. Es geschah mitten in einer vollkommenen Stille. Die Zweige bedeckten den Perron. An dem Wagen blieb nur gespenstisch weiß die Inschrift: 40 Mann = 6 Pferde.

Wir haben es alle schon fast vergessen. Das Verdienst der tschechoslowakischen Behörde, die jene Inschrift abschafft, besteht darin, daß sie uns erinnert hat; nicht nur an die Inschrift, sondern an alles, was mit ihr zusammenhing. Die Inschrift kennzeichnete den Viehwagen, uns, die wir drin saßen, und die andern, die zu Hause blieben. Sie begleitete uns auf unserem letzten irdischen Weg. Ihr Inhalt und ihr Sinn erklärten uns Sinn und Zweck unseres Heldentodes. Sie offenbarte uns unseren Wert, den wir für's Vaterland repräsentierten. Sie war das Motto über dem Zug der Großen Zeit, der zu den Leichenfeldern führte.

Leider ist die Wiederkehr der Formel mit der Wiederkehr einer Großen Zeit zu erwarten. Die Feststellung, daß vierzig Mann sechs Pferden gleich sind, läßt sich beim Ausbruch eines Krieges wegen Platzmangels (weil alles sich zum Sterben drängt) nicht vermeiden. So bleibt nur der Trost: daß dem Soldaten wenigstens auf einer Reise im Frieden nicht die Vorstellung eines Massengrabes aufgedrängt wird.

## *Reise in Kaffee*

Ich reise in Kaffee. Für meinen Freund. Von Montag früh bis Samstag abend. Ich führe alle Sorten. Ich vertreibe Guatemala, Santos, Honduras, Portorico auf meiner Tour, die sich über Lhota, Mražice, Bladowitz, Romberg, Karwitz, Rakowan und Pleschin erstreckt. Man merkt die leise Ironie dieses Widerspruches, der zwischen den exotischen Namen meiner Bohnen und der desillusionierenden Geographie meiner Tour besteht. Ich möchte sagen: es ist ein symbolischer Gegensatz, der meinen Beruf überhaupt kennzeichnet. Die Romantik meines siebentägigen Zigeunertums erstickt in der geschäftlichen Nüchternheit seines Zwecks. Ich bin trotz meinem ewigen Herumfahren kein Fahrender, kein Weitgereister, sondern nur ein Reisender.

Dennoch bin ich glücklicher, als viele meiner Berufsgenossen. Glücklicher als jene zum Beispiel, deren umfangreichere Ware sie zur Mitnahme eines riesigen Musterkoffers zwingt. Meine Kaffeebohnenmuster befinden sich in zwanzig bis dreißig Papierdüten – lauter prima Ware – in einer Handtasche. Selbstverständlich habe ich einen »Revolver« in der Rocktasche. Ich zückte ihn in geeigneten Momenten. Diese Partie in der Rocktasche ist die preiswerteste. K. in P. (ich will den Namen nicht nennen) wird sicher anbeißen.

Denn die große Schwierigkeit meines Berufs besteht eben darin, dem Kaufmann die Notwendigkeit einer Ware zu beweisen, für die er vorläufig keinen Bedarf hat. Zwischen dem Erzeuger, der die Welt mit Kaffee versorgt, und dem Verkäufer, der ihn ihr verkauft, fahre ich, der Reisende, hin und zurück. Ich erlebe niemals einen der größten Reize des Reisens: das sehnsüchtige Erwartetwerden. Denn selbst der Kaufmann, der meinen Kaffee braucht, gesteht es nicht. Und sogar, wenn er froh ist, meine Bohnen gekauft zu haben, tut er so, als müßte ich froh sein, meine Ware losgeworden zu sein. Und wenn er überzeugt ist, daß er so günstig wie noch nie gekauft hat, benimmt er sich so, als hätte er mich aus purer persönlicher Freundschaft und Sympathie »etwas verdienen lassen«. So gestaltet sich der scheinbar nüchterne Verkauf eines Sacks Kaffeebohnen zu einem ordentlichen Krieg mit allen seinen Phasen und Merkmalen: Defensive des Feindes, maskiertes Heranschleichen des Angreifers, plötzliche Offensive, Erstürmung der Hindernisse, leider auch Rückzug und sogar katastrophale Flucht.

Die Schrecken des Krieges beginnen Montag. Um acht Uhr früh fährt der Zug. Alle Reisenden fahren Montag früh. Es ist ein großer Lärm, im Waggon. Ein Reisender – mir gegenüber – sucht Anknüpfungspunkte. Alle konventionellen Redensarten verzögern und enthüllen schließlich die Frage: koho maji? (Wen haben Sie?) Er will nur wissen, ob ich in seiner Branche reise. Tue ich es, so bin ich sein Gegner und hinter dem persönlichen Mitgefühl, das wir füreinander empfinden, lauert die Furcht vor dem Konkurrenten. Dann fragt er mich, wo ich aussteige: Ich fahre nach Rakowitz. Er fährt nach Karwitz. Aber manchmal treffen wir uns beide in Rakowitz bei derselben Kundschaft. So ist es einmal. Und auch dann verstehen wir uns und jeder von uns respektiert denjenigen, der früher da war.

Es gibt alte Reisende im Zug, die seit 20 und mehr Jahren immer dieselbe Tour nehmen. Man erkennt sie daran, daß sie im Fahrplan heimisch sind wie im Coupé und daß sie alle Telegraphenstangen und Bahnsignale und die Nähe einer bestimmten Station an den vorüberhuschenden Umrissen eines Bahnwächters kennen. Sie haben viel Gleichartiges erlebt und sie erzählen immer dasselbe. Vor allem täuschen sie sich selbst über die näheren Umstände ihrer Tätigkeit. »Sie kennen doch Kurz in B.!« sagt einer. »Dort bin ich wie ein Kind im Haus. Ich komm' hin, und der alte Kurz sagt: ›Setzen Sie sich, Herr Kanner! Wollen Sie einen Tee? Was macht

Ihre Frau?‹ – Selbstverständlich – wenn man 20 Jahre reist. Fürs Abhausieren bin ich zu alt!« Indessen weiß ich, daß der Empfang nicht so freundlich sein kann, wie er geschildert wurde. Aber ich nicke und bestätige durch äußere Zeichen des Vertrauens, daß ich dem Alten glaube. Er ist keineswegs wie ein Kind im Haus, der Alte. Und zwanzig Jahre lang glaubt er selbst an seine Beliebtheit bei den Kundschaften. Und nur so wird ihm seine langjährige Tätigkeit möglich. So tröstet er sich darüber, daß Jüngere vielleicht acht Ordres im Tag bringen. Sie reisen in Kaffee. Er in Beliebtheit.

Ich weiß, daß es zu viele Reisende gibt und zu wenig Kaufleute in der Provinz. Da lebt in Romberg der Kaufmann Rudolf Lang, den ich besuche. Er besitzt einen kleinen, unscheinbaren Laden. Aber die räumlichen Ausmaße des Geschäfts sind keineswegs maßgebend für die Leistungsfähigkeit eines Kaufmanns. Rudolf Lang ist groß und stark und er pflegt seinen blonden Schnurrbart zu Repräsentationszwecken. Er gehört zu jenen Kundschaften, die grundsätzlich nichts brauchen. Man muß wissen, daß ich kleingewachsen und glattrasiert bin und daß ich in Gegenwart des Kaufmanns Lang sehr bescheiden aussehe und meine angeborene Zaghaftigkeit vor gepflegten Schnurrbärten nur mühevoll bekämpfen kann. Wenn mich Rudolf Lang eintreten sieht, hebt er beide Hände mit auswärts gekehrten Handflächen hoch und macht verneinende Bewegungen mit dem Kopfe. »Nichts zu machen!« sagt Lang mit der festen Stimme eines entschlossenen, kräftigen Mannes. Es ist drei Uhr nachmittags und ich weiß, daß heute schon vier, fünf Reisende dagewesen sind. Dennoch trete ich näher. »Ich habe noch Ihren Guatemala vom letzten Jahr«, sagt Lang. »Ich kann nichts brauchen! Wirklich nichts!« Und er bedient seine Kundschaften weiter, während ich eine Schublade mit der Aufschrift »Zimt« betrachte. Dann geht die Tür, es ist kein Fremder mehr im Laden – nur Lang und ich. Und ich sage so nebenbei: »Schade, ich hätte so einen guten Santos! Zu 22!« »Kann nichts brauchen«, sagt Lang und betrachtet einen seiner großen starken Fingernägel, die wie aus Schildpatt gemacht sind. Und während ich meine Tasche an mich nehme und mich scheinbar zum Gehen anschicke, ziehe ich wie von ungefähr ein Säckchen aus dem Rock und schütte seinen Inhalt spielerisch verträumt auf meine flache Hand.

Und das ist meine Rettung. Denn der Kaufmann Lang sieht schielend auf meine Hand. »Sehn Sie«, – sage ich – »diesen Kaffee würde man für keinen Guatemala halten. Aber die Qualität ist hochfein. Und ich glaube, Sie hatten schon solche Kaffees.« »Zeigen Sie her!« sagt der Kaufmann Lang. Und ich öffne meine Handtasche. Und ich lange nach dem Notizbuch insgeheim. Und wenn der Kaufmann Lang nur 2 Säcke kaufen will, weiß ich, daß er mit Leichtigkeit 4 kaufen kann. Und er tut es auch.

Aber der Typus Lang ist nicht der schlimmste. Da lebt in Bladowitz ein Kaufmann, der die Welt gesehen hat und durchaus unnachgiebig ist und der mir mit einer so sanften Höflichkeit entgegenkommt, daß ich wehrlos werde. Der Kaufmann sagt: »Es ist schade, verehrter Herr!« Und er bedauert die Unmöglichkeit eines Geschäfts, als wäre *er* der Reisende. Er besitzt die Konsequenz der höflichen Unnachgiebigkeit. Hier versagt jeder Trick. Hier sagt der Kaufmann: »Versetzen Sie sich in meine Lage! Ich habe Ware für sechs Monate! – Kommen Sie in mein Magazin!« Und so suggestiv ist sein Wesen, so überzeugend sein Argument, daß ich mich wirklich in seine Lage versetze. Und während ich noch mit krampfhafter Schnelligkeit nach einem rettenden Einfall suche, hat sich der Kaufmann schon abschiednehmend verneigt. Und ich fahre zum Kaufmann Reininger nach Pleschin, dem ich vollkommen gewachsen bin.

Denn der Kaufmann Reininger ist zugänglich jedem Wort, und wenn nicht zufällig vor mir jemand dagewesen ist –

selbst wenn man persona grata ist, ist man nicht allein – bin ich sicher, hier, in Pleschin wenigstens vier Säcke anzubringen. Der Kaufmann Reininger trägt einen kleinen altmodischen Spitzbart, er ist schwach und selbst in seiner automatischen Abwehr liegt eine Aufforderung zum Angebot. Auch sein Ideal ist der »restlose« Verkauf seines gesamten Vorrats. Allein, wie anders klingt es, wenn er sagt: »Ich habe noch viel. Vielleicht das nächste Mal!« Und diese ganz unbestimmt ausgesprochene Hoffnung auf ein fernes nächstes Mal ist mir ein Beweis für gegenwärtige Möglichkeiten. Ich sage: »So einen Portorico haben Sie noch nicht gesehen!« und gebe ihm Gelegenheit, auch Santos und Minas zu sehen. Und sagt er: »Weil Sie es sind, will ich einen Sack kaufen« – so einigen wir uns schließlich auf fünf. Und jetzt tritt die Notwendigkeit ein, schnell vom Niedergang der deutschen Valuta zu sprechen. Vom Steigen der Fettpreise. Von der Ausbreitung der Kinos selbst in solchen Nestern. Nur nicht von Kaffee! Denn so schwach der Kaufmann Reininger ist, er könnte doch plötzlich zur Besinnung kommen. Er könnte bedauern. Und er soll sich im Augenblick lieber für die Kinoprogramme interessieren. Und er interessiert sich wirklich.

Und so, zwischen der Hoffnung, beim Unzugänglichen etwas abzusetzen, den Nachgiebigen noch schwächer zu machen und der Enttäuschung, bei diesem zu spät zu kommen, bei jenem schon einen schnellen Konkurrenten anzutreffen, vergeht meine Woche.

Zwischen Lhota, Mražice, Bladowitz, Romberg, Karwitz, Rackowan und Pleschin geht mein Leben sechs Tage lang. Am Sonntag weiß ich, daß das Reisen in Kaffee mühevoll ist und Talent erfordert. Aber in den kleinen Orten, bei den kleinen Leuten – und wenn sie mich auch nicht erwarten – verbreite ich eine leise Ahnung von Ländern, aus denen meine Sorten stammen: Java, Ceylon, Sumatra, Salvador.

Montag früh werde ich über Böhmisch-Trübau nach Mähren fahren.

### *Jarres, der neue Reichsminister*

Der neue Innenminister des Deutschen Reiches, der frühere Oberbürgermeister von Duisburg, Jarres, ist in der innenpolitischen Geschichte Deutschlands und der seiner Parteien bis jetzt unbekannt. Kein Junger mehr, und ein ohne sichtbare politische Erfolge Reifgewordener. Jarres hat eine bescheidene Karriere hinter sich. Er war, ehe er Duisburger Bürgermeister wurde, Bürgermeister seiner Heimatstadt Remscheid. Vizepräsident des preußischen Staatsrates und Präsident des rheinischen Provinziallandtages wurde er vor einigen Jahren. Aber diese beiden Ämter, die verdienstvollen Männern ohne politischen Ruf von ihren Parteien zugeschanzt zu werden pflegen, erfordern verwaltungstechnische Fähigkeiten und eine gewisse persönliche Würdigkeit, aber keine politische Tatkraft. Die Berufung eines solchen *»homo novus«* könnte als die Folge einer Verlegenheit Stresemanns ausgelegt werden. Und es erscheint weniger verwunderlich, daß Stresemann in dieser Zeit der Gefahren von rechts einen Rechtsstehenden an die Spitze des für die Ruhe des Reiches verantwortlichen Ministeriums beruft; als daß ein fast völlig Unbekannter aus den Reihen der Rechtsstehenden berufen wird.

Durch einen Zufall lernte ich Jarres kennen, als er noch Oberbürgermeister von Duisburg war und fast in dem Augenblick, in dem er sein Amt verlor. Es waren Tage der unerwarteten Besetzung der Städte Düsseldorf und Duisburg. Um 11 Uhr vormittag rückten französische und belgische Truppen in Düsseldorf ein. Am Nachmittag um drei Uhr schlug die Besatzung in Duisburg ihr Lager auf dem alten Rathausplatz auf. Vier Maschinengewehre standen gegen die Bevölkerung, die sich auf dem Platz furchtsam und neugierig zugleich drängte, gerichtet, auf den Stufen des Rathauses. Französische Soldaten, Offiziere, Pferde, Bagagestücke wanderten ins Rathaus. Drinnen sah man verwirrte Beamte in den Korridoren, denen man die Schreibtische und Akten hinausgetragen hatte. Offiziere kommandierten. Und im großen Sitzungssaal sprach der Bürgermeister Jarres vor den herbeigeeilten Stadträten und einigen französischen Offizieren, die, mit Pistolen bewaffnet, mit Reitgerten schlenkernd, im Hintergrund, in der Nähe der Tür standen. Jarres sprach von der Notwendigkeit, das Schicksal in Ruhe zu tragen, und dem Vaterland treu zu bleiben, »trotz der Gäste, die gekommen sind, ohne eingeladen worden zu sein«. Dabei wies Jarres auf die Offiziere. Während in den Korridoren Soldaten mit aufgepflanzten Bajonetten aufgestellt wurden. Und diese Handbewegung in dieser Situation bewies, daß Jarres kein Phrasenpatriot war, sondern ein wirklich Mutiger. Er hätte im nächsten Augenblick erschossen, zumindest verhaftet werden können. Aber sein persönlicher Mut schien auch den Offizieren imponiert zu haben. In der kurzen Zeit, in der Jarres noch Bürgermeister war, benahmen sich die Besatzungsbehörden ihm und der Bevölkerung gegenüber freundlicher, als später. Ein Befehl des oberkommandierenden Generals verbannte Jarres. Er kam nach Berlin.

Diese Episode kennzeichnet den neuen Reichsinnenminister besser als etwa eine parteipolitische langjährige Tätigkeit hätte tun können. Der Mann, dessen konservative Weltanschauung (dessen geheimer Monarchismus vielleicht) eine Verstärkung der Reaktion in Deutschland befürchten lassen könnten, besitzt andererseits eine wirklich männliche Tapferkeit, der man die halb schlaue und halb schwache Taktierungsfreundlichkeit, wie man sie bis jetzt bei den Halbmännern der Rechtsparteien in Deutschland mißmutig beobachten mußte, nicht zutrauen kann. Es liegt nicht im Wesen eines Menschen, der Gefahren ins Auge sieht, unaufrichtige Politik im Innern zu machen.

## *Schweigen im Dichterwald*

Wenn der Hunger, den die Geistigen in Deutschland leiden, ihre peinliche Schweigsamkeit erklären würde, müßte man aus Achtung vor einem Leid, dessen Ursache eine gemeine materielle Not ist, demütig sein und statt der Vorwürfe Entschuldigungen vorbringen. Allein man erinnert sich, daß seit zwanzig und mehr Jahren über alle Dinge, die Deutschlands Wohl und Wehe betrafen, die Arbeit, das Brot und den Tod seines Volkes, nur selten ein Dichter sprach und, daß die öffentlichen Notwendigkeiten der schwächlichen Geschwätzigkeit unbegabter Parlamentarier, dem inhaltslosen und manchmal verräterischen Disput der Diplomaten, dem phrasenberauschten Schwadronieren der Kaiser und der Kaiserlichen anheimgefallen waren und, daß selbst in den Zeiten der stärksten moralischen Verrottung durch den Militarismus und der besten Geschäftslage vorschußgabefreudiger Verleger der deutsche Schriftsteller seinen Zorn über die barbarischen Formen des öffentlichen Lebens in die Belletristik münden ließ. Wenn also heute die »Sachwalter deutschen Geistes«, die gefeierten Jubilare, die Repräsentanten des Deutschtums, das besser ist und unbekannt, unermüdlich schweigen, so ist der Sturz der deutschen Valuta keine ausreichende Begründung, die allgemeine Not wäre – im Gegenteil – nur ein aneiferndes Moment.

Niemand von den Geistigen erhob sich im Lande, als der Kronprinz im Frieden sein barbarisches »Feste druff!« depeschierte; als der Kaiser seine Weltherrschaft ankündigte, das Parlament brüskierte, die fremden Staaten; als an der

Kranzlerecke Offiziere einen Bürger halbtot säbelten. Die deutschen Dichter gaben sich stets mit Inbrunst *einer* Beschäftigung hin: sie reisten nach Italien. Sie reisten metaphorisch nach Italien, wenn sie des deutschen Klimas müde und überdrüssig geworden waren. Sehr viele lebten sich in Huldigungen aus. Sie wenigstens blieben konsequent. Sie zogen die Folgen aus ihrer Gesinnung, die Auszeichnungen, die belobenden allerhöchsten Anerkennungen, die Medaillen. Die anderen aber – mit wenigen Ausnahmen – flüchteten in die Gefilde der Poesie und kamen sich sehr frei vor. Ein einziger, Heinrich Mann, hat vor dem Kriege mitten in der schrecklichen deutschen Gegenwart gelebt und sie geschildert. Er hat später – in Aufsätzen und Büchern – aus seiner Gesinnung kein Hehl gemacht. Er hat offen bekannt, was sein Bruder Thomas, sehr spät und als das Schweigen bereits anfing, wie ein Skandal auszusehen, sehr verklausuliert und akademisch zugeben mußte. Thomas Mann kündigte vor einem Jahr etwa eine Rede an. Daß sie ein Vortrag wurde, war die Folge seiner wissenschaftlichen Einstellung. Aber daß der Vortrag nichts mehr enthielt, als ein kühles, sachliches Lob der republikanischen Staatsverfassung, enttäuschte schwer. Damals nannte Thomas Mann den Reichspräsidenten »Vater Ebert«. Dieser Terminus wurde von allen republikanischen Schriftstellern zitiert. Wiederholt, man labte sich geradezu an der köstlichen Seltenheit eines autoritativen republikanischen Bekenntnisses. Dann schwieg Thomas Mann. Und er schweigt auch heute.

Da die Eisner, Landauer, Toller tot oder mundtot gemacht sind, kann man nichts von ihnen erwarten. Mehrere aber leben noch. Fürchten sie für ihr Leben? Niemand erwartet körperlichen Mut von einem Schriftsteller, niemand nimmt ihm körperliche Feigheit übel. In München sitzen sie, in Schwabing, während rings um sie Hitler, Ludendorff, Kahr plündern. Ein Kardinal Faulhaber beschämt Thomas

Mann und Gerhart Hauptmann. Ein Kardinal predigt die Freiheit und ihre »Sänger« haben die Stimmen verloren. Niemand erwartet, daß sich die Schwabinger Freiheitssänger von der Bürgerbräu-Diktatur zusammenschießen lassen. Mögen sie doch fliehen, um zu kämpfen! Und selbst wenn sie die Aussichtslosigkeit ihres Kampfes von vornherein erkennen – wie bringen sie es fertig, zu schweigen?

Gerhart Hauptmann hat sich marod gemeldet, er soll in Tirol sein. Unterwegs nach Italien? Hungert auch er? – Die Welt wartet vergeblich auf den Schrei der Geistigen, der Ludendorffs Deutschland desavouieren könnte, auf daß die Kronprinzen wieder feste druff treten. Nur dieser Tritt ist hörbar.

## *Hotel Savoy*

Aus einem im Verlag »Die Schmiede« in Berlin erscheinenden Roman »Hotel Savoy«, der in wenigen Tagen erscheint.

Ich komme um zehn Uhr vormittags im Hotel Savoy an, entschlossen, ein paar Tage oder eine Woche auszuruhen. In dieser Stadt leben meine Verwandten, meine Eltern waren russische Juden. Ich möchte Geldmittel bekommen, um meinen Weg nach dem Westen fortzusetzen. Ich kehre aus dreijähriger Kriegsgefangenschaft zurück, habe in einem sibirischen Lager gelebt und bin durch russische Dörfer und Städte gewandert, als Arbeiter, Taglöhner, Nachtwächter, Kofferträger und Bäckergehilfe. Ich trage eine russische Bluse, die mir jemand geschenkt hat, eine kurze Hose, die ich von einem verstorbenen Kameraden geerbt und Stiefel, immer noch brauchbare, an deren Herkunft ich mich selbst nicht mehr erinnere. Zum ersten Mal nach fünf Jahren stehe ich wieder an der Schwelle Europas. Europäischer als alle anderen Gasthöfe des Ostens scheint mir das Hotel Savoy mit seinen sieben Etagen, seinem goldenen Wappen und livrierten Portier. Es verspricht Wasser, Seife, englisches Klosett, Lift, Stubenmädchen in weißen Hauben, freundlich blinkende Nachtgeschirre, wie köstliche Überraschungen in braungetäfelten Kästchen; elektrische Lampen, aus rosa und grünen Schirmen, wie aus Kelchen erblühende; schrillende Klingeln, die einem Daumendruck gehorchen; und Betten, daunengepolsterte, schwellend und bereit, den Körper aufzunehmen. Ich freue mich, wieder ein altes Leben abzustreifen, wie so oft in diesen Jahren. Ich sehe den Soldaten, den Mörder, den fast Gemordeten, den Auferstandenen, den Gefesselten, den Wanderer. Ich ahne Morgendunst, höre Trommelwirbel der marschierenden Kompanie, aufklirrende Fensterscheiben im höchsten Stockwerk; erblicke einen Mann in weißen Hemdärmeln, die zuckenden Glieder der Soldaten, eine Waldlichtung, die von Tau glänzt; ich stürze ins Gras vor »fiktivem Feind« und habe den brünstigen Wunsch, hier liegen zu bleiben, ewig, im samtenen Gras, das die Nase streichelt. Ich höre die Stille des Krankensaals, die weiße Stille. Ich stehe an einem Sommermorgen auf, höre das Trillern gesunder Lerchen, schmecke den Morgenkakao mit Buttersemmeln und den Duft von Jodoform in der »ersten Diät«. Ich lebe in einer weißen Welt aus Himmel und Schnee, Baracken bedecken die Erde, wie gelber Aussatz. Ich schmecke den süßen letzten Zug aus einem aufgeklaubten Zigarettenstummel, lese die Inseratenseite einer heimatlichen uralten Zeitung, aus der man vertraute Straßennamen wiederholen kann, den Gemischtwarenhändler erkennt, einen Portier, eine blonde Agnes, mit der man geschlafen. Ich höre den wonnigen Regen in durchwachter Nacht, die hurtig schmelzenden Eiszapfen in lächelnder Morgensonne, greife die mächtigen Brüste einer Frau, die man unterwegs traf, ins Moos legte, die weiße Pracht ihrer Schenkel. Ich schlafe den betäubenden Schlaf auf dem Heuboden, in der

Scheune. Ich schreite über zerfurchte Äcker und lausche dem dünnen Sang einer Balalaika. So vieles kann man in sich saugen und dennoch unverändert an Körper, Gang, Gehaben bleiben. Aus Millionen Gefäßen schlürfen, niemals satt sein, wie ein Regenbogen in allen Farben schillern, dennoch immer ein Regenbogen sein von der gleichen Farbenskala. Im Hotel Savoy konnte ich mit einem Hemd anlangen und es verlassen als der Gebieter von zwanzig Koffern und immer noch der Gabriel Dan sein. Vielleicht hat mich dieser Einfall so selbstbewußt gemacht, so stolz und herrisch an Ansehen und Haltung, daß der Portier mich grüßt, mich, den armen Wanderer in der russischen Bluse, daß ein Boy geschäftig meiner harrt, obwohl ich gar kein Gepäck habe.

Ein Lift nimmt mich auf. Spiegel zieren seine Wände, der Liftboy, ein älterer Mann, läßt das Drahtseil durch seine Fäuste gleiten, der Kasten hebt sich mit mir in die Luft, ich schwebe – und es kommt mir vor, als würde ich so noch eine geraume Weile in die Höhe fliegen. Ich genieße das Aufwärtsgleiten, denke, wieviel Stufen ich mühsam erklimmen müßte, wenn ich nicht in diesem Prachtlift säße und werfe Bitterkeit, Armut, Wanderung, Heimatlosigkeit, Hunger, Vergangenheit des Bettlers hinunter, tief, woher es mich, den Emporschwebenden, nimmermehr erreichen kann. Mein Zimmer – ich habe eines der billigsten gewählt – liegt im sechsten Stockwerk und trägt die Nummer 703. Die Zahl gefällt mir – ich bin zahlengläubig – die Null in der Mitte ist wie eine Dame, von einem älteren und einem jüngeren Herrn flankiert. Auf dem Bett liegt eine gelbe Decke. Gottlob, keine graue, die an's Militär erinnern könnte. Ich knipse ein paarmal das Licht auf und ab, schlage die Tür des Nachtkästchens auf, die Matratze gibt dem Druck der Hand nach und federt zurück. Wasser blinkt aus der Karaffe, das Fenster geht in Lichthöfe hinaus, in denen lustige bunte Wäsche flattert. Kinder schreien, Hühner lustwandeln. Ich wasche mich und schlüpfe langsam ins Bett, jede Sekunde auskostend. Ich öffne das Fenster, die Hühner schwatzen laut und lustig, aber es ist wie süße Schlafmusik. Ich schlafe ohne Traum den ganzen Tag.

## *Hotel Kopřiva*

In P. steht das »Hotel Kopřiva«. Es hat 80 Zimmer in zwei Stockwerken. Es hat einen Portier, der ein Zimmerkellner ist und ein Gepäckträger zugleich. Er ist kleingewachsen und schmächtig und nicht repräsentativ genug für ein zweistöckiges Hotel mit 80 Zimmern. Er wartet am Bahnhof auf die Gäste. Wenn die Stadt P. eine größere Bahnhofhalle hätte, wie es sich für eine Stadt ziemte, die im Innern ein solches Hotel Kopřiva birgt, so könnte man den Portier gar nicht sehen. Seine Sichtbarkeit verdankt er nur den geringen Ausmaßen des Bahnhofraumes in P. und dem suchenden Ruhebedürfnis der Reisenden.

»Hotel Kopřiva« ist fast immer besetzt. Dennoch kommt man fast immer dort unter. Denn es gibt Hotels, in denen das Gesetz von der Undurchdringlichkeit der Körper aufgehoben und durch ein anderes ersetzt ist, welches folgendermaßen lautet: »In einem Raum, den ein Reisender ausfüllt, kann ein zweiter schlafen.« Diesem Gesetz hat der Wirt des »Hotel Kopřiva« seinen Reichtum zu verdanken, und dem Umstand, daß er sich seinen Gästen nicht zeigt, seine Seelenruhe. Viele Hotelwirte könnten von ihm lernen. Beschwerden, die man nicht vorbringen kann, sind nicht vorhanden. Eine unhörbare Unzufriedenheit besteht nicht. Man kann deshalb sagen: mit dem »Hotel Kopřiva« sind alle Gäste zufrieden.

Andere Hotels haben glänzende, verwechselbare Namen. Sie heißen Imperial, Savoy, Grand, Zentral, Paris, Metropole. Dieses Hotel aber heißt schlicht und gewissermaßen landesvertraut: »Kopřiva«. Auch andere Hotels haben achtzig Zimmer, rund achtzig. Aber »Hotel Kopřiva« hat hundertundzwanzig Betten in den achtzig Zimmern, weil vierzig von den achtzig »zweibettig« sind.

Nun sind ja zweibettige Zimmer in Städten, in denen Verliebte oder auch nur Verheiratete abzusteigen pflegen, eine notwendige Einrichtung. In P. aber und besonders im »Hotel Kopřiva«, wo fast nur einzelne, in Konkurrenzfurcht vereinsamte Reisende übernachten wollen, geben zweibettige Zimmer Anlaß zu konfliktähnlichen Erörterungen. Die Erfahrung, daß man selbst nicht schnarche, beruht auf der psychologischen Unmöglichkeit, sich selbst im Schlafe zu hören; der Glaube an des andern Schnarchfähigkeit auf einer alten Tradition. Aber noch stärker als diese und der Zweibettigkeit feindlich ist das Vorurteil, daß der wirklich vornehme Mensch allein schläft und schlafen muß. Es wiederholt sich also einige Mal folgendes Gespräch:

»Ich schlafe immer allein! – Prin – zipiell!«

»Was sind das für Sachen? Sie sagen: ein Zimmer ist da! Und Sie haben nichts!«

»Es *ist* ja ein Zimmer da!«

»Ein Zweibettiges bezahl' ich nicht!«

»Ich auch nicht!«

»Sie bezahlen es ja zusammen!«

»Nein!« – Beide sagen es gleichzeitig. Der Portier aber, der die Nachgiebigkeit der menschlichen Natur kennt, sagt: Also, Nummer 76!

»Unerhört!« – sagen beide Reisende. Und man müßte glauben, daß sie eigentlich beide einander unsympathisch sind. Aber wie einigte sie die Zumutung des Portiers, daß sie Schlafgenossen werden könnten, zu willigen Schlafgenossen. Wie schmiedete sie ihre feindselige Empfindlichkeit aneinander.

»Schnarchen Sie?«, fragt der Erste zögernd.

»Ich – schnarchen?!«, ruft der Andere.

»Ich schnarche auch nicht! …«

»Wissen Sie – ich meine es nicht persönlich – das Schlimmste ist das Schnarchen!«

»Sag' ich auch! – Ich fahre einmal …« Und es folgt jene obligate Anekdote, die Freundschaften einzuleiten und Bündnisse zu befestigen pflegt.

Allein, gefährlicher als jedes Schnarchen ist das rasselnde Grammophon. Unten, irgendwo im Speiseraum krächzt es Märsche, Walzer, Twosteps mit der toten Unerbittlichkeit des Mechanismus. Dessen ganz besondere Tücke besteht darin, daß seine Deutlichkeit stärker, seine Zudringlichkeit aggressiver wird, je weiter man vom Trichter entfernt ist. Diese physikalisch festgestellte Eigenschaft des Grammophons ruft im Schlaflosen die Überzeugung hervor, daß jedes Entrinnen unmöglich und nur scheinbar wäre. Grenzenlos ist die Schallweite. Peinvoller und einprägsamer wird die akustische Verfolgung im letzten Zimmer des zweiten Stocks denn in irgendeinem des ersten. Vor dem tönenden Rachen des Trichters fände man eher Schlaf, als in der enttäuschenden, täuschenden Ferne.

Und manchmal gibt es Jahrmärkte in P. Sie sind niemals vorauszusehen. Sie treten ein, wie Naturereignisse. Sie brechen los, wie Gewitter. Die Zimmer sind teurer. Sie sind doppelt so teuer. Auch die Jahrmärkte sind tückisch. Sie sind an dem Abend, an dem man ankommt, nicht bemerkbar. Man gerät unvorbereitet in Jahrmärkte, wie in ausgespannte Netze.

Tausende Musterkoffer wandern durch das »Hotel Kopřiva«. In seinen Betten liegen Vertreter aller Branchen. An einem einzigen langen Tisch in der Gaststube sitzen sie. Der Reisende in Spielwaren mit dem tragischen Gesicht. Er sieht aus, als reiste er in Pietätswaren. Er aber führt die bunten Freuden des Lebens: Rote Reiter aus Holz; gelbe Bajazzis aus Seidenstoffen; hüpfende Affen an dünnen Gummis; buntbefederte Kreisel; Schornsteinfeger in Tanagragröße; Puppen mit rollenden Augenlidern; schwarze Teufelchen mit Flammenzungen; kleine Rechenmaschinen mit farbigen Holzperlen, an denen die Mathematik ein Kinderspiel wird. Aber der Reisende in Seifen neben ihm ist fröhlich. Er riecht nach Moschus, Patschuli, Puder. Der von den Papierwaren legt Patiencen. Der mit den Füllfedern ist ein bißchen altmodisch, an Gänsekielfedern erinnert er. Tabakrauch nähert den Suffit der Tischplatte. Und niemand hat Zeit. Und jeder lebt zwischen Ankunft und Abfahrt. Immer zwischen zwei Zügen hastet das »Hotel Kopřiva«. Seine achtzig Zimmer, seine hundertundzwanzig Betten wirbeln durcheinander. Es steht nicht, das »Hotel Kopřiva«. Es steht scheinbar. Das Grammophon purzelt Stiegen auf, Stiegen ab. Musterkoffer fliegen. Der Portier rast Zimmer ein, Zimmer aus. Der Zimmerkellner läuft zum Zug. Der Gepäckträger kollert. Der Portier ist der Zimmerkellner. Der Gepäckträger ist der Portier. Der Zimmerkellner ist der Gepäckträger. Die Zimmernummern sind Abfahrtszeiten. Die Uhr ist eine Fahrplantabelle. Die Gäste hängen mit unsichtbaren Schnüren am Bahnhof. Sie schnellen hin und zurück. Das Grammophon sind Zugsignale. Achtzig sind gleich hundertzwanzig. Hundertzwanzig Zimmer rollen durch achtzig Betten.

### *Hungernde Billionäre*

Das Kino, das zu seinem Handwerk auf das Schlagwort angewiesen ist, hat diesen eindrucksvollen Titel geprägt. Und allabendlich kann nun die Bevölkerung Berlins auf der idealisierenden Leinwand das sehen, was sich ihr, auch ohne Eintrittsgeld, täglich auf der Straße darbietet.

*

Jetzt zeigt sich die Schwierigkeit im täglichen Geldverkehr, die das Vorhandensein von drei Umlaufsmitteln, Papiermark, Dollarschatzanweisung und Rentenmark mit sich bringt – von der Menge des wertbeständigen Notgeldes ganz zu schweigen. Nach dem ersten Auftauchen der wertbeständigen Zahlungsmittel mußte die Regierung ausdrücklich verordnen, daß die Papiermark weiter gesetzliches Zahlungsmittel sei, denn die Kaufleute wollten sie plötzlich nicht mehr annehmen. Die Preise sind bereits bei allen Waren in Gold angegeben; die wertbeständige Zahlung ersparte das Umrechnen zum Tageskurs, das zeitraubende Schreiben der vielen Nullen, vor allem machte sie aber das Risiko geringer, da bei Papiermark der Kaufmann den Preis der Ware höher ansetzen mußte, da er mit einer schon am nächsten Tage entwerteten Zahlung rechnen muß, die weder zur Zahlung der Gehälter noch zur Wiederbeschaffung reicht. Aus diesem Grunde und um einen Anreiz zur Zahlung in Goldanleihe zu schaffen, geben die größeren Geschäfte jetzt einen Preisnachlaß bis zu 25 Prozent bei wertbeständiger Zahlung. Es ergibt sich nun aber ein noch längeres Warten an den Kassen als bisher, wo man schon bei dem Zählen der Stöße von Papiergeld die Geduld verlieren konnte. In einem großen Berliner Warenhause geht man bei wertbeständiger Zahlung an eine Kasse, die die 25 Prozent abzieht, auf Papiermark umrechnet und dann herausgibt; oder man zahlt in Papiermark, dann muß man erst an eine Umrechnungskasse, wo eine Dame mit einer Rechenmaschine sitzt und astronomische Größen herausmultipliziert, und dann an die eigentliche Zahlkasse, wo man nach langem Warten sein Geld los wird. Durch diese Rechnerei wird nicht nur unendlich viel Zeit von den Wartenden vergeudet, sondern auch erschrekkend viel unproduktive Arbeit geleistet. In allen größeren Betrieben sitzen Dutzende von Angestellten, die nichts anderes zu tun haben, als andauernd die Auszahlungen zu berechnen. Im Oktober fanden etwa 12 bis 14 statt, also ungefähr alle zwei bis drei Tage. Wenn man bedenkt, daß bei einer jeden Auszahlung erst das Gesamtgehalt nach dem neuesten Multiplikator errechnet und Frauen- und Kinderzulagen zugezählt werden muß, daß dann Steuer, Krankenversicherung, Altersversicherung und Arbeitslosenunterstützung abgezogen und die Papiermark- und wertbeständige Zahlung noch besonders errechnet werden müssen, so bekommt man einen Begriff von der Mühe, die in jeder Lohnliste steckt. Da nun jeder infolge der Geldentwertung keinen Heller (bildlich gesprochen!) mehr hat, da er ferner von einer Stunde auf die andere mit einer neuen Erhöhung aller Preise rechnen muß, gibt es in jedem Betrieb bei der Auszahlung einen Sturm auf die Kassen; die Folge davon ist eine furchtbare Warterei, da es der Reihe nach gehen muß und das Zählen der Papierscheine schon ohnehin viel zu viel Zeit in Anspruch nimmt. Am schlimmsten ist es in den Zeiten, die einem sehr starken Marksturz folgen. Da hat gewöhnlich die Reichsbank selbst nicht genug Banknoten, da selbst bei stärkster Anspannung der Notenpresse diese Riesenbeträge nicht fertiggestellt werden können. Dann beginnt die Warterei schon auf den Banken, wo die Kassenboten aller großen Unternehmungen stundenlang stehen müssen, ehe sie die ihnen zustehenden Beträge, in sehr vielen Fällen aber nur Teilzahlungen, erobern. Kehren sie dann in ihre Betriebe zurück, so müssen erst die Stöße von Papiergeld geordnet und verteilt werden, so daß es oft Abend wird, bis die Arbeiter und Angestellten ihre ärmlichen Bezüge erhalten. Dann sind die Läden vielleicht schon geschlossen oder die Bestände sind ausverkauft, so daß mancher Familienvater am Samstag mit den Taschen voll schöner neuer Scheine heimkehrt, für den Sonntag aber trotzdem kein Bissen Brot im Haus ist, von Fleisch ganz zu schweigen.

*

Neben den drei Zahlungsmitteln, der Papiermark, der Rentenmark und den Dollarschatzanweisungen gibt es aber noch die vielen Multiplikatoren und Grundzahlen, die das Leben auf jede nur mögliche Weise erschweren. Da ist vor allem die Goldmark, holder Klang aus Parizeiten des Friedens, die augenblicklich für die meisten Waren, leider aber für gar keine Gehälter von ausschlaggebender Bedeutung ist. Aber selbst sie ist keine Konstante, denn sie zeigt immer eine viel höhere Zahl an als ihre gleichnamige Schwester auf dem Weltmarkt. Dann gibt es die Buchmark, die aus einem unerfindlichen Grunde teurer ist als die Goldmark. Ferner hat der gehetzte Konsument sich mit der Umrechnungszahl für den Großhandel, der Reichsindexziffer, dem Ärzteindex, der Steuermark, zu befassen. Es gibt den Multiplikator für Beamtengehälter, für Inserate, für Buchdrucker und vielleicht noch für eine Reihe anderer Gewerbe. Kein Wunder, daß bei diesem Hexensabbat der Zahlen ältere Leute, selbst solche, denen es pekuniär gar nicht zum allerschlimmsten geht, in des Wortes traurigster Bedeutung einfach den Verstand verlieren, der durch das ständige Umrechnen und die täglich anwachsenden Schwierigkeiten einfach verwirrt worden ist.

*

Deutschland hat einen Sparkommissär, einen Devisenkommissär, einen Währungskommissär. Der erste hat die undankbare Aufgabe, durch Ersparnisse in den öffentlichen Betrieben, die Ausgaben des Staates den Einnahmen anzupassen, während die Wurzel des Übels doch ganz woanders liegt. Der zweite hat sich unsterblich gemacht durch seine Razzien nach Devisen in den Berliner Kaffeehäusern, wo ein großer Aufwand schmählich vertan wurde. Der dritte hat sein Amt vor kurzem angetreten, und er muß erst zeigen, was er zu leisten vermag. Seine Aufgabe ist die größte von allen, denn ohne stabile Währung kann Deutschland nicht gesunden.

Das Währungschaos frißt die Kraft und die Nerven seiner Bewohner, es schafft soziale Unruhen und Arbeitslosigkeit, es untergräbt die Moral. Es führt in einem Augenblick zu Dumpingpreisen, und im nächsten treibt es die Waren über den Weltmarktpreis. Es hindert den Ausländer nach Deutschland zu kommen, und es hält alle Deutschen vom Ausland fern. Vor allem aber verschärft es die außenpolitische Lage, da es die Zahlungen der Reparationen unmöglich macht. Hier aber schließt sich der furchtbare Circulus vitiosus, in den Deutschland geraten ist.

## *Lemberg in Düsseldorf*

Das ist keine zugunsten eines billig sensationellen Titelklanges verbrochene Übertreibung, sondern eine Formel, die gedrängt und wahrheitsgemäß das »Leben und Treiben« der schwarzen Börsen in Düsseldorf, Köln und anderen größeren Städten des Rhein- und Ruhrgebietes kennzeichnet. Als ich in Düsseldorf den Bahnhof verließ, glaubte ich mich in die Etappe der Ostfront versetzt. Händler aller Rassen und Konfessionen verursachten einen Tumult mit Gliedmaßen, fremde Menschen boten mir Dollars zu 4,20 an, französische Francs zu 1,80, zu 1,50 sogar. Niemand wollte meine tschechischen Kronen kaufen. Neben Händlern aus Litauen standen Marokkaner, neben Kaufleuten aus Frankreich schottische Hochländer, galizische Juden handelten mit blonden Nationalsozialisten, Matrosen, französische und belgische, unterboten französisches und belgisches Geld und trieben die Reichsmark in die Höhe.

Die schwarze Börse in Düsseldorf hat längst aufgehört, bestimmte Plätze und Straßen zu bevölkern. Sie erfüllt die ganze Stadt. An jeder Ecke werden Devisen gehandelt, in jedem Café sitzen gebeugte Gestalten über Papieren und

Rechnungen. Die Tische sind mit Ziffern vollgekritzelt, es häufen sich alle Geldsorten der Welt in den dicken Brieftaschen der Kellner. Vor den Kaffeehäusern warten je zehn, zwölf kleine französische Automobile, jeder kleine Devisenhändler besitzt wenigstens zwei. Die französischen Militärchauffeure hatten in den letzten Wochen viele Schüler und einen ausgiebigen Nebenverdienst. Jeder Automobilbesitzer lernte fahren, und wer einen französischen Wagen kaufte, erhielt leicht die Fahrerlaubnis. Die Besitzer deutscher Wagen erhielten die Erlaubnis nicht so leicht. Infolgedessen mußten die großen deutschen Autofilialen zusperren und die französischen Mathiswagen machten glänzende Geschäfte.

Heute allerdings nicht mehr. Die Devisen gehen zurück, und die Händler sind bereit, ihre leicht erworbenen Automobile mit Verlust abzugeben. Man kann für 400 bis 500 Franken Automobile kaufen. Aus dem unbesetzten Gebiet kommen viele zu diesem Zweck ins Rheinland. Die Automobile müssen allerdings über die Besatzungszone geschoben werden. Und auch dabei verdienen die Menschen. Das Geld liegt sozusagen auf den Grenzstraßen, aber auch in den Straßen der Städte. Man lebt und läßt leben. Es gibt unendliche Möglichkeiten im besetzten Gebiet. Man kann sozusagen von Gerüchten leben. Denn es gibt keine Arbitrage. Es gibt kein Telephon und keinen Telegraph. Man steht an der Bahn und erwartet den Kollegen, der von Paris oder Brüssel oder Frankfurt am Main kommt. Der bringt die Kurse von gestern. Und nicht die offiziellen, sondern die der schwarzen Börse. Man bringt die Gerüchte. Gerüchte, daß der Ausfall der englischen Wahlen die deutsche Mark in die Höhe treibt und daß der Reichskanzler Marx mit dem – Papst befreundet ist und italienische Kredite für Deutschland beschaffen wird. Die wahnwitzigsten Erfindungen glaubt man. Und auch, wenn man sie bezweifelt, üben sie doch ihren

Einfluß aus. Man wird reich über Nacht. Man wird arm über Nacht. Ein Gerücht hebt Dich empor. Ein Gerücht vernichtet Dich.

Man hört nicht etwa, wie man glauben sollte, englisch und französisch. Man hört ungarisch, russisch, polnisch. Man trifft die Wiener Leopoldstadt, die Berliner Grenadierstraße. Das ist eine schwarze Börse, die ihren Namen zu Unrecht trägt. Sie verbirgt sich nicht, sie ist nicht illegal, die Inhaber offizieller Wechselstuben und Bankhäuser beteiligen sich an dieser Börse. Ungewohnter Anblick, wie ein Polizist mitten durch die Menge der unbefugt Handelnden geht, nicht nur niemanden belästigend, sondern sogar froh, von keinem belästigt zu werden. Wenn er nicht im Dienst ist, handelt er auch. Diesen Händlern, denen das Gesetz aller ordentlichen Staaten auf den Fersen ist, gibt die Weltgeschichte Recht und ein prachtvolles Asyl.

## *Louis Hagen, der Finanzmann des Rheins*

Alte Kölner Juden sagen: »Ich hab' noch den Levy gekannt!« Denn Louis Hagen hat einmal – es sind mehr als 30 Jahre her – Louis Levy geheißen. Die Feststellung dieser Tatsache würde auch dem Herrn Geheimrat Hagen, wenn er sie zu Gesicht bekäme, nicht unangenehm oder peinlich sein. Denn das »größte Talent des Rheinlands«, wie ihn ein Mitglied der Deutschen Volkspartei genannt hat, ist weit davon entfernt, Abstammung und Vergangenheit zu verleugnen. Er ist ein Levy geblieben, innerlich, und in einem gewissen Sinn auch äußerlich. Den Namen konnte er allerdings nicht behalten, wenn er innerhalb des deutschen Zentrums diejenige Rolle anstrebte, die er heute führt. Er vertritt nämlich die Zentrumspartei des Rheingebiets in finanziellen Dingen und er kommt oft in die Lage, sie zu repräsentieren. Aber das Bankhaus, in dem er arbeitet, Politiker des In- und Auslandes empfängt und sich vor Journalisten verleugnen läßt, das Bureau, in dem er Konferenzen über die rheinische Goldnotenbank abhält und aus dem er zu Konferenzen über die nächste Politik der Rheinlandsvertreter geholt wird, ist das Bescheidenste in Köln und tritt an Ansehnlichkeit und Fassade hinter die geringste kölnische Wechselstube zurück.

Louis Hagen ist der Tradition seiner Väter treu geblieben, trotz seinem Religionswechsel. Und auch diesen hat er nicht aus Ehrgeiz und der Karriere wegen vorgenommen, sondern aus Liebe zu seiner Frau, deren Mädchennamen er heute trägt. Seine Frau ist die Tochter des bekannten Katholikenführers Hagen. Louis Levy war ein junger Bonvivant, in katholischen und jüdischen Häusern des Rheinlands gerne gesehen und als Held interessanter Liebesabenteuer bekannt. Und da die Liebe zu jener Zeit noch nicht nach der Konfession, geschweige denn nach der Rasse zu fragen pflegte – wie es heute hier und dort schon geschieht – verliebte sich die junge Tochter Hagens, des strengen Katholiken, in den flotten, jungen Juden. Es kostete einen Kampf – besonders mit der Mutter Hagen, die vor dem Sohn eines Bankjuden, der überdies noch Levy hieß, eine Art mittelalterlicher Scheu empfand. Es wurden alle Familienschwierigkeiten überwunden. Louis Levy wurde Katholik und nannte sich Hagen. Die junge Ehe soll sich zu Zeiten auch unangenehm gestaltet haben, weil Hagen Anlaß zur Eifersucht seiner Frau wiederholt gegeben hat. Louis Hagen war der Typus des jungen, geistig regsamen, romantischen, rheinischen Juden aus der dritten Generation jüdischer Freiheit. Eigentlich kein Geldmensch, sondern ein Poet und ein Salonheld, witzig und träumerisch, klug und belesen, und, also ein Liebling der Frauen. Diese Entwicklung mag dem alten Vater Levy ebenso mißfallen haben, wie die Ehe ihrer Tochter der alten Frau Hagen. Heute ist freilich von dem jungen Louis

Levy nur die Klugheit zurückgeblieben. Andere, als politische, ökonomische Schriften hat der Geheimrat Hagen seit dem Krieg nicht mehr gelesen und für andere Dinge ist er zu alt. Auch hat er keine Zeit. Er ist wahrscheinlich der meistbeschäftigte Mann des Rheingebiets, immer unterwegs, immer zwischen vier Konferenzen, immer im Auto, er findet nicht einmal die Zeit, die Eisenbahn zu benutzen. Er ist aus einem europäischen Idealisten der 80er Jahre ein amerikanisch Arbeitender geworden.

Er sieht trotzdem würdiger und verbindlicher aus als die meisten amerikanischen Finanz- und Industriemänner. »Verbindliche Würde« kennzeichnet seine Physiognomie am besten. Sie ist unjüdisch, international. Nur der genaue Kenner merkt an einer gewissen typischen Abgründigkeit des Auges, sozusagen seinem Alter, den jüdischen Menschen. Alles andere, die körperliche und geistige Beweglichkeit, ist rheinländisch, nicht jüdisch. Der Tonfall der Stimme hat sogar etwas »Gewachsenes«. Der gebildete Sohn eines rheinländischen Winzerbauers spräche auch nicht anders als dieser Sproß einer Kölner Geldjudenfamilie. Es ist kennzeichnend, daß mir ein französischer junger Diplomat, der Hagens jüdische Abstammung nicht kannte, im Gespräch beiläufig sagte: Die sympathischsten Deutschen, die er bis jetzt getroffen hätte, wären Louis Hagen und – Rathenau gewesen. In den verschiedenen Ausschüssen, die zwecks Verhandlungen mit den Franzosen gebildet werden, führt Louis Hagen oft das entscheidende Wort. Er hat jedenfalls eine große diplomatische Begabung, und er ist dem toten Rathenau, dem er geistig lange nicht nahekommt, darin ähnlich, daß er die schroffe, absolute und resolute Negation in Verhandlung mit dem Gegner gerne vermeidet. Louis Hagen ist, wie Rathenau es war, ein Mann der diplomatischen Nuance und der sicheren, sehr bewußten, aber unbewußt scheinenden Einfachheit.

So steht auf der kleinen, kaum sichtbaren Tafel seines Bankhauses immer noch der jüdische Namen: Levy. Dieses Bankhaus hat lange nicht die Bedeutung seines Besitzers. Die Angestellten der Bank sind korrekt, kühl, mißtrauisch. Ihr Chef, der Geheimrat, ist gesprächig, herzlich, liebenswürdig. Aber er verbirgt hinter einer flotten Gesprächigkeit mehr, als sogar ein Geheimrat sollte. Im Rheinland wissen die wenigsten, daß er ein Jude ist. Nur Politiker wissen es. Ein Wunder, daß die Völkischen noch keinen Gebrauch davon gemacht haben. Louis Hagen, einer der bedeutendsten Männer Deutschlands, wäre ein prachtvolles Objekt völkischen Hasses. Allerdings – wahrscheinlich ein nicht zu treffendes Objekt. Denn Louis Hagens Verbindungen reichen weit hinein in die rechtesten Winkel der deutschen Innenpolitik.

## *Wir versaufen unsern Ebert sein Zylinder*

»Wir versaufen unsern Ebert sein Zylinder
und die ganze Judenrepublik …«

Das ist die neueste Nationalhymne des deutschen Volkes, das keinen Mangel an Nationalhymnen leidet. Der vorstehende Text wird nach der Melodie eines alten Studentenliedes gesungen. Ich hörte die neueste Nationalhymne in einem Gasthaus, wo viele Menschen Nachtmahl aßen, ohne sich durch den Gesang stören zu lassen, allerdings auch, ohne aufzustehen. Man klapperte weiter mit Tellern und Gabeln, rief: Zahlen! Und raschelte mit Banknoten. Indessen saßen in einer Nische, über der ein riesenhaftes Hakenkreuz hing, vier gutgenährte Herren, zwei mit dem Rücken zum Publikum, so, daß man ihre mächtigen, an Schinken erinnernden Nackenwülste sah und sangen zuerst:

»Nieder, nieder, nieder mit der Judenrepublik.
Pfui! Judenrepublik!
Pfui! Judenrepublik!«

Als dieses Lied zu Ende war, stieg der Kantus von dem Zylinder Eberts. Ich fand, daß dieses Lied endlich angemessen ist den Verhältnissen der Nation, und daß in diesem halb gemütlichen, halb barbarischen Text und zwischen seinen Zeilen so ziemlich alles enthalten ist, was sich über Deutschland und seine Politik sagen läßt. Ich belasse deshalb die ersten zwei Zeilen des Liedes als Haupttitel über dem ganzen Aufsatz, in dem noch manches andre erzählt werden soll.

Die Sachsen haben einen stark ausgeprägten Sinn für Feierlichkeit. Auch in dieser verzweifelten Zeit halten sie an dem äußeren Gepränge eines Leichenzuges und einer Hochzeit fest. Nun weiß man, daß die Friedhöfe sehr weit außerhalb der Stadt zu liegen pflegen, daß daher die Beamten der städtischen Bestattungsanstalten sehr oft mit der Straßenbahn fahren müssen. Da die Straßenbahnen in den sächsischen Städten teurer sind als in andern, verlangten die Leichenbestatter hohe Zuschüsse. Die Gemeinde hätte nun Freikarten für ihre Beamten verteilen können. Ein naheliegender Ausweg, der natürlich nicht in Betracht kam. Vielmehr beschloß man, den Beamten einen Zuschuß »zwecks Ankaufs eines Fahrrades« zu gewähren. Und nun sind die sächsischen Leichenbestatter mit Zweirädern ausgerüstet. Man sieht sie, in schwarzen Anzügen, mit feierlichen Zylindern, weißen Kerzen, die mächtig aus den Rocktaschen ragen, durch die Straßen – radeln. Sie radeln von und zu den Gräbern, radelnde Mittler zwischen Diesseits und Jenseits. Dabei verlieren sie natürlich den ganzen metaphysischen Schauder, den ihr Beruf auszulösen pflegt. Und auch ihr Zylinder kann den Respekt nicht wiederherstellen. Es sind jene Zylinder, die nicht dem Ebert gehören und also nicht versoffen werden …

Zwischen Meißen und Großenhain sah ich sie exerzieren. Burschen zwischen 18 und 25 exerzierten in Zivil mit langen Stöcken, entwickelten Schwarmlinien, kommandierten, schwenkten, eine schwarzweißrote Fahne wehte in der Mitte des Platzes. Alle trugen Hakenkreuzbinden, die Anführer hatten auch ein Hakenkreuz an der Sportkappe. Ein Lastautomobil brachte sie von den Baracken. Flurwächter, Landgendarmen und Arbeiterkinder aus der Umgebung sahen zu. Dann marschierten sie ab und sangen:

Der Verräter zahlt mit Blut,
Schlagt sie tot, die Judenbrut!
  Deutschland über Alles!
Hebt die Rechte, hebt die Rechte,
Schlagt sie tot, die Judenknechte!
  Deutschland über Alles!

Wenn sie ihre Lieder wahr machen, werden die sächsischen Leichenbestatter mit ihren Zweirädern nicht rasch genug zur Stelle sein können …

## *Die Not der Schwarzen*

In einem Wiesbadener Hotel hörte ich in der Nacht den Klageruf eines »Wilden«. Er kam, wie der Schrei eines einsamen getroffenen Tieres, aus tiefer Wildnis, dumpf und dunkel im Anfang, immer steigend und heller werdend, und brach schließlich mit einem schrillen Tremolo ab. Dann begann er wieder und erklang so, fast in regelmäßigen Abständen von fünf Minuten, bis in den späten Morgen.

Unten, im Foyer, traf ich den »Wilden«, der seinen Schmerz in die Nacht hinausgeschrien hatte. Um den Portier versammelten sich ein paar Hotelgäste und führten Klage wegen der gestörten Nachtruhe. Der Portier wies auf den Schwarzen in französischer Uniform. Die Gäste verstanden.

Es waren Bewohner des Rheinlands und sie hörten nicht zum ersten Mal einen Schwarzen weinen.

Man hört hier oft die Klagerufe dieser fremden Menschen, die Kälte und Hunger leiden, von Vorgesetzten geschlagen werden und von Krankheiten heimgesucht, deren Namen sie nie gehört haben, europäische Krankheiten, denen ihre Konstitution nicht standhalten kann.

Sie bekommen Grippe und Influenza und der Reihe nach die Kinderkrankheiten Masern, Scharlach und Windpocken. Werden sie geschlechtskrank, so ist ihre Behandlung lange nicht so sorgfältig, wie diejenige, deren sich die weißen Soldaten erfreuen dürfen. Die schwarzen Truppen im Rheinland sind nach den betroffenen Deutschen die unglücklichsten Opfer dieses unglücklichen Nachkrieges.

Schon ihre Löhnung ist ein Gradmesser für die Behandlung, die ihnen der »weiße Bruder« angedeihen läßt. Sie erhalten – aus Gründen, die selbst französischen Offizieren, mit denen ich gesprochen habe, unerklärlich sind – *nur 80 Goldpfennige im Tag*. Die Teuerung im besetzten Gebiet ist so ungeheuer, daß man für diese Summe kaum fünf Zigaretten erhalten kann, kaum ein halbes Glas Wein, schwerlich einen schlechten Kaffee. Die Verpflegung der Schwarzen besteht in Suppe, Suppe, Suppe. Sie bekommen das schlechteste, älteste Fleisch, die zähesten Stücke, deren man habhaft werden kann und die für die weißen Angehörigen der Armee nicht gekocht werden dürfen. Für die kleinsten Vergehen sind die härtesten Strafen ausgesetzt, wie Spangen, Anbinden, einen halben Tag auf dem Rücken liegen mit an den Körper gefesselten Armen und emporgezogenen Beinen, die Füße in eisernen Ringen, die von der Decke herunterhängen. Ein Recht auf Urlaub haben die Schwarzen nicht. Eine formelle, sehr selten angewendete Bestimmung sichert ihnen einen *einmonatigen Urlaub nach zwei Dienstjahren zu*. Aber in der Praxis erhalten nur die schwarzen Unteroffiziere diesen

Urlaub, wenn sie sich im Laufe der zwei Jahre nicht die geringste Sünde (im militärischen Sinne) zuschulden kommen ließen. Die einfachen Soldaten, die nicht lesen und schreiben können, die sich auch nicht, wie Hetzberichte zu erzählen wissen, durch Schänden und Plünderungen die Zeit vertreiben können und die nicht das Geld haben, um in ihr geliebtes Kino zu gehen, empfinden die lange, grausame Abwesenheit von der Heimat am schmerzlichsten. Zwei Monate dauert es, ehe sie ein Brief von ihren Angehörigen erreicht hat. Die meisten haben Frau und Kinder zu Hause gelassen. Ihre Sehnsucht ist unbeschreiblich, mit dem Heimweh eines Europäers, der auch in der Fremde unter seiner Hautfarbe immer noch zu Hause ist, nicht zu vergleichen. Es ist der Schmerz gefangener, unschuldiger, gequälter Tiere einer großen grausamen Menagerie: der Besatzung.

Die Schwarzen können überhaupt nicht oder nur in den seltensten Fällen Offiziere werden. Meist bleiben sie Sergeanten. Aber die Unteroffiziere der schwarzen Armee sind gesellschaftlich halb und halb dienstlich den weißen Unteroffizieren nicht gleichgestellt. Es ist Vorschrift gewordene Sitte, daß der schwarze Sergeant den weißen zuerst und sehr respektvoll grüßt – und wäre dieser um noch so viele Jahre jünger. Alle barbarischen Sitten und Gebräuche der Fremdenlegion sind in der schwarzen Armee üblich. Gemeinsame Kameradschaftsfeste zwischen weißen und schwarzen Soldaten gibt es niemals.

Man muß nur sehen, mit welchem Hochmut ein weißer Offizier, die Reitgerte schwingend, dem schwarzen Soldaten eine persönliche Dienstleistung befiehlt. Auf den Bahnhöfen kann man die schwerbepackten Schwarzen wie Maulesel einhertrotten sehen und voran geht der Herr Kapitän mit seiner sehr eleganten Gattin, die eine ganze Brautausstattung mit sich auf Reisen führt.

Nach den Vorschriften bekommt ein Schwarzer nur in

Ausnahmefällen Urlaub, das heißt, wenn seine nächsten Angehörigen gestorben sind. Der Tod muß erst durch die örtliche Zivilbehörde konstatiert werden. Wenn man den Beamten daheim besticht, läßt er auch einen Lebendigen tot sein. Gibt man ihm nichts, so bleibt auch der Tote lebendig. Der Schwarze kann regelmäßig, frühestens drei Wochen nach dem Tod seines Vaters, seiner Mutter, seines Weibes heimkehren.

Es ist eine schwarz-weiße Schmach, die zu diesem hartgewordenen Himmel schreit und auf die nicht einmal die Menschen aufmerksam werden. In den Zeitungen sind diese Dinge nicht zu finden. Ententejournalisten werden sich hüten, über die Not der Schwarzen zu schreiben. Amerikanische halten Schwarze für minderwertig. Deutsche schreiben nur über das deutsche Elend. Und bis zum Journalismus haben es die Schwarzen selbst noch nicht gebracht. Nur in einem Hotel in Wiesbaden hört man gelegentlich den Schrei ihrer durchwachten Nächte.

### *Der blonde Neger Guilleaume*

Jenen blonden Neger, den Widerspruch seiner selbst, das lebendige Dementi der schwarzen Schmach, den deutschen Neger mit den blauen Augen, kurz eine Dinter-Gestalt, sprach ich auf der Fahrt von Wiesbaden nach Koblenz. Es saßen viele gute Bürger im Zug, und in der Ecke am Fenster saß der Neger. Sagte ich Neger? Der Mann hatte aufgeworfene Lippen, schöne weiße Zähne, starke Backenknochen, aber veilchenblaue Augen und blondes gekräuseltes Haar. Alle Deutschen im Kupee sahen auf den Neger. Er trug die französische Uniform und las ein Buch. Es war ein deutsches Buch. Schließlich konnte ein dicker Herr, ein Allerweltskerl, ein Reisender, hilfreicher Mann, der jedem mit ungewünschtem Rat zur Seite stand und das Kursbuch auswendig kannte, seine Neugier nicht bezähmen. Er neigte sich liebevoll zu dem blonden Neger hinüber und fragte: »Was lesen Sie für ein Buch?« Der Neger sagte: »Von Sven Elvestad, ein blöder Kriminalroman.« Also seine Überlegenheit dem Frager gegenüber erweisend, welcher keine Ahnung hatte von Sven Elvestad und dem nach der ganzen Konstruktion anzusehen war, daß er Kriminalromane nicht blöd finden konnte.

Nun war eine Verbindung hergestellt, und der Neger begann zu sprechen. Er sprach deutsch. Ein fließendes Deutsch mit einer tiefen, klangvollen, angenehmen Stimme. Vier Monate war er schon in Europa. Er kannte große deutsche Städte, wie Köln, Frankfurt am Main, Hannover, Koblenz, Düsseldorf. Er fühlte sich sehr wohl in Deutschland. Man wunderte sich allgemein über das blonde Haar. Als er für einen Augenblick hinausging, sagte der dicke Allerweltsherr zu seinem Nachbar: »Fragen Sie ihn doch, warum er blond ist.« Aber als der Neger wieder da war, fragte ihn niemand.

Wir stiegen zusammen in Koblenz aus. Das Kupee hatte er mit einem freundlichen süddeutschen Gruß verlassen. Er sagte: »Grüß Gott.« Ein Grüßgott-Neger. Eine herrliche Mischung, fast rein arisch.

In Koblenz am Bahnhof erregte er Aufsehen. Er war groß, breitschultrig, hochhüftig, ein prachtvoller Mensch. Vor dem Gepäckschalter warteten wir eine Weile. Er mußte einen schweren Koffer abgeben. Ich ließ ihm den Vortritt. Er lehnte ab. Wir stritten fünf Minuten darum, wer von uns beiden den Koffer abgeben sollte. Schließlich kamen wir in ein vertrautes Gespräch, und der blonde Neger erzählte:

Er heißt Guilleaume. Er heißt nicht nur Guilleaume, er heißt auch Thiele. Er heißt also Wilhelm Thiele und ist ein Sergeant und gehört der Okkupationsarmee an und ist sozusagen ein Feind Deutschlands, ein Neger und blond und blauäugig, aus lauter Gegensätzen zusammengesetzt. Ein politisches, ein ethnologisches Paradox. Sein Vater war ein Fremdenlegionär, seine Mutter eine Schwarze. Vom Vater hat er also das blonde Haar, seine Muttersprache ist deutsch. Seine Mutter lebte eine Zeit lang in München und war Stenotypistin in einem großen Bankgeschäft. Er blieb indessen bei seinen Großeltern. Er ist nicht nur ein Deutscher, er ist ein Süddeutscher. Gelegentlich sagt er »net«.

Er habe sich sehr gefreut, sagte er, als er nach Deutschland kam. Unter seinen Kameraden halte er Vorträge. Er lese ihnen manchmal aus Goethe vor. Sein Lieblingsdichter ist Lenau. Und nach einer Viertelstunde sah ich, daß dieser Neger nicht nur weit mehr wußte als Hitler, aus dem Negerstamm der Oberösterreicher, sondern sogar, daß er eine intuitiv tiefere Verbundenheit mit dem deutschen Wesen besaß als zum Beispiel ein Professor von Freytagh-Loringhoven oder Roethe: daß dieser Neger Guilleaume in der Reinheit seiner Seele weit über der angeblichen Rassereinheit Dinters stand, und daß er der blauen Augen und der blonden Haare gar nicht bedurft hätte, um ein Deutscher zu sein.

Er wohnte in einem kleinen Bauernhaus in der Nähe von Koblenz, und ich war bei ihm am Nachmittag. Er spielte Geige. Dabei sah ich, daß er schlanke und große Hände und Finger hatte. Ich sah das Bild seines Vaters, eines Mannes mit blondem aufgezwirbeltem Schnurrbart. Dieser Mann war in Frankreichs Diensten gestorben. Und dann sah ich das Bild eines jungen Mädchens aus München, die die Braut des Negers werden soll. Nachher, natürlich, wenn alles zu Ende ist.

Ich fürchte, es wird noch lange nicht alles zu Ende sein, zumindest nicht in München, wo die weißen Neger wohnen, und wo man bestimmt nicht die Braut eines französischen blonden deutschen Schwarzen sein darf, ohne von Hakenkreuzlern gepeinigt zu werden.

Gegen zehn Uhr abends fängt es an. Es erscheinen in den Kölner Straßen seltsame Gestalten. Wesen von einem anderen Stern, von Maschinen gezeugt. Mechanismen mit Räderwerken in der Brust. Nicht Männer, nicht Frauen. Sie tragen Halbzylinder auf dem kurzgeschorenen Haar. Ihre Nacken sind glattrasiert, fett und wulstig, wie bei alten Generälen. Ihre Gesichter sind starr, anorganisch-leer, wie aus Holz gezimmert. Die Augen quellen graugrün aus den Augenhöhlen hervor. Der Körper steckt in einer grauen Militärjacke und einem kurzen Schoß. Um die Beine rollen sich die Spiralen grüner Wickelgamaschen. Um die Taille ist ein Ledergurt mit Pistole geschlungen. Die Füße stecken in dreifach gesohlten und genagelten Stiefeln. Diese Menschen patrouillieren zu zweit durch die Kölner Straßen, Gespenster der Sittlichkeit. Sie bilden nämlich die englische Sittenpolizei. Es gibt eine sozusagen weibliche Sittenpolizei bei der englischen Besatzungsarmee. Ich bewundere die Ausdauer desjenigen, der sie organisiert hat. Es muß ein Staat schon eine so ausgedehnte Herrschaft in der Welt ausüben und unzählige Kolonien besitzen, um die häßlichsten Frauen des ganzen Erdballs ausfindig zu machen. Aus den allerhäßlichsten Frauen der Welt besteht die englische Sittenpolizei. Diese Häßlichkeit ist Eros mordend, jede Hitze kühlend, ja, jeden Gedanken an Liebe ausrottend, vollendetes lebendiges Dementi der ewigen Naturgesetze und eine Bestätigung der Zukunftshypothese, die eine Erzeugung menschlicher Wesen auf mechanischem Wege prophezeit. Die Sittenpolizistinnen haben die ganze Nacht Dienst. Das heißt: sie müssen in Hausfluren lauern, in den dunklen Straßen der Liebe so leise schleichen, als es die genagelten Stiefel erlauben, und sobald ein Soldat mit einem Mädchen erscheint, dieses verhaften. Oft muß die arme Frau Wachtmeister Gewalt anwenden. Aber sehr häufig ist keine Gewalt nötig. Wo eine Sittenpolizistin erscheint, läßt jeder Mann – auch wenn er kein englischer Soldat ist – die Frau stehen, die er eben noch geliebt hat. So wirkt die weibliche Sittenpolizei.

Es gibt ihrer 60 in Köln. Sie wohnen in einem Hospiz und besuchen täglich den Gottesdienst, ehe sie sich schlafen legen. Von sechs bis acht Uhr früh beten sie zum lieben Gott, auf daß Er die böse Liebe abschaffe und alle Weiber brav, häßlich mache und dadurch der Sittenpolizei ihr Amt erleichtere. Um acht Uhr legt sich die Sittenpolizei schlafen und schläft den ganzen Tag. Sie steht erst auf, wenn die Liebe erwacht und die Sterne am Himmel stehen. Diese Frauen wissen nicht, wie Köln, wie die Welt bei Tag aussieht. Sie gleichen darin ihren Opfern, den armen Mädchen, die eine wahnsinnige Angst vor der Sittenpolizei haben. Sie verdienen nichts, seitdem die hässlichen Frauen da sind. In jedem männlichen Wesen ist die Liebe erstorben. Ganz und gar erstorben. Es ist wie in einem Märchen. Die Sittenpolizistinnen bekommen volle Verpflegung und fünf Goldmark im Tage. Man sagte mir, diese Frauen könnten boxen. Ich sprach eine an, fragte sie, ob sie ein Streichholz habe und sie reichte mir ein Feuerzeug. Darauf fragte ich, ob ich sie begleiten dürfe. Nein – sagte die Wachtmeisterin –, jetzt hätte sie Dienst. Ich wollte gerne wissen, was diese Frauen mit den fünf Goldmark im Tage machen, den sie doch verschlafen müssen. Auch hätte ich gerne gewußt, wie sie auf Liebesbeteuerungen reagieren. Ach – sie ließ mich stehen, die Sittenpolizei. Sie patrouillierte weiter. Und während sie ihren überdimensionalen Fuß auf das Pflaster setzte, war es mir, als könnte ich nie mehr im Leben von der Liebe reden. Ich hatte einen weiblichen Wachtmeister angesprochen.

Einmal traf ich in den Morgenstunden, in einer Ecke, eine Sittenpolizistin. Sie lehnte an einem Pfeiler und – rauchte eine Zigarette. Man glaube es: es war ein Erlebnis. Es war wie eine Bestätigung der längst nicht mehr geglaubten Tatsache, daß die Sittenpolizistinnen Menschen sind. Sie haben irgendeine Leidenschaft. Sie rauchen gelegentlich im Dienste. Sie begehen kleine Sünden, die Hüterinnen der Armeesittlichkeit. Ich dankte Gott für diese Erfahrung.

## *Die sanierte Stadt*

Die einzige sanierte, billigste Stadt Deutschlands ist Hamburg. Es hat nämlich ein eigenes Geld, die vielgerühmte, vielgesuchte, im besetzten Gebiet an den schwarzen Börsen überzahlte Hamburger Goldmark. Ich habe sie mit eigenen Augen gesehen, die Hamburger Goldmark, ein kleines Stückchen Papier, von dem unbezweifelbar feststeht, daß die Hamburger Banken für ihren vollen Wert einstehen. Und man weiß in Deutschland und in der Welt, daß die Hamburger Banken gut sind, daß ihr geschriebenes Wort gilt, und also wurde Hamburg die billigste Stadt.

Ein Hotelzimmer kostet einen halben Dollar, ein Mittagessen einen Vierteldollar, eine Autofahrt einen halben Dollar, ein Pfund Fleisch kostet eine Mark zwanzig. Es gibt Arbeitslose. Arbeitslose Hafenarbeiter und entlassene Matrosen, entlassene Fabrikarbeiter und Arbeiterinnen. Aber vor vier Wochen noch bestand die Gefahr, daß diese große Masse Arbeitsloser, von kommunistischer und völkischer Propaganda fleißig Bearbeiteter, eine Revolution, zumindest eine Reihe kleinerer Aufstände verursachen würde. Siehe! Und es kam die Hamburger Goldmark, und alles wurde still. Es ist eines der größten Rätsel der Volkswirtschaft, daß die Gruppe hungriger Menschen, von denen kein Einziger auch nur einen Hamburger Goldpfennig besitzt, nur deshalb zur Ruhe kommt, weil die Hamburger Goldmark existiert. Es ist allerorts eine Beruhigung eingetreten. Die ältesten

Volkswirtschaftler staunen über dieses Wunder. Man weiß allerdings nicht, wie lange es dauern wird.

Man weiß es nicht, weil allerorten in den Hafenspelunken, in den düsteren Schankwirtschaften, in denen die verwegensten Menschen verkehren, Matrosen, die die Ausfahrt der Schiffe versäumt haben, von den Polizeibehörden aller Städte und Länder langgesuchte Verbrecher – weil in diesen trüben Rendezvousplätzen der internationalen Verbrecherwelt seit einigen Monaten die Politik Eingang gefunden hat. Eine seltsame Politik. Diese Menschen, denen die Entwicklung der europäischen Geschichte ebenso gleichgültig ist wie die Gestaltung der inneren Dinge im Reich, denen Hakenkreuz und Sowjetstern Symbole fremder Welten sind, nicht für die Ausgestoßenen, außerhalb der Gesellschaft Stehenden geschaffen, dieselben Menschen sitzen jeden Abend in einem verrauchten, stickigen Versammlungslokal – nicht weil die Reden sie interessieren, sondern weil sie Essen bekommen und Schnaps und – Geld. Die Hamburger Goldmark rollt fast so gut wie der Sowjetrubel und besser als ehemals der zaristische. Es scheint, daß unbekannte Mächte darauf bedacht sind, das Lumpenproletariat der Hafenstädte zuerst zu gewinnen. Nirgends ist die Propaganda von links und rechts stärker als in Hamburg und Bremen. Diese Städte haben merkwürdigerweise ein sehr konservativ gesinntes Bürgertum. Man sollte meinen, daß gerade in diesen Städten der tägliche Anblick der Grenzenlosigkeit den geistigen Horizont weite und den Blick für die politischen Notwendigkeiten des Vaterlandes schärfe. Aber gerade hier begegnet jeder soziale Fortschritt der härtesten Stirn rückwärtssehender Menschen, und die Gegensätze scheinen unüberbrückbar. Die völkische Propaganda wird in positivem Sinne begünstigt durch die Nachgiebigkeit auch des erregten Bürgertums, dem man die Neigung zu so phantastischer Lächerlichkeit nicht zugetraut hätte. Die kommunistische Propaganda wird befördert durch den Starrsinn des reichen und des nur wohlhabenden Bürgertums. Nirgends, in keiner deutschen Stadt ist der Haß der Besitzlosen schärfer. Nirgends die Hartnäckigkeit der Besitzenden größer.

Die Hamburger Goldmark hat für eine Weile die Gemüter beruhigt. Auf die Dauer jedoch läßt sich kein Arbeitsloser dadurch trösten, daß sein arbeitender Kamerad billige Butter bekommt. Er stirbt vorläufig Hungers, wenn er nicht am Abend in seinen Versammlungslokalen Essen erhält. Und in diesen Versammlungslokalen, in denen man immer nur Schnaps trank und küßte, zeichnet man heute Hakenkreuze und Sowjetsterne an die schmutzigen Wände.

## *Bei der Armee der Separatisten*

Die Bezeichnung: Armee betrachte man als den Ausdruck einer Verlegenheit um einen zusammenfassenden Namen für viele große und kleine Gruppen junger Menschen zwischen 17 und 25 Jahren. Es gibt auch ältere Separatisten. Sie aber verteidigen ihre Überzeugung nicht mit der Waffe in der Hand. Wenn sie nicht irgendeine Bureaustellung haben, ziehen sie es vor, die Entwicklung zu Hause abzuwarten, höchstens Versammlungen zu besuchen. Aktive Separatisten sind nur jene jungen Menschen, die von der Not oder ihrem Söldnertrieb zum Kampf kommandiert werden.

Die separatistischen Soldaten tragen eine groteske Zivilkleidung, an der buchstäblich nicht zwei Stücke von der gleichen Farbe sind, karierte Mützen, tief im Nacken oder schief auf dem Ohr, mit der rheinländischen Trikolore grün-weiß-rot; ferner Waffen verschiedener Art: gewöhnliche Holzstöcke, Eisenspiralen, Trommelrevolver ältesten Kalibers und moderne Handgranaten, Dolche und blanke Küchenmesser, Jagdflinten und Militärgewehre.

Ich kam zu den Separatisten nach Bad Ems, das eines ihrer politischen und militärischen Hauptquartiere bildet. Die Separatisten kehrten von einer militärischen Übung zurück. Sie sollen nach ihren eigenen Erzählungen fleißig exerzieren. Sie wohnen in öffentlichen Schulen und in Privatquartieren, sammeln sich auf dem Hauptplatz, verpflegen sich selbst durch Requisitionen und beziehen eine Tageslöhnung von 2-3 Goldmark. Ich sprach mit einem Unterführer, der eine seidene Binde am Arm trug. Er behauptete, Feldwebel in der preußischen Armee gewesen zu sein – später Deserteur. Er war mit seinen 27 Jahren, wie er selbst zugab, der Älteste seiner Gruppe. Er will von Beruf Kunstpfeifer gewesen sein und Mitglied der Internationalen Artistenloge. Zu den Separatisten sei er gegangen, weil er im Augenblick kein Engagement finden könne. In zwei Monaten will er nach Paris gehen. Er will Empfehlungen mitnehmen. Ich frage: Können Sie Französisch? – Nein! – Sie sind nicht Rheinländer? – Nein! Königsberger! – Sind viele aus Ihrer Heimat hier? – Ich bin der einzige. – Die anderen sind Rheinländer? – Zumeist. Aber auch Oberschlesier, Berliner, Bayern.

Die Separatistentruppen sind ebensowenig national einheitlich, wie militärisch. Man trifft Abenteuerer aus allen Gegenden Deutschlands und Europas. Im Rheingebiet leben ja seit der Absperrung des besetzten Gebietes die fragwürdigsten Existenzen! von der preußischen Polizei Verfolgte, aber auch von den französischen Behörden Gesuchte. Die meisten haben falsche Papiere, falsche Namen, eine erdichtete Vergangenheit. Man trifft kommunistische Spitzel und nationalsozialistische Agitatoren. Die Leute vom Typus des erschossenen Schlageter sind in der Minderzahl. Sehr häufig sind Spione, die hier viel verdienen sollen. In Mülheim a. d. Ruhr traf ich den Budapester Leo Papp, den ich aus der Bela-Kun-Zeit kenne und später aus Ödenburg, wo er für Lehar Spitzel- und persönliche Dienste leistete. Papp lebt seit drei Monaten am Rhein, er will hier Kunstgegenstände verkauft oder vermittelt haben. In seiner Gesellschaft befand sich ein Herr Ruff aus München, der sich sehr orientiert in den Angelegenheiten der Organisation C zeigte und die Rathenau-Mörder persönlich zu kennen vorgab. Man trifft hier Offiziere, die wegen ehrenrühriger Handlungen aus der Armee entlassen sind, viele aus der alten österreichisch-ungarischen Armee – noch in der alten Uniform, mit der schwarzen, hohen Mütze. In allen Cafés, in der Bahn, in Kinos und Theatern hört man ungarisch. In Trier soll der katholische Geistliche Lederer aus Oberösterreich, der wegen eines Sittlichkeitsdeliktes Amt und Brot verloren hat, eine Rolle als politischer Agitator spielen. Russen und Polen, die aus Berlin kommen und angeblich auf der Durchreise nach Paris sind, halten sich eine Weile unter den Separatisten auf. Aber zum eigentlichen Kämpfen, Schießen und Exerzieren kommen nur die Ärmsten, die Arbeitslosen des Landes. Und auch sie nur dort, wo die Lebensgefahr gering ist. Der Unterstützung durch französische Truppen sind sie durchaus nicht immer gewiß. Es gibt im Rheinland keine einheitliche französische Separatistenpolitik. Jeder französische Kommandant macht seine eigene, und je nachdem, ob ihm die Separatisten seiner Stadt sympathisch sind oder nicht, unterstützt er sie oder läßt sie ohne Hilfe.

## *Reisende mit Traglasten*

Die Reisenden mit Traglasten sitzen in den letzten Wagen der endlosen Zugschlangen, hart neben den »Reisenden mit Hunden« und den »Schwerkriegsbeschädigten«. Der letzte Wagen schlenkert am heftigsten, seine Türen schließen schlecht, seine Fenster lassen Fugen frei, sind manchmal zerbrochen und mit braunem Papier beklebt. Man wird nicht durch Zufall ein Reisender mit Traglasten, sondern durch Schicksal. Schwerkriegsbeschädigt wurde man durch eine Granate, deren verwüstende Wirkung nicht Tücke war, sondern eine Sinnlosigkeit, so unermeßlich, daß sie grausam sein mußte. Einen Hund mitzuführen, liegt im Bereiche unseres Willens. Aber ein Reisender mit Traglasten hat sein Gepäck seiner Bestimmung zu verdanken. Er wäre auch ohne Gepäck ein Reisender mit Traglasten. Er gehört einer besonderen Menschengattung an – und jene Inschrift am Abteilfenster des letzten Wagens ist keine bahnamtliche Bestimmung, sondern eine philosophische Definition.

Die Kupees für Traglasten sind von einer dicken Luft erfüllt, einem physikalischen Kuriosum, einer Art Atmosphäre in festem Aggregatzustand. Sie riecht nach totem Pfeifentabak, nach feuchtem Holz, Blätterleichen und herbstlichem Waldboden. Das kommt von den Holzbündeln der Insassen, die geradewegs aus den Wäldern fahren, den Flinten fleißiger Jäger entronnen, die feuchte Kälte der Erde in Knochen und Stiefelsohlen. Grüne Moosreste liegen auf ihren Kleidern wie auf altem Gemäuer. Rissig sind ihre Hände, der Alten Finger gichtisch und absonderlich gekrümmt und eigenwilligen Wurzelformen ähnlich. In dem spärlichen grauen Haar der alten Frau haben sich dürre Blätter verfangen – so kränzt ein armer Tod seine Opfer. In den wuchernden Bärten der alten Männer können Schwalben nisten ... Die Reisenden mit Traglasten legen ihre Wälder nicht ab, auch wenn sie sitzen. Der Entschluß, eine Last wiederaufzunehmen, nachdem das Rückgrat eine halbe Stunde lang sich frei für alle Ewigkeit gefühlt hat, mag schwerer wiegen als ein ganzer Tannenforst. Ich weiß, daß wir Soldaten, wenn nach stundenlangem Marsch eine minutenflüchtige Rast winkte, unsere Tornister nicht lockerten, sondern weiterschleppten wie ein qualvoll treues Unglück einen ewig verbündeten Feind. So sitzen diese alten Bündelträger, nicht Reisende mit Traglasten, sondern Traglasten mit Reisenden. Und auch darin offenbart sich das Schicksalsmäßige des Lastentragens, das keine Tätigkeit ist, sondern ein Leid.

Wovon sprechen die Waldmenschen? Sie sprechen halbe Sätze und verkrüppelte Laute, sie sind schweigsam, nicht aus Klugheit, sondern aus Armut, sie antworten zögernd, weil ihr Gehirn langsam arbeitet, Gedanken zaghaft gebiert und die kaum geborenen schon begräbt in heimlicher Tiefe. In den Wäldern, in denen sie arbeiten, herrscht ein großes Schweigen, das man nicht unterbrechen kann mit sinnloser Rede und Widerrede; wenn ein Specht in einen Ast hackt, so ist das der einzige Laut. Man lernt in den Wäldern, daß die Worte nutzlos sind und den Nichtstuern nur zum Zeitvertreib mitgegeben. Aber in dem halben Satz, den die Menschen sagen, liegt das große Leid einer ganzen Welt. Sie sagen nur: die Butter – und schon weiß man, daß Butter etwas sehr Fernes, Unerreichbares ist – kein Nahrungsmittel, mit Messer auf Brot zu streichen, sondern ein Geschenk des Himmels, in dem die Delikatessen der Welt wachsen, wie in einem Schaufenster. Sie sagen: es wird ein früher Sommer sein – und das bedeutet, daß man dann in die Wälder fährt, um Schneeglöckchen zu sammeln, daß die Kinder aus den Betten in die Straße kommen dürfen, daß die Öfen kalt stehen dürfen bis zum nächsten Herbst. Die Schauspieler, die auf den Bühnen viele geistreiche Sätze sprechen, ehe sie ihr Leid dargelegt haben, und viele prachtvolle Bewegungen vollführen, Pfauenräder mit Armen und Augen schlagen, müßten in den Abteilen für Reisende mit Traglasten fahren, um zu lernen, daß eine leise gekrümmte Hand das ganze Elend aller Zeiten fassen kann und das Zucken einer Augenwimper stärker erschüttern als ein Abend mit Tränenbächen. Vielleicht müßten die Schauspieler nicht in Schulen studieren, sondern in Wäldern arbeiten, um zu sehen, daß ihre Aufgabe nicht das Reden, sondern das Schweigen ist, nicht das Geständnis, sondern das verschwiegene Geständnis.

Es wird Abend, die Lampe entzündet sich an der Decke, ölig und fett ist ihr Licht, sie brennt in einem Dunstkreis, wie ein Stern in einem Nebelmeer. Man fährt an leuchtenden Reklamen vorbei, an einer Welt ohne Traglasten, kommerzielle Hymnen auf Waschseife, Zigarren, Schuh-Pasta und Schnürsenkel brennen plötzlich hell am dunklen Firmament. Das ist die Zeit, da die Welt in die Theater fährt, um die Schicksale auf den teuren Bühnen zu erleben, und im selben Zug fahren die herrlichsten Tragödien und die tragischen Lächerlichkeiten, fahren die Reisenden mit Traglasten.

## *Der tapfere Dichter*

Die Tradition des politisch »indifferenten« deutschen Dichterwaldes gebeut Schweigen in allen Fragen des öffentlichen Lebens. Vor der Revolution war diese Schweigsamkeit gerade noch vernehmbar, heute ist sie betäubend. Sie übertönt das barbarische Geräusch der Reaktion und den gellenden Todesruf ihrer Opfer. Niemals haben die deutschen Dichter so laut gesprochen, wie sie jetzt schweigen.

Seit Goethe halten sie es für ihre Pflicht, die obligate wirkliche und metaphorische »Reise nach Italien« zu unternehmen, die eine Flucht vor Deutschland ist, – aber niemals eine zugestandene. Immer war es eine vorgetäuschte, »innere Notwendigkeit«, die verwerflichen, unwürdigen Zustände des nationalen, politischen, sozialen Diesseits zu vergessen und von den heiteren Himmeln anderer Zonen das sogenannte »innere Gleichgewicht« zu entlehnen. Ach! wie leicht erhielt man das innere Gleichgewicht! Es wurde wenigstens niemals hörbar erschüttert. Nicht, als Eisner und Landauer, Luxemburg und Liebknecht und tausende Arbeiter ermordet wurden, nicht, als Fechenbach ins Zuchthaus wanderte, nicht als Kahr den Thron »platzhaltend« bestieg und in

München die Republik begraben wurde. Immer sitzen sie in einem Schwabing, die Dichter.

Der ruht von der Feier seines eigenen Geburtstags aus und jener fährt durch die Städte und hält Vorträge über sein okkultistisches Erlebnis. Er wohnt in München und erlebt nicht die Materialisation der Brutalität: Adolf Hitler – sondern die Materialisationsphänomene des Schrenck-Notzing. Aber die phänomenalen Ereignisse der deutschen Reaktion sieht er nicht. Er ist ein »deutscher Dichter«. (Etwas vom Begriff des kaiserlichen Gottesgnadentums haftet seiner »Berufung« an.) In Deutschland trennt man »Politik« von »Poesie«. Der Dichter, aus dem Gefüge seiner Klasse gelöst, lebt in einer abstrakten »Heimat«. Kein Wunder, daß ihn die metaphysischen Wunder mehr interessieren, als die irdischen, als diese Geschehnisse: Fechenbach, München, Diktatur, die dadurch, daß eine Republik ihr Geburtsort ist, wunderbarer werden als sämtliche Geistererscheinungen in Deutschland. Man weiß nicht, ob es Hochmut ist oder Indolenz, dieses peinliche, schmerzhafte Schweigen. Es ist jedenfalls vorhanden, man hört es und es verurteilt selbst diejenigen, von denen es ausgeht.

Diese Vorrede war notwendig, um eine Erscheinung zu erklären, die in allen anderen europäischen Ländern eine Selbstverständlichkeit wäre und bei uns eine Tat ist. *Heinrich Mann,* seit Jahren der einzige Rufer von Geist im brüllenden Streit der reaktionären Barbaren (des Großkapitals, des Nationalismus, des völkischen Gedankens) schreibt ein Buch: »Die Diktatur der Vernunft« (Verlag »Die Schmiede«, Berlin), in dem folgende Sätze stehen:

»Ihr (der Bürger) Anblick zwingt den Unschuldigen, zu fragen, was sie denn außer Raffen noch können – da sieht er nichts. Gegen sie waren Monarch und Generalstab humanistische Genies. Einer von ihnen hatte gerade mit Hilfe eines Agenten, der vom Balkan kam, die Mehrheit der Aktien einer

Berliner Bank heimlich und hinterrücks an sich gebracht. Dann ging er in eins der Parlamente und sprach – der Satz kam vor –: »Ich kann meine Zeit produktiver anwenden als hier!« Mit Balkangeschäften. Derselbe wurde von einem Berichterstatter gefragt, für wen er eigentlich so unsinnig viel Geld verdiene? Er hätte natürlich sagen müssen: Für den Aufbau der deutschen Wirtschaft. Oder: Für Deutschland. Oder: Zum Heil der Welt. Aber nein, er vergaß sich. Für wen er so viel Geld verdiene? »Für meine Kinder«, sagt er schlicht.

»Industrielle beider feindlicher Länder fanden sich, nach vollbrachter Tat, dort zusammen, um zu beaugenscheinigen, was sie vollbracht hatten. Die Herren verließen ihre starken und glänzenden Autos. Obwohl von feindlicher Herkunft schritten sie im besten Einvernehmen über die Stätte ihres Wirkens. Es war ihr gemeinsames Wirken. Die Feindschaft war in Wahrheit Arbeitsgemeinschaft.«

»Es gibt heute kaum noch vorgeschrittene Geistigkeit, ohne einen gewissen Internationalismus. Er wird bedingt schon durch die Qualität der Nationalisten.« – – –

Wie viele Dichter von Ansehen und Rang schreiben noch so in Deutschland? Wen von ihnen kümmert das Parlament, dieser Stinnes, diese Industrie, dieser Patriotismus? Wäre dieses Buch nicht von Heinrich Mann selbst nicht so geistreich, selbst nicht so von musikalischem Rhythmus, vom edelsten dichterischen Atem durchweht, wie es ist, – es müßte nur als eine deutsche Kuriosität verzeichnet und verbreitet werden.

## *Der Schrei nach dem Fremden*

Zuerst entrang er sich den Kehlen einzelner Kaufleute, Gastwirte und Kaffeesieder. Schließlich verdichtete er sich zu einer Klage aller Leiter der deutschen Verkehrsorganisationen und nahm die Gestalt einer sogenannten Tagung an. Im

Jänner 1920 und 1921 lebten in Berlin rund 9400 Fremde, 1922 14000, 1923 15500, im Jänner dieses Jahres kamen nach Berlin 6183 Fremde. Von diesen waren die wenigsten Ausländer. Im Dezember kamen nach Berlin beispielsweise nur 360 Fremde aus der Tschechoslowakei, während noch im Dezember 1922 Berlin ungefähr 4000 Gäste aus diesem Lande zählte. Man hat erkannt, daß es ein billiges Mittel ist, die starke Abwanderung der Fremden auf das Steigen der deutschen Mark zurückzuführen. Denn es ist ein logischer Fehlschluß, aus der Tatsache, daß die Billigkeit in Deutschland die Fremden herbeigelockt habe, zu folgern, daß sie die Teuerung vertreibe. Auch die Reichen kommen nicht mehr nach Deutschland. Auch die großen und vornehmen Hotels in Berlin stehen leer, nicht nur die kleinen, mittelmäßigen. Aus verschiedenen Anzeichen kann man ersehen, daß die einzige offiziöse Stelle, die in Deutschland ausländische Zeitungen liest, die Zentralstelle für den Fremdenverkehr Groß-Berlins ist. Nur sie allein wußte, welche Klagen in den ausländischen Zeitungen gegen Deutschland erhoben wurden. Sie richteten sich gegen Behörde und Publikum.

Die Berliner Behörde hat die Gewohnheit angenommen, zwischen »erwünschten« und »unerwünschten« Ausländern zu unterscheiden. Aber sie ist noch immer nicht auf das einfachste Mittel gekommen, Diese und Jene zu erkennen. Erwünscht sind alle jene Ausländer, die mit Paß und Visum kommen und ihren ehrlichen Namen in die Fremdenliste des Hotels eintragen. Kurz: Erwünscht sind alle jene Fremden, die aus freien Stücken mit der Verwaltungspolizei zu tun haben. Die Unerwünschten fallen in das Gebiet der Kriminalpolizei, natürlich nicht freiwillig, sondern wenn diese geschickt genug ist. Der große Denkfehler besteht darin, daß auch die Berliner Verwaltungspolizei »unerwünschte« Ausländer wittert, statt aus so und so vielen Erfahrungen zu schließen, daß derjenige, der ihr unerwünscht sein könnte, sie freiwillig meiden würde. Statt dessen vollzieht sich der Berliner Fremdenverkehr so: Der Fremde hat in seinem Paß den Vermerk von der deutschen Gesandtschaft seines Landes: »Muß sich innerhalb 24 Stunden bei der Polizei melden.« Der Fremde geht also in das sogenannte Polizei-Bezirksamt, wo nicht etwa ein erfahrener Kriminalpolizist amtiert, sondern ein Verwaltungsbeamter, der von kriminalistischen Dingen keine Ahnung hat, einen falschen von einem echten Stempel nicht unterscheiden kann, und der eigentlich dem Fremden ausgeliefert ist, statt, wie er sich einbildet, den Fremden »am Wickel« zu haben. Die Frage des Beamten lautet: »Wie lange wollen Sie bleiben?« Die Antwort des Fremden: »Zwei Wochen.« Hierauf füllt der Fremde einen »Fragebogen« aus, mit folgenden Fragen: Konfession, Namen des Vaters, Namen der Mutter, Mädchenname der Mutter, Beruf des Vaters. Hierauf schreibt der Beamte sorgfältig den Fragebogen auf einen gelben Karton ab und reiht diesen in die Kartothek ein. Darüber hat der Gast einen Vormittag verloren, weil der Beamte langsam schreibt und seine Wichtigkeit durch umständliche Fragen bestätigt wissen will.

Hat etwa der Fremde Lust, länger zu bleiben, als sein Visum gültig ist, so muß er im Polizeipräsidium bitten, dieses möge das Deutsche Konsulat des betreffenden Landes telegraphisch oder brieflich fragen, ob eine Verlängerung möglich sei. Nach einer Woche pflegt die Antwort zu kommen. »Noch drei Tage gestattet.« Inzwischen hat der Fremde jeden zweiten Tag angefragt. Nach einer Woche erfährt er, daß er sich nur die ersten drei Tage dieser Woche hier aufhalten durfte, daß er also seinen Aufenthalt um vier Tage überschritten habe. Dafür zahlt er eine gebührende Strafe und ist froh, wenn er die deutschen Grenzen hinter sich hat.

Weder in der Schweiz, noch in England, noch in Österreich, noch in Frankreich sind dem Aufenthaltsbedürfnis des Fremden Schranken gesetzt. Jede Ortsbehörde in diesen

Ländern darf ihm die Aufenthaltserlaubnis verlängern und sie tut es auch. In London, in Wien, in Zürich braucht der Fremde überhaupt nicht persönlich bei der Polizei erscheinen. Niemand fragt ihn nach dem Mädchennamen seiner Mutter. In diesen Ländern schreiben die Zeitungen nicht vom »Zuzug aus dem Osten«. In Berlin durfte sich jeder Varietéhumorist eine Verspottung der freigebigen und sehr viel kaufenden Russen erlauben. Die deutschen Behörden wissen noch immer nicht, daß der Vetter des reichen Russen, der am Kurfürstendamm drei Zimmer in einer vornehmen Pension bewohnt, im Scheunenviertel alte Kleider verkauft. Wenn die Polizei diesen Vetter ausweist, verläßt Jener Berlin.

Nur der Ausgewiesene kommt zurück. Der Reiche fühlt seine eigene Vergangenheit verletzt. Als ob die Kaufkraft ein angeborener Wesenszug wäre. Wer heute im Scheunenviertel lebt, kann morgen ins »Bristol« einziehen. Es gibt keine absolute »Erwünschtheit« oder »Unerwünschtheit«.

Auf der Tagung, die am 15. d. stattfand, sagte jemand, es gäbe so viele polizeiliche Bestimmungen, daß sich die Behörden selbst nicht auskennen. Darauf erwiderte der Vertreter des Reichsministeriums für Inneres: »Jawohl, das sei richtig. Und das Ministerium wolle den Hoteliers entgegenkommen und zwar werde es jetzt alle diese Bestimmungen sorgfältig registrieren und hoffe damit in zwei Monaten fertig zu werden. Hierauf würde man sich hoffentlich auskennen.« Das war der Höhepunkt dieser Tagung. Der Schrei nach dem Fremden reduzierte sich auf das Verlangen, wenigstens die Bestimmungen über den Fremdenverkehr, richtiger gegen den Fremdenverkehr, kennen zu lernen. Und das Echo kam aus dem Ministerium für Inneres tröstlich und langsam. Nach zwei Monaten wird man also genau wissen, wieso die Fremden nicht nach Deutschland kommen können. Die erwünschten Fremden. Die unerwünschten kennen, wie man gesehen hat, die Bestimmungen der Berliner Behörde und die Möglichkeit, sie zu umgehen, besser, als die Behörden selbst den Weg, diese Bestimmungen anzuwenden.

## *Der Bizeps auf dem Katheder*

Noch ist die Aufregung über den Ausgang des Sechstagerennens nicht überwunden und schon tritt der berühmteste Deutsche dieses Jahrhunderts, *der Boxer Hans Breitensträter,* auf das Podium des Blüthnersaales, um einen Vortrag zu halten. Dessen Titel hieß: *»Wie ich ward und wie ich bin.«* Man beachte die rhythmische Getragenheit dieses Titels, die antiquierend poetische Form des Imperfekts von »Sein« und ermesse an diesem nur scheinbar äußeren Symptom, wie klassisch die Welt des Boxens bereits geworden und wie sie beinahe in die Sphären des fünffüßigen Jambus hineinwächst. Heute ist es noch der vierfüßige Trochäus, wie man sehen und hören kann, wenn man den oben zitierten Vortragstitel skandiert. Morgen schon – wer weiß – werden die Sportberichte in Hexametern erscheinen, wenn die Begeisterung des Berichterstatters unversehens sich rhythmisch gestaltet.

Ein großes Publikum hatte sich eingefunden. In den vorderen Reihen zwei Herren im Smoking. Damen in kostbaren Pelzen. Rückwärts und oben Liebespärchen eng umschlungen, dem Helden ihrer Träume lauschend. Hans Breitensträter trägt einen Smoking. Er spricht mit der echten Verachtung des Muskelmenschen für den eigenen Vortrag. Er liest aus einem Manuskript. Lange Perioden zerhackt er mit akustischen Knockouts in kurze Sätze. Manchmal trifft ein Bauchstoß ein Prädikat. Es fliegt weit fort und findet sich erst nach einer langen Pause wieder. Es ist, als wäre es am Boden gelegen und bis »acht« wenigstens ausgezählt worden. Bemerkenswert sind charakteristische Ausdrücke und Ausdrucksformen. Breitensträter sagt »Enertschie«, also durch

Konsonantenhäufung die einfache Energie potenzierend. Manchmal erzählt er im praesens historicum: »ich habe eine Gehirnerschütterung und werde ausgezählt«; oder: »ein Schlag zertrümmert ihm das Nasenbein«. Dann folgt ein Geständnis und ein Hymnus auf Blut. Der Meister erzählt, daß die Nacktheit der Gegner und der Anblick des feindlichen Blutes den Kämpfer in einen prachtvollen Taumel geraten lassen. Hierauf erfährt man, daß »kalte Abreibungen den Geist stählen«. Der getragenen Weise des ganzen Abends folgend, sagt Breitensträter: »Wenn ich in Berlin weile, mache ich Laufübungen durch den Tiergarten« und: »bald darauf geht es in die Klappe«. Gelegentlich kommt noch ein Apercu (nicht mit uper-cut zu verwechseln) und dieses lautet: »Manche Ballettratte ist gegen uns ein Waisenkind« …

Somit ist der theoretische Teil dieses Abends beendigt. Breitensträter legt seinen Smoking ab und setzt an einem entkleideten Partner im Boxerdreß praktisch fort, was er an der Syntax begonnen. Man lacht und klatscht Beifall. Die Berliner Jugend ist maßlos begeistert. Zwanzigmal hörte ich den Satz, daß der Boxsport eine nationale Angelegenheit geworden. Wenn Breitensträter gegen einen fremden Boxer kämpft, so verläßt ihn niemals das Bewußtsein, daß er die deutsche Nation repräsentiert. Gott segne ihn!

Ich gestehe, daß ich mit Vorurteilen beladen in den Vortrag ging. Unmoderner Humanist, der ich bin, erwartete ich alles, was eingetroffen ist. Aber es ist noch mehr eingetroffen: es fiel kein Wort von der internationalen Bedeutung des Sports und davon, daß er den Frieden der Völker nährt, indem er sie zu festlichen Spielen vereinigt. Dagegen erzählte Breitensträter, daß er, nach dem Kriege aus einem Interniertenlager heimgekehrt, voller Trauer die endgültige Pazifizierung der Welt miterleben mußte. Aus Mangel an Stahlbädern nimmt er also seine Abreibungen. Ein frommer Lesebuchegoismus durchströmt seine Autobiographie. Er spricht von seinen

»guten Eltern«. Er lobt die Bravheit und die traditionelle Moral. Und es ist ganz genau so, wie ich es bereits lange weiß: diesen neuen Nationalismus der Faust begleitet das biedere Sentiment jenes Gottes, der altes Eisen wachsen läßt und gleichzeitig der Morgenstunde Gold in den Mund steckt. Es ist die Frömmigkeit, die nichts gegen einen Mord einzuwenden hat. –

Man täusche sich nicht über die ernste Seite dieser Angelegenheit: wenn der deutsche Sport durch seinen berühmtesten Vertreter in den Vortragssaal kommt, so erwarte ich auch von ihm einen Zukunftsgedanken. Unsere ganze Jugend, die unsere Zukunft ist, lauscht und boxt. Und wenn wir uns mit der Tendenz, menschliche Kinnbacken zu zertrümmern, einverstanden erklären, so nur um den Preis einer Wiederkehr des antiken Olympiageistes. Hier kam der Borussiageist wieder, der aus Berufsgründen den Alkohol meidet und die Faust statt des Schlägers schwingt.

Gläubige erwarten Breitensträters ordentliche Professur für Boxkunst an der Berliner Universität, wo er des Rektors Roethe abstrakten Nationalismus durch effektive Kinnstöße unterstützen und demonstrieren soll. Breitensträter würde in dem – prophetisch so genannten – »Deutschen Hochschulring« endlich die Runden gewinnen, die er verdient.

## *Der Kampf um die Meisterschaft*

Ich werde diesen Abend nie vergessen, an dem der Kampf um den Lorbeer des deutschen Meisterboxers ausgefochten wurde. Auch Berlin wird, so schnellebend, wie es ist, diesen Abend nicht vergessen. Greise krochen humpelnd aus dem Dämmer ihres Lebensabends in die strahlende Helle des Kampfabends. Kinder führten ihre Mütter an den Schürzen zum Sportpalast und schrien Hurra. Das Volk benahm sich spartanisch und drängte sich nach antiken Mustern in dem großen Hof und in der Straße vor dem Palast. Klassische Rufe, wie: »Ick hau Dir eene!« erfüllten die Luft, in der alle guten Olympiageister schwebten. Manche handelten mit Tips. Andere mit Eintrittskarten. Vor Begeisterung kaufte eine arme Frau, die sicherlich lange mit sich zu Rate gegangen war, eine Karte für 175 Mark. Da man ihren kleinen Jungen nicht hineinließ, schickte sie ihn an der Tür fort, allein mußte er nach Hause. Indes ihr Geist, die Gefilde der Mütterlichkeit verlassend, bereits auf der Arena weilte.

Während der ärmere Teil der Nation zu den heiligen Kämpfen wandern mußte, benutzte der wohlhabendere eigene Automobile und Autodroschken und es entwickelte sich vor dem Sportpalast ein Kampf der Wagen, wenn auch nicht der Gesänge. Jeden eintretenden Besucher geleitete eine Rotte Jugendlicher bis zur Tür. Jeden, der am Abend den Saal verließ, überfielen Neuigkeitshungrige und boten Geld für eine Nachricht an. Es war ein erhebender Abend.

Der Draht hat der Welt bereits die Nachricht überbracht, daß nicht mehr Hans Breitensträter, sondern Samson-Körner des deutschen Volkes Meisterboxer ist. Mir bleibt die nachträgliche Chronistenpflicht, zu berichten, daß Samson-Körner eigentlich Paul Körner heißt und aus Zwickau in Sachsen stammt. Den Namen »Samson« hat er sich selbst beigelegt, in Amerika nämlich, wo er fünfzehn Jahre geweilt hat. Dort scheint in Boxerkreisen die symbolische Namengebung Sitte zu sein.

Ich ahnte sofort, daß dieser deutsche Samson siegen wird. Denn die Reichweite seiner Arme beträgt 1.93, seine Körperlänge 1.82, sein Brustumfang 1.05, sein Wadenumfang 39, und die Stärke seines Biceps 31-35. Breitensträter ist um 2 Zentimeter kleiner, seine Wade um 2 Zentimeter dünner, seine Reichweite um 3 Zentimeter geringer. Ich hege im Gegensatz zur geltenden Weltanschauung die Überzeugung, daß der Stärkere siegt und anerkenne die Göttlichkeit der natürlichen Gesetze bei jeder Rauferei, ob sie nach Regeln verläuft, oder nur nach Temperament. Infolgedessen weiß ich, daß ich, dessen Biceps – lacht, meine Zeitgenossen! – nur 21 cm Umfang hat, und wenn ich ein Boxer wäre, im Kampf mit dem stärkeren unterliegen müßte. Ich verlasse mich deshalb auf den Verstand und gebe allerdings zu, daß in Ermangelung dieses die Boxregeln ein halbwegs genügender Ersatz sein können.

Die viereckige Arena schwamm im weißen Scheinwerferlichte, das die Unheimlichkeit eines toten Weiß' hat, an weiße Sterbelaken erinnernd. Es ist eine unbarmherzige weiße Farbe, die schon aus visuellen Kontrastgründen allein nach rotem Blut schreit. Der Schiedsrichter, den ich persönlich kenne, ist ein verbindlicher Mann, er hat eine schlanke und edle Figur und ich hätte ihm, als wir einmal gemeinsam an einer festlichen Tafel saßen, nicht so viel zugetraut. Ich gestehe, daß mich ein erhebendes Gefühl überkam, als ich an meine Bekanntschaft mit dem Schiedsrichter im Kampf um die deutsche Meisterschaft dachte. Ja, das war der Mann, berufen, das Schicksal der Nation zu verkünden, ein Werkzeug Gottes, und mir hatte er einmal die Hand gedrückt!

Dann begann dieser Kampf. Breitensträter sprang um den lauernden Körner herum, hüpfte, eine Ohrfeige fast sichtbar auf der Handfläche tragend, vor und entledigte sich seines Vorsatzes. Dann sprang er zurück. Das wiederholte sich einige Male, bis der mir bekannte Schiedsrichter eine Kampf einstellende Bewegung machte und ein Gong erklang.

Es gab noch eine zweite, und, wie man weiß, eine dritte Runde, Breitensträters letzte, bei der ich wieder Gelegenheit hatte, meinen Freund, den Schiedsrichter, zu bewundern. Dann, als handelte es sich nicht um die Meisterschaft, sondern um irgend eine beliebige Kleinigkeit, zum Beispiel einen Nobelpreis, so zählte er mit scharf akzentuierender Stimme, die Totenuhr in der Hand: 1, 2, 3 bis 9 und dann sagte er: »aus!«, ganz schlicht und sachlich. Ich stelle mir vor, daß drüben, wo über Sein und Nichtsein entschieden wird, in den Krisen unseres Lebens ein Geist so dasteht und zählt. Erst bei »aus!« erhob sich Breitensträter und es war zu spät. Der andere, der Samson, erhielt den blauen Gürtel, welcher das Abzeichen der Meisterschaft ist, und ließ sich photographieren. So wird sein Bild der Nachwelt überliefert bleiben.

Indessen ließ sich die Nation auf den Rängen nicht halten und warf Zurufe in die Arena und schwenkte Beschimpfungen und Herr Buß, der Manager Breitensträters, behauptete, mein Freund, der Schiedsrichter hätte zu schnell: »aus!« gesagt. Ich aber zweifle nicht an der Ehrlichkeit des edlen, schlanken Schiedsrichters. Im Gegenteil, ich kann bezeugen, daß noch eine ganz winzige Pause des Schwankens zwischen »neun« und »aus« bestanden hat. Sie konnte allerdings nur von einem Psychologen bemerkt werden.

Das Volk kehrte befriedigt heim. Wenn jemals seine Stimme Gottes Stimme war, hier ist sie's. Die Mehrheit schenkte ihre Gunst dem Samson, von dem die Berichte rühmend hervorheben, daß er ein einfaches möbliertes Zimmer bewohnt, genau so, wie ich und du. Der Breitensträter aber hat einen reichen Schwiegervater und die unterrichteten Zeitungsleute behaupten, daß er jetzt eine wohldotierte Weinstube übernehmen wird. Es ist nicht gut, lange Mittelpunkt der Öffentlichkeit zu sein. Lieber ist mir die gemütliche Stille einer Weinstube, besonders, wenn sie mir gehört.

## *Der »Refräng« im Nachtleben*

Der musikalische Ausdruck des Berliner Nachtlebens ist der »Refräng«, eines jener französischen Worte, die, in der Berliner Mundart ausgesprochen, an die kurzen, scharfen Klingelzeichen der Autobusschaffner erinnern. Ich habe in drei Nachtlokalen zwölf »Refrängs« gelernt – wenn hier überhaupt von einer Tätigkeit des Lernens gesprochen werden kann. Denn die Eigentümlichkeit des »Refrängs« besteht eben darin, daß er aus dem wehrlosen Ohr in das wehrlose Gedächtnis schleicht und hier Wurzel faßt, bodenständig wird, ein lästiger Ausländer in einem anständigen Gehirn. Seitdem trage ich die fremde, zudringliche Welt des Nachtlebens in meinem Kopf, ihre Gesetze, ihre Sitten und Gebräuche, ihren Hugo Hirsch und ihren Robert Stolz, den Arthur Rebner und den Fritz Rotter, deren Wesen in acht gereimten Zeilen erschöpft ist und die mich in die angenehme Lage versetzen, sie nicht beschreiben zu müssen, weil ich sie zitieren werde; obwohl ich weiß, daß ich sie dadurch keineswegs los werde, vielmehr der Gefahr ausgesetzt bin, sie noch anderen aufzuoktroyieren.

Allein es erspart mir eine umständliche Beschreibung des Berliner Nachtlebens. Dieses Leben kennzeichnet sich ja gerade dadurch, daß niemand es so trefflich beschreiben könnte, wie es sich selbst schildert. Seine »Refrängs« handeln von seinen Wünschen, seinen Erfüllungen, seinem Glück und seinen Schmerzen. Es ist eine lächelnde Welt, ohne Katastrophen, ohne Kriege, ohne Revolution und ohne Tuberkulose; ihre Bewohner leben in der stäten Gleichmäßigkeit eines überwundenen Materialismus. Es ist eine Welt, in der die Brieftasche kein Problem mehr ist. Sie hat Zeit und Muße, sich höheren Dingen zuzuwenden, ihre Gefühle gereimt und in gebundener Sprache zu singen, wie es ihre Dichter und Komponisten ihr vorgeschrieben.

Die Texte sind für Männer und Frauen gemacht. Die männliche Werbung und die frauliche Weigerung, aber auch der Sieg des Männchens und des Weibchens beglückt, errungene Niederlage sind sangbar. Man kann, um die Genießer des Nachtlebens besser zu charakterisieren, jede Frage über ihr Gefühlsleben mit einem Refräng beantworten. Also zum Beispiel die an ein Mädchen gerichtete Frage: »Wann geht es Ihnen gut?« befriedigt das folgende Gedicht:

Wenn ich bei Bubi bin,
Dann geht's mir wonnig,
Wenn ich bei Bubi bin,
Will ich nicht fort!

Gefällt es jemandem, dieses Fräulein zu fragen: »Wovon träumen Sie am liebsten?« – flugs könnte sie antworten:

Ihr Englein droben, hoch
In Himmelräumen,
Macht mir die Freude doch,
Seid nett, ach ja!
Und laßt mich immerzu
Von Bubi träumen –
Ach Bubi – Bubi, du mein Goldpapa!

Wobei zu bemerken ist, daß der überraschende Verwandtschaftsgrad, den die Pointe enthüllt, seine Entstehung den Reimgesetzen zu verdanken hat …

Am lieblichsten sind jene Strophen, welche den geistigen Zustand ihrer Sänger offenherzig zugeben. Ich lasse einen solchen »Refräng« auf eine Frage folgen, etwa auf die: »Wozu leben Sie?« Die Antwort lautet:

Ich sag' nicht ja, ich sag' nicht nein,
Ich weiß nicht, was ich will,
Ich schließe beide Äugelein,
Und halte still, ganz still!

Nicht immer kommt die Logik auf ihre Kosten. Es gibt »Refrängs«, in denen das Ende verblüffend den Anfang dementiert und die Geistesverfassung eines Nachtlebenabsolventen noch trefflicher illustrieren, als jene Verse, in denen er selbst zugibt, daß er »nicht weiß, was er will«. Zum Beispiel diese:

Du bist so wunderschön, mein Kind, so kannst Du bleiben!
Ich könnt' mir stundenlang mit Dir die Zeit vertreiben!
Du hast so nette kleine Sachen,
Die mir große Freude machen!
Ach, ich kann das nicht mehr sehn,
's ist nicht mehr schön! – –

Warum? Wieso auf einmal? War vielleicht dieses zugestandenermaßen »wunderschöne Kind eine Pleite«, wie es in einem anderen »Refräng« heißt? Es ist eine Wechselwirkung zwischen Merkur und Aphrodite. So kann es nicht fehlen, daß ein Mann, der am Tage den Kurszettel studiert, des Nachts seinen Kompagnon unvermittelt fragt: »Was soll ich nun machen?« und von diesem den Rat erhält:

War die erste Frau 'ne Pleite,
Nimm 'ne zweite, nimm 'ne zweite,
Bricht die zweite Dir die Treue,
Nimm 'ne Neue, nimm 'ne Neue!
Kannst die Dritte Du nicht leiden,
Laß Dich scheiden, laß Dich scheiden!
Heirat', heirat', heirat', heirat' noch und noch –
Einmal kommt die Richt'ge doch!

Denn warum sollte das Prinzip des »Noch und noch«, das sich bei Devisenkäufen so trefflich bewährte, in den ebenfalls geschäftlichen Dingen der Ehe versagen?

Zumal da, wie Arthur Rebner so richtig feststellt:

»Im Mai, im Mai, blüht Liebe noch und Lust;
Vorbei, vorbei ist's meist schon im August ...«

Ich habe in den drei Nächten meiner Wanderungen durch das sorgenlose, das andere Berlin diese Lieder von allen singen gehört: von Klein, Groß und Gernegroß. Ein kluger Mann, ein Menschenkenner wandelt durch die Nachtlokale mit einem Bündel dieser Refrängs und verkauft sie an allen Tischen. Die Frauen stecken die Blätter mit jener andächtigen Scheu in ihre Handtaschen, mit der unsere Großmütter Rosenblätter in ihren Gebetbüchern zu verwahren pflegten. Eine Tafel über dem Podium der Musikkapelle verkündet: »Der Herr Kapellmeister ist auf Wunsch gerne bereit, Ihnen sämtliche im Nachtlokal verkauften Neuerscheinungen vorzuspielen.« Wer wünschte es nicht? Wer begnügte sich mit dem lautlos im Gehirn hämmernden »Refräng«? Wer möchte ihn nicht noch einmal hören, um die Tadellosigkeit der im Innern rumorenden Melodie festzustellen? – Der Kapellmeister ist bereit. Die neuesten Schlager sind beim »Drei Maskenverlag« erschienen. Nicht nur dieser, eine halbe Welt, eine ganze Halbwelt lebt von ihnen. Die nächtlichen Autobusse, die Automobile, die verlängerten Straßenbahnen, der Mann, der die Schlager verkauft, die Musiker, die sie spielen, leben davon. – (Auch ich, der ich über sie schreibe.)

## *Delinquent Schaper*

Der fünfzigjährige Uhrmacher Schaper hat bei der Frau Conrad als Aftermieter gewohnt. Man weiß nicht genau, ob sie ein Liebesverhältnis oder nur die gemeinsame Wohnung miteinander verband. Jedenfalls glaubte der Uhrmacher eines Tages, daß ihm Frau Conrad, eine Witwe, Mutter eines siebenjährigen Mädchens, die Liebe schuldig bleibe und sich einem anderen Mann zuwende. Hierauf blieb er ihr die Miete schuldig und mußte ausziehen. Er kam noch einmal wieder, bat um Aufnahme für eine Nacht und gelangte in sein Zimmer. Am nächsten Morgen blieb er, als Frau Conrad das Haus verließ, mit ihrer siebenjährigen Tochter in der Wohnung. Er spielte mit dem Kinde. Dann erhängte er es. Die Schlinge riß. Er versetzte dem kleinen Mädchen noch einige Schläge. Dann erstickte er das Kind unter einer Decke. Hierauf ging der Uhrmacher Schaper einige Tage spazieren. Unterwegs trat er in ein Konzertcafé, um sich zu beruhigen. Es gelang ihm nicht. Er begab sich also in die nächstgelegene Polizeirevierstube und ließ sich verhaften. So selbstverständlich und kühl, wie einer in einen Friseurladen tritt, um sich rasieren zu lassen. – Gestern wurde der Uhrmacher Schaper zum Tode verurteilt.

Ich habe den Mörder im Landesgerichte vor den Richtern gesehen. Er ist ein kleiner Mann. Er sieht geduckt aus, aber er ist es nicht. Sein Angesicht ist gelbgrau und faltenreich. Seine Augen liegen tief und glänzen nicht. Er wackelt manchmal unbewußt mit den Ohren. Er hat keine »Mörderphysiognomie«. Er sieht aus, wie ein Uhrmacher, obwohl er ein kleines Mädchen unmenschlich gemordet hat. Er hat schon in seinem Leben viele kleine und große Uhren unmenschlich gemordet. Er hat sie seziert, mit Pinzetten und allerlei geheimnisvollen und sehr glänzenden Instrumenten auseinandergenommen. Die kleinen Schrauben; die tickenden Räderchen mit den spitzen Zähnchen; die blauglänzenden, zuckenden, ineinander gerollten Federn aus dünnem, elastischem Stahl; die winzigen dünnen Sekundenzeiger, die sich mit Fingern gar nicht greifen lassen. Bei all dem trug der Uhrmacher Schaper eine schwarzgefaßte, sehr scharfe Lupe, bald im rechten, bald im linken Auge. Davon wurden die Augenhöhlen so tief.

Während der Verhandlung stand der Mörder so aufrecht, als es ihm möglich war. Seine Verantwortung: »ich weiß nicht, weshalb ich es getan habe. Ich gäbe sofort mein Leben, wenn es mir möglich wäre, das Kind lebendig zu machen«.

Der Vorsitzende fragte: »Bereuen Sie?«

»Ja«, sagte der Angeklagte.

Aber er, der Uhrmacher, sagte es kühl und es klang verstandesmäßig. Andere Mörder, die keine Sezierer von Beruf sind, sondern nur aus Leidenschaft, bereuen so, daß man ihren tiefen Schmerz im Klange ihrer Stimme liegen sieht. Der Uhrmacher spricht wie einer, der Ursachen und Wirkungen versteht. Er hat gemordet, einen Mechanismus vernichtet, er bereut. Kann man ihn nicht ersetzen? Er hat es doch selbst erlebt, wie tote Uhren lebendig wurden! Können es tote Kinder nicht? Andere Mörder, ohne Vernunft, von der grausamen Urkraft des Triebs auch dann nicht verlassen, wenn sie ihm nicht folgen, sind zusammengebrochen, verwirrt und die Psychiater können ohne Gewissensbisse urteilen: nicht normal. Bei diesem Uhrmacher ist die Zucht der Vernunft stärker, als der dunkle Triebwahn. Andere Mörder ertränken ihr Schuldbewußtsein im Alkohol. Dieser gab sich selbst in Reparatur. Nur einmal hatte ihn die Vernunft verlassen. Er weiß, wie traurig es war. Und, ohne daß er es selbst ahnt, arbeitet sein Gehirn mit Eifer, damit ihn der Verstand nicht wieder verlasse. Deshalb hat es den Anschein, als besäße er kein Herz! Aber wie? Kann man ohne Herz lieben? Ohne Herz eifersüchtig sein? Ohne Herz Rache brüten?

Hätte er doch Arbeit gehabt! Er wäre hingegangen zu den Uhren, welche die Vernunft wach erhalten. Aber er fand keine Arbeit! Vielleicht kann ein Eisendreher viel leichter eine andere Arbeit annehmen, als ein Uhrmacher. Dieser versteht unter »Arbeit« Wachheit der Kritik. Alle andere Handarbeit ist Einschläferung der Kritik. Eine andere »Arbeit« hätte ihn auch gar nicht beruhigt.

Ach! wie sind doch die Menschen auf äußerliche Symptome eingestellt! Der sichtlich Gebrochene erlangt ihre Verzeihung. Mit dem Weinenden haben sie Mitleid! Im kühlen Klang hören sie Härte. In der Disziplin hören sie nur Herzlosigkeit! Dem starken Kontrast sind sie preisgegeben. Hier schrie die Mutter wahnsinnig auf, als sie den Mörder erblickte.

Dort saß der Mörder und rührte sich nicht. Was Wunder, daß sie ihn für den Tod reif befanden?

Er brach auch nicht zusammen, als er es hörte. Er sperrte nur den Mund auf und hielt ihn eine lange Weile offen. Er wollte seufzen und konnte es nicht. Er zwinkerte ein paar Mal schnell mit den Augen. In diesem Augenblicke ahnte man in diesem Saal, daß es draußen eine Märzsonne gibt. Die Stare sind angekommen und bauen ihre Nester. Irgendwo wohnt ein Henker. Irgendwo gibt es einen Block und ein Beil.

## *Rose Gentschow*

Rose Gentschow ist die Tochter eines Rittergutsbesitzers aus der Danziger Gegend. Ihr Vater ist an Gehirnparalyse gestorben. Ihre Mutter lebt als Morphinistin in einer Irrenanstalt. Drei Schwestern haben den vorgeschriebenen Weg der bürgerlichen Mädchen gemacht, der zur Ehe mit einem gutsituierten Mann führt. Auch Rose Gentschow hätte diesen Weg einschlagen können. Sie wurde sogar auf ihn vorbereitet durch die höhere Töchterschule, die sie bis zum sechzehnten Lebensjahr besucht hat. Dann wurde sie Kontoristin. Ein Abenteuer, wie es viele junge Mädchen, die materiell selbständig werden, erleben und ohne Folgen überstehen, brachte Rose Gentschow eine schlimme, eine schmerzliche Krankheit. Damals war sie einundzwanzig Jahre alt. Sie bekam von der Mutter Morphium zur Linderung der Schmerzen. Sie verlor die Stellung. Verwandte unterstützten sie. Dann lernte sie einen »Freund« kennen. Er schickte sie auf die Straße. In den Wohnungen der Herren, die sie in Lokalen ansprach, stahl sie, gemeinsam mit ihrem Freund. Sie pflegte die Männer, mit denen sie trank, durch Opium zu betäuben. Der Kaufmann Hempel starb.

Ihm hatte Rose Gentschow zu viel Opium in sein Getränk geschüttet. Er fiel – im Gasthaus – vom Stuhl und war tot. Rose wurde verhaftet.

Heute ist sie dreiunddreißig Jahre alt. Sie sieht jünger aus. Es ist die täuschende Jugend jener Frauen, die jung aussehen müssen, weil sie von ihrem Aussehen leben; die keine anderen Erlebnisse haben, als die der Leidenschaft, welche nicht immer alt macht, sondern manchmal jung erhält; deren Leben aus abwechselnden Rausch- und Bewußtlosigkeitsetappen besteht, die Sorge, Alter, Krankheit und Rausch ertränken und in der Spannung vergessen. Rose Gentschow hat den reizvollen, erotischen Blick der unheilbaren »Sünderin«. Es kommt aus unbekannten, fernen Lastern des Traumes. Er zielt in traumhafte Laster. Im Romanischen Café und in den Zentren der Literatur, der Kunst und der Erotik begegnet man solchen Frauenblicken oft. Rose Gentschow ist klein und dünn geblieben. Sie hatte nicht die kleinen, rundlich und vollmachenden Alltagssorgen der Bürgerlichkeit. Sie lebte im zehrenden Rausch. Aber auch in der zehrenden Armut. Manchmal mußte sie Geld verdienen, um das geliebte Morphium zu kaufen. Sie verkaufte sich nur, um sich betäuben zu können.

Fünfzehn Mal versuchte sie, ihrem Schicksal zu entrinnen. Fünfzehn Mal machte sie Entziehungskuren mit. Fünfzehn Mal fiel sie wieder dem Opium und dem Morphium anheim. Sie hätte ihr Leben und ihre Methode noch fortgesetzt – bis an ihr frühes Ende, wenn Hempels Konstitution mehr Gift vertragen hätte. Daß dem nicht so war, ist ein Zufall. Ein Zufall unterbrach die Tätigkeit der »Giftmischerin«. So nennt sie der Jargon des Gerichtssaalreporters. Sie aber ist eine Vergiftete. Ihre Hände sind dünn und die Bewegungen ihrer Arme ungelenk und schamhaft. Sie weint. Sie versucht ihr Gesicht zu verbergen. Dann trocknet sie mit einer Faust Auge und Tränen. Diese kindliche Bewegung ist versöhnend. So, mit geballten Fäusten, wischen die ganz kleinen Mädchen ihre Augen.

Sie steht vor drei Richtern und sechs Geschworenen. Es ist das neue Gericht; die Verordnung des Justizministers vom 24. Jänner 1924 hat diese »Zusammensetzung«, die eine im wirklichen Wortsinn ist, verursacht. Neben den Richtern sitzen die Geschworenen. Die Geschworenenbank ist leer. Wenn Rose Gentschow aussagt, spricht sie zu neun Männern. Sie sieht alle an. Manchmal bleibt ihr Blick verloren an einem haften. Dieser eine erscheint ihr vielleicht gutmütiger, besser, weicher, als die anderen. Dann korrigiert das kontrollierende Bewußtsein schnell den verirrten Blick und sendet ihn abwechselnd hin zu allen neun Männern.

Ihre Stimme ist dünn und dennoch tief. Auch in der Beherrschung zittert noch das Weinen. Wider ihren Willen dringt ein abgebrochenes Stöhnen aus ihrer Kehle. Manchmal wird sie heiser, lautlos, als spräche sie ohne Stimmbänder. Es ist eine »verschleierte Stimme«, als hielte sie die Hände vor jedes ihrer Worte.

Nachbarinnen sitzen da. Sie sind neugierig und ohne Teilnahme. Vielleicht sind sie sogar boshaft. Naive Menschen sind es oft. Manche sind Schicksalsgenossinnen der Angeklagten. Auch in ihren Augen dämmert der leise Wahn des Morphinismus. Auch ihre Hände zittern. Fühlen sie eine Gemeinschaft? Leiden sie mit? Schauen sie in ihre eigene Zukunft? Ich sehe, daß sie Brotstullen essen. Vielleicht kann man die Vollendung des eigenen Schicksals greifbar vor sich sehen und dennoch seinen Hunger befriedigen. Männer sind da, Zeugen und Zuhörer. Ihre Gesundheit war stärker als das Opium. Ein Kriegsgerichtsrat sagt aus. Er ist sachlich und klar wie ein Jurist. Er ist gar nicht aufgeregt. Er wurde nur bestohlen. Seine Konstitution hielt das Opium aus. Am Potsdamer Platz hat er das Mädchen kennen gelernt. Sie ist nicht die erste, nicht die letzte. Er kreuzt nur die Wege dieser

Frauen. Er wird nicht ihr Schicksal und sie nicht das seine. Sie sind seine Episoden und er ist immer glücklicherweise nur eine Episode. Er wandelt an den Peripherien der Gefahren und nascht nur von ihnen.

Rose Gentschow ist noch auf Rettung bedacht. Aber ihr kleiner, umdämmerter Verstand ist der Schärfe des Vorsitzenden nicht gewachsen. Er fragt: »Wie stahlen Sie?« Sie antwortet: »Ich wußte nicht, was ich tat. Ich hatte schon viel Morphium genommen.« Der Vorsitzende: »Stahlen Sie auf Befehl Ihres Freundes?« Sie, schnell eine Rettung erspähend: »Ja, ja!« Der Vorsitzende: »Wie können Sie es dann unbewußt getan haben?« Sie ist verblüfft von dieser Logik. Aus einer Welt des Rausches und der gedankenlosen Müdigkeit geriet sie plötzlich in die Sphäre des unerbittlichen Verstandes. Geblendet von der Leuchtkraft der Logik, bebt sie, die Augen schließend, zurück. Die klaren Wege der Vernunft sind ihr ein Labyrinth. Sie verliert sich, sie ist verloren.

Sie kann nicht mehr. Die Welt versinkt. Sie schlägt noch einmal die Augen auf. Dann fällt sie in eine gütige Ohnmacht.

## *Das Ende eines Symptoms*

Statt des Cafés »Friedrichshof« in der Friedrichstraße sieht man seit einigen Tagen die »Bonbonniere«. Dieser charakteristische, aus der Gattung der Gaumenleute metaphorisch übernommene Namen enthebt mich der Verpflichtung, die grundlegenden Veränderungen, die er verursacht hat, näher zu beschreiben. Die »Bonbonniere ist ein zuckrig-lauschiges Lokal mit Dämmer zeugenden Stimmungs- und Vertuschungslampenschirmen. Wie aber war der »Friedrichshof«?

Das Café Friedrichshof war die illegale Filmbörse. Die »Branche« setzte sich eines Tages dort fest, die Branche mit

Haupt und allem Zubehör. Direktoren, Regisseure, kleine Filmdebütantinnen, Statisten mit charakteristischen Physiognomien saßen ein halbes Leben lang im Café Friedrichshof. Man gestatte eine persönliche Erinnerung, weil sie imstande ist, am lebendigsten eine bestimmte Erscheinung der großen Stadt zu kennzeichnen und sich über das Persönliche hinaus ins Typische erhebt: auch ich wollte einmal, ein Heimkehrer und hungrig, Statist bei Lubitsch werden. Ich saß im »Friedrichshof«, bestrebt, meinem ziemlich alltäglichen Angesicht einen möglichst auffallenden Ausdruck zu verleihen. Es war vergeblich; nicht nur, weil ich nicht imstande war, den natürlichen Hunger und die bittere Enttäuschung zu einer irgendwie markanten Physiognomieleistung zu verwenden, sondern auch, weil neben mir mindestens fünfzig Männer dasselbe versuchten. Unter ihnen bemerkte ich zu meinem Schrecken, wirkliche »Köpfe«. Goethehäupter, apollinische Nasen, Shylockfratzen – und alle waren stellungslos. So oft die Tür aufging – und das ereignete sich häufig – sahen alle auf! Ach! Sie waren zermürbt, durchfroren, hungrig nach Brot und neuen Großfilmen, sie saßen den Kellnern im Weg, weil sie nichts bestellten, der Herr Ober trug schwere Tassen in der Balance über ihren Charakterköpfen, um sie zu erschrecken, wenn sie telefonieren wollten, war der »Apparat nicht in Funktion«, alles in diesem Café vereinigte sich, um ihnen den Aufenthalt unbequem zu machen. Staub lag auf alten, dunkelroten Portieren, der nüchterne Spätvormittag enthüllte die Verwahrlosung der Stühle, der Tische, der Menschen. Nun ging die Tür auf und alle sahen in einer jäh aufzuckenden Hoffnung, die wie ein Schrecken war, auf den Ankömmling. Manchmal war es wirklich ein kleiner Regisseur, der Statisten suchte. Ein schmieriger Mensch mit lüsternen Blicken, der am liebsten lauter Frauen engagiert hätte. Ach, wie scharwenzelten um ihn die Goetheköpfe, die Shylocks, die Jupiters und Apollos! Sie nannten ihn, der gestern noch ihresgleichen gewesen und (dank jenen geheimnisvollen Zusammenhängen, denen zufolge die Unwürdigsten am ehesten aus der Misere herauskommen) durch eine schmutzige Gefälligkeit dritter Hilfsregisseur geworden war – ihn nannten sie: »Herr Oberregisseur«, »Herr Direktor«. Er aber schwang sein schmieriges Notizbuch und wählte – die ihn am nächsten standen. Manchmal ließ er sich herbei, einem zwei Mark Vorschuß zu geben. Alle kleinen Mädchen stritten sich um den Platz auf seinen Knien. Die Kellner verbeugten sich vor ihm. Der Herr Direktor begrüßte ihn. Gestern noch hatten ihn alle verachtet.

Dieses Café Friedrichshof ist nicht mehr vorhanden. Ein kennzeichnendes Symptom Berlins und der »Branche« ist mit ihm verschwunden. Wo herrschen sie jetzt, die dritten Hilfsregisseure? Wo schließen die Aufnahmeoperateure ihre Kontrakte? Was machen die lieben verzweifelten kleinen Mädchen mit den Pagenköpfen, die armen Mädchen zwischen Kunst und Prostitution?

## *Der Fürst des Weltalls*

Das ist der Bäckergeselle Peter Ohlerich, den ein allzu geringes Interesse für die Bäckerei dazu verleitet hat, Fürst des Weltalls zu werden, des Weltalls, nicht der Welt, des Kosmos also, des Universums – wenn man will: ein Gott, ein Nebengott in irdischer Residenz und menschlicher Gestalt. Man sehe daraus, wie weit es ein Bäckergeselle bringen kann. Über den Fürsten des Weltalls äußerte sein Richter, Amtsgerichtsrat K., folgendes: »Schade um ihn! Von geistiger Krankheit kann keine Rede sein, nicht einmal minderwertig ist er zu nennen. An richtiger Stelle würde er vielmehr Gutes leisten. Bedauerlich, daß solch ein Mann so tief sinken kann.« Nämlich: vom Bäckergesellen zum Fürsten des Weltalls. Er nahm diesen Weg, der ihn über den Beruf eines Elektromonteurs in einige Untersuchungsgefängnisse führte, mit Energie und Bildungseifer auf, und niemand kann ihm vorwerfen, daß er seine Vorbildung vernachlässigt hätte. Der Elektrotechnik als der Wissenschaft von der geheimnisvollsten und fruchtbarsten Kraft seines Weltalls brachte er eine Leidenschaft entgegen, die seiner Jugend und seinen Plänen gemäß war. Er kleidete sich mit dem persönlichen Geschmack und der unauffälligen Eleganz eines Fürsten, der inkognito bleiben will und nur entschlossen ist, sein Geheimnis zu lüften, wenn die kurzsichtigen Behörden ihn in seiner Laufbahn stören wollten. Im Gerichtssaal kann sich sein Anzug sehen lassen, der Rock eines kunstbegabten Schneiders, einreihig geschlossen, passend, ohne eng zu sein; der moderne Kragen mit auseinanderstrebenden Spitzen, kurz, bequem, gerade noch den Adamsapfel verbergend, die Atmung nicht behindernd; der mit sicherem Griff vor dem Spiegel geknüpfte Knoten der Krawatte, schmal, jugendlich, fast blütenhaft. So war er immer angezogen, wenn er die Bäckerschürze ablegte, um sein fürstliches Leben zu beginnen, das keineswegs nur aus Genüssen bestand, sondern auch aus Pflichten, Intelligenz, Studieneifer, Arbeit und Übung in der Beherrschung der gesellschaftlichen Sitten und des sympathischen Auftretens. Er bekam gutbezahlte Stellungen. Er war ein geschickter, anstelliger, selbständiger Monteur. Seine Vergangenheit hätte man ihm nicht zugetraut. Man wußte nur, daß er aus Köln am Rhein stammte, nicht, daß er als Siebzehnjähriger schon wegen eines Sittlichkeitsdeliktes eingesperrt war, nicht, daß er kleinere Betrügereien begangen hatte. Auch Elektromonteur ist noch keineswegs der eines Fürsten würdige Beruf, wenngleich schon ein bedeutender Unterschied zwischen den Materien: Teig und Elektrizität besteht, den niemand bestreiten wird. Allein, wirklich frei ist ein Monteur ebensowenig, wie ein Bäcker. In solchen Fällen führt nur Unredlichkeit schnell zur Freiheit, besonders, wenn man vor seinem eigenen Gewissen ein Fürst ist.

Man kann ein Fürst des Weltalls sein, und die Heimat kann einem doch gefährlich werden. Peter Ohlerich ging ins Ausland, nach England, Frankreich und Italien und lernte viele europäische Gefängnisse kennen und die feinen Nuancen der europäischen Justiz, so, daß er, wieder heimgekehrt, vor Bekannten Vorträge über den Unterschied zwischen deutschen und außerdeutschen Strafanstalten halten konnte. Inzwischen hatte er auch die Sprachen seiner Völker gelernt, er spricht sie fließend – man könnte sagen: er sei ein Weltbürger geworden, wenn er nicht schon der Weltall-Fürst gewesen wäre. Er konnte wirklich alle Gestalten annehmen – nicht nur annehmen, sondern auch leben. Anfang 1915 kam er nach Berlin als preußischer Offizier mit dem Eisernen Kreuz I. Klasse und dem türkischen Halbmond. Aber in einer westfälischen Stadt konnte er einem Zivilmantel nicht widerstehen, zumal, da dieser einem Fremden gehörte. Kleinlich, wie die Menschen sind, fanden sie es auffällig, daß ein Offizier einen Zivilmantel trage. Die Polizei verhaftete Peter Ohlerich, zwei Beamte eskortierten ihn in der Eisenbahn. Da schlug er sie nieder und sprang aus dem fahrenden Zug. Er kam wieder nach Berlin – als Stabsarzt und als reicher mexikanischer Farmer. So begab er sich in ein Amtsgericht, zum erstenmal freiwillig, denn er hatte eine wirkliche Mexikanerin mit Wertpapieren kennen gelernt, und er bedurfte eines Beweises für seine Farmer-Existenz. Oh, wie trat er in diesem Amtsgericht auf! Vor ihm verneigten sich Diener und Schreiber, denn er kam, um, fürstlich, weltallfürstlich, eine Schenkungsurkunde aufzusetzen; einen großen Teil seines mexikanischen Vermögens stiftete er für das verarmte, hungrige Deutschland. Was bedeuteten gegen diese phantastischen Summen die paar Aktien, die er der Mexikanerin abnahm?

Er hatte es satt, ein Farmer zu sein. Er wurde amerikanischer Stabskapitän. So gefiel er sich besser und einer reichen Bielefelder Fabrikantentochter ungemein. Er entführte sie, nachdem er einen Scheck gefälscht hatte. Aber eine Flucht zu zweit ist bereits eine halbe Entdeckung. Man verhaftete beide. Und nun entsann sich Peter Ohlerich seines eigentlichen Berufes. Er gab sich als Fürst des Weltalls zu erkennen. Die Behörden führten diesen Rang auf Geisteskrankheit zurück. Peter war frei. Bis 1921. Da zeigte ihn seine Freundin an, wegen Zuhälterei. Dem Kriminalbeamten, der ihn im Berliner Sportpalast festnahm, entkam er. Schnell verwandelte er sich in einen Ingenieur. Er war aus Stockholm. Er hieß: Doktor Carlsson. Er fuhr nach Köln. Und errichtete hier ein chemisches Laboratorium. Doch war auf die Dauer Stockholm geographisch und psychologisch zu nahe, zu gewöhnlich und eines Universumsfürsten nicht ganz so würdig wie das exotische und romantische Buenos Aires. Peter Ohlerich war entschlossen, aus Buenos Aires zu stammen und den Namen Ulrich ererbt zu haben. Als Doktor-Ing. Ulrich wurde er Syndikus der Aero-Radio-Funkgesellschaft. Dennoch verschob er die Apparate dieser Gesellschaft auf die Leipziger Messe. Die Polizei ergriff ihn. Er gestand sofort – – um nicht alles gestehen zu müssen. Er bat um ein schnelles Urteil. Aber jetzt rächte es sich, daß er seinem Prinzip untreu geworden war. Zum erstenmal blieb er freiwillig in der Gewalt der Behörde. Zum erstenmal bat er selbst um eine Verurteilung. Aber nun, da er wollte, konnte der Polizeirichter nicht. Diesem genügt auch beim besten Willen der Verdacht nicht und auch nicht das Geständnis des Täters. Er muß Zeugen haben. Da diese fehlten, ging die Angelegenheit den Instanzweg der Gerichte. So entdeckte man Peters wirkliche Persönlichkeit. Er erhielt ein Jahr und acht Monate Gefängnis. Er gab alles zu. Nur nicht die Zuhälterei. Das darf ein Fürst auch nicht zugeben.

Seine Physiognomie ist interessant wie seine Laufbahn. Sein Haar ist sorgfältig gescheitelt, halb hinaufgestrichen, die Frisur das Resultat eines nicht mühelosen Kampfes zwischen Kamm und eigenwilligen Strähnen. Dieses Haar will romantisch sein, gelockt, und wurde gebürstet, niedergelegt. Die Stirn verläuft konvex, bildet einen kleinen energischen Wulst über Brauen und Nase, gleichsam einen Wall zwischen Hirn und Antlitz, zwischen Gedanken und Anschauung, Abstraktion und Beobachtung. Spitz im Profil ragt die Nase vor über langer Oberlippe, Instrument des Instinktes. Zueinanderstrebende Augenbrauen verleihen dem Blick strenge Bestimmtheit, den Ausdruck sachkennerischer Betrachtung. Klein, aber vorwitzig schaufelt das Kinn Mulden in die Luft, gibt dem Gesicht etwas Vorgestrecktes, Interessiertes, bedächtige Kühnheit. Beide Arme liegen auf der Bank, die Hände umfassen die Kante, bereit ist der Körper, jeden Augenblick aufzuschnellen. Peter hat im Innern eine Sprungfeder.

Das ist Peter Ohlerich, der Bäckergeselle, der Monteur, der Farmer aus Mexiko, der Stabskapitän aus Amerika, der Ingenieur aus Stockholm, der Syndikus aus Buenos Aires, der Fürst des Weltalls. Er hätte nicht nur alles sein können: Er war wirklich alles. Ein Jahr und acht Monate genügen zur genauen Erforschung der deutschen Gefängnisse. Ich zweifle nicht, daß Peter Ohlerich sich ihr fleißig und gründlich hingeben wird.

## *Das Amt*

Weil ich ins Ausland fahren will, muß ich in Ämter gehen, viele Ämter, graue Häuser, grau-weiße Zimmer, zu Herren an Schreibtischen, zu Herren hinter Schaltern, zu Männern in alten Anzügen, mit vergrämten Gesichtern, mit Schnurrbärten und Glatzen, mit Scheiteln und Brillen, mit Blaustiften in den Rocktaschen – arme Männer, arme Ämter. Von manchen trennt mich nur eine Barriere, aber es ist eine Welt. Ich lehne an fremden Schreibtischen und sehe rote, blaue, violette Stempelkissen und breite Stempel, zerbissene Federstiele, Zahnspuren in braunen Bleistiften, alte Bilder, Wandkalender mit den Überresten vergangener, zerrissener Tage. Papierreste in den Fugen des Blechrahmens, abgenagt von den Zähnen der Zeit, die jeden Morgen, zum Frühstück, ein Datum verzehrt. Ich gehe durch Korridore, unwahrscheinliche, fast erträumte, an wartenden Menschen vorbei, die sich auf Regenschirmen stützen und Zeitungen lesen. Manchmal geht eine Tür auf und mein Blick stiehlt sich durch die Spalte für eine Sekunde in das Zimmer, in dem ein Herr sitzt, ein Schreibtisch steht, ein Kalender hängt, genau so, wie in dem Zimmer, in das ich bald eintreten werde, obwohl dieses die Nummer 24 trägt und jenes bereits 64. Zwei Fliegen summen an den Fensterscheiben und werfen ihre kleinen schwarzen Körper gegen das Glas und eine dritte steht auf dem Blechdeckel des Tintenfasses und reibt sich mit einem dünnen Beinchen die Nase. Im Tintenfaß trocknet die Tinte, Krusten bilden sich an den Rändern, blauschwarze Krusten, verdorrte, vor der Zeit verkümmerte Ziffern, Ermahnungen, Akten.

Vorne sitzt ein junger Mann und hinten ein älterer. Der junge Mann ist hellblond, er hat ein sympathisches, widerspenstiges Haar, das sich keineswegs zu einem Scheitel hergeben will, eine runde Nase und einen roten Bogenmund und eine sanfte Mulde am Kinn, wie ein Mädchen. Die Kindheit liegt noch in seinem Angesicht, sein blaues Auge ist lieblich-strenge wie das eines Knaben, der »Räuber und Gendarm« spielt. An seinen Händen sind rundliche unfertige Finger, und schon steckt ein unwahrscheinlicher Ehering an einem. Auch rundet sich sanft die Weste über einem

Bäuchlein, dem Abzeichen der Karriere. Die Aktentasche ist noch neu, junge Frauenhände haben sie mit Frühstücksstullen gefüllt, an den Lippen des Beamten klebt noch die verschlafene Zärtlichkeit des Morgens und er ist freundlich, sanft, sachlich, er macht einen bescheidenen Witz, um mich, die »Partei«, zum spaßhaften Widerspruch zu ermuntern. Er ist ein Mensch hinter der Barriere. Versunken die Wand, die das trennte, eine trennende Welt ist zertrümmert, mit der Sehnsucht des Menschen auf einer verlassenen Insel sieht er mich an, dankbar, mit übervollem Herzen. Er ist wie der berühmte Stationschef, an dem der Expreßzug täglich vorbeirollt, ohne zu halten, und ich bin hier ebenso exotisch, fremd, geheimnisvoll, wie ein Zug, der niemals hält. Dieser junge Beamte möchte mich festhalten, er will wissen, wie es in den Ländern ist, aus denen ich kam und in die ich fahre. Er will mehr wissen, als die Länder. Er ist jung, er will einen Menschen hören, noch ist er mir verwandt, noch ist er unglücklich an diesem Schreibtisch, er kaut noch nicht an den Bleistiften und auch er hat kühne Träume. Er hat noch den heiligen Glauben an die Unmöglichkeit, er ist entschlossen, dieses Zimmer einmal zu verlassen, Geld zu haben, in Expreßzügen zu sitzen, den Fushijama zu sehn.

Aber wenn ich nach zwanzig Jahren wieder in dieses Amt komme, wird er der ältere Herr sein, der hinten sitzt und mich mit einem mißtrauischen Blick über den Brillenrand streift, ein älterer Herr mit einer Glatze, von der sich die Haut in kleinen Schuppen schält. Neue Tinte wird Krusten bilden an den Rändern der Tintenfässer, die zweihundertste Fliegengeneration wird an den Fenstern summen. Und mein Freund, es ist furchtbar zu wissen, wird Bleistifte kauen.

## *Pietät mit Handgranate*

In der Berliner Technischen Hochschule wird sich bald ein Denkmal erheben, das den Zweck haben soll, die Gefallenen zu ehren und die besondere Bedeutung der technischen Wissenschaften zu bezeichnen: Es wird einen Krieger darstellen, der eine Handgranate schleudert. Der Plan ist perfekt, der Bildhauer hat den Auftrag und es wird ihm nicht schwer fallen, ihn auszuführen. Das Denkmal wird in der großen Halle stehen. Es war höchste Zeit. Es war Zeit, die vielen Schwertschwinger und Speerwerfer durch den modernen Kämpfer zu ersetzen, das Symbolische ins Realistische zu übertragen, es war Zeit, nicht nur die Toten, sondern auch die Töter zu ehren, nicht nur den Tod, sondern auch sein Instrument. Es fehlte der Gesinnung, die unaufhörlich vorgibt, die Opfer zu betrauern, indessen sie den Frieden bedauert, ihr eigener plastischer Ausdruck. Noch hatte die Bestialität des chemisch-technischen Krieges kein Monument. Die Technische Hochschule wird es ihr widmen. Ich kann den Namen des Bildhauers, der das Denkmal ausführen soll, nicht erfahren. Ich würde den Schmerz, ihn kennen zu lernen, gerne in Kauf nehmen, wenn es mir möglich wäre, ihm folgendes zu sagen:

»Mein Herr, haben Sie jemals eine Handgranate geschleudert? Fühlten Sie in Ihrer Rechten die komprimierte Hölle, die zum Ausbruch drängte, während Ihre Lippen bis 21 zählten, trocken, heiß, zitternd in der Furcht, daß Ihre hastigen Finger sich nicht schnell genug lösen könnten vom Tod, den sie schleudern sollten und der Sie selbst treffen würde? Sahen Sie jemals einem Menschen ins Auge, dem Ihre Handgranate zugedacht war? Und erlebten Sie die Wirkung? Ist Ihnen jemals ein getroffenes Antlitz aufgefallen, eine rote Höhle, das ganze Gesicht ein einziger roter verbrannter Rachen? Haben Sie nie bemerkt, wie eine Menschengruppe auf Handgranaten reagierte? Wie sie in die Luft flog, zertrümmert, Leiber in Scherben, Hirnschalen in Brei, Gliedmaßen wirbelnd in Mannshöhe, Rippen in weißen und rötlichen Splittern? Wenn Sie es selbst nicht gesehen haben, so lassen Sie es sich sagen, daß jeder Mensch, der jemals eine Handgranate warf, unglücklicher war als der Getroffene. Seine eigene Seele zersplitterte, ehe des Andern Leib zerbrach. Oder er war kein Mensch. Wenn Sie aber zufällig selbst eine Handgranate jemals warfen und sie blieb dennoch das Objekt Ihrer Verehrung, dann wünschte ich, Sie stünden selbst an Stelle Ihres Denkmals in der großen Halle der Technischen Hochschule, eine Stielhandgranate in der Rechten schwingend – ohne zu zählen. Sie würden zu spät erfahren, was dann geschähe. Ich wünsche, Sie wären Ihr eigenes Monument. Leben Sie wohl, mein Herr!«

*

So würde ich zu dem Bildhauer sprechen. Aber es wird nicht geschehen. Ein Handgranatenwerfer wird sich in der Halle der Hochschule erheben, ein schöner Jüngling aus Stein, voll verlogener Klassik, ein Soldat, wie er niemals gelebt hat und niemals leben wird. Am nächsten Morgen wird man das Denkmal einweihen und ein Student wird eine Rede halten und geloben, daß er »weiterhin« Handgranaten schleudern wird. Seine Rede wird genau so sein wie das Denkmal, klassisch verlogener Kitsch aus Wortmaterial und zur Lästerung des Gedankens fügt sich die Schmähung des Wortes; wie wir es täglich erleben.

## *Berliner Theater*

In Direktor Roberts »Theater am Kurfürstendamm« spielt man Bernard Shaws alte Komödie »Helden«. Alte Komödie? Was in der Welt, in Europa vor zwanzig Jahren aktuell und revolutionär war, ist es heute noch in Deutschland. Hier sind die Helden noch lebendig, sie marschieren durch die Straßen, sie enthüllen Denkmäler, sie sind hierzulande die eigentlich »herrschende Klasse«. Der Versuch, eine Monturen-Dämmerung herbeizuführen, ist in anderen Ländern überflüssig, in Deutschland eine »Tat«. Antimilitaristische Komödien behalten in Deutschland geradezu ewige Gültigkeit. Fast gleichzeitig mit der Aufführung der »Helden« im Theater Roberts wurde in der Steglitzerstraße durch den Prinzen Oskar von Preußen eine Zinnsoldaten-Ausstellung eröffnet. Sie wird besser besucht, als die Berliner Theater. Denn in dieser Ausstellung ist zu sehen, wie eine Division angreift. Und man kann es den Berlinern nicht übel nehmen, wenn ihr Interesse für Offensiven größer ist, als für das Theater. Das Publikum des Kurfürstendamm-Theaters hat immer dem Heldentum skeptisch gegenübergestanden. Der Erfolg der Shaw'schen »Helden« braucht also nicht zu überraschen. Shaw zieht in seiner Komödie die Helden bis zur erbärmlichen Nacktheit aus. Es erweist sich, daß die Kühnheit eines bulgarischen Kavallerieoffiziers nur Dummheit war, die »Feigheit« eines in der serbischen Armee als Berufssoldat dienenden Schweizers höchste Klugheit. Den Ohren derjenigen, die von der Lächerlichkeit des Helden-Begriffs bereits genau so überzeugt sind, wie Shaw, klingt Manches banal. Aber den Hörwerkzeugen selbst der skeptischen Berliner Bürger – die Berliner Skepsis wohnt nur in der Gegend des Kurfürstendamms – klingt alles neu und kühn. Neu und kühn – selbst in dieser Aufführung Emil Geyers, in der nach guter alter deutscher Theatersitte Balkanmenschen dadurch gekennzeichnet werden, dass sie ein gebrochenes Deutsch mit ungarischem Akzent sprechen.

Gelinder, als sein großer und bissiger Landsmann Shaw, behandelt der sanfte Engländer Maugham die Helden in seinem Gesellschafts-Lustspiel »Viktoria«. Ein im Kriege vermißter Major kehrt unvermutet zurück und trifft als neuen Herrn seines Hauses und seiner Frau seinen besten Freund und Kameraden an, auch einen Major. Die sympathische Stupidität englischer Berufssoldaten feiert ihre Triumphe in unglaublichen Mißverständnissen, die nur einem langsam begreifenden Majorsgehirn zustoßen können. Nur dem schwierigen Begriffsvermögen seiner Figuren hat Maugham seine witzigen Wirkungen zu verdanken. Der Autor macht sich das Leben leicht, indem er es seinen Gestalten schwer macht. Ein Deus ex machina löst, was in diesem Schauspiel aus Mangel an dichterischer Phantasie nicht einmal ein Knoten werden konnte: Viktoria, die Frau zwischen den beiden Männern, wählt einen Dritten. Frau Camilla Spira spielt diese Frau im »Theater in der Königgrätzerstraße«, blond, verwöhnt, ein bisschen forciert-lustig und (durch ein bestimmtes Maß von Molligkeit) eher wienerisch-kleinbürgerlich, als englisch-Ladymäßig.

*

Mit Leopoldstädtischer Ungeniertheit brechen die Zwillings-Ghettobrüder Emil und Arnold *Golz* ins »Komödienhaus« vor, die populären Wiener jüdischen Dioskuren, mit einem »Abenteuer in drei Akten«, das »Der unwiderstehliche Kassian« heißt. Mit zäher Unerbittlichkeit ist jeder möglichen und unmöglichen Situation ein Witz entrissen, erpresst, rücksichtslos wird Humor gemundhabt. Das dürre Gerippe der Handlung, ohne Mühe zusammengefügt, ist schwer mit Komik bis zum Zusammenbruch beladen. Ein sehr lächerlicher Oberlehrer wird von einer jungen Frau entführt, die ihren gleichgültigen Gatten eifersüchtig machen will. Diesen Oberlehrer spielt Ralph Arthur Roberts, ein Komiker von Rang, den die Berliner Kritik ein bißchen von oben herab behandelt. Wie Roberts, mit spärlichem rotem Haar und sächsischem Dialekt behaftet, ein keuscher Oberlehrer, dank verschiedenen unwahrscheinlichen Verwicklungen von vier Frauen begehrt wird; wie er bald selbst überzeugt ist, daß ein »Zauber von ihm ausgeht«; wie er seiner Entjungferung entgegenzittert und sein Herz späte und dürre Blüten treibt – – das alles hebt Roberts aus der Sphäre der sketchmäßigen Lächerlichkeit in die Region des Menschlich-Gültigen. Am Schluß erlebt er die erste und letzte Enttäuschung seines Lebens, erfährt er, daß »kein Zauber von ihm ausgeht«, und tut so, als hätte er das Spiel, daß man mit ihm getrieben, von vornherein durchschaut. Und hier erreicht Roberts jenen Grad von Komik, der bereits tiefste Tragik ist. Ein leises Zittern des Zeigefingers – sonst nichts. Aber es ist ein Zeigefinger, der schon in die Regionen des Metaphysischen weist, in einem Schmerz, der ein verlorenes Leben bedeutet und deshalb nicht mehr von dieser Welt ist.

*

Gerhart Hauptmann »weilt« seit einigen Wochen in Berlin. Im »Schillertheater« spielt Heinrich George den Fuhrmann Henschel, im »Deutschen Theater« Klöpfer den Michael Kramer. George triebhaft, stark, komprimiert, Klöpfer verloren, dehnend, mit theatralischem Schmerz. Der Dichter ist hier wichtiger als seine Stücke, – er wird wichtiger, weil er auf die Bühne kam, alt, weißhaarig, noch lebendig und schon ein Heros. Diese Hauptmannaufführungen bewiesen, wie schnell und gefräßig die Literaturgeschichte alles Lebende verschlingt. Über Worten und Gestalten lagern die schweren Übel des Gestern. Und das Ewig-Gültige bricht nur, wie ein ferner Sonnenschimmer manchmal hervor, alles herbstliche Gedenken überstrahlend. Es ist so gleichgültig, ob hier Jürgen Fehling die Regie führte und dort ein anderer. Ob hier die Straub schwächer war und ein anderer stark. Die Bedeutung der Dichtungen und der Aufführung tritt zurück hinter das großartige Schauspiel der Geschichte. Wir fühlen den Hauch einer Epoche, die in die Ewigkeit gegangen ist. Und ihr Dichter, schwarzgekleidet, weißhaarig, bedeutend und Ehrfurcht gebietend steht auf der Bühne und verneigt sich …

*

Mindestens sechs Jahre zu spät hat die sehr oft zu spät kommende »Volksbühne« Ernst Barlachs, des Bildhauer-Dichters schwaches Stück: »Der tote Tag« aufgeführt. Es ist die Tragödie des Kampfes zwischen dem männlichen, dem Vater-Prinzip und der egoistischen Liebe der Mutter. Das Ewig-Mütterlich-Weibliche zieht uns hinab, zurück in die animalische Region des Schoßes. Wir aber, die Söhne, sind dem Kampf, der Welt, dem Leben entgegengeboren. Es ist die Tragödie Parzivals, der seine Mutter Herzeloide durch den Abschied tötet. Barlach verkehrt das Parzival-Motiv ins Auswegslos-Tragische. Hier tötet die Mutter das geflügelte Roß, das des Sohnes Berufung zum Leben symbolisiert. Sie tötet sich selbst, der Sohn ersticht sie. Dieses einfache Geschehen ist eingebaut in die phantastisch-gruselige Welt boshafter Hausgeister. Ein Alp erscheint, ein blauer Scheinwerfer zaubert unwahrscheinliches Licht in diese Welt. Es ist ein schauriges Märchen. Die Wörter haben dunklen Sinn, sie liegen wie Übel oder Mäntel über ihrem eigenen Inhalt. Die Sehenden tasten blind in das Gestrüpp ihrer Schicksale. Die Handlung, den Gesetzen des Unbewußten entsprossen, bekommt niemals fest umgrenzte Kontur. Alles Faßbare ist symbolisch. Die Menschen sind es auch. Sie haben keine Namen, aber auch kein Profil. Die ganze Dichtung ist im Fluß. Der Bildhauer Barlach behandelt die Sprache, als ob sie Marmor wäre. Aber im Stein gewinnt das Darzustellende schon durch die Materie Grenze und Bestimmtheit. Die Worte aber sind selbst fließendes Material. Man muß an ihnen länger hämmern, als am Stein. Die Regie Paul Günthers förderte das Verschwimmende, legte Gewicht auf das Musikalische, statt die fließende Musikalität ins Plastische umzusetzen. Und Frau Johanna Koch-Bauer gab, als Mutter, statt des Schmerzes, nur die Melodie des Schmerzes, nur den visuellen und akustischen Ausdruck des Tragischen. Nur Carl Ludwig Achaz, eine der Berliner jungen Hoffnungen, ließ das Gestaltlose zur Gestaltung reifen. Die verspätete Aufführung rief fast einen Theaterskandal hervor.

### *Die heilige Johanna*

Die heilige Johanna ist das Produkt naiver Ländlichkeit und jener hysterischen Religiosität, die in der freien Natur zwar selten gedeiht, aber, wenn sie es einmal tut, ihr Objekt weltgeschichtlich berühmt macht. Die heilige Johanna ist ein kleines, naives Bauernmädchen, die nichts dafür kann. So wie andere kleine Mädchen von Prinzen träumen, so träumt Johanna von Heiligen. Wunderbare »Stimmen« und »Gesichte« erleben alle Mädchen zwischen vierzehn und achtzehn. Jedes könnte eine Heilige werden, wenn die historischen Bedingungen günstig sind. Hier sind sie es; die Engländer sind im Land, der Dauphin ist ein bequemer, ehrgeizloser, verzogener, liebenswürdiger Durchschnittslümmel, die französische Armee kann nur noch durch ein Wunder aus ihrer Passivität erlöst werden. Da schneit auch schon das Wunder in die Weltgeschichte: Die kleine, harmlose Jeanne kommt zum polternden, gutmütigen Schloßhauptmann, weil sie es sich in den Kopf gesetzt hat, daß just dieser Baudricourts, der Rationalist aus übermäßiger Physis, ihr Pferd, Rüstung und Begleiter geben wird, damit sie sich zum König begebe. Herr von Baudricourts ist in großer Aufregung: Seine Hennen legen keine Eier. In dem Augenblick, in dem er den Bitten des kleinen Mädchens nachgibt, bricht der Eiersegen los: ein Wunder! In dem ganzen Stück ist dieser Eiersegen der echteste Shaw. Dieser Satiriker liebt es, das Erhabene in jenen Staub zu ziehen, in dem die Hennen Eier legen. Alles Strahlende, Welthistorische, scheinbar Übermenschliche, Heroische gelangt, ein bißchen zerzaust, auf das menschliche Niveau des Alltäglichen, Kleinen, Lächerlichen. Aus der Perspektive eines Wochentags blickt man auf die Historie.

Johanna siegt bei Orleans, sie krönt den Dauphin, sie ist im Begriff, nach Paris zu ziehen. Sie kann nichts dafür. Sie hat den gesunden Menschenverstand, den ihre Gesichte nicht beeinträchtigt haben, und der den Generälen abgeht. Da kommt der echte Shaw wieder zum Vorschein: je kleiner seine Johanna, desto größer die Idiotie der Feldherrn, Politiker und Könige. Bedarf es eines Wunders, damit dort gesiegt werde, wo ein General versagt? Bernard Shaw ist der Ansicht, daß der Sieg eines Generals von Beruf das größte aller Wunder sei. Kein Bauernmädchen kann dümmer, einfältiger sein, als ein General, ein Minister, ein König. Johanna hat außer den obligaten Mädchenträumen noch ein bißchen Grütze in ihrem kleinen Köpfchen. Das hat kein General, kein König, kein Minister. Wunderbar ist Johanna nur, weil sie gescheit ist. Und weil in dieser Welt der Verstand viel seltener ist, als das Wunderbare …

Aber der Verstand ist der Politik nicht gewachsen. Johanna hat zwei politische Faktoren aufs schwerste verletzt: die Aristokratie – weil sich das kleine Mädchen aus dem Volke direkt an den König gewandt hat, ohne sich um die Herren zu kümmern, die den Thron nur stützen, um ihn von sich abhängig zu machen; und zweitens die Kirche, die geistliche Aristokratie, die den lieben Gott nur propagiert, um mächtig zu sein. Johanna hat den vorschriftsmäßigen Instanzenweg nicht eingehalten. Die Feldwebel sind ungehalten, weil sie sich direkt an den Herrn Hauptmann gewandt hat. Das untergräbt die Autorität der Feldwebel. Die beiden Unteroffiziere der Weltgeschichte: Politik und Kirche vereinigen sich, um Johanna den Prozeß zu machen. Sie wird verbrannt.

Hier wäre die Geschichte zu Ende, wenn der Satiriker Shaw nicht doch ein Optimist wäre. Seine Menschen sind gerade noch schlecht genug, um ein Mädchen zu verbrennen. Aber nicht verworfen genug, um kein Gewissen zu haben; deshalb macht die Kirche gut, was sie verbrochen: sie hebt das erste Urteil auf und spricht Johanna heilig.

Da tut's dem Satiriker Shaw schon wieder leid; allzu gut darf man die Menschen doch nicht machen! Also hängt er dem Drama einen Epilog an, der 400 Jahre nach der Verbrennung spielt. Die Geister der am Drama Beteiligten erscheinen und bitten Johanna alles ab. Die Jungfrau ist auch im Jenseits naiv geblieben. Deshalb fragt sie: soll ich also wieder auf die Erde zurückgehen? Und alle erschrecken und winken lebhaft ab. Die Menschen können nur tote Heilige brauchen. Deshalb verbrennen sie die lebendigen.

Das ist die Weltanschauung des großen Satirikers, des größten unserer Zeit. Dieses Drama ist eine der größten Schlachten, die er der Menschheit geliefert. Natürlich fehlt es auch nicht an kleinen, siegreichen Episodenkämpfen: so, wenn ein lächerlicher, nationalistischer englischer Geistlicher auftritt, der sich darüber aufregt, daß die Heiligen mit Johanna – französisch gesprochen haben sollen. Anständige Heilige sprechen eben nur englisch. Das ist die völkische Welt, über die der Erzbischof sein Urteil fällt: »sancta simplicitas«. Shaw kennt nur die englischen Nationalisten. Mit einem so milden Urteil wären bei ihm die Deutschen nicht weggekommen! …

Dieses Drama hat ein leuchtender Verstand geschaffen und ein dramatisches Temperament hat es durchheizt. Es hat große dramatische leidenschaftliche Momente. Den leidenschaftlichsten offenbart wohl jene Szene vor dem Tribunal der heiligen Inquisition, wenn Johanna beim Anblick des Henkers so wunderbar natürlich erschrickt, aufhört, eine »Heldin« zu sein und aus Furcht vor dem Flammentod alles abzuleugnen bereit ist. Aber, als sie erfährt, daß selbst ihr erlogenes Geständnis ihr nicht die Freiheit wiedergeben soll, sondern eben nur ein Leben in der Gefangenschaft, meldet sie sich freiwillig zum Tode. Das ist der dritte echte Shaw: »Held« ist man nur, wenn Heldentum das bessere Teil ist. Schlimmer, als der Scheiterhaufen, ist der ewige Kerker. Wer vor die Wahl zwischen Kerker und Scheiterhaufen gestellt, den letzten wählt, handelt nur höchst natürlich. Er wird ein Held aus Zwang. Es gibt kein anderes Heldentum.

Die Regie Max Reinhardts war reich, üppig, eine königlich verschwenderische Regie, die mit Licht, Seide, Stimmung, kostbaren Kleidern so umgeht, wie unsereins mit Vorschüssen, wenn wir sie bekommen. Die majestätische Üppigkeit mußte oft, besonders am Schluß, das dramatische Tempo ersetzen. Die Zeit, die man zur Verdauung des Geschauten brauchte, hätte man besser mit Erlebnis gefüllt. – Elisabeth Bergner hatte zu wenig robuste Vitalität für das gesunde Landmädchen, zu wenig des Metaphysischen für die verzückte Schwärmerin. Ihre liebliche Kindlichkeit versöhnte dennoch. Sie war eine junge Jeanne aus einem äußeren Bezirk, wo zwar noch nicht die Wiesen beginnen, aber immerhin die Villen schon stehen. Die Herren Forster, Vallentin, Müthel, Hartmann und Ledebur bemühten sich mit wechselndem Erfolg.

Vor dem Theater zeugten vielhundert Automobile, im Parkett vielhundert leuchtende Westen und Abendkleider von der Sensation, die diese Aufführung bedeutete. Max Reinhardt kehrte heim – kann man nach Berlin »heimkehren«? – wie ein König jener Bretter, die heute noch zumindest die vornehme Welt bedeuten.

## *Berliner Theater*

*Berlin,* im Oktober.

Der erste große Triumph dieses Theaterjahres ist die Aufführung der Wallenstein-Trilogie im »Staatstheater«.

Schiller zu spielen gehört zu den nationalen Pflichten deutscher Regisseure. Fast gibt es kein weniger dankbares Geschäft. Weil dieser Dramatiker dem Schauspieler so viel Gelegenheit bietet, (Gelegenheit zur Entfaltung der Persönlichkeit, Gelegenheit zu rhetorisch-agitatorischer Wirkung ohnegleichen), kann ein Regisseur so wenig mit Schiller anfangen. Dieser Dichter hat vor allem »Klassische Rollen« hinterlassen. Dem Regisseur bleibt meist nur ihre Besetzung übrig. In der erstarrten Form der Schiller-Dramatik ist lebendige Regiekraft gefesselt. Vor der monumentalen Starrheit der Überlieferung bleibt der Wille zu »inszenieren« ohnmächtig. Aber außerdem ist fast die ganze Welt, die Schiller erbaut hat, nicht mehr unser. Fremd ist uns die verschwendete Pathetik, überflüssiger Ballast sind uns »die Sentenzen«, ausgehöhlt durch die wachsende Skepsis der Geschichte sind die Begriffe von »Tugend«, »Pflicht« und »Treue«, die bei Schiller in bürgerlichen Grenzen gefaßt bleiben, nicht absolute Tugend, Pflicht und Treue sind, sondern sehr relative. Wie sollen wir die Tragik eines Feldherrn empfinden, der aus »Untreue« gegen »seinen« Kaiser scheitern muß? Wieso ist das »sein« Kaiser? Wieso ist der Fabrikherr des Arbeiters Herr? Ebenso gut könnten wir einen Streik der Arbeitnehmer als einen »Verrat« empfinden. Wie sollen wir die Söldner begreifen, die sich von Wallenstein abwenden, weil er den Kaiser verrät? Nachdem wir erfahren haben, daß sie nichts anderes bindet, als eben nur die Persönlichkeit Wallensteins? Was kann ihnen der Kaiser sein? Der sie schlecht bezahlt und schlecht behandelt? Wie sollen wir es verstehen, daß dieselben naiven Menschen, die für

Geld sich selbst verkaufen, plötzlich so zimperlich sind in puncto Treue, notabene gegen ein »Vaterland«, das sie nicht besitzen, von dem sie höchstens besessen werden? Wie fremd ist uns eine Thekla, die ihren Geliebten, den Inhalt ihres Lebens, ziehen läßt, weil ihn die »Pflicht« ruft, gegen seinen väterlichen Freund und den Vater seiner Geliebten zu kämpfen – für einen Kaiser, den er nicht kennt und der ihm samt allen Eiden »schnuppe« sein müßte? Beim Anblick dieser verschiedenen Trauerfälle können wir nicht mehr »Furcht« und »Mitleid« empfinden, sondern sind geneigt, den armen Betroffenen zuzurufen: »Sie haben sich das selbst eingebrockt! Werfen Sie den Ballast Ihrer lächerlichen Vorurteile ab, meine Damen und Herren, und Sie werden aufhören, zu leiden!« Was ist uns heute der Wallenstein von Schiller? Weniger als Hekuba; nämlich: »Wallenstein«! …

Diese Auseinandersetzung war nötig, um das große Verdienst Leopold Jeßners, der die Wallenstein-Trilogie inszenierte, erkennen zu lassen. Jeßner hat den Klassiker Schiller erlöst, fast zeitgenössisch gemacht. Die Regie war, obwohl ein Kompromiß aus dramaturgischer Tradition und Gegenwart, keine Koalition, sondern eine Synthese. Es gab schimmernde Rüstungen, polternde Graubärte, Masken, untermalenden Trompetenschall, sentimentale Jugend und so manche Deklamation, eine hindernde Detailausstattung, alte »heroische« Elemente. Aber all das bewegte sich in der konzentrierten Einfachheit des modernen Bühnenraumes, sorgfältig abgegrenzt durch eine knappe dekorative und dramaturgische Architektur. Es ging eben ohne eine Vergewaltigung Schillers. Es blieb die rauschende Buntheit. Ihr Überschäumen wurde verhütet. Hier waren Striche Wohltaten. Die Jahrzehnte alte dicke Kruste der Konvenienz wurde gesprengt. Es kam das *geläuterte* Schema der Schillerschen Welt zustande. Ein neuer Weg, wenigstens einer für neue, für die nächsten Schilleraufführungen, die ja sicherlich kommen werden. Cesar Klein lieferte eindringlich-einfache Bühnenbilder von einer strengen, gegliederten und doch temperamentvollen Phantasie. Sie blieben diskret genug, um dem Schauspieler seine eigentliche Funktion zu lassen: die, von sich aus den Raum zu schaffen.

Die besten Schauspieler entbot Jeßner – wie man gute Truppen in eine gefährliche Schlacht schickt.

Werner Krauß (Wallenstein) war Jeßner ebenbürtig. Innig, verhalten, groß, den Raum beherrschend, entkleidete er die Gestalt der umgehängten Pathetik, vermenschlichte er die »Figur«, korrigierte er Schiller, legte er das tragische Gerüst der Gestalt bloß, erfüllte den hohlen Klang und erneuerte den abgenützten. Seine Partnerin Agnes Straub (Gräfin Terzky) hatte unvergeßliche Augenblicke; wie konnte sie die ganze Vielfalt des Weibes enthüllen, mit der reichen Klaviatur der Seele vertraut; Zärtlichkeit, Gefährlichkeit, Bereitschaft zum Verrat, zur Gewalt, zum Leid, zur Hingabe; wie verhüllte sie so wunderbar die Liebe, daß sie keusch und zage offenbar ward! Eine reiche Mittlerin zwischen Historie und Leidenschaft, führte sie ein bisschen Weltgeschichte zurück auf menschlichen Ursprung.

Viele Leistungen dieser beiden Abende blieben im Gedächtnis (Lossen, Steckel, Granach, Krausneck). Unter andern die der jungen Pragerin *Sonik Rainer*, der die sehr delikate Rolle der Thekla anvertraut war. Eine delikate Rolle: denn ein schmaler Grat trennt die Sentimentalität des »jungen Mädchens«, des Ideals aus einer entschwundenen Zeit, von der Lächerlichkeit. Es war schon viel: diesen Grat nicht zu verlassen und neben einer schauspielerischen Persönlichkeit, wie Agnes Straub nicht zu verschwinden und sogar günstig aufzufallen. – – Es war seit Jahren der stärkste Beifall im Staatstheater. Eine hingerissene Jugend rief Jeßner auf die Bühne.

*

In der historischen Tragödie *Strindbergs* »Erich XIV.« errang Ernst *Deutsch* einen Erfolg. Unglückliche Streichungen machten das Drama noch kahler, sachlicher, kälter, als es ohnehin schon ist. Die historischen Dramen Strindbergs sind ja weniger Dramen, als dramatisierte und komplizierte Historie. Die Aufführung rettete Ernst Deutsch als König, obwohl er ein wenig zu jugendlich aussah. Aber er führte konsequent und glaubhaft die Rolle durch, die Rolle des schwachen und aus Schwäche überschäumenden, reizbaren, zur Macht ohne Legitimation berufenen Menschen. Es war Intellekt in diesem Spiel. Aber von dieser Rolle erforderter Intellekt, der den geheimnisvollen, durch unbewußte Vorgänge entladenen Kontakt mit dem Zuschauer keineswegs ausschloß.

## *Eine äußerst angenehme Begegnung*

Sie werden diesen originellen Titel sofort und sehr gut verstehen, wenn ich Ihnen gleich am Anfang mitteile, daß ich dem deutschen Kronprinzen begegnet bin, und zwar ohne es gewollt zu haben und ohne besondere Anstrengungen. Es war geradezu ein glückliches Verhängnis.

Er kam in einem kleinen Auto daher, in einem niedlichen kleinen Sportauto, in einem jugendlichen Automobilchen. Es war ein bewegliches, forsches und flottes Gefährt, eine passende Sache für Kronprinzen, denen es wohl ansteht, ihre Lebenspfade leicht und anmutig zu durchrollen. Der Kronprinz trug ein kleines, keckes Hütchen ein bißchen schief auf dem Kopf, es war das Symbol einer Weltanschauung, das Abzeichen einer siegreich-tänzerischen Fröhlichkeit, eine unzweideutige Desavouierung der Immer-feste-druff-Parole, die sich vielleicht auf die Fuß-, aber keineswegs auf die Kopfbekleidung bezieht. Ich erkannte den Kronprinzen sofort. Er war wie aus einer jener Ansichtskarten gestiegen, die man in Potsdam kaufen kann, bei den dynastisch-beharrlichen und aus republikanisch-jüdischem Widerspruchsgeist »fliegend« genannten Händlern. Er war, wie die Wiederkehr einer Ansichtskarte ins Leben, Rehabilitierung eines Idealbildes durch die Wirklichkeit.

Vor einem der unscheinbaren Geschäftshäuser stoppte er das Gefährt und stieg, jeder Hohenzoll ein Prinz, mit dem von seinen Vätern ererbten elastischen Schritt aus dem Wägelchen. Wenn mich sein Angesicht getäuscht hätte – an diesem Schritt hätte ich ihn erkannt. Nicht umsonst habe ich in meiner Jugend so viel Hofberichte in den Zeitungen gelesen. Es war der typische Schritt aus den Hof- und Personalnachrichten, die Bewegung eines Fußes, der sich im Thronbesteigen übt, von der Wiege (der eigenen), bis zum Grabe des Vaters. Mit diesen elastischen Schritten betrat er ein Haus. Nicht nur ich allein hatte ihn erkannt. Auch andere Leute von guter Gesinnung gerieten in freudige Erregung. Ein uniformierter Mann, den man den Diener der Republik auf zehn Schritte ansah, salutierte, erstarrend zu jener Form der Subordination, gegen die eine Bildsäule beweglich ist, wie eine Fahne im Wind. Aus benachbarten Delikatessenläden stürzten die einkaufenden Frauen, eingedenk der höheren Pflicht, die eine Vernachlässigung der häuslichen Aufgaben nicht nur entschuldigt, sondern sogar gebietet. Und aus jenem Hausflur, in dem der Kronprinz gerade verschwunden war, trat ein Mann, den aufgeregten Glanz eines Beseligten im Antlitz und rief: Das ist der Kronprinz, er ist zu seinem Zahnarzt hinauf. Rufen Sie doch, rufen Sie!

Hurrah! rief ein dicker Mann und der Schweiß stand ihm auf der Stirne. Er schwenkte sein grünes Lederhütchen, eine Art Kopfbekleidung die aus rätselhaften Gründen sehr oft eine brave Seele verrät und ein redliches Gehirn vor den Unbilden der historischen Entwicklung schützt. Und die Frauen an den Türen der Delikatessenläden riefen mit tränenerstickter Stimme: Hurrah! Aber es war eine durch Melancholie gedämpfte Begeisterung. In den Straßen bildeten sich disputierende Menschengruppen. Was macht der Kronprinz beim Zahnarzt? Mir fiel die plausible Erklärung ein, daß er wahrscheinlich einer neuen Krone bedürfe. Aber ich schwieg. Die Leute flüsterten. Hinzukommende Frauen begrüßten die bereits im kronprinzlichen Anblick Erfahrenen mit dem Zuruf: Der Kronprinz ist drinnen! Hier ist das Auto. Ein eingeweihter Herr sagte: Hierher kommt er oft! Ich habe ihn schon zweimal gesehen! Ein Friseur im weißen Mantel, nach Haaröl duftend, behauptete, er habe den Kronprinzen schon mindestens zehnmal gesehen. Er war ein trefflicher Mann, der Friseur. Er fand die Anerkennung aller. In seinen Augen lag der Glanz eines zehnmaligen Kronprinzenbildes.

Ich wartete ein paar Minuten, aber der Kronprinz kam nicht wieder. Es mußte eine komplizierte Zahnreparatur sein, dort oben. So begnügte ich mich mit der leuchtenden Erinnerung an das Gesicht, den elastischen Gang, das Vehikel, und das kleine, kecke, schiefe Hütchen, das ich nie vergessen werde. Es war, wie ein Krönchen aus Filz, eine Bürgerkrone, ein Popularitätskrönchen und erinnerte an den Memoiren-Stil von Karl Rosner, den ich ebenfalls fast aufrichtig verehre.

## *Eine Revue und ein Prager*

Die große Revue im Großen Schauspielhaus mit dem agitatorischen Titel: »An Alle!« ist unter Beteiligung aller Premierenbesucher von Beruf und Geburt ein gesellschaftliches Ereignis von prima Qualität geworden. Für die wochenlange Reklame hatte man alle erreichbaren Superlative mobilisiert. Siebzehn Menschen bauten an dieser Revue, Zeichner, Musiker, Tanzmeister, Regisseure, Dekorateure, Techniker und Texteure; man kann auch »Dichter« sagen. Auf dem Programm (schönes Glanzpapier) stehen alle ihre Namen verzeichnet, wie Helden auf einer Gedenktafel: Beda, Willy Prager, John Tiller, Leo Peukert, Hugo Moesgen und die Anderen. Der Kommandant dieser Genietruppe ist der Regisseur der Revue: Erik Charell, ein bestrickender Namensklang in seiner Mischung von Nordischem und Französischem. Um sieben Uhr begann die Premiere im Großen Schauspielhaus, um sechs die der automobilfahrenden Zuschauer in den Straßen der inneren Stadt. Die großen Lichtkegel der Scheinwerfer an den Wagen betäubten die Augen der Wanderer. Manche Stadtteile sahen amerikanisch aus. An diesem Abend war Berlin eine Weltstadt.

Für die Berichterstatter hat die Revue einen unschätzbaren Vorteil: sie erfordert keinen Bericht. Wenn man sie verläßt, ist man jeder kritischen Fähigkeit beraubt. Vier Stunden lang leidet man unendliche Genüsse. Ein ganz dünner, unsichtbarer Faden spinnt sich durch dieses Labyrinth aus Flitter, Silber, Sentimentalität, Melodie, Überraschung, Kitsch, technischem Wunder und Märchenphantasie. Alte, angefaulte Witze frischt man auf, daß sie, wie neu, langweilen. Von Herrschaften abgelegte Empfindungen werden aufgebügelt. Es ist ein großer Tandelmarkt von Novitäten. Man tut alles, um Sinne und Seele zu befriedigen. Die Leitung hat für Jeden selbst was ausgesucht, deshalb kann sich niemand etwas aussuchen. Die Revue ist Varietee, Kientopp, Zote, Komödie, Rührstück, Operette, Zirkus, jüdische Witzkiste. Für ihre Herstellung könnte man Kochrezepte aufstellen. Zum Beispiel: man nehme zehn Deka Budapester, schütte sie in siedende Lehár und werfe, je nach Geschmack, ein bißchen Nelson hinein. Wenn man noch manches andere dazutut, ungarischen Paprika und amerikanischen Mechanismus, so entsteht ein internationaler Strudel, »Revue« genannt …

Ich erinnere mich nur an einige peinliche Szenen: Da singen die russische, die japanische, die Zigeuner-, die Neger- und die deutsche Mutter Kinderlieder, jede in ihrer treulich ethnographischen Art. Zum Schluß kommen unsichtbare Engelschöre, die Orgel erbraust, es wird mir ganz religiös zumute, alle Mütter singen zusammen einen Choral, die deutsche Mutter, dargestellt als eine Art Gretchen, das ihr Kind nicht umgebracht hat, natürlich in der Mitte. Dann kommen die wunderbar exerzierenden lieben Reime des Tiller-Girls, deren Religiosität mir besser gefällt, als die der Mütter. Aus der religiösen Stimmung taumelt der Mensch in die erotische, er kommt vom Gemüts-Regen in die Sexual-Traufe … So geht es fort. Leider werden ein paar schöne nackte Frauenkörper in einer unwahrscheinlichen Entfernung aufgestellt und man läßt den Wunsch in der Distanz ersticken … Da lob' ich mir eine Pariser Revue, in der die Moral eine kleinere Rolle spielt und der Zweck des ganzen Arrangements mit einer löblichen Unzweideutigkeit zugegeben wird. Hierzulande aber liebt man es, auch die Lüsternheit noch durch sittliche Motive zu erklären. –

Der Beifall bei Publikum und Presse war unvergleichlich.

*

Ein Prager und ein Kollege, der Schriftsteller *Franz Schulz* hat im »Theater am Kurfürstendamm« seine Komödie »Herr Pipagran fährt nach Paris« aufführen lassen. Alle Krähen, die einander kein Auge aushacken, saßen im Parkett. Das Stück ist frei nach einer Novelle von Maupassant gearbeitet. Es spielt im Jahre 1815. Die Engländer haben französisches Land besetzt. Herr Pipagran, der Bürger, fährt nach Paris mit einem jüdischen, einem gräflichen Ehepaar und mit Molly Crochetier, einer »unanständigen Person«, die sich im Verlauf der lustigen Begebenheiten als die anständigste erweist. Franz Schulz rückt in dieser Komödie dem Bürger, der Gesellschaft, dem Nationalismus, der Moral zu Leibe. Es wurde schlecht, laut, polternd, grob gespielt. Franz Schulz durfte sich verneigen. Deutliches wurde überdeutlich. Im Tumult, den Adalbert, Morgan, Grüning, Rickelt verursachten, gingen manche Feinheiten verloren. Man klatschte Beifall.

## *Reinhardt am Kurfürstendamm*

*Berlin*, im Oktober.

Ich gebe dem Bericht über die Eröffnung des neuen Reinhardt-Theaters (»Die Komödie«) diesen Titel, weil die geographische Lage der Bühne ein Programm bedeutet und weil der Kurfürstendamm mehr ist, als ein topographischer Begriff. In Wirklichkeit war die Eröffnung der »Komödie« eine Premiere, dargestellt von jenen oberen Zehntausend, die eigentlich nur Vierhundert sind. Reichskanzler und Außenminister spielten hervorragende Chargenrollen. Die Helden der Aufführung saßen in den Logen und im Parkett. Es hätte nicht viel gefehlt – und die Schauspieler auf der Bühne hätten Beifall geklatscht. Eigentlich erwartete man am Schluß ein paar hervorgeklatschte und sich dankend verneigende Großindustrielle, Hauptaktionäre und Bankdirektoren. Am Abend der Premiere – es war ein Samstag, in Berlin ein »Sonnabend« – sah der Kurfürstendamm erst wie ein Kurfürstendamm aus. Es liegt eine gewisse Tragik darin, daß einer auszog, die Massen zu erobern – und die Minderheiten gewinnt.

Der Architekt *Kaufmann* hat die »Komödie« erbaut. Das heißt in diesem Fall: geschaffen. Denn in einem Theater, in dem das Publikum spielt und die Bühne ein geschmackvoller Vorwand ist, wird der Erbauer ein Schöpfer und ein Regisseur. Ein kapriziöser Raum: ein Aufwand, der sich diskret und wohlerzogen verbirgt; eine keusche Prachtentfaltung; eine distanzierende Intimität; eine zierliche, spielerische Verbundenheit der Zuschauer, der Logen, des Orchesters mit der Bühne; jede Loge ein kleines Salönchen; jeder Gast individuell behandelt; ein schamvolles Rot; jeder Schnörkel verpflichtet zum Smoking; schwingende Zeichnungen von *Krehan*; das Ganze ein Rahmen für die einzige, schon historische und noch aktive Persönlichkeit Max Reinhardts.

Über das Stück von Goldoni »Der Diener zweier Herren« ist an dieser Stelle schon von Alfred Polgar gesprochen worden. Und weil ich den wunderbaren Nachhall eines Polgar-Referats nicht stören will; und weil das aufgeführte Stück in diesem Fall eine geringere Bedeutung hat, als die gesellschaftliche Sensation der »Komödie«, beschränke ich mich auf die Versicherung, daß die Familie *Thimig* in Berlin nicht weniger leistete, als seinerzeit in Wien. Es ist eine gelenkige, behutsame, feine Drolligkeit in diesen Thimigmenschen, die sie für Goldoni und dieses »Theaterchen« »wie geschaffen« erscheinen läßt.

Der Berliner Westen ist für die nächste Zeit mit Gesprächsstoff versorgt. Es ist eine Angelegenheit der »guten Gesellschaft« – wenn es eine gibt. Historisch betrachtet: ist dieses neue Theater mit seinem Goldoni eine in die Gegenwart verirrte Reminiszenz. Die Zukunft liegt wo anders. Das neue Theater ist ein Zufluchtsort für Menschen, die Geld haben. Die Zukunft aber ist bei denen, die heute noch keines haben …

*

Die Zukunft ist vielleicht bei dem Amerikaner O'Neill. Sein Stück »Der haarige Affe« wurde in Roberts »Tribühne« aufgeführt. Der »haarige Affe« ist ein Schiffsheizer. Er glaubt, Herr der Maschinen zu sein. Tief unten, im Unterleib des Schiffes schwitzend, dünkt er sich mächtiger, als die

Passagiere erster Klasse. Bis eines Tages die strahlendweiße, junge Milliardärstochter, einer Laune gehorchend, den Heizraum besichtigt und erschrocken vor diesem Mann zurückprallt. Da wird ihm offenbar, daß er ein anderer ist, ein Mensch vierter, letzter Klasse, nicht mehr Mensch, vielleicht schon Affe? Er beginnt, sich »im Leben« umzusehen. Parteibonzen, an die er sich wendet, werfen ihn hinaus. Er kommt in den Zoologischen Garten. Vor dem Affenkäfig, im Anblick des Gorilla, erkennt er, daß er hier seinesgleichen gefunden. Er öffnet den Käfig. Der Gorilla erwürgt ihn. Der Heizer stirbt im Affenkäfig. Er wäre, ohne seine plötzliche Erkenntnis, wahrscheinlich im Heizraum gestorben. Es wäre eine weniger deutliche Symbolik. Aber wir wissen es, besser, als die Heizer, daß die Heizräume der Schiffe Käfige sind. Die haarigen Affen gehen immer in Käfigen zugrunde – ob sie sich nun selbst erkennen oder unwissend sterben. Die kleine Bühne (Regie: Robert) hatte, aus Mangel an technischen Mitteln, nicht die Möglichkeit, dieses amerikanische Drama im Filmtempo abrollen zu lassen, – wie es sich gehört hätte. Das Publikum des Westens langweilte sich. Man sah's. Was geht diese Menschen ein Heizer an? Für sie ist der Goldoni da.

## *Reise durch Galizien*

Das Land hat in Westeuropa einen üblen Ruf. Der wohlfeile und faule Witz des zivilisierten Hochmuts bringt es in eine abgeschmackte Verbindung mit Ungeziefer, Unrat, Unredlichkeit. Aber so treffend einmal die Beobachtung war, daß es im Osten Europas weniger Sauberkeit gebe als im Westen, so banal ist sie heute; und wer sie jetzt noch gebraucht, kennzeichnet weniger die Gegend, die er beschreiben will, als die Originalität, die er nicht besitzt. Dennoch ist *Galizien*, das große Schlachtfeld des großen Krieges, noch lange nicht rehabilitiert. Auch für diejenigen nicht, die Schlachtfelder für Felder der Ehre halten. Obwohl westeuropäische Leiber in galizischer Erde zerfallen, um sie zu düngen. Obwohl aus den faulenden Gebeinen der zerschossenen Tiroler, der Niederösterreicher, der deutschen Soldaten aus dem Reiche der Kukuruz dieses Landes blüht.

»Kukuruza« heißen die Maiskolben. Wenn sie reif geworden sind, säumen sie die Strohdächer der Bauernhütten, große, gelbe Naturtroddeln, von langen, gelben Haaren überweht. Man mästet die Schweine mit Kukuruz, die Gänse, die Enten, und bringt sie auf die Märkte, in die großen Städte. Arme jüdische Händler in Galizien legen die Maiskolben in Töpfe voll kochenden Wassers, ziehen mit den siedenden Erdfrüchten durch die Straßen und verkaufen die Kolben an jene armen Juden, die mit alten Lumpen, Glasresten und Zeitungspapier handeln. So leben die Kukuruzhändler von den Lumpenhändlern. Von wem aber leben die Lumpenhändler?

Es ist schwer, zu leben. Galizien hat mehr als acht Millionen Einwohner zu ernähren. Die Erde ist reich, die Bewohner sind arm. Sie sind Bauern, Händler, kleine Handwerker, Beamte, Soldaten, Offiziere, Kaufleute, Bankmenschen, Gutsbesitzer. Zu viele Händler, zu viel Beamte, zu viel Soldaten, zu viel Offiziere gibt es. Alle leben eigentlich von der einzigen produktiven Klasse: den Bauern.

Die sind fromm, abergläubisch, furchtsam. Sie leben in scheuer Ehrfurcht vor dem Priester und haben einen maßlosen Respekt vor der »Stadt«, aus der die seltsamen Fuhrwerke kommen, die ohne Pferde fahren, die Beamten, die Juden, die Herrschaften, Ärzte, Ingenieure, Geometer, Elektrizität, genannt: Elektryka; die Stadt, in die man die Töchter schickt, auf daß sie Dienstmädchen werden und Prostituierte; die Stadt, in der die Gerichte sind, die schlauen Advokaten, vor denen man sich hüten muß, die gerechten Richter in den Talaren hinter den metallenen Kreuzen, unter dem bunten Bild des Heilands, in dessen heiligem Namen der Mensch verurteilt wird zu Monaten und zu Jahren und auch zum Tode durch den Strang; die Stadt, die man ernährt, damit man von ihr leben kann, damit man in ihr bunte Kopftücher kaufe und Schürzen, die Stadt, in der die »Kommissionen«, die Verordnungen, die Paragraphen, die Zeitungen ausbrechen.

So war's, als der Kaiser Franz Josef regierte, und so ist es heute. Es sind andere Uniformen, andere Adler, andere Abzeichen. Aber die wesentlichen Dinge ändern sich nicht. Zu den wesentlichen Dingen gehören: die Luft, die menschliche Seele und Gott mit allen Heiligen, die seine Himmel bewahren und deren Abbildungen an den Wegen stehen.

Diese Heiligenbilder zwischen den Ähren der weiten Felder, an den Wiesenrändern, in den Waldlichtungen sind im großen Kriege vernichtet worden, durchlöchert, zerhackt, verkrüppelt und dort wieder aufgerichtet, bemalt, mit Inschriften versehen, wo der Bauern Opfermut so groß war, wie ihre Frömmigkeit tief. So ist es nicht überall. Noch steht in dem kleinen ostgalizischen Dorf jener berühmt gewordene Christus, dessen Kreuz von einem sarkastischen Geschoß zertrümmert wurde, so daß nur der steinerne Heiland blieb, an den Stumpf des Kreuzes die blutenden Füße genagelt und die Arme weit breitend im verzweifelten Nichtverstehen des schweigenden Gottes und der schießenden Welt; ein Erlöser, der gekreuzigt wird, ohne am Kreuz zu hängen; das symbolische Ergebnis eines martialischen Zufalls. Man hat dieses Wunder mit Recht so stehen lassen. Ringsum vernarben langsam die Schützengräben.

Aber die Narben sind häßlich und wie entstellende Hautkrankheiten der Erde. Ich möchte gerne die bequeme Art jener Berichterstattung vermeiden, die durch das Kupeefenster blickt und die zurückliegenden Impressionen mit hurtiger

Genugtuung notiert. Aber ich kann es nicht. Mein Blick schweift immer wieder von den aufschlußreichen Physiognomien der Mitreisenden in die melancholische, ebene Welt ohne Grenze, in diese sanfte Trauer der Erde, in welche die Schlachtfelder hineingewachsen sind, Ergänzungen a posteriori. Und mag in meiner Nachbarschaft ein ebenso seltsamer wie typischer Mensch gerade im Begriff sein, eine Welt, seine Welt zu verraten, – ich kann das Bild der kleinen Station nicht missen.

Alle diese Stationen sind eng, schmal, sie bestehen aus einem Trottoir und ein paar Schienen davor, der Bahnsteig sieht aus wie das Fragment einer Straße mitten zwischen Feldern. Als wäre es just die Straßenecke vor der Börse, so stehen hier jüdische Händler, schwarze und rothaarige. Sie erwarten niemanden, sie begleiten keinen Freund, sie gehen zur Bahn, weil es zum Beruf eines kleinen Händlers gehört, zur Bahn zu gehen, den ankommenden Zug zu sehen, die aussteigenden Leute, diesen Zug einmal im Tage, die einzige Verbindung mit der Welt, der ihren Lärm mitbringt und etwas von den großen Geschäften, die rund um den Globus abgeschlossen werden. Der Zug bringt deutsche Zeitungen aus Wien, aus Prag und aus Mährisch-Ostrau. Einer liest vor. Währenddessen gehen die Händler, in Gruppen diskutierend, nach Hause auf dem Feldweg, der den Marktflecken mit der Bahn verbindet, links sind Felder, rechts sind Felder, rechts ist das Christusbild, links ein Heiliger und zwischen beiden die Juden mit gesenkten Köpfen, die flatternden Röcke hebend, sorgsam bedacht, das Kreuz nicht zu berühren, dem Heiligenbild auszuweichen, zwischen Scylla und Charybdis des fremden, gewollt unverstandenen Glaubens. Es spritzt der graue Schlamm der Straße.

In der Ferne leuchtet der Schlamm, wie schmutziges Silber. Man könnte die Straßen in der Nacht für trübe Flüsse halten, in denen sich Himmel, Mond und Sterne tausendfältig und verzerrt spiegeln wie in einem sehr schmutzigen Kristall. Zwanzig Mal im Jahr schüttet man Steine in den Schlamm, ungefüge, grobe Steinblöcke, Mörtel und rostbraune Ziegel und nennt es Schotterung. Aber der Schlamm bleibt doch am Ende siegreich, er verschlingt die Steinblöcke, den Mörtel, die Ziegel, und seine trügerische Oberfläche heuchelt glatte Ebenen, wo ganze Höhenzüge schlummern unter glucksenden Wassern, ein von Engpässen qualvoll durchfurchtes Kettengehügel. Viele Trainkolonnen sind über diese Straßen gezogen, schwere Geschütze haben tiefe Spuren hinterlassen, die Pferde sanken bis zum Sattel unter – ich weiß es noch. Einmal zog ich diese und andere Straßen dahin, ein Lastmensch unter Lasttieren, und uns fraß der unsterbliche Schlamm, wie er die Schotterung der Straße frißt.

Wie ein Fluß im Gebirge Seen bildet, so weitet sich kreisrund die Straße zum Marktflecken. Hier sehe ich die Geburt einer Stadt. Sie ist ein Kind der Straße. Es sind geheime Gesetze, nach denen hier ein Städtchen entsteht und dort ein Dorf. Jenes breit und rund, dieses schmal und langgestreckt. Montag ist der Markt. Der Markt erzeugt den Marktflecken. Dieser das Städtchen. Eine Stadt wird es nie. Schicksalhaft begrenzt sind die Karrieren der Ortschaften, wie der Menschen.

Denn es scheint, daß in diesem Land die Bedingungen für die äußere Entwicklung der Organismen gering sind. Sie wachsen nicht ins Weite. Sie wachsen ins Groteske. In dieser mißhandelten, verpönten europäischen Ecke ist die Romantik noch lebendig. In manchen Gegenden ist alles unwirklich: Familien, die im Sommer vom Handel mit Gurkensaft leben und im Winter von Totengebeten; Grafenschlösser, in denen Geister gesehen werden; kleine, barfüßige Jungen, die Trinkwasser in den Stationen verkaufen, Trinkwasser, nichts anderes. In Lemberg ereignete es sich, daß ein großes Lastwagenpferd durch ein offenes Kanalgitter fiel. Die Kanalöffnungen in Lemberg sind nicht größer, die Pferde nicht kleiner als in der ganzen europäischen Welt. Aber Gott läßt Wunder geschehen. Jeden Tag läßt Gott Wunder geschehen. Jeden Sonntag übertrifft er sich selbst. Anders als in den kleinen Städten Westeuropas ist der Mensch in den galizischen Kleinstädten. Dort wächst er in die Behaglichkeit hinein, die morgens vom Frühschoppen, abends vom Stammtisch begrenzt wird. Die galizische Kleinstadt aber ist ohne Behagen. Sie wandelt ihren Spießer selbst in eine Rarität. Sie fördert die Entwicklung zur Seltsamkeit. In den galizischen Kleinstädten hastet die Tobsucht der großen Weltstädte. Es ist Bewegung ohne sichtbaren Zweck und aus geheimnisvoller Ursache.

Aber über das flache Land wandelt unaufhörlich ein ewig gleicher Wind, den man kaum fühlt. Hügel, Verheißungen der Karpathen, blauen in der Ferne. Raben kreisen über den Wäldern. Sie waren hier immer zu Hause. Seit dem Krieg sind sie üppig geworden. Keine Fabrik, keine Reklame, kein Ruß. Auf den Märkten verkauft man primitive, hölzerne Hampelmänner, wie in Europa vor 200 Jahren. Hat hier Europa aufgehört?

Nein, es hat nicht aufgehört. Die Beziehung zwischen Europa und diesem gleichsam verbannten Land ist beständig und lebhaft. In Buchhandlungen sah ich die letzten literarischen Neuerscheinungen Englands und Frankreichs. Ein Kulturwind trägt Samen in die polnische Erde. Der Kontakt mit Frankreich ist der stärkste. Über Deutschland, das im toten Raum zu liegen scheint, sprühen Funken herüber und zurück.

Galizien liegt in weltverlorener Einsamkeit und ist dennoch nicht isoliert; es ist verbannt, aber nicht abgeschnitten; es hat mehr Kultur, als seine mangelhafte Kanalisation vermuten läßt; viel Unordnung und noch mehr Seltsamkeit. Viele kennen es aus der Zeit des Krieges, aber da verbarg es sein Angesicht. Es war kein Land. Es war Etappe oder Front.

Aber es hat eine eigene Luft, eigene Lieder, eigene Menschen und einen eigenen Glanz; den traurigen Glanz der Geschmähten.

## *Pallenberg am Kurfürstendamm*

Die heitere Festlichkeit, die ein Auftreten Pallenbergs bedeutet, fließt in die »noble« Festlichkeit über, die eine Aufführung Molières in der »Komödie« Reinhardts am Kurfürstendamm bedeutet. Pallenberg spielt den »Eingebildeten Kranken«. Wenn er von seinen Klistieren spricht, läßt er ihre »Ingredienzien« auf der Zunge schmelzen und es ist, als hätte er mit den Lippen geschmeckt, was den umgekehrten Weg genommen hat; und mit dem Nachgeschmack genossene Unterleibsfreuden verbindet er den Vorgeschmack der seelischen Freuden, die sich einstellen, wenn man die Preise der einzelnen Klistiere auf die Hälfte reduzieren darf. Die Wollust des Krankseins und die des Geizes feiern Triumphe. Das ist eine Komödie für sich. Die Komödie von dem Mann, der mit dem Gaumen den pikanten Lüsten der Därme nachspürt. Welch eine Wonne, diese Apothekerrechnung! Erstens wird sie nicht so heiß bezahlt, wie sie gemacht wurde. Und zweitens birgt sie die köstlichsten Erinnerungen …

Aber während man diese Erinnerungen nachzählt, stellt es sich heraus, daß es zu wenige sind. Im vergangenen Monat waren es mehr Klistiere. Ist es ein Wunder, daß man da zugrundegeht? Pallenberg stellt diese Frage an das Publikum mit einem Blick: einem entrüsteten Blick, der sich einem brechenden Aug' entringt. Es ist ein unsagbar kläglicher, hoffnungslos entsagender, umflort melancholischer und dennoch pathetisch flammender Blick. Ein Schlachtopfer, dem das Messer an der Kehle sitzt, klagt die Welt an. Ein Delinquent hält mit den Augen eine Rede an das um die Richtstätte versammelte Publikum. Dieser Blick redet höchstes Pathos im heimischen Dialekt. Aus der visuellen in die akustische Sprache übersetzt, lautet er etwa: Nun, was sagen *Sie* dazu? Man läßt mich nebbich sterben!

Pallenberg hat einige solcher rhetorischer Blicke: wenn er nach einem sehr eruptiv unternommenen Ausflug in ein abgelegenes Gefilde, wo er die Konsequenzen der Magenbehandlung erduldet hat, ins Zimmer zurückkehrt und dem Parkett sein Antlitz zuwendet: Dann ist es entweder das zufriedene Gesicht eines, dem es gelungen ist; das kindische Lächeln eines minderjährigen Geschöpfes, das auf seinem Töpfchen sitzt. Oder es ist das sauere Gesicht eines unrettbaren Pessimisten, der sich soeben überzeugt hat, daß der Welt nicht mehr zu helfen ist. Und das ist wieder eine Komödie für sich: die Komödie von dem Manne, der das Leben, den Kosmos sub specie seines eigenen Gedärms sieht. Von seines Bauch-Wohl und -Wehe hängt das der Welt ab.

Hundert Komödien enthüllen sich in einer einzigen. Wie erschütternd kämpft hier soeben erwachter Edelmut gegen die ewig lebendige Habsucht des ewig lebendigen Körpers. Jetzt hat er erfahren, daß seine Tochter das edle Kind ist, das er so lange verkannt hat. Jetzt ist der Augenblick da, ihr Abbitte zu tun und sie mit dem einzigen Lohn zu beschenken, der sie glücklich machen kann; mit dem geliebten Mann. Pallenberg hüllt die geliebte Tochter in seinen weiten Schlafrock. Er birgt sie vor dem Glück. Jetzt gönnt er sie erst recht nicht diesem Freier. Er birgt sie wie einen Geldbeutel vor unbefugtem Zugriff. Und da er nicht mehr anders kann und sie hergeben muß macht er noch im letzten Augenblick ein Geschäft: Der neue Schwiegersohn muß Mediziner werden. Und *wie* macht Pallenberg dieses Geschäft: Mit jenem schmerzlich-lächerlichen Dialekt redenden Blick, der da sagt: »Verstehn Sie! *Etwas* muß man doch von seinen Kindern haben!«

Als »Dr. Diafoirus« betritt *Egon Friedell* die Bühne. Schriebe man einen Berliner Theaterbericht immerhin nicht auch für weniger Eingeweihte – man könnte den kurzen Auftritt Friedells überschreiben: »Friedell in Berlin.« Denn eigentlich ist sein Auftritt in der »Komödie« nur ein – sehr schätzenswerter – Vorwand, in Berlin aufzutreten. Das gäbe Stoff für eine Komödie und vielleicht eine gute Rolle für Pallenberg.

## *Lemberg, die Stadt*

Es ist eine große Vermessenheit, Städte beschreiben zu wollen. Städte haben viele Gesichter, viele Launen, tausend Richtungen, bunte Ziele, düstere Geheimnisse, heitere Geheimnisse. Städte verbergen viel und offenbaren viel, jede ist eine Einheit, jede eine Vielheit, jede hat mehr Zeit, als ein Berichterstatter, als ein Mensch, als eine Gruppe, als eine Nation. Die Städte überleben Völker, denen sie ihre Existenz verdanken, und Sprachen, in denen ihre Baumeister sich verständigt haben. Geburt, Leben und Tod einer Stadt hängen von vielen Gesetzen ab, die man in kein Schema bringen kann, die keine Regel zulassen. Es sind Ausnahmsgesetze.

Ich könnte Häuser beschreiben, Straßenzüge, Plätze, Kirchen, Fassaden, Portale, Parkanlagen, Familien, Baustile, Einwohnergruppen, Behörden und Denkmäler. Das ergäbe ebensowenig das Wesen einer Stadt, wie die Angabe einer bestimmten Zahl von Celsiusgraden die Temperatur eines Landstriches vorstellbar macht. (In Berlin friert man schon bei plus 15 Grad Celsius.) Man müßte die Fähigkeit haben, die Farbe, den Duft, die Dichtigkeit, die Freundlichkeit der Luft mit Worten auszudrücken; das, was man aus Mangel einer treffenden Bezeichnung, mit dem wissenschaftlichen Begriff: »Atmosphäre« ausdrücken muß. Es gibt Städte, in denen es nach Sauerkraut riecht. Dagegen hilft kein Barock. Ich kam an einem Sonntagabend in eine kleine ostgalizische Stadt. Sie hatte eine Hauptstraße mit ganz gleichgültigen Häusern. Jüdische Händler wohnen in dieser Stadt, ruthenische Handwerker und polnische Beamte. Der Bürgersteig ist holprig, der Fahrdamm wie die Nachbildung einer Gebirgskette. Die Kanalisation ist mangelhaft. In den kleinen Seitengassen trocknet Wäsche, rotgestreift und blaukariert. Hier müßte es doch nach Zwiebeln duften, verstaubter Häuslichkeit und altem Moder?

Nein! In der Hauptstraße dieser Stadt entwickelte sich der obligate Korso. Die Kleidung der Männer war von einer selbstverständlichen, sachlichen Eleganz. Die jungen Mädchen schwärmten aus wie Schwalben, mit hurtiger, zielsicherer Anmut. Ein heiterer Bettler bat mit vornehmem Bedauern um ein Almosen – und es tat ihm leid, daß er gezwungen war, mich zu belästigen. Man hörte russisch, polnisch, rumänisch, deutsch und jiddisch. Es war wie eine kleine Filiale der großen Welt. Dennoch gibt es in dieser Stadt kein Museum, kein Theater, keine Zeitung. Aber dafür eine jener »Talmud-Thora-Schulen«, aus denen europäische Gelehrte, Schriftsteller, Religionsphilosophen hervorgehen; und Mystiker, Rabbiner, Warenhausbesitzer.

In dieser Stadt lernte ich zufällig einen Gymnasiallehrer kennen. Er sagte: »Sie sind aus Deutschland? Erklären Sie mir, was aus der Entdeckung des Professors geworden ist, der Gold aus Quecksilber gewinnt. Was bleibt dann noch? Was ist außerdem im Quecksilber enthalten? Ich muß fortwährend darüber nachdenken. Sie müssen wissen, daß ich sehr viel Zeit habe. Wenn ich so viel Geld hätte, ich würde nach Deutschland fahren und mich informieren. Es läßt mir keine Ruhe!« So sprach der Mann. Er wird wieder zwei Jahre warten, bis jemand aus Deutschland kommt.

Solche Menschen gedeihen in kleinen ostgalizischen Städten. In den größeren würden sie wahrscheinlich auch gedeihen. Aber es gibt keine größeren. In Ostgalizien gibt es nur eine: die Stadt *Lemberg*.

In diese Stadt bin ich zweimal gewissermaßen als ein Sieger eingezogen, und das war nicht ganz ungefährlich. Lange Zeit war sie eine »Etappe«, Sitz eines österreichischen Armeekommandos, einer deutschen Feldzeitung, vieler Militärämter, einer k. u. k. Personalsammelstelle, einer »Offiziersmenage«. Es gab eine Militärpolizei, eine »Kundschafter- und Nachrichtenstelle«, ein österreichisches und ein deutsches Bahnhofskommando, Krankenhäuser, Epidemien und Kriegsberichterstatter. Hier hauste der Krieg, hier hausten seine Begleiterscheinungen, die schlimmer, weil sie dauerhafter waren. Um diese Stadt kämpften nach dem Zusammenbruch Polen und Ruthenen, und hier ereignete sich der Novemberpogrom. Und heute noch sieht Lemberg wie eine Etappe aus.

Die Hauptstraße hieß einmal Karl-Ludwig-Straße, aus Loyalität gegenüber dem Herrscherhause. Heute heißt sie: »Die Straße der Legionen«. Es sind die polnischen Legionen gemeint. Hier war einmal der Korso der österreichischen Offiziere. Heute spazieren die polnischen Offiziere. Hier hörte man immer deutsch, polnisch, ruthenisch. Man spricht heute: polnisch, deutsch und ruthenisch. In der Nähe des Theaters, das am unteren Ende die Straße abgrenzt, sprechen die Menschen jiddisch. Immer sprachen sie so in dieser Gegend. Sie werden wahrscheinlich niemals anders reden.

Gegen diese Vielsprachigkeit wehrt sich das neugestärkte, durch die jüngste Entwicklung der Geschichte gewissermaßen bestätigte polnische Nationalbewußtsein – mit Unrecht. Junge und kleine Nationen sind empfindlich. Große sind es manchmal auch. Nationale und sprachliche Einheitlichkeit kann eine Stärke sein, nationale und sprachliche Vielfältigkeit ist es immer. In diesem Sinn ist Lemberg eine Bereicherung des polnischen Staates. Es ist ein bunter Fleck im Osten

Europas, dort, wo es noch lange nicht anfängt, bunt zu werden. Die Stadt ist ein bunter Fleck: rot-weiß, blau-gelb und ein bißchen schwarz-gelb. Ich wüßte nicht, wem das schaden könnte.

Diese Buntheit schreit nicht, blendet nicht, macht kein Aufsehen, ist nicht um ihrer selbst willen da, wie die Buntheit balkanisch-orientalischer Städte, wie die Budapester zum Beispiel, das balkanischer ist als der Balkan. Die polyglotte Farbigkeit der Stadt Lemberg ist wie am frühen Morgen noch im Halbschlummer, schon in halber Wachheit. Es ist, wie die erste Jugend einer Buntheit. Junge Bäuerinnen mit Körben fahren im Bauernwagen durch die Hauptstraße. Heu duftet. Ein Drehorgelmann spielt ein Volkslied. Stroh und Häcksel sind über den Fahrdamm gestreut. Die Damen, die in die Konditorei gehen, tragen die letzten Toiletten aus Paris, Kleider, die bereits den Anspruch erheben, »Schöpfungen« zu sein. In den Seitenstraßen staubt man Teppiche.

Adam *Mickiewicz*, der große polnische Dichter, steht in der Straßenmitte. Kaftanjuden patrouillieren zu seinen Füßen, die Wachtposten des Handels. Ein Mann mit einem Sack über der rechten Schulter schreit »Handele!« mit melodischer Weinerlichkeit. Das hindert keinen einzigen der schlanken, sehr kriegerischen Kavallerieoffiziere, mit seinem großen, gebogenen Säbel zu scheppern, mit den musikalischen Sporen zu klirren. Er klirrt, scheppert, schreitet mit anmutiger Männlichkeit in einer kleinen Wolke aus Kriegsmusik dahin und ist dennoch ein friedlicher Mensch – und als hätte er keinen gewaltigen Schleppsäbel, sondern nur einen Regenschirm, so zwängt er sich durch die dichtgeballten Gruppen der Händler, welche die Politik der Welt besprechen und einen Handel abschließen und beides gleichzeitig. So demokratisch ist hier das Militär. Ich sah einen Oberleutnant mit vielen Kriegsauszeichnungen und bunten Bändchen an der Brust. In der Hand trug er ein Glas »Eingemachtes«. Seiner Frau hielt er den Marktkorb. Dieser Kopfsprung ins Ewig-Menschliche, ins Private, ins Häusliche versöhnt mit den kriegerischen Wolken aus Sporenklang und Ordensglanz. In anderen Städten trägt ein »Bursche« drei Schritte hinter den Herrschaften Oberleutnants das Eingemachte. Manchmal ist es gut zu sehen, daß ein Oberleutnant ein Mensch ist.

Die Stadt demokratisiert, vereinfacht, vermenschlicht, und es scheint, daß diese Eigenschaft mit ihren kosmopolitischen Neigungen zusammenhängt. Die Tendenz ins Weite ist immer gleichzeitig ein Wille zur selbstverständlichen Sachlichkeit. Man kann nicht feierlich sein, wenn man vielfältig ist. Sakrales selbst wird hier populär. Die großen, alten Kirchen treten aus der Reserve ihres heiligen Zwecks und mischen sich unter das Volk. Und das Volk ist gläubig. Neben der großen Synagoge blüht der jüdische Straßenhandel. An ihren Mauern lehnen die Händler. Vor den Kirchenportalen hocken die Bettler. Wenn der liebe Gott nach Lemberg käme, er ginge zu Fuß durch die »Straße der Legionen«.

Straßen, Plätze, Häuser, die vornehm zu sein die Bestimmung und die Pflicht haben, Schlösser hinter Gittern, öffentliche Gebäude, zu denen man auf Stiegen emporschreitet – alle sind populär. Die strenge Form lockert sich volkstümlich. Die Milderung der strengen Form artet auch in Unordnung aus, in zerstörende Langsamkeit, selbstmörderische Verwirrung. Die Gesetze sind zahlreich. Ihre Übertretung oberstes Gesetz, wenn auch ungeschriebenes. Der alte »österreichische Schlendrian« findet seine adäquate Fortsetzung in der Lässigkeit, die slawisch ist und eine Begleiterin der Melancholie.

Es gibt ein Literaten-Café, »Roma« heißt es. Gute Bürger besuchen es. Auch hier verwischen sich die Grenzen zwischen Seßhaftigkeit und Bohème. Der Sohn des bekannten Rechtsanwalts ist Stammgast, Regisseur, Literat. Am Nebentisch könnten seine Angehörigen sitzen. Alle Trennungsstriche sind mit schwacher, kaum sichtbarer Kreide gezogen.

Es ist die Stadt der verwischten Grenzen. Der östlichste Ausläufer der alten kaiserlich und königlichen Welt. Das weit westlichere Krakau ist weniger österreichisch. Es blieb immer ein nationales Museum. Zwischen Wien und Lemberg ist heute noch, wie immer, der Radioaustausch der Kultur. Aber Bukarest ist noch dazu gekommen. Der Umsturz hat nämlich alle galizischen Städte um einige Meilen nach Osten gerückt. Vielleicht zum Segen des Ostens ...

## *Heimweh nach Prag*

Wenn ich keine Sehnsucht nach Paris hätte, so hätte ich Heimweh nach Prag. Es ist eine Stadt, in der ich niemals zu Hause war und in der ich jeden Augenblick zu Hause sein kann. Man braucht in Prag nicht »verwurzelt« zu sein. Es ist eine Heimat für Heimatlose. Sie hat keine Sentimentalität.

Aber ich lebe seit fünf Jahren in Berlin. Ich sitze da, wie im Wartesaal eines großen Bahnhofs und warte auf den Zug. Um mir das Geld für die Fahrkarte zu verdienen, handle ich inzwischen mit Büchern und Zeitungsartikeln. Es ereignet sich viel in diesem Bahnhof, man kann schreiben, man sieht allerhand fremde Völkerstämme, Arier, Professoren und deutschnationale Juden, Generäle vom Bahnhofskommando und gefallene Soldaten. Eine Familie erwartet eine Tante aus Dresden mit Militärmusik, man spielt »Deutschland über alles«, und die Gepäckträger entblößen ihre Schultern von der Traglast, und alle müssen aufstehen, auch wenn sie dabei sind, ein Wiener Schnitzel aus der Tunke zu heben.

Am Tage wandere ich durch den Bahnhof Berlin, die eiligen Reisenden stoßen mich, den Beamten bin ich im Weg, der Polizeipräsident mit der roten Mütze erteilt mir Verbote, der

Schaffner ertappt mich bei ihrer Übertretung, die ebenfalls verboten ist. Des Nachts schlafe ich in leeren Wartesälen, die mit Frühstück zu vermieten sind und in denen sich Klaviere mit Hirschgeweihen befinden. Vom Standesamt erhalte ich die Erlaubnis zum Empfang nächtlicher Besuche, am Abend lasse ich mich trauen, des Morgens scheiden. Denn man achtet hier auf die Moral. In der Früh weckt mich die Witwe eines höheren Offiziers, die den Wartesaal in Stand hält und Mieter mit solider Konfession bevorzugt. Sie trägt ein Hakenkreuz am Adamsapfel.

Hierauf begebe ich mich in die Abteilung für Herren, erhalte Instruktionen vom Verwalter, der ein eisernes Kreuz trägt und mit seinen Besuchern Gelenksübungen macht. Der Vormittag findet mich in einer Fütterungsstelle, da stehen wir alle mit Eßnapf und Trinkeimer und bedienen die Kellner, die hier polizeilichen Charakter haben. Jede Unhöflichkeit einem Kellner gegenüber wird als Amtsehrenbeleidigung geahndet.

Am Nachmittag schreibe ich an einem Stollwerck-Automat: Ich werfe eine Münze in den Spalt, und unten fällt ein Einfall heraus, wenn man kräftig zieht. Manchmal ist der Automat verstopft. Dann müssen die Schriftsteller Konventionalstrafen zahlen. Um mir die Zeit zu vertreiben, gehe ich in die Polizeistation und schreibe Meldezettel. Dadurch macht man sich in Berlin beliebt.

Am Abend sitze ich im Kino. Man gibt den Kolossal-Monumental-Film der Decla-Bioscop: »Deutsche, trinkt deutsches Bier!« mit Massenszenen von Lubitsch und Henny Porten als deutscher Heldenmutter, und die Kapelle spielt den Fridericus-Rex-Marsch. Ein paar Wartesäle sind als Kaffeehäuser aufgemacht, sie dürfen ohne Perronkarten nicht betreten werden. Man muß sie vom Portier knipsen lassen.

Es ist mir gelungen, hier etwas Geld zu verdienen, mit dem ich mir verschiedene Sekkaturen leisten kann, den Ankauf von Briefmarken, die Bezahlung der Einkommensteuer und den Genuß des Kaffees. Ich bin auf dem Bahnhof geradezu schon heimisch. Die tiefe Kniebeuge ist mir wegen guten Verhaltens erlassen. Ich mache nur noch Salutierübungen.

Dennoch habe ich, wie gesagt, Heimweh nach Prag und im Paß ein tschechoslowakisches Jahresvisum. In Paris möchte ich die Sonntage verbringen und die Wochentage in Prag. Hier sind die abstrakten Kosmopoliten, in denen die Welt als Wille lebendig ist und die den Willen zur Welt nicht brauchen. Sie haben alle Schmerzen gelitten, alle Freuden genossen, und, weil sie nichts mehr überraschen kann, suchen sie keine Überraschungen. Sie sind Skeptiker, aber sie lieben ihr Leben, das Leben in Prag. Alle Stimmen der Geister, die in der Welt verstreut sind, gelangen konzentrisch nach Prag, denn alle Geister in der Welt stammen aus dieser Stadt, oder es war ein Irrtum der Schöpfung. Wenn sie sentimental in Paris, pathetisch in Berlin, sachlich und roh in Amerika geworden sind flugs kehren sie nach Prag heim, in den Schoß der mütterlichen Skepsis und lassen sich auslachen, bis sie gesund werden.

Ich muß es aus rhythmischen Gründen wiederholen, obwohl ich nicht zweifle, daß man es mir glauben wird: Wenn ich nicht so viel Sehnsucht nach Paris hätte – ich hätte Heimweh nach Prag.

## *Ein junger Conférencier*

In dem Kabarett »Libelle« ist ein junger Mann Conférencier.

Jung ist er, jung! Jeden Abend läßt er sich in der Garderobe rasieren. Dennoch glaubt man, auf seiner Oberlippe einen feinen Flaum zu sehen. Auf dem milchigen, opal schimmernden Angesicht des Conférenciers sitzt fremd und unwahrscheinlich eine große Hornbrille. Gewiß entstammt er einer wohlhabenden Bürgerfamilie, in deren Schoß man die Kindlichkeit lange behält. Der junge Mann ist dennoch ein vortrefflicher Conférencier.

Auf dem Podium steht er, bitter und wissend, in die helle Flut des Scheinwerfers getaucht wie in eine starke Glorie siegreicher Resignation. Alles, oder wenigstens das Meiste hat er schon erlebt. Höhen und Tiefen hat er genossen und erlitten. Es scheint, daß ihm das Leben nichts mehr anhaben kann, denn er trägt den Panzer der Erfahrung. Er darf über manche Dinge Witze machen, denn er steht über allen. Unübertrefflich ist seine Geistesgegenwart. Auf jeden Zuruf aus dem Publikum, den er bestellt hat, weiß er eine schlagende Antwort. Was könnte ihn noch verblüffen, lähmen oder schrecken? Mit wie grazilen Worten kündigt er Tänzerinnen an, wie boshaft stellt er Komiker vor, wie herzlich ist seine Ironie, wenn er vom Tenor spricht! Mit welch hurtiger Sachlichkeit gleitet er von den Dingen des Repertoires auf seine eigenen Angelegenheiten! In welch sympathischer Weise läßt er durchblicken, wie hoch seine Vorschüsse sind, diese wunderbaren Vorschüsse, mit denen er sich alles kauft, was ihn vor den anderen auszeichnet: köstliche Erlebnisse, Frauen, den Glanz der großen Welt und die vornehme satte Müdigkeit! …

Ja, er ist sichtbarlich jung und dennoch alt. Er weiß mehr, als seine fünfzigjährigen Zuhörer in den Logen. Er ist älter, als alle. Gewitzter, als alle. Auf- und abgeklärter. Ein skeptischer Lächler. Ein praktischer Philosoph. Ein Weltkenner und ein Halbweltweiser.

So ist dieser junge Conférencier, wenn man ihn ansieht. Aber eine leise Erinnerung an seine Matura, die er vor etwa drei Jahren bestanden hat, erwacht in ihm, so oft er das Podium betritt. Ja, ich kann nicht leugnen, daß er manchmal zittert. Auch ein gut konservierter, von langer Hand vorbereiteter Vorrat an Geist erschöpft sich mit der Zeit. Auch eine Schlagfertigkeit, die man fürsorglich geprobt hat, kann versagen. Auch ein plötzlicher Zuruf aus dem Publikum, den man selbst erfunden, kann ausbleiben. Und man ist erst einundzwanzig Jahre alt.

Ja, der alte Conférencier ist ein junger Mann. Er hat Herzklopfen, wenn er einen Vorschuß verlangen muß. Er bekommt ihn nicht. Klein und ein Bittsteller in den Pubertätsjahren steht er vor dem Direktor, der alles besitzt, was der Conférencier nur auf dem Podium zeigen darf: Erfahrung, Frauen und Witz, Geistesgegenwart und lächelnde Skepsis. Niemals gibt es einen Vorschuß und selten eine Gage.

Aber gefährlicher als der Herr Direktor, von dem man dressiert wird, ist das Publikum, das man dressiert. So oft der junge Conférencier den Vorhang beiseiteschiebt, ist es ihm, wie damals, als er vor einen grünen Tisch trat, zum Examen. Sobald er ein Lehrer sein will, wird er ein Schüler. Im kalten Glanz des Scheinwerfers steht er nackt und arm. Hunderte Augen sind ihm boshaft zugewandt, höhnisch klirren Gabeln und Sektgläser und ein Zischen von vierhundert Lippen dringt falsch und züngelnd zu ihm empor. Und in dem Saale sitzen hundert Frauen!

Hundert halbentblößte Frauen, von kostbaren Gewändern entkleidet, Perlen enthüllen ihre Nacktheit. Oh, kennte man sie! Wüßte man, wie sie lieben! Reichte ein Vorschuß doch hin, um ihnen eine Blume zu kaufen! Hätte man doch all das erfahren, was man von ihnen schon weiß und erzählt! …

Einmal ereignet es sich, daß eine gutgelaunte Loge den jungen Conférencier einlädt. Er tritt an den Tisch, an dem zwei Frauen sitzen, lächelnd in der Erwartung eines Mannes, der hinter den Kulissen lebt. Ein dicker Herr, schwitzend von Wohlwollen, traktiert den jungen Conférencier mit Sekt. Er nippt an einem halbvollen Glase. Er schweigt. Man erwartet einen Witz von ihm. Er ist berauscht. Jetzt sitzt er neben den Frauen, derer er müde ist von Beruf. Er hungert nach ihnen, derer er satt ist. Improvisierte Zurufe kann er nicht schlagfertig beantworten. Sie sind improvisiert. Die Situation reduziert den Conférencier vom Weltmann zum Jüngling.

Es war Schluß. Der Markör kam. Man löschte die Lichter. Der junge Conférencier erhob sich und bat den Kellner mit leiser Stimme um ein kleines Darlehen. Wenn er sich beeilte, konnte er noch den letzten Autobus erreichen.

## *Das Geheimnis der Taschenuhr Glashütte*

In Glashütte, von Dresden bequem in zwei Stunden zu erreichen, werden die besten deutschen Taschenuhren geboren, die kleinen lebendigen Dinge, die uns von der Konfirmation bis zum Grabe begleiten. Jeden Abend, vor dem Schlafengehen, ziehen wir sie auf, ihre Herzen, ihre Lungen, ihr Leben um neue vierundzwanzig Stunden verlängernd, und legen sie auf das Nachtkästchen neben Brieftasche, Füllfeder, Zigarrenabschneider, Taschenmesser, Schlüsselbund und die anderen Trophäen, mit denen sich der Europäer tagsüber behängt. Viel mehr wissen wir von diesen angeblich nützlichen Gegenständen als von unseren Uhren. Nur ihren vertrauten Klang haben wir im Ohr. Aber ihre Seele kennen wir nicht, die unsichtbar im Gehäuse verborgen ist, metaphysisch existent neben dem Mechanismus; und nicht einmal diesen kennen wir. Oder weiß jemand, was eine »Federhaustrommel« ist?, ein »Kleinbodenrad«?, ein »Großbodentrieb«?, ein »Messingwechselrad«? Können wir eine Uhr berechnen? Können wir sie zerlegen, um sie wieder zusammenzusetzen? Wissen wir, wie jene Stahlfeder hergestellt wird, mit der wir die klugen Erkenntnisse in unsere Hefte schreiben? Wie ein Bleistift entsteht, eine Kreide, eine Schultafel?

Deshalb ist es notwendig, in die Fabriken zu gehen und nachzusehen, wie groß die gebildete Ahnungslosigkeit unserer Lehrer und unserer Bücher war. Und jeder, der so weise über »die Zeit« zu schreiben sich unterfängt, sollte einmal auch etwas über eine Uhr erfahren. Denn diese ist nicht nur ein Instrument, jene zu messen, sondern auch ein Mittel, jene zu erkennen.

*

In Glashütte lebt alle Welt von Uhren. Mit ihrer Erzeugung sind drei große Fabriken beschäftigt, aber auch Heimarbeiter stellen einzelne feine und weniger feine Teile her und liefern sie den Fabriken.

Der Begründer der Glashütter Uhrenindustrie war Ferdinand Adolf Lange, Sohn eines Dresdener Büchsenmachers, Verfasser einer bedeutenden Schrift »Über den freien Ankergang«. 1845 entstand seine Fabrik, in der heute etwa 200 Arbeiter beschäftigt sind und die von seinen Nachkommen geleitet wird.

Die Fabrik liegt neben dem kleinen Bahnhof und sieht aus wie ein großes Gartenhaus. Denn eine Uhrenfabrik soll nicht die zyklopisch-monumentalen Ausmaße etwa einer Automobil- und Motorenfabrik haben. Es ist eine leise, feine Arbeit, die in ihren Mauern geleistet wird. Jedes Geräusch einer hastig erbitterten Betriebsamkeit würde sie stören. Jeder Handlanger in dieser Fabrik ist mindestens ein halber Feinmechaniker. Die Hand stellt Werkzeuge und Werkzeugteile her, die Augen ohne Lupe nicht erkennen. Man schafft mit dem dichterischen Tastgefühl eines Blinden. Man feilt an unsichtbaren Windungen und schleift Stahlnadelspitzen, die nicht vorhanden sind, wenn man sie nicht mit dem Glase sucht. Das ist schon die Grenze zwischen Arbeit und Schöpfung. Die Objekte leben in den Grenzgebieten zwischen materieller Welt und metaphysischer. Sie leben – – und sind nicht da. Sie sind die letzten Ausläufer der »Materie«, dort, wo sie bereits in das Immaterielle vorfühlt.

Diese Dinge können nur in einem Milieu der Stille, in einer Atmosphäre der Versenkung, des Abseitigen entstehen, erblühen. Die großen Uhrmacher der Vergangenheit schufen im Abgeschiedenen. Heute gibt es keine großen Uhrmacher mehr. Aber auch die kleinen Handwerker werden selten. Alle großen und kleineren Uhrenfabriken entstehen in kleinen Orten oder abseits der großen Städte.

Es gibt Abteilungen in der Fabrik, in denen auch die Musik der großen Maschinen hörbar wird. Das sind jene Räume, in denen die Werkzeuge hergestellt werden, die Formen, die Stanzen. Ein Schuster kann seine Ahle kaufen. Uhrenhersteller müssen auch ihre Werkzeuge selbst verfertigen und die Urbilder der Formen und die Fräser. Die Genauigkeit des Endobjektes ist abhängig von der des Werkzeugs.

*

Der Anfang einer Uhr ist die sogenannte »Mutterplatte«, eine runde Messingscheibe, auf der feine Stiche zu sehen sind. Hier sind die Punkte vorgezeichnet, auf denen die Bestandteile, die Schrauben und Stifte, angebracht werden. Eine Uhr wird »berechnet«. Es ist selbstverständlich wichtig, daß diese Punkte sich genau dort befinden, wohin sie die Berechnung dirigiert hat. Eine kleine, gar nicht wahrnehmbare Abweichung ist unmöglich. Mechanische Meßapparate von differenziertestem Feingefühl kontrollieren unaufhörlich die Resultate.

Ein Gehäuse macht mindestens fünf Metamorphosen durch, bis es die letzte Form erreicht hat. Es ist zuerst ein ziemlich klobiges Stück Gold (oder Silber). Die Kunst besteht darin, es so zu höhlen und gleichzeitig zu flachen, daß möglichst wenig Material verloren geht. Die Herstellung eines Gehäuses mit der Hand dauert acht Stunden. Ein sogen. »Savinettegehäuse« (Doppeldeckel) mit der Maschine drei Stunden. Rings um den inneren Rand muß ein Nickelstabring so eingelegt werden, daß er aussieht, wie organisch aus dem Gold gewachsen. In dem Arbeitsraum, in dem die Gehäuse hergestellt werden, liegt, trotz der peinlichsten Sauberkeit, überall feinster, kaum sichtbarer Goldstaub. Die Blusen der Arbeiter sind Eigentum der Fabrik. Man wäscht die Arbeitsblusen in regelmäßigen Zeiträumen, schüttet das Schmutzwasser durch ein Sieb in große Fässer und *gewinnt Gold*. Man gewinnt Gold aus den Ritzen zwischen den Dielenbrettern, aus den Fugen in den Arbeitstischen, aus den unwahrscheinlichsten Winkeln, aus dem Wasser, in dem sich die Arbeiter die Hände waschen. Man gewinnt aus seinem »Blusenwasser« durchschnittlich 37 Gramm reines Gold.

Die Generalstabskarte einer Uhrenfabrik ist die »Formituren-Termatafel«. Sie hängt an der Wand, eine große Karte mit vielen kleinen Kästchen, Längs- und Querstrichen und rätselhaften Bezeichnungen in den einzelnen Kästchen. Das sind alle in der Fabrik umherwandernden Uhrenbestandteile. Jedes hat eine Zahl als Bezeichnung. Das Fräulein, das diese Tafel bedient, verfolgt die Wanderung der einzelnen Teile und kennzeichnet die verschiedenen Etappen durch bunte Stecknadeln.

*

Sobald die Uhr fertig ist, kommt sie in eine sechs Wochen lange Quarantäne, die man »Regulage« nennt.

Reguliert wird die Uhr nach den Zeitsignalen von Nauen und Babelsberg. Weil die Temperatur Einfluß auf ihren Gang hat, muß sie alle Klimata durchwandern. Zuerst kommt sie in einen Eiskeller für 24 Stunden. Für die nächsten 24 Stunden kommt sie in einen Wärmeofen. Hierauf, weil auch die Lagerung wichtig ist, liegt sie in verschiedenen Lagen: sie kommt ins »Hängen«, in die »Bügel-Rechts«- und »Bügel-Links-Lage«, sie liegt auf dem Bauch und auf dem Rücken. Auf die feinen Zähnchen ihres Unruhrades schraubt man noch feinere, kleine Gewichtchen, schraubt sie hier ab, läßt sie dort bleiben, so lange, bis der Schwerpunkt genau in der Mitte erreicht ist.

Der Reguleur, mit dem ich sprach, ist ein bärtiger, freundlicher Herr, der von seiner Arbeit fanatisiert ist, ein Uhren-Religiöser, ein rechnender Schwärmer, ein Genauigkeits-Phantast. Diese Tätigkeit muß solche Charaktere heranbilden. Auch sie spielt sich in einem Grenzgebiet ab: nämlich dort, wo die genaueste Realität schon unwahrscheinlich wird.

In Wirklichkeit macht ein Reguleur die überraschendsten Erfahrungen: daß die Uhr abhängig ist vom Temperament, dem Blut, der Leibesbeschaffenheit ihres Besitzers. In der Tasche eines Dünnen hängt sie »wie auf einem Kleiderständer«. Auf dem Bauch eines Dicken liegt sie schief – es ist die ungünstigste Lage für eine Uhr. Ein Schritt noch und das Geheimnis fängt an: wie reagiert dieser subtilste Mechanismus auf Mann und Weib? Auf Groß und Klein? Auf Optimismus und Pessimismus? Auf Laune, auf Begabung, Stumpfheit, Jugend, Alter?

So ein Reguleur hat kein leichtes Leben. Er reguliert immer. Jede Abweichung irritiert ihn. Der, mit dem ich sprach, gestand mir, daß er sich schämte, seinen Kollegen folgendes zu erzählen: er hätte eine Nacht hindurch auf einem Ball getanzt und dann, ja dann differierte seine pünktliche Uhr um – – zwei Zehntel Sekunden …

*

In der Fabrik befindet sich eine Standuhr, die, sobald sie fertig ist, ein »technisches Wunder« sein wird.

Sie gehört ihrem Hersteller, ihrem Erdichter und hat einen sehr hohen Seltenheitswert. Ihr Schöpfer ist der Uhrmacher Goertz, ein Deutschrusse aus Charkow. Er ist heute 62 Jahre alt. Als er achtundzwanzig zählte, begann er, die Uhr zu konstruieren. Sie ist heute noch nicht ganz fertig.

Diese Uhr entstand, wie ein großes Kunstwerk entsteht: Zuerst wollte der Uhrmacher Goertz eine Pendeluhr bauen, die sowohl unsere Sommerzeit wie auch die astronomische Sternzeit anzeigen sollte. Aber die Uhr machte sich selbständig, sie wuchs unter den Händen ihres Schöpfers, sie verführte ihn. Und ehe er sich versah, hatte er auch Sonnenauf- und -untergang hineinkomponiert. Dann kamen die Mondphasen. Dann ein Kalender. Ein Anzeiger der Schaltjahre, Monate, Wochen, Tage, ein Schlagwerk für jede Viertelstunde, ein Werk, das einen Monat lang geht –, die Uhr wuchs und wuchs, und der Uhrmacher ward alt und grau, der Weltkrieg kam, die Revolution, der Meister flüchtete, die Uhr, die er mitzunehmen glaubte, folgte ihm selbst, blieb bei ihm und befahl ihm zu arbeiten. Heute fehlen nur noch ein paar Äußerlichkeiten. Der Uhrmachen muß jetzt daran gehen, die Konstruktion dieser Uhr aufzuschreiben für die Nachwelt. Es wird eine Dichtung aus Ziffern sein.

Goertz will die Uhr verkaufen. Sie soll sein Alter sichern. Aber ob diese Uhr gewillt ist, ihren Meister zu verlassen – – daran zweifle ich.

## *Hafen von Marseille*

Die Nacht fiel in die engen Gassen des alten Hafenviertels und die Fledermäuse erwachten.

Sie stießen blind, und als wären sie tote Steine, abgeschnellt von der Schleuder eines Knaben, gegen Türpfosten, Drähte und Wäscheleinen, welche die höchsten Fenster gegenüberliegender Häuser verbanden, zarte Brücken nachbarlicher Freundschaft. Ein opalener Schimmer hinter den Häusern versprach nach kurzer Weile einen silbernen vollen Mond. Indessen erglommen schon die Laternen, um die sich die schwarzen Schwärme lichtsüchtiger Mücken sammelten, erregte Gäste zu einem fröhlichen Fest. Um alle Misthaufen schlichen die suchenden Katzen, die schnüffelnden Hunde, und aus den Löchern der Kanäle huschten die Ratten und die Mäuse, ihren gefährlichen Feinden ganz nahe und wie von Engeln vor dem Tode bewahrt. Die armen Häuser entzündeten ihre armen Lichter. Man konnte die dunklen Möbel sehen, die Männer in Hemdärmeln, die Frauen in Schürzen, Teller aus Zinn.

Schon kamen in die Kneipen die ersten Gäste, Matrosen von den Schiffen und Soldaten aus den Kasernen, in Rudel gebündelt wie Sträuße und voneinander scheinbar so wenig verschieden wie Pflanzen von gleicher Gattung. Noch standen in den Fächern hinter dem Schanktisch die Gläser in blitzenden Reihen und die Stühle waren noch unberührt und die Marmorplatten nüchtern. Die Musikanten kamen mit den dunkel verhüllten Instrumenten und schälten Geigen und Klarinetten aus dem Schlaf. Der Lärm dieses Abends war noch jung, wie ein Kind – und schon fühlte man, wie er wuchs. Aber er blieb ein Fremder in diesem Viertel, eingedrungen in die Majestät der Armut und der Trauer.

In das Tanzlokal »Nebukadnezar« schüttete die Gasse fortwährend neue Gäste. Matrosen, Neger, Mongolen, Inder, Frauen wie späte Sommer, junge Mädchen wie Birken im Frühling. Unaufhörlich spielten die Musikanten, von ihrem Kapellmeister nicht dirigiert, sondern getrieben, denn er führte seinen Taktstock, wie man eine Peitsche über Sklaven schwingt. Es wurde heißer und lauter, die Beleuchtung wechselte, das Zimmer schwamm in Blutrot, Orangegelb und Flaschengrün, ein betrunkenes Mädchen sang, jeder rief sich selbst Parolen zu, jeder war sein eigener Getriebener, jeder war sein eigener Knecht, jeder haßte seinen ermattenden Körper, jeder schlug seine müden Sinne.

Ein Greis verkaufte Ansichtskarten. Man litt ihn nicht, denn er war wie die Zukunft vieler junger Männer, die hier tanzten. Auch sie werden einmal Ansichtskarten verkaufen. Alle dreißig Jahre wandern andere Hausierer von Tisch zu Tisch. Die heute hausieren, haben vor dreißig Jahren noch getanzt. Die damals noch hausierten, sind heute verschollen.

Man trank Gin und Absinth, legte die Röcke ab, um die Stuhllehnen zu bekleiden. Nach Mitternacht kamen Kinder, um ihre Eltern aufzuklauben. Sie fanden hier einen Vater, dort eine Mutter und warteten in einer Ecke, bis das Elternpaar ganz war, und führten die torkelnden Alten vorsichtig die Kellerstufen empor. (Dieser Kinder Nachkommen werden es einmal auch so mit ihren Eltern machen.)

Draußen erhob sich Lärm. Man stürmte hinaus. Ein Straßenmädchen hatte einem Besucher die Brieftasche gestohlen. Das Zimmer stand offen, alle Fremden drangen ein, befühlten das Lager, auf dem man liebte und stahl und auf dem eine alte Katze saß und die aufgeregten Menschen mit klugen traurigen Augen ansah. Der Bestohlene sprach englisch. Es war ein Amerikaner. Er steckte, dünn und ausgemergelt, hart und zähe in seinem würfelförmigen Anzug, wie in einem lockeren Gehäuse. Amerikanische Matrosen ergriff der Patriotismus und sie nahmen sich des Bestohlenen an. Sie kämpften für die Brieftasche eines reichen Mitbürgers, wie es die Pflicht aller Matrosen ist. Die Musikkapelle stand auf der Straße und spielte unentwegt. Sie folgte den Gästen. Man vergaß die Brieftasche und begann zu tanzen. Man schritt tanzend hinunter in den Keller.

Da stand ein Mann und sang. Mit beiden Händen breitete er den Refrain vor den Zuschauern aus. Eine Frau weinte. Einige schluchzten. Die Männer tranken, um die Tränen in den Kehlen wieder hinunterzuspülen.

Draußen war der Mond schon hoch über den Dächern. Es war eine feierliche Nacht. Sie wußte nichts von dem, was sie barg. Alle Dinge wissen nichts voneinander. Sie liegen nebeneinander und jedes führt sein eigenes Leben. Die Laternen waren schüchtern, wie Kerzen bei Tag. Die Tiere der Nacht wachten. Die Hunde liefen ein Nachtlager suchen. Die Katzen hockten an den Schwellen. Nachtfalter torkelten, wie betrunken. Die Bettler schliefen auf den Steinen. Mancher lächelte im Schlaf. Er träumte vielleicht einen schönen Traum von überirdisch großen Kupfermünzen, die in seinen alten Hut fielen …

## *Hephata*

In der Anstalt »Hephata« (in Treysa bei Kassel) bildet man junge Männer zu Pflegern heran und weiht sie einem gütigen Leben; Schwachsinnige erzieht man zur Arbeit; kranke Kinder pflegt man gesund; unheilbare pflegt man auch; psychopathische versucht man normal zu machen; Alkoholiker bessert, Zuchthäusler versöhnt man, so gut es geht, mit der Welt; schließlich unterrichtet man auch gesunde Kinder. Man bemüht sich, die mangelhafte Ordnung der Gesellschaft zu vervollkommnen, die Grausamkeit der Natur zu mildern. Die Anstalt »Hephata« ist eines jener Asyle, in die sich Humanität und Nächstenliebe zurückgezogen haben – vermutlich, um nicht in eine zu nahe Berührung mit der Mehrzahl der Menschen zu geraten. Denn mehr noch als Idioten, Krüppel, Lebensunfähige aller Art bedarf in dieser Welt die Liebe eines Refugiums …

Von anderen Schwachsinnigen- und Besserungsanstalten im Lande unterscheidet sich »Hephata« dadurch, daß es kein Interniertenlager sein will, sondern eine freie Gemeinschaft freiwillig hier Lebender; eine Gemeinde von Flüchtlingen; kein Gefängnis für Ausgestoßene. Jeder hat ein Recht auf Arbeit und Genuß der Freiheit. Nur in manchen Zimmern, in denen sich rettungslose Kinder befinden, fehlen an der Innenseite der Türen die Klinken. Nur vor wenigen

Fenstern ist dichtes Eisengeflecht gespannt. Die meisten Zöglinge aber gehen frei von Haus zu Haus, vom Essen zur Arbeit, von der Arbeit zum Spiel. Sie haben kleine Gruppen untereinander gebildet und in Zimmern vereinigt. Jede Gruppe hat ihren Namen, wie: Eintracht, Friede usw. Hier stört die primitive durchsichtige Symbolik dieser Namen gar nicht. Nicht nur, weil sie von Schwachsinnigen und für sie gewählt sind, sondern weil hier einer jener wenigen Orte ist, an denen durch Mißbrauch Hohlklang gewordene Worte wieder ihren alten, ursprünglichen, einfach-feierlichen Sinn erhalten. Die Liebe ist hier so groß, daß sie Phrasen heiligt.

Aus allen Gegenden des Landes kommen Unglückliche nach »Hephata«. Pathologische Ausreißer verfolgt man nicht. Infolgedessen kommen sie wieder. Man bestraft sie, indem man ihnen noch größere Freiheit läßt. Man verweist sie in eine kältere Einsamkeit. Kein Zaun umgibt sie. Aber auch nicht die Wärme der anderen. Weil der Trieb zur Gesellschaft auch in Kranken stark ist, fühlen sie die Strenge einer fessellosen Einsamkeit. Lockte sie früher die Ungebundenheit, so ruft sie jetzt die Gemeinsamkeit. Wer nicht arbeiten will, dem verbietet man, zu arbeiten. Infolgedessen erwacht in ihm der Ehrgeiz, eine Leistung zu vollbringen. Man verwandelt harte Notwendigkeiten in verbotene Früchte, in lockende …

So korrigiert man die Verwirrung der Natur zu einer erträglichen Ordnung, die den Lauf der übrigen Welt nicht stört. Die Kranken sind nur halbe Kranke, weil sie glauben, gesund zu sein. Ein Idiot kann beinahe vernünftig werden, wenn seine Handlungen einen vernünftigen Sinn erhalten. Denn – was nennen wir vernünftig? – Das Zielbewußte. In »Hephata« hat jede Arbeit ein Ziel. Wer nicht arbeiten kann, dem sucht man vorzutäuschen, daß er dennoch einen Zweck erfülle. Von allen frommen Lügen ist diese die frömmste. Wer weiß, ob es eine Lüge ist? Wissen wir etwa Bescheid um die Ziele, denen uns ein unverständliches Gesetz entgegentreibt?! …

Idioten und Verrückte sind wie Tote. Nur auf eine metaphysische Weise können wir uns mit ihnen verständigen. Ihr Sinn ist ja verworren, ihre Zunge lallt, ihre Bewegungen sind unsicher richtungslos, flatternd schwerfällig, ihre Augen haben gar keinen Ausdruck und sind wie Fenster ausgeräumter Hallen. Nur das, was jenseitig ist in uns allen, ist bei ihnen intakt. Nur durch Ahnung, Einfühlung, Ertasten, Erraten, Güte, Instinkt können wir mit ihnen verkehren. Ihr Gehirn ist zum Teil vernichtet. Aber Gehirn ist, streng unmedizinisch ausgedrückt: nur das Material der Seele, ihr Handwerkszeug. Das beweisen die Schwachsinnigen.

*

Es kam ein Mann nach »Hephata«, der war dreißig Jahre im Zuchthaus gesessen, wegen Raubmords.

Der Leiter der Anstalt brachte ihn mit seinen Kindern zusammen. Sie nannten den Raubmörder »Onkel«, grüßten ihn, gaben ihm die Hand. Seine Bitterkeit schmolz. Seine hartnäckige Stummheit sprengte sich selbst. Ein Wort entfiel ihm, nach langer Zeit. Ein Wort!

Er begann zu arbeiten. Er hackt Holz. Mechanisch, sorgfältig, fehlerlos, unermüdlich. Zu einer anderen Arbeit taugt er nicht – dreißig Jahre saß er im Zuchthaus …

Ich trat in einen Saal. In kleinen Bettchen liegen idiotische Kinder. In ihren Augen ist weder die reine Unwissenheit, die uns an Kindern rührt, noch das ahnende, erwachende Begreifen, das sie uns nähert. In den Augen dieser Kleinen wohnte schon der erwachsene, der reife Wahnsinn. Er verdrehte die Augäpfel der Kinder, so daß die Pupille sich in einer Ecke zwischen den Lidern verbarg – und der Rest war: nacktes, rundes, weißliches, nasses Glas, in seiner Kleinheit grenzenlos. Ein Kind schlug fortwährend mit den Fingern der einen Hand in den Ballen der anderen. Unfehlbar, immer traf es dieselbe Stelle. Aus den Kehlen einiger drangen Geräusche, Gemurmel, Stöhnen, knappe, kleine, flatternde Angstrufe, die keinen Atem haben. Viele von diesen Kindern werden wahrscheinlich bald sterben. Hier liegen sie wie auf einem Bahnhof, von dem sie der Tod abholen wird. Manche aber warten lange Zeit. Da war einer, der lag einundzwanzig Jahre in der Ecke, in einem Kinderbettchen. Einundzwanzig Jahre wuchs er nicht, vollführte er nur ein paar primitive klopfende Bewegungen mit den Fingern, er gab dem Tod geheimnisvolle Signale, die niemand verstand. Warum ließ man ihn solange warten? Er hatte einen bürgerlichen Namen, man führte ihn in Listen, er gehörte der Welt trotz allem an, aber er korrespondierte unaufhörlich mit dem Tod.

Ein anderer lebte hier, ein Deutschrusse, der siebenunddreißig Jahre alt wurde, ein Gärtner. Er pflegte die Gräber der Toten in Hephata, bat eines Tages um ein eigenes kleines Haus auf dem Friedhofe. Er wußte schon, daß er sterben würde, er wollte noch lebendig in ein Grab. Er fürchtete es, die nackte, schwarze Erde. Er wurde zornig, er empörte sich gegen das Gesetz, das ihn rief. Wer weiß es? Er starb vor Erschöpfung.

In einer der Werkstätten bindet ein Mann Bürsten. Man ruft ihn. Er steht auf. Mit einem Ruck, als hätte ihn ein Draht von der Zimmerdecke emporgezogen. Man fragt ihn nach den Namen und Daten längstverwester Menschen, Hunde, längstverwehter Ereignisse. Er weiß Jahreszahlen, Monate Wochentage, Themen aus Predigten, Psalmen, Lieder. Sein Kopf ist ein Magazin für Erinnerungsstoff. Sein Gedächtnis überwuchert seinen Verstand. Er lächelt. Aber sein Lächeln ist nicht der Ausdruck irgendeiner Stimmung, Regung oder Eigenschaft. Er lächelt nicht etwa aus Wehmut, Eitelkeit oder Verlegenheit. Sein Lächeln ist da, unabhängig von ihm, es kam von außen her, es setzte sich auf sein Gesicht.

Einer bindet Besen. Er hat an den Händen je zwei Finger. Seine Hände sind wie primitive Gabeln. Mit diesen Händen wollte er Mandoline spielen. Es lag ihm wahrscheinlich gar nicht an der Musik. Just mit diesen Händen wollte er Melodie hervorbringen. Es gelang nicht. Er sah es selbst ein. Man kann mit zwei Gabeln nur Besen binden, Rute zu Rute legen, mit Bast verschnüren, die Zähne zu Hilfe nehmen und die Lippen. Und dennoch trägt er an einem seiner vier armen Finger, am linken Ast seiner linken Gabel, einen glänzenden, glatten, goldenen Ring.

Einer der Idioten kann nicht selbständig gehen. Er ist schlaff wie ein Sack. Ein anderer ist sehr kräftig. Er schleppt den Schlaffen den ganzen Tag. Er hält den Schlaffen vor seinem Leib, umklammert ihn, führt ihn vor sich her wie eine große Puppe. Sie sind unzertrennlich. Sie sind eins. Sie gehen zusammen, wie ein einziges Geschöpf, auf Vorder- und Hinterfüßen.

Wir kamen durch die Frauensäle. Zwei Frauen hockten wie Affen am Fenster und kraulten sich. Runzlig, gelb, kleine, alte, verschrumpfte Früchte waren ihre Gesichter. Sie erregten einander keinen Abscheu, sondern Zärtlichkeit. Sie liebkosten ihre schrecklichen, häßlichen Gesichter.

Ein großes, blondes Mädchen spielte mit einer Puppe. Die Puppe aus hohlem Wachs mit roten Backen, von einer nichtsnutzigen Gesundheit, glich genau der Schwachsichtigen. Mein Begleiter, der Pfarrer, nahm die Puppe in den Arm. Alle Frauen lachten. So grotesk erschien ihnen ein Pfarrer mit einer Puppe, ihnen, den Grotesken.

Fünf blöde Kinder sind um ein Grammophon versammelt. Sie kleben am Tisch. Klänge kommen aus dem Bauch des Kastens, die Kinder glauben, der Klang wäre an den Kasten gebannt, an den Tisch, wissen nicht, daß Geräusche schweben, fliegen, unkörperlich sind.

Man unterrichtet die Kinder, bringt ihnen mühsam Farbenbestimmungen bei, Begriffe geometrischer Figuren, entlistet ihrem armen Gehirn ein bißchen Bewußtsein, heilt sie mit Jodpräparaten, stellt Forschungen an (eine der neuesten betrifft die »Kapillarforschung« bei Schwachsinnigen). Psychopathische Knaben läßt man mit normalen zusammen die Schule besuchen, normalisiert sie gleichsam, behorcht ihre Instinkte, erfühlt ihre Geheimnisse.

*

Im Anblick dieser Irrsinnigen verwandelt sich das Merkwürdige an Normalen in Selbstverständliches. Jetzt sind mir die langsamen, schweren Handbewegungen des Idioten vertraut. Er ist durch Furcht gehemmt. Sein Arm, der etwas erreichen will, weiß gleichsam noch nicht, ob es sicher ist, das Erreichbare. Er kommt immer zu spät. In jedem Saal reichten mir idiotische Kinder die Hand. Es waren kalte feuchte Hände ohne Physiognomie. Die Kinder zogen die Hände irgendwo her, als wären es fremde Gegenstände, die man aus einem nahen Schubfach holt. Dieser eine Augenblick, in dem die Hand in der Luft schwebt, ehe sie der fremden begegnet, dauert hier sehr lange. Es ist, als wüßten diese kleinen Hände, daß es Überwindung kostet, sie zu berühren. Es ist, als wüßte dieses Lächeln, daß es bei aller Anstrengung nicht gewinnen kann. Es ist, als wüßten diese schleppenden Füße, daß der Weg zu mir weiter ist, als es aussieht, so weit wie vom Irrsinn zur Vernunft. Es gibt ein Fühlen, nicht nur ein Wissen, aus Erfahrung. Man grüßte uns auf der Straße mit einer hastigen, unbedingt zurechtkommen wollenden Freudigkeit. Manchen aber erstarb ein kaum geborener Gruß auf den Lippen. Unsere Gesundheit ist doch schneller als unsere Güte …

*

Wäre der Mord an Idioten nicht Wohltat? Ich glaube nicht, daß wir das Recht haben, jemanden aus der Welt zu schaffen, der nicht das Glück hat, so geartet zu sein wie die Mehrzahl der Menschen. Ist es etwa der Sinn des Lebens, Städte zu bauen, Eisenbahn zu fahren, Windjacken am Sonntag zu tragen? Wo wäre die Grenze, wenn wir gestatten würden zu töten? (Wir Normalen sind ohnehin mit einer gewissen Leidenschaft fürs Morden begabt.) Wo bliebe der Nutzen, den die Medizin aus der Forschung an lebenden Idioten zieht, zur Verhütung, vielleicht zur Heilung der Idiotie?

Wir können nicht entscheiden, in welchem Grad die Idioten produktiver sind als wir. Ich ziehe einer durchwegs von normalen Dummköpfen bewohnten Welt immer noch eine vor, in der ein Teil sozusagen irrsinnig ist.

## *Bericht aus dem Pariser Paradies*

Das Paradies liegt im Keller, in der Tiefe. Aber es ist so günstig placiert, daß es beinahe meiner Vorstellung vom siebenten Himmel entspricht. Es ist ein unterirdisches Paradies. Aber die Richtung, die man einschlagen muß, um zu ihm zu gelangen, spielt gar keine Rolle. So glaube ich manchmal, wenn ich einen geschmeidigen Sturz unternehme, im kühnen Flug emporzufallen …

Den Eingang zum Paradies beleuchten blaue Buchstaben, aus kleinen Lämpchen zusammengesetzt. Ihr Blau nähert sich ein wenig dem Violett. Es ist das Blau des blauen Stiefmütterchens und der ersten Morgenschleier, die über einem Acker liegen. Es ist ein Blau starker eindrücklicher Träume und rauchender Zigaretten. Es ist nicht das Blau des Himmels und nicht die Farbe des südlichen Meers. Sie sehen, wie schwer es ist, eine Farbe deutlich zu beschreiben.

Zu beiden Seiten der Treppe, die zum Paradies hinunterführt, mit glatten Sünden gepflastert ist, aber auch mit einem Geländer versehen, befinden sich Spiegelwände, die das Blau kleiner Glühlampen etwas heller widerstrahlen. Es entsteht eine Atmosphäre aus Rauch, Morgen und Traum. Es entsteht eine ganz fremde Farbe, sehr verschieden von allen bekannten. Infolgedessen erlischt das Bewußtsein von der Zeit. Man erinnert sich nur, daß es Mitternacht war, als das Tor des Paradieses aufging und ehe man seiner Verdammnis anheimfiel. Auch die Erinnerung an die geographische Lage erlischt: an den ganzen Montmartre-Himmel mit seinen bunten Reklamesonnen; an die irdischen Hupensignale irdischer Automobile in der Rue Pigalle. Blau und umdämmert ist das Gehirn. Die Zeit rinnt nicht, sondern wallt, in Schleier aufgelöst …

Der Treppe gegenüber sitzt die Musikkapelle. Sie hat: Klavier, Geige, Saxophon, Flöte, Ziehharmonika, Trommel. Der Geiger hat fast gar nichts zu tun. Deshalb ist er Kapellmeister. Er steht vor der Musik, aber mit dem Rücken zu ihr, zugewandt den Ankommenden, der Treppe, dem Publikum. Er dirigiert nicht die Musik, sondern den Raum, die Farbe, den Tanz. Er dirigiert das Paradies. Manchmal singt er. Seine Stimme hat er mit der des Saxophons vertauscht. Er hat ein breites weißes Gesicht aus Schlemmkreide. Er pumpt mit Armen und Beinen Räusche aus seiner Nüchternheit. Denn er ist sehr nüchtern. Er allein weiß hier Bescheid um die Stunde und um die geographische Lage. Er ist ein irdischer rationalistischer Kapellmeister. Seine Tage verbringt er mit der Zeitung im Bett. Er gehört nicht zum Paradies, wie zum Beispiel ich. Er hat nur einen Kontrakt mit dem Paradies.

Ich aber trinke Calvados.

Das ist ein Schnaps, gebraut aus Apfelsaft, je nach seinem Alter goldbraun, wie herbstliche Blätter, oder zartgelb, wie Bernstein. Manchmal schmeckt er wie Cognac und manchmal wie Blüten unbekannter Früchte. Im Paradies kostet er auf jeden Fall fünf Franken …

Tische und Stühle stehen eng beieinander, in zwei langen Reihen, in deren Mitte man tanzt. Ich sitze gern am Rand. Manchmal kommt ein Engel vorbei und streicht mir die Haare. Denn es leben Engel im Paradies, selbstverständlich.

Sie entstammen allen Rassen der Erde, sie sind weiß, gelb, schwarz, braun, schattiert, gemischt, nuanciert, mit schwarzen Augen und hellen, mit dicken Lippen und schmalen, mit schweren und zarten Brüsten, mit breiten und schlanken Hüften, mit Knien aus kühler Seide, sie sind braun geschminkt und weiß gepudert; kurz: sie sind Engel …

Ins Paradies kommen sie – weiß man, woher? –, um zu tanzen. Sie lassen sich von Männern umarmen, die von Engeln keine Ahnung haben. Sie lassen sich eine Limonade bezahlen und müßten Champagner trinken. Sie verdienen sehr wenig Geld und dennoch geben sie ihre Nächte her.

Ich gönne sie nicht allen Tänzern.

Ich gönne sie nicht den Handlungsreisenden mit den breiten Schultern aus Watteline, den Reisenden, die ohne Musterkoffer einen Abstecher ins Paradies machen und trotzdem erkenntlich sind. Ich gönne sie nicht den schmiegsamen Krawattenverkäufern, den Knochenweichen, Rückgratlosen, aus denen man einen modernen Knoten flechten könnte. Ich gönne sie nicht den bürgerlichen Ehrenmännern aus Boston, Liverpool und Amsterdam, die, befreit von ehelicher Aufsicht, eine Mädchenbrust an eine wollüstige Brieftasche drücken.

Ich gönne sie den Matrosen, den ewigen Knaben mit dem schwankenden Gang, mit den blauen Augen und den kindlichen Kragen, die auch im Paradies ein ewiger Seewind bauscht; den Negern, den Halbnegern, den javanischen Schiffsköchen, den mongolischen Boys, den abessinischen Prinzen und den schweren Fuhrwerkern aus den Markthallen. Sie kommen alle ins Paradies. Sie kommen aus den Kolonien, sie kommen aus den Kriegen, sie kommen aus Tunis, Algier, Marokko, aus den Häfen von Marseille, Bordeaux und Le Havre …

Manchmal ist das Paradies wie der tiefe Bauch eines Schiffes. Der ganze Raum schwankt gelind und unaufhörlich, und ohne Pause spielt die Kapelle das Konzert der Maschinen. Das Gefühl des Geborgenseins und gleichzeitig der Verlorenheit hält mich für ewig hier. Niemals wird es Tag werden, niemals irdische, von Sonne, Arbeit, Mittagspause, Turmglocken bestätigte Wirklichkeit. Dieses Gemach segelt mit mir durch den Ozean der Welten. Wenn die unaufhörliche Musik eine halbe Minute aufhört, ist es wie der unendlich stumme Augenblick, der während eines Gewitters zwischen Blitz und Donner geklemmt ist, furchtsam, atemlos, ohne Herzschlag.

Auf einmal wechselt die Beleuchtung. Sie fällt in das tiefe Grünblau nächtlicher Wiesen, dann in ein dunkles Rot von Rubinen. Die Lippen der Menschen werden blau und die Zigarette in meiner Hand ein kleiner Stab mit einem silbernen Brandköpfchen, auf dem ein Netz zarter Filigranasche geflochten ist. Dann wird es orangegelb im Paradies. Die Ziehharmonika allein spielt mit menschlichen Seufzern beim Atemholen ein Lied, das zwischen Europa und Afrika gelegen ist wie eine Insel, eine orangegelbe Melodie. Sie erinnert an die Volkslieder aller Nationen und besonders an slawische Sommernächte. Es ist, als erhielte die Ziehharmonika allein die goldgelbe Beleuchtung. Es ist ein abendliches Instrument. Es gebärt und nährt diesen übertriebenen Sonnenuntergang ohne Sonne: den Weltuntergang.

Alle Menschen wissen schon, daß sie verloren sind. Die Mädchen werden noch verlorener. Selbst die Handlungsreisenden möchten weinen.

Aber dazu kommt es nicht. Es darf nicht sein. Der letzte

Seufzer der Ziehharmonika bläst das orangene Licht aus und die Flöte entzündet wieder das Silber an der Decke.

Neue Ankommende, zum Paradies Verdammte schüttet die Straße hinunter. Ein neuer Engel kommt: blaßgelb, dritte Generation Mischung; im zarten Gesicht ein breiter, immer offener Mund. Er enthüllt ein starkes weißes Gebiß, eine zärtliche Drohung.

Es ist eines der unerforschlichen Rätsel der Natur, daß diese Frau mit den starken, großen Zähnen so demütige, so gebrechliche Fußknöchel hat; und einen Fuß, der die Stufen der Treppe nicht tritt, sondern küßt.

## *Zwanzig Minuten vor dem Kriege*

In einem Pariser Kino zeigt man Aktualitäten der tausendfach vergangenen, weil durch den Krieg von uns geschiedenen Wochen, die Aufnahmen der altgewordenen Neuigkeiten, der Moden, der Tänze, der Fünf-Uhr-Tees einer Epoche, die aus ihrer läppischen Lächerlichkeit unmittelbar in ein blutiges Grauen hineintänzelte – einer Epoche, die so verlogen war, daß sie die Wahrheit ihres eigenen Untergangs gar nicht mehr erlebte. Sie war vor ihrem Tode schon tot. Ihre Kinder waren zu Lebzeiten schon Gespenster, in Gartenlauben aus Pappe gezeugt.

Die regelmäßig bei jedem Programmwechsel sich erneuernden alten Filme laufen unter dem ständigen Titel: »Zwanzig Minuten vor dem Krieg.« Ihretwegen ist das Kino täglich ausverkauft, manchmal überfüllt. Alle Söhne gehen hin, ihre Väter auszulachen. Das große Familienalbum der Vergangenheit wird vor ihnen aufgeblättert. Es besteht aus Gräbern, die kein Grauen ausströmen, sondern unwiderstehliche Komik. Es entsteht eine sehr merkwürdige Art von Grauen, das nicht die Seele, sondern das Zwerchfell tangiert.

Wir sitzen vor der Leinwand und sehen eine jener alten Militärparaden, den Stechschritt der Regimenter zu Ehren des Kaisers, die wedelnden Pferdeschwänze an ihren natürlichen Orten und auf den Helmen. – Wir sehen die Pariser Menge vor 1910, die den französischen Präsidenten erblikken möchte. Männer mit zusammengerollten Würsten aus schwarzer Seide, die Regenschirme in Ruhetand sind, mit Zwickern, an breiten Halsbändern, die im Winde schaukeln, wie Hängematten für Sommerfliegen, mit Krawatten, die wie Matratzen über Brüste gebettet sind. Wir sehen Frauen in langen Schleppen, die wie unabsichtlich mitgezogene Teppiche sind. In Überziehern, die an den Hüften plötzlich Glocken werden, in kleinen Kapotthütchen, vielfach gefalteten, auf hohen Haartürmen sitzenden, mit Bratspießen befestigten. Alle Frauen haben die Form runder Türme, unten breit, oben schmal, wenn sie stehen, verdeckt das Kleid ihre Füße, es ist im Straßenpflaster eingepflanzt, im Innern von einem Drahtgerüst gehalten. Auf der Spitze des Turms wimmern drei Kirschen aus Glas …

Man sieht den allerneuesten Pariser Tanz von 1908, vom berühmtesten Tanzprofessor jener Zeit vorgetrippelt. Der Professor trägt einen Cutaway mit blonder Weste, einen geschlossenen Stehkragen, der den Hals umgibt wie eine geschliffene Festungsmauer, ein kleines, schwarzes, gezwirbeltes Schnurrbärtchen. Er hat winzige Füßchen, er tanzt auf den Füßchen-Spitzen, mit Daumen und Mittelfinger hält er Daumen und Mittelfinger seiner Dame. Er trippelt zwei Schrittchen vor, eines zurück, dreht sich um seine Achse, legt das Köpfchen kokett auf die Schulter, betrachtet seine Füßchen und klappert mit schamhaften Augenlidern den Takt zu seinen Bewegungen.

Man sieht die Modeschöpfungen eines großen Ateliers: Vom Hals bis zu den Hüften sind die Mannequins Atlaspanzer, von den Hüften bis zum falschen persischen Teppich sind die Vorhänge von Provinzbühnen. Manchmal, wenn es hoch und schamlos hergeht, entblößen sie unzüchtig einen Ellenbogen, die Verworfenen! Und wenn sie sich setzen, heben sie mit zwei Fingern das Kleid und locken mit sittlich verderbten Knöcheln. Oh, wie kupplerisch sind die Moden! Große aus Draht geflochtene, mit Samt und Tüll überzogene Teller wackeln auf den Köpfen, Straußfedern schaukeln auf den Tellern, fallen als Fliegenwedel ins Gesicht. Über die Kleider gehängt sind Bettvorleger, dreieckige die in einer Troddel endigen. Alle Frauen legen, wenn sie lächeln, den Kopf auf die Schulter. Und wann lächeln sie nicht, die Nekkischen? Sie schlagen die Augen auf und zu, wie kostbare Schreine, in denen Versprechungen liegen.

Man sieht Filme, die vor dem Krieg gedreht wurden, zum Beispiel den von den Banknotenfälschern. Der junge Mann verbreitet das falsche Geld, um die Ansprüche seiner verworfenen, bis zum Hals zuchtlos zugeknöpften Geliebten zu befriedigen. Er wird entdeckt, seine Mutter kommt, er stand verborgen hinter einem Paravent. Jetzt stürzt er hervor, vom moralischen Impetus seiner Wandlung fällt die chinesische Wand um, er selbst folgt ihr und legt sich, mit steifem Oberkörper, in einem Winkel von 90 Grad auf die Knie erhebt sich, von einer göttlichen, unsichtbaren Schnur hochgezogen, fällt mit hebelartig ausgestreckten Armen seiner Mutter um die Federboa, die ihr Hals ist.

Vor solch erschütternden Ereignissen sitzen wir da, wie Kinder der Gegenwart, die Überwinder Darwins und Ibsens, der unverstandenen Frau mit der »Pleureuse«, der Suffragette sogar, der Paradeuniform, des Regenschirms, des Vollmondes und des Suderbarts, der Schleppe und der Turmfrisur aus Zopf und Spießen; wir, die Betrachter der Neger-Revuen, der nackten Mädchen, wir, im Trommelfeuer Gehärteten und Gezeugten, Verächter der schönen Lüge, Bekenner der sozusagen häßlichen Wahrheit. Vor dem ganzen verlogenen

Jammer unserer Väter die den Film erfunden zu haben scheinen, um uns ihre Lächerlichkeit zu überliefern, lachen wir lachen wir. Wir haben Boxer und Sportidioten, Amerika und Dauerläufer, Girls, die von Pastoren gezüchtet werden, eine Internationale sonntäglich wehender Windjacken. Aber wir haben keine Mieder statt der Brüste, keine Federboas statt der Hälse, keine Vorhänge statt der Beine und statt der Tragik keine Zylinder! Wo der Stechschritt noch ertönt, ist er bewußt verstorben, die Paraden dieser Zeit weihen schlimmstenfalls lebende Denkmäler ein (und nicht tote). Wir sind keine Optimisten, aber wir erwarten das Selbstverständliche. Wir wissen, daß die »Pleureusen« zum Stahlhelm führen mußten, daß ein gerader Weg sich zieht vom züchtigen Schleier zur Gasmaske und von der Gartenlaube zum Schützengraben. Und jenen Landsturm ohne Waffe, der die Felder der Ehre gepflügt hat, um uns dann hinzusäen mit weinerlichem Segen – – diesen verlogenen Vorabend des Krieges verlachen wir jeden Abend zwanzig Minuten lang, nicht länger, aus voller Brust. –

## *Die zaristischen Emigranten*

Lange bevor man noch daran denken konnte, das neue Rußland aufzusuchen, kam das alte zu uns. Die Emigranten trugen den wilden Duft ihrer Heimat, der Verlassenheit, des Bluts, der Armut, des außergewöhnlichen, romanhaften Schicksals. Es paßte zu den europäischen Klischee-Vorstellungen von den Russen, daß sie solches erlebt hatten, Ausgestoßene waren, von warmen Herden Vertriebene, Wanderer durch die Welt ohne Ziel, Entgleisende mit der alten literarischen Verteidigungsformel für jeden Sprung über gesetzliche Grenzen: »die russische Seele«. Europa kannte die Kosaken aus dem Varieté, die russischen Bauernhochzeiten aus opernhaften Bühnenszenen, die russischen Sänger und die Balalaikas. Er erfuhr (auch nachdem Rußland zu uns gekommen war) niemals, wie sehr französische Romanciers – die konservativsten der Welt – und sentimentale Dostojewski-Leser den russischen Menschen umgelogen hatten zu einer kitschigen Gestalt aus Göttlichkeit und Bestialität, Alkohol und Philosophie, Samowarstimmung und Asiatismus. Was hatten sie aus der russischen Frau gemacht! – Eine Art Menschtier, mit Treue begabt und mit Leidenschaft zum Betrug, eine Verschwenderin und eine Rebellierende, eine Literatenfrau und eine Bombenfabrikantin. Je länger die Emigration dauerte, desto näher kamen die Russen der Vorstellung, die man sich von ihnen gemacht hatte. Sie taten uns den Gefallen und assimilierten sich an unser Klischee. Das Gefühl, Träger einer »Rolle« zu sein, linderte vielleicht ihr Elend. Sie trugen es leichter, wenn sie literarisch gewertet wurden. Der russische Fürst als Chauffeur eines Pariser Taxis steuert unmittelbar in die Literatur. Sein Schicksal mag grausam sein. Aber es ist belletristisch verwendbar.

Das anonyme Leben der Emigranten wurde eine öffentliche Produktion. Wie erst, wenn sie sich selbst zur Schau stellten. Hunderte gründeten Theater, Sängerchöre, Tanzgruppen und Balalaika-Orchester. Zwei Jahre lang waren alle neu, echt, verblüffend. Später wurden alle selbstverständlich und langweilig. Sie verloren die Beziehung zur heimatlichen Erde. Sie entfernten sich immer mehr von Rußland – und Rußland noch mehr von ihnen. Europa kannte schon Meyerhold – sie hielten immer noch bei Stanislawsky. Die »blauen Vögel« fingen an, deutsch, französisch, englisch zu singen. Schließlich flogen sie nach Amerika und verloren das Gefieder.

Die Emigranten betrachteten sich als die einzigen Vertreter des Echt-Russischen. Was nach der Revolution in Rußland wuchs und von Bedeutung wurde, verleumdeten sie als

»unrussisch«, »jüdisch«, »international«. Europa hatte sich längst daran gewöhnt, in Lenin einen russischen Repräsentanten zu sehen. Die Emigranten hielten noch bei Nikolaus dem Zweiten. Sie hielten mit rührender Treue an der Vergangenheit fest, aber sie vergingen sich gegen die Geschichte. Und sie selbst reduzierten ihre Tragik.

Ach! sie mußten leben. Deshalb ritten sie in Pariser Hippodromen heimatliche Kosaken-Galoppe auf fremdblütigen Pferden, bekleideten sie sich mit krummen Türkensäbeln, die auf dem Flohmarkt von Glignancourt erworben waren, führten sie leere Patronentaschen und stumpfe Dolche auf dem Mont-Martre spazieren, setzten sie auf ihre Häupter große Bärenmützen aus echten Katzenfellen und standen furchtbar anzusehen als Häuptlinge aus Dongebieten vor den Drehtüren der Etablissements, auch wenn sie in Wolhynien zur Welt gekommen waren. Manche avancierten auf unkontrollierbaren Nansen-Pässen zu Großfürsten. Es war ja auch gleichgültig. Alle konnten sie mit der gleichen Fertigkeit aus den Balalaikas Heimweh und Schwermut zupfen, rote Saffianstiefel mit silbernen Sporen tragen und hockend in tiefer Kniebeuge auf einem Absatz herumwirbeln. Eine Fürstin sah ich in einem Pariser Varieté eine russische Hochzeit darstellen. Sie war eine strahlende Braut, Nachtwächter aus der Rue Pigalle, als Bojaren verkleidet, wuchsen Spalier, wie aus Blumentöpfen, eine Kathedrale aus Pappe leuchtete im Hintergrund, aus ihr trat der Pope mit einem Bart aus Watte, gläserne Edelsteine funkelten im russischen Sonnenglanz, der aus dem Scheinwerfer floß, und die Kapelle träufelte aus gedämpften Geigen das Lied von der Wolga in die Herzen des Publikums. Andere Fürstinnen waren Kellnerinnen in russischen Lokalen, Notizblöcke hingen an tulasilbernen Ketten an ihren Schürzen, ihre Köpfe standen stolz im Nacken, Musterbeispiele standhafter Emigrantentragik.

Andere, Gebrochene, saßen still auf den Bänken der Tuilerien, des Luxemburggartens, des Wiener Praters, des Berliner Tiergartens, an den Ufern der Donau in Budapest und in den Kaffeehäusern von Konstantinopel. Mit den Reaktionären eines jeden Landes hatten sie Verbindungen. Sie saßen da und trauerten ihren gefallenen Söhnen und Töchtern nach, ihren vermißten Frauen – aber auch der goldenen Taschenuhr, dem Geschenk Alexanders des Dritten. Viele hatten Rußland verlassen, weil sie »das Elend des Landes nicht ansehen konnten«. Ich kenne russische Juden, die, noch vor wenigen Jahren von Denikin und Petljura »enteignet«, heute dennoch nichts mehr auf der Welt hassen, als Trotzki, der ihnen nichts getan hat. Sie wollen ihren falschen Taufschein wiederhaben, mit dem sie sich demütig, unwürdig einen verbotenen Aufenthalt in den großen russischen Städten erschlichen hatten.

In dem kleinen Hotel im Pariser Quartier Latin, in dem ich wohnte, lebte einer der bekannten russischen Fürsten, mit Vater, Frau, Kindern und einer »bonne«. Der alte Fürst war noch echt. Er kochte seine Suppe auf einem Spirituskocher, und obwohl er mir bekannt war als eine antisemitische Kapazität und eine Leuchte im Bauern-Schinden, erschien er mir dennoch rührend an feuchten herbstlichen Abenden, durch die er frierend kroch, ein Symbol, kein Mensch mehr, ein Blatt, abgeweht vom Baum des Lebens. Aber sein Sohn, in der Fremde erzogen, elegant von Pariser Schneidern eingekleidet, von reicheren Großfürsten erhalten – wie anders war er! Im Telephonzimmer konferierte er mit gewesenen Leibgardisten, an falsche und an echte Romanows schickte er Ergebenheits-Adressen zu Geburtstagen, und den Damen im Hotel legte er kitschige rosa Liebesbriefchen in die Schlüsselfächer. Zu zaristischen Kongressen eilte er in Automobilen, und er lebte wie ein kleiner emigrierter Gott in Frankreich. Wahrsager, Popen, Kartenleser, Theosophen kamen zu ihm, alle, die die russische Zukunft kannten, die Wiederkehr der großen Katharina und der Troikas, der Bärenjagden und der Katorga, Rasputins und der Leibeigenschaft …

## *Reise mit einer schönen Frau*

Eine schöne Dame betrat das Coupé, in dem ich saß und in Zeitungen blätterte. Sie sah die Zeitungen an, mich nicht, befahl dem Gepäckträger, einen großen, ledernen, silberbeschlagenen Koffer ins Gepäcknetz zu stellen, setzte sich und fand, obwohl sie sehr eifrig in ihrem Täschchen suchte, kein Kleingeld für den Träger. Es war ein peinlicher Augenblick, ausgefüllt vom Schweigen des Gepäckträgers, der keine Zeit hatte und der gerne von einem Fuß auf den andern getreten wäre, wenn er mehr Platz in dem schmalen Abteil gefunden hätte. Man fühlte auf jeden Fall aber deutlich, wie leidenschaftlich der Mann nach einem Ausdruck der Ungeduld, der Eile und vielleicht auch der Erbitterung suchte. Da es ihm aber nicht anstand, ungeduldig und erbittert zu sein, strömte er ein Schweigen aus, das noch schärfer war als ein Fluch. In diesem Augenblick erfaßte mich ein Zorn gegen die schöne Dame. Sie zwang mich aus meiner durch die Zeitungslektüre noch verstärkten Gemütsruhe zu einer qualvollen Überlegung, wie dieser Situation ein schnelles, aber auch gefälliges Ende zu bereiten wäre. Andere Männer werden in solchen Situationen witzig, ihre Schlagfertigkeit gewinnt ihnen die Sympathie der Damen und der Gepäckträger. Ich aber war in Gefahr, wenn ich nicht bald handelte, von der einen verachtet, vom andern ausgelacht zu werden. Deshalb fragte ich sachlich: »Wieviel bekommen Sie?«, erhielt Auskunft, bezahlte den Träger, gab ihm ein Trinkgeld, das ihn zwang, lauter zu danken, als ich gewünscht hätte, und beschloß, zu warten. Die schöne Dame suchte immer noch Kleingeld, fand einen großen Schein und fragte mich, ohne mich anzusehen, ob ich wechseln könnte. »Nein!« sagte ich – und die Dame suchte weiter. Ihre Verlegenheit mußte sehr groß sein, ich entschloß mich, Mitleid mit ihr zu haben, aber es kam nicht dazu, weil ich alles vorhandene Mitgefühl für mich selbst verwenden mußte. Meine Verlegenheit wuchs nämlich in demselben Maß wie die ihre. Sollte ich ihr sagen: »Ich bin entzückt, eine so reizende Schuldnerin zu haben?« Welch ein Kompliment! War es nicht zudringlich, sie im Suchen zu stören, und war es nicht allzu billig, auf einem so gewöhnlichen Wege eine Bekanntschaft zu schließen? Ich konnte der Dame nicht zusehen, ihre hastigen Bewegungen hatten privaten Charakter, und ich durfte dem Inhalt und dem Unterfutter der Handtasche keinen Blick schenken.

Ich konnte aber auch nicht die Gleichgültigkeit aufbringen, die zu einer Fortsetzung meiner Lektüre notwendig gewesen wäre. Ich sah also zum Fenster hinaus, sah große Reklametafeln, Wächterhäuschen, Rampen und Telegraphenstangen, obwohl mich die Natur wenig interessierte. Nach einer Viertelstunde fand die Dame Kleingeld, reichte es mir, sagte Danke! und sah wie ich zum Fenster hinaus. Ich ergriff die Zeitung und las. Die schöne Dame erhob sich, reckte sich, streckte die Arme zum Gepäcknetz empor, konnte den Koffer nicht erreichen, und sah aus wie eine vergeblich ohne jede Aussicht auf Erfolg zu einem harten Himmel Flehende. Ich war gezwungen, aufzustehen, den übermäßig schweren Koffer herunterzuholen und dabei so zu tun, als machte mir das Gewicht des Koffers gar nichts aus, als wären meine Muskeln Stahl und Eisen und der lederne Koffer eine Flaumfeder. Ich mußte das Blut zurückhalten, das mir den Kopf rötete, den Schweiß, der mir auf die Stirne trat, unauffällig abwischen und mit einer eleganten Verbeugung

»Bitte sehr« sagen. Es gelang mir, die Dame schloß den Koffer auf, ließ ihm ein wenig Duft von Parfüm, Seife und Puder entströmen, nahm drei Bücher heraus und suchte offenbar nach dem vierten. Indessen saß ich bekümmert da, tat, als ob ich Zeitung läse, und dachte nach, wie ich den schweren Koffer wieder ins Gepäcknetz bringen würde. Denn es war kein Zweifel, daß ich verurteilt war, ihn wieder hinzulegen. Ich war verurteilt, einen Gegenstand, der zweifellos mehr wog als ich, mit eleganter Leichtigkeit hochzuheben, ohne rot zu werden, ohne zu schwitzen. In diesem Augenblick erfand ich einen Hebel, eine sehr zweckmäßige Vorrichtung, die es ermöglichen konnte, große Lasten im Gepäcknetz ohne Anstrengung zu befördern, eine Art Hebekran für alleinreisende Damen. Die Aussichtslosigkeit, diesen Kran sofort herzustellen, machte mich noch trauriger. Ich spannte im stillen meine Muskeln an, lud mich voll mit Energie und beruhigte mein erregtes Herz. Die Dame fand das vierte Buch, schloß den Koffer zu und versuchte, ihn aufzuheben.

Ihr Bemühen empörte mich. Warum tat sie so, als wüßte sie nicht, daß ich ihr die Arbeit abnehmen müßte? Warum bat sie nicht aufrichtig um die Hilfe, die mir Sitte und beinahe das Gesetz zu leisten vorschrieben? Warum tat sie, als wäre sie selbständig? Warum reiste sie überhaupt mit einem so schweren Koffer? Und wenn sie ihn schon führen mußte, warum packte sie die Bücher nicht in eine kleine Tasche? Warum mußte sie überhaupt lesen, da es doch feststand, daß es ihr gewiß angenehmer gewesen wäre, sofort mit mir zu sprechen, statt erst eine Stunde Anstandslektüre verstreichen zu lassen? Warum war sie so schön, daß ihre Hilflosigkeit zehnmal größer erschien, als sie wirklich war?

Und warum war die Dame überhaupt eine Dame und nicht lieber ein Herr, ein Boxer, ein Sportsmann, der seine Koffer mit großartiger Leichtigkeit heben kann? Meine

Empörung half nichts, ich mußte aufstehen, »Erlauben Sie« sagen und mit übermenschlicher Anstrengung den Koffer heben. Ich stand auf dem Sitz, der Koffer schwankte in meinen Händen, er konnte hinunterfallen und die schöne Dame zerschmettern. Ich hätte zwar Unannehmlichkeiten, aber keine Gewissensbisse gehabt. Der Koffer lag wieder oben, und ich fiel ermattet in meinen Sitz.

Die Dame dankte und begann zu lesen. Von diesem Augenblick an überlegte ich, wie ich das Coupé und die Dame am besten verlassen könnte. Ich hätte jeden Mann beneidet, der das Glück gehabt hatte, der Reisegenosse einer so schönen Frau zu sein. Da ich es aber selbst war, beneidete ich mich gar nicht. Mit aufrichtiger Sorge dachte ich an die vielen brauchbaren Gegenstände, die dort oben im Koffer noch lagen. Die Zeitung interessierte mich nicht mehr. Die Landschaft hatte meine ganze tiefe Abneigung. Ich erkannte meine vollständige Unfähigkeit, ein Ritter zu sein. Ein Herr betrat zum Glück das Coupé, ein junger, sehr kühner, sicherlich Sport treibender Herr, der ohne Zweifel viel dümmer war als ich. Die Dame las nicht mehr. Nach einer Viertelstunde machte der Herr einen dummen Witz, und die schöne Frau lachte. Er war geistesgegenwärtig, schlagfertig, er konnte amüsant sein und wahrscheinlich auch Koffer heben. Er machte sich keine Sorgen, gewann das Herz der schönen Frau und triumphierte über mich. Ich gewann meine Ruhe wieder, sah mit Gleichmut den Koffer auf- und niederschweben, mein Herz klopfte nicht mehr, und ich verfolgte mit inniger Zuneigung die Bewegungen der schönen Frau und die Entwicklung des Abenteuers. Ich war glücklich, mit angenehmen Menschen zusammenzusitzen, die mich verwünschten und denen ich lästig war. Für solche Naturen wie ich, ist das die beste Gesellschaft.

## *Die Grenze Niegoreloje*

Die Grenze Niegoreloje ist ein großer, brauner Saal, in den wir alle eintreten müssen. Gütige Träger haben unsre Koffer aus dem Zug geholt. Die Nacht ist sehr schwarz, es ist kalt, und es regnet. Deshalb sahen die Träger so gütig aus. Mit ihren weißen Schürzen und ihren starken Armen kamen sie uns helfen, als wir fremd an die Grenze stießen. Ein Mann, der dazu befugt war, hat mir noch im Zuge den Paß abgenommen, mich einer Identität beraubt. So ganz und gar nicht ich, ging ich über die Grenze. Man hätte mich mit jedem beliebigen Reisenden verwechseln können. Später allerdings stellte es sich heraus, daß die russischen Zollrevisoren mich nicht verwechselten.

Im braunen, hölzernen Saal hatte man uns schon erwartet. Helle, warme, elektrische Lampen waren an der Decke entzündet. Auf dem Tisch, an dem der Oberste der Zollrevisoren saß, brannte, freundliche Grüßerin aus vergangenen Zeiten, eine Petroleumlampe mit Rundbrenner und lächelte. Die Uhr an der Wand zeigte die osteuropäische Zeit. Die Reisenden, beflissen, ihr nachzukommen, rückten ihre Uhren um eine Stunde vor. Es war also nicht mehr zehn, sondern schon elf. Um zwölf mußten wir weiterfahren.

Wir waren wenige Menschen, aber viele Koffer. Die meisten gehörten einem Diplomaten. Sie blieben, laut Gesetz, unberührt. Keusch, wie sie vor der Abfahrt gepackt waren, müssen sie am Ziel ankommen. Sie enthalten nämlich sogenannte Staatsgeheimnisse. Dagegen werden sie sorgfältig in Listen eingetragen. Es dauerte lange. Der Diplomat beschäftigte unsere tüchtigsten Revisoren. Und indessen verstrich die osteuropäische Zeit.

Draußen, in der feuchten Schwärze der Nacht, rangierte man den russischen Zug. Die russische Lokomotive pfeift nicht, sondern heult wie eine Schiffssirene, breit, heiter und ozeanisch. Wenn man durch die Fenster die nasse Nacht sieht und die Lokomotive hört, ist es wie am Ufer des Meeres. In der Halle wird es beinahe behaglich. Die Koffer fangen an, sich auszubreiten, aufzugehen, als wäre ihnen heiß. Aus dem dicken Gepäck eines Kaufmannes aus Teheran klettern hölzerne Spielzeuge, Schlangen, Hühner und Schaukelpferde. Kleine Stehaufmännchen schaukeln leise auf dem bleibeschwerten Bauch. Ihre lauten, lächerlichen Gesichter, von der Petroleumlampe grell beleuchtet, von vorüberhuschenden Schatten der Hände abwechselnd verdunkelt, werden lebendig, verändern ihren Ausdruck, grinsen, lachen und weinen. Die Spielzeuge klettern auf eine Küchenwaage, lassen sich wiegen, kollern wieder auf den Tisch und hüllen sich in raschelndes Seidenpapier. Aus dem Koffer einer jungen, hübschen und etwas verzweifelten Frau quillt schimmernde, schmale, bunte Seide, Streifen eines zerschnittenen Regenbogens. Dann folgt Wolle, die sich bauscht, bewußt atmet sie wieder frei nach langen Tagen luftloser, zusammengepreßter Existenz. Schmale graue Halbschuhe mit Silberspangen legen ihr Zeitungspapier ab, das sie verbergen sollte, die vierte Seite des »Matin«. Handschuhe mit bestickten Manschetten entsteigen einem kleinen Sarge aus Pappendeckel. Wäsche, Taschentücher, Abendkleider, groß genug, um eine Hand des Revisors zu bekleiden, schweben empor. Alle spielerischen Utensilien einer reichen Welt, alle eleganten, polierten Sächelchen liegen fremd und dreifach nutzlos in dieser harten, braunen, nächtlichen Halle, unter den schweren Balken aus Eichenholz, unter den strengen Plakaten mit den eckigen Buchstaben wie geschliffene Beile, in diesem Duft von Harz, Leder und Petroleum. Da stehen die flachen und die bauchigen kristallenen Flakons mit den saphirgrünen und bernsteingelben Flüssigkeiten, lederne Manikuretuis öffnen ihre Flügel wie heilige Schreine, kleine Damenschuhe trippeln über den Tisch.

Niemals noch sah ich eine so genaue Visitation, auch nicht in den ersten Jahren nach dem Krieg, in der vollen Blütezeit der Revisoren. Es scheint doch, daß hier nicht eine gewöhnliche Grenze ist zwischen Land und Land, sie will eine Grenze sein zwischen Welt und Welt. Der proletarische Zollbeamte – der kundigste der Welt – wie oft hat er selbst verbergen und entkommen müssen! – revidiert zwar Bürger aus neutralen und selbst freundlichen Staaten, aber Menschen einer feindlichen Klasse. Das sind Abgesandte des Kapitals, Händler und Spezialisten. Sie kommen nach Rußland, vom Staate gerufen, vom Proletariat befehdet. Der Zollbeamte weiß, daß diese Kaufleute in den Läden Fakturen sehen und daß dann in den Schaufenstern wunderbare, teure, dem Proletarier unerreichbare Waren aufgehen werden. Er revidiert zuerst die Gesichter und dann die Koffer. Er erkennt die Heimkehrenden, die jetzt mit neuen polnischen, serbischen, persischen Pässen versehen sind.

Spät in der Nacht noch stehen die Reisenden im Gange und können den Zoll nicht verschmerzen. Alles erzählen sie einander, was sie mitgebracht, was sie bezahlt und was sie geschmuggelt haben. Stoff genug für lange russische Winterabende. Die Enkel werden es noch hören müssen. Die Enkel werden es noch hören, und das merkwürdige, verworrene Antlitz dieser Zeit wird vor ihnen auftauchen. Der Zeit an ihrer eigenen Grenze, der Zeit mit ihren ratlosen Kindern, den roten Revisoren, den weißen Reisenden, den falschen Personen, den Rotarmisten in den langen, samtgelben Mänteln, deren Saum die Erde berührt, der feuchten Nacht von Niegoreloje, dem lauten Keuchen schwer bepackter Träger.

Die Grenze hat historische Bedeutung. Ich fühlte sie in dem Augenblick, in dem die Sirene breit und heiser aufheult und wir hinausschwimmen in dunkles, weites, ruhiges Land.

Die Dörfer an der Wolga – mit Ausnahme der deutschen – liefern der Lenin-Partei die gläubigsten jugendlichen Anhänger. In den Wolgagebieten kommt der politische Enthusiasmus vom Lande häufiger, als aus dem städtischen Proletariat. Viele Dörfer waren hier von der Kultur am weitesten entfernt. Die Tschuwaschen zum Beispiel sind heute noch heimliche »Heiden«. Sie beten Götzen an und opfern ihnen. Für den naiven Kulturmenschen aus dem Wolga-Dorf ist Kommunismus – Zivilisation. Für den jungen Tschuwaschen ist die städtische Kaserne der Roten Armee ein Palast und der Palast – der ihm auch offen steht – ein siebenhundertster Himmel. Elektrizität, Radio, Buch, Tinte, Schreibmaschine, Kino, Theater – also alles, was uns so ermüdet, belebt und erneuert den primitiven Menschen. Alles hat »die Partei« gemacht. Sie hat nicht nur die großen Herren gestürzt, sie hat auch das Telephon erfunden und das Alphabet. Sie hat den Menschen gelehrt, auf sein Volk stolz zu sein, auf seine Kleinheit, seine Armut. Sie hat seine niedrige Vergangenheit in ein Verdienst gewandelt. Vor dem Ansturm so vieler Herrlichkeiten erliegt sein bäuerliches instinktives Mißtrauen. Sein bewußter kritischer Sinn ist noch lange nicht wach. So wird er ein Fanatiker des neuen Glaubens. Das »kollektivistische Gefühl«, das dem Bauern fehlt, ersetzt er doppelt und dreifach durch Ekstase.

*

Die *Städte* an der Wolga sind die traurigsten, die ich je gesehen habe. Sie erinnern an die zerstörten Städte des französischen Kriegsgebiets. Diese Häuser brannten im roten Bürgerkrieg; und dann sahen ihre Trümmer den weißen Hunger durch die Straßen galoppieren.

Hundertmal, tausendmal starben die Menschen. Sie aßen

Katzen, Hunde, Raben, Ratten und die verhungerten Kinder. Sie bissen sich die Hände wund und tranken ihr eigenes Blut. Sie kratzten in der Erde nach fetten Regenwürmern und nach weißem Kalk, den das Auge für Käse hielt. Zwei Stunden, nachdem sie gegessen hatten, starben sie unter Qualen. Daß diese Städte überhaupt noch leben! Daß die Menschen feilschen und Koffer tragen und Äpfel verkaufen, Kinder zeugen und gebären! Schon wächst eine Generation heran, die das Grauen nicht kennt, schon stehen Gerüste da, schon sind Zimmerleute und Maurer beschäftigt, das Neue aufzurichten.

Ich wundere mich nicht darüber, daß diese Städte so schön sind nur aus der Höhe und aus der Ferne; daß mir in Samara ein Ziegenbock den Eintritt in das Hotel verwehrte; daß in Stalingrad ein Platzregen in mein Zimmer niederging; daß die Servietten aus buntem Packpapier sind. Wenn man über die schönen Dächer spazieren könnte, statt über das bucklige Pflaster.

*

Man kann in allen Städten des Wolgagebietes mit den Menschen dieselben Erfahrungen machen: Überall sind die Händler unzufrieden, die Arbeiter optimistisch, aber müde, die Kellner respektvoll und unzuverlässig, die Portiers demütig, die Schuhputzer unterwürfig. Und überall ist die Jugend revolutionär, – auch die Hälfte der bürgerlichen Jugend ist in den Pionier- und Komsomol-Organisationen.

Übrigens richten sich die Menschen nach meiner Kleidung: Wenn ich die Stiefel anziehe und ohne Krawatte bin, wird das Leben plötzlich märchenhaft billig. Die Früchte kosten ein paar Kopeken, eine Droschkenfahrt einen halben Rubel, man hält mich für einen ausländischen politischen Flüchtling, der in Rußland lebt, sagt »Genosse« zu mir, die Kellner haben proletarisches Bewußtsein und erwarten kein Trinkgeld, die Schuhputzer sind mit zehn Kopeken zufrieden, die Händler sind mit der Lage zufrieden, im Postamt bitten mich die Bauern, ich möchte ihnen eine Adresse auf ihren Brief schreiben, »mit klarer Schrift«. Wie teuer aber ist die Welt, wenn ich eine Krawatte anziehe! Man sagt »Grashdanin« (Bürger) zu mir und schüchtern auch: »Gospodin« (Herr). Die deutschen Bettler sagen: »Herr Landsmann«. Die Händler fangen an, über die Steuern zu klagen. Der Wagenbegleiter erwartet einen Rubel. Der Speisewagenkellner erzählt, daß er eine Handelsakademie habe und »eigentlich ein intelligenter Mensch« sei. Er beweist es, indem er zwanzig Kopeken aufschlägt. Ein Antisemit gesteht mir, daß bei der Revolution nur die Juden gewonnen hätten. »Sogar in Moskau« dürfen sie schon leben. Ein Mann möchte mir imponieren. Er erzählt, daß er im Krieg Offizier und in Magdeburg gefangen war. Ein Nep-Mann droht mir: »Alles werden Sie bei uns nicht sehen können!«

Indessen scheint es mir, daß ich in Rußland genau so viel, genau so wenig sehen kann wie in anderen fremden Ländern. Ich bin in keinem Lande noch von fremden Menschen so selbstverständlich, so freimütig eingeladen worden. Ich kann in Ämter, Gerichte, Spitäler, Schulen, Kasernen, Arreste, Strafanstalten, zu Polizeidirektoren und Universitätsprofessoren gehen. Der Bürger kritisiert lauter und schärfer, als dem Fremden angenehm ist. Ich kann mit dem Soldaten und mit dem Regimentskommandanten der Roten Armee in jedem Gasthaus über Krieg, Pazifismus, Literatur und Bewaffnung sprechen. In anderen Ländern ist es gefährlicher. Die Geheimpolizei ist wahrscheinlich so geschickt, daß ich sie nicht bemerke.

*

Die berühmten Lastträger an der Wolga singen immer noch ihre berühmten Lieder. In den russischen Kabaretts des

Westens werden die »Burlaki« bei violettem Scheinwerfer und gedämpftem Geigenklang dargestellt. Aber die wirklichen Burlaki sind trauriger, als ihre Darsteller ahnen können. Obwohl sie mit traditioneller Romantik so stark belastet sind, gleitet ihr Gesang tief und schmerzlich in die Zuhörer.

Sie sind wahrscheinlich die stärksten Männer dieses Zeitalters. Jeder von ihnen kann zweihundertundvierzig Kilogramm auf dem Rücken tragen, hundert Kilogramm von der Erde heben, eine Nuß zwischen Zeige- und Mittelfinger zermalmen, ein Ruder auf zwei Fingern balancieren, drei Kürbisse in fünfundvierzig Minuten essen. Sie sehen aus wie bronzene Denkmäler, die man mit menschlicher Haut überspannt und mit einem Tragfell bekleidet hat. Sie verdienen verhältnismäßig viel, vier bis sechs Rubel durchschnittlich. Sie sind stark, gesund, sie leben am freien Fluß. Aber ich habe sie noch nicht lachen sehen. Sie werden nicht froh. Sie trinken Schnaps. Der Alkohol vernichtet diese Riesen. Seitdem die Wolga Frachten trägt, leben die stärksten Träger hier und alle trinken. Heute verkehren auf der Wolga mehr als 200 Dampfer mit etwa 85000 Indikatorstärken, einer Gesamt-Tonnage von 50000 Tonnen, 1190 Lastschiffe ohne Motorbetrieb mit einer Gesamt-Tonnage von beinahe zwei Millionen Tonnen. Aber die Lastarbeiter ersetzen immer noch die Kräne wie vor 200 Jahren.

Ihr Gesang kommt nicht aus den Kehlen, sondern aus den unbekannten tiefen Winkeln des Herzens, in denen wahrscheinlich Gesang und Schicksal zusammen gewoben werden. Sie singen wie zum Tod Verurteilte. Sie singen wie Galeerensträflinge. Niemals wird der Sänger von seinem Tragfell frei werden, und niemals vom Schnaps. Solch ein Segen ist die Arbeit! Solch ein Kran ist der Mensch!

Selten hört man ein ganzes Lied, immer nur einzelne Strophen, ein paar Takte. Die Musik ist ein mechanisches Hilfsmittel, sie wirkt wie ein Hebel. Es gibt Lieder zu singen, beim gemeinsamen Ziehen der Taue, beim Heben, beim Abladen, beim langsamen Versenken. Die Texte sind alt und primitiv. Ich habe verschiedene Texte zu denselben Melodien gehört. Einige vom schweren Leben, vom leichten Tod, von tausend Pud, von Mädchen und von Liebe. Sobald die Last auf dem Rücken verstaut ist, bricht das Lied ab. Dann ist der Mensch ein Kran.

### *Der auferstandene Bourgeois*

Aus den Trümmern des zerstörten Kapitalismus steigt der neue Bürger hervor (nowij burjuj), der Nep-Mann, der neue Händler und der neue Industrielle, primitiv, wie in den Urzeiten des Kapitalismus, ohne Börse und Kurszettel, nur mit Füllfeder und Wechsel. Aus dem absoluten Nichts entstehen Waren. Aus Hunger macht er Brot. Aus allen Fensterscheiben macht er Schaufenster. Eben ging er noch barfuß – schon fährt er in Automobilen. Er verdient und zahlt Steuern. Er mietet vier, sechs und acht Zimmer und zahlt Steuern. Er fährt im Schlafwagen, fliegt im teuren Aeroplan und zahlt Steuern. Der Revolution scheint er gewachsen zu sein – sie hat ihn ja selbst geboren. Das Proletariat steht vor seinen Schaufenstern und kann seine Waren nicht kaufen – als wär's ein kapitalistischer Staat. An vielen Gefängnissen streift der neue Bürger vorbei in mehreren hat er schon gesessen. Der Verlust der »bürgerlichen Ehrenrechte« kann ihm gleichgültig sein; denn er besitzt gar keine. Er will nicht befehlen, er will nicht regieren, er will nur erwerben. Und er erwirbt.

Diese neue russische Bourgeoisie bildet noch keine Klasse. Sie hat weder die Tradition, noch die Stabilität, noch die Solidarität einer sozialen Klasse. Sie ist eine dünne, lockere Schicht aus sehr beweglichen und sehr verschiedenen Elementen. Unter dem Dutzend neuer Bürger, die ich kenne, war einer früher Offizier, ein anderer ist ein grusinischer Edelmann, eine Art »Häuptling«, der dritte war Bäckergeselle, der vierte Staatsbeamter, der fünfte Kandidat der Theologie. Alle tragen die Zufallskleidung, die sie äußerlich proletarisiert. Alle sehen aus, als hätten sie sich auf der Flucht vor einer Katastrophe angezogen. Alle tragen die russische Hemdbluse, die ebenso nationales Kostüm wie revolutionäre Manifestation sein kann. Diese Kleidung des neuen Bürgers ist nicht nur die unmittelbare Folge seines Willens, nicht aufzufallen, sondern auch seiner besonderen Wesensart bezeichnender Ausdruck. Denn er ist nicht ein Bürger, wie wir ihn kennen, wie er etwa in Frankreich vorbildlich und für literarische Verwertung reif von Gott und den Verhältnissen jeden Tag erschaffen wird. Der neue russische Bourgeois hat keinen Familieninstinkt, kein intimes Verhältnis zu seinem Haus, seiner Abstammung und seinen Nachfolgern, keine »Prinzipien«, die er ihnen vererben könnte, und keine materiellen Güter, die er ihnen vererben dürfte. In seiner gutausgestatteten Wohnung ist er selbst und seine Familie nicht zu Hause, sondern wie heimische Gäste. Ein Sohn ist kommunistisch gesinnt, ein Komsomol; mit feindseligem Blick betrachtet er sein Elternhaus, morgen wird er fortziehen, heute schon lebt er von seiner eigenen Hände Parteiarbeit. Die Tochter geht ohne eine Kopeke Mitgift, ohne väterliche Begleitung zum Standesamt und heiratet in drei Minuten einen Rotarmisten. Der bürgerlich gesinnte Sohn findet keinen Platz an der überfüllten Hochschule und rüstet zu ungesetzlicher, also gefährlicher Abreise ins Ausland. Das Geld, das man verdient, wird nicht »angelegt«, sondern ausgegeben, verlebt oder vergraben oder gegen hohe Zinsen an gute und verschwiegene Bekannte verliehen. Die Familie – Urzelle und Festung des bürgerlichen Lebens zugleich – ist nicht mehr vorhanden. Dafür kennt der neue Bürger aber auch nicht jene lauwarme bürgerliche Atmosphäre, die schützt, aber auch schwächt; keine Fürsorge, die Liebe weckt, aber auch Enge erzeugt; keinen Opferwillen, der heroisch sein kann, aber auch belanglos ist; keine Sentimentalität, die rührend ist, aber auch falsch. Der neue Bürger ist ein revolutionärer Bürger. Er ist in seiner Art mutig, weil von Rücksichten frei; er ist hemmungslos, weil ohne Prinzip; er ist auf alles gefaßt, weil er das meiste schon erlebt hat. Er war zum Teil aktiv an der Revolution beteiligt. Das ist der Bürger, von dem Lenin 1918 schrieb. »Wie kann man so blind sein und nicht sehen, daß unser Feind der kleine Kapitalist und der Spekulant ist? Dieser fürchtet mehr als jeder andere den Staatskapitalismus; denn sein erstes Ziel ist ja, alles mögliche an sich zu raffen, alles, was nach dem Sturz der Großgrundbesitzer und der großen Spekulanten übrig geblieben ist. In dieser Beziehung ist er sogar noch revolutionärer als der Arbeiter – denn er ist auch rachsüchtig. Er leistet willige Beihilfe im Kampf gegen die Großbourgeoisie – – um die Früchte des Sieges für seine eigenen Interessen zu ernten.« Acht Jahre sind vergangen. Der Spekulant erntet die Früchte des Sieges und er ist auf dem Wege, selbst ein Großkapitalist zu werden.

Es gibt in Rußland aber nicht nur diesen aktiven, sichtbaren neuen Händler und Industriellen. Es gibt viele stille, maskierte, sozusagen passive Bürger. Ihnen ist es gelungen, bares Geld mitten in der Revolution zu verbergen oder sich anzueignen. Heute gehen sie in Stellungen, leben in proletarischer Enge, geben vor, mit hundert Rubel im Monat auszukommen und verleihen ihr Geld gegen hohe Zinsen an furchtlosere Freunde – die in zwei, drei Jahren ebenfalls Kapital haben werden, um es zu verleihen. So spielt sich unter der Decke ein regelloses kapitalistisches Leben ab, ein Knausen und Verkaufen, ein Borgen und Verzinsen, ein gefahrvolles Leben, das dem modernen tüchtigen Nep-Mann die wesentlichen Züge eines Räuberhauptmanns verleiht.

Das alles ist nicht imstande, das Proletariat zu beunruhigen. Die reichen Leute – so rechnet man – werden von den zunehmenden Staatsbetrieben erdrückt. In fünf Jahren sind sie nicht mehr vorhanden. »Es ist eine Übergangszeit« – sagen die Arbeiter. Sie meinen, es wäre ein Übergang zum sozialistischen Staat. Aber auch die Bürger sagen: »Es ist eine Übergangszeit« – und sie meinen, es wäre ein Übergang zur kapitalistischen Demokratie. Beide warten auf das Kommende und stören einander nicht merkbar. Wenn es wahr ist, daß das Proletariat die herrschende Klasse ist, so ist sicherlich das neue Bürgertum die genießende Klasse. Das Proletariat hat alle Institutionen des Staates. Die neue Bourgeoisie hat alle Institutionen der Bequemlichkeit. Es gibt beinahe kein Übereinander. Es gibt ein Nebeneinander. Das Theater gehört dem Arbeiter. Aber in der Loge sitzt der Bürger. Der Arbeiter hat das Bewußtsein, Hausherr und Vermieter der Loge zu sein. Den Bürger stört die Umgebung, die revolutionäre Aufmachung, der Gedanke, ein Transport würde beschlagnahmt, eine Steuer erhöht werden. Der Proletarier geht in den Klub, sieht seinen Film, spielt Domino, hört einen Vortrag, trinkt einen Tee am Büfett für zehn Kopeken und weiß, daß dieses Haus, in dem sich der Klub befindet, einmal einem Kapitalisten gehört hat, der jetzt enteignet ist. Das ist ein greifbarer Erfolg. Der enteignete Kapitalist – oder ein anderer an seiner Stelle – geht am Abend in die Halle des großen Hotels, wo zwar ein Bild von Lenin hängt, aber auch eins von Fragonard, der »Combat de la Flûte« aus dem Speisezimmer meiner Tante, und wo die unvermeidliche Appetitspalme fünfzig teure Liköre beschattet. Hierher haben selbst die Bettler, die überall hinkommen, keinen Zutritt. Es ist eine ganz großbürgerliche Welt, wie im Westen Europas. Da das Trinkgeld nicht gesetzlich abgeschafft, sondern nur unwürdig geworden ist, nehmen es die Kellner mit untertänigem Dank. Hierher kommt kein Proletarier. Vor acht und neun Jahren hat er diese Paläste gestürmt. Heute erwartet er, daß sie eines Tages geräumt werden. Der neue Bürger ist nicht gesonnen, sie zu räumen. Auch er wartet – daß die Arbeiterklubs eines Tages geräumt werden. Beide haben Geduld …

## *Schule und Jugend in Rußland*

Es galt, in einem Land, in dem eine unzuverlässige und eher unterschätzende als übertreibende Statistik 75 Prozent Analphabeten feststellte, die Massen lesen und schreiben zu lehren. Vor dieser stofflich, zahlenmäßig schwer überwindlichen Aufgabe trat die Verpflichtung einer revolutionären Schulbehörde, die Verpflichtung, revolutionäre Erziehungsmethoden auszuprobieren und anzuwenden, zuerst in den Hintergrund. Heute noch, nach sieben Jahren, in denen unzählige Experimente gelungen oder mißlungen sind, nachdem Hunderte neuer Methoden, Tausende neuer Schultypen eingeführt und wiederaufgegeben worden sind, stehen die russischen Schulbehörden noch mitten im heißen Kampf gegen den Analphabetismus. Das vergessen Fremde, die nach Rußland kommen, und die Einheimischen, die den Fremden neue Schulen und neue Ergebnisse zu zeigen berufen sind. Vorläufig lautet die Frage immer noch nicht: Welche Erfolge hat die neue Erziehungsmethode in Sowjetrußland? – Sie lautet immer noch: Wie viele Analphabeten hat Sowjetrußland?

Die Antwort auf diese Frage erwartet man von der Statistik. Diese ist im neuen Rußland leider nicht nur im allgemeinen unzuverlässig. Sie ist im besonderen auch optimistisch. Sie verleitet die Phantasie, zu der Zahlen eindringlicher sprechen als Kunstwerke, zu Additionsfehlern; besonders in einem Lande, in dem die Statistik doch beinahe keine

Voraussetzug hat. Ich erwähne bei dieser Gelegenheit, was man in Rußland und in Europa bis jetzt übersehen hat, daß seit 1910 in Rußland keine Volkszählung stattgefunden hatte. Auch die vom Jahre 1910 war höchst unzuverlässig. Erst kürzlich (also 1926) begann man in Rußland die Menschen zu zählen. Und ob man damit fertig wird, weiß nicht einmal die Kommunistische Partei. Eine Volkszählung, im Jahre 1922 eingeleitet, führte zu keinem Resultat. (Damals ließen sich in einem abgelegenen Gouvernement zwanzig Bauern lebendig begraben, um nicht mitgezählt zu werden. Als der Tag, an dem der Schreiber gekommen war, verstrich, grub man die Bauern wieder aus. Fünf sollen erstickt sein.) Heute noch kann man in Rußland nicht etwa wie bei uns jeder Familie einen Fragebogen zustellen. Man muß Beamte in die Häuser schicken und die Leute im wörtlichsten Sinne zählen lassen. Wo ist da die Zuverlässigkeit aller bisher gemachten Statistiken? Woher weiß man, um wieviel Prozent weniger Analphabeten sind, wenn man die Zahl aller Einwohner des Landes gar nicht kennt?

Es wird, oberflächlich geschätzt, jetzt nur noch 50 Prozent Analphabeten geben. Man ermißt daran die verhältnismäßig geringe Rolle der Schulreformen. Man ermißt daran die ungeheuren Schwierigkeiten: erstens befiehlt die agitatorische Reputation, alle bürgerlichen europäischen Länder auf dem Gebiet des Schulwesens zu überholen; zweitens muß man Europa, hinter dem man um hundert Jahre zurückgeblieben ist, wenigstens erreichen. Mit etwa 20 Prozent der Bevölkerung kann man die allermodernsten Erziehungsexperimente machen. Bei weiteren 30 Prozent muß man das Experimentiertempo mäßigen. Der ganze Rest muß erst eine mühsame Bekanntschaft mit dem Alphabet schließen.

Man sieht also in Rußland zuerst nicht etwa lauter überraschend neue Schulen – vorausgesetzt, daß man nicht zu Besichtigungszwecken herumgeführt wird –, sondern lauter

Analphabetenkurse. (Das ist kein Tadel, sondern ein Lob.) Sie sind überall eingerichtet: in den Fabriken, in den Arbeiterheimen, in manchen Sanatorien, in den Rekonvaleszentenheimen, in Gefängnissen, in den Kasernen, in den Klubs auf dem Lande, in den Klubs in den Städten. Eine allgemeine Schulpflicht im westeuropäischen Sinn ist immer noch nicht durchgeführt. Immer noch kommen in den Dörfern etwa nur 50 Prozent von den schulpflichtigen Kindern in die Schule. Aber wichtiger als eine rigorose Durchführung der allgemeinen Schulpflicht ist der allgemein geweckte, sehr lebendige Ehrgeiz der Halbwüchsigen und der Erwachsenen, lesen und schreiben zu können. Das Alphabet, der Druck, die Zeitung und das Buch sind nicht mehr gefürchtetes oder gescheutes »Teufelswerk« wie im zaristischen Rußland. Die Verhältnisse werden kompliziert, und das gesprochene Wort reicht selbst innerhalb der engen Gemeinschaft eines einzigen Dorfes nicht mehr als Verständigungsmittel aus. Die weitaus größere Hälfte des Budgets für Erziehung und Unterricht wird für den Kampf gegen das Analphabetentum ausgegeben.

Daneben – aber erst an zweiter Stelle – stehen die neuen Erziehungsanstalten, die neuen – geglückten und mißglückten – Experimente. Sie haben drei Grundtendenzen verfolgt: erstens, die Jugend mit dem sogenannten »kollektivistischen Bewußtsein« zu erfüllen; zweitens, sie für eine praktische Tätigkeit innerhalb einer dem Sozialismus entgegenschreitenden Gemeinschaft heranzubilden; drittens, sie zur Areligiösität, wenn nicht zur Antireligiosität zu erziehen.

Man sieht, daß die Tendenzen der Erziehungsreformen viel klarer sind als die heute mögliche Einsicht in die geschichtliche Entwicklung der russischen Revolution und des russischen Landes. In diesen paar Jahren aber zeigte es sich, daß die Entwicklung nicht so grade verläuft wie ein übersichtlich aufgezeichneter Schulplan; daß die Spannung, die schon von vornherein zwischen den Dimensionen des Lebens und den ihm nur scheinbar angepassten Theorien besteht, sich noch vergrößert, je mehr man den Zwischenraum einengt, der zwischen der Anschauung und der Realität naturnotwendig vorhanden ist; daß zwischen dem Tempo, das man berechnete, und dem Tempo, das dann einsetzt, ein Unterschied fühlbar wird; und daß allein die Anzahl der Experimente noch nicht ihren Erfolg sichert.

Aber nur um den Erfolg handelt es sich. Wir fragen nicht nach dem Weg, sondern nach dem Ziel. Wir fragen nicht nach dem Beginnen, sondern nach dem Ergebnis. Uns interessiert der Schüler mehr als der Lehrer und die Schule – und was einer geworden ist, scheint uns wichtiger, als wie er es geworden ist. Es gibt in Sowjetrußland einige Musterschulen, die sich allen Fremden zeigen dürfen; eine Unmenge schöner pädagogischer Ideale, die man jedem vorträgt: ein ungeheures quantitatives Wachstum von Schulen, Instituten, Schülern, auf das man stolz ist; Programme, die man überall abdruckt und die sehr repräsentativ sind.

*

Es ist die schlimmste Eigenschaft der russischen Statistiken, daß sie sogenannte »nackte Tatsachen« verhüllten Ergebnissen vorziehen.

Ein Zufall führte mich in Leningrad zu einem Vortrag, zu einem Bericht über psychotechnische Prüfungen an Hochschulkandidaten in der Stadt Leningrad. Der Vortrag war nicht für mich bestimmt, sondern nur für Ärzte und Pädagogen. Die Nachlässigkeit eines Türhüters, der nicht nach Legitimationen fragte, verschaffte mir Kenntnisse von den überraschenden Resultaten einer psychotechnischen Prüfung, die der Vortragende, ein ernster Wissenschaftler, ein Professor, der übrigens der Sowjetregierung ein Freund ist, vorgenommen hatte.

Der Professor erzählte, daß er Absolventen der Mittelschule (das heißt in Rußland: der höheren Kurse der Einheitsschule), also die jungen Leute, die Universitäten beziehen, einen einfachen Satz zu konstruieren gebeten hatte, dessen wichtigste begriffliche Bestandteile gegeben waren. Es galt also, aus den drei Begriffen, zum Beispiel: Papier, Bleistift, schreiben, einen Satz zu bilden. Und es geschah das Merkwürdige, daß achtzig von hundert Schülern vollkommen versagten; daß einige den Satz zwar bildeten, aber grammatikalisch falsch, zum Beispiel: ich schreibe mit des Bleistifts auf das Papier – – wobei zu beachten ist, daß im Russischen jeder Fall die Endung des flektierten Substantivs verändert, so daß grammatikalische Fehler leichter unterlaufen als im Deutschen, wo der Artikel selbst schon starke Hemmungen hervorruft. Nur einige wenige konnten einen einwandfreien Satz bilden.

Ebenfalls in Leningrad wurde die Feststellung gemacht, daß die besten Fortschritte die im Zentrum lebenden Schüler zu verzeichnen hatten, die langsamsten, die an der Peripherie wohnhaften. Das heißt: daß die bourgeoisen Schüler leichter lernen als die proletarischen. Die gehässige Freude, mit der das russische Bürgertum diese Nachricht und ähnliche aufnimmt, ist nicht nur unangebracht, sondern auch verfrüht. Denn es ist selbstverständlich, daß der Abkömmling einer alten Beamten- oder Gelehrtenfamilie eine leichtere Auffassungsgabe ins Leben mitbringt als der Nachkomme von Bauern und Arbeitern. So was gibt sich mit der Zeit. Aber man vergißt die Vorläufigkeit dieser Ergebnisse, wenn man an die offizielle und chronische Tendenz der Regierung und der Schulbehörde denkt, den proletarischen Kindern das Studium zu erleichtern, den bürgerlichen zu erschweren; ferner an die programmatische Neigung der Behörden, derlei Talente wie leichte Anpassungsfähigkeit, flinke Intelligenz, Kombinationsgabe als spezifisch »bürgerliche«

Begabungen geringer einzuschätzen als etwa den geraden, einfachen und gewiß heroisch-edlen Gemeinschaftssinn der simpleren Individualität. Dann kommt man zu der Einsicht, daß auf die Dauer die Erziehung zum »Kollektivismus« die Ausbildung zum wissenden, also *freien* Menschen behindert. Zu dieser Einsicht kommen allmählich auch die russischen Schulbehörden. Und je mehr Experimente mißlingen, desto sorgfältiger greift man hier auf alte Methoden und alte Bildungsprinzipien zurück. Deshalb kann ein abschließendes Urteil nicht gegeben werden. Alle Ergebnisse sind vorläufige.

Vorläufig sind glücklicherweise auch die negativen Ergebnisse – also zum Beispiel die oben erwähnten Resultate der psychotechnischen Prüfungen in Leningrad. Sie sehen übrigens nur auf den ersten Blick so verblüffend aus. Sie beweisen nämlich nicht etwa die rettungslose Dummheit jener Hochschulkandidaten, sondern nur ihre Einseitigkeit. Der junge Mann, der keinen einfachen Satz bilden konnte, kann wahrscheinlich eine Versammlung leiten, einen Kassenbericht machen, einen der heute üblichen Zeitungsartikel hersagen oder auch schreiben – denn alle Bestandteile eines Zeitungsartikels, einer Rede, eines Berichts liegen fix und fertig da, die Phrasen, die Weltanschauung, die Argumente sind in Konservenbüchsen vorhanden, man braucht nichts zu kochen, nichts vorzubereiten. Der junge Mann weiß gewiß, was ein Ausbeuter und was ein Ausgebeuteter ist, eine Sozialisierung und eine politische Reaktion, eine »bürgerliche Ideologie« und der Bergarbeiterstreik in England. Aber er kann eben keinen Satz bilden – denn er ist nicht erzogen zum Kombinieren. Man hat ihm die natürliche Veranlagung des menschlichen Geistes, Zusammengehöriges zu verbinden, Fremdes zu eliminieren, gründlich abgewöhnt. Man hat ihn mit festen, für die Ewigkeit geschmiedeten Gedanken- und Wortkomplexen genährt und ihm die fruchtbare Mühe der selbständigen Synthese und Analyse abgenommen. Man hat ihn ferner aus Angst vor der »Philologie«, die in Rußland bürgerlich verdächtig ist, von der Sprache weggeführt, vom Wort, von der Logik der Grammatik – zur simpleren Logik der »Tat« und der Maschine, zu der robusteren Struktur des Mechanismus und der menschlichen Gesellschaftsformen. Nicht die philologische Unkenntnis rächt sich, sondern die künstliche, wenn auch nicht absichtliche Entfremdung von der Sprache, in deren Gesetzen die primäre, gründliche fundamentale Logik des menschlichen Geistes eingeschlossen ist. Man hat aus Angst vor dem »Humanismus« den Schüler aller »Humanität« im geistigen (nicht im ethischen) Sinn beraubt, der natürlichen humanitären Talente. Man hat ihn zu einem »Mitglied der Gemeinschaft« erzogen und zu einem »Fachmann«, zu einem gläubigen Optimisten und einen Fanatiker der »Realität« und ihres Ausdrucks: der Statistik. Es ist grotesk, wenn mir ein Universitätshörer von einer »Kommunikation« spricht, innehält, zweifelt, sich besinnt und mich mit einem plötzlichen Entschluß fragt: »Wissen Sie, was das ist Kommunikation?« – Er glaubt, der Arme, »Kommunikation« sei eines der vielen neuen russischen Worte.

Ich möchte den Wert zufällig erlauschter Geständnisse nicht überschätzen. Ich halte die Ergebnisse der Leningrader psychotechnischen Prüfungen nicht einmal für typisch. Sie erklären nur den augenblicklichen Stand der Dinge. Sie erläutern nur die Tatsache, daß vorläufig die neuen Methoden in Sowjetrußland die Hoffnungen nicht erfüllen. Der Zustand ist kein chronischer, sondern ein akuter. Es ist theoretisch möglich, daß die Erziehungssysteme in Rußland auch bessere Ergebnisse zeitigen und eine vollkommenere Bildung vermitteln.

## *Öffentliche Meinung in Rußland*

Man muß schon in Rußland leben und die (sehr seltene) mündliche, private Kritik der Einzelnen gehört haben, um zu erkennen, wodurch sich die offen sichtbare, die gedruckte öffentliche Meinung von der Meinungsfreiheit eines kulturellen Landes unterscheidet. Die öffentliche, laute, staatstreue Kritik ist eine Kritik der Parolen, der Losungen, der Schlagworte. Die erkennbare »öffentliche Meinung« im heutigen Rußland ist die gewaltige Summe (nicht die Potenz) addierter Echos auf eine den Massen zugerufene Formulierung. Der geübte Hörer erkennt am Echo den Rufer. Der Rufer steht oben.

Daher die auffällige Häufigkeit druckreifer, beinahe schon typographisch durchdachter, fix und fertiger Definitionen der »öffentlichen Mißstände«. Alle paar Monate gibt es eine andere Definition. Man kehrt die natürliche Entwicklung um: während bei uns, in allen westlichen Ländern, zuerst die Kritik sich regt, dann sich häuft und schließlich in einer schlagenden Formulierung ihre gesammelte Kraft vereinigt und mit ihr vorstößt – ist in Sowjetrußland zuerst das Schlagwort da, dann häuft es sich, dann wandelt es unter die Massen und weckt schließlich und zuletzt die Kritik.

Wir sehen also in Rußland das primitive Anfangsstadium einer öffentlichen Meinung, die von oben gelehrt und genährt wird. Je nach Zeit und Bedürfnis lauten die Losungen: Vernichtet die Verräter! Schmarotzer hinaus«! Krieg den Chuliganen! An den Pranger mit den Bestochenen! Tod der Anarchie – – Dabei stützt die starke Neigung der kommunistischen Theoretiker zur populären Formulierung diese Methode des Meinungsdiktats. Aus Lenins Schriften allein lassen sich unzählige akustisch wirksame Parolen herausklauben. Man wirft sie auf die Filmleinwand, in die Spalten der Zeitungen, auf Plakate. »Die Industrialisierung ist die

Grundlage des sozialistischen Staates.« »Wir bauen den Sozialismus.« Diese und andere Sätze wiederholen sich fortwährend, Resolutionen wandeln sie ab, schaffen neue, auf Parteitagen werden Invokationen geboren. Allmählich setzt sich die Losung im Gehirn fest und ersetzt das Argument. Es entsteht eine Uniformität – nicht so sehr der Gesinnung, wie der Betrachtungsweise. Ich habe es in hundert Diskussionen mit jungen Menschen, Arbeitern, Studenten, Beamten, sogar obdachlosen Kindern (die ja bestimmt keine Broschüren lesen) erlebt, daß mir die verschiedensten Individuen, Berufe, Naturen, Gemüter, daß mir Melancholiker, Sanguiniker, daß mir Proleten und Kleinbürger, Begabte, Dumme und Klügere, daß mir alle diese Menschen wörtlich dasselbe auf meine Einwände erwiderten, so daß ich schon nach den ersten Antworten den ganzen Verlauf der Unterredung auswendig wußte. Manchmal hörte ich wörtliche Wiederholungen aus einem jüngst erschienenen Zeitungsartikel. Habe mich deshalb allmählich daran gewöhnt, die Menschen in Rußland nicht nach ihrer geistigen Qualität einzuschätzen, sondern nach den Quellen ihrer Argumentationen. Das ist auch heute charakteristischer als etwa individuelle Begabungsunterschiede. Es entsteht eine allgemeine Nivellierung, eine höchst einfache psychologische Landschaft mit ein paar deutlichen Orientierungstafeln. Es gibt eine offizielle Gesinnung und eine approbierte Dialektik, die es auch den weniger Klugen gestatten, auf komplizierte Fragen zwar nicht treffend, aber doch allgemein zu antworten. Und wer noch nicht gelernt hat, Argument von Rhetorik und eine Kehle von einem Grammophon zu unterscheiden, ist von der Schlagfertigkeit des Durchschnitts verblüfft.

Je mehr man die Zeitungen liest desto größer wird der Respekt vor dieser gewaltigen Mobilisierung der Federn, der Schreibmaschinen, der Zitate und vor der Mechanisierung der Gehirne. Nicht journalistische Fachleute machen die Zeitungen, sondern gute zuverlässige Handhaber und Handlanger der Ideologie. Das, was man »journalistische Kleinarbeit« nennt, was das eigentliche Gerüst der Zeitung ist, der Bericht des Tages und sein Spiegelbild, die nackte dramatische Fabel des Lebens: das ist in den russischen Blättern primitiv, dilettantisch, unbeholfen. Von den sechs Seiten einer Zeitung sind meist drei für Resolutionen, Konferenz- und Versammlungsberichte bestimmt. An den Tagen der Parteikonferenz bleibt kaum eine Seite für wichtige politische und andere Nachrichten aus dem Auslande. Dazu kommen obligatorische Artikel – auch wenn sie unaktuell und unwichtig sind – aus der Feder dieser oder jener Parteigröße, die gedruckt werden müssen. Es gibt dafür Artikel, die nicht geschrieben werden dürfen – wie zum Beispiel die des einzigen bedeutenden Journalisten der Partei: Karl Radek. Über den großen Brand in einer der größten Moskauer staatlichen Kinofabriken berichten Moskauer Blätter anderthalb Tage später. Es ist nicht die Geringschätzung des »Ereignisses«, die eine solche Unterlassung zu einer journalistischen Pflichtverletzung stempelt, sondern die gewaltige Unterschätzung des wirklichen, täglichen, blutvollen Lebens, die sich in der Gleichgültigkeit gegenüber dem Tag äußert, und die gewaltige Überschätzung der rhetorischen, beinahe schon geschwätzigen phrasenreichen und billigen Konferenzen-Didaktik, der blutleeren »Debatte«, die sich obendrein noch einbildet, lebendig zu sein, weil sie von Daten, Zahlen und Fakten ausgeht. Man geht in einen Saal, schließt die Fensterläden, zündet Licht an, nimmt Berichte zur Hand, paßt ihren Inhalt der Theorie an oder (je nachdem) die Theorie dem Inhalt des Berichtes und glaubt, mitten im Tag zu stehen, indes draußen, an den geschlossenen Fenstern vorbei der lebendige Tag abrollt. Und die Zeitung berichtet, was in den Zimmern vorgeht.

Man achtet dabei sehr scharf auf die Einhaltung der »Authentizität«. Man hat alles aus der sogenannten »ersten Hand«. In den Fabriken gibt es Arbeiterkorrespondenten, in den Dörfern Dorfkorrespondenten, in den Schulen Schülerkorrespondenten. Der Leser macht gewissermaßen seine Zeitung selbst. Die »Zuschrift aus dem Publikum«, der »Bericht des zufälligen Augenzeugen«, werden in den Rand der sachverständigen Berichterstattung erhoben. Jeder sein eigener Journalist. Diese Erziehung zur lebendigen Mitarbeit an der Zeitung ist von enormer Wichtigkeit, und aus dem Experiment, das Sowjetrußland zum erstenmal macht, wird einmal die Presse aller Länder zu lernen haben. Aber die Sowjetpresse gibt sich mit dieser privaten Authentizität zufrieden, und deshalb ist ihr »Zeitungsbericht« nicht mehr wert als eine primitive »Zeugenaussage«. Das System der Leser-Korrespondenten verführt zu der falschen Überzeugung der Redaktion und auch der leitenden Politik, daß sie über alles gut unterrichtet seien. Woher diese Kenntnis? Der Leser (der Rab-Korr., der Sel-Korr. usw.) hat es ja selbst gesagt! Weiß diese junge Presse, weiß diese junge Regierung noch nicht, daß man zur Spiegelung des Lebens der Spiegel bedarf? Daß man aber keineswegs einen beliebigen Gegenstand, eine Teekanne oder eine Hacke oder ein Fleischmesser als Spiegel verwenden kann? Es ist eine physische Unmöglichkeit, sich selbst zu photographieren, das Objekt kann sich nicht durch die Linse betrachten. Deshalb gibt es in den russischen Blättern fast lauter richtige Tatsachen und fast lauter falsche Berichte; Geständnisse und keine Aufklärung; Angaben und keine Bilder. Deshalb weiß der ausländische Journalist, der die Augen aufmacht, von Rußland mehr als sein einheimischer Kollege.

## *Im russischen Parkett*

Das *Publikum* in den Theatern Moskaus ist anders als das Publikum in den Theatern der russischen Provinz. In Moskau bekommen viele Menschen Freikarten, in der Provinz sind viele Leute abonniert.

In allen Städten arbeiten fast alle Theater mit Unterbilanz. Neunzig Prozent aller russischen Theater werden vom Staat subventioniert. Die Preise sind verschieden. Es gibt teure und billige Plätze. Es gibt Logen und Stehparterre. Aber in der *Provinz* gleicht das Publikum in den Logen dem Publikum in den letzten Rängen. Dieses Publikum erweist und bestätigt die antik-bolschewistische Forderung nach den »circenses«. Das Theater hat die »Weihe« abgelegt. Der Arbeiter trägt eine Bluse, der Nep-Mann trägt sie auch. Die Bäuerin sitzt in der Joppe, mit dem Kopftuch, in der Loge. Man hört ein sanftes Knistern: von den Kiefern kommt es, die Sonnenblumenkerne mahlen. Man raucht in den Gängen, in denen das Rauchen verboten ist. In den Ecken stehen lange Trichter aus Blech, wenn man will, wirft man Zigarettenstummel hinein, es sieht aus wie eine milde Gabe. Es gibt noch Lehnstühle mit gebleichtem und abspringendem Goldlack. Es gibt noch eine Samtbrüstung, sie wird räudig wie ein Tier. Es gibt noch ein paar Photos alter Theatermänner in hellblonden Rahmen an der Wand. Nicht wie Reminiszenzen sehen sie aus, sondern wie Irrtümer. Es gibt noch alte vergessene Theaterdiener, wie zusammengerollte Fahnen auf dem Dachboden. Es gibt noch Säle zum Lustwandeln in der Pause, mit guten Parketts. Aber das Theater ist unfeierlich, es braucht keine Lehnstühle, keine Photos, keine alten Diener, keinen Samt. Wozu noch die Pausen? Um Tee am Büfett zu trinken. Das Publikum hat den Geruch der Massen. Daß man ins Theater kam, ist ein Zufall. Man hätte ebenso gut zu einer Volksversammlung gehen können. Es gibt kein gesellschaftliches Ereignis. Der Vorhang ist überflüssig. Geht ein Vorhang vor Rednerpulten auf? Zieht man Vorhänge von Bildern im Museum weg? Das Publikum – ob es bezahlt oder nicht, ob es in der Loge sitzt oder in den letzten Reihen – es sieht immer aus wie auf Staatskosten hierher geschickt – von der Zentralstelle für Kulturpropaganda. Es ist eine didaktische Nüchternheit über dem Parkett, wie etwa in den Theatervorstellungen an Nachmittagen für die Schulen. Theaterbesuch ist eine Fleißaufgabe, eine soziale Pflicht, vielleicht ein Zehntel Unterhaltung. Kritik ist noch nicht erlaubt. Beifall kommt regelmäßig nach jedem Schlußwort.

In *Moskau* ist es anders. Das Publikum der Stanislawski-Bühnen zum Beispiel besteht nicht aus Bürgern und Intellektuellen. Die Frauen ziehen sich fürs Theater an. In den ersten sehr teuren Reihen und in den Logen (ein Platz durchschnittlich sechs Rubel) sitzen Ausländer und Freikartenbesitzer. Man raucht nur in den Rauchsälen. Die Pausen haben einen Sinn und die alten Photos sind Reminiszenzen. Der Faden der Tradition ist nicht abgerissen, der Samt ist erneuert. Die alten Diener haben eine wehmütige Würde. Hinten, in den billigsten Reihen sitzen die Damen und Herren der Vergangenheit, unter dem Schatten des Balkons, mit der alten aufgebügelten Feierlichkeit, wenn auch in schlechten Kleidern. Knisterten dort schon die Sonnenblumen – hier klopfen noch die Herzen. Der wohlbewahrte, alte, kultivierte kritische Sinn reguliert die Begeisterung und den Apparat der beifallsfreudigen Hände. Der Schauspieler ist noch eine Individualität und kann menschliches Interesse in Anspruch nehmen. Man trifft sich in den Pausen. Einer ist immer wieder erstaunt, daß der Andere die Revolution überlebt hat. Auch Backfische kommen noch vereinzelt vor, die für Kunst begeistert sind, innige Wesen, aber etwas unwirklich – es ist, als lebten sie nur mit provisorischer Erlaubnis der Regierung. Faßte man sie am Zopf, sie könnten vielleicht zerrinnen. Würdige Herren mit Bärten zaristischer Abkunft sitzen verbindlich und fern wie hinter Fenstern, man würde auf kühles Glas stoßen, wollte man sie berühren. Ihre Frauen haben hundertmal modernisierte Kleider, Motten- und Kugellöcher sind gestopft. Die neuen Bürger, die Schieber, die Nep-Leute, die nur deshalb leben, weil der Marxismus ein Auge offiziell zugedrückt hat, sind eben daran zu erkennen. Sie sitzen nicht gern in den ersten Reihen, um Polizei und Steueramt vor einem Einschreiten zu bewahren. Die Kleider ihrer Frauen, Lippenstifte, Schminke und Puder, aus Paris geschickt und teuer verzollt, bedürfen der guten Plätze nicht, um aufzufallen. Hier und dort ist ein eleganter Rotarmist zu erblicken. Abteilung Flieger oder politische Militärpolizei, die Elite der Armee; Eleganz ist beim Militär das Kennzeichen der Intelligenz.

Mit ehrlichem Entsetzen denke ich an des berühmten Meyerholds Theater – ich meine den Zuschauerraum. Meyerholds politischer und künstlerischer Charakter kommt in der Inszenierung des Zuschauerraums stärker zum Ausdruck als in der revolutionären Regiemethode, mit der er Dramatiker meyerholdisiert. Dieser Meyerhold, Lokomotivführer auf dem Zug der Zeit, ist mit Erfolg auf die Unbequemlichkeit des Zuschauers bedacht. Das Theater – so sagte er sich – ist nicht mehr Weihestätte tagesferner Kunst oder Vergnügungsort nächtlicher Zerstreuung: es ist eine Propagandastätte politischer Wirkung, es ist ein Raum fürs Volk. Absichtlich drängte er deshalb schmale Stühle zusammen und begab sich so in einen strikten Gegensatz zu mir, der ich zum Beispiel wünschte, alle Teilnehmer einer Volksversammlung könnten in bequemen Klub-Fauteuils sitzen. Meyerhold pfeift auf Logen, und sein Abscheu vor einem bürgerlich traditionellen »Genuß« der Kunst ist so groß, daß in seinem Theater die Teilnahme am gespielten Stück zur Qual werden kann. Der Zuschauerraum ist häßlich, fahl und kalt (während es im Vestibül warm ist), um seine vollkommene Identität mit einem Sportplatz zu beweisen. Es liegt nicht an der Heizung, sondern am Prinzip.

Meyerholds Theater lebt vom Staat, von Freikarten und von bezahlten Plätzen. Jeder Fremde, der nach Moskau kommt, besucht Meyerhold. Er repräsentiert die revolutionäre Dramaturgie – sagt man. Das Proletariat hat Freikarten, die Fremden zahlen, die Bürger auch. An Premierenabenden kann man's nicht verhindern, daß ein sogenanntes »gesellschaftliches Ereignis« zustande kommt. Die Snobs – es gibt schon einen neuen Snobismus – die Kritiker und die reichen Bürger gehen zu der Premiere, auch die staatlichen Repräsentanten der Volksbildung. Man sieht also die Anfänge einer Art neuer »Gesellschaft«. »Premierenstimmung« gibt es nur bei Meyerhold, mit allen Begleiterscheinungen, mit dem verbindlichen falschen Lächeln guter Bekannter, mit Händedrücken, Meinungsaustausch, sogar mit einem gewissen Kulissenklatsch ohne Kulissen – denn diese sind abgeschafft oder sehr reduziert. Man spricht von den Kleidern der Frau Meyerhold (die Schauspielerin ist), von den Kosten der Aufführung, es entstehen sogar heftige Differenzen – wie bei der letzten großen Aufführung des »Revisor«, von der ich noch erzählen werde. Meyerhold ist, was Reinhardt einmal in Berlin war. Wer der Meinung ist, man halte etwas auf ihn, der geht zur Premiere bei Meyerhold. Man erträgt die Stühle, nimmt die Kälte in Kauf, lustwandelt im Vestibül, obwohl es sehr eng ist. Am Schluß kommt Meyerhold, um sich zu verneigen, demonstrativ im gelben Sportanzug, einer Art Gesinnungskostüm.

Die sich für Meyerhold interessieren – oh bittere Wahrheit! – sind die Intellektuellen, Lunatscharski inbegriffen. Dem Proletariat muß man schon Freibillette geben, Experimente interessieren es wenig. Im Grunde hat es einen zu gesunden revolutionären Instinkt.

Was aber gibt das intellektuell-revolutionäre Theater? – Höchstens einen oppositionellen Impuls.

## *Knotenpunkt am Morgen*

Es ist Sommer. Wenn der Zug hält, hört man die unermüdlichen Grillen in den Feldern und den Gesang der Telegraphendrähte, der wie das Surren von dunklen, unheimlichen, jenseitigen Sensen ist. Mitten zwischen Bergen, Feldern, Lerchen und Himmel liegt der Knotenpunkt. Man erreicht ihn um vier Uhr morgens, nicht früher, nicht später. Es ist im Fahrplan vorgesehen, daß die aufgehende Junisonne und der Passagier im Knotenpunkt zusammentreffen.

Die Gepäckträger sind schon aufgestanden, man ist nicht mehr allein. Die Schienen laufen nach allen Richtungen, elastisch wie gestreckter Gummi, von fernen Stationen festgehalten, damit sie nicht zum Knotenpunkt zurückschnellen. Der Bahnhof birgt ein trauliches Restaurant, erster, zweiter und dritter Klasse. Gastfreundlich, wie er ist, beherbergt er einen roten Automaten, mit goldener Inschrift, sechs Mündern für Münzen, einen geschnörkelten Griff und einen Barockgiebel, der wie von einem Miniaturportal entlehnt ist. Auf allen Bahnhöfen, an denen meine Kindheit vorbeiführte, standen solche Automaten. In meiner Erinnerung verbindet sich ihr Bild mit dem rätselhaften Klang der Signale, dem Klang eines goldenen Löffels an Glas, den die Eingeweihten wohl zu deuten wissen und der den Laien nur zu verstehen gibt, daß irgendein Zug kommen wird, wer weiß, woher. Auf dem ganzen Wege, den meine Kindheit zurückgelegt hat, stehen die roten Automaten. Wenn ich jetzt eine Münze hineinsteckte, ich zöge jene Schokolade heraus, die ich vor zwanzig Jahren gebraucht hätte und die mir heute nicht schmeckt.

Der kleine grüne Zeitungspavillon ist noch geschlossen,

auch für den Tabakverschleiß ist die Stunde noch nicht angebrochen. Das Restaurant dagegen spendet schon Kaffee, in morgendlich gespülten Gläsern, die von einem Mädchen aus dem Bad gehoben und gegen die aufgehende Sonne gehalten werden. Zeitungen von gestern bieten sich an, ohne zu wissen, daß schon heute ist. Dieses Heute aber ist so stark, daß die Zeitungen sehr verjährt aussehen. Der Sonnenaufgang allein dementiert ihre Nachrichten.

Wenn man den Bahnhof verläßt, sieht man eine Ortschaft, so klein, daß die Frage auftaucht, warum gerade hier der Knotenpunkt entstanden ist; und wenn er schon da war, dank einem Zufall, der blind ist, warum er nicht aus der Ortschaft eine Großstadt gemacht hat; und wieso es der Ehrgeiz eines Ortes sein kann, ein Knotenpunkt zu bleiben und seine ganze Bedeutung außerhalb seiner, am Bahnhof also, zu konzentrieren; und wie dieser Ort, obwohl jeden Morgen ein Zug stehen bleibt und Passagiere warten, so tief schläft, als wüßte er gar nicht, daß er ein Knotenpunkt ist. Denn nur die Hähne krähen, die es doch bestimmt nicht wissen. Erst um fünf Uhr geht ein Mann mit einer Harke und einer Gießkanne durch die einzige Straße des Ortes, seinem Garten entgegen. Der Friseur schläft noch hinter dem Zaun, an dem sein Becken aus glänzendem Messing angebracht ist, ein Spiegel der Sonne. Im Hause Nummer 76 wohnt der Trompeter der Feuerwehr, eine Tafel besagt es. Sein Fenster zu ebener Erde ist offen, er steht auf, küßt seine junge Frau, stülpt sich ein Hemd über und begibt sich zum Waschbecken. Ich warte vor seinem Fenster und hoffe im stillen, daß er bald zu blasen anfangen wird, obwohl es nicht brennt. Ein intellektueller Sommerfrischler ist schon wach. Jetzt geht er, mit einem Stock bewaffnet, Spuren halbweicher Frühstückseier auf den Lippen, einen Berg hinan, die Zeitung in der Tasche, von seinem Abonnement bis ans Ende der Welt verfolgt, bis auf den höchsten Gipfel.

Wie langsam schleicht die Zeit, mit der Zeitlupe aufgenommen. Drei Stunden muß man warten, und die Uhr am Kirchturm bleibt außerdem zurück. Ein Bach treibt eine Mühle, ein Hirt eine Herde, ein Wind die Morgennebel. Der Zeitungspavillon am Bahnhof ist immer noch geschlossen. Er hat gläserne Wände und er sieht aus, als schliefe er mit offenen Augen. Das Mädchen am Büfett wäscht immer noch die Gläser. Sie hat einen Zopf, eine Schürze, und ihr Mund ist ein kleiner roter Bogen. Waren Sie spazieren? – fragt ihr Mund, während ihre Hände Gläser spülen. Fahren Sie weit fort? –

Ja. – Möchten's mich nicht mitnehmen? Und weil ich nicht: ja! antworten kann (wie dumm ist man auf einem Knotenpunkt!), frage ich wieder: Möchten Sie denn mit? –

O ja! – sagte sie.

Wahrscheinlich stellt sie jeden Morgen dieselbe Frage, laut oder stumm, an einen Mann, der hier auf seinen Zug wartet, sehr weit wegfährt und ihr deshalb sympathisch ist. Ich möchte jetzt alt sein, um feig sein zu dürfen. Hätte ich einen weißen Bart oder wenigstens eine Glatze, ich könnte ihr sagen: »Bleiben Sie am Knotenpunkt, liebes Fräulein! Es ist manchmal besser, die Männer wegfahren zu sehen, als mitgenommen zu werden.« Denn wenn man alt ist, darf man die Mädchen mit weisen Lügen trösten und sich ebenfalls.

Ich nehme sie nicht mit, aber ich gebe ihr die Hand. Sie wischt ihre Hand an der Schürze ab – diese Bewegung ist wie der Ausdruck ihrer Resignation. Sie hat ihre Wünsche ausgelöscht, mit einem Schwamm. Sie sagt: »Gute Reise!« Ich sehe sie nicht an, ich sehe schon zu den Schienen hinüber, sonst müßten wir uns küssen – und wir haben Angst, weil wir dumm, feig und praktisch sind.

## *Die Zivilisierten im Barbarenland*

Den exotischen Charakter des albanischen Landes erkennt man auf den ersten Blick an der besonderen Lebensweise der zivilisierten Europäer. Die Angehörigen dieser merkwürdigen Rasse, deren verblüffende Sitten und Gebräuche noch nicht genügend erforscht sind, und die in ihrer komfortabel eingerichteten Heimat einander hassen, scheinen in wilden Gegenden ein anderes Herz, eine andere Gesinnung und einen anderen Charakter in Gebrauch genommen zu haben. Sofort nach Betreten eines Landes ohne Wasserklosett packen sie aus ihren Reisetaschen eine ungebrauchte, wie neu glänzende Freundlichkeit aus, um sie gegen eine ebenso neue ihrer zivilisierten Schicksalsgenossen auszutauschen. In besonders unwirtlichen Gegenden soll es vorkommen, daß eine echte Lady mit einem Commis-voyageur im europäischen Klub tanzt – – nur, damit die Eingeborenen zerspringen.

In Albanien kann ich feststellen, daß alle Europäer und Amerikaner ein Herz und eine Seele sind. Gemeinsame Erinnerungen an Liftboys und Aktienbündel bilden einen unlösbaren Kitt, der den höchsten Festigungsgrad erreicht, wenn das Grammophon erklingt und die Paare sich zum Tanz verrenken. Feindliche Diplomaten kämpfen Schulter an Schulter gegen Moskitos, Malaria und den geringsten Versuch eines Bodenständigen, der Kultur nahezutreten, die sie ihm bringen. Alle Konkurrenten, die sich hier um den magern, aber herrenlosen Bissen gesammelt haben, marschieren vereint und profitieren getrennt. Sogar Journalisten raunen einander neidlos die falschen Nachrichten zu, die sie aus authentischen Quellen geschöpft haben. Schon am frühen Morgen sieht man wirkliche Militär-Attachés einen Friseur grüßen, der zufällig in ihr Vaterlandsbereich fällt und ihrem Schutz ausgeliefert ist. Leibhaftige Gesandte geben ihre Visitkarten bei unbedeutenden Männern ab. Vor den Gesandtschaften steht kein abweisender Portier, sondern ein demütiger Kawaß. Wo in Europa ein grober Sekretär sitzt, steht hier ein freundlicher Dragoman auf. Zwei echte Gentleman sind imstande ein Bett zu teilen, nur um die bodenständigen Ungeziefer zu reizen. Die Brüderlichkeit der Herren-Menschen ist groß wie eine Stunde vor Weltuntergang. Man zittert vor dem Vulkan, auf dem man Charleston tanzt …

Ein paar Einheimische von Distinktion sind in den Kreis der fremden Götter aufgenommen. Es gibt in Tirana einen Tennisklub, in dem alle Rackettschwinger und Zahnpastaverbraucher verkehren dürfen. Ein albanischer Oberst und Nationalheros österreichischer Herkunft, abenteuerlichen Charakters, ist freundlich gesehener Gesprächsstoff. Albanische Beamte wagen eine Partie mit authentischen Frauen englischer Offiziere. Ein deutscher Direktor spielt Poker mit einem Vizekonsul eines Balkanstaates. Amerikaner sind sogar gegen Bulgaren freundlich, weil sie nach Sofia immerhin schon Gummischwämme geliefert haben, nach Tirana aber noch nicht. Mancher Minister ist oft nahe daran, einem Kinderfräulein die Hand zu reichen, wenn sie europäische Sprößlinge an die Luft führt.

An gewissen Abenden ist Ball. Engländer, auch im Straßenanzug sofort erkennbar, kommen im Smoking. An solch einem Abend geschah es, daß ein feudaler Weltumsegler, der die Presse verachtet und überhaupt jedes Papier ohne Wappen, sich eine halbe Stunde mit mir unterhielt – was nicht auf Gegenseitigkeit beruhte. Man trank Whisky-Soda, gebraut von einem weißgardistischen Russen, der hier die Bar verwaltet, bis der Zar aufersteht. Man erzählte einander Geschichten. Denn es gibt einen Tratsch von Tirana – die fremden Götter merken gar nicht, wie menschlich sie sind.

Man erfährt, daß die hübsche Freundin des albanischen Präsidenten eine Wienerin ist, eine Wienerin aus Ottakring.

Franzi heißt sie. In einem Fiat fuhr sie. Wann? Am Nachmittag! Um welche Zeit? Um vier Uhr zwanzig! Was trug sie? Einen neuen Hut! Was für einen Hut? Einen roten! – Der Major X., Adjutant der Schwester des Präsidenten, verbot einem albanischen jungen Beamten, mit der Dame zu tanzen. Als er es dennoch tat, ließ der Major den Beamten verhaften. Er saß drei Tage im Gefängnis von Tirana. Barbarei! – sagen die Götter. In Bayern saßen Schriftsteller jahrelang, ohne jemals an einen Adjutanten geraten zu sein. In Amerika boykottiert man Chaplin, weil er seine Frau nicht nur auf den Mund geküßt hat. In Frankreich lebte ein gewisser Dreyfus. In Italien trinkt man bei gesundem Magen Rizinusöl. Aber in Albanien – in Albanien sind halt Zustände.

Diplomaten müssen beweisen, daß sie die Interessen ihrer Länder »wahrnehmen«. Sie sitzen exterritorial, über dem Land – wie Fliegen auf einer Käseglocke, summen in staatlichen Automobilen hin und zurück, besuchen einander, beraten sich, machen aus Flöhen Elefanten, chiffrieren sie, telegraphieren sie heim. Dann spannt sich die Lage. Dann rüstet man ein bißchen. Dann läuft ein Journalist zum Telegraphenamt. Er hört etwas tuten. Es war die Autohupe des Gesandten. In der Zeitung ist's die Feuerwehr von unserem Sonderberichterstatter. Die Zeitung belauschte den Diplomaten. Der Diplomat glaubt der Zeitung. Was haben Sie gehört? Banden in Skutari? Saloniki? Saseno? Panzerkreuzer? Hydroplan?!

Indessen arbeiten die albanischen Bauern auf den Feldern, die Händler verkaufen Opanken, die Schmiede hämmern Kessel, die Sattler nähen Sättel. Aber jeden Morgen marschieren Rekruten, Trommel, Reveille, tiefe Kniebeuge. Eines Tages wird man schon erschossen. Von Italienern? Von Südslawen? – Krieg ist Krieg.

## *Sentimentale Reportage*

Am Morgen stand vor dem Hotel ein Hund. Mit dem flüchtigen Blick eines Schriftstellers, dem Individuen vertrauter sind als Gruppen, Gattungen und Rassen, sah ich den Hund für einen Fox an. Er sprang an mir hoch, leckte meine Hand, erwartete, daß ich ihm etwas zum Spielen hinwerfe. Er hatte ein weißes Fell und unter dem linken Auge einen schwarzen Fleck. Während ich seine Ohren betrachtete, mit denen er wedeln konnte, gewann ich den Eindruck, daß es die Ohren eines Jagdhundes waren; und weil ich die Mischungen höher schätze als die mühsam gezüchteten Abkömmlinge reiner Rassen (die auch durch Mischungen entstanden sind) und weil ich – vielleicht im Gegensatz zur Naturwissenschaft – glaube, daß die Ergebnisse einer zufälligen, unkontrollierten und obdachlosen Leidenschaft intelligenter sind, als die einer sorgfältig vermittelten Tier-Ehe, wurde mir der gleichgültige und fremde Hund sympathisch. Er war kein Fox. Aber er war ein Hund.

*

Kein Zweifel, daß er herrenlos war. Er trug zwar ein Halsband, aber keine Marke. Es war ein gutes, ledernes Halsband, mit kleinen quadratischen Metallplättchen verziert. Solche Halsbänder kaufen nur wohlhabende Hundebesitzer. Diese aber hängen auch Marken an die Halsbänder. Wenn der Hund zwar noch ein Halsband, aber keine Marke mehr besaß, so war anzunehmen, daß ihn sein Herr nicht verloren, sondern verlassen hatte. Ich nahm es jedenfalls an, weil ich nicht glaube, daß der Mensch gut ist. Ich nahm an, daß der Herr den Hund gekauft hatte – in der Meinung, es sei ein Fox. Als der Herr aber sah, daß der Hund die Ohren eines Jagdhunds bekam, beschloß er, das Tier loszuwerden. Er führte es – es war noch jung und Millionen Gerüche verwirrten es – in eine abgelegene Straße, ließ es stehen, sprang in ein Auto und verschwand. Denn nicht alle Menschen denken so über Mischlinge wie ich.

Außerdem war der Hund krank. Über seiner Stirn war ein dünner, rötlicher Ausschlag verstreut – nicht häßlich, nicht ekelhaft, eher harmlos und vom Aussehen einer harmlosen obligaten Kinderkrankheit – – aber immerhin ein Ausschlag. Er roch nach einer Salbe, mit der man ihn noch jüngst behandelt haben mußte. Dieser starke Duft – er war wie Lavendel und Karbol – mochte die unerfahrene Nase des Hundes noch mehr verwirrt haben, so daß er nicht mehr nach Hause fand und einen fremden Menschen für einen bekannten hielt. Den Entschluß des Besitzers, den Hund zu verlassen, hatte diese Krankheit sicherlich gefestigt, wenn nicht hervorgerufen. Denn ich traue der Güte eines Menschenherzens noch immerhin so viel zu, daß es einen Mischling erträgt. Aber einen kranken Mischling gesund zu pflegen, und wäre es auch nur mit einer Salbe, geht über seine Kraft. Schließlich ist man nur ein Mensch.

Am Nachmittag dieses Tages mußte ich den Ort – einen Kurort in Südfrankreich – verlassen. Ich hatte eine lange Reise vor. Achtzehn Stunden in einem Güterwagen, an jeder Station von geschäftigen und vielleicht auch gehässigen Trägern gestoßen oder geworfen: das ist für einen kranken Hund zu viel. Ich hätte mich freilich um ihn kümmern, ihn vielleicht im Coupé verbergen können. Aber auch mein Herz hat nur menschliche Qualitäten.

Ich ging mit dem Hund ins Restaurant. Er bekam einen Knochen, Gemüse und Wasser. Den Knochen nahm er mit, als wir weitergingen. Wir kamen zur Polizei, in die »Abteilung für gefundene Gegenstände«. In einem kahlen und feuchten Zimmer saß ein Beamter an einem langen und breiten Tisch. Dieser Tisch, schwarzbraun, von Holzwürmern zernagt, von Millionen Federn zerstochen, bildete zugleich die Barriere zwischen dem Beamten und dem Publikum. Um auf seinen Stuhl zu gelangen, mußte der Mann über den Tisch klettern oder durch eine verborgene, absichtlich geheim angebrachte Tür das Zimmer betreten, ähnlich wie Schauspieler die Bühne. Es schien mir auch, daß der Beamte hinter dem Tisch gar nicht seinen nüchternen Beruf ausübte, sondern daß er eine Rolle spielte – eine Nebenrolle allerdings. Er saß vor einem schmalen Buch, einem Tintenfaß, einem grünen Federhalter – den einzigen Gegenständen auf dem breiten, wüsten Tisch – und er schrieb nicht einmal. Er wartete. Vielleicht verließ er dieses Zimmer überhaupt niemals. Vielleicht wartete er seit der Begründung der Polizei. Er hatte runde, goldbraune und sehr schnelle Augen. Sie erinnerten an die kleinen gläsernen Spielkugeln der Kinder. Nach allen Richtungen rollten sie hurtig – von allen Körperteilen, die den Beamten ausmachten, schienen sie allein frei und beweglich zu sein. Denn selbst die Hand, die der Beamte mit der Feder zum Tintenfaß und dann zum Buch führte, bewegte sich nicht dermaßen, daß man sagen könnte, es wäre eine freie Hand gewesen. Es war, als könnte sie überhaupt keine andere Bewegung vollführen, als die von der Weste zum Tintenfaß und vom Tintenfaß zum Buch. Es war eine rötliche, dünne Hand mit blauen Adern und stumpfen Nägeln, und von den Fingern waren nur Daumen und Zeigefinger gebrauchsfähig. Die andern drei Finger hingen nutzlos an der Hand wie Berlocken. Der Arm steckte ebenfalls fest an der Schulter, nicht durch eines der üblichen Kugelgelenke mit ihr verbunden, sondern wie ein Riegel in sie geschoben.

*

Der Hund spielte unter dem Tisch mit dem Knochen. Zwar war er kein Gegenstand, aber er gehörte doch in die Abteilung für gefundene Gegenstände. Während der Beamte aber Brieftaschen zu behalten das Recht und die Pflicht hatte, blieb ihm, einen Hund zu bewahren, überhaupt keine Möglichkeit. Vielmehr bestimmte das Gesetz, daß ich, der Finder, den Hund 24 Stunden zu behüten, zu pflegen und zu ernähren habe. Meldete sich nach Ablauf dieser Frist der Eigentümer nicht, so konnte ich den Hund laufen oder auch töten lassen.

Ich sagte dem Beamten, daß ich gegen dieses Gesetz zu handeln und heute noch abzureisen entschlossen sei, vielleicht mit dem Hund, wahrscheinlich aber ohne ihn. »Wie Sie wollen!« – sagte der Beamte. Denn es war nicht seine Pflicht, mich von einer Übertretung zurückzuhalten. Ich war bereits erwachsen und konnte tun, was ich wollte. Er legte seine Seh-Kügelchen einen Augenblick auf mein Gesicht. Er sah mich an, wie einen, der ins Feuer rennt. Andere, nicht an Schreibtische gebunden, auf Automobilen dahinsausende Beamte waren dazu da, mich irgendwo zu ergreifen und den Gerichten zu überliefern. Ihm selbst blieb nichts mehr übrig, als dem Hund unter dem Tisch einen Fußtritt zu versetzen. Er konnte es sich leisten, weil es ja ein herrenloser Hund und ein gefundener Gegenstand war. Er mußte es sogar tun, denn wie sollte man einem Tier anders beibringen, daß es bereits eingetragen sei? Vielleicht benützte der Mann auch die Gelegenheit, mir zu zeigen, daß er noch einen Fuß bewegen könne. Denn er saß, wie gesagt, schon lange auf seinem Platz.

Auf der Straße riet mir ein Mann, ich sollte mit dem Hund zum Tierschutzverein. Ich läutete an dem eisernen Gitter einer Villa. Auf der Stiege kam mir ein Herr entgegen, dessen Gesicht ich nicht sehen konnte. Er verbarg es im Schatten, der den oberen Teil der Stiege verfinsterte. Ich sah nur seine Weste, seine dunkle Hose, seine roten Pantoffeln, ein Stückchen von seinen gelben Strümpfen. Ich hörte nur seine Stimme, eine sanfte, tiefe Stimme, aus einem eingefetteten Hals. Die Worte rollten auf geölten Rädern. Die Stimme wies mich ab. Sie wäre zwar – sagte sie – der Präsident des Tierschutzvereins. Aber sie könne nur in der Saison, wenn die Engländer kämen, Tiere annehmen, für die sich unter den Kurgästen ein Käufer finde.

Ich fragte in den Schatten hinauf, ob es einen Tierarzt in der Nähe gäbe. Ja, kam es zurück, aber einen, den man zahlen müßte. Offenbar wurde oben angenommen, daß jemand, der einen falschen Fox gefunden habe, eine Konsultation zu bezahlen nicht imstande sei. »Ich werde bezahlen!« – rief ich empor. Und erfuhr die Adresse.

*

Es war aber bereits zehn Minuten nach vier, als ich zum Tierarzt kam. Seine Frau öffnete, erkannte sofort die schlechte Rasse des Hundes, zählte auch mich ihr zu und sagte: »Mein Mann arbeitet nur bis vier. Sie können ja lesen!« – Es war eine hübsche, blonde, vollbusige, junge Frau, geschnürt, gepudert, das Haar gewellt, die Lippen geschminkt, so übertrieben tadellos angezogen, als wäre sie bei sich selbst zu Besuch. Ich ahnte, während ich sie betrachtete, die peinliche Sauberkeit ihrer Zimmer, ihren Abscheu gegen Staub, Armut, Motten und Revolution, ihre Sparsamkeit, ihre eheliche Treue, den Mangel an Gelegenheit und den ständigen Verkehr mit Tierärzten, die nichts anderes waren als ihr Mann – denn die Frauen lieben manchmal den Wechsel der Berufe mehr als den der Männer. Ich sah sie zu früher Morgenstunde aufstehen, Nippessachen abstauben, Aschenbecher putzen, die von nackten Nymphen aus Kupfer gehalten waren, silberne Kaffeelöffel abzählen, Mittagessen vorbereiten, ich sah sie nach dem Essen im Schaukelstuhl sitzen und im »Echo de Paris« von den Greueln der Bolschewiken und den neuen Rüstungen der Deutschen lesen. In den zwei Minuten, die sie brauchte, um mich hinauszuwerfen, erkannte ich sie und ihre Tugenden – denn im Gegensatz zum Hund gehörte sie einer ganz bestimmten Gattung an, einer Rasse, möchte ich sagen, deren Angehörige in allen Ländern der Welt die gleichen Eigenschaften auszeichnen.

Wir fanden einen andern Tierarzt, der bis fünf Uhr ordinierte. Es war ein kleiner, flinker, gefälliger Mann, er sah eher einem Schnellphotographen ähnlich. Wenn er den Hund prüfte, so schien es mir, daß er über eine günstige Art, das Tier aufzunehmen, und nicht über seine Krankheit nachdachte. Es sei nicht schlimm! – meinte er. Außerdem gäbe es einen guten Ausweg! Vor zwei Wochen sei ein neuer Tierarzt gekommen, ein städtischer, der die Hunde nicht töten lasse. Er käme jeden Tag zum Wasenmeister, pflege die Hunde, bis zur Versteigerung. Seien sie aber unheilbar, so töte er sie auf eine humane Weise.

*

Es blieb noch eine Stunde Zeit bis zu meiner Abfahrt. Ich begab mich mit dem Hund zum Wasenmeister. Es war ein großer starker, heiterer Mann mit einer Amtsmütze. Dieses Lächeln – sagte ich mir – kommt nur von einem guten Gewissen. Dieser Wasenmeister sollte Präsident des Tierschutzvereins sein. Sein gutes Herz liegt ihm auf der Zunge. Die Hunde wissen ihn gar nicht zu schätzen. Er ist zu stark, um feig zu sein. Er ist zu simpel, um schlecht zu sein. Sieh, wie sein Gesicht breit ist, ein Teller voll Güte! – –

Der Hund aber – er stand zu tief, um das Angesicht des großen Mannes sehen zu können – roch an dem Wasenmeister nur tausend gefangene Hunde und nichts mehr. Der Hund ließ sich von ihm nicht anfassen. Ich selbst mußte das Tier in den Käfig sperren. Es nahm noch den Knochen mit. Ich gab dem Wasenmeister ein Trinkgeld und drohte, daß ich mich nach einigen Tagen nach dem Schicksal des Hundes erkundigen werde. – –

Ich fuhr weiter. Ich lebte, einer Arbeit hingegeben, in einer fernen Stadt im nördlichen Frankreich, eine Woche, zwei

Wochen. Eines Tages begann ich an den Augenblick zu denken, in dem ich den Hund in den Käfig gesperrt hatte. Diese Erinnerung hatte gar keinen vernünftigen Anlaß. Sie kam, wie ein stiller Wind. Vor meiner strengen Prüfung nahm sie zwar bald das Gesicht einer Sentimentalität an. Aber als ich noch strenger prüfte, fiel es mir schwer, eine »Sentimentalität« zu definieren. Was war das? Vor elf Jahren habe ich drei Sturmangriffe erlebt. Einmal sah ich rings um einen Brunnen, der vom Feind »eingeschlossen« war. Ein Dutzend toter Kameraden liegen, deren Durst stärker gewesen war, als die Furcht vor dem Tode. Ich erinnerte mich an die sterbenden Pferde an den Rändern der Wege, die wir gezogen waren. Was war eine »Sentimentalität«? War die Reue über den Verrat an einem Menschen selbstverständlich und die über den Verrat an einem Hund »sentimental«?

*

Ich kam zu der Überzeugung, daß ich sozusagen sentimental sei. Und ich telegraphierte dem Wasenmeister: Wenn der Fox am so und so vielten samt Trinkgeld übergeben, gesund und am Leben, so bitte ich um Bescheid, wann er gegen eine angemessene hohe Belohnung abzuholen wäre. Ich bezahlte die Antwort.

Sie lautete – kurz und bündig, wie es der Stil der Wasenmeister erfordert: Pas de fox. Das heißt: Kein Fox! Oder noch besser: Keine Spur von einem Fox! …

Und ich verstand den Sinn dieses Telegramms. In einem Brief hätte mir der Wasenmeister etwa folgendes mitgeteilt: Weil der Hund kein rassereiner Hund war, also kein Fox, also wahrscheinlich nicht zu verkaufen, hab' ich ihn, der noch hätte leben können, getötet. Es ist nicht der erste Hund, es ist auch nicht der letzte Hund. Nur keine Sentimentalitäten!

## *Das Werk*

Befreit man sich von den überlieferten Vorstellungen: »Sklaven der Maschine«, so ist der Besuch eines Werks nicht trauriger als der eines Spitals zum Beispiel, eines Waisenhauses oder einer Arbeiterkolonie. Er ist allerdings auch nicht »erhebend«, wie ihn die Fanatiker der »rauchenden Schlote« und die Besinger der »flammenden Hochöfen« nennen mögen. Das Werk ist grau und gewöhnlich, wie der Tag war, an dem ich hinging. Man erzeugt dort keine Gedichte, sondern Schienen, Drähte, Eisen, Stahl. Die Tendenz der Werkbesitzer ist: Geld zu verdienen, und der Wunsch der Werkarbeiter: ihr Leben zu fristen. Lauter alltägliche Angelegenheiten.

Das Tor ist breit und offen. Ich vermisse hier die gewohnte Warnung: Unbefugten ist der Eintritt verboten. Aber es scheint, daß eine so mächtige Institution eines solchen Verbots nicht mehr bedarf und daß nicht damit gerechnet wird, es könnte ein Unbefugter Lust bekommen, hier einzutreten. Links hinter dem Eingang steht übrigens schon das Häuschen des Pförtners. Niedlich fast, gelbrot, aus Ziegelchen, ein Wetterhäuschen wie in einem Schaufenster. Dahinter ist das Verwaltungsgebäude. Noch vor dem Eingang arbeitet ein Motor. Eisenfunken sprühen – ich weiß nicht, welchen Zweck er hat – und eine Tafel mahnt: »Vorsicht!« Er erinnert mich, der ich seinen Zweck nicht verstehe, an eine Art mechanischen Wachhundes. Das Verwaltungsgebäude ist hell, klar, kahl. Livrierte Botenjungen, Glockensignale. Nummern, die auf Täfelchen herausspringen, Wartezimmer, Herren, die mit der üblichen Würde über den Korridor gehen, Schlüssel am Zeigefinger. Es ist still wie in einem Spital. Wartende rascheln mit Zeitschriften. Eine Glocke schnarrt. Man holt mich.

Zehn Minuten später verlasse ich durch eine rückwärtige

Tür das Verwaltungshaus. Vor mir liegt das Werk. Wirr und öde für einen, der sich nicht auskennt. Hochöfen und Schornsteine nehmen sich in der Ferne sehr regelmäßig aus, aufgerichtet nach einem genauen und leicht übersichtlichen Plan. Tritt man in ihre Nähe, ist die Symmetrie dahin. Ein planloser Haufen sind sie. Willkür scheint sie errichtet zu haben. Dennoch ist sicherlich die Wirrsal jetzt ebenso scheinbar, wie es früher die Planmäßigkeit gewesen. Der größte Teil dieses Werkes liegt frei. Ich weiß nicht, ob es in allen Werken so ist. Hier jedenfalls geht ein Wind, wie durch Ruinen. Keine Wände, ihn zu hindern. Der Boden: Schutt, Geröll und Asche. Hellgrauer zäher Schlamm. Deutliche Räder- und Fußspuren. Wüßte ich nicht, daß hier gearbeitet wird, ich könnte glauben, es würde hier aufgeräumt. Das Tageslicht, obwohl Wände nicht seinen Einbruch hindern, bekommt hier eine ungewohnte Schattierung. Es wird braun und grau.

Es saugt Eisensplitterchen und Rauchmoleküle auf, wie ein Löschblatt Tinte. Es liegt alles so zufällig nebeneinander wie auf einem Bauplatz, nicht wie zum Beispiel in einer Fabrik. Es ist, als arbeitete man hier nicht in einem bereits Errichteten, sondern an etwas zu Errichtendem. Der Raum ist gleichsam nicht eingefangen, er ist zügellos, sich selbst überlassen und seiner eigenen, brutalen Willkür, sich rohe, barbarische Formen zu schaffen. Über mir, vor mir, hinter und neben mir rollen an Seilen Wägelchen, eiserne Kränchen, leere und beladene, sicherlich einem Ziele zu. Dennoch ist es so, als hätten sie keines. Vielleicht täuscht mich ihre Wirrnis und ihre Überzahl, vielleicht aber auch ihre Langsamkeit. Denn sie ziehen durch die Luft mit der Trägheit schwerer Insekten und eine Art grollendes Summen begleitet ihr Schweben. Dazwischen klingt der quietschende Aufschrei eines unwilligen, wahrscheinlich rostigen Gelenks. Über den kleinen Wagen ziehen große, schwere, schwarze Kräne ihre Viertel- und halben Kreise, ganz langsam und fast pathetisch.

Wüßte man nicht, daß oben in einem kleinen Glashäuschen ein Mann sitzt, der sie lenkt, man fände die intelligente Sicherheit, mit der sie ruhen und sich wieder in Bewegung setzen und wieder ausruhen, unheimlich. Sie bleiben still, lassen eine riesige Zange sinken, wie einen lockeren, aber starken Arm mit gespreizten zwei Fingern, ergreifen kneifend einen Block Eisen, ziehen den Arm wieder ein, drehen sich langsam zurück, lassen den Block weich und sachte in einen Wagen fallen, legen ihn nieder, behutsam, als könnte er sich wehtun. Es ist, als würde nicht Eisen auf Eisen gelegt, sondern eine Flocke auf Kissen. Eine gewisse Würde, fast von einer Symbolkraft, offenbart sich in diesen fünf, sechs langsam hin- und zurückschwebenden großen Kränen, unter denen die nur wenig gelenkigen kleinen Kränchen wie spielende Kinder aussehen. Es ist in den großen die Langsamkeit eines Zeremoniells. Sie symbolisieren sozusagen die »Weihe der Arbeit«.

Ich steige eine schmale, bebende Wendeltreppe hinauf, sie ist ein bißchen rührend, zart, gebrechlich scheint sie, obwohl sie aus Eisen besteht, – – und sie erinnert trotzdem an eine Schlingpflanze, frei, in der Luft emporgerankt zu einer Art Terrasse. Es wird heiß, obwohl es ringsum frei ist und man den Himmel sehen kann. Ich stehe auf Brettern, gelegt auf einen Grund aus Schlamm, Lehm, Sand. Von irgendeinem fernen, sachten und dennoch sehr starken, gleichsam verpackten Gepolter schüttert der Boden, auf dem ich stehe, mit mir. Zuweilen ist es, als stünde ich auf der Plattform einer Lokomotive. Vor mir sehe ich einen riesigen, schwebenden Kessel, eine Art überdimensionalen Kochtopf, dessen Öffnung sich mir langsam zuzuwenden beginnt. Flüssiges Feuer kocht in diesem Kessel. Langsam, gewichtig und dennoch mühelos dreht er sich. Jetzt gähnt mir sein Mund entgegen. Jetzt sehe ich, geblendet, was er enthält: einen silberweißen, bläulich durchsprenkelten, rötlich durchzuckten, spröden, knisternden Brei aus Feuer. Eine merkwürdige Art von Brei. Er hat die Elastizität, aber nicht die behagliche Weichheit eines Schlamms. Er ist zähflüssig wie dieser, aber nicht so klebrig. Es ist, als bewahrte das Feuer seinen Stolz, seine gefährliche schneidende Härte, seine Schwert-, Lanzen- und Messerähnlichkeit auch noch dort, wo man es fast für Wasser halten könnte. Und wo ein gewöhnlicher Schlamm vielleicht Blasen bilden würde, sprüht dieser Feuerschlamm Funken. Sie spritzen mir entgegen, auf mein Gesicht, auf meine Kleider, meine Haare. Aber sie haben ein kurzes Leben. An der Peripherie der dichtesten, komprimiertesten Hitze gleichsam sterben sie schon und der Elan, mit dem sie aus dem Kessel sprangen, eine Welt in Brand zu setzen, war vergeblich. Dennoch wäre es mir peinlich, den Platz jenes Arbeiters einzunehmen, der unmittelbar vor dem Kessel steht, eine Uhr in der Hand, ein Kommando rufend, in einem feuersicheren Kleid, merkwürdigerweise ohne Brille. Wenn man zehn Jahre lang jeden Tag vor diesem Kessel steht, muß das Blut, so denke ich, ein anderes Tempo bekommen haben, es rollt nicht mehr, wie von der Natur vorgesehen, durch die Adern, den Körper beherrschen andere Temperaturgesetze und selbst das Gehirn denkt nach anderen Normen. Ich stelle mir vor, daß die Gedanken dieses Mannes einen jäheren Flug und eine kürzere Dauer haben müssen. Derlei hat die Wissenschaft wahrscheinlich noch nicht ergründet und es wird infolgedessen von der sozialen Gesetzgebung auch gar nicht in Betracht gezogen.

Und immer wieder neigt sich ein anderer der drei nebeneinander schwebenden Feuerkessel und schüttet seinen Inhalt aus. Dann bricht für einen Augenblick ein weißer Glanz aus, ein Glanz wie von einem der flüssigen Himmelskörper, die wir uns nur vorstellen können. Oben aus dem Hochofen regnet es in diesem Augenblick Feuer gegen den Himmel und ich sehe heute die Ursache – die ich übrigens nicht verstehe –

jenes Schauspiel, das mich Nacht für Nacht beschäftigt hat. Mir ist, als hätte ich nun den Schleier eines Geheimnisses in der Hand, aber nicht gelüftet. Ich wüßte, wollte ich weiterforschen, wohin die Schlacke kommt und wohin die überflüssigen, übrigens immer auch noch verwendbaren Gase. Aber ich suche ja gar nicht nach diesen Realitäten. Wenn ich wüßte, was in diesem Augenblick in der Seele des Arbeiters vorgeht, der geradewegs ins weiße Feuer sieht! Aber ich erführe doch nur, was mit der Schlacke geschieht!

### *Seine k. u. k. Apostolische Majestät*

Oft denke ich an jene schönen Wiener Sommermorgen, an denen ich um sechs Uhr früh nach Schönbrunn hinausfuhr, um den Kaiser nach Ischl abreisen zu sehen. Der Krieg, die Revolution und meine Gesinnung, die ihr recht gab, konnten die sommerlichen Morgen nicht entstellen und nicht vergessen machen. Ich glaube, daß ich jenen Morgen einen stark empfindlichen Sinn für die Zeremonie und die Repräsentation verdanke, die Fähigkeit zur Andacht vor der religiösen Manifestation und vor der Parade des neunten November auf dem Roten Platz im Kreml, vor jedem Augenblick der menschlichen Geschichte, dessen Schönheit seiner Größe entspricht, und vor jeder Tradition, die ja zumindest eine Vergangenheit beweist.

An jenen Sommermorgen regnete es grundsätzlich nicht und oft leiteten sie einen Sonntag ein. Die Straßenbahnen hatten einen Sonderdienst eingerichtet. Viele Menschen fuhren hinaus, zu dem höchst naiven Zweck der Spalierbildung. Von der Turmuhr schlug es sieben. Da ging ein Tor auf, und ein offener Wagen rollte langsam heraus, weiße Pferde mit zierlichem Schritte und gesenkten Köpfen, ein regloser Kutscher auf einem sehr hohen Bock, in einer graugelben Livree, die Zügel so locker in der Hand, daß sie eine sanfte Mulde über den Rücken der Pferde bildeten und daß es unverständlich blieb, warum die Tiere so straff gingen, da sie doch offensichtlich Freiheit genug hatten, ein ihnen natürlicheres Tempo anzuschlagen. Auch die Peitsche rührte sich nicht, kein Instrument der Züchtigung, nicht einmal eins der Mahnung. Ich begann zu ahnen, daß der Kutscher andere Kräfte hatte als die seiner Fäuste und andere Mittel als Zügel und Peitsche. Seine Hände waren übrigens zwei blendend weiße Flecke mitten im saftigen Grün der Allee. Die hohen und großen, aber zarten Räder des Wagens, deren dünne Speichen an glänzende Dirigentenstäbe erinnerten, an ein Kinderspiel und eine Zeichnung in einem Lesebuch – diese Räder vollendeten ein paar sanfte Drehungen auf dem Kies, der lautlos blieb, als wäre er ein fein gemahlener Sand. Dann stand der Wagen still. Kein Pferd bewegte den Fuß. Kaum, daß eines ein Ohr zurücklegte – und schon diese Bewegung empfand der Kutscher als ungeziemend. Nicht, daß er sich gerührt hätte! Aber ein ferner Schatten eines fernen Schattens zog über sein Angesicht, so daß ich überzeugt war, sein Unmut käme nicht aus ihm selbst, sondern aus der Atmosphäre und über ihn. Alles blieb still. Nur Mücken tanzten um die Bäume, und die Sonne wurde immer wärmer. Polizisten in Uniform, die bis jetzt Dienst gemacht hatten, verschwanden plötzlich und lautlos. Es gehörte zu den kalt berechneten Anordnungen des alten Kaisers, daß kein sichtbar Bewaffneter ihn und seine Nähe bewachen durfte. Die Polizeispitzel trugen graue Hütchen statt der grünen, um nicht erkannt zu werden. Komiteemänner in Zylindern, mit schwarzgelben Binden, hielten die Ordnung aufrecht und die Liebe des Volkes in den gebührenden Grenzen. Es wagte nicht, die Füße zu bewegen. Manchmal hörte man ein gedämpftes Gemurmel, es war, als flüsterte es eine Ehrenbezeugung im Chor. Es fühlte sich dennoch intim und gleichsam im kleinen Kreise eingeladen. Denn der Kaiser war gewohnt, im Sommer ohne Pomp abzureisen, in einer Morgenstunde, die von allen Stunden des Tages und der Nacht gewissermaßen die menschlichste eines Kaisers ist, jene, in der er das Bett, das Bad und die Toilette verläßt. Deshalb hatte der Kutscher die heimische Livree, dieselbe fast, die der Kutscher eines reichen Mannes trägt. Deshalb war der Wagen offen und hatte hinten keinen Sitz. Deshalb befand sich niemand neben dem Kutscher auf dem Bock, solange der Wagen nicht fuhr. Es war nicht das spanische Zeremoniell der Habsburger, das Zeremoniell der spanischen Mittagssonne. Es war das kleine österreichische Zeremoniell einer Schönbrunner Morgenstunde.

Aber gerade deshalb war der Glanz besser wahrzunehmen, und er schien mehr vom Kaiser selbst auszugehen, als von den Gesetzen, die ihn umgaben. Das Licht war besänftigt und also sichtbar und nicht blendend. Man konnte gleichsam seinen Kern sehen. Ein Kaiser am Morgen, auf einer Erholungsreise, im offenen Wagen und ohne Gesinde: ein privater Kaiser. Eine menschliche Majestät. Er fuhr von seinen Regierungsgeschäften weg. Jeder Schuster durfte sich einbilden, daß er dem Kaiser den Urlaub gestattet hatte.

Endlich entblößten sich langsam die Köpfe der vorne Stehenden, und die rückwärts standen, wurden plötzlich unruhig. Wie? Hatten sie etwa den Respekt verloren?! Oh, keineswegs! Nur ihre Andacht war neugierig geworden und suchte heftig ihren Gegenstand.

Und es war wirklich der Kaiser. Da kam er nun, alt und gebeugt, müde von den Gedichten und schon am frühen Morgen verwirrt von der Treue seiner Untertanen, vielleicht auch ein wenig vom Reisefieber geplagt, in jenem Zustand, der dann im Zeitungsbericht »die jugendliche Frische des Monarchen« hieß, und mit jenem langsamen Greisenschritt, der »elastisch« genannt wurde, trippelnd fast und mit sachte klirrenden Sporen, eine alte schwarze und etwas verstaubte Offiziersmütze auf dem Kopf, wie man sie noch zu Radetzkys Zeiten getragen hatte, nicht höher als vier Mannesfinger. Die jungen Leutnants verachteten diese Mützenform. Der Kaiser war der einzige Angehörige der Armee, der sich so streng an die Vorschriften hielt. Denn er *war* ein Kaiser. Ein alter Mantel, innen verblasstes Rot, hüllte ihn ein. Der Säbel schepperte ein wenig an der Seite. Seine stark gewichsten, glatten Zugstiefel leuchteten wie dunkle Spiegel, und man sah seine schmalen, schwarzen Hosen mit den breiten, roten Generalsstreifen, ungebügelte Hosen, die nach alter Manier rund waren, wie Röllchen. Immer wieder hob der Kaiser seine Hand salutierend an das Dach seiner Mütze. Dabei nickte er lächelnd. Er hatte den Blick, der nichts zu sehen scheint und von dem sich jeder getroffen fühlt. Sein Auge vollzog einen Halbkreis wie die Sonne und verstreute Strahlen der Gnade an jedermann.

An seiner Seite ging der Adjutant, fast ebenso alt, aber nicht so müde, immer einen halben Schritt hinter der Majestät. Schließlich hatten beide den Wagen erreicht. Der Kaiser saß und grüßte noch lächelnd im Halbkreis. Der Adjutant lief hinten um den Wagen herum und setzte sich. Aber ehe er sich noch gesetzt hatte, machte er eine Bewegung, als wollte er nicht an der Seite des Kaisers, sondern ihm gegenüber Platz nehmen, und man konnte deutlich sehen, wie der Kaiser etwas rückte, um den Adjutanten aufzumuntern. In diesem Augenblick stand auch schon ein Diener mit einer Decke vor den beiden, die sich langsam über die Beine der beiden Alten senkte. Der Diener machte eine scharfe Wendung und sprang, wie von einem Gummi gezogen, auf den Bock, neben den Kutscher. Es war des Kaisers Leibdiener. Er war fast so alt wie der Kaiser, aber gelenkig wie ein Jüngling; denn das Dienen hatte ihn jung erhalten, wie das Regieren seinen Herrn alt gemacht hatte.

Schon zogen die Pferde an, und man erhaschte noch einen silbernen Glanz vom weißen Backenbart des Kaisers. »Vivat« und »Hoch« schrie die Menge. In diesem Augenblick stürzte eine Frau vor, und ein weißes Papier flog in den Wagen, ein erschrockener Vogel. Ein Gnadengesuch! Man ergriff die Frau, der Wagen hielt, und während Zivilpolizisten sie an den Schultern griffen, lächelte ihr der Kaiser zu, wie um den Schmerz zu lindern, den ihr die Polizei zufügte. Und jeder war überzeugt, der Kaiser wisse nicht, daß man jetzt die Frau einsperren würde. Sie aber wurde in die Wachstube geführt, verhört und entlassen. Ihr Gesuch sollte schon seine Wirkung haben. Der Kaiser war es sich selbst schuldig.

Fort war der Wagen. Das gleichmäßige Getrappel der Pferde ging unter im Geschrei der Menge. Die Sonne war heiß und drückend geworden. Ein schwerer Sommertag brach an. Vom Turm schlug es acht. Der Himmel war tiefblau. Die Straßenbahnen klingelten. Die Geräusche der Welt erwachten.

## *Brief aus Polen*

Lieber Freund, wenn ich Ihnen mit einer einzigen Formulierung die Gründe bezeichnen wollte, aus denen es mir so schwer möglich ist, eine gewisse Systematik in der Reihenfolge meiner Briefe an Sie einzuhalten, so würde ich sagen, daß ich bei meinen Bemühungen, polnische Verhältnisse planmäßig zu studieren, auf eine merkwürdige Art von Hindernissen stoße: auf liebenswürdige und entgegenkommende nämlich. Meine Absicht zum Beispiel, Ihnen heute eine polnische Fabrik zu schildern, kann ich nicht ausführen. Der Direktor mußte an dem Tag, an dem wir uns verabredet hatten, ein vollkommen überraschendes Jubiläum des Gymnasiums feiern, in dem er vor zwanzig Jahren Schüler gewesen war, und er lud mich ein, statt seines Betriebes einen Umzug anzusehen. Es gab tatsächlich eine Parade, die jungen Schüler marschierten in Doppelreihen, die alten Herren trotteten in Gruppen und äußerst zahlreich durch die Straßen in die Kirche. Und Zeitungen berichteten ausführlich über das gelungene Jubiläum.

Aber eine Parade ist nichts Neues mehr. Seitdem ich in Polen bin, habe ich sechs größere und vier kleinere in verschiedenen Städten gesehen, und alle waren gelungen – ganz gleichgültig, welchen Zwecken sie dienen sollten. Es gibt hierzulande nämlich mehrere Arten von Paraden, und um Ihnen das Verständnis für sie zu erleichtern, möchte ich sie einteilen: a) in nationale, b) in kirchliche, c) in militärische, d) in Jugendparaden – und die nationalen wieder in Untergruppen zerfallen lassen: 1. in historische, 2. in aktuelle. An allen Feiern aber sind nationale, religiöse und militärische Elemente beteiligt, alle Paraden haben einen offiziellen Charakter und die meisten einen kirchlichen Anstrich, und zwischen einer Militärkapelle und einer heiligen Messe vollzieht sich der repräsentative Teil des öffentlichen Lebens in Polen. Die sehr menschliche, sehr dramatische und sehr schmerzliche Geschichte dieses Landes liefert eine große Anzahl feierungswürdiger Gedenktage – und die ebenfalls dramatische Entstehung des jungen Staates fügte zu den alten geheiligten Daten neue noch zu heiligende. In Wirklichkeit hat der tragische Elan, mit dem die Vorsehung das polnische Volk behandelt – als hätte sie sich dem Nationalcharakter angepaßt – selbst aus der Geschichte des Landes besondere Höhepunkte abgezeichnet und Details mit symbolischer Kraft ausgestattet und eine Art von Kriegswundern geschaffen, die man in der Geschichte anderer Nationen nicht finden könnte. In diesem Lande nehmen viele historische Ereignisse schon während sie geschehen auf das Publikum Rücksicht, das man ihretwegen einmal später feiern wird. Lesen Sie die polnische Geschichte, und Sie werden sehen, daß sie gewissermaßen weniger in Linien als in Punkten graphisch darzustellen wäre und daß sie mehr literarisches Rohmaterial als irgendeine andere liefert.

Aber der Gang zur Festivität ist einem jungen Staat gefährlicher als einem alten. Ich habe die Empfindung, daß hierzulande dreimal wöchentlich Sonntag ist und daß die Wochentage halbe Samstage sind. Es ist, als ob Volk und Behörden es immer noch nicht fassen könnten, daß es eine reale polnische Selbständigkeit gibt. Es ist, als ob alle unter der Fremdherrschaft verbotenen und halb verbotenen Feiern auf einmal stattfinden wollten. Die Heftigkeit, mit der einen nationalen Feiertag ein militärischer Trommelschlag begleitet, sieht dann wie eine kriegerische Bedrohung der nachbarlichen Welt aus. Vielleicht ist Polen nicht das friedlichste der Länder. Aber alle seine militärischen Paraden scheinen mir eher für die Vergangenheit nachgeholt als für die Zukunft bestimmend zu sein. Der Kriegsgott von Polen ist ein Parade-Mars.

Leider sind ihm gut zwei Drittel der polnischen Jugend offiziell geweiht. Denn nichts verpflichtet so sehr zur sklavischen Nachahmung wie die Angst. Die Angst vor der militärischen Erziehung der sowjetrussischen Jugend veranlaßt Polen, seine Jugend ebenso militärisch zu erziehen. Alle Mittelschulen exerzieren alle Sonntage unter militärischer Leitung, und Dreizehnjährige und Jüngere sehe ich mit Gewehren marschieren und von Offizieren der Armee kommandiert werden. Man nennt diese Militarisierung: »przysposobienie wojskowe«. Das heißt etwa: militärische Anpassung und Vorbereitung. In Warschau sehe ich eine Paradeschau der Schultruppen. Mittelschüler gingen einen Vormittag lang durch die Straßen, an der Ecke, an der ich stand, zählte ich allein zehn Marschkapellen. Es war ein heiterer Sonntag, die Sonne glänzte in blanken Sporen, Säbeln und Tschinellen und es marschierte sich ausgezeichnet. Solche Sonntage habe ich schon in Moskau gesehen und ähnliche in Berlin. Ja, fragten Sie auch, was besser sei: eine Vereinigung aller militärischen Instinkte in einer nur national und nicht parteipolitisch organisierten Jugend – oder eine freie Auswirkung der Schießtriebe in vielen einander feindlichen Organisationen – – ich wüßte nicht, was Ihnen erwidern. Aber die offizielle militärische Vorbereitung der polnischen Jugend verhindert ja auch nicht die Bildung einzelner parteipolitischer und sozusagen privat schießender Truppen. Es bleibt vielmehr immer noch ein Rest von Prügelfreudigkeit übrig, der in der Parteipolitik ausbricht. Und deshalb weiß ich nicht, ob eine solche zu zeitige Militarisierung den kriegerischen Geist nicht mehr fördert, als dem Vaterland im Innern lieb sein kann. Beruhigt man seine militärischen Instinkte beim Exerzieren oder regt man sich noch mehr dabei auf?! …

Sie kennen mich lange genug, um zu wissen, daß ich eine Schwäche für das Militär habe. Ich gestehe Ihnen gerne, daß ich mich an der musikalischen Exaktheit der Gewehrgriffe freue und an jener gewissen Präzision der Sorglosigkeit, mit der ein Soldat sich seinem disziplinierten Schicksal überläßt. Aber einem so altmodischen Militaristen wie mir sind marschierende Frauen zum Beispiel kein angenehmer Anblick. Die proletarischen Amazonen in Rußland bereiteten mir schon Mißbehagen, wie Sie wissen. Aber dort stimmte wenigstens der weibliche Militarismus mit dem Prinzip der (oberflächlichen und falsch verstandenen) Emanzipation der Frauen überein. In Polen dagegen widerspricht die erfreulicherweise immer noch lebendige traditionelle Ritterlichkeit der Männer dem offensichtlich sympathisierenden Gleichmut, mit dem sie das militärische weibliche Geschlecht betrachten.

Hinter den jungen Männern kamen nämlich leider viele Doppelreihen junger blaugekleideter Mädchen. Sie marschierten mit breiten Schritten, um nicht allzuweit hinter den Männern zurückzubleiben, und obwohl sie von Kommandorufen befehligt wurden, konnte ich doch nicht den Eindruck verschmerzen, daß sie dem Offizier, der vorne geritten war, und seinem Säbel gehorchten. Wie gern, lieber Freund, wäre ich diesen Mädchen auf dem Trottoir begegnet! Die Anmut ihrer natürlichen Bewegungen, die meiner Ansicht nach ein wichtigeres Nationalgut Polens ist als die spartanische Gesinnung furchtloser Frauen ging in dem Eilmarsch verloren – und die charmante Hilflosigkeit, mit der sonst die schönen jungen Mädchen ihre noch nicht oft genug erprobten Gliedmaßen auszubalancieren suchen, wurde vergewaltigt von der militärischen Vorschrift. Ein Jammer, lieber Freund, ein Jammer! Vielleicht sind Sie geneigt, die Anzeichen solcher brutalen Extravaganz, von der ganz Europa befallen ist und der in allen Ländern die sogenannten Reaktionäre wie die sogenannten Revolutionäre erliegen, nicht wichtig zu nehmen. Für mich sind das kleine Vorzeichen eines großen Unterganges! Wenn selbst in diesem westlicher Zivilisation so fernen und dem Bolschewismus so abgeneigten Staat die patriotische Geschlechtslosigkeit propagiert wird – wie im Westen die hygienische und im Osten die proletarische –, so ist es mir ein natürlicher Beweis dafür, daß die Völker eigentlich einander gleichen (aber in ihren Fehlern) und daß sie wenig Grund haben, einander gram zu sein. Überall wehen die Windjacken. Auch die polnischen Studenten tragen Mützen und Bänder und die polnischen Gymnasiasten Uniformmützen mit einem Adler. Man liebt hierzulande die Montur und die – sehr hübschen – Nationalkostüme. Die Offiziere lieben Säbel und Sporen auf harmlosen Spaziergängen, und selbst die Infanterie hat einen kavalleristischen Schmiß. Und die Militärkapellen durchziehen gerne und oft die Straßen – eben der Paraden wegen, wie schon gesagt.

Es gibt so viele Anlässe! Heute feiert eine Stadt ihre Einverleibung in den Staat, morgen einen lokalen Sieg, am nächsten Sonntag die Entstehung eines Regiments und am übernächsten dessen Gefallene. Fahnenwehn, Trommelwirbel, Trompetenblasen. Aber es ist gar nicht kriegerisch gemeint! Seien Sie vorsichtig, wenn man Ihnen Symptome mitteilt und noch vorsichtiger, wenn sie ausgelegt werden! In Polen herrscht einfach eine Art chronisch gewordener Auferstehungsfreude und eine gewisse Verlegenheit, wie die Pause zwischen der Geburt des Staates und seiner Reife auszufüllen wäre.

Auf die Minderheiten aber wirken die nationalen und wehrhaften Schaustücke allerdings manchmal wie eine Herausforderung, wie die Manifestationen einer nationalen Überheblichkeit, unter der sie zu leiden glauben. Sie sind sehr empfindlich, die polnischen Minderheiten – und am empfindlichsten scheinen mir die Ukrainer zu sein, in deren Gegend ich mich eben aufhalte. Es ist eine interessante und ihnen wenig bekannte Nation.

## *Brief aus Lodz*

Lieber Freund, wenn ich so ungerecht wäre, dieses Land nach den Bestimmungen und Verordnungen seiner Verwaltungsbehörden zu beurteilen, so bekämen sie ein skeptisches Ergebnis zu hören. Jene chronischen Katastrophen nämlich, die durch die Gesetze eines Landes sanktioniert, ja sogar hervorgerufen werden, erfährt man so selten! Die Berichterstatter der Zeitungen melden nur die aufsehenerregenden Fälle, die gelegentlich – und fast hätte ich: zufällig gesagt, ohne die Beihilfe der Behörden stattgefunden haben. Man bleibt nämlich als Journalist und sogenannter Fremder von Distinktion vor allen Maßregeln bewahrt, die auf Einheimische und Ausländer zweiten Grades fast schon als Maßregelung angewendet werden. Ich gestehe Ihnen, daß ich selbst gerne eine Protektionsbehandlung genieße und daß ich die Scham in Kauf nehme, an stundenlang wartenden Menschen vorbeizugehen und verbotene Türen zu öffnen und von Göttern mit Gummistempeln promptest abgefertigt zu werden. Ich bedaure meinen Mangel an Opferfreudigkeit. Aber ich bedaure noch mehr die Opfer.

Manchmal, um mich unter sie zu mischen, begebe ich mich in ein Polizeiamt, wo Opfer am sichersten anzutreffen sind. Eine Regel, lieber Freund – – und sie gilt ohne Ausnahme für alle Länder. Aber jedes Land kennt seine besonderen Abteilungen, in denen die Chicane auf eine besondere Art gepflogen wird. In Polen gerate ich zufällig in ein Paßamt.

Sie kennen wahrscheinlich die Bestimmung, derzufolge jeder polnische Staatsbürger seine Freizügigkeit, das heißt einen Auslandspaß mit 250 Zloty bezahlen muß. Aber Sie wissen nicht, daß jeder Pole auch im Innern des Landes verpflichtet ist, ein sogenanntes »Personaldokument« herumzutragen und auf Verlangen den Behörden vorzuweisen hat. Ein Auslandspaß ist nur drei Monate gültig. (In allen westlichen Staaten ist er 2 bis 5 Jahre gültig und kostet gar nichts oder sehr wenig.) Bedenken Sie, daß ein Durchschnittspole – also kein Staatsbeamter, kein Journalist, kein Industrieller, kein »Kaufmann erster Gilde« – acht Tage auf einen Paß warten und folgende Bedingungen erfüllen muß: sich photographieren lassen, mit Geburts-, Tauf-, Heimats-, Trauschein zum Polizeirevier gehn, mit 250 Zloty zum Finanzamt und schließlich mit allen Papieren zur Polizeizentrale. Und das muß er wiederholen – jeden dritten Monat, wenn er alle drei Monate fahren will. Nur gegen ein sogenanntes »Armutszeugnis« bekommt man einen billigeren Paß, aber dann muß der Zweck der Reise dringend sein und von der Behörde als dringend befunden. In allen Fällen muß er angegeben werden. Und wollte zum Beispiel jemand in ein ausländisches Bad fahren, so müßte er sich vom Amtsarzt seines Bezirkes untersuchen lassen und eine Bestätigung erbringen, daß er es mit den inländischen Bädern bereits ohne Erfolg versucht hat.

Das sind keine Scherze, sondern Verordnungen. Und ich teile sie Ihnen mit, weil ich Kleinigkeiten für symptomatischer halte als etwa plötzliche Katastrophen. Weder ein Zugzusammenstoß, noch ein Generalstreik, noch der Ausbruch einer Epidemie, noch der Umschwung in der Regierung kennzeichnen so sehr das Land, in dem sie sich ereignen, wie diese winzigen und alltäglichen Details eines unaufhörlich geprüften Privatlebens. Ich kenne ähnliche Details aus allen jenen Staaten, die ihren sträflichen Überfluß an Beamten und Dekreten mit der ständigen »Gefahr« zu erklären versuchen, der sie seit nunmehr einem Jahrzehnt ausgesetzt sein wollen. Ich kenne derlei Bestimmungen aus Albanien und Rumänien und Sowjetrußland – in dem aber schließlich noch immer Revolution ist. In diesen Ländern muß jeder Hotelgast seinen Paß durch den Portier der Polizei vorlegen lassen. In Polen ebenfalls. Aber in jenem Teil des Landes, der früher russisches Staatsgebiet war, gibt man auch den Namen des Vaters, den Mädchennamen der Mutter und das Religionsbekenntnis ab. Eine Bestimmung, die man nur in Warschau – offenbar aus Scham vor den vielen »distinguierten Ausländern« – nicht einhält.

Dennoch sind diese Bestimmungen nicht polnisch, sondern Überreste aus der russischen Zeit, und sie erhalten sich, weil in Polen eine einheitliche Verwaltung noch nicht durchgeführt ist – ebenso wenig wie ein einheitliches Gesetz. Es wird erst daran gearbeitet.

Ich mache diese Erfahrungen augenblicklich in Lodz, dem »polnischen Manchester«. Ich wohne hier in einem großen

Hotel, dessen neuzeitlicher Komfort in einem auffallenden Gegensatz steht zum eingestandenen Religionsbekenntnis seiner meisten Gäste. »Das Frühstück« – so lautet eine Verfügung an der Wand – »ist obligatorisch«. Die Ruhe nicht. Denn das Geldverdienen ist in Lodz eine laute Beschäftigung – und das ganze Hotel scheint ihr hingegeben zu sein. Und übrigens ist es die ganze Stadt.

Ich kannte sie noch aus dem Krieg. Ich durfte sie damals nur flüchtig streifen, aber ich erinnere mich, daß sie stärker als alle anderen Städte des Ostens und des Krieges ihre eigene Atmosphäre bewahrt hatte. Sie war nämlich schon früher – und seit den zwanziger Jahren des 19. Jahrhunderts, eine Etappenstadt, eine Etappe des Merkantilismus und der Textilien und ein Kampfgebiet jener Eroberer, deren Ziel nicht ein Territorium, sondern der Weltmarkt ist. Heute fand ich Gelegenheit, ein altes Album und Photographien aus der Mitte des 19. Jahrhunderts zu betrachten. Es waren die Porträts der deutschen Webereibesitzer und Unternehmer, die aus Sachsen und Westfalen hiehergekommen sind und deren Erben heute die größten Webereien des Kontinents besitzen. Sie selbst, die Vorfahren, liegen in komfortablen Grüften auf dem Friedhof, unter imposanten Steinen, noch im Tode repräsentativ und von einer Art jenseitiger Kreditfähigkeit. Sie hatten Gesichter strenger Kaufherren, von Protestantismus, Gewissenhaftigkeit und Gustav Freytag gezeichnet. Unter ihnen finden sich Pastoren mit Bäffchen unter dem Kinn, Männer Gottes von unerbittlicher Frömmigkeit und mit praktisch zu handhabender Metaphysik. Es waren die Erbauer der ersten lutheranischen Kirchen in diesem Stück Osten, in dem die Industrie nicht einen Schritt ohne Gott machen wollte. Sie eroberte sich von hier aus Teile von Sibirien, der Wolgagebiete, des Kaukasus. Hier erzeugte man die schlechten Kleidungsstücke, die als Symbole der europäischen Zivilisation auf vorgeschobenem Posten zu allen halbwilden Völkern und Stämmen des großen Rußlands kamen. Es gab ihrer so viel – und sie scheinen geradezu nach Lodzer Stoffen gelechzt zu haben. Denn die Fabriken wuchsen und die Schornsteine und die Fabrikanten, und die Stadt dehnte sich aus. Auf einmal hatte sie eine halbe Million Einwohner. (40 Prozent Polen, 35 Prozent Juden und 25 Prozent Deutsche.) Aber niemand – auch der Staat nicht, der so viel Steuern einkassierte – hatte Lust, in Lodz Kanäle anzulegen. Die schmalen langen Furchen, in denen das bunte Farbwasser warm und dampfend aus den Fabriken den Kanalgittern zufließt, trennen den Gehsteig von der Fahrbahn. Die mehrere Kilometer lange Piotrkowskastraße ist gut beleuchtet und beinahe westeuropäisch gepflastert. Aber in den Seitenstraßen gurgeln und glucksen friedlich die Wässerchen, und an vielen Stellen stinkt heute schon der Regen, der morgen niedergehen wird.

Wie einträchtig leben hier miteinander der Fortschritt und der Rückstand! Ungefähr so hat sich Peter der Große die Zivilisation des zwanzigsten Jahrhunderts geträumt: die russischen Droschken an den Ecken, Kutscher in Blau mit langen Mänteln und numerierten Blechtafeln – sie erinnern an die Griffe von Hotelschlüsseln – auf dem Nacken. Eine gerade Schnur silberner Bogenlampen über die Straßenmitte. Vor den Eingängen der Kinos mein charmanter Harry Liedtke. Die Kurfürstendammeleganz dreistöckiger Häuser. Neben ihnen winzige Parterrehäuschen aus Brettern und mit Schindeldächern: Farmerbauten aus Wildwest. Einige Restaurants und Kaffeehäuser im Imperialstil der neunziger Jahre. Daneben hölzerne Sodawasserbuden, in denen schwarze Judenmädchen den Hahn eines großen kupfernen Kessels bedienen. An den Kreuzungen Verkehrspolizisten mit weißen Stäben. Im blauen Schatten der Straßenbäume aufgeregte nächtliche Börsenmanöver mittelalterlich aussehender Juden, schwarze Bärte unter schwarzen Mützen, mit steilem und viel zu kargem Schild, das die Stirn bis zur Nase bedeckt und die Augen nicht beschattet, sondern eher beschürzt. Und eine Anzahl von Spitzeln aller Nationalitäten und Konfessionen. Gebärdenspäher an jeder Ecke, in den Hotelhallen, neben der Garderobe.

Unwahrscheinlich die Eleganz mancher Frauen. Einige sahen aus wie aus einem Pariser Fünfuhrtee mittels Flugzeugs herübergebracht und in den Abend von Lodz verstreut. Sie lustwandeln an den Armen finsterer, bärtiger, kapottengekleideter Juden und waren deren Ehefrauen. Welche Ehen! Die wohlhabenden jüdischen Mädchen werden in Schweizer Pensionaten erzogen und dann an diese phantastischen Kaufleute verheiratet. Wahrscheinlich geht es ihnen gut. Sie befinden sich alle auf den Wegen zum Reichtum. Die meisten sind keine Fabrikanten oder Fabrikanten auf Teilung. Der Eine hat einen Raum, der Zweite die Maschine, der Dritte das Material, der Vierte handelt.

Noch der letzte Zeitungshändler dieser Stadt hängt mit jeder Schwankung auf den Märkten zusammen. Wenn es der Textilindustrie schlechtgeht, bekommen die Lehrer an den Privatschulen kein Gehalt. Die Restaurants sind am Abend leer. Es sind aber gar nicht die Industriellen selbst, die hier fehlen, nur die von den Industriellen leben. Alle Fäden, mit denen die Weltordnung Große und Kleine verbindet, sind in Lodz sichtbar bloßgelegt, Fäden aus Baumwolle. Schon hatte man nach dem Krieg geglaubt, es wäre mit der Industrie zu Ende, weil die Kirgisen als Kundschaft nicht mehr in Betracht kamen. Aber welch ein Irrtum! Die Kirgisen sind nicht die einzigen auf der Welt, die nichts von Baumwolle verstehn. Es gibt auch noch Bauern in Rumänien und exotische Völker befreundeter Staaten.

Die Fabrikanten von Lodz würden um keinen Preis einen jener Stoffe tragen, die sie selbst erzeugen. Sie wohnen übrigens nicht, wie etwa die Grubenbesitzer von Boryslaw in Paris, in Wien und in London. Sie wohnen in Lodz neben ihren Fabriken und kehren der Welt fensterlose Zäune und Wände zu und passieren die Stadt nur im Auto und kreisen hoch über dem Gestank der unkanalisierten Straßen im Aeroplan und ihre patrizische Einsamkeit wird von unzähligen Polizisten bewacht – obwohl die Mehrzahl der Lodzer Arbeiterschaft der ziemlich konservativen polnischen Sozialdemokratie angehört und die sanften Weberinnen leicht zu behandeln sind.

Der Anblick der jungen Weberinnen war übrigens mein einziger tröstlicher Eindruck. Sie sind hübsch und muten ländlich an und tragen schöne Schuhe und nackte Beine. Verglichen mit den jungen Arbeiterinnen aus unserm Ruhrgebiete zum Beispiel sind sie gewiß elegant zu nennen. Ein herbeigereister deutscher Industriefachmann – er war Korpsstudent und trägt jetzt die Spuren seiner blutigen Vergangenheit als eine Altheidelberger Nüance durch das östliche Gelände – meinte etwas verbittert: »Leichtsinnige Dinger! Das ganze Geld geben sie für die hohen, ungesunden Absätze aus und dann müssen sie in der Nacht auf die Straßen.« Und infolge jenes Mangels an Ernst, durch den ich mir schon so manchen günstig gesinnten Wirtschaftsführer abspenstig gemacht habe, erwiderte ich: »Es ist schade, daß sich die hübschen Mädchen nicht auch gute Strümpfe leisten können.« Und der brave Mann verabschiedete sich hastig.

## *Die zweite Liebe*

### Vorwort

Einmal, als ich gerade in einer Stimmung war, in der man jede Sentimentalität verachtet, weil man dringend Geld braucht und imstande ist, selbst ein Gefühl wie das der Pietät sentimental zu nennen, versprach ich einem Herausgeber, die Geschichte meiner ersten Liebe niederzuschreiben. Sie lag immerhin siebzehn Jahre zurück, in meinem Gedächtnis aufbewahrt wie eine Blume in einem Buch, niemals nachgesehen und niemals in ihrer ehrenvollen Situation gestört. Sie befand sich zwar im Gedächtnis, wie gesagt, aber die Erinnerung, die etwas anderes ist, nämlich eine rege, forschende und mahnende Schwester des Gedächtnisses, die Erinnerung holte niemals die erste Liebe hervor. Erst als ich mich entschloß, sie zu beschreiben, belebte sie sich, bekam Farben, trat in die Gegenwart, färbte sichtbar jede meiner Stunden und es war, als machte sie mir auf diese angenehme, ja sublime Art Vorwürfe, auf eine Art, wie sie eben einer ersten Liebe entspricht.

Ich sah, daß es mir unmöglich sein würde, sie zu beschreiben. Es waren nicht Bedenken, die mich gehindert hätten, es war mehr: eine Art Angst, kindisch, primitiv, nicht abergläubisch, denn es war keine Angst vor möglichen Konsequenzen, sondern eine Angst schlechthin, ohne Grund, ähnlich der Furcht vor gewöhnlichen, aber dennoch unbegreiflichen Erscheinungen. Und ebenso wie man aus Eigenliebe sich selbst mit einem Trost zufrieden geben kann, obwohl man weiß, daß er billig ist, so begnüge ich mich schließlich mit der Geschichte meiner zweiten Liebe, die ich Ihnen im folgenden erzählen will.

## 1. Kapitel

Das Mädchen, dem meine zweite Liebe galt, wohnte außerhalb der Stadt, in der Nähe eines Waldes, in dem ich manchmal spazieren ging – nicht aus Liebe zu ihm, sondern aus Liebe zu dem Mädchen, das wieder allerdings nur aus ehrenhafter, sogar keuscher Begeisterung für die Natur den Wald aufsuchte. Nachdem wir uns ein paarmal begegnet waren, begann ich sie zu grüßen. Und um zu erproben, ob unsere Beziehungen auch ohne den Wald bestehen und sich entwickeln könnten, ferner um ihn, der unsere Bekanntschaft vermittelt hatte, nun auch als eine Art Bindemittel gebrauchen zu können, wartete ich zu jenen Zeiten, in denen das Mädchen die Stadt aufzusuchen pflegte, auf der einzigen Straße, durch die sie gehen mußte. Eines Tages, die Straße war leer, grüßte ich das Mädchen mit einem so andächtigen Blick und einem so tief gezogenen Hut, daß schon mein Gruß ein Kompliment wurde, von der Art, wie man sie Königinnen machen darf. Irgendeine Wirkung hatte ich vorausgesehen. Ich stellte mir vor, das Mädchen würde verlegen werden, rot, wehrlos, ein Zustand also, in dem wenig Mut dazu gehörte, sie anzusprechen. Das Mädchen aber blieb stehn, lächelte und sagte: »Warum kommen Sie nicht mehr in den Wald? Ich habe Sie schon drei Tage vermißt!«

Ich hörte zuerst ihre Stimme und dann erst, in einem Abstand von Sekunden, ihre Worte. Es war, als kämen Klang und Begriff nicht gleichzeitig, sondern als breitete sie zuerst vor mir ihre Stimme aus, auf der dann die Worte einherschritten, wie helle Gestalten auf einer dunklen Wiese.

Deshalb fand ich keine Antwort. Ich sagte etwas, was sie endlich verwirren mußte, weil es gar nicht zur Sache gehörte. Ich sagte: »Sowas kann vorkommen!«

Es war, wenn es überhaupt etwas bedeuten konnte, ungefähr der gestammelte Ausdruck meines Staunens darüber, daß sie mich wirklich vermißt hatte. So kamen wir ins Gespräch, das heißt: in kein Gespräch. Denn ich begleitete das Mädchen lange stumm, und als sich die ersten Häuser der Stadt zeigten, sagte ich: »Sie haben nichts dagegen, daß ich Sie begleite?« Als wäre dieser ganze lange Weg, den wir schon zurückgelegt hatten, noch eine unmittelbare Fortsetzung unserer Begegnungen im Walde und als begänne hier erst, im Anblick der Stadt, eigentlich meine Begleitung.

Ich nannte meinen Namen, sie erwiderte mit dem ihrigen. »Ihr Vorname?« fragte ich. »Was liegt Ihnen daran?« Ich hatte endlich das Thema, das mir zur Sicherheit verhelfen konnte. Hätte sie mir ihren Vornamen gesagt, ich wäre vielleicht stumm geblieben. Da sie ihn mir aber vorenthielt, konnte ich in einer Weise, von der ich überzeugt war, daß sie geistreich sei, erklären, bei Frauen sei der Vorname sehr wichtig.

Dennoch verriet sie ihn nicht. Wir gingen in einige Läden einkaufen. Wir blieben vor vielen Schaufenstern stehen. Wir gingen in einen Park, setzten uns in eine abgeschiedene Allee – nicht weil wir etwa Bewegungen oder Worte vor den Menschen zu verbergen hatten – sondern um uns selbst zu diesen Bewegungen und Worten zu ermuntern. Es war grün, dunkel und still, aber der tiefe Schatten selbst, der hier herrschte, war von Sonne durchtränkt, so, daß man ihr Gewicht fühlte, obwohl man ihr Licht nicht sah. Aus einer unermeßlichen Ferne kamen Geräusche der Stadt, wie Lebenszeichen einer versunkenen Welt. In unserer Nähe zwitscherten Vögel – und obwohl ich wußte, daß es gewöhnliche Spatzen waren, sagte ich wie einer, der mit der Natur außerordentlich vertraut ist: »Das war ein Stieglitz.« »Er ist gewiß aus einem Käfig davongeflogen!« sagte das Mädchen, und nichts konnte ihre Zuneigung zu mir besser beweisen als diese horrende Verwechslung. Ich hätte auch »Kanarienvogel« sagen können oder »Papagei«. Ich erinnere mich noch genau, wie wir auf der Bank, in deren Mitte wir zuerst saßen, immer näher zusammenrückten. Aber so oft wir schon so nahe waren, daß ich eine gute, weiche Wärme an meinem Arm fühlte, wie man etwa, solange man sehr jung ist, ein Vorfreude an der Haut fühlen kann, rückte das Mädchen auf einmal ein Stückchen weiter und schob zwischen uns Luft, die ich als kalt empfand, obwohl der Tag sehr heiß war.

In dieser Allee kam es zu nichts. Als wir sie verließen, war der Abend schon in der Stadt, rötlich, golden, mit einer tiefblauen, klargezackten Wolkenwand im Westen und dem Orangenrot, das Wind für den nächsten Tag anzukündigen pflegt und das mich plötzlich, als hätte ich mich schon so lange nach Wind gesehnt, in einen begeisterten Taumel versetzte. Ja, Wind! das konnte man brauchen.

Wir gingen durch die dunkle Straße, die zum Haus des Mädchens führte. Wir blieben nicht auf einer Straßenseite. Wir wechselten hinüber und zurück und wußten wahrscheinlich nicht, daß wir den Weg also verlängerten. Hinter einem Zaun stieß ein Hund ein stürmisches Gebell aus. Das Mädchen faßte nach meinem Arm. Das Bellen war so nahe, daß sie in der Dunkelheit glauben konnte, der Hund befände sich nicht hinter dem Zaun, sondern unmittelbar vor uns. Ich aber, der ich diese Möglichkeit auch einen Augenblick überlegte, erschrak dennoch nicht. Denn es ist zwar nicht richtig, daß der Mann im allgemeinen ruhiger sei als die Frau: aber er ist ruhig, wenn er verliebt ist. Und ich war bereits verliebt.

Einen Augenblick später teilte mir das Mädchen mit, leise und mit einer Stimme, die wie ein Vorbote einer Umarmung war, daß sie Lisa heiße. Und als wäre das ein Grund oder eine Vorbedingung, begannen wir uns zu küssen, heftig und beide erschrocken, wie in einem Zorn und nicht, wie um unsere Liebe zu gestehen, sondern wie um unsere Kräfte aneinander zu messen. Es dauerte lange und behielt doch eine konstante Heftigkeit. Es war wie ein Blitz, der nicht zuckt, sondern lange flammt.

Damit hatte unsere Liebe begonnen, und sie sah aus, wie man sie sich vorstellen kann, nachdem man alle anderen Umstände kennt: unsere Jugend, den Sommer und den Wald.

Eines Tages sagte Lisa, sie werde morgen Besuch bekommen, eine Cousine aus der großen Stadt. Ich begann, diese Cousine sofort zu hassen, mit der ganzen jäh aufbrechenden Wut eines tödlich Beleidigten. Und statt ruhig zu überlegen, wie wir trotz der Cousine unsere Liebe weiterführen könnten – wie ich heute überlegen würde, da ich so häufig weise und niemals verliebt bin –, geriet ich in Zorn und gab Lisa beim Abschied eine trockene, kalte Hand.

Die Cousine – sie erschien mir häßlich, schlecht angezogen, unmanierlich, boshaft und dumm – blieb acht Tage. Ich begleitete beide Mädchen, trank mit ihnen Kaffee und Schokolade in Konditoreien und war beiden gleich fremd. Lisa schien sich meiner kaum zu erinnern. Sie machte Witze über mich. Manchmal begannen beide Mädchen miteinander zu flüstern – eine halbe Stunde lang, in der ich ausgeschaltet war aus ihrer Nähe. Sie ließen einen Vorhang aus Stille fallen und unterhielten sich dahinter. Ich weiß heute, daß sie ganz unbedeutende Dinge besprachen, die sie auch laut hätten sagen können. Ich erfuhr es später und werde noch erzählen, von wem.

Als die Cousine verreist war, schien mir Lisa verwandelt. Wir sprachen miteinander, manchmal flog ein Lachen zwischen uns auf wie ein seltener weißer fremder Vogel. Aber die Worte, die wir einander sagten, hatten eine ganz einfache Bedeutung, sie waren, was sie hießen, während sie früher Symbole gewesen waren, nicht laute, sondern Türen und Tore zu großen Welten, in die wir blickten und in die wir oft auch eintraten. Jetzt reihten sich unsere Worte aneinander, wie in einem Wörterbuch. Einmal im Walde, nach einer langen Stille, begann ich ihre Hand zu streicheln. Aber sie stand sofort auf, und ich fühlte, daß sie mir nicht Unrecht tat, denn ich hatte nach ihrer Hand gegriffen, nicht mit der

Leidenschaft von einst, sondern nur, um mich an jene Leidenschaft zu erinnern. So wie einer, der in einer bestimmten Stadt einmal sehr glücklich war, nach Jahren noch einmal in diese Stadt kommt, weil er glaubt, er werde durch die Wiederholung der Situation auch das Glück wiederholen.

Seit damals trafen wir uns nicht mehr. Wir vermieden auch, uns zu treffen.

### 3. Kapitel

Einige Jahre später traf ich in der großen Stadt die Cousine. Im Gegensatz zu Lisa hieß sie Margot. Sie gefiel mir. Sie war elegant, witzig, übermütig. Sie vermittelte mir eine Ahnung von der großen Welt, an deren Glanz ich damals noch glaubte.

Margot erzählte mir, daß sie mich auch vor einigen Jahren schon sehr liebenswert gefunden hätte. Infolgedessen hätte sie auch gleichgültige Dinge mit ihrer Cousine so leise besprochen. Das sei ein Beweis für Liebe, sagte sie.

Ich erwiderte, daß ich jetzt in der Lage sei, neue Beweise zu erwarten. Sie antwortete. Und mit ihrer Antwort beginnt meine dritte Liebe, von deren Verlauf zu erzählen ich aber nicht mehr verpflichtet bin.

## *Deutsche Minderheiten in Polen*

Lieber Freund,
über deutsche Volksteile in fremden Ländern kann ich zu Ihnen nicht ohne eine gewisse Rührung sprechen – und auch nicht, ohne einiges von mir selbst zu erwähnen – worum ich Sie von vornherein um Entschuldigung bitte. Zwischen den Deutschen, die vor Jahrzehnten und Jahrhunderten ausgewandert sind und über tausende Meilen das deutsche Wort trugen, wie Winde Samen tragen, und mir, dem dieses gleiche

Wort bescheidene Früchte schenkt, besteht wohl kein stärkerer, aber ein zarterer Zusammenhang gleichsam, als es jener ist, der mich mit dem großen geschlossenen Teil unserer Sprachgemeinschaft verbindet. Jene wandernden Deutschen, die nach Afrika und Amerika, in die Steppen an der Wolga und in die grünen Ebenen Ungarns, in die steinigen Bergdörfer des Kaukasus und in die wehmütigen Felder der Slawen gegangen sind, scheinen mir die anmutigen, friedlichen und tapferen Träger einer deutschen Sendung zu sein, die es sicherlich gibt und die nicht eine Eroberung, sondern eine Befruchtung der Welt bedeutet. Und selbst in den gewaltsam vom Reich abgetrennten Deutschen, die lieber beim deutschen Staat geblieben wären, sehe ich nicht nur die Opfer eines nationalen Mißgeschicks, sondern auch – und vielleicht noch mehr – die Missionäre einer nationalen Idee und die Werkzeuge eines nationalen Schicksals. Die Selbstverständlichkeit, mit der Deutsche einem fremden Staat dienen und dem eigenen Volk treu bleiben können, scheint mir eher eine natürliche Friedfertigkeit, einen nüchternen Tatsachensinn und ein kosmopolitisches Verständnis zu beweisen als etwa einen offensiven nationalen Eifer. Der polnische Staat, in dem nach der offiziellen Statistik die Deutschen 3,04 Prozent der ganzen Bevölkerung ausmachen, kann sich seit einigen Jahren überzeugen, daß ihm von allen seinen Minderheiten die Deutschen am wenigsten zu schaffen geben – und das, obwohl er rein deutsche Gebietsteile annektiert hat, mehr aus strategischen als aus historischen oder kulturpolitischen Gründen. Ein kluger Pole, ehemals österreichischer Politiker, der noch aus einer alten österreichischen Gewohnheit die zugespitzten und also nicht ganz wahren Formulierungen liebt, sagte mir in einem Gespräch über die polnischen Deutschen: »Ich wäre froh, wenn die Polen in der polnischen Republik so gute Staatsbürger wären wie unsere Deutschen.« Aus eigener Erfahrung kann ich

Ihnen immerhin die Tatsache mitteilen: daß in allen Staaten der Welt die Deutschen die gewissenhaftesten Steuerzahler sind. Ohne Zweifel eine große staatsbürgerliche Tugend.

Ich werde nicht umhin können, Ihnen einiges »trockene« Material mitzuteilen, und ich tue es lieber jetzt: Die deutsche Bevölkerung Polens ist im Sejm durch 17 Abgeordnete vertreten, im Senat durch drei Senatoren. Die wichtigsten politischen Parteien sind folgende: Deutsche Sozialistische Arbeitspartei; Deutsche Katholische Volkspartei; Deutsche Partei; Deutscher Volksverband; Deutscher Nationalsozialistischer Verein für Polen; Bürgerliche Deutsche Partei; Deutscher Volksbund für Polnisch-Oberschlesien; Deutsche Vereinigung in Sejm und Senat für Posen, Netzegau und Pommerellen.

In vielen Fällen konnte ich die erfreuliche Erscheinung feststellen, daß innerhalb dieser Parteien (in denen linker und rechter Radikalismus seinen Ausdruck findet), eine größere nationale Einigkeit besteht, jedenfalls eine deutlicher sichtbare, als zwischen unseren politischen Parteien im Reich. In verschiedenen deutschen Blättern verschiedenster politischer Gesinnung las ich die gleichen Artikel der gleichen Verfasser – immer dann, wenn es sich um eine nationale Frage von Bedeutung für die Gesamtheit handelte.

Es erscheinen in Polen 104 Zeitungen und Zeitschriften in deutscher Sprache, von ihnen die meisten (39) in Oberschlesien, 37 in Posen, 10 in Pommerellen, 13 in Lodz und 3 in Lemberg.

Die besondere Vorliebe der Deutschen für einen Zusammenschluß in Vereinen, die wir kurz und spöttisch »Vereinsmeierei« nennen, die aber außerhalb der Grenzen des Reiches die Lebendigkeit einer Gesinnung bezeugt, schafft sehr viele und sehr bedeutende Vereinigungen und führt zum Beispiel zu der merkwürdig anmutenden Tatsache, daß in der Stadt Bielsko, in der 13000 Deutsche leben, 100 deutsche

Verbände bestehen. Es gibt in Polen eine »Deutsche Amateurbühne«, eine »Deutsche Turnerschaft«, Sängerbünde, Schulvereine, den Allgemeinen freien Angestelltenbund, den Deutschen Metallarbeiterverband, Landwirtschaftliche Gewerkschaften, eine Deutsche Bauernbank, einige deutsche Mittelstandskassen, von den religiösen Vereinigungen nicht zu sprechen, katholischen und evangelischen. (Es sei Ihnen bei dieser Gelegenheit mitgeteilt, daß etwa 70 Prozent der deutschen Bevölkerung evangelisch, 30 Prozent katholisch sind.)

Wozu ich Ihnen dies alles schreibe? – Um Ihnen zu zeigen, wie wenig Mühe eine Minderheit wie die deutsche dem Staat verursacht, in dem sie lebt. Sie kommt gewissermaßen seinen Pflichten, für ihre kulturelle Eigenart zu sorgen, auf halbem Weg entgegen, und seiner Pflicht, für die materielle Wohlfahrt zu sorgen, auf ganzem. Es bleibt ihm eigentlich nicht mehr viel zu tun übrig, als sich passiv zu verhalten und die Deutschen in ihren Bemühungen, sich selbst zu helfen, nicht zu stören. Aber gerade das fällt einem jungen Staat so schwer, dessen außenpolitisches Verhältnis zum Deutschtum nicht immer ungetrübt war und der selbst noch lange Zeit brauchen wird, ehe er sich daran gewöhnt, daß er kein reiner Nationalstaat ist.

Ich brauche Ihnen die verschiedenen akuten Anlässe nicht zu erwähnen, die in Oberschlesien und Pommerellen Reibungen, Mißhelligkeiten und Mißverständnisse verursachen. Sie erfahren das meiste (oft übertrieben) aus den Zeitungen. Ich besorge lieber die weit angenehmere Aufgabe, Ihnen mitzuteilen, daß es augenblicklich und unter dem Regime Pilsudskis den nationalen Minderheiten in Polen – und besonders den deutschen – weit besser geht als ehemals. Denn ist Pilsudski zweifellos auch nicht ein Mann von großer diplomatischer Klugheit, der aus Gründen einer guten »Staatsräson« den Deutschen nationale Freiheiten läßt, so ist er doch ein Fanatiker der Gerechtigkeit – wenn auch manchmal einer sehr subjektiven; so hat er doch begriffen, daß für Polen das Wichtigste ist, aus der Reihe jener Länder ausgeschieden zu werden, die das (oft ahnungslose) westeuropäische Gewissen »balkanisch« oder »asiatisch« nennt; so weiß er doch, daß die Deutschen ein gutes staatsbürgerliches Material abgeben. Es hat nicht den Anschein, als ob die verschiedenen Verletzungen minderheitlichen Rechten der Deutschen etwa einer Tendenz der Regierung entsprechen würden. Sie sind vielmehr Zufälligkeiten und Überreste. Seien wir versöhnlich.

Es gibt eigentlich keine akute »deutsche Frage« in Polen, wie es eine ukrainische, eine weißruthenische, jüdische gibt. Ich wollte, Sie hätten mit mir den stillen Frieden deutscher Kolonien in Ostgalizien und Wolhynien gesehn; Sie hätten die Natürlichkeit gesehn, mit der seit den Zeiten ihrer Urgroßväter die Schwaben eine fremde Erde zur eigenen machen, eigene Häuser im eigenen Stil unter fremden Häusern bauen. Es ist, als ob die Notwendigkeit, einen sauberen, geraden, grünweiß gestrichenen Zaun um Haus und Hof zu zimmern, ein Diktat des Bluts und weniger ein Gebot der Vorfahren wäre, und das deutsche Wort, das jeder so selbstverständlich gebraucht wie in Deutschland, wäre wirklich durch ein Wunder und einen Wind herübergebracht worden. Gewiß sind Blutmischungen vorgekommen und ohne Zweifel ereignete sich im Laufe der Jahrzehnte das noch unerklärliche Phänomen einer Anpassung der Physiognomien an Klima und Erde. Aber immer blüht das Wort, wie ein Glaube, befruchtet still, wie ein Samen, reift wie Korn und Weizen, lebt gleichsam nicht wie von den Menschen gepflegt, sondern als pflegte es selbst die Menschen. Jedesmal, wenn man von einer alten Frau, die wie eine slawische Bäuerin aussieht und auch manchmal so gekleidet ist, ein Wort hört, das einen schwäbischen Klang hat, fühlt man jene leise, gute, ein wenig schmerzhafte Freude, die uns durchzieht, wenn wir eine Melodie wiederfinden oder einen Uhrenschlag, die unsere Kindheit begleitet haben. In Deutschland ist, was man »das Deutsche« nennt, selbstverständlich (wenn es nicht durch die Zivilisation verfälscht ist). In einer deutschen Kolonie in Polen ist es immer echt, immer merkwürdig und dennoch immer heimatlich.

Sie wissen, daß in Polen viele deutsche Schulen aufgehoben wurden, deutsche Kinder oft gezwungen sind, polnische Schulen zu besuchen, und überhaupt die Tendenz besteht, das Fremde zu assimilieren. Es ist möglich, daß die verstreuten Kolonisten einmal aufgehn werden im Polentum, wie im Lauf der Jahrhunderte deutsches Blut sich mit allen Rassen der europäischen Welt vermischt hat. Es geschah zum Nutzen der andern, ohne Zweifel, und sehr selten zu unserm eigenen. Aber es ist für einen, der die Menschheit über der Nation nicht vergißt und über der Existenz nationaler Wünsche nicht die großen unerforschbaren Absichten der Geschichte, ein wenig köstlich, zu denken, daß auch die (in seinem Sinne) negativen Ergebnisse deutscher Auswanderung wahrscheinlich einen geheimen und fernen Sinn haben. Hoffen wir, daß es ein humaner Sinn ist.

## *Der Portier*

Am Nachmittag, »zwischen den Zügen«, wenn die Halle leer und still ist und ein gelbliches, idyllisches Sonnenlicht in die Portierloge strömt, erinnert mich der Portier an eine Art von goldbetreßten und beweglichen Heiligen in einer Nische. Er faltet, um die Ähnlichkeit noch vollkommener zu machen, seine Hände über den goldenen Knöpfchen, die seinen Bauch verschließen, und gibt sich einer beharrlichen Betrachtung der Luft hin, dem Spiel der Sonnenstäubchen und wahrscheinlich einigen Gedanken, die sein Privatleben berühren dürften. Schließlich beginnt er sich seiner Untätigkeit vor den Boys zu schämen, die in einer kleinen Gruppe beisammenstehen und in denen sich vielleicht schon der Übermut der Jugend regen könnte, und er erfindet einige höchst überflüssige, exemplarisch gedachte Tätigkeiten, aus moralischen Gründen. So zieht er zum Beispiel seine schwere goldene Uhr aus der Westentasche und vergleicht sie mit der elektrischen Wanduhr, deren großes, weißes, rundes Angesicht wie ein Hotel-Mond, aufgehängt an zwei grobgeflochtenen Ketten, gespenstisch silbern die goldene Atmosphäre des Nachmittags unterbricht. Es ist so still, daß man den großen Zeiger nach jedem Minutenruck ächzen hört, und dieser Klang bekommt etwas Menschliches in der Stille. Lange blickt der Portier auf die Uhren, als wollte er die eine oder andere an einem kleinen Sekundenfehltritt erwischen. Dann steckt er mit einer enttäuschten Miene, die ein visueller Seufzer ist, seine Uhr wieder ein. Er legt zwei große Bücher so übereinander, daß ihre Kanten genau übereinstimmen, rückt das Tischtelephon neben das Tintenfaß, rollt mit einer flachen Hand den Federhalter in die für ihn bestimmte Mulde, bläst ein imaginäres Stäubchen vom Tisch, betrachtet lange einen lockeren Knopf an seinem Ärmel und dreht ihn, um sich zu vergewissern, daß er heute noch nicht abfallen wird. Niemand wagt ihn zu stören. In dieser nahezu andächtigen Stunde könnten seine Gehilfen, zwei Männer in Zivil, die schweigsam vor dem Eingang stehen, keine Frage an ihn richten.

Es sind übrigens immer zwei andere Männer, die sich in seiner Nähe aufhalten, und es dürfte ihrer sechs geben. Genau kann ich ihre Zahl nicht nennen, weil sie niemals gleichzeitig und vollzählig vorhanden sind. Wenn die einen kommen, sind die andern unterwegs, in Konsulaten, Apotheken, Blumenläden, fremden Wohnungen, von den Gelegenheiten in

Anspruch genommen, deren Boten, Kunden und Diener sie sind. Ob sie zum besoldeten Hotelpersonal gehören oder zu den protegierten Freunden des Portiers, ist mir seit Jahren festzustellen nicht möglich. Allem Anschein nach ist er und nicht das Hotel ihr Brotgeber, er, der Vater der Gelegenheiten. Sie gehorchen ihm, wie Jagdhunde dem Treiber – – und sie mögen sich auf noch so entfernten Wegen befinden, immer ist es, als hielte er sie an unsichtbaren, dehnbaren Schnüren und als wäre es ihm möglich, sie jeden Augenblick zu erreichen. Er behandelt sie, wie eine Art armer heruntergekommener Verwandter, die man vom Schicksal mitbekommen hat, eine erbliche Krankheit. Ihre Existenz hat zweifellos etwas Rätselhaftes – ein Leben ohne Uniform und ohne Abzeichen. Hier trägt jedermann sonst das Abzeichen seines Dienstes und seiner Bestimmung, nur sie haben die Anonymität eines Zivils, das an die Ränder der Gesellschaft denken läßt, eine Gehetztheit verrät, ein gejagtes Jagen, an Polizei erinnert und gleichzeitig an verbotene Wege.

Genug von ihnen! In dieser stillen Stunde sind sie für den Portier Luft, weniger als Luft, die er immerhin manchmal zu betrachten geneigt ist. Sie aber sieht er nicht an, selbst wenn er zu ihnen spricht. Er hat die Fähigkeit, von dem erhöhten Podium, auf dem er steht, einen Auftrag hinunter zu erteilen, ohne eine bestimmte Person anzusehen, als wäre die Halle bevölkert von Dienstbeflissenen, die nur auf einen Befehl warten. Und nur wenn ein Gast an den Tisch tritt, um eine Bestellung aufzugeben, neigt er sachte den Kopf – nicht etwa um besser zu hören, sondern um seine Überlegenheit zu verbergen, welche die Gäste nicht gerne merken mögen. Denn er ist ihnen ohne Zweifel überlegen. Ich finde an seinem starken Kopf, der breiten weißen Stirn, an deren Schläfen die schwarzen Haare schon silbrig zu schimmern beginnen, den weit auseinanderliegenden hellgrauen Augen, über denen sich die dichten und großen Brauen in vollkommener Rundung wölben, dem tiefen Ansatz der später kräftig vorspringenden knochigen Nase, dem großen und abwärts gebogenen Mund, den der melierte Schnurrbart in ähnlich vollkommener Wölbung überschattet, wie die Braue das Auge, dem massiven Kinn, in dessen Mitte ein verlorenes schmales Grübchen liegen geblieben ist, als eine Erinnerung an die Kindheit: ich finde an diesem Angesicht gewisse Züge von porträtierten großen Herren wieder, einen bestimmten Ausdruck von stolzer Kälte, einen Hauch, der über das ganze Angesicht gebreitet ist, wie ein durchsichtiges klares Visier aus bitterem Frost. Das Angesicht ist bräunlich gerötet, als käme es aus einem Leben im Freien, aus einem Leben zwischen Korn, Wasser, Wald und Wind, die Haut ist straff – und die wenigen starken Runzeln über die Nase und die vielen zarteren dicht unter den Augen scheinen nicht von alltäglichen Sorgen eingegraben worden zu sein, sondern freiwillig empfangene Zeichen, Tätowierungen des Lebens und der Erfahrungen, ausgeführt von Wind und Wetter.

Wie er sich jetzt vor dem Herrn verneigt, ist es keine Verbeugung, sondern eine körperliche Herablassung. Wie er einen Auftrag entgegennimmt, ist es, als erhörte er eine Bitte. Wie er so zustimmend nickt, erinnert er an den milden Richter aus amerikanischen Filmen (wo allein noch milde Richter vorkommen). Der Gast macht ihm jetzt einen Vorwurf. Aber es sieht aus, als dächte der Portier nach, wer wohl von allen der Schuldige sein könnte. Und mittels einer kleinen, außerordentlich nebensächlichen Frage wird er aus einem Pflichtvergessenen ein Mitfühlender, und sein Versäumnis verwandelt sich in Teilnahme. Als wäre der Herr zu ihm gekommen, nicht, um ihm etwas vorzuhalten, sondern um sich bei ihm zu beklagen! – »Heda!« – ruft der Portier zu der Gruppe der untätigen Boys hinüber. – »Wer von euch hat den Anzug von 375 zum Bügeln getragen?« – Schweigen. – Es war kein Boy, sondern der Hausdiener, den der Portier eben mit dem Autobus zur Bahn geschickt hat. Er erinnert sich sehr wohl an den Protest des Hausdieners, den Anzug, die besondere Dringlichkeit des Auftrags. Aber er hat nicht einen Augenblick ein Schuldbewußtsein. Ich will nicht damit angedeutet haben, daß er etwa kein Gewissen hätte! Es ist nur anders beschaffen! Es ist weiter, räumlicher, vergleichbar dem eines Generals zum Beispiel, von wichtigeren Dingen in Anspruch genommen, von der Sorge ums Ganze erfüllt. – »Marsch, hinunter – und den Anzug geholt!« – befielt er jetzt. Wer gäbe noch was für die Unversehrtheit eines Boys, der in dieser Situation zu fragen wagte: Wo ist der Anzug zu holen?! Es ist jetzt etwas im Auge des Portiers erwacht, etwas, das an einen Peitschenknall im Zirkus erinnert, einem gezückten Dolch, ein Unwetter am Horizont … Der Boy fragt nicht; er läuft. Über der Gruppe der zurückbleibenden Jungen läßt sich ein brütendes Schweigen nieder, eine verhängte sommerliche Schwüle. Einsam steht der betreßte Meister auf seiner Höhe und atmet eine Wolke stummen Grolls in die Halle …

Dennoch könnte er sofort wieder lächeln, wenn ein Gast, wie ich zum Beispiel, gerade das Bedürfnis hätte, ihn um etwas anzugehen. Nichts an ihm – der mir durchaus nicht so verständlich ist, wie ich glauben machen will – ist mir so merkwürdig wie seine Gabe, Zorn und gute Laune, abweisende Erhabenheit und dienstbereite Beflissenheit, Gleichgültigkeit und Neugier sehr schnell aufeinander folgen zu lassen. Es scheint mir manchmal, daß jede seiner Stimmungen mit ihrem Gegenteil gefüttert ist und daß er seine Laune nur zu wenden braucht, um sich zu verwandeln. Jetzt, zehn Minuten bevor die ersten Gäste vom »Mailänder Expreß« kommen, rüstet er sich zum Empfang, das heißt: er rückt an der Weste. »Zehn Minuten!« ruft er dem Empfangschef zu. Es ereignet sich etwas Außerordentliches: er verläßt seine Loge. Er steigt von seinem erhöhten Platz und zerstäubt die

Gruppe der Boys, von denen jeder an eine bestimmte Stelle läuft, der eine zur Drehtür, ein anderer zum Lift für Gepäck, der zu dem für Personen, jener an die Treppe, zwei zur Garderobe. Noch zwei Minuten – und das erste Automobil fährt vor. Der Portier spitzt die Lippen und läßt einen leise zischenden Schlangenpfiff ertönen. Aus einem dunklen Seiteneingang stürzt ein Gepäckträger in grüner Schürze hervor. Schon hört man draußen einen surrenden Motor. Schon kommen die ersten Gepäckstücke. Der Portier wirft einen Blick auf sie, und da es lederne Koffer sind und ein dunkelgraues, grünkariertes Plaid und ein ledergesäumtes Stoff-Etui für Regenschirme und Spazierstöcke, rückt er noch einmal an seiner Weste. Bei jedem neuen Gast tauscht er einen schnellen Blick mit dem Empfangschef – und jeder Blick bedeutet: eine Zimmernummer, ein Stockwerk, einen Preis, eine Mahnung, eine Warnung, Zufriedenheit oder Mißmut. Ja, es gibt Gäste, bei deren Eintritt der Portier ganz sachte ein Auge schließt, so daß ihnen die Auskunft zuteil wird, es sei alles besetzt. Manchmal – aber das kommt höchstens einmal in der Woche vor – macht der Portier eine Verbeugung – – und wenn er sich wieder aufgerichtet hat, sieht man, daß ein Lächeln sein Gesicht verklärt, ein ansteckendes Lächeln übrigens, das sich auf alle überträgt wie ein Gähnen. Dann geht der Gast an lauter lächelnden Gesichtern vorbei, wie zwischen zwei Reihen von Lichtern.

Nebenbei gesagt: sehe ich bei dieser Gelegenheit, daß der Portier eine wollige, graue Zivilhose, die zu einem offenbar eleganten Straßenanzug gehört, unter seiner halben Uniform trägt, als wollte er so andeuten, daß er nur zur oberen Hälfte livriert ist, zu jener nämlich, mit der er sich so selten verneigt. Er verrät mir ein wenig von seinem Privatleben, von dem ich einiges zu wissen glaubte. Es ist eine kleine Enthüllung mehr, bilde ich mir ein. Gewiß hat er seine Beziehungen zu Schneidern, und es ist sogar anzunehmen, daß sich Handwerker um seine Gunst bemühen und ihm besonders billige Preise machen. Immerhin aber besitzt er einen Anzug wie ein Gast aus der ersten Etage, und die Art, in der er sein Zivil trägt, reiht ihn wirklich zu den Gästen, die »Appartements« in diesem Hotel mieten. Wenn der Abend kommt und den Nachtportier mitbringt, verschwindet unser Freund in der Garderobe, aus der er nach fünf Minuten mit einer fremden, verwandelten Würde wieder heraustritt. Zum ersten Male sieht man ihn Grüße erwidern. Den schwarzen Stock mit dem silbernen Knauf in der grau behandschuhten Linken, lüftet er mit der Rechten den schwarzen Halbzylinder, den er mit [vornehmer konservativer Treue immer noch] trägt, lüftet ihn höflich, aber flüchtig vor den Boys, die sich sehr tief vor ihm verneigen. Leutselig plaudert er noch eine Weile mit dem Nachtportier. Gäste, die in der Halle sitzen oder die ihm in den Weg kommen, würdigt er nicht eines Blickes. Noch einmal schweift sein Auge durch das Rund des Raumes. Dann begibt er sich endlich zur Drehtür. Und an der gravitätischen Schwere, mit der jetzt ihre Fächer rotieren, merkt man erst, wer eben das Hotel verlassen hat …

### *Der große Hotelkoch*

Von ungewöhnlicher Bedeutung, aber den meisten unbekannt, ja unsichtbar lebt in der Unterwelt des Hotels der Koch. Den größten Teil des Tages sitzt er in der Mitte der großen Küche, in einem Pavillon mit gläsernen Wänden, in einem Häuschen also, das ganz ein Fenster ist, von allen Seiten sichtbar, nach allen Seiten sehend. Aus drei Elementen besteht die Unterwelt des Hotels: aus Glas, aus Kacheln und aus weißem, silbrigem, mattem Metall. Das vierte, flüssige Element, nämlich Wasser, rieselt unaufhörlich, still, melodisch, in ewiger Wachheit und dennoch einschläfernd über die weißen Kachelwände, ein zarter glitzernder Schleier, in bräutlich-hygienischer Unschuld, kostbar, verschwenderisch und an manchen Stellen, auf die das Licht fällt, regenbogenfarbig. Acht erwachsene Köche und vier halbwüchsige Kochjungen stehen und wandeln, schneeweiß angezogen, schneeweiße Matrosenmützen auf den Köpfen, lange hölzerne Löffel in den Händen, zwischen acht metallenen Kesseln, aus denen in unregelmäßigen Zeitabständen ein silbriger Rauch aufsteigt und in deren Unterleibern ein rötliches, unwirkliches, theatralisches Feuer glimmt. Eine unendliche weiße Stille, vergleichbar etwa der Stille weiter russischer Schneefelder, entweht den Kacheln, dem Metall, dem Glas und den Köchen, deren Bewegungen unhörbar sind, als wären sie weiße Schatten, und deren Schritte wahrscheinlich vom Geräusch des rieselnden Wassers verschlungen werden. Dieses, das einzige Geräusch im Raum, unterbricht nicht etwa die Stille, sondern begleitet sie, scheint die hörbar gewordene absolute Melodie des Schweigens selbst zu sein, der Gesang der Stummheit. Sehr selten nur entschlüpft dem Ventil eines Kessels ein unterdrücktes Zischen, das sofort erstirbt, beschämt und erschrocken und in der Stille bald vergessen, wie etwa der halbe Schrei eines Raben in der weißen winterlichen lautlosen Weite. So wie diese Küche könnte der Maschinenraum eines modernen Gespensterschiffes aussehen. Der Koch könnte der Kapitän sein. Die Köche Matrosen. Die Gehilfen Schiffsjungen. Das Ziel unbekannt und übrigens unerreichbar.

Aber so traumhaft auch die Stille ist, so wirklich, so taghell, so lebendig, so festlicher, fröhlicher, stofflicher, greifbarer Optimismus ist der Koch. Es genügt, einen Blick auf ihn zu werfen, um jede Vorstellung von düsteren Sagen zu verlieren und sie einzutauschen gegen heitere Erinnerungen an Märchen von Schlaraffenländern zum Beispiel, an satte und bunte Illustrationen auf Glanzpapier in Kinderbüchern. Das ist der Schöpfer der gebratenen und dennoch fliegenden Tauben. Sein weißer randloser Zylinder aus gesteifter Leinwand, der gleichzeitig an einen Turban erinnert, an eine Schlafmütze und an das Unterfutter einer Königskrone, hebt und verstärkt das bräunliche Rot seiner Wangen, das metallen schimmernde Schwarz seiner dichten buschigen Brauen und das goldenen Braun seiner kleinen und flinken Augen, die wie im Spiel über weichen und bequemen Wülsten hin- und hereilen, die Köche beaufsichtigen, die Kessel kontrollieren, die Bewegungen der langen Löffel verfolgen. Die weiße Mütze berührt in schiefem Übermut sein rechtes rotes, blutdurchpulstes Ohr, das seinen eigenen gesunden Optimismus zu manifestieren scheint. Die roten Lippen lächeln unermüdlich. Das weiche breite Kinn lagert eingebettet in einem bequemen Doppelkinn. Die breiten Nüstern atmen die Gerüche der Speisen und die Nuancen dieser Gerüche. Und unter der weißen Schürze wölbt sich sanft und gütig ein Bauch, in dem ein zweites, ein besonderes Herz eingebaut sein dürfte. Das nenn' ich einen Koch! Er kommt aus den Träumen meiner Kindheit und in Wirklichkeit – wie ich es schon einmal angedeutet habe – aus der Tschechoslowakei. Von den vier Völkern, die diesen Staat bewohnen: den Tschechen, den Deutschen, den Slowaken und den Juden vereinigt er alle positiven traditionellen Eigenschaften: er ist fleißig wie ein Tscheche, gründlich wie ein Deutscher, phantasievoll wie ein Slowake und schlau wie ein Jude. Die glückliche Mischung ergibt einen zufriedenen, wohlwollenden, mit dem Schicksal wie mit den Menschen einträchtig lebenden Mann, der sogar imstande ist, jahrzehntelang eine harmonische Einehe zu führen. Absurd geradezu wäre etwa die Vorstellung, daß dieser Mann in Zorn geraten könnte! Wo sollte der Zorn Platz finden in dem mit Ruhe, Behaglichkeit und großartiger Gleichgültigkeit ausgefüllten Innern? Und was müßte sich ereignen, um diesen Menschen auch nur aus seinem Gleichgewicht zu bringen? Auf dem kleinen Tischchen, an dem er gewöhnlich sitzt, ein großes aufgeschlagenes Diarium vor sich, in das er gelegentlich eine kurze Notiz hineinschreibt, befindet sich auch ein Telephon, das in mancher Stunde zwanzigmal klingelt. Und immer wieder hebt der Koch das Hörrohr mit der gleichen Gelassenheit ab, er hebt es noch im Klingeln ab, legt es sorgfältig auf den Tisch, läßt es noch eine Weile schnarren, und erst dann, wenn es ganz still geworden ist, führt er es mit einem halben nachlässigen Arm – nicht zum Ohr – sondern nur in die Gegend des Ohres. Es sieht aus, als bändigte er zuerst ein ungebärdiges lärmendes Wesen, ehe er geruht, sich damit zu befassen. Er spricht nicht wie alle Welt gerade in die Muschel hinein, sondern nur so in ihrer Nähe herum, und er hebt auch nicht um die kleinste Tönung seine Stimme, viel eher senkt er sie noch, und es sind dann lauter samtene Wörtchen, die er zum Telephon sagt. Jede Viertelstunde kommt einer von den vier Kochjungen in den gläsernen Pavillon, eine winzige Speiseprobe, einem der Kessel entnommen, auf einer winzigen Schale. Manchmal begnügt sich der Koch damit, auf das Pröbchen einen seiner hurtigen goldenen Blicke zu werfen (als hätte sein Auge Geschmacksnerven) und die Speise durch ein sanftes Kopfnicken zu approbieren. Sehr oft aber führt der Koch die Schale an die Lippen, leckt flüchtig an ihr mit der Zunge und schickt den Jungen mit einem leisen Wort zurück. Weshalb er hier nur blickt und dort auch kostet, ist ein ewiges Geheimnis. Ich stelle mir vor, daß er die Launen der Kessel genau kennt und die Fähigkeiten der Köche, aber auch, daß seine Zunge Schaden leiten könnte, wenn er sie allzu oft kontrollieren ließe. Es ist eine kostbare Zungenspitze, sie hat die Erfahrungen eines ganzen ungeheuerlich verwöhnten Gaumens und außerdem die Fähigkeit, den Magen zu sättigen. Denn der Koch ißt den ganzen Tag gar nichts, sondern erst am späten Abend, ohne eine Spur Hunger zu fühlen. Er speist nie in der Küche. Er legt nur seine weiße Schale ab, eine geräumige weiße Schale – und schon steht er da im schwarzen Anzug: Er nimmt seine Mütze vom Kopf – und er hat dichtes und leicht gekräuseltes Haar, eine weiße glatte Stirn. Über einer Hemdbrust aus Popeline sitzt, den Kragen verhüllend, ein kleiner Schmetterling aus grauer, schwarzgetupfter Seide. Seine zarten und koketten Flügel mildern den Ernst der ganzen Erscheinung und geben dem Wesen des Kochs etwas Unternehmungslustiges, Wagemutiges und Jungenhaftes. So geht er in den Speisesaal. Ein Tisch in der Ecke neben der Säule ist für ihn reserviert. Er wird lautlos und glatt bedient, er braucht nicht einmal zu bestellen. Die Küche weiß genau, was sie ihrem Gebieter zu entsenden hat. Er bekommt sehr winzige Portionen, die preziös, wie Edelsteine, auf dem Teller liegen. Große Stücke Fleisch würden den Koch beleidigen. Er ißt leicht und frei und braucht niemals die Serviette zum Mund zu führen. Nach dem Kaffee trinkt er noch einen Kognak. Der Kellner zeigt ihm die Flasche, ehe er einschenkt. Es kommt vor, daß der Koch die Flasche wortlos dem Kellner aus der Hand nimmt und sie stehen läßt. So winzig auch die Gläschen sein mögen, er trinkt immer nur in kleinen Tropfen. Dann erhebt er sich, leicht und frei, nicht wie einer, der lange gegessen und getrunken hat, sondern als wäre er am Morgen am Waldesrand gesessen und ginge nun fröhlich der aufsteigenden Sonne entgegen. Aus einer schmalen Zigarette bläst er blaue duftende Wölkchen …

Er geht nach Hause. Er hat ein angenehmes Haus, drei Kinder, eine junge hübsche Frau, deren Porträt in der Schublade des Tisches im gläsernen Pavillon liegt, neben dem zugeklappten Diarium. Er zeigte sie mir einmal. Gewiß zieht er das Porträt sonst niemals aus der Lade, und nur, wenn er sie auf- oder zuschiebt, wirft er einen Blick hinein, eine flüchtige Liebkosung. Er hat nie eine andere Frau geliebt, und er ist auch nicht gesonnen, sich jemals einer überraschenden Leidenschaft auszuliefern. (Sein Gehalt ist größer als das des Direktors.) Er hat schon vor dem Kriege in allen großen Städten der Welt gearbeitet. Immer zwischen weißen Kacheln, Glas, Wasser und silbrigem Metall. Er ging in den Krieg, im Jahre 1914, getrost, ohne Patriotismus und auch ohne Furcht, denn er wußte, daß seine seltene Begabung auf die Offiziere eines Generalstabs nicht ohne Wirkung bleiben werde. Vier Jahre lang saß er zwanzig Kilometer hinter der Front, in idyllischen Dörfern, an warmen Kesseln und Herden, vor guten und reichen Vorräten. Von dieser schönen Zeit erzählt er manchmal. Er vergißt niemals hinzuzufügen: »Die Herren von meinem Stab haben besser gegessen, als sie gekämpft haben.« Es ist das einzige Aperçu, das ihm jemals eingefallen ist, es reicht ihm bis ans Ende seiner Tage und es ist als ein Lob, nicht als ein Tadel gemeint. Ich fragte ihn einmal, ob er schon sein neues restauriertes Vaterland besucht habe. »Nein«, – sagte er – »es ist nicht nötig. Ich zahle hier Steuern!« – Ich fragte ihn ferner, ob er die Absicht habe, seinen Buben Koch werden zu lassen. »Vielleicht!« – erwiderte der Koch – »vielleicht hat er genug Begabung!« – Aber es war ein Zweifel in seiner sanften Stimme. Vielleicht glaubt er auch, wie viele, daß die Söhne genialer Männer wenig taugen. –

## *Der Kongreß*

Der Morgen versprach nichts Böses. Gegen acht Uhr begann das gewöhnliche Lied des nachbarlichen Kanarienvogels, gegen halb neun Uhr der lamentierende Gesang der Straßenhändler und Ausrufer, der das Aufstehen erleichtert und auch an den kalten Tagen die Vorstellung von der Ankunft des

Frühlings erzeugt. Dann wurde es still. Der Tag schöpfte Atem, eh' er begann. Eine kurze Viertelstunde war es wieder so still wie in der Nacht zwischen drei und vier, wenn die Laternen erlöschen und die Automobile so vergessen sind, als wären sie niemals erfunden worden. In allen Zimmern begannen diskrete Wasserleitungen zu summen, und in der Zentralheizung klirrte es hell, und auch ein wenig geheimnisvoll (die einzige Minute im Tag, in der man sich vorstellen könnte, daß Geister einheizen). Ein Tag sollte beginnen, ein gesunder normaler Tag mit einem schwarzen Kaffee in weißer Schale auf einem dunkelbraunen Tablett, mit blanken Schuhen vor der Tür, mit einem weißen Brief im Postfach und einem leisen Geruch von Menthol und Mundwasser, den erst die warmen Strahlen der Mittagssonne auflösen.

Auf einmal, es mochte gegen halb zehn Uhr sein, begann der Kongreß. Seine Mitglieder stürzten frisch von der Eisenbahn ins Haus, als hätten sie vom Bahnhof hierher kaum einen Schritt gehabt, als wäre in ihren Körpern die Triebkraft der Lokomotive geblieben, als hielten sie aus einer Gewohnheit, die zwölf Stunden alt sein mochte, das stehende Haus für einen beweglichen Zug, den man versäumen könnte. Die Ankunft der Kongreßteilnehmer war hastig, wie eine Abfahrt. Sie stürzten sich in die Zimmer wie in Coupés. Der Vormittag erschien ihnen, da sie schon so lange wach gewesen waren, alt wie ein Nachmittag. Sie überhörten die Stille dieser Stunde. Sie waren zahlreich, aber sie hatten das Bedürfnis, noch zahlreicher zu sein. Es war ihnen unmöglich, einander zu verlassen, als ob der nächtliche Aufenthalt in einem gemeinsam benützten Waggon sie für alle Ewigkeit zusammengetan hätte. Sie hielten die Türen der Zimmer offen, um einander nicht aus den Augen zu verlieren. Jeden Augenblick verließ einer von ihnen sein Zimmer, weil er die Einsamkeit nicht ertrug. Sie hatten ein bestimmtes Programm. Um elf Uhr sollten sie schon vor einem Hauptportal 5 versammelt sein, durch das man wahrscheinlich direkt in den Kongreß gelangte. Aber obwohl sie sich eilten, verloren sie die kostbarsten Minuten. Immer wieder ging einer zum andern, der zweite begab sich zum dritten, vier gingen zusammen in den Korridor, während in den leeren und offenen Zimmern die Kleider wartend über den Stühlen hingen und das Wasser nutzlos in die Muscheln rann und der Schaum der Rasierseife langsam verdunstete. Die Kongreßteilnehmer standen mit baumelnden Hosenträgern, lachenden Augen, unaufhaltsam arbeitenden Zungen, mit offenen Hemden und aufgekrempelten Ärmeln im Korridor und fand sich ein Gewissenhafter unter ihnen, der ihnen den Rücken wandte, so hielt man ihn zurück, denn auch nicht einen einzigen konnte man entbehren.

Das dauerte solange bis aus einem der oberen Stockwerke eine unerwartet helle, scharfe, geschliffene Frauenstimme den Befehl gab – und es war wie der Schnitt eines Rasiermessers: »Um halb elf alle in der Halle versammelt!« Es erinnerte an den üblichen Schluß des Tagesbefehls: »Um sieben Uhr Kompagnie gestellt im Kasernenhof. Kreidl, Oberst, m. p. Ruht, Abtreten!« Der Unteroffizier Marek pflegte nicht »Abtreten!«, sondern »Auseinanderspritzen!« zu sagen. In der Tat spritzten die Kongreßteilnehmer auseinander. Sie verschwanden in ihren Zimmern, aber sie unterhielten sich weiter, indem sie an die Wände klopften, wie Gefangene. Wenn zwei die Verbindung hergestellt hatten, so erklang unweigerlich die Frage: »Willy, willst du etwas Kölnisch-Wasser, um dich zu erfrischen?« Oder: »Brauchst du die Bürste für den Rock?« Und an diesen harmlosen Fragen war nichts so empörend, wie die Überflüssigkeit der Nebensätze und die ausdrückliche Betonung des Nutzens, den man vom Kölnischen Wasser und einer Bürste erwartete. Es war, als könnten die Kongreßteilnehmer keinen Gegenstand nennen, ohne seinen Zweck zu erklären, und als wären sie sonst, in ihrem gewöhnlichen Leben zu Hause, unaufhörlich nicht mit den Gegenständen beschäftigt, sondern mit den Ideen der Gegenstände. Als existierten Bürsten, Wasser, Seifen, Nagelfeilen als abstrakte Vorstellungen, die vielleicht den Inhalt der Kongresse ausmachten, und als wäre jetzt Gefahr, ein Kongreßteilnehmer könnte glauben, man böte ihm Kölnisch-Wasser nicht zur Erfrischung an, sondern zu einer Dissertation.

Schließlich begannen sie die Stiegen hinunterzugleiten, um sich laut Befehl in der Halle zu versammeln. Es waren lauter junge Leute, Lehrer in der Blüte ihrer Jugend und Studenten mit der höchsten Zahl von Semestern. Sie hatten eine derbe Gesundheit, aber keine ländliche, die ihnen wohlgetan hätte, sondern eine, die man an den Rändern der Städte findet, wo der Asphalt in Schotter überzugehen beginnt. Es war eine gewisse Unbekümmertheit der Stadtgrenzen, die man auf Fahrrädern erreicht, eine Frische, die man einmal wöchentlich durch Ausflüge in Gemeinschaft mit Gesinnungsgenossen erhält und durch eine entfernte Verwandtschaft mit Förstern und Bauern, zu denen man keine menschliche Beziehung mehr findet. Es war der Übergang von Land zu Stadt. Joppen und Rucksäcke wären stilvoll gewesen. Aber diese braven Leute hielten sich für vollendete Großstädter, und sie trugen infolgedessen Mäntel mit Gürteltaille und, um anzudeuten, daß sie sich auf Reisen befinden, dunkelblaue Baskenmützen, deren Randlosigkeit mageren Gesichtern von scharfem Schnitt günstiger ist als vollen Wangen. Die Frauen, die zuletzt kamen, wurden mit lärmenden Schmeicheleien empfangen. Man schrie ihnen entgegen, daß sie sich »schön gemacht hätten«, ein Kompliment, das eigentlich verriet, daß sie nicht schön von Natur waren. Es waren fünf Damen. Und auf Verabredung trugen sie alle Hüte von gleichen Formen, aber verschiedenen Farben, und sie erinnerten so weniger an Kongreß- als an Turnier-Teilnehmerinnen …

Alle verließen zusammen das Hotel, überschritten in einem Knäuel den Fahrdamm und verwickelten sich auf dem gegenüberliegenden Bürgersteig. Als der Autobus kam, konnten sie sich nicht auseinanderknüpfen, man hätte sie zerhauen müssen. Sie entschlossen sich, zu Fuß weiterzugehen. Statt sich in der Ferne zu verlieren, schwollen sie zu einer immer kompakteren Masse an. Aus andern Hotels, die in derselben Straße lagen, strömte ihnen Verstärkung zu. Schließlich war der ganze Kongreß unterwegs.

Sie kamen am Nachmittag zurück, entkleideten sich zum Schlummer, konnten sich aber wieder nicht trennen und standen gähnend im Korridor. Ich hatte inzwischen in der Zeitung gelesen, daß dieser Kongreß von einiger Wichtigkeit sei, für die Verständigung der Völker und überhaupt. Ich überlegte sogar, ob es nicht angemessen wäre, diesen Kongreß zu besuchen. Er scheint wirklich, wichtig zu sein. Es ist gewissenlos, über einen Kongreß zu berichten, ohne dem Leser mitzuteilen, worum es sich eigentlich handelt, aber schließlich begann der Kongreß in dem Maße an mir teilzunehmen, daß ich keine Kraft mehr fand, mich zu revanchieren. Ich kann nur hoffen, daß er befriedigende Resultate zeitigen wird. Er wird sicherlich einen sogenannten Markstein in der Entwicklung der Welt bedeuten.

## *Nonpareille aus Amerika*

In der schönen, zierlichen Schrift, in der die Zeitungen jene Nachrichten zu drucken pflegen, die für nebensächlich gehalten werden, steht in einigen großen Pariser Blättern die folgende Notiz:

»*New York, 16. März.* In Gegenwart von 200 offiziellen Zeugen wurden 4 Häftlinge aus dem Zentralgefängnis Wilmington (Delaware) an Pfähle gebunden und jeder von ihnen bekam 40 Peitschenhiebe.

Zwei andere Gefangene bekamen je 20 Peitschenhiebe. Worauf die Gefängnisärzte die Wunden der Geschlagenen sorgfältig zu verbinden begannen. (Radio.)«

Es gibt nicht Schöneres als den Respekt vor dem Gesetz, und nur der Tod für das Vaterland kann sich mit ihm messen. Man erinnert sich noch deutlich an die Zeit, in der die Namen der Gefallenen wegen Platzmangels in dichtbesäten Listen, die ebenfalls Nonpareille gedruckt waren, als Anhang zu manchen Zeitungen erschienen. Sie waren unwichtig, die Gefallenen. Nonpareille ist die Druckschrift für das Unwichtige.

Aber jede veröffentlichte Begebenheit, mag sie noch so winzig gedruckt sein, noch so bündig abgefaßt, ist eine Angelegenheit der ganzen von Menschen bewohnten Welt geworden. Und die sachliche Gleichgültigkeit, mit der ein Telephonist der Radio-Agentur mitteilt, daß man am 16. März des Jahres 1929 vier Menschen an Marterpfähle gebunden und gepeitscht hat, macht das Ereignis nicht gleichgültig. Es gibt Begebenheiten in der Welt, die keiner ausführlichen Beschreibung bedürfen, um eindringlich zu sein. Vielmehr wächst jedes Detail dieser Exekution im Zentralgefängnis Wilmington aus jedem der knappen »Nonpareille«-Worte riesengroß zu einem Eindruck, der würdig wäre, »Borgis« und sogar »Garmond-Fett« gedruckt zu werden. Wenn ein ehrgeiziger amerikanischer Reporter die gesetzliche Peitschung von vier an Marterpfähle gebundenen Menschen ebenso genau beschrieben hätte, wie er zum Beispiel den ungesetzlichen Einbruch von vier maskierten Räubern in eine Bank zu beschreiben gewohnt ist, der Bericht hätte schwerlich eine größere Wirkung haben können, als sie die kleine Notiz in Nonpareille ausübt. Man sieht die zweihundert amerikanischen Gesichter der offiziellen Zeugen. Eiserne Kinnladen und eiserne Augen. Bete und arbeite! Bevor sie eintreten, lassen sie die Pfeifen kalt werden und stecken sie in die Tasche, wie vor dem Eintritt in die Kirche. Viele tragen die Brillen, durch die sie vor dem Einschlafen in der Bibel lesen. Alle glauben an Gott, den großen Präsidenten der Vereinigten Staaten. Amerikaner haben ihn durch Stimmeneinheit für alle Ewigkeit gewählt. Seine Aufgabe ist es, die Gesetze von Delaware zu überwachen. Er verfolgt die Alkoholiker mit Syphilis bis ins zehnte Geschlecht. Er malt die Neger schwarz, damit sie nicht so edel, so sittlich, so intelligent werden wie die Weißen. Er geleitet die braven Flieger über den Ozean und zerbricht den sündigen die Propeller. Er läßt die edlen Boxer siegen und disqualifiziert die unfairen. Er verleiht den Witwen Pensionen und bringt die Waisen in den Waisenhäusern unter. Aber damit auch die guten Menschen was zu schaffen haben und nach dem Tode ins Paradies kommen, tut der amerikanische Gott so, als übersähe er dies und jenes. Höflich räumt Er also den Platz der menschlichen Wohltätigkeit und der irdischen Gerechtigkeit.

Daher kommt es, daß im Zentralgefängnis Wilmington menschliche Hände die göttlichen vertreten, Peitschen halten und Verbrecher züchtigen. Stumm und würdig sehen die 200 offiziellen Zeugen zu. Nicht ein einziger bebt, kein einziger weint. Man hat den Verurteilten die Münder nicht verbunden. Also können sie schreien; denn es tut ihnen weh. Durch die Mauern des Kerkers von Wilmington dringt ein Geheul. Es durchbricht die betonierten Plafonds und steigt zum amerikanischen Himmel. Der einzige, der es zur Kenntnis nimmt, ist der Redakteur der New Yorker Zeitungsagentur. Die zweihundert Zeugen sind ernst, wie bei einer Beratung über das Prohibitionsgesetz, einer Predigt am Sonntag, einer Gedenkfeier für die Gefallenen im Weltkrieg. Sie erfüllen eine ehrenvolle Pflicht. Sie gehorchen dem Gesetz, das sie sich selbst gegeben haben. Sie lieben das Vaterland. Sie begehen keine Verbrechen. Sie fahren in Ford-Autos. Die Autos stehen vor dem Zentralgefängnis. Dort ist ein Parkplatz vorbereitet. Ein Verkehrspolizist achtet darauf, daß kein Auto an einer falschen Bordschwelle stehen bleibt. Kein einziger stiehlt ein Auto seinem Nachbarn. Lauter ehrliche Leute. Wenn Gesindel sich ereignet, wird es gepeitscht.

Das Wichtigste an dem ganzen Schauspiel ist die Zeugenschaft der Zweihundert. Jeder von ihnen hat eine Frau, Kinder, eine Braut, eine Mutter, einen Bruder. Jeder von ihnen ist ohne Zweifel ein Mensch. Sonst hätte ihn das Gesetz nicht zum Zeugen bestimmt. Jeder von ihnen wird von der Exekution nach Hause gehen und Mittag essen, eine Suppe, ein Rostbeaf, grünen Kräutersalat und Pudding. Auch Obst, wegen der Vitamine. Die meisten werden sich der Schwachen annehmen, ritterlich mit Frauen umgehen, einer Prügelei nur dann ruhig zusehen, wenn sie als Boxkampf deklariert ist. Beim Kartenspiel sind sie freundlich und gelassen. Verluste bis zu einem halben Dollar ertragen sie sogar mit Gleichmut. Wenn einer in der Eisenbahn ohnmächtig wird, laben sie ihn mit Wasser und nicht mit Kognak. Weil Alkohol verboten ist.

Die Anwesenheit der Gefängnisärzte ist sehr beruhigend. Die Humanität dieser Einrichtung ist nicht zu leugnen. Man hat Henker, die Wunden schlagen, und Mediziner, die Wunden verbinden. Mit Verbandstoffen, Watte, sehr hygienisch. Wie die Sanität im Krieg, beinahe. Die Gepeitschten kommen in eine Kranken-Abteilung. Dort werden die Verbände gewechselt, die Pulsschläge gezählt, die Temperaturen gemessen. Bulletins werden allerdings nicht ausgegeben. Ein täglicher Bericht an die Gefängnisverwaltung genügt. Interner Dienstweg.

»Regen Sie sich nicht auf,« sagte mir einer, dem ich die Nonpareille-Notiz zeigte. »Das ist eine Kleinigkeit. Jede Woche können Sie derlei Dinge lesen. Was wollen Sie? Das Gesetz ist manchmal merkwürdig! Halten Sie das wirklich für wichtig? Wissen Sie nichts Besseres? Es tut mir leid um Ihre Leser!«

Der so sprach, war ein Jurist von Beruf. Er las von den Peitschenhieben etwa so, wie ein Mediziner aus der Medizinischen Wochenschrift den Bericht über die Infizierung von Kaninchen mit Krebsstoffen zur Kenntnis nimmt. Kaninchen sind für Infizierungen vorhanden. Menschen für Gesetze.

Es blieb mir nur ein einziger Einwand: »Vielleicht haben Sie recht«, sagte ich. »Aber warum ist das Nonpareille gedruckt? Seien wir gerecht! Warum druckt dieselbe Zeitung den Bericht über den Zusammenstoß zweier Automobile in der schon etwas größeren Schrift ›Petit‹? Die Gesetze bekümmern sich auch um Zusammenstöße wie um Peitschungen. Warum also ›Nonpareille‹?«

»Man sieht«, erwiderte der Jurist, »daß Sie nicht unterscheiden können zwischen Wichtigem und Unwichtigem. Sie lesen zu selten Zeitungen. Da! –« unterbrach er sich plötzlich.

Ein Zeitungsausrufer lief vorbei. Die Abendblätter waren eben erschienen. Der Jurist kaufte eines und las den Bericht auf der ersten Seite. Er handelte von der Ankunft der Königin von Rumänien in Paris.

## *Das Museum*

Der Gastfreund war ein Liebhaber der Kunst, ein Kenner der Kirchen, Museen, Galerien und ein Freund von Ausstellungen, Kunsthändlern und Malern. Diskret, freundlich, von einer zarten und etwas fragilen Humanität, lebte er in der ständigen Angst, seine Meinung könnte den andern wehe tun, und er bemühte sich oft, sie zu rechtfertigen, auch wenn sie nicht angegriffen wurde. Bat man ihn, die Wahrheit zu sagen – eine einfache Wahrheit für den Alltag –, so verschanzte er sich hinter der Überzeugung, daß »die Dinge gar nicht so einfach« seien. Und aus einer Art Festung, deren

Mauern: Furcht, Objektivität, Zartheit, Rücksicht, aber auch Schlauheit waren, begann er sachte, sanfte, rundliche Dinge abzuschießen, deren minimale Wurfgeschwindigkeit mit der Zeitlupe aufgenommen zu sein schien. Er besiegte den Gegner, der sein Freund war, mit liebenswürdigen Lügen, von denen er selbst, der Kunstfreund, glaubte, sie wären komplizierte Wahrheiten. Er hatte recht. Aber auch eine Distanz von zehn Jahren. Er dachte und empfand gewissermaßen historisch.

Vielleicht hing diese seine Unfähigkeit, in einem banalen Sinn »aufrichtig« zu sein, mit jener anderen durch so viel Kunstverständnis herangezüchteten Unfähigkeit zusammen, Menschen, Situationen und Landschaften unmittelbar zu sehen, das heißt: ohne Assoziationen an ihm bekannte Werke der bildenden Kunst. Mein Gastfreund war nicht imstande, eine Wiese, einen Waldrand, eine Kuh, eine Hügelkette, eine Physiognomie, ein helles Frauenbild, eine sonnige oder verregnete Straße zu sehen, ohne sich an berühmte Bilder zu erinnern, welche die gleichen Gegenstände behandelten. Und seine Erinnerung war so stark, daß sie den momentanen Eindruck verdrängte und dessen Stelle einnahm. So, daß mein Gastfreund, ähnlich gewissen Farbenblinden, die niemals Grün sehen können, ebenfalls kein echtes Grün sehen konnte, sondern nur gemaltes. Aber er sah auch anderes nicht. Er sah statt eines wirklichen Menschen zuerst den irgendwo porträtierten, hierauf die Differenz zwischen dem Porträt und dem lebendigen Gesicht und ganz zuletzt erst dieses.

Es war ein wenig umständlich, sein Gast zu sein. In seinen schönen Augen, deren Farbe wechselte, glänzte die Lüge, wie sonst nur die Wahrheit glänzen soll. Aus einem ästhetischen Behagen an seiner erlogenen Gastfreundschaft blieb ich sein Gast. Ich gestattete seiner Behutsamkeit zwar, mir weh zu tun. Aber ich erfüllte seine gleichgültigsten Bitten.

Ich begleitete ihn sogar in Kunstausstellungen, sah gleichgültig oder mit einem gewissen Schauder die numerierten bunten Leichen, die man aus den Ateliers exhumiert und an die Wände gehängt hatte, roch den frischen Lack, suchte vergeblich nach einem Aschenbecher und mußte die Zigarette am Absatz auslöschen und den Stummel in die Tasche legen. »Sie müssen« – erklärte er mir eines Tages – »unbedingt ins L.-Museum! Im dritten Saal oben, links vom Eingang, hängt ein neuer M. Es stellt ein Segelschiff und eine Brücke dar. Beachten Sie, wie herrlich das Wasser ist. Es fließt!« Zweimal hintereinander fragte er mich, ob ich schon im L.-Museum gewesen sei. Ihm lag sicherlich gar nichts an meinem Kunstgenuß. Aber mich irritierte sein geheucheltes Interesse ebensosehr, wie es mich rührte. Und ich begab mich ins Museum.

Es war ein Vormittag im Frühling. Das Museum lag, wie die meisten Kulturinstitute dieser Stadt, in der Nähe eines Gartens, einer Brücke, eines Flusses. Obwohl das Wasser vom Grün der Bäume ziemlich entfernt war, schien es doch, dank einer merkwürdigen Übertragung durch die Luft, die rauschende Stille des Gartens widerzuspiegeln. Über dem Fluß wölbte sich schön und stark die alte Brücke. Es war, als hätte sie nicht die Aufgabe, Gefährte und Passagiere über das Wasser zu tragen, sondern dieses vor Gefährten und Passagieren zu bewahren, damit es ungestört weiterfließe. Ihr wohltätiger Schatten lag wie eine zweite tiefere und flache Brücke hart auf dem Fluß. Im Garten sangen frühlingsmäßig die Vögel. Nun fehlte allerdings noch ein Segelschiff. Aber ein solches befand sich auf dem Bild im dritten Saal links oben.

Das Museum war monumental, steinern, kalt, und ihm entströmte, als wäre es nicht der Sitz der Kunst, sondern die Höhle der Winde, ein frostiger Atem, der die ganze Straße erfüllte. Die Vorstellung, daß ich jetzt den Gesang der Vögel, den Garten, die Sonne, den Fluß und die Brücke verlassen müßte, um im dritten Saal links oben ein Segelschiff zu sehen, erfüllte mich mit jenem Grauen, das ich vor langen Jahren auf einem Gang zur Schule an schönen Frühlingstagen gefühlt hatte und das ich noch manchmal träume. Aus dem großen gewölbten Eingang über der steinernen Treppe kam eine kalte schwarzbraune Finsternis, die so unermeßlich war, daß selbst dieses große Tor nicht genügt haben konnte, um sie in das Museum durchzulassen. Nein! Die Finsternis war zuerst dagewesen und rings um sie hatte man das Museum gebaut. Oben, in den Sälen, schien vielleicht wieder die Sonne. Aber es war gewiß eine künstliche, durch gelbe Vorhänge filtrierte, den Bedürfnissen der Bilder angepaßte. Denn die Bilder bedürfen einer steten Ergänzung durch Licht und Dämmer, sie sind nicht fertig, wenn sie gemalt sind, sondern erst, nachdem man sie aufgehängt hat. Sie müßten, dachte ich, in einer Kirche hängen und einen direkten Zweck erfüllen. Die Phantasie, derer die Andacht manchmal bedarf, anregen und nähren. In diesem Museum aber hingen sie, als wären sie selbst Götter und das Museum ihre Kirche. Und ich hatte nicht das Bedürfnis, zu beten.

Schließlich näherte sich ein junges Ehepaar, kunstbeflissen und mit einem Baedecker. Sie waren vielleicht auf der Hochzeitsreise, in den sogenannten »Flitterwochen«, die eigentlich: Museums-Wochen heißen sollten. Und als hätte mich die Sicherheit, daß diese jungen Leute das Segelschiff im dritten Saal links oben bemerken würden, von der Pflicht befreit, es selbst anzuschauen, entfernte ich mich mit einem schnellen gewissenlosen Schritte und blieb mit der ganzen Seligkeit, etwas Verbotenes zu tun, im grünen Garten.

Den Gastfreund und die Stadt verließ ich noch am selben Tage. Ich hätte seiner falschen Trauer über meine Uninteressiertheit schwerlich standgehalten. Er ist so rührend, wenn er lügt.

Dem Beobachter kann der weitverbreitete Irrtum nicht entgangen sein, daß man »alles rasch lernen könne«. Von allen Büchern didaktischer Natur dürften jene den größten Erfolg haben, die sich bemühen (oder sich zu bemühen vorgeben), auf eine schnelle und leichte Weise (manchmal auch »handlich« genannt) dem Leser beizubringen, was ihm Gott nicht mitgegeben zu haben scheint. Diese Bücher haben die Attraktionsfähigkeit der Zauberkünstler. Sie versprechen Zauberhaftes. Sie schmeicheln jener menschlichen Eigenschaft, die nach der Dummheit am weitesten verbreitet ist: der Neigung, möglichst »schnell fertig« zu werden, und der natürlichen Furcht vor den Komplikationen, die sich nicht aus dem Gegenstand selbst ergeben, sondern aus der Zeit, die er in Anspruch nimmt. Man hat im allgemeinen mehr Angst vor dem »Dauernden« als vor dem Schwierigen. »In 6 Lektionen Englisch, Stenographie, doppelte Buchhaltung, Hypnose, Somnambulismus, Astrologie.« Nahrung für die Instinkte des Halbgebildeten, der ewig glaubt, die sogenannte »Beherrschung« eines »Gebiets«, einer Sprache, einer Wissenschaft mache das »Geheimnis des Erfolgs«. In der steten Angst, niemals mehr jene »gute Kinderstube« »verraten« zu können, die nach allem, was man so von der »großen Welt« sieht und hört, die anderen erfolgreich in der Liebe wie im Berufsleben machen soll, wankt der kleine Mann von einem Schaufenster einer Buchhandlung zum anderen und weiß nicht, was früher kaufen: »Das taktvolle Benehmen« oder »Sprachkenntnisse sind der halbe Erfolg«. Es gibt eine unübersehbare Zahl von Büchern, die ein »gutes Benehmen« lehren wollen. Sie sind die hastige Lektüre des sogenannten »kleinen Mannes«. Sie erklären ihm nicht, daß sein »schlechtes Benehmen« die Folge seines furchtsamen Respekts vor dem sogenannten »guten« ist. Sie befreien ihn nicht von der Unsicherheit, die ihn beim Anblick seines Vorgesetzten ergreift, beim Eintritt in das geräumige Zimmer eines Wohlhabenden, bei der Begegnung mit den tausend Symptomen des Luxus, des Reichtums, der Macht. Statt daß man ihm sagte: seine Unsicherheit käme vor allem aus seiner materiellen Abhängigkeit; diese sei wenigstens vorläufig die Bedingung seiner Existenz; aber keineswegs die der privaten Abhängigkeit vom »Herrn Chef«; statt ihm also – soweit seine private Natur es gestattet – von seiner privaten Feigheit zu befreien: schreiben ihm diese Bücher ein gesellschaftliches Dienstreglement vor, das er nur zu befolgen brauche, um sich nicht im geringsten vom »freien Mann« zu unterscheiden. Man gestatte einen gewissen Grad von Ernst in der Behandlung dieser Bücher. Sie gehören zu den Instrumenten der bitteren Weltordnung. Sie lehren einer Unzahl von kleinen Menschen einen falschen »Anstand« und vergrößern und verbreiten trotz ihrer Lächerlichkeit die Humorlosigkeit dieser pathetisch gewordenen Welt. Sie erzeugen eine Art von gesellschaftlichem Militarismus, Salon-Militarismus, indem sie genaue Regeln vorschreiben, die erstens: nicht zum Ziele führen und zweitens: gar nicht nötig sind. Statt den Menschen zu lösen (erlösen), zwängen sie ihn ein. Statt seine Persönlichkeit hervorzulocken aus dem armseligen Habitus, den ihr die untergeordnete soziale Stellung verliehen hat, beschreiben sie die Tischordnung der »guten Häuser«. Aus all dem, was dem »kleinen Mann« zu den billigen Filmen und Romanen lockt, die in »höheren Sphären« spielen, machen sie einen Extrakt in Form eines Reglements. Was dort »abzugucken« ist, ist hier zu befolgen.

Lillian Eichler veröffentlicht im Verlag Dieck und Co. in Stuttgart ein Buch mit dem Titel »So oder so?« Fingerzeige für gesellschaftlichen Erfolg. Mit 65 Vollbildern (Beispiele und Gegenbeispiele) gezeichnet von H. Boht, dazu etwa »100 Fragen und Antworten.« Wer am ersten »So« noch nichts erkannt hat, der ahnt vielleicht bei dem Wort »Vollbilder«, welcher Art die Sprache ist, in der die Fingerzeige ausgeführt werden. In der Anmerkung: »Für jede Leserin und jeden Leser« heißt es unter anderem: »Sie müssen die erklärenden Worte *dazu* lesen, sich in die Zeichnungen mit *dazu*gehörigem Text *vertiefen* und *dann* mit ihren persönlichen *Problemen* vergleichen.« (Für die Sperrungen verantwortlich ist der Schreiber dieser Zeilen.) Kein Zweifel mehr. Wir wissen, was wir zu tun haben. Zwar fällt mir beim ersten Bild kein persönliches dazugehöriges Problem ein. Ich will es dennoch erwähnen. Es heißt: »Im Restaurant«. Dame und Herr am Tisch, Kellner mit Block, Bleistift, Serviette. Der Text ordnet an: »Der Herr hält die Speisekarte in der rechten Hand und schlägt der Dame verschiedene Gerichte vor.« »... immer bestellt der Herr für beide Teile.« »Merken Sie sich das und handeln Sie danach.« (Es wird schon streng.) »Trotzdem ist es absolut korrekt, daß die Dame sich in die Speisekarte vertieft.« (Also doch!)

»Empfang der Gäste.« Es handelt sich um das Problem, wer öffnen soll. »Sind keine Dienstboten im Hause, so ist es die Pflicht der Hausfrau – falls sie eine erwachsene Tochter hat, ist es deren Aufgabe – die Tür zu öffnen.« Wenn die Hausfrau also ihre Pflicht vernachlässigt, bleiben die Gäste draußen – ohne Zweifel. Wie aber, wenn sie statt einer erwachsenen Tochter einen erwachsenen Sohn hat? Ich bin überzeugt, daß so was vorkommt. Wie ist dann das Problem zu lösen?

Und so fort. Im Abschnitt »Der Gast«: »Tischgespräche sollen leicht und fesselnd sein.« Im Kapitel »Mauerblümchen«: »Die reizvollste Frau verliert ihren Scharm (nicht ›Charme‹), wenn sie – – scheu und trübsinnig ist.« Der Abschnitt »Das Hotelbureau« aber enthält die trefflichste aller Beobachtungen: »Selten betritt eine Dame mit einem Herrn, der nicht ihr Mann ist, das Hotel.« Wenn irgendwo von

Problemen die Rede sein soll, dann hier! Aber nein! Nicht genug davon, daß es ihr Mann ist, »steht sie«, während er den »Namen einträgt«, »ein wenig links von ihm«. Ganz richtig! Denn wenn so ein Herr beim Schreiben mit der Rechten ausholt und sie steht ein wenig rechts, dann weiß man nicht mehr, ob so oder so.

»Die Bibliothek soll den Gästen zur Verfügung stehn.« »Zieht sich die junge Dame jedoch während des Sitzens an, so muß ihr Begleiter aufspringen und ihr helfen.« »Rauchen für Damen ist modern und paßt zur neuen Sachlichkeit –« da haben wir sie ja! »Sie sind doch gewiß eitel, denn sonst wären Sie ja keine Frau.« »Schick es sich, einem guten Freunde seine (wessen?) Photographie zu schenken?« – Antwort: »Warum nicht?...« »Darf eine Dame im Restaurant ihrem Begleiter in den Mantel helfen?« Antwort: »Es würde lächerlich und ungebildet aussehen, wenn ...« »Darf man Würfelzucker mit den Fingern nehmen? ...« (Die Antwort lassen wir diesmal weg.)

## *Die k. und k. Veteranen*

In der kleinen, mährischen Provinzstadt, in der ich zwei Jahre zubrachte, waren die Veteranen lebhafter und bedeutender als die städtische Feuerwehr und an Glanz, den sie zu entfalten verstanden, dem richtigen Militär beinahe überlegen. Infolge der Veteranen gewinnen die zwei Jahre einen immer größeren Raum in meiner Erinnerung, sie verdrängen oder verschlingen die benachbarten Zeitgebiete meiner Kindheit, und sie erwachsen allmählich zu der Bedeutung einer jener zeitlichen Abschnitte, die man in den Lehrbüchern der menschlichen Geschichte Epochen zu nennen liebt. Diesen epochalen Charakter der Veteranen unterstützt die historische Tatsache, daß sie verschwunden sind, endgültig verschwunden, wie nur die Kindheit selbst entschwinden kann und wie das Reich der Habsburger, dessen Tod noch wunderbarer war als sein Leben. Denn es versank im Meer der Zeiten, das große Reich mit seiner gesamten bewaffneten Macht und seinen Militärvereinen, zu denen die Veteranen gehörten, trotz dem Aspekt der Unsterblichkeit, so vollkommen, so für immer, wie die armselige mit dem Imperium nicht zu vergleichende Kindheit eines Untertanen. Aber in der Erinnerung, in der das Große klein und das Geringe mächtig werden kann, identifiziert sich der kleine Teil einer Kindheit mit einem kolossalen Reich, und ein Verein von Veteranen versammelt in sich die ganze sonnenkräftige Symbolik des Imperiums. Den schillernden Busch aus Hahnenfedern, den die wehrhaften Männer über die Ränder ihrer steifen, runden, schwarzen Hüte wehen ließen und der, wenn ein Sonnenstrahl ihn traf, alle Spektren des Regenbogens aus dem satten und produktiven Schwarz gebar, bewegt heute nichts anderes mehr, nichts Geringeres als ein historischer Atem, der ewige Wind, der über die Schicksale dieser Erde weht. Damals war es nur ein sommerliches Lüftchen.

Man darf sich die Veteranen nicht, wie man es gewohnt ist, als alte Männer vorstellen. Immer noch rüstige Greise zwar, die aber ihre Jugend nur einigemal im Jahr zu besonderen Gelegenheiten mit den Uniformen anziehen. Keineswegs! Meine Veteranen standen – fast hätte ich gesagt: zeit ihres Lebens – im besten Alter und gingen an den gewöhnlichen Tagen gesund und munter ihren Berufen nach. Die meisten waren Handwerker – und unter den Handwerkern wieder die meisten Schuster. Ja, es schien ein besonderer Zusammenhang zwischen der sprichwörtlichen Biederkeit dieses Handwerks und der kaisertreuen Gesinnung zu bestehen, die erste und wichtigste Voraussetzung für das Leben eines Veteranen. Einen Schneider gab es ebenfalls unter ihnen.

Der aber war von so mächtiger Statur, hatte dermaßen sichtlich bei den Dragonern gedient und so wenig natürliche Beziehungen zu seinem Handwerk, daß er fast nicht als ein Schneider angesehen werden konnte. Es schien, daß er seinen Beruf nur deshalb ausübte, weil es nicht anging, alle Tage Veteran zu sein. Und waren die anderen nebenbei Veteranen, so war der Schneider nur nebenbei Schneider. Bemerkenswert neben ihm war nur noch der Obmann und Kassier, der Schornsteinfeger; und zwar deshalb, weil er niemals in die Lage kam, Zivil zu tragen, sondern sein berufliches Schwarz mit seinem feiertäglichen und freiwilligen überraschend schnell abwechselte; und weil der Kontrast zwischen seinem rußigen Angesicht am Mittwoch und seinem rosigen am Sonntag die ganze, große, wunderbare Verwandlungsfähigkeit eines echten Veteranen auf die verblüffendste Weise demonstrierte.

Sagte ich oben, daß die meisten nur nebenbei Veteranen waren? Nun bedauere ich diese Wendung. Denn das Besondere meiner Veteranen macht eben der Umstand aus, daß sie niemals aufhörten, welche zu sein. In dieser Stadt, die etwa zwanzigtausend Einwohner zählte, waren sie nicht mehr als sechzig Männer. Und dennoch brachten sie mehr Bewegung in die Straßen als das ganze Regiment der Landwehr. Denn vielleicht, ja: wahrscheinlich in der ewigen Sorge, die aktiven Soldaten könnten sich für militärischer halten, waren unsere Veteranen bestrebt, als einzige Muster soldatischer Tugenden zu gelten und alle Welt vergessen zu lassen, daß sie keine militärische Formation bildeten, sondern nur einen militärischen Verein; daß sie kein Dienstreglement hatten, sondern nur Statuten; und daß ihr Kommandant kein Befehlshaber war, sondern nur ein Präsident. Also verwandelten sie die ursprüngliche Gleichgültigkeit der öffentlichen Meinung in staunende Bewunderung und jede Neigung zum Spott, die etwa bestanden haben mochte, erstickten sie im Keime. Ja, hätte es in ihrer Macht gelegen, einen Krieg mit einem Feind der Monarchie heraufzubeschwören, sie hätten keinen Augenblick gezögert. Denn alle Feste, die sie veranstalteten, trugen einen deutlichen kriegerischen Charakter und alle Turnübungen, denen sie sich hingaben, waren nicht etwa zivilistische, hygienische Torheiten, sondern ernste Vorbereitungen für ernste Fälle.

Ihr Befehlshaber war ein Apotheker, Leutnant in der Reserve, aber Oberst als Veteran. Das gab seinem Wesen etwas Zwiespältiges und der Anzahl seiner Jahre etwas Schwankendes. Und nicht ganz klar war die Rolle, die er an Kaisers Geburtstag spielte. Schrieb ihm die militärische Sitte vor, sich am achtzehnten August vormittags um zehn Uhr beim Garnisonskommandanten als Leutnant zu melden, so verpflichtete ihn sein Ehrenamt, vor demselben Garnisonskommandanten mit seinen sechzig Veteranen schon um elf Uhr des gleichen Vormittags im Kasernenhof Aufstellung zu nehmen. War er noch um zehn Uhr verhältnismäßig jugendlich, mit einem einzigen goldenen Stern am Kragen, in einem himmelblauen Paraderock und in schwarzen Hosen mit grünen Passepoils hinter dem großen, rostbraunen Tor der Kaserne verschwunden, so trat er mit gezogenem Säbel, mit einem wuchtigen goldenen Kragen, eine breite schwarzgelbe Schärpe quer um den Leib, in einem schwarzen Anzug mit dunkelroten Säumen, einem schweren Paradehut mit grünen wehenden Federn gegen ein Uhr nachmittags an der Spitze seines Zuges aus der Kaserne, alt geworden und kaum zu erkennen. Die Hauptleute und die Majore selbst grüßten ihn nunmehr zuerst. Privat mochten sie über ihn und seine Truppe denken, wie sie wollten. Am achtzehnten August bemühten sie sich, das private Denken womöglich auszuschalten. Und übrigens war es selbst für einen alten Militär unmöglich, der suggestiven Kraft zu widerstehen, die von dem Federbusch und der Uniform des Apothekers ausging. Vielleicht hätte sogar ein General an sich halten müssen, um ihn nicht zuerst zu grüßen. Auch in allen Zivilisten regte sich die Lust, sich unvermittelt in die Befehlsgewalt des Apothekers zu begeben. Der blanke Säbel, mit dem er die zahllosen Grüße erwiderte, war ein einziger lebendiger Strahl in seiner Hand, ein weißer Blitz, eine stählerne Schlange, ein silberner Sieg. Die schwarzgelbe Schärpe leitete zu den großen, dichten, golddurchstickten Fransen der Feldbinde über, die wie eine besondere Gnade der Hüften war, entsprechend den zahlreichen Orden, den Gnaden der Brust. In den schwarzen Spiegeln der Lackstiefel fingen sich das Blau des Himmels, das zerflatternde Weiß der spätsommerlichen Wölkchen, das wehende Grün der Promenadenbäume, von Zeit zu Zeit durchzuckt vom silbernen Gruß des Säbels. Leer und weiß und sonngetränkt waren die Steine der Straße. In den Seitengassen hielten stumm die Gefährte ihre Räder an. Weit vorne wirbelte der Trommler, in der Mitte schmetterten die Trompeten, hinten dröhnte die Pauke, unterbrochen und begleitet vom goldenen Irrsinn der Tschinellen. Dann war eine Weile gar nichts. Nur Mittag, weißer Stein und andächtige Leere. Und hinter diesem Raum aus Andacht und Sommer marschierte, ganz allein, der Kommandant der Veteranen. Ganz allein: denn hinter ihm war wieder ein Stück nicht ausgefüllten Sommers; gleichsam ein Stückchen Geburtstag des Kaisers, so daß der Apotheker zwischen zwei Geburtstagsteilen dahinschritt, er selbst eine Majestät und jener fernen und echten augenblicklich einziger Vertreter. Drei Schritte hinter ihm erst kam der Leutnant der Veteranen. Drei Schritte hinter dem Leutnant die erste Reihe, ein Unteroffizier an der Seite. Es fällt mir schwer, die anderen »Mannschaften« zu nennen. Denn alle hatten Grade und Sterne und Seitengewehre mit gelben Portepees und goldenen gerillten Griffen und weniger als Korporal gab es nicht, gab es überhaupt nicht.

Ich weiß nicht, wer diese Grade verlieh. In den Statuten für die kaiser-königlichen Militärvereine heißt es ausdrücklich, daß der militärische Rang, den ein Veteran besitzt, nicht dem Rang entsprechen muß, den er im Heer oder in der Landwehr einmal besessen hat. War doch der Oberst selbst in der Reserve nur ein Leutnant. Aber an diesem Tage galten die Chargen der Veteranen genau so viel wie die militärischen, wenn nicht mehr. Böswillige Märchen behaupteten, die Seitengewehre mit den goldenen Griffen steckten verlötet in den Scheiden und könnten niemals gezogen werden. Aber selbst wenn eine Vorschrift es also befohlen hätte, wer kontrollierte die Seitengewehre? Fälle von Trunksucht kamen bei uns nicht vor und die Gefahr eines »Mißbrauches« und einer »Friedensstörung« bestand überhaupt nicht. Es bestand nur – unsichtbar noch – die Gefahr jener großen Friedensstörung, die einige Jahre später ein Weltkrieg wurde.

Aber indessen war Frieden. So satt und so tief, wie nur der Friede aus dem Anfang des zwanzigsten Jahrhunderts sein konnte, der friedlichste aller Frieden der menschlichen Geschichte. (Denn die anderen haben wir nicht gekannt). Die Sommer waren wie die Reservoire des Friedens, grün, heiß und unerschöpflich. Und der Krieg, weit entfernt von jener feldgrauen Realität, die wir später kennen lernten, trug noch den phantastischen grünen Reiherbusch des Veteranenobersten. Ja, dessen kriegerische Truppe erscheint mir heute als eine Waffengattung, begründet zu dem Zweck, den Frieden zu erhalten, damit in ihm der Krieg repräsentiert werden könne. Ihre kriegerische Lust war eine Ausgeburt des Friedens und mündete in willkürliche, ohne besondere Veranlassung veranstaltete Feste, Sonntagsfeste, denen oft ein bedauerlicher Regen ein Ende machte.

Denn der Verein der Veteranen brauchte Geld und daran konnte man eigentlich am deutlichsten sehen, daß er keine militärische Formation war. Die Mannschaft bekam keine

Löhnung. Jeden zweiten Sonntag im Sommer zogen sie also Stacheldrähte um ein Viereck im Wald, ließen drei Eingänge offen und verkauften Eintrittskarten. In der Mitte des Vierecks stellten sie einen luftigen Musikpavillon auf, neben dem Pavillon ein Glücksrad, neben dem Glücksrad einen Mast, an dessen Spitze eine Wurst hing. Es gab junge Leute, die den Mast erkletterten und die Wurst gewannen. Unaufhörlich schmetterte die Musik aus dem Pavillon Märsche in die Natur. Ja, sie ließ nicht ab von ihren Instrumenten, selbst wenn sich die ersten Windstöße erhoben, die das Gewitter ankündigten, der Wald sich zu verfinstern begann, weit hinter den Stämmen ein Donner gröhlte und die ersten Tropfen schwer auf die weißen Sommerkleider der Mädchen fielen. Bis zum letzten Augenblick saß die Musik der Veteranen in ihrem Pavillon und spielte – einer Schiffskapelle ähnlich, die bei einer Katastrophe unermüdlich weitermusiziert, bis sie untergeht, samt Trommel, Baß und Klarinette.

In der Vorbereitung dieser Feste bestand die Tätigkeit der Veteranen während des ganzen Sommers. Jeden Abend versammelte sich die Musik im Vereinshaus, um zu üben. Und obwohl immer die gleichen traditionellen Märsche gespielt wurden, war es, als könnten sie niemals bis zur letzten endgültigen Vollkommenheit gebracht werden; und obwohl niemand von den Zuhörern etwas an der Kunst der Musiker auszusetzen hatte, übte jeder von ihnen an sich selbst die strengste Kritik und am meisten mit sich unzufrieden schien der Hornist zu sein. Denn er war es, der immer wieder ansetzte, um dieselbe Passage vollendet zu blasen – während die andern, die Flöten, die Geigen, das Cello bereits den Schlußtakten des Marsches entgegeneilten. Er blies für sich. Als könnten ihn die anderen nicht hören. In der linden Luft der goldenen Sommerabende blieb so ein Versuchston des Hornisten hängen, unvollendet, einsam, sehnsüchtig, mit einem verkrüppelten Echo in den Wolken. Noch einmal setzte der

Hornist an. Schließlich kam er bis zu einem ganz unüberwindlichen Widerstand, und sein dünner, scharfer Ton zerbrach, wie eine Klinge an einer steinernen Mauer. Er übte länger als die anderen, bis zehn Uhr abends. Aber am nächsten Tag, wenn er mit der Kapelle ausrückte, gelang ihm die ganze Passage, um die er so lange gekämpft hatte. Es schien, daß sein Horn ein Marschinstrument sein wollte, nichts anderes. Marschierte der Hornist, so gehorchte es. Saß er auf einem Fleck, so sträubte es sich.

Um dieselbe Zeit turnten und exerzierten die anderen Veteranen im Hof, und man hörte mitten durch die Pausen der Musik die scharfen Kommandos des Leutnants. Denn der Oberst kümmerte sich nicht um die Exerzierübungen. Unter seiner Patronanz, aber in seiner Abwesenheit florierte die Truppe der Veteranen. Zwar genoß er die Ehre, sie zu befehligen. Aber das Üben entsprach wahrscheinlich nicht seiner sozialen Stellung. Auf anderen Gebieten lagen seine Verdienste. Schon trug er den Titel eines kaiserlichen Rats. Langsam und fast bescheiden promenierte er auf dem Korso dahin, einen weizengelben Girardi mittels eines dünnen Bändchens mit dem obersten Rockknopf verbunden, an einem andern, ebenso dünnen Bändchen ein baumelndes Monokel, ein helles Rohrstäbchen mit silbernem Knopf in der Hand. Und kein Fremder, der ihn so erblickte, hätte wissen können, daß dieser friedliche Spaziergänger eine kleine aber mutige Schar befehligte.

Nur Seine k. und k. Apostolische Majestät, der alte Kaiser Franz Joseph, wußte es wahrscheinlich. Denn anlässlich seines fünfzigsten Regierungsjubiläums hatte er ein Huldigungsschreiben unserer Veteranen erhalten und beantwortet – huldvoll und sehr gleichgültig, wie es einmal die große Kunst der echten Kaiser war.

## *Ein Wiedersehen*

Unter den Gesichtern der Spaziergänger, die auf dem abendlichen Korso langsam und unaufhörlich an meinem Blick vorbeigezogen wurden, gewahrte ich eines, das mir vertraut vorkam, obwohl ich es nicht zu kennen glaubte. Es schien das erste Stadium der Beziehung zu mir gewissermaßen vernachlässigt zu haben, um unmittelbar in ein zweites zu geraten, und sich früher meinem Herzen aufzudrängen, als meinem Bewußtsein. Das Angesicht war sofort per Du mit meinem Auge. Dieser Umstand verstimmte mich. Das Angesicht lächelte unbeirrt weiter, nachsichtig, freundlich, ja herzlich vielleicht. Schließlich löste es sich aus der Reihe der anderen Gesichter, für einen Augenblick entstand eine Lücke, es war als hätte eine unsichtbare Hand aus dem Schaukasten eines Photographen eins der reihenweis angebrachten Porträts entfernt. Das Gesicht näherte sich mir. Es wurde getragen von einem rostbraunen, breitschultrigen Mantel, der mir beide Ärmel entgegenstreckte. Ich zweifelte nicht mehr daran, daß ich eben im Begriffe war, einen Schulkollegen zu begrüßen. – Aber welchen? …

Vor fünf Jahren konnte ich noch alle Namen in alphabetischer Reihenfolge aufzählen. Dann fingen sie an, meinem Gedächtnis zu entfallen, einer nach dem andern, ungefähr wie Zähne dem Kiefer. Manchmal nur tauchte ein Gesicht an die Oberfläche, manchmal ein Strumpf mit einem Loch am Knie, ein Arm, eine Hand mit abgekauten Nägeln, alles begleitet vom bläulich schimmernden Weiß der Klassenwände, dem matten Schwarz der Tafel und dem glänzenden, wenn auch rissigen Lack der Bänke. Auch die Gesichter, die Körper, die Bewegungen meiner Mitschüler fielen mir sozusagen aus. Übrig blieb ein wirrer Knäuel von Gliedmaßen, Kleidungsstücken, Nasen und Namen, die ich beliebig zu neuen Persönlichkeiten hätte zusammensetzen können, wenn ich nur gewollt hätte. Aber ich wollte ja gar nicht. Solange ich noch imstande war, Mitschüler zu agnoszieren, ging ich ihnen aus dem Weg. Peinlich und peinigend sogar war mir das Bewußtsein, daß ich für ewig verurteilt war, die allerdings harmlosen Konsequenzen einer allerdings harmlosen Vergangenheit zu tragen. Nein, nicht einmal zu tragen! Die Gewohnheit hätte es mir ja leichter gemacht! Aber ich war verurteilt, ihnen ohne meinen Willen unversehens in die Arme zu laufen und also jederzeit ausgeliefert dem Überfall einer Reminiszenz.

Nur konnte ich, wie gesagt, damals gelegentlich noch der und jener vorbeugen. Diesmal aber kam die Erinnerung von außen an mich heran, lebendig, blutvoll, gar nicht eine Funktion meines Gehirns, sondern eine Funktion des Zufalls, und weckte in meinem Gedächtnis höchstens einen namenlosen, schwächlich konturierten, blassen Schatten, mit dem ich nichts anzufangen wußte. Und dennoch, als wäre ich an diesem Abend auf nichts anderes vorbereitet gewesen, als eben auf die Begegnung mit dem Mitschüler, zwängte ich mein Gesicht in ein fremdes, etwas enges Lächeln, eines, das man zu kaufen kriegt und das eine Nummer zu klein war, und legte in meinen Mund irgendein beliebiges kostenloses: Ah! das zu meiner eigenen Verwunderung gar nicht so unpersönlich klang. Er und ich, wir schüttelten uns die Hände. Wir setzten uns an einen Tisch auf der Caféterrasse. Er begann zu erzählen und zu fragen. Er wartete meine Antwort nicht ab, er antwortete selbst. Er fragte nur, um eine Bestätigung zu erhalten, richtiger: um nicht dementiert zu werden. In einer rührenden Anhänglichkeit für mich, den Undankbaren, hatte er sich stets über mich auf dem laufenden gehalten. Er berichtete mir, was ich erlebt hatte. Nichts war ihm verborgen geblieben. Und ich wußte noch immer nicht seinen Namen …

Ich suchte in den Zügen seines Angesichts nach Anhaltspunkten, einem Namenssplitter, einem Buchstabenfetzen.

Nichts war in diesem Angesicht! Leer war es, erinnerte an ein flaches Gebäude, die Nase lag in der Mitte wie ein Säckchen, hingeworfen, etwas angeschwollen, wie mir schien. Die Lippen waren blutrot und winzig, der Mund eines kleinen süßen Mädchens, die Augen sehr hell, sehr klein, nackt, das heißt: brauenlos, zwischen Wülstchen gebettet, zwei graue Fünkchen, eingespießt in Fett. Das Haar blond, kurz geschnitten, »Bürste«. Auf der Oberfläche der Wangen ein blaßrötlicher Hauch, Widerschein des Lebens, das außerhalb der Persönlichkeit, nicht in ihr brannte. Wäre dieser Mann nicht mein Mitschüler gewesen, ich hätte mich entschlossen, ihn unsympathisch zu finden. So aber hatte er Protektion.

In der Hoffnung, ihn sympathischer zu machen, begann ich, ihn nach seinem Leben auszufragen. »Ich bin«, – sagte er mit scheinbarer Heiterkeit – »ein Durchschnittsmensch geworden.« Dies war eine Anspielung auf die Tatsache, daß ich seiner Meinung nach kein Durchschnittsmensch geworden war, und vielleicht auch ein Vorwurf, daß ich die Pflicht, es zu werden, leider versäumt hatte. »Es gibt«, sagte ich ein wenig gereizt, »überhaupt keine Durchschnittsmenschen.« Es war ein Unsinn. Er aber widersprach nicht, sondern bemerkte schlicht: »Ich bin im Bankwesen.« Den egoistischen Einfall: Bankwesen kann man brauchen, verwarf ich sofort als ungehörig. »Bist du verheiratet?« fragte ich. »Ja, seit sechs Jahren, augenblicklich Strohwitwer.« Ein Wort, das mir ebenso unangenehm ist wie »Durchschnittsmensch«. Es ließ sich aber nicht ändern. Er war Durchschnittsmensch, Strohwitwer und im Bankwesen. »Und es geht dir gut?« forschte ich weiter. »Danke, ausgezeichnet!« »Du bist zufrieden?« »Immer!« »Warst du im Krieg?« «Zwei Jahre an der Front.« »Du bist zufrieden?« wiederholte ich noch einmal. »Ja, immer«, sagte er, als wäre Zufriedenheit so etwas, wie zum Beispiel Gesundheit.

Er behauptete, bald gehen zu müssen, und entlockte mir dadurch eine Wendung, die ich nie gebrauche und nur widerwillig vernehme. »Ich will dich nicht aufhalten«, erklang es plötzlich aus mir, während ich dachte: da geht er dahin, und ich weiß nicht, wie er heißt. »Gib mir deine Adresse!«, rief ich und zog ein Papier und sagte harmlos: »Am besten, du schreibst sie hier genau auf!« »Den Namen schreibe ich nicht!« frohlockte er, »den weißt du ja ohnehin!« – – und er schrieb sehr genau, mit großen runden Buchstaben, Reifen aus biegsamem Bambus: »Ludwigstraße 58, II. Stock, rechts, zweimal läuten.«

Dann ging er. Fügte sich wieder dem Strom der Passanten ein, rückte sein Gesicht zwischen die beweglichen Reihen der anderen Gesichter, winkte noch einmal mit erhobener Hand, einen Augenblick blieb auf meiner Netzhaut ein rostbrauner Schimmer von seinem Mantel, der einzige starke Eindruck von ihm. Als ich aufstand, um heimzugehen, fiel mir sein Name in den Mund, als hätte er die ganze Zeit schon über mir in der Luft geschwebt. »Eugen Kalter,« sagte ich tonlos und verlor die Adresse.

## *Die reiche Frau*

Joseph Roth hat einen neuen Roman geschrieben, er heißt »Rechts und links« und behandelt die Schicksale eines Sohnes aus reichem Hause vor, in, und nach dem Kriege. Wir entnehmen diesem außerordentlich fesselnden Buch nachstehend die Charakteristik der Mutter des Helden. Es ist allerdings die Frage, ob der arrivierende Paul Bernheim oder sein vom Stahlhelm zur demokratischen Journalistik wechselnde Bruder Theodor als Held des Romans zu bezeichnen sei, ob es nicht vielmehr der Halbjude Nikolai Brandeis ist, der zur Inflationszeit nach Berlin kommt, dort Reichtümer erwirbt, aber, seiner Genüsse überdrüssig, freiwillig verschwindet, spurlos, wie er gekommen ist. »Und also beginnt hier ein neues Kapitel«, mit diesen Worten schließt der Roman, so daß man erwarten kann, jenem Nikolai Brandeis im nächsten Werke Joseph Roths wieder zu begegnen.

Frau Bernheim hatte einen beschränkten, aber innerhalb seiner engen Grenzen sehr gut funktionierenden Verstand. Allerdings war sie oft geneigt, ihn zu überschätzen. Es kam vor, daß sie eine Meinung über einen Minister äußerte, über einen Dichter, über die Renaissance und über die Religion -- und über alles in der gleichen geringschätzenden Weise, mit der sie vom Hauspersonal zu sprechen gewohnt war. Es kam vor, daß sie mit verwöhnter Stimme eine Torheit sagte, die man gewiß sympathisch und sogar charmant gefunden hätte, wenn sie dreißig Jahre jünger gewesen wäre. Ja, es schien, daß ihr hübscher, kräftiger Mund einmal so lange alle Welt mit Dummheiten entzückt hatte, daß seine Besitzerin allmählich den Glauben gewann, es wäre charmant, sich in alles zu mischen, was sie nicht kannte. Sie vergaß, daß sie eine alte Frau geworden war. Sie vergaß es so sehr, daß immer noch, trotz ihrer ergrauenden Haare, die sie sachte nachzufärben begann, in den Augenblicken, in denen sie einen törichten Satz aufsagte, ein alter mädchenhafter Glanz in ihre schlaffgewordenen Züge kam, wie durch ihre Vergeßlichkeit heraufbeschworen, und daß man für die Dauer einer Sekunde den lieben Schatten ihrer Jugend über ihr Angesicht wehen sah. Aber der Schatten verschwand schnell und der Klang der Dummheit schwebte lange im Zimmer. Die Bestürzung der Zuhörer dauerte und wuchs noch, sobald Herr Bernheim den vergeblichen Versuch machte, die Situation durch einen geschmacklosen Witz zu retten.

Seit wie vielen Jahren geriet er immer wieder in die gleiche Verlegenheit! Er allein unter allen Anwesenden wußte, wie erschreckend der Unterschied zwischen dem naiven Wort war, daß einmal die blühenden Lippen seiner Frau geboren hatten und demselben naiven Wort, das jetzt den erblaßten entfuhr. Er erschrak und machte einen Witz, wie einer einen

Schrei ausstößt, wenn er erschrickt. Die Frau Bernheim aber wurde bei solchen Gelegenheit »indigniert«. Sie schmollte, wie sie es einst in der Jugend mit soviel Erfolg getan haben mochte, und sie erschien infolgedessen um weitere zehn Jahre gealtert. Übrigens glaubte sie, ein gutes Recht auf weise Meinungen zu haben. Sie war überzeugt, daß die »Bildung« – von der sie sehr viel hielt – nicht nur ein Vorrecht der besseren Stände wäre, sondern auch ihr Erbteil und daß es genügte, einen reichen Mann zu haben und einen Sohn, der »eine Bibliothek« besaß, um über gebildete Themen sprechen zu können. Sie war einmal hübsch gewesen und man hatte sie verwöhnt. In ihrem breiten, sauber geschnittenen Gesicht – sie hatte das gleiche Haar und die gleiche Hautfarbe wie ihr Sohn Paul – lag eine unerschütterliche Ruhe, die kalte, unzugängliche Ruhe, die an ein geschlossenes Tor erinnerte, nicht etwa an die freie eines einsamen Landes. Ihr Gesicht kannte keine Sorgenfalte, schien schon die Falten des Alters als eine Beleidigung und als fremde ungebetene Gäste zu empfinden. Ihre blanken, grauen, koketten Augen blickten werbend und feindselig zugleich. Man hätte ihren Blick für einen »königlichen« halten können – und dafür hielt sie ihn selbst –, wenn er nicht so deutlich verraten hätte, woran er sich übte: an Vorhängen, Kleidern, Ringen und Kolliers, sogenannten »Interieurs«, und an den Gegenständen des Haushalts. Ja, an den Gegenständen des Haushalts. Denn die Frau Bernheim hatte neben dem Ehrgeiz, »fürstlich« zu wohnen und eine »königliche Erscheinung« abzugeben, auch noch den, eine »bescheidene Frau« zu sein. Wenn sie vor Weihnachten überflüssige Stickereien an überflüssigen Decken anbrachte, um irgend jemanden zu »überraschen«, so war sie überzeugt, eines jener Opfer zu bringen, das die Tugend der Sparsamkeit bestätigt, und sie bereitete sich einen süßen, angenehmen Schmerz, der fast so wohl tat wie Weinen. »Sieh her, Felix«, sagte sie, »die Frau Lang macht das sicher nicht selbst.«

»Du brauchst es ja auch nicht zu tun« – erwiderte Felix.

»Wer soll's denn machen? Willst du ein Vermögen dafür zahlen?«

»Ich kann überhaupt darauf verzichten.«

»Ja, und wenn's nicht da wäre, würdest du ein Gesicht machen!« –

»Sieh lieber die Knöpfe an meinem Winterrock nach – heute ist mir einer heruntergefallen.«

»Gib ihn her!« sagte darauf die Frau Bernheim erfreut. »Auf die Lisi ist ja doch kein Verlaß! Alles, alles muß man selbst machen!«

Und mit dem heiteren Seufzer, der die Arbeit schwerer erscheinen läßt, sie kostbarer macht und das Gewissen der Arbeiterin beruhigt, begann Frau Bernheim, den Knopf zu befestigen.

»Paul schreibt mir«, begann sie auf einmal, »daß du ihm zu wenig schickst!«

»Ich weiß, was ich tu'!«

»Ja, aber du kennst nicht Oxford!«

»Du kennst es nicht besser.«

»So? Mein Vetter Fritz, war er nicht an der Sorbonne?«

»Das ist ganz was anderes, und überhaupt ist das gar nichts!«

»Aber Felix, ich bitte dich, sei nicht grob!«

Und Felix überlegte, ob er vielleicht grob gewesen war. Er schwieg. Schließlich hatte Frau Bernheim alles vergessen.

»So, jetzt sitzt der Knopf ewig!« sagte sie mit der Freude eines Kindes.

Und man ging schlafen.

Von Theodor, dem jüngeren Sohn, war selten die Rede. Da er dem Vater ähnlicher war als der Mutter – wenigstens behauptete es Frau Bernheim bei jeder Gelegenheit –, schätzte man ihm im Hause nicht als »genial«, wie seinen Bruder. Denn Frau Bernheim hielt ihren Mann für ein Glückskind. Sie traute ihm keine Kenntnisse zu und auch nicht die Fähigkeit, welche zu erwerben. Sie hatte die Geringschätzung für Geschäfte und Kaufleute, die manche Töchter gutbürgerlicher Familien in den neunziger Jahren zugleich mit ihrer Bildung mitbekamen, mit der Aussteuer, dem Klavierspielen und der Belletristik. Nach der Ansicht der Frau Bernheim rangierte etwa ein Staatsbeamter über einem Bankier, war ein Finanzmann unfähig, »Kultur« anzunehmen. Da ihr Vetter Rechtsanwalt gewesen war, blieb in ihren Augen ihre Ehe für ewige Zeiten eine Mesalliance. In jüngeren Jahren hatte sie noch hie und da daran gedacht, ihren Mann mit einem Akademiker oder einem Offizier zu betrügen, um durch einen Beischlaf mit einem gesellschaftlich Würdigeren eine Genugtuung für die Hingabe an einen gewöhnlichen Bankier zu erlangen. Wenn man hörte, wie Frau Bernheim, die natürlich ihre »Nerven« hatte, die Worte »Aber Felix!« ausrief, wie sie, wenn der Wind ein Fenster oder eine Tür zuschlug, über »dieses laute Haus« jammerte, oder wenn ihr Mann zufällig einen Stuhl umwarf, ihn »Benimm dich vorsichtiger!« sagte, so konnte man in diesen Wendungen die unermessliche Kränkung erkennen, die das Schicksal der Frau Bernheim zugefügt hatte.

Und dennoch wußte sie oft ihrem Mann einen überraschend guten Rat zu geben, geschäftliche Gefahren vorauszusehen, böse Absichten gewisser Personen zu wittern, ein hellsichtiges Mißtrauen gegen Dienstleute, Rechnungen, Lieferanten zu hegen, Ordnung im Haus zu halten, Sommerreisen zu organisieren und in Schaffnern, Seeoffizieren und Hotelpersonal einen Respekt zu erzeugen. Sie besaß einen animalischen Haus- und Familieninstinkt, er war die Quelle ihrer Vorsicht, ihrer Klugheit und auch ihrer Güte, die allerdings ihre Grenze an dem dichten Drahtgitter des Gartens fand.

Außerhalb des Gitters begann ihre Härte, ihre Unerbittlichkeit, ihre Blindheit und ihre Taubheit. Sie unterschied zwischen Armen, die auf irgendeine Weise einen Zutritt in ihr Haus bekamen, und den Bettlern, die sich nur in den Straßen aufhielten. Und sie verstand ihre Wohltätigkeit dermaßen zu organisieren, daß ihr Herz nur an bestimmten Stunden bestimmter Tage zu funktionieren brauchte. Dermaßen und in regelmäßigen Abständen Gutes zu tun, war ihr ein Bedürfnis. Erzählte man ihr aber zum Beispiel von einem Unglück, daß eine fremde Familie betroffen hatte, so galt ihr Interesse den näheren Umständen, unter denen sich jenes Unglück zugetragen hatte, ob es zum Beispiel ein Mittwoch gewesen war oder ein Donnerstag, Nacht oder Tag, die Straße oder das Zimmer. Dennoch hätte sie trotz ihrer Neugier, die Details zu erfahren, sich um keinen Preis in die Nähe des Unheils begeben. Denn sie mied Unglück und Krankheit, Friedhöfe und Kondolenzpflichten. Sie vermutete überall Ansteckungsgefahren. Wenn ihr der Mann einmal sagte: »Der Lang oder der Stauffer oder die Frau Wagram ist krank« – so erwiderte sie regelmäßig: »Geh nur nicht hin, Felix!« Jeder Fanatismus macht grausam. Auch der des Wohlergehns …

## *Die Puppen*

Die ersten aufregenden Begegnungen mit der Liebe vollzogen sich in der verflossenen Ära, in der ich noch ein Kind war, vor den Schaufenstern der Friseurläden. Hinter den Scheiben, die noch nicht so hoch und breit waren und noch nicht deren spiegelnde Kühle hatten, standen die weiblichen Wachsbüsten, umgeben von Salben, Haarwuchsmitteln und Pudermarken, deren Namen heute schon verschollen sind, kosmetische Legenden aus einer primitiven Urzeit. Die Menschen waren noch bewachsen, wie die Länder, in denen sie wohnten, blonde, braune und schwarze Wälder umwucherten die Gesichter männlichen Geschlechts. Auch das

Weibliche hatte noch seine bestimmten Merkmale und pflegte sie mit Fleiß. Der unermüdlich produktiven erotisierten Phantasie, in der schon die Wendung vom »aufgelösten Haar« oder gar der metaphorische »Haarmantel« die Vorstellung von der verborgenen Nacktheit des weiblichen Körpers weckte, verrieten die Schaufenster der Friseure bereits die gesamte schwüle Nächtlichkeit der Schlafzimmer. Blonde und schwarze Perücken von unermeßlicher Länge umwallten die weiß-rötliche sündige Unschuld der wächsernen Gesichter, Schultern und Brüste, die sich gerade an der Stelle, an der sie vielleicht aufgehört hätten, Liebe zu erzeugen, im roten, blauen oder grünen Samt der »Draperie« zu verlieren begannen. Der nicht vorhandene Rest der Weiblichkeit war also trotzdem vorhanden, denn er war geheimgehalten. Die scharfen desillusionierenden Ränder der hohlen Büsten sah man nicht mehr. Die Gesichter der Puppen unterschieden sich nicht voneinander. Es gab nur blonde und dunkle Frauen, ganz entschieden blaue und ebenso entschieden schwarze Augen, und dank einer ganz rührenden einfältigen Beobachtung der menschlichen Natur umhüllte man das Blauäugige mit blondem Haar und das Glutäugige mit dunklem. Aus Irrtum oder Vergeßlichkeit entstanden dann die aufreizenden Variationen. Es kam vor, daß blaue Augen aus Porzellan von dem Schatten einer schwarzen Perücke das dämonische Violett eines Gewitterhimmels bekamen und schwarze Augen aus der ungewohnten strahlenden Blondheit der verwechselten Haare eine sanfte, goldige Güte bezogen. Im übrigen waren alle Frauen einander gleich, Repräsentanten des weiblichen Geschlechts überhaupt, unzählige Exemplare der einen, der einzigen Gattung: der Frau, aus unserer eigenen Rippe geschaffen und seit jenem göttlichen Augenblick in unserem Herzen wohnhaft. Der kleine bepinselte Mund war rot, wie die Liebe und wie das Laster. Und die Schultern, an denen die Arme gar nicht mehr vorhanden waren, hatten die rätselhafte Fähigkeit, trotzdem selbst zu umfangen. Obwohl sie aus hartem Wachs bestanden, täuschte doch ihre Glasur eine fleischliche Weichheit vor, und die in der Draperie verlorene Brust schien sich, je länger man sie suchte, um so deutlicher zu heben und zu senken. Der lebende Atem der starren Puppe belebte das ganze Schaufenster und bewegte die ruhige Draperie. Die Haare waren nicht bereits gewellt, sie wellten sich soeben. Die ständig offenen Augen schienen sich gerade geöffnet zu haben. Sie waren nicht einfache offene Augen. Sie waren ein verewigter süßer Augenaufschlag. Diese Puppen sind leider längst verloren gegangen. Die Zeit allein hätte ihnen nichts anhaben können, denn Wachs ist ein haltbares Material und ihre Schönheit und Jugend waren ebenfalls aus einer jener dauerhaften Substanzen, aus denen einst die Göttinnen die ihrige hatten anfertigen lassen. Aber sozusagen dem Zahn der Mode konnten die Puppen nicht widerstehen. Und sie gingen dahin, sie zerschellten mit dem billigen dürren Krachen poröser Wachsschalen, man zerbrach sie, obwohl es pietätvoll gewesen wäre, sie umzuschmelzen, und als Kerze für das Seelenheil der verlorenen Schönheit verbrennen zu lassen. Der verlorenen Schönheit! Denn die Puppen dieser Zeit, die ich manchmal in den nächtlich einsamen Straßen betrachte, scheinen zwar viel differenzierter zu sein, bemühen sich auch, zu verführen, bestehen nicht mehr aus Büsten allein, sondern aus sämtlichen anatomischen Notwendigkeiten und dennoch sind sie nicht mehr schön. Der Realismus meiner bescheidenen Wachsbüsten war gelungen – unbeholfen. Sie stellten nicht einen Typus Frau dar, sondern eher eine Forderung nach der Frau; und obwohl sie zu Tausenden und aber Tausenden aus unwandelbaren Formgefäßen herkamen, war jede neu für sich und schön für uns. Sie waren der kosmetische Mythus von der Frau. Als aber der Realismus der Konfektion, der Hygiene und der Haarkünstler anfing, lebenswahr-typisierte Puppen auszustellen, wurde der Mythos abgelöst von der nachkontrollierbaren Wirklichkeit, die übrigens inzwischen immer leichter kontrollierbar wurde. Auch das Material änderte sich. Man gebrauchte nicht mehr Wachs, sondern Holz, das versilberte, vernickelte und vergoldete Angesichter trägt. Schultern aus Platin, Waden aus Kunstseide. Ein Hochmut aus nichtrostendem Stahl, eine »Nirosta«-Arroganz ist eingegraben mitten in die sachliche Intelligenz dieser Physiognomien, die gewiß von der Kenntnis der Automobilmarken und des Sportbetriebs gebildet wurden. Sehr selbstbewußt, siegreich, hart wie diese Zeit, stehen sie, die ihre eigentlichen Geschöpfe sind, in den Schaufenstern. Ihre verführerische und gleichzeitig abwehrende Haltung, ihre ganze gepanzerte Sinnlichkeit ergibt eine mißlungene Mischung aus Luxusgeschöpf und parlamentarischer Amazone, eine Mischung, die im gleichen Maße die Realität von heute kopiert, wie meine lieben alten Wachsbüsten die Realität von gestern übertrafen. Ja, die Puppen kopierten die Wirklichkeit nicht nur, sie scheinen sie der Straße, dem Leben der Gesellschaft zu entziehen. Sie saugen Leben auf. In der Nacht, wenn die originellen Mischungen längst in den Betten liegen dürften, wachsen die nachgemachten so lebendig hinter den Spiegelscheiben, daß ich an der Existenz jener zu zweifeln beginne. Es ist, als ob die Damen nicht in ihren rotlackierten Automobilchen nach Hause gefahren, sondern in die Schaufenster eingekehrt wären, um hier ihre verchromte Schönheit zu publizieren. Ihre Gestalt verschwindet nicht mehr in der Draperie, sondern umhüllt sich mit ihr oder enthüllt sich aus ihr. Aber selbst wenn sie den Versuch machten, ihre Körper zu verbergen, um das kleine rote Flämmchen in unserer Phantasie zu entzünden – – es hülfe ihnen nicht. Denn schon in ihren Gesichtern steht geschrieben, daß sie gestählte Herzmuskeln haben und Beine aus jenem Nitroglyzerin, aus dem die Kunstseide erzeugt wird – – und das Giftgas …

## *Die Staatenlosen*

Selten erhebt sich eine Stimme in irgendeinem der Länder, in dem sie geduldet leben, für die »Staatenlosen«. Die Staaten, ihre Stimmen, ihre Schreiber sind mit sich selbst beschäftigt. Jener törichte Grundsatz, den sogar die Degradierung zum banalsten Sprichwort nicht umzubringen vermag, weil er der menschlichen Bequemlichkeit schmeichelt und demzufolge »jeder vor seiner Tür zu kehren hat«, gestattet zwar noch, politisch ausnutzbare Mißstände in fremden Staaten aufzudecken. Aber Staatenlose haben, wie schon ihr Name besagt, nichts mit Staaten zu tun. Ihre Lage ist politisch selten auszubeuten. Außerdem sind alle Staaten gemeinsam an den Staatenlosen schuldig. Mögen sie »vor ihren eigenen Türen kehren«. Da sie aus ihren Häusern vertrieben sind, können sie das Sprichwort nicht praktisch anwenden. Ein einziger Mann, einer jener Menschen, die man die Genies der Güte nennen muß – sie sind noch seltener als die Genies des Geistes –, hat sich eines Teils der Staatenlosen angenommen: Nansen. Er hat in der Tat ein Wunder vollbracht: mitten in einer Zeit, in der das »Personaldokument« erst die Berechtigung verlieh, eine Person zu sein, in einer Zeit, in der an neuen und alten Grenzen die neuen und alten Zollwächter ihre großen Untersuchungen feierten, in allen neuen und alten Staaten die Polizeispitzel, die Angeber, die anonymen Briefschreiber, die Gebärdenspäher und Geschichtenträger jeden Beliebigen verdächtig zu machen, die Fähigkeit hatten: mitten in dieser Zeit gelang es der humanen Gesinnung, den Staatenlosen wenigstens ein Dokument zu verschaffen, ein Dokument – welch unerhörter Fall in der Geschichte der

Menschheit – das, um ausgestellt und wirksam zu werden, keines anderen Dokuments bedurfte. Denn es ist bekannt, daß ein Dokument nur entstehen kann auf Grund eines anderen, bereits vorhandenen – und daß die Entstehung des aller-aller-ersten Dokuments ein eigenes Kapitel der Schöpfungsgeschichte beanspruchen würde. Das Merkwürdigste ereignete sich also, daß ein russischer Emigrant, dem man just das nackte Leben nicht glauben wollte, das er gerettet hatte, in einigen europäischen Staaten ein Dokument erhalten konnte. Und es gibt keine größere Ehre für Nansen, als die, daß diese schwachen und oft ohnmächtigen Dokumente »Nansen-Pässe« heißen. Solch ein Nansen-Paß ist ein provisorisches Papier. Es wird von der Behörde des Landes ausgestellt, in dem sich der Flüchtling aufhält und in dem er durch Zeugen seine angebliche Identität nachzuweisen vermocht hat. In manchen Staaten ist der Träger eines Nansen-Passes verpflichtet, sich in gewissen Zeitabständen bei der Polizei zu melden. Will ein z. B. in Berlin ansässiger Besitzer eines Nansen-Passes z. B. nach Paris fahren, so erhält er ein Visum (oder auch nicht) erst nach langem Warten. Das Konsulat allein darf nicht entscheiden, ob er fahren darf. Viele Länder verwehren den Besitzern des Nansen-Passes überhaupt den Eintritt. Die Staaten wehren sich gegen die Staatenlosen. Und es gibt ihrer so viele, daß sie, in einem Gebiet angesiedelt, einen ansehnlichen »Sukzessionsstaat« für sich selbst bilden könnten. Viele kommen aus Rußland, aus den Randstaaten, aus den Teilen der alten österreichisch-ungarischen Monarchie, aus der Türkei, aus Mazedonien, aus der Levante, aus Armenien. In Deutschland – mit welcher Genugtuung teilt man das mit – werden sie mit schonender Korrektheit behandelt. (Manche sind bei uns nach zehn Jahren – im »Polizeistaat« Staatsbürger geworden.) In den Ländern, die so stolz darauf sind, die »westliche Demokratie« gepachtet zu haben – sie entspricht oft einer kindischen Angst vor dem »Bolschewismus« – ist ein Staatenloser verdächtig, eine Gefahr für die soziale Ordnung, wenn er nicht durch Gründung eines »kaukasischen Nachtlokals« oder einer Balalaika-Truppe oder durch Kosakentänze beweist, daß er zu den Amüsierzigeunern dieser sozialen Ordnung gehören will. Ich kenne bereits den Einwand derjenigen, die prinzipiell nur vor ihrer Tür kehren: es sei kein Unglück, wenn der und jener nicht reisen könne. Er bleibe im Lande, nähre sich redlich und erfülle wenigstens so eines von den Sprichwörtern, wenn er schon mit jenem von der eigenen Tür nichts anzufangen wisse. Aber es ist ein Unglück, seiner Freizügigkeit beraubt zu sein oder – was häufiger ist und schrecklicher – aus jedem Land ausgewiesen zu werden. Die Staatenlosen vermehren sich indessen. Sie heiraten, sie zeugen neue Staatenlose. Und die Pässe hören nicht auf. Und immer noch, an jeder Grenze, zeigt man sie her. Und nur wenige Staatenlose werden legitime Staatsbürger.

## *Weihnachten in Cochinchina*

Aus dem eben im Verlag Knorr und Hirth (München) erschienenen zarten und farbenreichen Buch »Panoptikum«, das den strengen Sittenschilderer unserer Zeit in freundlich divagierendem Zustand zeigt, sehnsüchtig und manchmal auch ironisch seinen »Gestalten und Kulissen« nachhängend.

Es geschah an einem der wunderbaren Tage, die dem Anbruch der Weihnachtsferien mit angehaltenem Atem vorangingen und die ich damals den schulfreien Zeiten ebenso vorzog, wie ich heute den Tag meiner Abfahrt einer langen Reise vorziehe, daß der Herr Lehrer sagte:

»Jungens, wer fünf Pfennige hat, kommt heute nachmittag hierher in die Klasse, wir gehen ins Weltpanorama!«

Ich streckte zwei Finger in die Höhe und sagte: »Ich habe keine fünf Pfennige!«

Einen Augenblick herrschte Schweigen, wie wenn der Herr Direktor inspizieren gekommen wäre. Der Lehrer hatte sich umgewandt, den Rücken kehrte er der Klasse zu, das Angesicht der Tafel, als glaubte er, daß von ihr ein Gedanke komme, daß von ihrer matten schwarzen Fläche ein unsichtbarer Engel mit weißer Kreide einen guten Rat hinschreiben könnte. Wahrscheinlich geschah etwas Ähnliches. Denn nach ungefähr einer Minute wandte der Lehrer sein Gesicht wieder der Klasse zu und sagte zu mir, der ich immer noch stand: »Setz dich vorderhand!«

In der Pause kam der Schuldiener in den Hof und holte mich zum Herrn Direktor in die Kanzlei.

»Zeig deine schmutzigen Finger her!« schrie der Herr Direktor.

Ich hielt beide Hände in die Luft waagrecht vor mich hin.

Der Herr Direktor beugte sich wenig hinab, um sie zu betrachten. Er hatte aber nicht den goldgeränderten Zwicker angelegt, wie er es sonst zu tun pflegte, wenn er etwas ernstlich zu untersuchen entschlossen war. Ich wußte bereits, daß es sich um etwas ganz anderes handelte als um meine schmutzigen Finger.

»Du gehst heute mit ins Weltpanorama, ohne zu zahlen!« – sagte der Herr Direktor. Vielleicht hätte er mir noch etwas mitzuteilen gehabt. Aber es läutete schon. Deshalb murmelte er nur: »Geh in die Klasse!«

Ich kratzte mit einem Fuß die Diele und ging.

Am Nachmittag um drei Uhr, die Dämmerung lauerte schon an den Fenstern, brachen wir auf zum Weltpanorama.

Es lag in einer stillen, kleinen Gasse und sah von außen einem gewöhnlichen Laden ähnlich. Über der Glastür hing eine rot-weiße Fahne. Öffnete man die Tür, so erklang eine Glocke wie ein Gruß. Am Eingang saß eine Dame wie eine grauhaarige Königin und verkaufte Eintrittskarten. Drinnen war es dunkel, warm und sehr still. Sobald sich die Augen an die Dunkelheit gewöhnt hatten, erblickten sie einen Kasten, rund wie ein Karussel, hoch wie der halbe Raum, mit Gucklöchern in Manneshöhe die ganze Rundung entlang, in Abständen von etwa je zwanzig Zentimeter. Die Gucklöcher an dem Kasten leuchteten wie Katzenaugen in der Finsternis. Man ahnte, daß der Kasten innen hohl und beleuchtet war. Unten stahl sich aus seinem Innern ein schwacher geheimnisvoller Schimmer und verschwamm auf dem Fußboden. Vor jedem Guckloch-Paar stand ein runder Klaviersessel.

»Setzen!« sagte der Herr Lehrer, es klang wie in der Klasse, aber in der Finsternis war es kein Befehl, sondern nur eine Art milder Einladung. Wir rückten mit den Stühlen, ich saß, weil ich zu klein war, nicht ganz, sondern hatte den runden Sessel gleichsam halb gelüftet und preßte meine Nase gegen die Wand des Kastens, meine Augen gegen die Gucklöcher, die von Metall umrahmt waren.

Drinnen erschienen Bilder aus Cochinchina. Der Himmel war blau, unendlich, strahlend. Es war jene Art von sommerlichem Blau, das so aussieht, als hätte es in sich eine Menge Sonnengold verschluckt, verwischt, zerrieben und in noch mehr Blau verwandelt. Man hatte die Empfindung, daß dieser blaue Himmel strahlen müßte, auch wenn er keine Sonne zu tragen hätte. Aber zum Überfluß schien auch noch die Sonne. Nach dem zweiten Bild wußte ich nicht mehr, daß draußen Dezember war und Regen in gasförmigem Aggregatzustand in der Luft. Die Sonne rann aus dem Kasten durch die Augen ins Herz und gleichzeitig in die Welt. Unbeweglich wie eine Art Naturtürme ragten riesenhohe Palmen und warfen einen kurzen, mittäglichen Schatten, der sich scharf und schwarz auf dem gelben Boden abzeichnete. Weiße Männer in Tropenhelmen standen da wie eingeklebt, mitten im Gehen aufgehalten, ein Fuß schwebte immer noch in der Luft – und man glaubte, er werde die Erde berühren, sobald das nächste Bild erschienen wäre. Man sah halbnackte Eingeborenenfrauen mit erregenden Brüsten, wie schöne bronzene Kegel, die allzuschnell verschwanden, und mit blauen Lendenschürzen, die gewiß abgefallen wären, wenn man die Bilder hätte halten können. Man sah eine Schule im Freien. Eine vollkommen zugeknöpfte Lehrerin aus Europa unterrichtete völlig nackte Kinder. Alle hielten Schiefertafeln im Schoß und saßen auf ihren eigenen Füßen. Nur die Lehrerin saß erhöht auf einem umgelegten Baum, einem Elementarkatheder. Man sah Fischer und Badende, einen Radfahrer mit einem Girardihut und eine Dame mit einem wehenden Reiseschleier, der hinter ihr weiß und waagrecht durch die Luft schwamm wie Rauch hinter dem Schornstein eines Dampfers. Sooft ein neues Bild erschien, räusperte sich etwas im Kasten, wie in alten Uhren, ehe sie schlagen. Dann erklang ein leiser, heller, lieblicher Gongschlag. Dann erfolgte eine leise Erschütterung, es bebte das Gefüge des runden Apparates, als ächzte er unter der Mühe, soviel fremde, ferne Welten heranzuholen. Immer tiefer wurde das Blau, strahlender das Weiß, goldener die Sonne, azuren wurde das Grün, aufregender die regungslosen Frauenleiber, anmutiger die nackten Kinder.

Nach einer halben Stunde wiederholte sich das erste Bild.

Da ertönte die Stimme des Lehrers wie Dezember: »Aufstehn!«

Ich trottete betäubt nach Hause. Es war, als wäre der Dezember ein Traum, der bald vorbei sein und Cochinchina die Wirklichkeit, in die ich bald erwachen müßte. So blieb es eigentlich viele Jahre lang. In mir lag Cochinchina, wie in jenem Kasten.

Vor einem Jahr, um die Weihnachtszeit, kam ich in eine kleine Stadt. In einer schmalen, engen Gasse erblickte ich ein Schild. »Weltpanorama!« stand darauf. »Cochinchina!« jubelte meine Erinnerung. Ich ging hinein – nicht mehr umsonst, es kostete fünfzig Pfennige für Erwachsene, zu denen ich merkwürdigerweise gezählt wurde. Es war fast leer. Der Kasten räusperte sich, der Gong schlug an, genau wie damals. Aber auf den Bildern war nicht mehr Cochinchina zu sehen. Man zeigte vielmehr die Schweiz. – Leider. Mitten im Winter. – Schneegipfel. – Ein Hotel mit modernem Komfort, mit einer Lesehalle. –

Ich lehnte mich zurück. Zwei Stühle von mir entfernt saß ein Herr. Er sah, wie mir schien, leidenschaftlich interessiert durch die Gucklöcher. Welch ein langweiliger Kerl! – dachte ich voller Gehässigkeit, mitten in der Weihnachtszeit.

Als ich aber wieder draußen stand, wurde ich sanft und gerecht. Vielleicht – so dachte ich – hat er in seiner Knabenzeit gerade die Schweiz sehen dürfen. – Umsonst. – Vor Weihnachten. – Und: schließlich hat jeder sein Cochinchina.

## *Die Schönheitskönigin*

Wir wissen, wie die Wahl einer Schönheitskönigin vor sich geht: das Komitee sichtet und sondert die ihm zugesandten Photographien der Bewerberinnen, trifft sodann eine engere Auswahl, hierauf eine noch engere, bis ihm schließlich nur noch eine einzige Frau gefällt. Diese wird Königin. Sie wird gefeiert, interviewt und noch einmal photographiert, als wäre jene erste Photographie, nach der sie gewählt ist, nicht mehr genügend königlich. Meist stammt sie aus einem bescheidenen, wenn auch biederen Milieu. Besonders beliebt als Väter von Königinnen sind Handwerker, weil deren Biederkeit am wenigsten in Zweifel gezogen werden kann. Die »Öffentlichkeit« (die, nebenbei gesagt, allmählich die Menschheit zu ersetzen beginnt) wird zwar nicht ohne weiteres von der schlechten Lage der »kleinen Leute« gerührt, wohl aber von der guten, in die manchmal die Kinder jener kleinen Leute geraten können. Im übrigen sind Handwerker schon deshalb rührend, weil sie fast in demselben Maße aussterben, in dem ihre Töchter nach Hollywood abwandern. Von dorther rührt nämlich überhaupt die ganze großartige Idee von den Schönheitsköniginnen (und nicht etwa, wie man glauben könnte, von der alten, schönen Sitte verschiedener Völker und Stämme). Denn es handelt sich im Ernst nicht etwa darum, die weiblichen Schönheiten bestimmter Rassen ausfindig zu machen, sondern jenen möglichst reichhaltigen »Nachwuchs«, aus dessen Mitte die populären »Diven« für den Film gewählt werden können. Und es ist in dieser Zeit, in der von Kraft und Schönheit so viel gesprochen wird, daß die Würde selbstverständlich ins Hintertreffen gerät, durchaus kein Wunder, daß die europäischen Kolonialvölker sich alle Mühe geben, den amerikanischen Kino-Khans zu zeigen, welch prächtiges Rassematerial sie zu liefern haben. Den Frauen hinwiederum, die eben erst bewiesen haben, daß sie Parlamentarier, Rechtsanwälte und Geschworene werden können, scheint es besonders wertvoll, von Zeit zu Zeit an jene alte Tradition zu erinnern, derzufolge sie meist auf öffentlichen Märkten dargeboten wurden. (Daß sie heute Schönheitsköniginnen heißen und nicht mehr Schönheitssklavinnen, ist eine Folge der veränderten sozialen Bedingungen.) Und also haben wir einen Widerspruch mehr in der Welt, die, ihr Übermaß an Widersprüchen zu kaschieren, sich in einem »Übergang« zu befinden so gerne vorgibt.

Immerhin beweisen selbst heute die europäischen Nationen, zumindest bei verschiedenen politischen Anlässen, für eine nationale Würde noch soviel Sinn, daß man sich über die einhellige Freude einigermaßen wundern darf, mit der die Wahl einer Schönheitskönigin in den Zeitungen aller politischen Richtungen behandelt zu werden pflegt. Als wäre es nur ein »gesellschaftliches Ereignis« und nicht ein grauenhaftes Symptom, daß ein beliebiges Konsortium von Konfektionären, Branche-Leuten und Mode-Feuilletonisten es unternimmt, erstens die Schönheit der Frau zu bestimmen und zu krönen; zweitens den »nationalen« Typ herauszufinden und nach Amerika zu exportieren! In der Wochenschau aller Kinos aller Länder erscheinen dann die Bilder der armen lächelnden gewählten Mädchen, die ihre Völker beschämen, indem sie sie »repräsentieren«. Und in dem neuerlich wieder mit Sachlichkeit ausgestatteten Bureau einer »fusionierten« amerikanisch-europäischen internationalen Filmgesellschaft sitzt so ein Branchekönig, ein echter, demgegenüber eine Schönheitskönigin ein Nichts ist, kneift ein Auge zu und läßt das andere flüchtig prüfend über eine ganze Kartothek nationaler Königinnen gleiten. »Wie heißt jene?« fragt er plötzlich mit ausgestrecktem Zeigefinger auf die Nummer P. II.677 deutend. »Mizzi Mooshuber!« sagt der Sekretär. (Denn die Königin ist zufällig aus Korneuburg bei Wien.) »Welch ein Name!« sagt der Direktor. »Lassen Sie sie kommen und nennen Sie sie anders!« – »Adelina Gray.« – »Meinetwegen!« – Und Adelina hat Aussichten, »gemacht zu werden«.

Nicht, daß es etwa schlimmer wäre, Filmdiva zu werden, als zum Beispiel Verkäuferin in einem Warenhaus! Beschämend ist nur dieser Mißbrauch klassischer Überlieferungen, der es einem Filmagenten ermöglicht, einen Paris zu spielen und einem kleinen Mädchen die göttliche Existenz einer Aphrodite vorzutäuschen. Beschämend ist dieser Betrieb, in dem sich die Mythologie heillos mit der Konfektion vermischt und in dem hundert Königinnen unerkannt wie Fliegen untergehen, damit eine einzige eine »passende« Rolle bekomme. Von all den Königinnen, die in den letzten drei Jahren gewählt worden sind, hat nicht der Name einer einzigen den Ruhm einiger Wochen überdauert. Und von den vielen Artikelschreibern, die nach jeder Wahl die romanhafte Bedeutung eines solch auserwählten Mädchen-Schicksals zu berichten wissen und von dem glanzvollen Aufstieg aus anonymer »Kleinstadt-Enge«, kümmert sich kein einziger mehr um das weitere Leben seines journalistischen Gegenstandes! Welche von diesen Königinnen hat schon Karriere gemacht? Blieben sie alle arme, kleine Statistinnen? Haben sie die anonyme Kleinstadtenge gegen eine anonyme Kollektiv-Existenz vertauscht? Haben sie Nebenrollen? Haben sie geheiratet? Sind sie Revue-Girls geworden? Sind sie noch schön? Leben sie in Hollywood? Sind sie zu ihren Vätern, den Handwerkern, heimgekehrt? Ach, es gibt keinen Bericht mehr über sie, untergegangen sind sie in der Menge der gleichförmigen Schönheit, die alle Nationen gleichmäßig produzieren und die nur gekrönt wird, um verwechselt zu werden …

## *Der ewige Tutankhamen*

Der 78jährige Lord Westbury hat Selbstmord begangen. Er sprang aus dem Fenster seiner Wohnung, die im siebenten Stockwerk gelegen ist. Auf seinem Schreibtisch hinterließ er einen Zettel mit den schlichten Worten: »Ich sehe Schreckgestalten. Ich halte es nicht mehr aus.«

Lord Westbury ist anscheinend das dreizehnte Opfer Tutankhamens. Denn auch er war, wie Lord Carnarvon, wie Sir Eric Reid, wie Obert Herbert, wie der ägyptische Prinz Ali Fahmy Bey und wie die anderen sieben auf eine merkwürdige, unerwartet schnelle Weise ums Leben gekommenen Menschen, an der Öffnung der ägyptischen Königsgräber beteiligt gewesen. Es ist gewiß nicht ganz ungefährlich, in der Öffentlichkeit die Frage mit Nachdruck aufzuwerfen: ob nicht vielleicht irgendein rätselhafter Zusammenhang zwischen der Öffnung der ägyptischen Gräber und dem tödlichen Schicksal ihrer Öffner besteht? Die Frage ist oft gestellt worden, aber immer mit jenem lächelnden Zweifel, der dem Fragenden selbst gestattet, seine ernste Ahnung für einen Scherz auszugeben, und in jener skeptischen Tonart, die eine Antwort von vornherein gar nicht mehr zu erwarten scheint. Es ist also einigermaßen nicht ungefährlich, den Ernst zu bewahren, die einem Zeitgenossen dieser vernünftigen Epoche übel ansteht, sobald er fragt: Ist der Tod der dreizehn in einen Zusammenhang mit der Öffnung der augenscheinlich verhängnisvollen Gräber zu bringen oder nicht?

Wenn ich die Frage dennoch mit diesem entschiedenen Ernste stelle, so überschätze ich keineswegs etwa den Mut, der zu ihr gehört. Ich erhoffe mir nur ein Echo von einer latenten Bereitschaft der Leser, einmal einer genaueren Erörterung des rätselhaften Tatbestandes zu begegnen, wenn auch nicht einer Lösung des Rätsels. Selbst dieser Epoche nämlich, die sich schmeichelt, Tag für Tag ein neues Geheimnis der Schöpfung zu entwinden, würde keineswegs das Geständnis zur Schande gereichen, daß es gewisse unaufklärbare Zusammenhänge gibt. So möge man doch ohne das verlegene Lächeln, das den Aberglauben kaschieren soll, das ihn aber in Wirklichkeit verrät, seine Ahnungslosigkeit gestehen! Es ist immerhin merkwürdig, daß dreizehn Menschen, die an der Gräberöffnung in Ägypten beteiligt waren, auf eine unerwartete Weise sterben. Die Menschheit dieses Jahrhunderts weiß ohne Zweifel besser Bescheid über die Lebenszeit des Königs Tutankhamen als über die Kraft, die ihm vielleicht erst der Tod verliehen haben mag. Sie ist über die Vorzeit genauer aufgeklärt als über das Jenseits. Im übrigen wird selbst der Ungläubige nicht umhin können, Gräbern wenigstens jenen Grad von Respekt zu zollen, den er der Archäologie entgegenbringt. Vom Standpunkt der Wissenschaft mag es notwendig sein, Grüfte zu öffnen und Leichen in Museen auszustellen. Aber es gibt neben dem segensreichen Wissensdurst im Herzen des Menschen noch eine ebenso segensreiche Regung, nämlich die der Pietät.

Und in dem Fall Tutankhamen entsprach das Verdienst, das sich die Archäologie erworben hat, vielleicht doch nicht ganz dem Anstand, den das primitive Empfinden diktiert …

Widersprechen nun manchmal die Handlungen, die man im Dienste der Wissenschaft begeht, dem Anstand, den die Begegnung mit dem Tod gebeut, so widerspricht nicht minder der Forschungseifer, mit dem unsere Zeit ja erfüllt ist, der scheinbar skeptischen Gleichgültigkeit, mit der man die Kunde von dem Tod der dreizehn entgegennimmt. Und mag auch kein sogenannter »schicksalhafter«, sondern nur ein sogenannter »zufälliger« Zusammenhang die Öffnung der Gräber mit dem Tod der Öffner verbinden, so ist es doch immerhin verwunderlich, daß diese so forschungseifrige Epoche den auffallenden Zufällen nicht nachzuspüren gesonnen ist, ja, nicht einmal Lust hat, über sie nachzudenken. Und, um auf die Pietät zurückzukommen: wie lange währt eigentlich die Schutzfrist für Tote, innerhalb deren man sie in dem Frieden zu lassen hätte, den man ihnen gewünscht hat, als man sie begrub? Ist es eher gestattet ein zweitausendjähriges Grab zu öffnen als eines, das nur zweihundert alt ist? Rechtfertigt etwa der Dienst der Wissenschaft nur die Pietätlosigkeit an außerordentlich verjährten Toten? …

Die Wissenschaft – wir kennen ihre Eigenschaften – macht freilich weder vor dem Leben noch vor dem Tod halt, und unser Gewissen spricht sie dennoch frei, selbst in den Fällen, in denen unser Herz sie anklagt. Die Medizin sieht man sich manchmal bemüßigt, Kaninchen zu vivisezieren und die Archäologie tote Könige in Museen zu überführen. Die Wissenschaft ist nicht weniger grausam als die Natur, wir haben uns damit abzufinden. Dort aber, wo sich der menschliche Forschungsdrang nicht mit den Grausamkeiten begnügen will, zu denen er sozusagen aus sachlichen Gründen verpflichtet ist, wo er eine Grausamkeitsanleihe beim Nachbarn macht, dort müssen wir vernehmlicher anklagen. Auf den

Gräberstätten Tutankhamens nämlich scheint die Archäologie nicht nur Gräberöffnungen, sondern auch eine Art von Vivisektionen vorzunehmen – und zwar nicht an Kaninchen, sondern an jungen Eingeborenen.

Denn folgendes ereignete sich auf den Gräbern Tutankhamens:

Über tausend braunen und schwarzen Eingeborenenkindern glüht unbarmherzig, wie die Wissenschaft, die ägyptische Sonne. Die Kinder haben die Aufgabe, zu graben. So arbeiteten vielleicht vor zweitausend Jahren die Sklavenkinder der alten Ägypter auf Befehl der Nachkommen Tutankhamens – damals allerdings nicht an der Öffnung, sondern an der Herstellung von Gräbern. Und genau so wie vor zweitausend Jahren steht in der Mitte der arbeitenden Haufen ein Aufseher und schwingt die Peitsche. Wenn ein paar Knaben und Mädchen saumselig werden, saust auf ihre braunen, schwitzenden Rücken der lange geknotete Riemen. Es gibt nur eine Stunde Mittagspause. Das Mittagessen besteht aus Bananen und Wasser. Ungefähr 70 Heller beträgt der Taglohn für jeden kleinen Arbeiter. Und da für einen großen Teil des ägyptischen Volkes die mageren Jahre häufiger sind als die fetten, müssen die Kinder arbeiten, hungern und sich prügeln lassen. Es kommen Besucher aus England, Deutschland, Amerika, besichtigen interessiert die Resultate der Ausgrabungen und fahren wieder heim, einen gewachsenen Respekt vor den Leistungen der Archäologie im Herzen. Ja, vor einigen Monaten wurden die Ausgrabungen sogar gefilmt – und in der ganzen zivilisierten Welt kann man bereits den Film sehen, den Film von den grabenden Kindern und den peitschenden Aufsehern. Aber der Mensch – und besonders der zivilisierte – ist derart beschaffen, daß ihn immer noch die Resultate der Ausgrabungen stärker interessieren, als die Mittel und Methoden, die der Forschungseifer anwendet.

Man liest in den Zeitungen allerdings nur von den Todesfällen, die einen okkulten Zusammenhang mit dem toten großen König zu haben scheinen, nicht von jenen, die eine ganz nüchterne reale Folge der Ausgrabungen sind. Wie viele Eingeborenenkinder mögen an den Folgen der Archäologie, des Sonnenbrands, des Hungers und der Peitsche in Ägypten zugrunde gehen? Wenn schon eine Art Vergeltung angenommen werden sollte, so wäre es ziemlich schwierig, zu unterscheiden, ob es die Schändung der Königsgräber ist, die sich an den Entdeckern rächt, oder die Schändung der Menschenwürde; die verletzte Pietät oder die geprügelte Humanität; die ausgestellten Mumien oder die begrabenen kleinen Körper. Geheim sind vor uns die geheimnisvollen Gesetze, nach denen eine unerforschliche Gerechtigkeit Lohn und Strafe unter den Menschen sät. Aber ganz offenbar scheint uns hier die Tatsache zu werden, daß sich seit zweitausend Jahren unter der Sonne – und besonders unter der ägyptischen – gar nichts geändert hat: nicht weniger grausam als die Pharaonen sind wahrscheinlich die Könige der Wissenschaft, die jene ausgraben. Nach zweitausend Jahren wahrlich ein Fortschritt!

## *Der Primgeiger*

Das Kaffeehaus, ausgestattet mit allen Einrichtungen, die vielleicht zu seinem Betrieb nötig wären, wenn es überhaupt einen hätte, ist erfüllt von einer prächtigen komfortablen und luxuriösen Leere. Auf den niederen rotsamtnen Fauteuils sitzt sie, hingezogen, ein geschwelltes, üppiges Nichts. Über die kleinen viereckigen und niederen Tischchen aus gläsernen Platten, umrahmt von einem nach modernstem Verfahren verchromten Metall, streicht sie hin, die Leere, fließt über die blauen Tapetenwände und läßt sich von dem strahlenden

Glanz der neusachlichen Lampen bestrahlen, die beleuchteten Zigarrenkisten aus matten Glasscheiben so verblüffend ähnlich sehen. An den Zuckerdöschen aus dunkelblauem Kristall, lehnen unberührt die silbern schimmernden Zangen, Verwandte der benachbarten metallenen Aschenbecher, an denen noch niemand die Zigarrenasche abgestreift hat. Kellner wandeln durch den Raum, die Leere zu bedienen, die gar nichts bestellt. An der großen Registrierkasse steht regungslos ein Mädchen, wie ein schießbereiter Soldat neben einem Maschinengewehr. Ich bin der einzige Gast, aber ich verschwinde in der unermeßlichen Leere des umfangreichen Raumes und werde als ein unmoderner Gegenstand ignoriert von der modernen Einrichtung. Auf der Estrade, mir gegenüber, spielt seltsamerweise eine Musikkapelle.

Eine kleine Kapelle, man nennt es Quartett. Der erste Geiger, frohgemut in einem festlichen Smoking, läßt von Zeit zu Zeit die Geige aus der Klammer gleiten, die er aus Kinn, Kragen und steifem Hemd für sein Instrument hergestellt hat, hebt den rechten Arm mit dem Bogen, klopft auf das Notenpult, streichelt mit sanfter Lackschuhsohle das Brett der Estrade, auf dem er steht, lächelt mit entblößten, schönen Inseraten-Zähnen aus schneeweißem Marmor, neigt den Kopf mit dem glatten Ebenholzhaar, das ein schmaler Strich, wie ein weißer Zwirn, in der Mitte in zwei gleiche Hälften schneidet und benimmt sich genau so, als wenn das Lokal von Gästen erfüllt wäre. Wie er so dasteht, tannenschlank und volledel, ein Musterexemplar der Geigergattung, ein Liebling des nicht vorhandenen Publikums und besonders seiner selbst, nimmt er sich ganz einmalig und erstmalig aus, und mir ist, als hätte ich noch niemals vorher einen ersten Konzertgeiger gesehen. Es ist, als steigerte die völlige Leere im Kaffeehaus die gewöhnliche Eitelkeit, die einen Kapellmeister ausmacht, zu einem exhibitionistischen Exzeß, und die Zwecklosigkeit dieser Eleganz, die das Geigenspiel einrahmt, umrankt und verbirgt, entwickelt sich zu der pathologischen Haltung eines Irren, einer Art Paranoia der Mondänität. Einbezogen in sie und von ihr beinahe verschluckt wird nicht nur die Musik, die der Geiger selbst erzeugt, sondern auch jene, die von den drei anderen Mitgliedern der Kapelle ausgeht, so daß alle »Konzertstücke« anfangen, eher eine visuelle als eine akustische Wirkung auszuüben – – als hätten sie sich in dem physiologischen Sinn geirrt, für den sie eigentlich bestimmt waren. Wie von tausend Hohlspiegeln wiedergeglänzt und vergrößert, erscheint in dem überflüssigen Lokal, in dem sich die Leere so viel wohler fühlt als ich, die überflüssige Eleganz eines ersten Musiksmokings, diese übertroffene, wenn auch urbanisierte Noblesse eines Zigeunerprimas, und dem ruhenden Luxus der Zuckerzangen (mit denen nur Akrobaten hantieren können) entspricht der eifrig bewegliche Luxus eines Geigenhalters, der sich sozusagen in Lüsten windet. Es scheint, daß er die ganze unaussprechliche Süße der Wohllaute in seinem Innern vernimmt, die er leider nicht produziert, und er ist also eine Art von Primlauscher und kein Primgeiger.

Dann beendet er mit einem kühnen Entschluß das Musikstück, als wäre es nicht von selbst zu Ende gegangen, wenn er nicht mit ausgebreiteten Händen den Schluß befohlen hätte, den üblichen Tusch, in dem alle Konzertstücke münden müssen, wie Flüsse im Meer. Er verneigt sich vor der Leere. Seine Augen und seine Zähne glänzen dankbar ins Nichts, und es scheint, daß ihm die Leere applaudiert. Es ist unheimlich still, und man denkt an eine Luxusgruft. Der Geiger setzt sich, zieht ein seidenes gebatigtes Tuch aus Kunstgewerbe und wischt sich den imaginären Schweiß von der Stirn. Das Instrument hält er zwischen den Knien wie ein Friseur einen Kopf aus Holz, auf dem Perücken hergestellt werden. Es ist Pause.

## *Die Scholle*

### Ein Lesebuchstück

Die Scholle wird als pars pro toto verwendet – und zwar so häufig, daß man ihre ursprüngliche Bedeutung vergessen zu haben scheint. Unter »Scholle« versteht man ein Stück aufgeworfener Ackererde. Durch den Mißbrauch der Lyriker aber wurde dieses Wort eine Bezeichnung stimmungsvoller Natur-Literatur, ein Gegensatz zu dem Wort »Asphalt«, das ein Requisit ebenso stimmungsvoller Großstadtliteratur ist. Mit dem Wort »Scholle« treiben ferner auch Politiker, Kultur- und Literarhistoriker Mißbrauch. Sie verwenden die »Scholle« gerne zu Propagandazwecken, sie ist ihnen ein bequemes symbolisch-polemisches Mittel, die schwierigen Definitionen der Begriffe: Natur- und Erdnähe zu umgehen. Sie sagen z. B. von einem bestimmten Dichter, er hätte einen »Schollengeruch« oder auch einen »Schollenduft«, von einem bestimmten Teil der deutschen Nation, er wäre »schollennah«. Automatisch nehmen sie also Stellung gegen jene Dichter, von denen sie konsequent sagen würden, sie hätten einen Asphaltgestank, gegen jenen Teil der deutschen Nation, von dem sie konsequent sagen würden: er wäre schollenfremd, beziehungsweise asphaltnah. Auf diese und ähnliche Weise wurde das schöne Wort »Scholle« seiner körperlichen Bedeutung, seiner *Wesenhaftigkeit also beraubt und in ein symbolisches Abstraktum verwandelt.*

Unsere Aufgabe wird es nun sein, eine wirkliche Scholle in die Hand zu nehmen und zu betrachten. Eine Scholle ist, wie oben gesagt, ein Stück Ackerland von brauner, rötlicher, grauer oder schwarzer Farbe, verschiedener Größe und verschiedener Form. Selbstverständlich ist das Aussehen einer Scholle abhängig von der Beschaffenheit des Bodens, dem sie entnommen ist, von der Jahreszeit, von den Einwirkungen des Regens, der Sonne, des Windes. Immer ist sie etwas zweifellos Heiliges, eben ein Stück Erde, ein kleiner Teil der großen Erde, auf der alle Menschen zu Hause sind, und ein kleiner Teil unserer heimatlichen Erde, auf der unser Volk zu Hause ist. In der Scholle, die wir in die Hand nehmen, ist der Duft eines ganzen Ackers enthalten, der herbe Geruch der Fruchtbarkeit, des Samens, der wahre Duft des Lebens also. Manchmal, wenn die Erde lange trocken war, hält sich noch in der Scholle der trockene Duft der Sonne. In der feuchten Scholle liegt der saftige, heitere Geruch des Sommerregens, der entfernte süße Verwandte des salzigen Duftes, welcher den Meeren entströmt.

Bei manchen Völkern besteht die Sitte, den Toten, die in fremder Erde bestattet werden, ein paar heimische Schollen ins Grab mitzugeben. Manche Wanderer nehmen auf eine weite Reise ein bißchen heimatliche Erde in einem Säckchen mit, damit, wenn sie unterwegs vom Tod getroffen würden, ihr lebloser Schädel auf dem gleichen Acker gebettet werde, dem er einmal entsprossen ist. Solange sie leben, stillen sie ihr Heimweh durch den Anblick der mitgenommenen Erde – oder auch sie nähren es auf dieselbe Weise –, denn das *Heimweh* ist eine süße Krankheit, die man nicht missen mag, wie die Sehnsucht und die Liebe. Es ist also manchmal, als wären die Menschen, obwohl sie Füße zum Wandern haben, dennoch den Bäumen ähnlich, in einem bestimmten Teil der Erde unsichtbar, unerklärbar verwurzelt. Sie können vor Heimweh krank werden und sterben. Kranke aber können gesunden, sobald sie wieder den heimatlichen Boden berühren. Denn obwohl die Menschen, wie gesagt, wandern dürfen, und sich jetzt sogar von der Erde erheben und in Aeroplanen und Luftballons über ihr und selbst über den Wolken schweben, bleiben sie doch Kinder der Erde, aus Staub gemacht, aus dem Staub, der ein leichtsinniger Sohn der Erde ist.

Bei manchen Völkern pflegen die Überlebenden eine Scholle vom Grab ihres Toten mitzunehmen, als wäre nunmehr das Grab des Toten eine Art engerer Heimat der Hinterbliebenen geworden. Denn zum Unterschied von den Bäumen, die wir eben mit den Menschen verglichen haben, können die Menschen auch in Ländern heimisch werden, in denen sie nicht geboren worden sind und in denen sie nur einen Toten bestattet haben. Wer seinen Vater in fremder Erde versenkt, der besitzt ein Heimatsrecht in der fremden Erde, mit der er durch seinen Vater verwachsen ist für alle Zeiten. Die heimatlosen Völker, die durch den Willen der Geschichte ihr eigenes Land verloren haben, fühlen sich in allen Ländern heimisch, in denen ihre Ahnen begraben sind. Denn ein teures Grab haben, ist wahrlich so viel wie einen Acker besitzen.

## *Die Girls*

Die Girls traten zwischen zwei »vollen« Nummern auf, in einer Halb-Pause sozusagen, in der manche Besucher, offenbar jene, die das Girltum schon aus dem ff kennen, sich zum Büfett im ersten Stock begaben oder in die frische Luft, um eine Zigarette zu rauchen. Obwohl sich die Girls zu produzieren begannen, schmetterte die Schokoladenverkäuferin ihre Rufe durch den Saal, und die sechzehn halbnackten Mädchen schienen einfach einen Vorhang zu ersetzen. Auch wenn man in der ersten Parkettreihe saß, konnte man die sechzehn nicht voneinander unterscheiden, und die verschiedenen Nuancen ihrer Haut- und Haarfarben schienen von der Regie hinter den Kulissen und kurz vor dem Auftreten angefertigt worden zu sein – nicht etwa, damit sich die Mädchen voneinander unterscheiden, sondern, um die Vorstellung von ihrer lebendigen Realität im Zuschauer zu vertiefen und einer optischen Abwechslung zuliebe. Sechzehn tanzende Säuglinge hätte man eher auseinanderhalten können als diese Mädchen, deren Alter übrigens auch nicht annähernd zu fixieren ist. Sie hatten ungefähr die Gemüter von harmlosen und anmutigen Backfischen und die körperliche Leistungsfähigkeit von Riesenexemplaren des weiblichen Geschlechts. Um sie zu erzeugen, hatte die Natur keiner Anstrengungen bedurft: sie nahm aus ihrem unermeßlichen Reservoir ein gewisses Quantum amerikanischer Amazonen-Holdseligkeit, zerteilte es in sechzehn gleichmäßige Stücke und die Girls waren fertig. Seit ihrer frühesten Kindheit wandelten sie tänzelnd die schnurgeraden Wege zu Kraft und Schönheit, an deren Zielen unser Zeitalter steht, um die Riesenarmee von Muskeln und Waden zu empfangen, die mit einem geradezu vernichtenden Optimismus daherkommt. Wo sie hingetreten ist, wächst keine Skepsis mehr; nur Vitamine. Von ihnen genährt, gelangen die sechzehn Mädchen in jenes alterslose Alter, in dem sie den Grad des Girltums erreichten. Älter werden sie bestimmt nicht. Die Jahre legen sie wie Münzen an einen abgelegenen Ort, die Zeit, die selbst verwandelt ist, kann die Girls nicht mehr ändern, und wenn die Mode es verlangte, könnten sie tausend Jahre tanzen – – nur, um die Pausen zu füllen.

Zweiunddreißig durchaus gleichartige Beine und Füße werfen die Mädchen im gleichen Takt in die Luft, ein Parademarsch der friedlichen Nachkriegszeit. Nichts anderes ereignet sich. Manchmal fassen sich die Mädchen an den Händen, wie um einen Reigen zu schließen, aber sie bleiben in einer Front. Dann lassen sie die Hände wieder los und klappern weiter mit den Söhlchen auf die Bühnenbretter. An beiden Enden der Kette, dort, wo der breite, silberne Streifen des Scheinwerfers abbricht, haarscharf an der Kante zwischen Hell und Dunkel, sieht man den weißen, staubigen Wirbel des Puders, der sich in winzigen tänzelnden Molekülen von den Leibern löst, abgesplitterte Bestandteile der tanzenden Schönheit. Und nicht allein der Schönheit! Denn es ist manchmal, als bedürfte der Zuschauer, eben um sich von der

Realität der Girls zu überzeugen, noch solcher kleiner Beweise wie des abstaubenden Puders, der im Verhältnis zu den anderen Drillfunktionen der Mädchen immer noch wenigstens als eine geringfügige Manifestation ihrer Menschlichkeit erscheint. Daß ein sogenanntes Schönheitsmittel, wie Puder, überhaupt nur eine Zutat war und kein wesentlicher Bestandteil ihrer selbst, läßt uns doch noch hoffen, daß die Girls aus einer weiblichen Substanz gemacht sein könnten. Der Gedanke lag immerhin nahe, daß sie eine Art Varieté-Nymphen sind, wie sie sich ein amerikanischer Polytheismus vorstellen mag: kerngesund, für Schönheitswettbewerbe geeignet, Töchter der Artemis (die in Hollywood seßhaft ist), und zweimal in der Woche beim Dentisten.

Später, nach der Vorstellung, ergab es ein aufklärender Zufall, daß ich den Mädchen begegnete. Sie kehrten heim, zu zweit, paarweise, wie Lyzealschülerinnen, die zum Nationalfeiertag geführt werden. Hinter ihnen schritt die Tanzmeisterin, eine Dame mit einer Hornbrille und auf jenen hygienischen niederen Absätzen, mit denen die reaktionäre männliche Anschauung von dem Reiz eines Frauenschritts getreten wird. Außerordentlich sittlich waren die Girls, sechzehn an der Zahl, gegen elf Uhr abends begaben sie sich schon in ihre Hotelbettchen. Und dieser brave Puritanismus, der sie nach Hause begleitete, war ein leiblicher Bruder des geschlechtslosen Drills, in dem sie, halb nackt, gleichartig und ohne Reiz durch die Pause geklappert hatten. Sie demonstrierten eine aufreizende Sittenreinheit, jener ähnlich, von der die Mädchen in amerikanischen Filmen besessen sind und die Legislatoren, die das Antialkoholgesetz durchhalten. Es war ein schauerlicher Anblick: die Tugend genau so nackt gesehen zu haben, wie sich sonst nur die Sünde benahm, als sie noch lebte. Nun ist sie tot, die Sünde! Auf den Wegen zu Kraft und Schönheit liegt sie, zertreten von einer Keuschheit, die kein Verdienst mehr ist.

## *Vom Attentäter zum Schmock*

In einem Berliner Spät-Abendblatt erschienen einige Wochen lang die Erinnerungen des Herrn Ernst von Salomon, der am Rathenau-Mord beteiligt war, unter dem Titel: »Wie wir Empörer wurden. Erinnerungen aus dem deutschen Nachkrieg.« Denjenigen, die der nicht gerade landläufige Begriff »Nachkrieg« etwas fremd anmuten sollte, sei nebenbei gesagt, daß es sich schlicht und einfach um den bedauerlichen deutschen Bürgerkrieg handelt, dessen hervorragendes Opfer Walther Rathenau geworden ist; um den deutschen Bürgerkrieg, der noch keineswegs beendet ist, der jeden Tag neue Opfer fordert und häufig genug blutige. Die Erinnerungen eines Mannes, der am Rathenau-Mord teilgenommen hat, können also auch heute noch keineswegs als ein dokumentarischer Niederschlag längst überwundener Erlebnisse und einer versunkenen Epoche angesehen werden. Es müßten entscheidende Gründe für den Abdruck dieser Erinnerungen vorhanden sein und für die Verlegung eines Namens aus den Spalten der Polizei- und Gerichtssaalberichte in die Rubrik des Literarischen, Amüsanten, »Belletristischen«. Denn die Kräfte, die damals den Mord an Rathenau verursacht haben, sind immer noch lebendig. Zwischen einer illegalen Organisation, die mit Parabellum-Pistolen hantiert, und einem legalen Minister, der Haßgebete produziert, ist der Unterschied so gering wie zwischen einer aufgelösten Verschwörergruppe und einer nationalsozialistischen, legal zum Reichstag kandidierenden Partei. Der Autor mag die Zeit, in der er den Mord vorbereitet hat, heute überwunden haben. Die Welt, zu der er spricht, hat ihn noch nicht bis zu dem Grad vergessen, daß sie ohne zwingenden Grund anfangen könnte, den Urhebern des Mordes Honorare zu zahlen. Noch werden die Waffen geschliffen und nicht begraben. Noch ist die Zeit nicht gekommen, in der die ehemaligen Feinde Erinnerungen austauschen könnten. Man darf dem idyllischen Aspekt nicht trauen, den die Memoiren des Herrn von Salomon in den Spalten der Demokratie bieten.

Dies nur nebenbei! Wichtiger als die Frage des von beiden Partnern verletzten guten Geschmacks scheint mir die nach dem literarischen oder dokumentarischen Wert der Erinnerungen des Herrn von Salomon. Denn einen literarischen oder dokumentarischen Wert müßten sie haben, wenn sie den Anspruch erheben, gedruckt und gelesen zu werden. So weit wir von dem Gedanken entfernt sind, einem Kriminellen etwa literarische Fähigkeiten absprechen zu wollen, so fern sind wir auch der Neigung, von dem Grad der Kriminalität eines Autors auf seine literarischen Fähigkeiten zu schließen. Um uns seine Memoiren vorzusetzen, hätte der Herr von Salomon zweier Voraussetzungen, oder zumindest einer von zweien bedurft: er hätte ein beachtenswerter Schriftsteller sein müssen, wie er ein beachtenswerter Attentäter war, und ein glaubwürdiger Zeuge, wie er ein glaubwürdiger Verschwörer war.

Er kann nicht nur nicht schreiben, er kann auch nicht beobachten. Unvergleichlich jene Szene in den Memoiren, in der geschildert wird, wie der Mörder Kern den Redner Rathenau »in seinen Bann zieht«, sozusagen hypnotisiert. Eine Vorstellung, entsprungen der Phantasie eines Knaben, und eine Darstellung von dem Niveau eines Gesprächs unter Mittelschülern in der Pause zwischen Latein und Mathematik. Jeder brave und wahrheitsgetreue Beobachter hätte nichts Übersinnliches, sondern eher das Gegenteil in der Tatsache vermutet, daß Rathenaus Blick der hübschen und gefälligen Physiognomie eines jungen Offiziers gerne begegnet. Eine rätselhafte oder gar übernatürliche Macht dort ahnen zu wollen, wo ein offensichtlich banales und äußeres Interesse vorhanden sein mochte, verrät eben die pathologische Fähigkeit, Bäume schwirren zu sehen und Objektivitäten sich ringen. Und ebensowenig wie Bäume schwirren, ebensowenig war Rathenau hypnotisiert. Und so wenig Herr von Salomon ein Dichter ist, ebenso wenig ist er ein authentischer Zeuge. Vielleicht hätten seine Erinnerungen noch als Dokumente interessieren können. Als die verworrenen und in einer grotesken Sprache formulierten Bekenntnisse eines lächerlichen Metaphysikers sind sie langweilig und lästig. Die Wahrheit literarisch zu gestalten, ist er nicht imstande. Die platte Wirklichkeit einfach wiederzugeben, dazu ist er nicht zuverlässig genug – nicht etwa aus Mangel an Wahrheitsliebe, sondern aus einem Überschuß an dilettantischer Lust, zu dichten, und aus einer verhängnisvollen Neigung zu einer Art nationalsozialistischem Okkultismus. Eine okkultistische Verworrenheit hat die nationalistischen Organisationen, ihre Symbole und ihre Morde geboren. Eine okkultistische Verworrenheit führt jetzt die Schreibfedern der Männer von der Feme, wie früher ihre Pistolen. Vergeblich gemordet! Die Opfer sind zwar erledigt. Aber der Nebel, der die Attentäter umgab, ist nicht von ihnen gewichen. Er hinderte sie nicht, gut zu zielen. Aber er hindert sie, gut zu schreiben. Der Mord an Rathenau war eine traurige Sensation. Die Erinnerungen des Herrn von Salomon sind eine langweilige Schmockerei.

## *»Romantik« des Reisens*

Die Freude, die einer vor einer Reise empfinden mag, ist immer geringer als der Ärger, die sie schließlich verursacht. Nichts ärgerlicher als ein riesiger Bahnhof, der aussieht wie eine Moschee und vor dessen Eingang ich immer einen Moment überlege, ob ich nicht doch lieber die Schuhe ausziehen soll, statt den Gepäckträger zu rufen. Nichts ärgerlicher als ein eisernes Geländer vor einer vergitterten Kasse.

Vor mir schwebt ein Rucksack. Hinter mir stößt mich ein eiserner Stab, der durch die Ösen eines Strohkorbes gezogen ist. Ich muß mich tief bücken, um dem von aller Welt abgeschlossenen Schalterbeamten mein Fahrziel anzugeben. Er hat nur ein einziges offenes Quadrat, durch das er Geld entgegennimmt und Geräusche. Ich wundere mich immer, daß er nicht lieber mit den Händen hört.

Vom Gepäckträger, der alle meine Koffer hat, weiß ich nichts mehr als eine Nummer. Wie, wenn er keines hätte? Wie, wenn sich ein Doppelgänger fände? Wie, wenn dem Träger was Menschliches zustieße? Mein Freund muß eine Bahnsteigkarte haben, will er mich begleiten. Wozu Bahnsteigkarten? Das Betreten der Geleise ist ja ohnehin verboten. Das Betreten des Perrons muß gebüßt werden. Ein Mann, der den Bahnsteig betritt, um nicht zu fahren, bleibt doppelt zurück. Man könnte ebensogut von allen Karten verlangen, die nur den Bahnhof betreten. Unverschämt hohe Trittbretter führen zu meinem Coupé. Warum nicht gleich Leitern? Man klettert in den Waggon wie auf einen Dachboden zum Wäschetrocknen. Die Abteile sehen aus wie Zündholzschachteln, die auf einer ihrer zwei Reibflächen stehen. Die Sitze sind so raffiniert gebaut, daß zwischen meinen Knien und denen meines gegenübersitzenden Mitreisenden kein Platz mehr ist. Wir können ein Schachbrett auf unseren Knien aufstellen. Wir können die Augen nicht aufschlagen – wir müssen uns sofort ansehen. Haben wir Pech, so sitzen wir zwischen zwei oder drei Menschen. Um eine Zigarette aus der Tasche zu nehmen, müssen wir dem Nachbarn den Ellenbogen in die Brust stoßen.

Die sogenannte Musik des Räderrollens empfinden wir als Hammerschläge auf das Kleinhirn und auf die Schläfen. Strecke ich ein Bein aus, so muß ich im nächsten Augenblick die Hose des Nächsten bürsten. Und fortwährend sehen wir einander an: wenn wir Äpfel schälen, Wurst essen, Orangen öffnen. Manchmal spritzen wir uns gegenseitig den Saft südlicher Früchte in die Augen.

Unsere Hände, unsere Kragen, unsere Hemden, unsere Taschentücher werden schwarz. Die Lokomotive schüttelt Ruß auf mein Angesicht. Oft fährt sie tückisch durch sogenannte Tunnels, auf die die ganze Technik stolz ist. Wenn wir ein Fenster öffnen, protestieren die Erkälteten. Sechsmal muß ich um Verzeihung bitten, wenn ich hinaus will. Notsignale sind mit Plomben versehen. Wenn man sie zieht, zahlt man Strafe. Bei Meinungsverschiedenheiten entscheidet der Schaffner. Immer zu meinen Ungunsten. Wenn ich einen Schlafwagen nehme, teile ich meinen Verschlag mit einem dicken Herrn. Geteilte Nächte sind halbe Nächte. Man fährt leider nach Geschlechtern getrennt. Ehefrauen müssen erst nachgewiesen werden. Wenn ich Mittag esse, zittern Teller und Kellner. Weinflaschen stehen gefesselt in eisernen Ringen. Wehe, wenn man sie befreit!

Schaffner wechseln oft wie Aprilwetter. Sie zeichnen Striche auf die Fahrkarten. Einfache Striche. Dazu müssen sie mich wecken. Diese kunstlosen Striche (oder selbst Löcher) mache ich selbst ebenso gut. Oberschaffner kontrollieren dann die Striche der Schaffner. Von Gepäcknetzen drohen tödlich schwere Koffer, die ihr Gleichgewicht nicht finden. An Grenzen kommen Zollwächter und rauchen meine Zigarren. In den Korridoren hängen Beil und Säge hinter einer Glasscheibe und gemahnen an Unfälle.

Wenn man ankommt, fällt man über Koffer. Wenn man einen im Gepäckwagen hat, muß man eine Stunde warten. Alle Bahnhöfe sind verschwenderisch weit und hoch gebaut. Aber nur durch ganz schmale Pforten kann man ins Freie kommen. Alle Fahrkarten muß man abgeben. Was macht die Eisenbahndirektion mit all diesen alten Pappendeckeln?

Kein Mensch ist schlimmer dran als ein Reisender. Es ist merkwürdig, daß diese schikanöse Art des Reisens allen so romantisch vorkommt. Unsere Kleider sind zerstört. Heiße Würstchen und kaltes Bier ruinieren unsere Mägen. Wir haben gerötete Augen und fette, schmutzige Hände. Und bei alldem sind wir glücklich!

Im Kino sehe ich manchmal die Salonwagen amerikanischer Millionäre. Sie diktieren Sekretärinnen in die Schreibmaschine. Sie sitzen in Wannen und baden, während sie fahren. Ein Neger frottiert sie, eine Köchin bereitet ihnen Leibspeisen zu. Manche fahren in Salonautomobilen, sie sind nicht einmal von Schienen abhängig. Manche fliegen in Aeroplanen, kapitalistische Vögel. All das könnten wir auch verlangen. Die Fahrkarten sind teuer genug. Wir müßten nicht auch noch Kinoplätze bezahlen. Unsere Fahrzeuge, die sogenannten Verkehrsmittel, sind weit hinter unserer Zeit zurück. Sie stehn in keinem Verhältnis zu unserem Stolz auf die »Errungenschaften« und zur Verachtung, die wir für Postkutschen haben. Die Eisenbahnabteile sind den Postkutschen ähnlicher als die Eisenbahnbehörden glauben. Im Zeitalter des Radios knipst man Löcher in Pappendekkel! Die Zeitgenossen des lenkbaren Luftballons schleppen schwere Koffer! Wir erwägen schon Reisen zum Mond. Wir wollen nächstens den Mars besuchen. Wir haben die Relativitätstheorie gefunden. Aber nur, weil wir sie nicht verstehen, haben wir doch keine Veranlassung, auf Hühnersteigen zu schlafen, wenn wir Betten bezahlen.

Die modernen Aeroplane sind schon komfortabler als die Eisenbahn. Wenn ich Aphorismen machen wollte – ich mache keine – würde ich sagen: es ist bequemer, von einem Aeroplan abzustürzen, als mit der Eisenbahn zu landen. Für Zugzusammenstöße gibt es keine Fallschirme. Auch Schwimmgürtel suche ich vergebens auf Lokomotiven …

Mit achtzig Kilometer Geschwindigkeit in der Stunde ist man immer noch langsamer als die Zeit. Die Zeit macht hunderttausend Kilometer in der Sekunde. Während ich im fahrenden Zug sitze, laufe ich ihm weit voraus. Das ist der Sinn der Relativitätstheorie. Meine Photographie kann ich in einer Sekunde telegraphisch übermitteln. Mich selbst übermittle ich erst in zwölf Stunden. Wenn ich angekommen bin, sehe ich mir nicht mehr ähnlich. Man kann sich nicht im Zug rasieren. Der Bart wächst schneller, als der Zug fährt. Die Toilette kann man auf Stationen nicht benützen. Während der Zug fährt, ist sie besetzt.

In der dritten Klasse sitzt man auf Holzpritschen, wie in Kerkerzellen. Wenn einer die Lampe auslöscht, müssen alle schlafen. Zeitungen kann man nicht lesen, weil es finster ist. Wenn das Licht brennt, zittern die Zeilen des Leitartikels. Nur aus Verzweiflung hält man das Feuilleton straff über dem Knie. Wenn man den Kopf zum Fenster hinaussteckt, hat man ihn verloren. Er liegt in einem Brunnen. Wenn man sich gegen eine Tür lehnt, fliegt man hinaus, wie eine Orangenschale. Dabei ist das Hinauswerfen harter Gegenstände verboten.

Jedes »Übertreten der Vorschriften wird geahndet«. Gepäckdiebe kann man »zur Anzeige bringen«. Sie sind um keinen Preis der Welt dazu zu bringen. Wer Angaben macht, die zur Eruierung eines Diebes führen, erhält eine Belohnung. Aber wer es einmal versucht hat, weiß, wie schwer es ist, von der Eisenbahn Belohnungen zu erhalten. Im Gegenteil: Man muß oft »nachzahlen«. Man bekommt sogar Quittungen. Man kann sie vor den Spiegel in der Toilette stecken. Er ist ohnehin blind.

Das Aufspringen ist verboten. Das Abspringen nur Verbrechern gestattet. Anständige Menschen kriegen die Tür gar nicht auf, es sei denn, daß sie sich gegen sie während der Fahrt lehnen. Kinder sind an der Leine zu halten. Hunde dürfen nicht in den Wagen genommen werden. Aber für redselige Reisende ist sind keine Maulkörbe vorgeschrieben.

Es gibt Luxuszüge, D-Züge, Schnellzüge, Personenzüge,

verschiedene Taxen, verschiedene Klassen, Vorschriften, Hemmungen, Verbote. All das empfindet man »romantisch«.

Dennoch ziehe ich es vor, in einem D-Zug erster Klasse nach Monte Carlo zu fahren, als zu Fuß eine Steuererklärung auszufüllen …

## *Der Altersgenosse*

Der Altersgenosse begegnete mir unvermutet in einer kleinen und stillen Gasse, nach langen Jahren, in denen wir gewachsen waren und uns so verschieden entwickelt hatten, daß wir beinahe aufhörten, gleichaltrig zu sein. Denn während er gemäß den Gesetzen der Natur und den Vorschriften der menschlichen Gesellschaft Jahr um Jahr angelegt hatte, etwa wie ein Baum Ringe bekommt, war es mir nicht vergönnt gewesen, in einer einfachen und edlen Natürlichkeit alt und älter zu werden, aus dem Jünglings- in das Mannesalter hineinzuwachsen und die etwas leichtsinnige Einfalt meiner Jugend in eine würdige Einfalt der Reife zu verwandeln. Und während er in einer redlichen und nur durch Krankheit und Weltkrieg unterbrochenen Reihenfolge Wissen erwarb und Prüfungen bestand, Titel verdiente und sich in einem ehrenvollen staatlichen Amt vom Untergebenen zum Vorgesetzten hinaufschraubte, ein Weib erkor und einen eigenen Herd baute, Vater wurde und Häuptling eines Hauses, verlor ich die Zeit, die mein Leben hätte werden können, in dem törichten Wahn, sie sei für mich noch nicht gekommen. Heute, es ist freilich zu spät, erkenne ich, daß jedem Symptom des Alterns ein Symptom der sozialen und seelischen Veränderung entsprechen müßte, wie dem Klang sein Echo, der ersten Runzel die Vaterschaft folgen müßte, dem ersten Haarausfall die größere Dichtigkeit des Bankkontos, der ersten Ermüdung auf einer Wendeltreppe etwa, beim Besteigen eines Aussichtsturms, die Gewißheit eines Grundbesitzes oder zumindest einer Hypothek. Bis zu dem Augenblick aber, in dem ich meinen Altersgenossen sah, lebte ich so, als wäre die Zeit, die da an meinen Füßen vorbeirann, nicht die meine, die Jahre schichteten sich gleichsam hinter meinem Rücken, und vor mir sah ich einen noch unbetretenen, jungfräulichen Zeitraum, der auf mich wartete. Eines Abends, in der kleinen und stillen Gasse, trat mir der Altersgenosse entgegen, und obwohl er sich herzlich freute und mir gegenüber die Strenge nicht walten ließ, ohne die er es im Amt wie im Leben bestimmt nicht so weit gebracht hätte, war es mir doch, als wollte er mich ertappen, ja als hätte er mich schon ertappt, auf alter Tatenlosigkeit sozusagen. Deshalb gebot mir auch der Instinkt sofort, zu fliehen, hierauf, mich zu verstellen und mit der elastischen Unbekümmertheit eines Jüngeren an ihm vorbeizutraben. Dazu aber war es zu eng und auch zu spät. Er stand vor mir wie eine Mauer. Er war kleiner gewachsen als ich, aber er erschien mir bedeutend größer, als stünde er gewissermaßen auf dem Sockel der Jahre, die er erreicht und ich verloren hatte, und statt zu ihm hinunterzusehen, wie es unsere physiologische Verschiedenheit verlangte, sah ich zu ihm hinauf. Es war mir, als müßte ich unser Gespräch mit einer Entschuldigung beginnen, allerdings ohne zu wissen, wofür ich mich entschuldigen sollte. Er schien meine Verlegenheit nicht zu bemerken, er sagte mir »Du«, und obwohl wir einander niemals »Sie« gesagt hatten, fühlte ich mich diesmal nicht wenig geschmeichelt und durch die Leutseligkeit meines Freundes zu der ehrenwerten Gilde meines Altersgenossen gnadenhalber zugelassen. »Wie geht es dir?« sagte er mit schlichter Teilnahme, er, ein Regierungsrat im Polizeipräsidium, ein hoher Funktionär in einem Gebäude, das ich nicht ohne Angst betrete – – und nur in den dringlichsten Fällen. »Ich habe oft an dich gedacht«, sprach er weiter, so selbstverständlich, so aufrichtig, daß ich ihm glauben mußte. Während er die schwersten Verantwortungen auf sich lud, in menschliche Schicksale durch kleine aber wichtige Eintragungen in Akten eingriff, ein Heer von Kriminalisten befehligte, schnellstens an diversen Tatorten erschien, fand er noch Zeit, an mich zu denken, und sogar oft. Und ich hatte inzwischen nicht nur alles Nötige versäumt, sondern auch ihn vergessen. »Auch mir«, log ich zögernd, »bist du oft in den Sinn gekommen!« »Aber du hast dich nie gemeldet«, erwiderte er – und der Vorwurf enthielt bereits die Verzeihung – »du bist immer noch der Alte.« Nun bemerkte er es ja selbst. Ich war immer noch der Alte, während er, wie es sich gehörte, ein anderer geworden war. »Man wächst sich so auseinander« – klagte ich. »Schade, schade!« - sagte er und: »Ein Glück, daß ich dich treffe.«

Es war gerade in den Ferien, sonst hätten wir uns nie getroffen. Er wohnte in dieser Gasse, in einem Haus mit Vorgarten, seine Frau und seine Kinder hielten sich an der Ostsee auf, der Hund war zu Hause geblieben, am Rande der Stadt besaß mein Altersgenosse einen bescheidenen Besitz, guter Wein lag in seinem Keller, in seiner Wohnung, die ich besichtigen mußte, hingen gute Bilder, standen gute Bücher, herrschte gute saubere, dunkle Kühle. Die Überkleider im Vorzimmer hingen auf Bügeln, die Regenschirme und Stöcke standen in Behältern, ein blanker, freundlicher Kachelschimmer fiel durch eine Türspalte ins Halbdunkel des Entrees, verstohlener Widerschein eines reinlichen Innenlebens. Auch das Verborgene war dermaßen gepflegt, daß es sich zeigen durfte, ohne anstößig zu sein, auch die Geheimnisse dieses Lebens trugen eine tadellose Hülle aus Sauberkeit und verrieten sich also nicht, selbst wenn sie sich gelegentlich offenbarten. »Hier wohne ich seit sechs Jahren«, sagte mein Altersgenosse. Seit sechs Jahren war er Regierungsrat. Jahr um Jahr war die Wohnung schöner und heimischer geworden. Ein geringes Einkommen verwandelte sich zusehends zu einem genügenden Auskommen. In großen und kleinen Büchern standen die Einnahmen, die Ausgaben, die Schulden. Wohl vermochte ich noch hinter dem Antlitz, das mein Altersgenosse heute trug, jenes frühe Jünglingsgesicht zu entdecken, das in meinem Gedächtnis verwahrt war. Ich glättete seine Lider, wischte eine Falte von seiner Nasenwurzel, den Schnurrbart von seiner Oberlippe, nahm Fleisch von seinem Kinn und pflanzte ein Haarbüschel in seine Stirn. Siehe, da war er! Auf diese Weise versuchte ich, mit ihm vertraut zu werden, heimischer in seiner Wohnung und ein Freund in seinem Herzen. Aber je länger ich bei ihm blieb, desto schüchterner wurde ich auch selbst, geringer und fast furchtsam. Zwischen seinem und meinem Namen lagen Titel und Verdienste, durch das Amt, das ihn bekleidete, konnte ich nicht vordringen, kein Eintritt ohne Anmeldung im Zimmer nebenan, und dieses war geschlossen. Einfach und edel, wie er war, tat er, als merkte er meine Verlorenheit nicht und als wäre er meinesgleichen und als hätte auch ich Verdienste, Titel und Ämter. »Wann hast du Ferien?« fragte er. »Erst im Herbst«, sagte ich, um nicht »immer« zu sagen. »Viel Arbeit?« fragte er. »Sehr viel!« seufzte ich. – »Aber angenehme!« – »Nicht immer!« »Ich dachte, du seist der glücklichste Mensch!« – »Ja, gelegentlich!« – »Also hat jeder seinen Kummer!« resümierte er. Aber von der Art des Kummers sprach er nicht.

Wir schieden und versprachen uns ein Wiedersehn. Als ich ihn verließ, wiederholte ich nur, daß ich so alt sei wie er, keine Spur jünger, daß es aber auch keinen rechten Sinn habe, auf einmal mit dem Älterwerden anzufangen. Solange er mir freundlich gesinnt blieb, würde ich auch auf eine Protektion bei dem Ernst des Lebens rechnen können, vielleicht sogar bei der Polizei! Sooft ich will, kann ich meinen Altersgenossen in seinem Amt besuchen und, begnadet mit einem

Abglanz seiner Persönlichkeit und durch seine Freundschaft entschuldigt, wieder heraustreten in meine leichtfertig zeitlose Gegenwart. Er altert in selbstlosester Weise auch für mich.

### *Der Mann, der die Ohrfeigen bekommt*

In einer französischen illustrierten Zeitschrift, die mir vor einigen Tagen unter die Augen kam, fanden sich ein paar wohlgelungene Aufnahmen aus dem bekannten Pariser Cirque d'hiver, den ich liebe, weil er mir am getreuesten (unter allen Institutionen seiner Art) die sentimentale Tradition der alten Zirkuskunst, den beizenden Duft der Ställe, das blecherne Dröhnen der Musik, den zarten Staubgeruch der Arena und die dümmliche Schlauheit der Clownerien bewahrt zu haben scheint. Es ist nämlich der Zirkus der Fratellinis, der drei Heiligen der Drolligkeit, der ewigen, unveränderlichen Schwester des Humors und des Witzes, die sich beide im Laufe der Zeiten schon so oft verändern mußten. Unter den Aufnahmen jener Zeitschrift befand sich auch die Photographie eines ernsten Mannes, dessen Angesicht mir so außerordentlich vertraut ist, daß es mir nicht leicht fällt, seinen Ausdruck mit einer der einfachen, zur Bezeichnung der Physiognomien üblichen Wendungen zu beschreiben. Nur daß die Physiognomie ernst ist, scheint mir außer Zweifel. Dennoch kann ich manchmal nicht umhin, auch einen gewissen Grad von Lächerlichkeit an ihr zu finden. Es ist ein glattrasiertes Antlitz mit großen harten Zügen, einer scharfen und geraden, nahezu imperatorischen Nase und einem würdigen, ausführlich durchgebildeten Kinn. Ein Antlitz also, über das zu spaßen unschicklich wäre. Allein die Augen, die, wie ich mich erinnern kann, blau und groß und von zu viel Weiß umgeben, aus den Höhlen treten, sozusagen ohne jeden Anlaß, das heißt: ohne neugierig zu sein, vermindern die Würdigkeit des Angesichts ein wenig und scheinen den Fluch der Banalität auf das Imperatorische herbeizuziehen.

Ich kenne dieses Angesicht bereits seit Jahren. Es gehört einem der Stallmeister des Zirkus. Er ist seit langer Zeit der Partner der Fratellinis. Eine Tätigkeit, die keine Genialität, nicht einmal eine besondere Veranlagung erfordert. Der Zufall beschert sie (und die kleine Gehaltszulage, die ihre Konsequenz ist). Eine Besonderheit, geschweige denn eine Genialität würde wahrscheinlich diese Tätigkeit behindern, vielleicht unmöglich machen. Denn es handelt sich um nichts anderes als um die Darstellung, beziehungsweise Verkörperung des normalen Verstandes im Verkehr mit der Torheit, der Albernheit und dem Wahnwitz. Man versteht, daß hier auch nur eine leise Neigung zum Ungewöhnlichen verderblich wäre. Der Mann, der die Clowns begrüßt, um sie zu fragen, was sie wollen, muß selbstverständlich der vollendete Typ des Normalmenschen sein, der nicht einmal im Zirkus den Auftritt eines Narren für selbstverständlich halten kann. Verwundert, aber nur noch just in dem Maße, in dem Verwunderung die Grenzen der Normalität nicht verläßt, ein wenig belustigt, und zwar in jener hochmütigen Art in der die weltübliche Vernunft a priori der Narretei begegnet, mit dem selbstsicheren und überlegenen Vorurteil um einen Mund, dem noch nie eine ungewöhnliche Dummheit entfahren ist, tritt jener verständige Mann dem lächerlich gekleideten Clown entgegen, der zum Beispiel einen Besen in der Hand hält. »Was hast du da in der Hand?« fragt der vernünftige Mann. »Eine Kleiderbürste!« erwidert der Clown. »Das ist ein Besen!« belehrt ihn die Vernunft. Denn für sie ist es ausgemacht, daß ein bestimmtes Ding niemals ein anderes sein kann. Der Clown beharrt in seinem Irrtum, der vernünftige Mann in seiner Wahrheit. Spielte sich dieser Dialog auf der Arena der sogenannten Wirklichkeit ab, die Ordnung dieser Welt würde niemals verletzt werden, der vernünftige Mann hat Recht behalten, der Narr Unrecht. Weil aber in diesem Falle die Vernunft aus künstlerischen Gründen zum Unrecht verurteilt ist, behält der Narr Recht, und der Dialog endet gewöhnlich mit einer Ohrfeige, deren Lärm größer ist, als der Schmerz, den sie dem Betroffenen verursacht.

Der Betroffene ist nun Jahr für Jahr, Abend für Abend eben der vernünftige Mann, von dem ich erzähle, der Repräsentant jenes durchschnittlichen menschlichen Verstandes, mit dem alle oder die meisten Zuschauer behaftet sind. Nur drei Narren stehen da. Ringsum sitzen hundert, wenn nicht tausend Vernünftige. Aber sie alle nehmen in dieser halben Stunde Partei für den Narren, gegen ihren eigenen Vertreter, der für sie Unrecht behält und Ohrfeigen bekommt. Jahr für Jahr, Abend für Abend, verraten von seiner eigenen Mehrheit, ein bejammernswertes Beispiel für die Ohnmacht des Majoritäts-Prinzips, der Norm wieder Normalität und des Normalmenschen. Alle, die seinesgleichen sind, geben dem Unsinn Recht, wenn auch vielleicht nur deshalb, weil sie dafür bezahlt haben. Er behält Unrecht – wenn auch vielleicht nur deshalb, weil er bezahlt wird.

Vor Jahren, als ich ihn das erstemal sah, zeichnete ihn noch die Jugend aus, und milderte sein Schicksal. Der Clown war, trotz seiner närrischen Gewandung, noch ehrwürdig gegenüber dem jungen Livrierten, und man empfand das Unrecht weniger, das diesem geschah. Aber im Laufe der Zeit wurde der Livrierte behäbiger, zwischen die strengen Züge seines imperatorischen Profils quoll die fleischliche Weichheit, die ein gesteigertes Familienleben verrät, Kindersegen und Gehaltszulagen, aber aus diesen Gründen auch eine erhöhte Normalität, eine gütigere Legitimität, das Verständige zu typisieren. Ja, je älter der Mann wurde, desto durchschnittlicher sah er aus, desto echter war seine Verwunderung über die närrische Tatsache, daß man einen Besen mit einer Kleiderbürste verwechseln kann, desto platter sein bürgerliches Vorurteil gegen Unsinn und Wahnwitz. Es schien mir, daß die Rolle, die er in seiner Jugend, das heißt: noch vor wenigen Jahren nur gegen ein Honorar, mit einer verhältnismäßig geringen inneren Überzeugung gespielt hatte, jetzt nunmehr anfing, der einzige wahre Ausdruck seines Wesens zu werden. Und je selbstverständlicher seine verständige Plattheit wurde, desto legitimer wurden auch die Ohrfeigen, die er von seinen Narren bekam. Echter wurden sie, sie taten beinah' weh. Immer trauriger wird der Anblick dieses Mannes, der ungeschminkt (so wie er im bürgerlichen Leben seinen Buben züchtigt und seinem Mädel eine Puppe schenkt) mitten in der grellen abendlichen Arena geschlagen wird – und längst nicht mehr nur aus dem Grunde, weil er bezahlt wird, sondern, weil er in der Tat in einer bereits unerträglichen Weise verständig ist. Und wenn ringsum die läppische Majorität seiner tausend Vernunftgenossen den Clown durch Lachen ermuntert, ist es, als empfände jeder von den Tausend wenigstens in einer einzigen kurzen Stunde Schadenfreude über die Niederlage seiner eigenen bürgerlichen Vernunft. Und also wird die Gerechtigkeit in dieser Welt beinahe wiederhergestellt.

## *Kain und Abel*

Furchtbar vermehren sich die Kains und die Abels im Lande. Deshalb erscheint es uns an der Zeit, die allererste Geschichte von Kain und Abel zu wiederholen:

> »Und es begab sich, da sie auf dem Felde waren, erhub sich Kain wider seinen Bruder Abel und schlug ihn tot. Da sprach der Herr zu Kain: Wo ist dein Bruder Abel? – Er sprach: Ich weiß nicht! Soll ich meines Bruders Hüter sein?

Der Herr aber sprach: Was hast du getan? Die Stimme des Bluts deines Bruders schreit zu mir von der Erde.

(Kain erschrak nun und fürchtete für sein Leben. Er fürchtete, jeder Beliebige könnte das an ihm tun, was er an seinem Bruder getan hatte.)

Aber der Herr sprach zu ihm: Nein! Sondern wer Kain totschlägt, das soll siebenfältig gerochen werden. Und der Herr machte ein Zeichen an Kain, daß ihn niemand erschlüge, wer ihn fände.

Also ging Kain von dem Angesichte des Herrn, und wohnte im Lande Nod – – –«

Das war damals die erste grausige Stunde der noch jungen Welt. Zum ersten Male rann das heiße und rote Blut eines Menschen über das kühle und grüne Feld. Alle Stimmen der Natur verstummten. Das Gebrüll des Löwen erstarb, der bunte Gesang der Vögel. Die Frösche hörten auf zu quaken, die Grillen zirpten nicht mehr, die Mücken summten nicht mehr, und es war also so still in der Welt, daß die sachte gurgelnde Stimme des verströmenden Bluts als ein lauter Schrei von der Erde zum Himmel drang. Es gab noch keine Zeitungen, die mit ihrem Rascheln den Schrei des Blutes zugedeckt hätten, keine Radios, deren Lautsprecher beruhigende Dementis gebrüllt hätten. Kain war nicht der Genosse irgendeiner Partei, die ihn in Schutz genommen hätte, es gab noch keine Polizei, die Fehler gemacht hätte. Es war furchtbar still, und man hörte nur das sanfte Rinnen des Bluts. Gott selbst kam auf die Erde, hielt Kain fest, verhörte ihn und verurteilte ihn und begnadigte ihn und drückte ihm ein Zeichen auf die Stirn, damit ihn niemand erschlage. Damals erschuf Gott die Gerechtigkeit, auf der die Säulen der Welt zu ruhen haben. Die große Strafe Kains bestand darin, daß er vom Angesicht Gottes gehen mußte. Er mußte im Lande Nod wohnen. Armes Land!

Furchtbar haben sich seitdem die Kains vermehrt, und fast jedes Land dieser Erde ist ein Land Nod geworden. Die

Stimmen der Welt sind so lasterhaft laut geworden, daß man nicht mehr das sanfte gurgelnde Rinnen des Blutes hören kann, obwohl es heute genau so zum Himmel schreit wie das erstemal. Und die Kains sind sozusagen Überkains geworden. Manche von ihnen heften sich Kainszeichen selbst an die Brust oder auf den Arm, nicht mehr, um am Leben zu bleiben, sondern viel eher um weiter zu schlagen und um erschlagen zu werden. Nicht nur der unschuldige Abel wird erschlagen, sondern auch der schuldige Kain, und den Mörder Kains mordet wieder ein Über-Über-Kain. Die Drukkerschwärze mancher Zeitungen leuchtet rot wie Blut. Und manche Zeitungen erscheinen der Einfachheit halber gleich mit roter Tinte gedruckt, sie sind wie getaucht in chemisches Blut, in dem über das vergossene echte berichtet wird. Aber immer noch sagen alle Kains, alle Über-Kains und alle Über-Über-Kains: »Ich weiß nicht! Soll ich meines Bruders Hüter sein?« Und immer noch wendet sich das Angesicht des Herrn von ihnen. (Denn sie sind armseliger als der erste Kain, sie können sich nicht einmal selbst abwenden.)

Und sie wohnen im Lande Nod. Armes, armes Land!

## *Der Held von Solferino*

Von Joseph Roth ist im Verlag Kiepenheuer ein neuer Roman: »Radetzkymarsch« erschienen. Es ist ein merkwürdiges Gesetz, daß alle schreibenden Menschen, die aus dem alten Österreich stammen, ausnahmslos alle, ein Buch vom Sterben der Monarchie schreiben, ein Zeugnis von Blutsverwandtschaft geben müssen, liebend oder hassend, sie mögen diese Aufgabe aufschieben, solange sie wollen. Joseph Roth, der Dichter des »Hiob«, ein großer Dichter also, hat mit dem Radetzkymarsch den tiefsten, unaktuellsten Beitrag zu diesem Thema geschaffen, in seinem Buch spiegelt sich am reinsten und klarsten das Siechtum der Großmacht. Die Familie Trotta, slowenisches Bauerngeschlecht, geadelt, seit ein Trotta bei Solferino Franz

Joseph das Leben gerettet hat – es war der Anfang vom Ende – ist Heldin des Buchs, aber gleichermaßen sind Helden der alte Kaiser, die Beamten, das Offizierskorps, polnische Grafen und galizische Juden, die österreichische Landschaft, die ganze unheldische Welt des seltsamen Gebildes Österreich-Ungarn, die von edler Hand im »Radetzkymarsch« noch einmal heraufbeschworen werden und in aller Stille endgiltig begraben wird. – Hier als Probe der Anfang des Buchs:

Die Trottas waren ein junges Geschlecht. Ihr Ahnherr war Slowene. Sipolje – der Name des Dorfes, aus dem er stammte – wurde sein Adelsprädikat. Zu einer besonderen Tat hatte ihn das Schicksal ausersehn. In der Schlacht bei Solferino befehligte er als Leutnant der Infanterie einen Zug. Seit einer halben Stunde war das Gefecht im Gange. Drei Schritte vor sich sah er die weißen Rücken seiner Soldaten. Die erste Reihe seines Zuges kniete, die zweite stand. Heiter waren Alle und sicher des Siegs. Sie hatten ausgiebig gegessen und Branntwein getrunken auf Kosten und zu Ehren des Kaisers, der seit gestern im Felde war. Hier und dort fiel Einer aus der Reihe. Trotta sprang flugs in jede Lücke und schoß aus den verwaisten Gewehren der Toten und Verwundeten. Bald schloß er dichter die gelichtete Reihe, bald wieder dehnte er sie aus, nach vielen Richtungen spähend, mit hundertfach geschärftem Auge, nach vielen Richtungen lauschend mit gespanntem Ohr. Mitten durch das Knattern der Gewehre klaubte sein flinkes Gehör die seltenen hellen Kommandos seines Hauptmanns. Sein scharfes Auge durchbrach den blaugrauen Nebel vor den Linien des Feindes. Niemals schoß er, ohne zu zielen, und jeder seiner Schüsse traf. Die Leute spürten seine Hand und seinen Blick, hörten seinen Ruf und fühlten sich sicher.

Der Feind machte eine Pause. Durch die unabsehbar lange Reihe der Front lief das Kommando: »Feuer einstellen!« Hier und dort klapperte noch ein Ladstock, hier und dort knallte noch ein Schuß, verspätet und einsam. Der blaugraue Nebel zwischen den Fronten lichtete sich ein wenig. Man stand auf einmal in der mittäglichen Wärme der silbernen, verdeckten, gewitterlichen Sonne. Da erschien zwischen dem Leutnant und den Rücken der Soldaten der Kaiser mit zwei Offizieren des Generalstabs. Er wollte gerade einen Feldstecher, den ihm einer der Begleiter reichte, an die Augen führen. Trotta wußte, was das bedeutete: selbst wenn man annahm, daß der Feind auf dem Rückzug begriffen war, so stand seine Nachhut gewiß gegen die Österreicher gewendet, und wer einen Feldstecher hob, gab ihr zu erkennen, daß er ein Ziel sei, würdig, getroffen zu werden. Und es war der junge Kaiser. Trotta fühlte sein Herz im Halse. Die Angst vor der unausdenkbaren, der grenzenlosen Katastrophe, die ihn selbst, das Regiment, die Armee, den Staat, die ganze Welt vernichten würde, jagte glühende Fröste durch seinen Körper. Seine Knie zitterten. Und der ewige Groll des subalternen Frontoffiziers gegen die hohen Herrn des Generalstabs, die keine Ahnung von der bitteren Praxis hatten, diktierte dem Leutnant jene Handlung, die seinen Namen unauslöschlich in die Geschichte seines Regiments einprägte. Er griff mit beiden Händen nach den Schultern des Monarchen, um ihn niederzudrücken. Der Leutnant hatte wohl zu stark angefaßt. Der Kaiser fiel sofort um. Die Begleiter stürzten auf den Fallenden. In diesem Augenblick durchbohrte ein Schuß die linke Schulter des Leutnants, jener Schuß eben, der dem Herzen des Kaisers gegolten hatte. Während er sich erhob, sank der Leutnant nieder. Überall, die ganze Front entlang, erwachte das wirre und unregelmäßige Geknatter der erschrockenen und aus dem Schlummer gerissenen Gewehre. Der Kaiser, ungeduldig von seinen Begleitern gemahnt, die gefährliche Stelle zu verlassen, beugte sich dennoch über den liegenden Leutnant und fragte, eingedenk seiner kaiserlichen Pflicht, den Ohnmächtigen, der nichts mehr hörte, wie er denn heiße. Ein Regimentsarzt, ein Sanitätsunteroffizier und zwei Mann mit einer Tragbahre galoppierten herbei, die Rücken geduckt und die Köpfe gesenkt. Die Offiziere des Generalstabs rissen erst den Kaiser nieder und warfen sich dann selbst zu Boden. »Hier, den Leutnant!« – rief der Kaiser zum atemlosen Regimentsarzt empor.

Inzwischen hatte sich das Feuer wieder beruhigt. Und während der Kadettoffizierstellvertreter vor den Zug trat und mit heller Stimme verkündete: »Ich übernehme das Kommando!« erhoben sich Franz Joseph und seine Begleiter, schnallten die Sanitäter vorsichtig den Leutnant an die Bahre und Alle zogen sich zurück, in die Richtung des Regimentskommandos, wo ein schneeweißes Zelt den nächsten Verbandsplatz überdachte.

Das linke Schlüsselbein Trottas war zerschmettert. Das Geschoß, unmittelbar unter dem linken Schulterblatt steckengeblieben, entfernte man in Anwesenheit des allerhöchsten Kriegsherrn und unter dem unmenschlichen Gebrüll des Verwundeten, den der Schmerz aus der Ohmacht geweckt hatte.

Trotta wurde nach vier Wochen gesund. Als er in seine südungarische Garnison zurückkehrte, besaß er den Rang eines Hauptmanns, die höchste aller Auszeichnungen: den Maria-Theresien-Orden und den Adel. Er hieß von nun ab: Hauptmann Joseph Trotta von Sipolje.

## *Die Kosaken*

Aus Joseph Roths »Radetzkymarsch«, Verlag Kiepenheuer. Nachstehender Auszug gibt eine Beschreibung der Kosakenspiele an der österreichisch-ungarischen Grenze, wo der Held des Romans, der junge Trotta, in einer kleinen Garnisonstadt dient.

In der weiten Ebene zwischen den beiden Grenzwäldern, dem österreichischen und dem russischen, jagten die Sotnias der Grenzkosaken einher, uniformierte Winde in militärischer Ordnung, auf den kleinen, huschgeschwinden Pferdchen ihrer heimatlichen Steppen, die Lanzen schwenkend über den hohen Pelzmützen, wie Blitze an langen hölzernen Stielen, kokette Blitze mit niedlichen Fahnenschürzchen. Auf dem weichen, federnden Sumpfboden war das Getrappel kaum zu vernehmen. Nur mit einem leisen, feuchten Seufzen antwortete die nasse Erde auf den fliegenden Anschlag der Hufe. Kaum, daß sich die tiefgrünen Gräschen niederlegten. Es war, als schwebten die Kosaken über das Gefilde. Und wenn sie über die gelbe, sandige Landstraße setzten, erhob sich eine große, helle, goldige feinkörnige Staubsäule, flimmernd in der Sonne, breit zerflatternd, aufgelöst, wieder niedersinkend in tausend kleinen Wölkchen. Die geladenen Gäste saßen auf roh gezimmerten hölzernen Tribünen. Die Bewegungen der Reiter waren fast schneller als die Blicke der Zuschauer. Mit den starken gelben Pferdezähnen hoben die Kosaken vom Sattel aus ihre roten und blauen Taschentücher vom Boden, mitten im Galopp, die Leiber senkten sich, jäh gefällt unter die Bäuche der Rösser, und die Beine in den spiegelnden Stiefeln preßten gleichzeitig noch die Flanken der Tiere. Andere warfen die Lanzen weit von sich in die Luft, die Waffen wirbelten und fielen dann den Reitern gehorsam wieder in die erhobene Faust; wie lebendige Jagdfalken kehrten sie zurück in die Hand ihrer Herren. Andere wieder sprangen geduckt, den Oberkörper wagerecht über den Leib des Pferdes, den Mund brüderlich an das Maul des Tieres gepreßt, durch das erstaunlich kleine Rund eiserner Reifen, die etwa ein mäßiges Faß hätten umgürten können. Die Rösser streckten alle Viere von sich. Ihre Mähnen erhoben sich wie Schwingen, ihre Schweife standen wagerecht wie Steuer, ihre schmalen Köpfe glichen dem schlanken Bug eines dahinschießenden Kahns. Wieder andere sprengten über zwanzig Bierfässer, die, Boden an Boden, hintereinander lagen. Hier wieherten die Rösser, bevor sie zum Sprung ansetzten. Der Reiter kam aus unendlicher Ferne dahergesprengt, ein grauer, winziger Punkt war er zuerst, wuchs in rasender Geschwindigkeit zu einem Strich, einem Körper, einem Reiter, ward ein riesengroßer, sagenhafter Vogel aus Mensch und Pferdeleib, geflügelter Zyklop, um dann, wenn der Sprung geglückt war, ehern stehen zu bleiben, hundert Schritte vor den Fässern, ein Standbild, ein Denkmal aus leblosem Stoff. Wieder andere schossen, während sie pfeilschnell dahinflogen (und sie selbst, die Schützen, sahen aus wie Geschosse), nach fliegenden Zielen, die seitwärts von ihnen dahinjagende Reiter auf großen, runden, weißen Scheiben hielten: die Schützen galoppierten, schossen und trafen. So mancher sank vom Pferd. Die Kameraden, die ihm folgten, huschten über seinen Leib, kein Huf traf ihn. Es gab Reiter, die ein Pferd neben sich dahergaloppieren ließen und im Galopp aus einem Sattel in den anderen sprangen, in den ersten zurückkehrten, plötzlich wieder auf das begleitende Roß fielen und schließlich, beide Hände auf je einen Sattel gestützt, die Beine schlenkernd zwischen Leibern der Tiere, mit einem Ruck am angegebenen Ziel stehenblieben, beide Rösser haltend, daß sie reglos dastanden, wie Pferde aus Bronze.

## *Amerika*

Joseph Roth hat ein neues Buch geschrieben. Diesmal ist es kein Roman, sondern eine Predigt gegen den Antichrist. *»Der Antichrist«* heißt das Buch, das im Verlag Allert de Lange (Amsterdam) erschienen ist und sich mit Roth'scher Leidenschaftlichkeit vor allem gegen das Kino wendet, dem der Dichter die Schuld an der Entsittlichung,

Verflachung, Verrohung und Entfriedung der Welt gibt. Wir entnehmen dem mit biblischem Ernst geschriebenen Werk folgende Stelle:

Ich ging in das Land, wo die Häuser so hoch gebaut werden, daß sie die Wolken kratzen. Man nennt sie deshalb Wolkenkratzer. Das Land ist groß und weit, aber teuer. Infolgedessen bauen die Menschen dort nicht ein Haus neben das andere, sondern ein Haus *über* das andere, denn die Luft kostet dort noch immer nichts. Also kratzen die Leute lieber die Wolken, als daß sie sich an die Erde schmiegen. Und daraus noch beziehen sie ihren Hochmut.

In diesem Lande kann ein Mensch, wenn er eine gelbe oder schwarze Hautfarbe hat, nicht in dem gleichen Zimmer mit einem Menschen sitzen, der von weißer Farbe ist. In diesem Lande gibt es Tausende von Kirchen. Aber in diesen Kirchen sammelt man Geld mit Hilfe von Andachten. Die Menschen führen Gott im Munde, wie man von einem reichen und vornehmen Onkel spricht, der den Kredit erhöht, wenn man erwähnt, daß man sein Neffe sei. Manche Menschen in diesem Lande sind auch gar nicht die Kinder, sondern die Neffen Gottes; die Erbneffen Gottes. Die Armen bitten Ihn um Geld, und die Reichen bitten Ihn um noch mehr Geld. Und manchmal tut Gott in diesem Lande so, als ob Er ein Erbonkel wäre. Manchem Armen gibt Er Geld, und manchem Reichen gibt Er noch mehr Geld. Er mehrt die Schornsteine der Fabriken und die Almosen der Bettler, und Er verhärtet manchmal die Herzen der Harten und Er zerbricht manchmal die Herzen der Weichen, und Er gibt denen, die etwas haben und Er nimmt jenen, die gar nichts haben. Das sind seine besonderen Gesetze in jenem Lande. Die Würde des Menschen liegt in der Macht begründet. Die Freiheit steht als eine Statue *vor* den Toren des Landes; man hat sie ausgesetzt. Und sie ist versteinert. Ich kam nach Hollywood, nach Hölle-Wut, nach dem Orte, wo die Hölle wütet, das heißt, wo die Menschen die Doppelgänger ihrer eigenen Schatten sind. Das ist der Ursprung aller Schatten der Welt, der Hades, der seine Schatten für Geld verkauft, die Schatten der Lebendigen und der Toten, an alle Leinewänder der Welt. Dort kommen die Träger brauchbarer Schatten zusammen und verkaufen die Schatten für Geld und werden selig und heilig gesprochen, je nach der Bedeutung ihrer Schatten. Die lebendigen Mädchen und Knaben in der ganzen Welt, die diese Schatten sehn, nehmen den Gang, das Antlitz, die Gestalt und die Haltung dieser Schatten an. Daher kommt es, daß man manchmal Männer, Frauen, lebendige Menschen in den Straßen trifft, die nicht selbst Doppelgänger ihrer Schatten sind, wie die Schauspieler des Kinos, sondern noch weniger: nämlich die Doppelgänger fremder Schatten.

Es ist also ein Hades, der nicht nur seine Schatten an die Oberfläche schickt, sondern auch aus den Lebendigen der Oberfläche, die ihre Schatten gar nicht verkaufen, Doppelgänger seiner Schatten macht. Das ist Hollywood. Die Hölle wütet. Dort tummeln sich die Unternehmer der Schattenspieler, die Schattenhändler und die Schattenmakler und die Schattenarrangeure, die man die Regisseure nennt, die Schatten-Beschwörer und die Schattenverleiher. Und es gibt welche, die verkaufen ihre eigenen Stimmen dem Schatten eines anderen, der eine andere Sprache spricht. Auch sah ich dort, nämlich in den Fabriken, welche die Schatten ankaufen, in großen Zimmern an die zwanzig Leute sitzen, jeder vor einem Telephonapparat. Und jede zweite oder dritte Minute surren ein paar Apparate, und die Männer nehmen die Röhre zur Hand und sagen: »Nothing«. Und das heißt: »Nichts zu machen.«

Denn den ganzen Tag melden sich Menschen in der Schattenfabrik, die ihren Schatten verkaufen möchten. Und da es so viele gibt, die ihre Schatten anbieten wollen, hat die Fabrik zwanzig Nein-sager angestellt. Und sie sagen jede dritte Minute: nothing – den ganzen Tag. Sonst sagen sie gar nichts. So zahlreich sind jene in dem Lande, die danach dürsten, ihre Schatten zu verkaufen. Und es sind nicht etwa Besitzer gewöhnlicher Schatten, wie du und ich, sondern Besitzer merkwürdiger Schatten. Der ist ein Riese, der andere ein Buckel, der dritte ein Zwerg, der vierte hat das Antlitz eines Pferdes oder eines Esels, der fünfte kann klettern wie ein Affe, der sechste tanzt auf Stelzen, der siebente auf einem Seil und so weiter. Andere sind Doppelgänger berühmter Männer, die man gelegentlich in geschichtlichen Schaustücken brauchen kann, und also doppelte und dreifache Doppelgänger. Sie sind nicht nur die Doppelgänger ihrer eigenen Schatten, sondern auch die fremder Schatten, die merkwürdigerweise auch ihre eigenen sind.

## *Der Mensch, das reißende Tier*

Dem neuen Band Josef Roths »Der Antichrist« (Verlag Allert de Lange, Amsterdam), ein Sittenspiegel, entnehmen wir die nachfolgende ergreifende Stelle:

Wie die Liebe und die Gerechtigkeit aus der Furchtlosigkeit kommen, so kommt der Haß aus der Furcht, und die Ungerechtigkeit kommt aus der Furcht. Die Furcht aber ist die Tochter des Antichrist. Wir meinen: die Furcht des Menschen vor seinesgleichen. Der Löwe fürchtet nicht den Löwen; der Tiger nicht den Tiger; das Lamm nicht das Lamm; der Ochse nicht den Ochsen; der Rabe nicht den Raben; der Karpfen nicht den Karpfen: wenn nicht das eine das andere bedroht. Damit zwischen dem einen und dem anderen Wesen gleicher Art Furcht entstehe bedarf es einer Feindschaft zwischen beiden, aus bestimmtem Anlaß. Der Mensch aber fürchtet den Menschen, ohne Anlaß, ja, die Furcht des Menschen vor dem Menschen ist nicht die Folge, sondern die

Ursache ihrer Feindschaften und ihrer Kriege. Tiere fürchten den Menschen. Sie fürchten ihn noch mehr, als die geborenen Feinde unter den Tieren. Das stärkste der vierbeinigen Raubtiere fürchtet das Gift der Schlange. Aber die Schlange und das Raubtier fürchten im gleichen Maße den Menschen. Also gefürchtet von allen Wesen der Schöpfung könnte der Mensch wirklich der Herr sein. Aber, da der Mensch sich auch vor seinesgleichen fürchtet, hört er auf, der uneingeschränkte Herr der Schöpfung zu sein. Hätte der Mensch nicht Furcht vor seinesgleichen, er hätte nicht einmal Angst vor dem Versucher, vor dem Teufel, vor dem Antichrist. Der Antichrist pflanzt die Furcht des Menschen vor seinesgleichen in die Herzen der Menschen, damit er nicht selbst ohnmächtig werde. Er säet die Furcht. Und aus diesem Samen sprießt die Zwietracht. Und wie ein einzelner Mensch sich vor dem anderen einzelnen fürchtet, so fürchtet sich auch ein Volk vor dem andern Volk. Und innerhalb eines jeden Volks fürchtet sich dennoch jedes einzelne Volksglied vor dem andern. Und sobald die Furcht aller Einzelglieder eines Volks vor dem ganzen Nachbarvolk größer geworden ist, als es die Furcht der einzelnen innerhalb des Volks vor einander war, entsteht Krieg. Der Soldat, der in den Krieg geht, fürchtet seinen Vorgesetzten, aber der Vorgesetzte und der Soldat zusammen fürchten beide noch mehr den Feind, das heißt: das andere Volk.

Deshalb wird es niemals Frieden auf der Welt geben, solange die Furcht des Menschen vor dem Menschen besteht. Auch kann, solange der Mensch den Menschen mehr fürchtet, als Gott selbst, keine wirkliche Gottesfurcht auf der Welt wachsen. Ja, der Antichrist säet die Furcht des Menschen vor seinesgleichen, damit der Mensch eben nicht dazu komme, Gott zu fürchten. Gott fürchten, das heißt: nicht nur Gott lieben, sondern auch die Menschen lieben, den Menschen fürchten aber heißt: die Menschen hassen und von Gott entfernt sein und dem Antichrist nahe. Und dies ist der Zustand der heutigen Welt. Weiter als je sind wir von der Stunde, in der das Raubtier mit dem Haustier friedlich zusammen weidet. Nicht einmal der Mensch mit dem Menschen weidet friedlich zusammen. Alle Tiere der Schöpfung fürchten den Menschen. Aber noch mehr, als alle Tiere der Schöpfung, fürchtet der Mensch den Menschen heutzutage. Denn der Mensch kennt die Furchtbarkeit von seinesgleichen besser als das Tier. Das ist die Stunde also, in der, wie es geschrieben steht, der Mensch schlimmer ist als ein reißendes Tier.

## *Zwei Söhne*

Bei Allert de Lange, Amsterdam, ist soeben der neue Roman von Joseph Roth: *»Beichte eines Mörders«* erschienen. Es ist die (mit einer Meisterschaft, die an Dostojewski gemahnt) erzählte Geschichte des Ochrana-Spitzels Golubtschik, Sohnes eines Försters, aber in Wirklichkeit Sohnes des Fürsten Krapotkin. Er hat es zufällig erfahren und entläuft dem Gymnasium, um Krapotkin »zur Gerechtigkeit« zu zwingen … Von diesem Besuch an – wir drucken die Stelle hier ab – entwickelt sich die Tragödie:

Vor dem braunen zweiflügeligen Portal stand ein mächtiger Schweizer in einem langen, samtgelben Mantel, mit einer großen schwarzen Mütze aus Bärenpelz (trotz der Hitze) und einem großen Zepter in der Hand, dessen goldner Knauf blitzte, einer Art Sonnen-Apfel. Ich stieg die flachen Stufen langsam empor. Der Schweizer schien mich erst zu erblicken, als ich knapp vor ihm stand, klein, verschwitzt und sehr armselig. Mir fiel keine passende Frage ein, meine Zunge lag trocken, unendlich groß und lastend in meinem Munde. Er fragte mich nach meinem Begehr.

»Ich möchte zum Fürsten!« sagte ich, sehr zag und ganz leise.

»Sind Sie angemeldet?«

»Der Fürst erwartet mich.«

»Bitte!« sagt er etwas lauter.

Ich trat ein. Im Vestibül standen zwei sandgelb livrierte Lakaien mit silbernen Litzen und Knöpfen von den Stühlen auf. Sie erhoben sich, wie durch einen Zauber, als wären sie steinerne Löwen gewesen, wie man sie manchmal vor herrschaftlichen Treppen sehen kann. Ich war wieder Herr über mich geworden, ich zerdrückte meine schöne Mütze in der Linken, das gab mir ein wenig mehr Festigkeit. Ich sagte, ich wolle den Fürsten sehen, und er erwarte mich, und es sei eine private Angelegenheit. Man führte mich in einen kleinen Salon, da hing das Porträt des alten Krapotkin, wie ich aus der metallenen Plakette sah, meines Großvaters also. Ich fühlte mich schon ganz zu Hause, obwohl mein Großvater ein sehr böses, gelbes, hageres und fremdes Gesicht machte.

Indessen hörte ich ein zartes, silbernes Glöcklein läuten, nach einigen Minuten öffnete sich die Tür, und ein Diener verbeugte sich vor mir. Ich stand auf. Ich trat ein. Ich stand im Zimmer des Fürsten. Er mußte vor nicht langer Zeit aufgestanden sein. Er saß hinter seinem mächtigen, schwarzen Schreibtisch, der wirklich aussah wie ein Sarg, in dem man Zaren begräbt, bekleidet mit einem weichen, silbergrauen, flauschigen Morgenrock. Er war gewissermaßen nicht mehr mein Vater, nicht der Vater, auf den ich mich vorbereitet hatte, sondern in der Tat ein fremder Fürst, der Fürst Krapotkin eben. Er erschien mir größer, obwohl er saß, als ich, der ich vor ihm stand. Als er gar fragte: »Was wünschen Sie von mir?« – Jetzt hörte ich genau seine Stimme. Sie war heiser und ein wenig böse klang sie, es war, so schien es mir damals, eine Art Bellen, als verträte der Fürst selber gewissermaßen einen seiner Hofhunde. »Also, was wünschen Sie, junger Mann?« – fragte der Fürst zum drittenmal.

Ich stand immer noch hart an der Tür.

»Treten Sie näher!« sagte Krapotkin.

Ich ging einen winzigen, einen armselig winzigen Schritt vor und holte Atem. Dann sagte ich: »Ich bin gekommen, um mein Recht zu fordern!«

»Welches Recht?« fragte der Fürst.

»Mein Recht, als Ihr Sohn!« sagte ich, ganz leise.

Es war eine kurze Weile still. Dann sagte der Fürst: »Setzen Sie sich, junger Mann!« Und er wies auf einen breiten Stuhl vor dem Schreibtisch.

Ich setzte mich, das heißt: Ich verfiel eigentlich diesem verhexten Stuhl. Seine weichen Armlehnen zogen mich an und hielten mich fest, ähnlich jenen fleischfressenden Pflanzen, die sorglose Insekten anziehen und vollends vernichten. Ich blieb sitzen, ohnmächtig, und da ich saß, kam ich mir noch schmachvoller vor als die ganze Zeit, in der ich gestanden hatte. Ich wagte nicht, meine Arme auf die Lehnen zu legen. Sie sanken wie gelähmt herunter, sie hingen zu beiden Seiten des Lehnstuhls hinab, und auf einmal fühlte ich, wie sie sacht und äußert blöde zu baumeln begannen, und ich hatte doch nicht die Kraft, sie festzuhalten oder gar wieder an mich zu ziehen. Auf meine rechte Wange schien die Sonne stark und blendend, nur mit dem linken Auge konnte ich den Fürsten sehen. Ich ließ aber beide Augen sinken und beschloß, abzuwarten.

Der Fürst bewegte ein silbernes Tischglöckchen, der Diener kam. »Papier und Bleistift!« befahl Krapotkin. Ich rührte mich nicht, mein Herz begann sehr stark zu pochen, und meine Arme schlenkerten heftiger. Der Hund streckte sich behaglich aus und fing an, zu grunzen.

Man brachte das Schreibzeug, der Fürst hub an. »Also, Ihr Name?« – »Golubtschik!« sagte ich. »Geburtsort?« – »Woroniaki.« – »Der Vater?« – »Tot!« – »Den Beruf meine ich«, sagte Krapotkin – »nicht der Gesundheitszustand!« – »Er war Förster!« – »Noch andere Kinder vorhanden?« –

»Nein!« – »Wo besuchen Sie das Gymnasium?« – »In W.« – »Sind die Zeugnisse gut?« – »Ja!« – »Wollen Sie weiter lernen?« – »Jawohl!« – »Denken Sie an einen bestimmten Beruf?« – »Nein!«

»So!« sagte der Fürst und legte Papier und Bleistift weg. Er stand auf, nun sah ich unter seinem auseinanderklaffenden Morgenrock eine ziegelrote Hose aus türkischer Seide, wie mir damals schien, und kaukasische, perlenbestickte Sandalen an seinen Füßen. Er sah genau so aus, wie ich mir damals einen Sultan vorstellte. Er näherte sich mir. Dann stand er hart vor mir, und ich fühlte seinen starken, harten Blick auf meinem gesenkten Scheitel wie eine Messerspitze.

»Stehen Sie auf!« sagte er. Ich erhob mich. Er überragte mich um zwei Köpfe. »Sehen Sie mich an!« befahl er. Ich reckte den Kopf empor. Er betrachtete mich eine lange Weile. »Wer hat Ihnen gesagt, daß Sie mein Sohn sind?«

»Niemand, ich weiß es schon lange, ich habe es erlauscht und erraten!«

»So«, machte Krapotkin, »und wer hat Ihnen gesagt, daß Sie irgendein Recht von mir zu fordern haben?«

»Niemand – ich selbst glaube es.«

»Und welches Recht?«

»Das Recht, so zu heißen.«

»Wie zu heißen?«

»So« – wiederholte ich, denn ich wagte nicht, zu sagen: »so wie Sie!«

»Krapotkin wollen Sie heißen, he?«

»Ja!«

»Hören Sie, Golubtschik« – sagte er – »wenn Sie wirklich mein Sohn sind, so sind Sie mir schlecht geraten, das heißt, dumm, total dumm.« Ich fühlte Spott, aber auch zum erstenmal ein wenig Güte in seiner Stimme. »Sie müßten sich selbst sagen, junger Golubtschik, daß Sie dumm sind. Gestehen Sie es?«

»Nein.«

»Nun, ich werde Ihnen erklären: in ganz Rußland habe ich wahrscheinlich viele Söhne, wer kann es wissen? Ich war lange Jahre jung, viel zu lange war ich jung. Sie selbst haben vielleicht schon Söhne. Auch ich war einmal Gymnasiast. Meinen ersten Sohn bekam die Frau des Schuldieners, meinen zweiten die Tochter desselben Schuldieners. Der erste dieser zwei Söhne ist ein ehelicher Kolohin, der zweite ein unehelicher Kolohin. An diese beiden Namen, wenn es überhaupt zwei Namen sind, erinnere ich mich, weil es eben die ersten waren. Meinen Förster Golubtschik aber hatte ich ganz vergessen, wie so viele andere, wie so viele andere. Es können doch nicht hundert Krapotkins in der Welt herumlaufen, wie? Und nach was für einem Recht und Gesetz? Und gäbe es selbst diesbezüglich ein Gesetz, wer garantierte mir, daß es wirklich meine Söhne sind? He? Und dennoch sorge ich für sie alle, soweit sie meiner Privatkanzlei bekannt sind. Da ich aber auf Ordnung halte, habe ich sämtliche diesbezüglichen Adressen meinen Sekretären angegeben. Und nun? Haben Sie was daran auszusetzen?«

»Ja!« – sagte ich.

»Was denn, junger Mann?«

Jetzt konnte ich den Fürsten ganz gelassen ansehn. Ich war nun ruhig genug, und wenn unsereins ruhig wird, wird es auch frech und unverschämt, und also sagte ich: »Mich gehen meine anderen Brüder gar nichts an. Mir handelt es sich nur darum, daß ich mein Recht finde.«

»Welches Recht? Sie haben gar kein Recht. Fahren Sie nach Haus. Grüßen Sie meinetwegen Ihre Mutter. Lernen Sie fleißig. Und werden Sie was Rechtes!«

Ich machte keinerlei Anstalten, wegzugehn. Da flog plötzlich die Tür auf, ein Hund sprang empor, begann jubelnd zu bellen, das Angesicht des Fürsten verklärte sich, es leuchtete auf. Ein junger Mensch, kaum älter als ich, ebenfalls in

Gymnasiasten-Uniform, sprang herein, der Fürst breitete die Arme aus, küßte den jungen Mann mehrere Male auf beide Wangen, dann endlich wurde es still, der Hund wedelte nur noch mit dem Schwanz. Da erst erblickte mich der junge Mann. »Herr Golubtschik!« – sagte der Fürst. »Mein Sohn!«

Der Sohn lachte mich an. Er hatte ganz blitzende Zähne, einen breiten Mund, einen gelblichen Teint und eine feine, harte Nase. Er sah dem Fürsten nicht ähnlich, weniger ähnlich als ich, dachte ich damals.

»Nun, leben Sie wohl!« sagte der Fürst zu mir. »Lernen Sie gut!« Er streckte mir die Hand hin. Dann aber zog er sie zurück, sagte: »Warten Sie!« und ging zum Schreibtisch. Er zog eine Schublade auf und entnahm ihr eine schwere goldene Tabaksdose. – »Hier!« – sagte er – »nehmen Sie das zum Andenken! Gehen Sie mit Gott!«

Er vergaß, mir die Hand zu geben. Ich dankte nicht, nahm die Dose, verneigte mich und verließ das Haus.

## *Ankunft im Hotel*

Das Hotel, das ich wie ein Vaterland liebe, liegt in einer der großen europäischen Hafenstädte, und die schweren goldenen Antiqualettern, in denen sein banaler Name über den Dächern der langsam emporsteigenden Häuser aufleuchtet, sind für mein Auge lauter metallene Fahnen, stehende Fähnchen, die zur Begrüßung glänzen, statt zu flattern. Wie andere Männer zu Heim und Herd, zu Weib und Kind heimkehren, so komme ich zurück zu Licht und Halle, Zimmermädchen und Portier, und es gelingt mir immer, die Zeremonie der Heimkehr so vollendet abrollen zu lassen, daß die einer förmlichen Einkehr ins Hotel gar nicht beginnen kann. Der Blick, mit dem mich der Portier begrüßt, ist mehr als eine väterliche Umarmung. Und als wäre er wirklich mein Vater, bezahlt er aus eigener Westentasche den Chauffeur, um den ich mich nicht mehr kümmere. Der Empfangschef im Cutaway tritt aus seinem gläsernen Verschlag und lächelt mehr, als er sich verbeugt. So selig scheint ihn meine Ankunft zu machen, daß sein Rücken seinem Mund Freundlichkeit abgibt und das Berufliche sich mit dem Menschlichen in der Begrüßung teilt. Der Liftboy nimmt meine Koffer unter seine Arme. So dürfte ein Engel seine Arme ausbreiten. Niemand fragt, wie lange ich zu bleiben gedenke, ob eine Stunde oder ein Jahr: dem Vaterland ist beides lieb. Der Portier flüstert mir zu: »627! Ist es Ihnen recht?«, als wüßte ich so genau wie er, was es für ein Zimmer ist.

Nun – ich weiß es ja auch! Ich liebe das »Unpersönliche« dieses Zimmers, wie ein Mönch seine Zelle lieben mag. Und wie andre erfreut ihre Bilder wieder sehen mögen, ihre Teller, ihre Löffel, ihre Kinder und ihre Bibliotheken, begrüße ich die billige Tapete, das schimmernde unschuldige Porzellan der Schüssel, die weißen, metallenen, blinkenden Hähne der Wasserleitung, und eines der weisesten aller Bücher: das Telephonbuch. Mein Fenster geht natürlich nie in den Hof: Es ist das Fenster eines Stammgastes, es hat kein »Visavis« und führt dennoch in eine Straße. Gegenüber sind: ein Schornstein, der Himmel und eine Wolke. Aber es ist immerhin nicht so entlegen, daß nicht die summarische Melodie des großen benachbarten Platzes, also ein Echo der lieben Welt, an meine Wände heranschlüge; dermaßen, daß ich einsam bin und nicht vereinsamt, allein und nicht verlassen, abgesondert und nicht getrennt. Wenn ich das Fenster öffne, ist die Welt bei mir zu Gaste. Von weither dröhnen die heiseren Sirenen der Schiffe. Ganz nahe klingeln die törichten Schellen der Straßenbahnen. Die Autohupen scheinen mich beim Namen zu rufen – wie zu einem Landesvater grüßen sie zu mir herauf. Der Schutzmann in der Mitte regelt die Manifestation. Die Zeitungsjungen werfen Blätternamen empor wie Bälle. Und kleine Straßenszenen arrangieren sich wie Theaterstücke.

Ein Druck auf den Knopf aus falschem Elfenbein: und rückwärts im Korridor leuchtet ein grünes Lämpchen auf, Signal für den Kellner. Da ist er schon! Seine berufliche Beflissenheit ist nur noch in seinem Frack vorhanden – in seiner Brust unter dem steifen Hemd wohnt die menschliche Wärme; eigens für mich aufbewahrt, gehütet während der ganzen Zeit meiner Abwesenheit. Wenn er der Küche tief unten telephonisch meine Bestellung weitergibt, vergißt er nicht hinzuzufügen, für wen er bestellt; und wie mein Druck auf den Knopf das grüne Lämpchen im Korridor entzündet hat, so ruft der Klang meines Namens im Gedächtnis des Kochs eine bestimmte Erinnerung an die Wünsche meines Geschmackes hervor. Der Kellner lächelt. Hier ist es ihm erspart zu reden. Er braucht nichts mehr zu fragen. Er hat keinen Irrtum zu befürchten. Er ist bereits so mit mir vertraut, daß er mir gern das Trinkgeld stunden würde – gegen Zinsen. Sein Glaube an die Unerschöpflichkeit meiner Einnahmequellen ist selbst unerschöpflich. Und käme ich in Lumpen und als ein Bettler daher, er hielte es für eine witzige Verkleidung. Er weiß, ein Schriftsteller kann es heute leicht und morgen schwer haben. Und dennoch gibt er mir Kredit.

Ich hebe das Telephon ab. Nicht, um zu telephonieren, nur um dem Telephonisten in der Zentrale des Hotels Guten Tag zu sagen. Er verbindet mich oft und fleißig. Er verleugnet mich. Er warnt mich. Er teilt mir des Morgens wichtige Begebenheiten aus der Zeitung mit. Und wenn der Geldbriefträger zu mir kommt, verkündet er es mir mit einem diskreten Jubel. Er ist ein Italiener. Der Kellner ist ein Österreicher. Der Portier ein Franzose aus der Provence. Der Empfangschef ein Mann aus der Normandie. Der Oberkellner ein Bayer. Das Zimmermädchen eine Schweizerin. Der Lohndiener ein Holländer. Der Direktor ein Levantiner; und seit Jahren hege ich die Vermutung, daß der Koch ein Tscheche ist. Aus den übrigen Teilen der Welt kommen die Gäste. Die Kontinente und die Meere, die Inseln, die Halbinseln, alle sind in diesem Hotel vertreten. Der Kassier addiert, subtrahiert, zählt in allen Sprachen, wechselt alle Geldsorten. Sich über die Grenzen ihrer Heimatliebe noch ein Stück hinausdehnend, kommen hier die Menschen zusammen und scheinen wenigstens, was sie stets nicht minder sein sollten: Kinder der Welt.

Bald werde ich hinuntergehen, und das erst wird meine echte Ankunft sein. Der Empfangschef wird herankommen, um mir Neuigkeiten zu erzählen und von mir Neuigkeiten zu hören. Sein Interesse gilt mir ganz so, wie das des Astronomen dem Kometen in der ersten Stunde des Wiedererscheinens am Horizont. Habe ich mich verändert? Bin ich überhaupt noch derselbe? Das Auge, delikat und genau wie ein Fernrohr, mustert den Stoff meines Anzuges, die Form meiner Stiefel, und die Versicherung: »Sie sehen erfreulich gut aus!« bezieht sich vielleicht ebenso auf den Zustand meiner Gesundheit wie auf den scheinbaren meiner Zahlungsfähigkeit. Ja, noch sind Sie der alte, sagt eigentlich dieses Kompliment. Noch sind Sie Gott sei Dank nicht so weit, um in ein andres Hotel gehen zu müssen. Sie sind unser Gast und unser Kind! Sie bleiben es!

Mein Interesse hinwiederum gilt allem, was das Hotel betrifft, als hätte ich wirklich einmal Anteile zu erben. Wie die Geschäfte in diesem Monat gehen? Welche Schiffe in diesem Monat ankommen? Lebt der alte Kellner noch? Der Direktor war krank? Kein internationaler Hoteldieb dagewesen? In dieser schönen Stunde kümmert mich alles! Unterscheide ich mich etwa von einem Mann, der aus Patriotismus das Budget seines Staates beobachtet, die politische Richtung seiner Minister, die Gesundheit des Staatsoberhauptes, die Organisation der Polizei, die Ausrüstung des Heeres, die

Panzerkreuzer der Marine? Ich bin ein Hotelbürger, ein Hotelpatriot.

Bald, bald kommt der Augenblick, wo der Portier in ein entlegenes Fach greift und ein Bündel Briefe, Telegramme, Zeitschriften für mich hervorlangt. Ein schneller Blick fliegt aus der Loge zu mir herüber, der Vorbote der Botschaften. Veraltet und dennoch neu sind die Briefe. Sie haben lange auf mich gewartet. Ihren Inhalt kenne ich schon zum Teil, habe ihn auf andern Wegen bereits erfahren. Aber wer weiß? Unter den Briefen, die ich vermute, sind vielleicht andre, die mich überraschen, vielleicht gar aus dem Gleichgewicht bringen, in eine neue Bahn stoßen?! Wie kann der Portier so ruhig lächeln, während er mir die Post übergibt? Seine Ruhe ist die Folge einer langen Erfahrung, einer väterlichen, bittersüßen Weisheit. Er weiß schon, daß nichts Überraschendes kommt, er weiß von der Monotonie des bewegten Lebens, und niemand kennt so gut wie er die Lächerlichkeit meiner vagen romantischen Vorstellungen. An den Koffern erkennt er die Passagiere und an den Umschlägen die Briefe. »Hier ist die Post!« sagt er gleichgültig. Und dennoch vollführt seine Hand, die mir das Paket reicht, noch eine höfliche Wendung im Gelenk, sie verbeugt sich gleichsam selbständig, nach einem uralten Brauch, einem Ritus der Portierhände.

Hier, in der Halle, bleibe ich sitzen. Sie ist die Heimat und die Welt, die Fremde und die Nähe, meine ahnenlose Galerie! Hier beginne ich, über das Hotelpersonal, meine Freunde, zu schreiben. Es sind lauter Persönlichkeiten! Weltbürger! Menschenkenner! Sprachenkenner, Seelenkenner! Keine Internationale neben der ihrigen! Sie sind die wahrhaft Internationalen! Und ich fange an, einen Freund, den Portier, zu studieren.

# Anhang

## *Editorische Notiz*

Die vorliegende Sammlung umfasst sämtliche nach gegenwärtigem Kenntnisstand im *Prager Tagblatt* erschienenen Texte Joseph Roths (journalistische Arbeiten, aber auch Gedichte und Leseproben aus den Romanen), die ihm mit Sicherheit zugeschrieben werden können. Zusätzlich sind einige weitere Artikel Roths über Prag aus anderen Zeitungen, Texte, die in der im Verlag des *Prager Tagblatts* erschienenen *Prager Abendzeitung* abgedruckt wurden, sowie Rezensionen seiner Werke im *Prager Tagblatt* im Anhang abgedruckt.

Die Wiedergabe der Texte folgt in Orthographie und Interpunktion den zugrunde gelegten Vorlagen. Offenkundige Druckfehler sowie Fehlschreibungen von Eigennamen (z. B. *Kalogeropulos* statt *Kalogeropoulos*) wurden stillschweigend korrigiert. Lediglich in Zweifelsfällen wurden einzelne korrigierende Texteingriffe im Kommentar dokumentiert (z. B. *beite Hosen* statt *weite* oder *breite*). Beim Verdacht einer bewussten Abweichung von den damaligen orthographischen und syntaktischen Regeln oder bei der Verwendung historischer Schreibweisen (z. B. *Marschkompagnie, Medizäer*) folgt der Text immer der Vorlage. Belassen wurden außerdem sowohl häufig wiederkehrende für Roth als auch für die Zeit typische Eigenheiten betreffend die Getrennt- und Zusammenschreibung, Groß- und Kleinschreibung und Zeichensetzung. Die drucktechnisch bedingte Wiedergabe der Umlaute durch Ae, Oe, Ue in einigen der Druckvorlagen wird hier einheitlich zu Ä, Ö, Ü normalisiert. In den Erstdrucken durch Sperrungen, halbfett, Unterstreichungen oder Schriftwechsel markierte Hervorhebungen werden einheitlich *kursiv* wiedergegeben. Zusätze des Herausgebers stehen in eckigen Klammern.

Werke Roths, die nicht Bestandteil dieser Sammlung sind, werden im Anhang nach der im Verlag Kiepenheuer & Witsch, Köln 1989-91 erschienenen Ausgabe der »Werke«, hrsg. von Fritz Hackert und Klaus Westermann (= Werke 1989-91), zitiert; wenn dort nicht enthalten, nach der späteren Sammlung *Unter dem Bülowbogen. Prosa zur Zeit,* hrsg. von Rainer-Joachim Siegel, Köln 1994 (= Roth 1994). Auf die Werkausgabe bezügliche Stellenangaben sind lediglich mit Band (römische Ziffer) und Seite (arabische Ziffer) verzeichnet.

Bei Roths Beiträgen im *Prager Tagblatt* (PT) handelt es sich sowohl um Erst- als auch um Nachdrucke, wobei sich im Einzelfall auch künftig noch eine Veränderung des Erstdruck-Status ergeben kann, sollte eine noch frühere Veröffentlichung eines Artikels bekannt werden. (Beispiel: Der »Polizeibericht«, PT, 24.12.1920, stellt, anders als noch in Siegels Bibliographie, E 297.1, verzeichnet, keinen Erstdruck dar, sondern ist bereits am 17.12.1920 in *Berliner*

*Tageblatt* erschienen.) Am häufigsten finden sich Nachdrucke aus der *Frankfurter Zeitung* (39), der *Neuen Berliner Zeitung* (16) und dem *Berliner Börsen-Courier* (14).

Der Vergleich der Nachdruckfassungen mit den Erstdrucken, die großenteils der Werkausgabe (= Werke 1989-91) zugrunde gelegen haben, lässt Unterschiede zwischen den Fassungen erkennen und erlaubt verschiedentlich auch Rückschlüsse auf die Gründe, die für erfolgte Kürzungen maßgebend gewesen sein dürften. Dafür werden nachstehend Beispiele gegeben, in den Anmerkungen werden überdies einige der im Textteil entfallenen Passagen zitiert. Aufgrund dieser Beobachtungen auf eine bestimmte Tendenz der Bearbeitung insgesamt zu schließen, wäre allerdings nicht zulässig, vermutlich hat es eine solche auch nicht gegeben, wichtige Quellen dazu sind unwiederbringlich verloren. Das Archiv der Zeitung ist, wie angenommen wird, bereits in den Jahren des Protektorats in Verlust geraten. Briefwechsel Roths mit Redakteuren sind nicht überliefert, auch konkrete Hinweise anderer Art fehlen so gut wie völlig.

Wie Roth sich zu redaktionellen Kürzungen seiner journalistischen Texte gestellt hat, wird in einem Brief aus der Zeit seiner Mitarbeit in der Redaktion der *Frankfurter Zeitung* unmissverständlich deutlich: »Es ist im höchsten Grade unjournalistisch, der Redaktion Streichungen zu verbieten. Da ich die ganze Zeit in Frankfurt für die Durchsetzung dieses Grundsatzes gestritten habe, kann ich auch nicht Ihre Stellung so festigen, daß Ihnen nicht gestrichen werde. [...] Man muß nicht nur streichen und sogar verändern dürfen, man SOLL es sogar beinah immer. Von 40 Artikeln, die ich geschrieben habe, sind vielleicht zehn ›unversehrt‹ erschienen. Sie sind kein Solosänger, sondern ein Chorsänger. Sie haben Sich einzufügen, Sie können im Einzelnen über den Grund dieses oder jenes Striches streiten. Aber Sie müssen es prinzipiell zulassen. Vielleicht werden Sie mit dieser eifersüchtigen Liebe zu jeder Zeile, die Sie von Sich geben, ein genialer Dichter. Ein guter Journalist niemals. Die Sache, der Sie Ihren Aufsatz widmen, ist heilig. Ihr Aufsatz ist Mittel zum Zweck. Die Sache und Sie, der Schreiber, sind mehr als der Aufsatz. So viel mehr, wie Sie mehr sind, als die Luft, die sie ausatmen.« (An Bernard von Brentano, 11.2.1926. Briefe 1970, S. 78) Der Brief liefert eine Bestätigung dafür, dass – wie ohnedies anzunehmen war – auch viele Erstdrucke mehr oder weniger Bearbeitungen darstellen und dass die Beschaffenheit der Nachdrucke (eine ›Ware‹, die verkauft oder getauscht wurde) Roth relativ gleichgültig war.

Im Folgenden ein paar *Beispiele für verschiedene Arten von Kürzungen*, die in Klammern verzeichneten Daten beziehen sich auf den Erscheinungstermin des Artikels im PT sowie auf ihren Platz in Siegels Bibliographie (= Siegel 1995):

1) Absatzschaltungen werden, um Platz zu sparen, häufig getilgt. Beispiel: »Der auferstandene Bourgeois« (24.10.1926, E 988.6.2.): Die letzten beiden Absatzschaltungen sind getilgt.
2) Streichung von Bezügen, die auf den ursprünglichen Publikationsort verweisen. Beispiel: »Der falsche Dionysos« (14.3.1923, E 341.3): »In dem Mitteleuropa der Gegenwart aber regiert der falsche Dionysos.« (PT) statt »In Berlin aber und im Mitteleuropa der Gegenwart regiert der falsche Dionysos« (BBC).
3) Streichung eines Satzes an beliebiger Stelle des Artikels. Beispiel: »Die Grenze Niegoreloje« (6.10.1926, E 988.2.4), Streichung des letzten Satzes im ersten Absatz. Auf den Satz im PT: »Später allerdings stellte es sich heraus, daß die russischen Zollrevisoren mich nicht verwechselten.« folgt im Erstdruck der FZ: »Intelligenter als ihre Kollegen aus anderen Ländern, wußten sie, zu welchen Zwecken ich reise.«
4) Behutsame Kürzungen werden durch neu geschriebene Übergangssätze/-absätze oder Abschlusssätze ausgeglichen. Beispiel: »Erwerbsloses Volk« (14.12.1920, E 284.2) weicht an drei Stellen vom Erstdruck in der NBZ ab.
5) Streichung des letzten Satzes/Absatzes. Beispiele: »Rundgang um die Siegessäule« (17.3.1921, E 332.2), im Unterschied zum Erstdruck in der NBZ fehlt im PT der letzte Satz; (ergänzt sind in der PT-Fassung Ort und Datum: »Berlin, 16. März«, interessant, besonders im Hinblick auf das Erscheinungsdatum des Erstdrucks: 15. März). – »Im russischen Parkett« (10.2.1927): Ein (kürzerer) Absatz über das Bolschoj-Theater (die Moskauer Oper) ist gestrichen.
6) Streichungen mehrerer Sätze und kompletter, längerer Absätze. Beispiel: »Autoritäten«, 20.2.1921, (E 320,3) gestrichen sind ein langer Absatz, zwei kurze Absätze (je ein Satz) und der letzte Absatz/Satz (dieser durch einen lakonischen Satz ersetzt).
7) Streichungen größerer Passagen/Abschnitte: Es wird eine in sich abgeschlossene längere Passage eines Artikels herausgezogen und mit neuer Überschrift versehen. Besonders die längeren Reisereportagen werden so zu kürzeren Einzelberichten umgewandelt. Beispiele: »Wolga-Städte und Burlaki« (10.10.1926), Auszug aus: »Reise in Rußland IV«: »Auf der Wolga bis Astrachan«. – »Schule und Jugend in Rußland« (22.1.1927), Auszug aus: »Reise in Rußland XVII«: »Die Schule und die Jugend«. »Öffentliche Meinung in Rußland« (29.1.1927), Auszug aus: »Reise in Rußland XVI«: Öffentliche Meinung, Zeitungen, Zensur etc.
8) Streichungen von kompletten, inhaltlich in sich abgeschlossenen Abschnitten mit Unterüberschriften. Beispiel: »Die rote Armee« (8.8.1920, E 218), gestrichen sind fünf Abschnitte: »Die Reiter-

truppen des Generals Budjonnin«, »Die moralische Verfassung der Sowjet-Armee«, »Sozialisierungsmaßnahmen«, »Die Stimmung der Bevölkerung«, »Sie rüsten ...«.

9) Veröffentlichung eines Teilabschnitts aus einem längeren Artikel, wobei die Zwischenüberschrift zur Hauptüberschrift wird. Beispiel: »Die Not der Schwarzen« (25.12.1923, E 731.2), Teilkapitel des Artikels »Die deutsche Revanche« (E 731.1), das an zwei Stellen zusätzlich um je einen Satz gekürzt ist.

10) Komplette Neufassungen, oft Umarbeitungen, mit gleichem Titel. Beispiele: »Das Märchen vom Geiger«. Die Fassung vom 28.12.1919 in *Der Neue Tag* ist für das PT offensichtlich komplett umgearbeitet oder neu geschrieben worden. – »Ballett« (23.2. 1922, E 493.3) erschien unter einem gegenüber dem Erstdruck zumindest veränderten Titel (dort »Ballettprobe«). Gegenüber dem Text der Werkausgabe (I, 1010-1012, »Ballettprobe im Berliner Staatstheater«), die die deutlich spätere Fassung der *Frankfurter Zeitung* vom 9. 6.1923 zugrunde legt, zeigt der Text Varianten, die nicht allein auf Streichungen beruhen.
Gelegentlich ergibt der Rückgriff auf das Original gegenüber der Werkausgabe auch einen Textgewinn. Beispiel: »Menschliche Fragmente« (17.4.1919, E 28.1) In der Werkausgabe (I, 21-23) fehlt der mittlere Text »Der General«, obwohl sich der Herausgeber auf das PT als Quelle beruft.

Auf die für den Roth-Leser sicherlich besonders interessante und auch problematische Position 6 in dieser Liste, sei anhand zweier weiterer Beispiele noch einmal ergänzend eingegangen. Einen stilistisch und atmosphärisch gleichermaßen vollendeten Text wie »Seine k. u. k. Apostolische Majestät« (11.3.1928; E 1028.2) in dieser Weise zu kürzen, erscheint inakzeptabel, die Redaktion hätte andernfalls aber wohl auf den Druck verzichten müssen. Es handelte sich eindeutig um ein Umfangproblem, und eine andere Form der Kürzung war offensichtlich nicht möglich. Anders »Preisrattenwürgen« (3.3. 1923, E 644.2): Die dort vorgenommenen Kürzungen scheinen nicht oder nicht allein durch Umfangrücksichten bestimmt, sondern sie beschneiden, ohne den Text substanziell zu verändern, einige krasse Ausmalungen des widerlichen Schauspiels. Hier also scheint eine, wohl mit Rücksicht auf die Leserschaft, mildernde Tendenz vorzuwalten.

Der Herausgeber dieser in erster Linie wirkungsgeschichtlich intendierten Textsammlung, die den ›Prager Roth‹ darzustellen bestimmt ist, kann auf die Eingriffe in den Text – die auch andernorts häufiger sein dürften, als vermutet – nur aufmerksam machen, sie detailliert zu dokumentieren ist in dieser Ausgabe nicht der Raum.

## *Abkürzungen und Siglen*

*BBC:* Berliner Börsen-Courier. Tageszeitung für alle Gebiete. Berlin

*Bienert 1996:* Michael Bienert, Joseph Roth in Berlin. Ein Lesebuch für Spaziergänger. Köln 1996 (4. Aufl. 1999)

*Briefe 1970:* Joseph Roth. Briefe 1911-1939. Hrsg. u. eingel. von Hermann Kesten. Köln, Berlin 1970

*Briefe 1991; Aber das Leben marschiert weiter und nimmt uns mit.* Der Briefwechsel zwischen Joseph Roth und dem Verlag De Gemeenschap 1936-1939. Hrsg. u. eingel. Von Theo Bijvoet und Madeleine Rietra. Köln 1991

*Briefe 2005: Geschäft ist Geschäft.* Seien Sie mir *privat* nicht böse. Ich brauche Geld. Der Briefwechsel zwischen Joseph Roth und den Exilverlagen Allert de Lange und Querido 1933 –1939. Hrsg. u. eingel. von Madeleine Rietra. In Verbindung mit Rainer-Joachim Siegel. Köln 2005

*Briefe 2011:* »Jede Freundschaft mit mir ist verderblich«. Joseph Roth und Stefan Zweig Briefwechsel 1927.1938. Hrsg von Madeleine Rietra und Rainer Joachim Siegel. Mit einem Nachwort von Heinz Lunzer. Göttingen 2011

*Bronsen 1974:* David Bronsen, Joseph Roth. Eine Biographie. Köln 1974

*D:* Druckvorlage. Soweit nicht angegeben, der Erstdruck (E)

*DD:* Der Drache. Eine ungemütliche sächsische Wochenschrift. [Neuer Untertitel ab 6.1.1925:] Eine republikanische satirische Wochenschrift. Leipzig und Dresden

*DOK:* Dokumentationsstelle für neuere österreichische Literatur – Sammlung Bronsen

*Doležal 2004:* Pavel Doležal, Tomáš G. Masaryk, Max Brod und das *Prager Tagblatt* (1918-1938). Deutsch-tschechische Annäherung als publizistische Aufgabe, Frankfurt am Main u.a. 2004 (Medien und Fiktionen; 5) (zugleich Diss. Siegen 2003)

*DNT:* Der Neue Tag. Wien

*DTB:* Das Tagebuch. Berlin

*DNTB:* Das Neue Tage-Buch. Paris, Amsterdam

*Eicher 2010:* Joseph Roth und die Reportage. Hrsg. von Thomas Eicher. Heidelberg 2010

*E:* Erstdruck

*Freydank 1988:* Ruth Freydank, Theater in Berlin. Von den Anfängen bis 1945. Berlin 1988

*FZ:* Frankfurter Zeitung und Handelsblatt. Frankfurt a. M.

*Herrenalber Forum 1994:* »Die Schwere des Glücks und die Größe der Wunder«. Joseph Roth und seine Welt. Hrsg. von der Evangelischen Akademie Baden. Karlsruhe 1994 (Herrenalber Forum. 10)

*J. R.:* Joseph Roth

*Katalog 2008:* Joseph Roth im Exil in Paris 1939 bis 1939. Hg. von Heinz Lunzer in Zusammenarbeit mit Victoria Lunzer-Talos. Wien 2008 (Zirkular; Sondernummer 68)

*Kessler/Hackert 1990:* Joseph Roth. Interpretation. Kritik. Rezeption. Akten des internationalen, interdisziplinären Symposions 1989, Akademie der Diözese Rottenburg-Stuttgart. Hrsg. von Michael Kessler u. Fritz Hackert. Tübingen 1990 (Stauffenburg Colloquium; 15)

*KLL:* Kindler Literatur Lexikon im dtv. München 1974

*Lipiński 1995:* Krzysztof Lipiński, Interpretation Rezeption Translation. Aufsätze zur österreichischen Literatur im 20. Jahrhundert. Czestochowa 1995

*Lit:* Quellen u. weiterführende Literatur

*LWU:* Literatur in Wissenschaft und Unterricht. Würzburg

*Mehrens 2000:* Dietmar Mehrens, Vom göttlichen Auftrag der Literatur. Die Romane Joseph Roths. Ein Kommentar. Vorwort von Helmuth Nürnberger, Hamburg 2000

*MNN:* Münchner Neueste Nachrichten. Handels- und Industriezeitung. Alpine und Sport-Zeitung. Theater- und Kunst-Chronik. München

*Müller-Funk 1989:* Wolfgang Müller-Funk, Joseph Roth. München 1989 (Beck'sche Reihe Autorenbücher; 613)

*NAUB:* Neues Acht-Uhr-Blatt. Wien

*NDB:* Neue Deutsche Blätter. Prag

*NBZ:* Neue Berliner Zeitung – 12-Uhr-Blatt. Berlin

*NFP:* Neue Freie Presse. Wien

*NWA:* Neues Wiener Abendblatt, Wien

*NWT:* Neues Wiener Tagblatt, Wien

*NZB:* National-Zeitung, Basel

*ÖIZ:* Österreichs Illustrierte Zeitung. Modernes Familienblatt. Wien

*PAZ*: Prager Abendzeitung. Prag

*Patka 1994:* Marcus G. Patka, Egon Erwin Kisch. Stationen im Leben eines streitbaren Autors. Wien u a. 1994 (Literatur in der Geschichte Geschichte in der Literatur; 41)

*Prokopp 1994:* Klaus Prokopp, Konformismus und Konfrontation. Der Journalist Karl Tschuppik (1876-1937) und seine Leitartikel im Prager Tagblatt. 1914-1918. Diplomarbeit, Bozen 1994

*PT:* Prager Tagblatt. Prag

*PTB:* Pariser Tageblatt. Paris

*Roth 1994:* Joseph Roth. Unter dem Bülowbogen. Prosa zur Zeit. Hrsg. von Rainer-Joachim Siegel. Köln 1994

*Roth 2010:* Joseph Roth. »Ich zeichne das Gesicht der Zeit«. Essays –

Reportagen – Feuilletons. Hrsg. und kommentiert von Helmuth Nürnberger. Göttingen 2010

*Roth LuW:* Joseph Roth, Leben und Werk. Hrsg. von Daniel Keel und Daniel Kampa. Zürich 2010

*Siegel 1995:* Joseph Roth-Bibliographie. Bearbeitet von Rainer-Joachim Siegel. Morsum/Sylt 1995

*Sternburg 2009:* Wilhelm von Sternburg, Joseph Roth. Eine Biographie. Köln 2009

*Stillmark 1996:* Joseph Roth. Der Sieg über die Zeit. Londoner Symposium. Hrsg. von Alexander Stillmark. Stuttgart 1996

*Sültemeyer 1976:* Ingeborg Sültemeyer, Das Frühwerk Joseph Roths 1915-1926. Studien und Texte. Wien u. a. 1976

*u. d. T.:* unter dem Titel

*Vo:* Vorwärts. Berliner Volksblatt. Zentralorgan der Vereinigten Sozialdemokratischen Partei Deutschlands. Berlin

*Werke 1989-91:* Joseph Roth. Werke. Köln 1989-1991. [Band I Das journalistische Werk 1915-1923. Hrsg. von Klaus Westermann. Mit einem Vorw. zur Werkausgabe von Fritz Hackert u. Klaus Westermann. Köln 1989. – Band II Das journalistische Werk 1924-1928. Hrsg. von Klaus Westermann. Köln 1990. – Band III Das journalistische Werk 1929-1939. Hrsg. u. mit e. Nachw. von Klaus Westermann. Köln 1991. – Band IV Romane u. Erzählungen 1916-1929. Hrsg. u. mit e. Nachw. von Fritz Hackert. Köln 1989. – Band V Romane u. Erzählungen 1930-1936. Hrsg. u. mit e. Nachw. von Fritz Hackert. Köln 1990. – Band VI Romane u. Erzählungen 1936-1940. Hrsg. u. mit e. Nachw. von Fritz Hackert]

*Wirtz 1997:* Irmgard Wirtz, Joseph Roths Fiktionen des Faktischen. Das Feuilleton der zwanziger Jahre und »Die Geschichte von der 1002. Nacht« im historischen Kontext. Berlin u. a. 1997 (Philologische Studien u. Quellen; 144)

# *Anmerkungen*

## Christus

E: PT, Jg. 42, Nr. 54, 25.2.1917. – Unterhaltungs-Beilage, Nr. 8, S. (1), »Von Joseph Roth (Wien)«

Roths erste Veröffentlichung im »Prager Tagblatt« ist zugleich eine seiner ersten überhaupt. In Siegels Bibliographie erscheint sie unter der Nummer 11. Das Blatt veröffentlichte in seiner Unterhaltungsbeilage recht häufig Gedichte; Chefredakteur war damals Karl Tschuppik, mit dem Roth später eng befreundet war. Ob Tschuppik, der 1917 nach Wien wechselte, mit Roths Einsendung selbst befasst war, ist nicht bekannt; für Roth, der die weit über Böhmen hinaus verbreitete Zeitung wahrscheinlich schon vor seiner Wiener Studentenzeit kennenlernte, handelte es sich beim PT für seine literarischen Startversuche zweifellos um eine wichtige Adresse.

Lit: Siegel 1995, S. 74.

## Bruder Mensch

E: PT, Jg. 42, Nr. 213, 5.8.1917. – S. 13, »Von Josef Roth (im Felde)«

Zur Organisation des Postwesens im Krieg gehörte ein mit den militärischen Notwendigkeiten begründetes System strikter Geheimhaltung, wo sich die an der Front dienenden Soldaten (und also ihre Truppenteile) denn jeweils befanden. Auch die Redaktionen schrieben daher notgedrungen (aber wohl auch nicht ungern) »im Felde«, denn die Ausführungen des Schreibers gewannen dadurch emotional vermehrtes Gewicht. Im vorliegenden Fall lag es so – das östliche Galizien war noch immer Kriegsschauplatz oder doch frontnah –, dass Roth sich im Bereich seiner engeren Heimat befand. Längere Zeit war er Redakteur einer Frontzeitung, und er konnte seine Lemberger Verwandten wiederholt besuchen. Er war von Informationen und wohl auch von Freiraum für seine musischen Interessen mithin nicht völlig abgeschnitten. In einem Brief an seine Cousine Paula Grübel schreibt er »aus einem ostgalizischen Augiasstall, einem ganz kleinen Städtchen«, zum »aktiven Schaffen [sei] hier wenig Gelegenheit, ein paar lyrische Gedichte ausgenommen, die aber eher passivem Empfinden entspringen«. Dann folgte der Zusatz: »Am 5./VIII. erschien von mir ein Gedicht in der Sonntagsbeilage des ›Prager Tagblatts‹. Bitte, bestelle eine Nummer. Ich möchte es zu Kontrollzwecken bei einer eventuellen späteren gesammelten Ausgabe haben.« (An Paula Grübel, 24.8.1917) »Bruder Mensch« erinnert durch seinen Titel, durch Tonfall und die seinerzeit mit Vorliebe gewählte Sonettform an expressionistische Vorbilder, nicht zuletzt an die Lyrik des jungen Franz Werfel – Adaptionsversuche, auf die Roth bald wieder verzichtet hat. Religiöses Empfinden ist in allen Gedichten spürbar, die er während des Krieges im PT veröffentlichte.

*sehen kann dein Angesicht*] In der Druckvorlage »sehen kann in dein Angesicht«. Bereits Sültemeyer hat einen Druckfehler unterstellt und sich für eine Konjektur entschieden.

Lit: Briefe 1970, S. 35. – Sültemeyer 1976, S. 26ff. und 157.

**Soldaten**

E: PT, Jg. 43, Nr. 34, 10.2.1918. – S. 8, »Von Josef Roth«

**Frühling**

E: PT, Jg. 43, Nr. 109, 12.5.1918. – S. 14, »Von Josef Roth (derzeit im Felde)«

**Nervenchok**

E: PT, Jg. 43, Nr. 232, 6.10.1918. – S. 13, »Von Joseph Roth (Prag)«

Der Autorenvermerk »Von Joseph Roth (Prag)« stellt den einzigen bisher bekannten Hinweis auf einen Aufenthalt Roths in Prag im Oktober 1918, mithin kurz vor Kriegsschluss, dar. Über die Dauer und den Zweck des Aufenthalts ist nichts überliefert. Möglicherweise handelte es sich um seinen ersten Besuch in der böhmischen Hauptstadt überhaupt; kein früherer ist belegt. Als sicher kann angenommen werden, dass er, wenn die Umstände es ihm erlaubten, nicht versäumt haben wird, auch erste persönliche Kontakte zu knüpfen. Roths eigene Behauptung, dass er sich bei Kriegsende in russischer Gefangenschaft befunden habe, ist längst widerlegt, in Wien ist er 1918 wiederholt bezeugt.

**Unter dem Protektorate**

E: PT, Jg. 44, Nr. 23, 26.1.1919. – S. 3, »Joseph Roth«

*Im zweiten Jahrgang, der ... »Großen Zeit«*] Ironisches Wortspiel, die phrasenreichen Veröffentlichungen des österreichischen Kriegspressequartiers betreffend, die die »Große Zeit« verherrlichten. Das Kriegspressequartier sah sich nicht zuletzt deshalb besonderem Spott ausgesetzt, weil dort viele bekannte Schriftsteller Zuflucht gesucht hatten, um vor dem Frontdienst bewahrt zu bleiben.

*Keines Medizäers Güte*] Aus der ersten Strophe von Schillers Gedicht »Die deutsche Muse«: »Kein Augustisch Alter blühte, / Keines Mediceers Güte / Lächelte der deutschen Kunst, / Sie ward nicht gepflegt vom Ruhme, / Sie entfaltete die Blume / Nicht am Strahl der Fürstengunst.«

*Gerhart Hauptmann ... Josef Lauff*] Die Zusammenstellung der beiden so ungleichen Dramatiker lässt erkennen, dass Roth vor allem auf Wilhelm II. zielt, der sich wiederholt gegen Hauptmanns naturalistische Dramen ausgesprochen und auch mit Sanktionen (Abbestellung der Hofloge etc.) nicht gezögert hat. Dagegen sah sich Joseph von Lauff (1855-1933, 1913 geadelt), zunächst Militär, später Dramaturg in Wiesbaden, vom Kaiser nachdrücklich gefördert. Der mittlerweile vergessene Dramatiker und Erzähler hat wiederholt Stoffe aus der Geschichte der Hohenzollern behandelt. Vgl. auch Roths Glosse »Der Herr Offizier« und »Brief aus dem Harz«.

*Vogel ... in den Zweigen*] Nach Goethes Roman »Wilhelm Meisters Lehrjahre«, das Lied des Harfenspielers (2. Buch, 11. Kapitel): »Ich singe, wie der Vogel singt, / der in den Zweigen wohnet.«

*seinen Habig*] Einen Hut der Wiener k. u. k. Hof-Hutfabrikanten P. & C. Habig.

*Gott erhalte*] Die Anfangsworte der Volkshymne, der Joseph Haydns berühmte Melodie zugrunde lag.

Lit: »Der Herr Offizier«, Vo, 15.7.1922 (I, 836-837). – »Brief aus dem Harz«, FZ, 14.12.1930 (III, 270-275, hier 274).

**Menschliche Fragmente**

E: PT, Jg. 44, Nr. 92, 17.4.1919. – S. 2, »Joseph Roth«

*Wasenmeister*] Abdecker.

**Die Straße**

E: PT, Jg. 44, Nr. 100, 27.4.1919. – Unterhaltungs-Beilage, S. (1), »Von Joseph Roth (Wien)«

**Frühling!**

E: PT, Nr. 44, Nr. 129, 1.6.1919. – Unterhaltungs-Beilage, S. (2), »Von Joseph Roth (Wien)«

**Wiener Hoffnungslichter. Die Nachtbeleuchtung der Wiener Cafés**

D: PT, Jg. 44, Nr. 141, 17.8.1919.– S. 3, »Josef Roth«. – E: DNT, 13.8.1919 (I, 118-119)

*Astarte von Sidon*] Korrigiert aus »Astarte und Sidon«; Astarte, die wichtigste weibliche Gottheit der Phönizier, identisch mit der babylonischen Ischtar, die Dido der Karthager, ist auch aus der Bibel bekannt (hebr. Aschtoreth); im antiken Sidon (heute Saida im südlichen Libanon) befand sich einer ihrer Tempel. Ursprünglich die Göttin des Venussterns, wurde sie neben dem Sonnengott Baal zur Mondgöttin, aber auch als Göttin des Krieges und des Todes sowie der Fruchtbarkeit verehrt. Ihre Priesterinnen waren zur Keuschheit verpflichtet, in ihren Tempeln brannte ein ewiges Feuer.

*Goethe ... Mehr Licht*] Die letzten Worte Goethes, wie sie nach mündlicher Überlieferung vom Weimarer Kanzler Friedrich von Müller gehört wurden, lauteten: »Macht doch den zweiten Fensterladen auf, damit mehr Licht hereinkomme.« Sie wurden, verkürzt und symbolisch verstanden, viel zitiert; auch in verändertem Kontext scherzhaft behandelt.

**Von Hunden und Menschen**

D: PT, Jg. 44, Nr. 224, 23.9.1919. – S. 3, sign. »J. R.« – E: DNT, 1.8.1919 (I, 95-96)

*Karl-Truppenkreuz*] Im Dezember 1916 von Kaiser Karl gestiftete Auszeichnung für Angehörige der k. u. k. Armee, die zwölf Monate an der Front gedient und mindestens an einer Schlacht teilgenommen hatten. Das Kreuz trug auf der Vorderseite die (lateinische) Inschrift »In Dankbarkeit Herrscher und Vaterland Karl Kaiser und König«.

**Herbst**

E: PT, Jg. 44, Nr. 235, 5.10.1919. – Unterhaltungs-Beilage, S. (2) »Joseph Roth«

**Das Märchen vom Sophiensaal**

D: PT, Jg. 44, Nr. 241, 12.10.1919. – S. 4, sign. »J. R.« – E: DNT, 3.8.1919 (I, 98-100)

*Sophiensaal*] Der große Saal des 1845-1849 von den Architekten Eduard von der Nüll und August Sicard von Sicardsburg erbauten Sophienbads konnte im Sommer (das Schwimmbecken wurde abgedeckt) als Tanz-, Konzert- und Versammlungssaal genutzt werden. Der Bau wurde wiederholt umgestaltet und erweitert. Ab 1938 diente er als Sammelstelle für zur Deportation bestimmte Juden. 2001 durch Brand zerstört.

*K*] Kronen.

*h*] Heller.

**Spaziergang in Schönbrunn**

D: PT, Jg. 44, Nr. 261, 7.11.1919. – S. 3, sign. »Josephus«. – E: DNT, 4.11.1919, u. d. T. »Schönbrunn. Die Besichtigung der Gemächer freigegeben« (I, 165-166)

*Kaiser Karl ... Kaiserin Zita*] Karl Franz Joseph I. (1887-1922), Großneffe und Nachfolger (1916-18) Kaiser Franz Josephs, war vermählt mit Zita, Prinzessin von Bourbon-Parma (1892-1989).

*Rosar*] Salvator R. (1615-1673), aus Neapel gebürtiger ital. Maler u. Radierer, auch Satiriker.

*Bett, auf dem Napoleon schlief und der Herzog von Reichstadt starb*] Kaiser Napoleon residierte nach der Einnahme Wiens 1809 in Schönbrunn. Sein Sohn Napoleon (1811-1832) aus der Ehe mit

Erzherzogin Maria Luise, trug zunächst den Titel eines Königs von Rom. Nach dem Sturz Napoleons zunächst »Prinz von Parma«, erhielt er 1818 die zum Herzogtum erhobene böhmische Herrschaft Reichstadt.

*Geschichte von Li-Hu-Tsang und Tai-Pe-To*] Nicht ermittelt.

**Das Taftkleid (Eine ukrainische Geschichte)**

E: PT, Jg. 44, Nr. 291, 13.12.1919. – S. 2, »Josef Roth«

*Kobsaren*] Blinde Volkssänger.

*Petljura*] Symon P. (1879-1926), ukrainischer Politiker, 1918 Hauptataman des ukrain. Heeres, 1919 Vorsitzender des Direktoriums der Ukrainischen Nationalrepublik, kämpfte mit polnischer Unterstützung vergeblich gegen die in die Ukraine eingedrungenen sowjetischen Truppen. Im Exil in Paris ermordet.

**Die Rote Armee**

D: PT, Jg. 45, Nr. 186, 8.8.1920 (Teilabdruck). – S. (1) -2, »Von Josef Roth«. – E: NBZ, 5.8.1920

Im Sommer 1920 berichtete Roth für die NBZ aus Ostpreußen über den polnisch-russischen Krieg. Der Artikel »Die Rote Armee«, war der längste und zuletzt erschienene von insgesamt zehn, die überliefert sind; im PT fast um die Hälfte gekürzt.

*Trotzki*] Leo T. (d.i. Lew Dawidowitsch Bronstein, 1879-1940), im Bürgerkrieg 1918-21 Organisator und Oberbefehlshaber der Roten Armee; unterlag nach Lenins Tod im Machtkampf mit Stalin und wurde auf dessen Betreiben im mexikanischen Exil ermordet. Schon vor der Oktoberrevolution hatte Trotzki lange im Ausland gelebt. In Roths unvollendetem Roman »Der stumme Prophet« sind in die Figur des Friedrich Kargan, eines heimatlosen europäischen Intellektuellen, offenbar Züge von Trotzki eingeflossen.

Lit: »Die rote Armee«, NBZ, 5.8.1920 (I, 315-322). – »Der stumme Prophet«, IV, 773-929. – S. Kaszyński, R.s Rapporte aus dem polnisch-bolschewistischen Krieg im Kontext seiner Journalistik. In: Stillmark 1996, S. 31-43.

**Herbst in Berlin**

E: PT, Jg. 45, Nr. 228, 26.9.1920. – S. 6, »Von Josef Roth«

*Wertheim und Tietz*] Die Kaufmannsfamilien Wertheim und Tietz besaßen, jede für sich, in Berlin mehrere Warenhäuser. Das 1896 von dem Architekten Alfred Messel erbaute Warenhaus des Wertheimkonzerns in der Leipziger Straße, das in den folgenden Jahren bis zum Leipziger Platz erweitert wurde, war zeitweilig das größte Europas. In der Leipziger Straße besaß auch die Familie Tietz seit 1900 ein Warenhaus, ein weiteres seit 1904 am Alexanderplatz.

*Spiel vom Leben des reichen Mannes*] Ironische Anspielung auf das »Jedermann«-Spiel, das Hugo von Hofmannsthal, unter Zugrundelegung der englischen Moralität »The Somonynge of Everyman« (1509), als »Das Spiel vom Sterben des reichen Mannes« (1911) in Zusammenarbeit mit Max Reinhardt wieder auf die Bühne brachte. Im Sommer 1920 erstmals auf dem Salzburger Domplatz aufgeführt, erlangte es für die damals gegründeten dortigen Festspiele besondere Bedeutung.

**Von Rittern und Rossen**

E: PT, Jg. 45, Nr. 278, 30.11.1920. – S. 3, »Von Josef Roth (Berlin)«

*»Tattersall« … Erfindung eines Mannes*] Richard Tattersall (1724-1795) eröffnete 1766 in London an der Südostecke des Hyde Park Stallungen mit Reithalle und Reitbahnen, im Anschluss daran 1779 Gesellschaftsräume, die auch als Wettbüro dienten.

*Eschstruth*] Nataly von E. (Mädchen- und Schriftstellername von N. von Knobelsdorff-Brenkenhoff, 1860-1939), vielgelesene Autorin sentimental-trivialer Frauenromane aus der Welt des Adels.

*auf stolzen Rossen*] Sarkastische Anspielung auf das einst bekannte Reiterlied »Morgenrot, leuchtest mir zum frühen Tod?« (von Wilhelm Hauff, 1824, nach traditioneller Vorlage). Die zweite Strophe lautet: »Kaum gedacht, kaum gedacht / war der Lust ein End' gemacht. / Gestern noch auf stolzen Rossen, / heute durch die Brust geschossen, / morgen in das kühle Grab!«

**Der Stuhl meines Schneiders**

D: PT, Jg. 45, Nr. 280, 2.12.1920. – S. 6, »Von Joseph Roth (Berlin)«, Teilabdruck. – E: NBZ, 3.11.1920 u. d. T. »Der Stuhl« die erste Episode der Folge »Aus der Unterwelt von Berlin«.

Der Artikelfolge »Aus der Unterwelt von Berlin« vorangestellt ist die Bemerkung: »Draußen sind die Menschen Passanten. Merkzeichen der Straße wie Straßenbahn, Zaunpfahl, Laterne, Kiosk. Zu Hause eröffnen sie sich. Ich habe an einigen Sonntagnachmittagen fremde Menschen besucht, denen es schlecht geht.«

Lit: »Aus der Unterwelt von Berlin«, NBZ, 3.-5.11.1920 (I, 390-392 und Roth 1994, 96-100, ebenfalls nur Teilabdrucke).

**Cochinchina**

D: PT, Jg. 45, Nr. 285, 8.12.1920. – S. 4, »Joseph Roth«. – E: DNT, 15.2.1920 – In neuer Bearbeitung behandelte Roth seinen Stoff ein weiteres Mal u. d. T. »Weihnachten in Cochinchina« (siehe S. 38-40).

*Cochinchina*] Kotschinchina, franz. Cochinchine, zunächst portugies. Bezeichnung für das Mekongdelta, später für den Südteil Vietnams. Mit dem Ende der franz. Kolonialherrschaft in Indochina kam der Name außer Gebrauch.

*König Laurins Rosen*] Nach einer alten Sage besaß der Zwergenkönig Laurin einen Rosengarten, dessen Schönheit die Feinde ins Land zog. Da verfluchte der König seine Rosen, die nicht mehr blühen sollten, weder bei Tag noch bei Nacht. Aber er hatte die Dämmerung vergessen. Nun erglühen die Felswände der Dolomiten bei Sonnenauf- und -untergang.

*Toblacher Hütte*] Toblach im Pustertal, schon Ende des 19. Jahrhunderts als Luftkurort und wegen seiner aussichtsreichen Umgebung (Sextener Bergwelt, Drei Zinnen) Touristenziel.

**Der Wochenmarkt der Modelle**

D: PT, Jg. 45, Nr. 290, 9.12.1920. – S. 3, »Von Joseph Roth«. – E: NBZ, 3.12.1920 (I, 410-412)

*Madame Dubarry*] Das ist Marie Jeanne Béci (1741-1793), verheiratete Gräfin Dubarry, Mätresse König Ludwigs XV. Das spätere Publikum kannte sie aus Ernst Lubitschs erstem großen Historienfilm (»Madame Dubarry«, 1919) und Carl Millöckers Operette (»Gräfin Dubarry«, Wien 1879), in der auch bereits für einen maßgeschneiderten Refrain gesorgt war (»Ja, so ist sie, die Dubarry ...«).

*Venus Anadyomene*] Der Beiname Anadyomene (»die dem Wasser Entstiegene«) bezieht sich auf ihre Herkunft: nach der Theogonie Hesiods aus dem Schaum des Meeres, nahe der Insel Kythera.

*Kalchas*] Ein Enkel des Apollon, dem er die Gabe der Weissagung verdankte. Prophezeite die zehnjährige Dauer des Trojanischen Krieges und forderte die Opferung der Iphigenie, um die von Athene verhängte Windstille bei der Ausfahrt von Aulis zu beheben; unterlag als Seher zuletzt im Wettstreit mit Mopsos und starb vor Kummer.

*wichtigstes Erlebnis*] Korrigiert aus »wichtiges Erlebnis«.

Lit: »Der Wochenmarkt der Modelle«, NBZ, 3.12.1920 (I, 419-412).

**Erwerbsloses Volk**

D: PT, Jg. 45, Nr. 200, 14.12.1920 (veränderte Fassung). – S. 4, »Von Joseph Roth«. – E: NBZ, 10.12.1920, u. d. T. »Erwerbsloses Volk. Wie die Arbeitslosen studieren«

Der Schluss lautet im Erstdruck: »Die Vertreter der Entente müßten einmal zu einem Erwerbslosenunterricht eingeladen werden, Und dann dürfen sie Deutschland die Aufnahme in den Völkerbund verweigern. Weil ein Volk, dessen Arbeitslose ins Museum studieren gehen, anders ist. – Mit Ludendorf haben wir nicht gesiegt. Sondern mit den Erwerbslosen.« – Dem Deutschen Reich blieb die Mitgliedschaft im 1920 auf Anregung des amerikanischen Präsidenten Wilson gegründeten Völkerbund mit Sitz in Genf bis 1926 verwehrt.

### Malvine Biviand, die Tänzerin

E: PT, Jg. 45, Nr. 291, 15.12.1920. – S. 4, »Joseph Roth (Berlin)« – Redaktionelle Vorbemerkung im PT: »Vor einigen Tagen endete die spanische Tänzerin Malvina Biviand durch Selbstmord in *Meran.*«

### Polizeibericht

D: PT, Jg. 45, Nr. 300, 25.12.1920. – Weihnachtsbeilage, »Von Joseph Roth (Berlin)«. – E: Berliner Tageblatt, 17.12.1920. –Wiederabdruck im PT am 26.2.1933, Beilage Der Sonntag, S. (I). Über den Anlass für den in dieser Form ganz unüblichen Wiederabdruck eines mehr als zwölf Jahre alten Artikels ist nichts bekannt. Möglicherweise ist das Datum zu beachten: der mit dem 30. Januar 1933 ins Werk gesetzte politische Umbruch in Deutschland, verbunden mit zahllosen Übergriffen der Polizeiorgane, samt einer täuschenden Berichterstattung über die wirklichen Vorgänge, beziehungsweise deren bürokratische Verharmlosung

*Schlesischen Bahnhofes*] Seit 1998 Berlin Ostbahnhof. Der Name »Schlesischer Bahnhof« wurde von 1881 bis 1950 verwendet.

*Kolomeika*] Ukrainischer Tanz, früher auch in Deutschland bekannt; von Gesang begleitet, sehr bewegt.

### Das Märchen vom Geiger

D: PT, Jg. 46, Nr. 1, 1.1.1921. – S. 9, »Von Joseph Roth«. – E: DNT, 28.12.1919

Bereits für Roths frühe erzählerische Versuche ist die Verwendung märchenähnlicher Formen charakteristisch. Das »Märchen vom Geiger« hat einen Vorläufer in dem 1916 in der ÖIZ erschienenen Prosastück »Die Geschichte vom jungen Musikanten und der schönen Prinzessin«, einer der ersten Veröffentlichungen Roths überhaupt. Drei Jahre später erschien in DNT der hier als Erstdruck bezeichnete Text, der für das PT offenbar von Roth selbst erneut überarbeitet wurde.

Lit: »Die Geschichte vom jungen Musikanten und der schönen Prinzessin«, I, 8ff., (ÖIZ, 20.8.1916). – Sültemeyer 1976, S. 29f.

### Lauter Juxen

E: PT, Jg. 46, Nr. 4, 6.1.1921. – S. 6, sign. »Von Josephus (Berlin)«

*Inter arma silent musae*] (lat.) Zwischen den Waffen schweigen die Musen.

### Die Welt ist klein

E: PT, Jg. 46, Nr. 17, 21.1.1921. – S. 5, »Von Joseph Roth (Berlin)«

### Weltuntergang

E: PT, Jg. 46, Nr. 34, 10.2.1921. – S. 3, »Von Joseph Roth (Berlin)«

**Autoritäten**

D: PT, Jg. 46, Nr. 43, 20.2.1921. – S. 5, »Von Joseph Roth (Berlin)« – E: BBC, 19.2. 1921

*Aorist*] (griech.) »unbegrenzt«. Altgriechische Zeitform.

*Damokles-Klassenbuch*] Ironische Wortbildung Roths nach dem Vorbild des »Damoklesschwerts«. Nach einer Erzählung Ciceros ließ der Tyrann Dionys der Ältere von Syrakus ein an einem Pferdehaar aufgehängtes Schwert über dem Höfling Damokles pendeln: Dieser hatte das immerwährende Glück des Dionys gepriesen, nun wurde ihm, während er an einer üppigen Tafel speisen durfte, vor Augen geführt, wie gefährdet das Leben der Mächtigen ist.

**Hellas**

E: PT, Jg. 46, Nr. 50, 1.3.1921. – S. 3, »Von Joseph Roth (Berlin)«

*Ein vertriebener König*] Konstantin I., König der Hellenen (1868-1923). Seine erste Regierungszeit 1913-1917, während derer er versuchte, im Ersten Weltkrieg die Neutralität Griechenlands zu bewahren, endete mit der von der Entente erzwungenen Abdankung. Im Dezember 1920 kehrte er nach einer Volksabstimmung zurück, verzichtete aber nach dem unglücklichen Ausgang des griechisch-türkischen Krieges endgültig auf den Thron.

*Thersites*] Von Roth wiederholt genannte (vgl. »Gespenster in Moskau«) Figur des trojanischen Sagenkreises; in der »Ilias« ein hässlicher und hetzerischer griechischer Krieger, der die Fürsten schmäht und von Odysseus gezüchtigt wird. In einer späteren Fassung der Sage wird er von Achill getötet. Er erscheint aber auch als ›realistische‹ Kontrastfigur, die das Volk vertritt. Hier Anspielung auf E. Venizelos (siehe unten).

*Oxytonon … Akutus*] Begriffe der griech. Betonungslehre. Der Absolvent des Brodyer Gymnasiums erklärt sie seinen Lesern vorsichtigerweise gleich selbst.

*Hera*] Die Gattin des Zeus.

*Kalogeropoulos*] Nikolaos K (1851-1927), griech. Politiker, 1916 und 1921 kurzzeitig Ministerpräsident, danach bis September 1922 noch Außenminister. In Roths Roman »Hotel Savoy« trägt der Hotelwirt, »der in geradezu kafkaesker Manier unsichtbar, unidentifizierbar ist und selbst nie in Erscheinung tritt« (Mehrens) den Namen Kaleguropulos.

*»Venizelos«*] Eleftherios Kyriakos V. (1864-1936), griech. Politiker, 1910-1915 zum ersten Male Ministerpräsident. Im Unterschied zur Neutralitätspolitik des Königs strebte er um erhoffter Territorialgewinne willen die Teilnahme Griechenlands im Krieg gegen die Mittelmächte an.

*Lombardos*] Nicht ermittelt.

Lit: »Gespenster in Moskau«, FZ, 28 1.1926 (II, 596-601), ebenso Roth 2010, S. 236-242, 460f. – Mehrens 2000, S. 59.

**Rundgang um die Siegessäule**

D: PT, Jg. 46, Nr. 64, 17.3.1921. – S. 4, »Joseph Roth (Berlin)«. – E: NBZ, 15.3.1921

*Siegessäule*] Auf dem Königsplatz (später Platz der Republik) im Berliner Tiergarten errichtetes, 1873 eingeweihtes Siegesdenkmal zur Erinnerung an die Kriege 1864, 1866 und 1870/71. Ein 5 m starker Säulenschaft, in dessen Kannelierungen drei Reihen vergoldeter dänischer, österreichischer und französischer Geschützrohre befestigt sind, trägt auf seinem von Adlern gebildeten Kapitell eine mehr als acht Meter hohe vergoldete Borussia. Das ursprünglich auch wegen seiner Proportionen umstrittene Denkmal (der Berliner Witz bezeichnete die Borussia als das einzige Berliner Mädchen ohne Verhältnis) wurde 1938 auf den Großen Stern versetzt und bei dieser Gelegenheit erhöht.

*Unfall*] Vielmehr ein im letzten Augenblick vereitelter Anschlag; das PT hatte bereits am 15. März auf der Titelseite darüber berichtet. Roth hat das Motiv auch in seinem Roman »Das Spinnennetz« verwendet (5. u. 6. Kap.)

Lit: »Das Spinnennetz«, IV, 63-146, hier S. 81ff.

**Christian Morgenstern (Aus Anlaß seines 50. Geburtstages)**

E: PT, Jg. 46, Nr. 78, 3.4.1921. – Unterhaltungs-Beilage, »Joseph Roth (Berlin)«

*Morgenstern*] Christian M. ( 1871-1914). Siehe auch Roths Bemerkungen über Morgensterns Kunst im Artikel »Klosterstraßen-Boheme«.

*Kämpfernaturen (Hebbelnaturen)*] Über Kunst und Weltanschauung des Dramatikers Friedrich H. (1813-1863) äußert Roth sich ausführlicher in seiner Besprechung von H.s »Die Nibelungen«.

Lit: »Klosterstraßen-Boheme«, BBC, 12.11.1921 (I, 677-678). – »Die Nibelungen«, Vo, 9.4.1924 (II, 146-148).

**Hotelfrühling**

D: PT, Jg. 46, Nr. 80, 7.4.1921. – S. 2, »Joseph Roth (Berlin)«. – E: NBZ, 1.4.1921, u. d. T. »Eine Stunde Millionär. Besuch in der Valutahalle«. Ein weiterer Nachdruck ist am 9.8.1921 in der PAZ erschienen (»Millionär für eine Stunde«)

**Die Rebellion der Totengräber**

D: PT, Jg. 46, Nr. 88, 16.4.1921. – S. 3, »Von Joseph Roth (Berlin)«. – E: NBZ, 13.4.1921

*Weißensee ... Stadt der Friedhöfe*] In dem erst 1920 nach Berlin eingemeindeten einstigen Dorf Weißensee entstanden – bedingt durch das günstige Verhältnis von Stadtnähe und noch unverbauten Flächen – mehrere große Friedhöfe, darunter auch der flächenmäßig größte jüdische Friedhof Europas.

**Stiefelputzer**

E: PT, Jg. 46, Nr. 95, 24.4.1921. – S. 4, »Von Joseph Roth (Berlin)«

*An der Quelle saß der Knabe*] Eingangsvers von Schillers Ballade »Der Jüngling am Bache«, vom Dichter auch in seinem Lustspiel »Der Parasit oder die Kunst, sein Glück zu machen« (nach L. B. Picard, 1769-1828) verwendet (IV, 4).

*just in der Friedrichstraße*] Bereits in der Kaiserzeit, mehr noch in den Jahren nach dem Ersten Weltkrieg, hatte sich die Friedrichstraße zu einer Amüsiermeile entwickelt.

**Rabindranath Tagore in Berlin**

D: PT, Jg. 46, Nr. 131, 7.6.1921. – S. 2, »Joseph Roth (Berlin)«. – E: BBC, 3.6.1921, u. d. T. »Rabindranath Tagore«

*Tagore*] Rabindranath T. (1861-1941), indischer Dichter, Philosoph und Maler (Nobelpreis für Literatur 1913), in der ersten Hälfte des 20. Jahrhunderts in der westlichen Welt begeistert aufgenommen.

*Harnack*] Adolf von H. (1951-1930), evangelischer Theologe (Patristiker), 1914 geadelt, der maßgebliche Repräsentant des Kulturprotestantismus der Kaiserzeit, zuletzt Ordinarius in Berlin; auch Rektor.

*Camera obscura*] (lat.) »dunkle Kammer«; ein lichtdichter Kasten mit einem Loch auf der einen und einer Mattscheibe auf der anderen Seite; Lochkamera.

*Meßterwoche*] Die erste deutsche Wochenschau (1914), deren Name auf den Kinotechniker Oskar Eduard Meßter (1866-1943) zurückgeht.

**Das neue Heim**

E: PT, Jg. 46, Nr. 167, 19.7.1921. – S. 6, »Von Joseph Roth (Berlin)«

*Der rote Richard*] Der ›Zeitungskellner‹ im »Café des Westens«, der seine Funktion mit Schließung des Hauses einbüßte. Roth hat dem »Beherrscher des gesamten in- und ausländischen Lesestoffs« später noch einen eigenen Artikel gewidmet (»Richard ohne Königreich«). Auch Géza von Cziffra, der viele Personen und Vorgänge in Roths Umfeld kannte, hat ihn beschrieben, denn er war »für Journalisten ein wichtiger Mann. Von ihm hing es ab, ob und wie schnell jemand die neueste, soeben eingetroffene Nummer der ›Times‹, des ›Paris Soir‹ oder irgendeiner ausländischen Zeitung in die gierigen Hände bekam. Gierig, weil die Zeitungsschreiber auf die ausländischen Zeitungen angewiesen waren, um ihre ›Auslandsberichte‹ oder politischen Kommentare schreiben zu können.« (Bienert)

*Letzten Abend des Cafés des Westens*] Das 1898 begründete, an der Ecke Kurfürstendamm /Joachimsthaler Straße gelegene Café (bekannt auch als »Café Größenwahn«) war literarisch denkwürdig als Geburtsstätte des Pariser Vorbildern folgenden deutschen Kabaretts; später Treffpunkt der Expressionisten. 1913 wurde im prächtigen Neubau des Union-Palasts (1924 Ufa-Palast) am Kurfürstendamm das ›neue‹ Café des Westens eröffnet, die Künstler zogen aber in der Mehrzahl nicht mit; das alte Café blieb daher noch bis 1921 bestehen.

*Hardt*] Ludwig H. (1886-1947), zunächst Schauspieler, später vorzugsweise Vortragskünstler und Rezitator, arbeitete nach 1933 noch für den jüdischen Kulturbund. Emigrierte 1937 nach Österreich, von dort 1938 in die Tschechoslowakei, 1939 in die USA. Von einer Kafka-Lesung Hardts zeigte sich Roth tief beeindruckt, siehe Nachwort, S. 568.

*Romanische Café*] Im »Romanischen Haus« (eigentlich das – weniger bekannte – »Zweite Romanische Haus«) am Kurfürstendamm (jetzt Budapester Straße 43), einem besonders misslungenen wilhelminischen Prachtbau, zunächst als Konditorei des 1899 eröffneten Hotels Kaiserhof, seit 1916 als Kaffeehaus geführt, Treffpunkt für Künstler und Intellektuelle, besonders auch nachdem das ›alte‹ »Café des Westens« 1921 endgültig geschlossen worden war. 1943 ausgebrannt, später abgerissen.

*Pauli*] Ernst Pauly übernahm das Café des Westens 1904.

Lit: »Richard ohne Königreich«, NBZ, 9.1.1923 (I, 909-912). – Bienert 1996, S. 268. – »Ludwig Hardt rezitiert Kafka«, FZ, 8.11.1924 (II, 275f.).

**Kinder**

D: PT, Jg. 46, Nr. 216, 15.9.1921. – S. 3, »Von Joseph Roth (Berlin)«. – E: BBC, 11.9.1921

*Klante*] Gemeint ist offensichtlich der Wettbetrüger Max Klante (1882/83-1950), der am 12. September 1921 verhaftet worden war. Er hatte im Mai 1920 in Berlin einen Wettkonzern gegründet und warb um Kredite, für die er je Jahr 600 % Zinsen zu zahlen versprach. Bald konnte er in allen größeren deutschen Städten Filialen eröffnen, im Dresdner Polizeipräsidium gab es sogar eine eigene Annahmestelle für Polizeibeamte. 640 000 Menschen vertrauten ihm ihr Geld an. Sein Konkurs 1921 erregte großes Aufsehen.

*Geliebte Roswolskys*] »Die Geliebte Roswolskys«, deutscher Spielfilm (1921) mit Asta Nielsen und Paul Wegener in den Hauptrollen.

*Edel sei der Mensch* ...] Zitat nach Goethes Gedicht »Das Göttliche«.

Lit: »Buchmacher Klante«, I. 641-643 (BBC, 28.8.1921).

**Reise**

D: PT, Jg. 46, Nr. 233, 5.10.1921. – S. 1, »Joseph Roth«. – E: BBC, 2.10.1921

**Nackttänze**

D: PT, Jg. 47, Nr. 14, 17.1.1922. – S. 3, »Von Joseph Roth (Berlin)«. – E: BBC, 15.1. 1922

*Celly de Rheydt*] Das ist Cäcilie Schmidt (aus Rheydt gebürtig).

*Die Hörselbergszene*] Die Eingangsszene des ersten Aktes in Richard Wagners Oper »Tannhäuser oder Der Sängerkrieg auf der Wartburg«. Die Hörselberge, östlich von Eisenach, die im Großen Hörselberg gipfeln, sind sagenumwoben; dort ist seit dem Spätmittelalter auch der Zaubersitz der Frau Venus, feiern Nymphen und Jünglinge das Fest der Liebe.

*Reigen-Prozeß*] Der Berliner Aufführung von Arthur Schnitzlers »Reigen« folgte der Prozess wegen »Erregung öffentlichen Ärgernisses« (5. bis 12. November 1921). Roth hatte mit einem »Epilog zum ›Reigen‹-Prozeß« dazu Stellung genommen, auf den Freispruch auch noch mit einem weiteren Artikel, »Sieg der Vernunft«, reagiert.

Lit: »Epilog zum ›Reigen‹-Prozeß«, BBC, 6.11.192 (1I, 679-681). – »Sieg der Vernunft. Der Freispruch im ›Reigen‹-Prozeß«, BBC, 16.11.1921 (I, 681-683).

**Der Spruch an der Wand**

D: PT, Jg. 47, Nr. 16, 19.1.1922. – S. 3, »Von Joseph Roth (Berlin)«. – E: BBC, 17.1.1922

**Der Chauffeur Kaiser Karls**

E: PT, Jg. 47, Nr. 29, 3.2.1922. – S. 3, sign. »J. R. Berlin, im Feber«

*Franz Ferdinand*] Erzherzog Franz Ferdinand von Habsburg-Este, nach dem Tod von Kronprinz Rudolf 1889 Thronfolger; in Sarajewo ermordet.

*Kaiser Karls des Letzten*] Roths saloppe Formulierung hat Anteil an der Geringschätzung, mit der die Persönlichkeit des letzten Kaisers von Österreich (s. S. 493, Anm. zu »Spaziergang in Schönbrunn«) und seine kurze Regierungszeit vielfach betrachtet wurden. Seine Friedensbemühungen wurden ihm als Schwäche, in Deutschland auch als Unzuverlässigkeit gegenüber dem Verbündeten ausgelegt. Roth hat Karl schriftlich übrigens nur sehr selten erwähnt. Im tieferen Sinn blieb für ihn Franz Joseph der »letzte« Kaiser.

*gegenwärtige österreichische Staatsoberhaupt*] Der österreich. Jurist und Politiker Johannes Schober (1874-1932), 1918 Polizeipräsident von Wien, wurde vom Nationalrat 1921 zum Bundeskanzler gewählt; er verlor dieses Amt 1922 wieder und wurde erneut (bis 1929) Polizeipräsident. »Staatsoberhaupt« im Sinne der Verfassung war jedoch der Bundespräsident, 1920 bis 1928 Michael Hainisch.

*Konopischt*] Konopiště, südöstlich von Prag, nahe Benešov (Beneschau), seit dem 16. Jahrhundert zu einem Schloss erweiterte Burg, die nach 1889 zur ländlichen Residenz Franz Ferdinands ausgebaut wurde.

*Gräfin Chotek*] Sophie Gräfin Chotek von Chotkowa und Wognin, 1909 Herzogin von Hohenberg (1868-1914), die morganatische Gemahlin Erzherzog Franz Ferdinands, an dessen Seite sie in Sarajevo ermordet wurde. Roths Bemerkungen über ihre Haushaltsführung sind nicht ohne versteckte Spitzen. Die Herzogin galt als geizig und als bei ihrem Personal wenig beliebt.

*historischen Begegnung*] Im Juni 1914 besuchten der deutsche Kaiser Wilhelm II., begleitet von Reichskanzler v. Bethmann-Hollweg und Großadmiral Tirpitz, den Erzherzog-Thronfolger in Konopischt. Über die dort damals geführten politischen Gespräche, nicht zuletzt im Hinblick auf einen möglichen österreichischen Angriff auf Serbien, ist in der zeitgenössischen Presse und auch später viel gemutmaßt worden, um konkrete Pläne handelte es sich aber offenbar nicht.

*König Ferdinand*] Ferdinand, Prinz von Sachsen-Coburg und Gotha (1861-1948), 1887 König der Bulgaren, dankte nach der Niederlage des im Ersten Weltkrieg mit den Mittelmächten verbündeten Bulgariens zugunsten des Kronprinzen Boris ab.

*Freundin des alten Franz Joseph*] Katharina Schratt, verh. Kiss von Ittebe (1853-1940), von 1883 bis 1900 Schauspielerin am Burgtheater, Vorleserin der Kaiserin Elisabeth, dem Kaiser in einer engen privaten Beziehung verbunden.

*Torrato*] Gemeint ist offenbar der Unfall, bei dem der Kaiser 1917 an der Südfront, nach dem Sieg bei Tolmein, fast ertrunken wäre. Sein Wagen blieb in einer Furt des an sich sehr seichten Flusses Torrente di Torre stecken; beim Versuch, das Ufer zu erreichen, wurde er von der Flut erfasst und abgetrieben; sein Schwager Prinz Felix von Bourbon-Parma, der ihn als Ordonnanzoffizier begleitete, rettete ihn.

Lit: H. Rieder, Kaiser Karl. Der letzte Monarch Österreich-Ungarns 1887-1922. München 1981, S. 94.

**Die tönende Mauer**

D: PT, Jg. 47, Nr. 30, 4.2.1922. – S. 3, »Von Joseph Roth (Berlin)«. – E: NBZ, 24.1. 1922, u. d. T. »Die tönende Mauer. Liebesbriefe und andere Korrespondenzen«– Der Abdruck im PT war offensichtlich durch einen Satzfehler verstümmelt. Die Passage in eckigen Klammern am Ende des Artikels wurde nach dem Erstdruck in der NBZ ergänzt (I, 718).

**Ballett**

D: PT, Jg. 47, Nr. 46, 23.2.1922. – S. 2, »Joseph Roth (Berlin)«. – E: NBZ, 14.1.1922, u. d. T. »Ballettprobe«

*Thyrsosstäbe*] Lange, oft mit Weinlaub umwundene Stäbe. Attribut des Dionysos und seiner Anhänger.

**Sechstage-Rennen**

D: PT, Jg. 47, Nr. 47, 24.2.1922. – S. 3, »Von Joseph Roth (Berlin)«. – E: BBC, 18.2.1922 – Redaktionelle Vorbemerkung im PT: »Das Berliner Sechs-Tage-Rennen hat gestern seinen Abschluß gefunden. Folgende Skizze zeigt die Raserei während der sechs Tage.«

Roth hat 1922 zum ersten Mal über das Sechstagerennen berichtet, das seit 1911 im ein Jahr zuvor eröffneten Berliner Sportpalast in der Potsdamer Straße stattfand; sein Artikel wurde außer im Pt noch dreimal in anderen Zeitungen nachgedruckt. Drei Jahre später schrieb Roth, diesmal für die »Frankfurter Zeitung«, über das XIII. Berliner Sechstagerennen, das vom 25. bis 31. Januar 1925 in der Automobilausstellungshalle II am Kaiserdamm durchgeführt wurde. Die expressionistisch anmutenden Stilmittel, die 1922 zum Einsatz kamen, lassen die Dynamik des Rennens, die sich im nie rastenden Leben der Großstadt vor den Toren des Sportpalastes fortsetzte, stärker spüren als der zweite, ausführlichere Bericht von 1925, der eher aufzählend verfährt. Die Distanz, die der Berichterstatter angesichts des Spektakels empfindet, lassen beide Beiträge erkennen, aber die ironische Skepsis nahm zu. Wird 1922 mit Bezug auf die Genesis bemerkt, sechs Tage habe Gott darauf verwandt, die Welt zu erschaffen, geht im zweiten Beitrag die Erinnerung dahin, Gott habe den Menschen erst am sechsten Tag erschaffen, der Zusatz lautet: »Es hat sich gelohnt.« Während die Radler noch ihre Runden drehen, schlummern »draußen« die Chauffeure. »Ein Teil von dem Geldregen, der drinnen niedergeht, tropft auch über sie. Darauf haben sie gewartet. So lebt eins vom anderen. Das ist der Sinn der Welt.«

*Sechs Tage*] Nach dem Vorbild der beliebten »Six days«, die seit 1896 jedes Jahr im New Yorker Madison Square Garden ausgetragen wurden, fand 1909 das erste Berliner Sechstagerennen in den Ausstellungshallen am Zoologischen Garten statt, dem bis 1914 alljährlich weitere Rennen folgten; sodann 1919 und 1922, woraufhin der Rhythmus sich wieder normalisierte.

*Euripideische Tragödie ... drei Tage*] An vier, später an drei Tagen wurden von dem höchsten Staatsbeamten ausgewählte Stücke vorgestellt. Die Besucher der sechstägigen Dionysien erwartete jedoch, über die künstlerischen Darbietungen hinaus, auch ein Anwesenheitsgeld. Der attische Himmel leuchtete einem mit Bedacht subventionierten Staatstheater. »Begründet in der Tyrannis, wurde das Theater als ein Instrument der Beeinflussung und Propaganda von der Demokratie übernommen. [...] An jedem Tage drei Tragödien, und die dazugehörige Komödie, alle vom gleichen Autor. Jeder Dramatiker hatte also einen ganzen Tag für sich allein.« (G. Hensel) Roth rafft und vereinfacht, aber schwerlich ist es Zufall, dass er nur Euripides (vor 480-406 v. Chr.) nennt. Unter den großen Tragikern ist er der Aufklärer und Psychologe, ein entlarvender und skeptischer Geist. Preise hat er, als unbequem, nur sehr selten gewonnen. So gern Roth mit seiner gymnasialen Bildung spielt, Euripides war ihm vermutlich mehr als eine Pflichtlektüre.

Lit: Siegel 1995, S. 182.- »Das neunte Berliner Sechstage-Rennen. 17. bis 23. Februar 1922 im Sportpalast«. Nach Berichten der Rad-Welt zusammengestellt und reich illustriert von Fredy Budzinski. Verlag der Rad-Welt SW. 68, Neuenburger Str. 8. – »Das XIII. Berliner Sechstagerennen«, FZ, 20.2.1925 (II, 331-335). – G. Hensel, Spielplan. München, Bd.1, 2., erw. u. überarbeitete Aufl. 1992, S.24 u. 27.

**Artisten und Friseure**

E: PT, Jg. 47, Nr. 71, 24.3.1922. – S. 3, »Von Joseph Roth (Berlin)«

*Poilu*] Von (franz.) le poil (Körper-, Bart-) Haare, seit dem Ersten Weltkrieg Spitzname für franz. Soldaten.

*Bellachini, der berühmte Gedankenleser*] Der Ruf des vielseitigen Zauberkünstlers Samuel Bellachini (1828-1885) war im 19. Jahrhundert so dominierend, dass nach seinem Tod andere Magier sich seines Namens bedienten.

*Rickelt*] Gustav R. (1862-1946), Schauspieler, 1914-1927 Präsident der Genossenschaft deutscher Bühnen-Angehöriger (GDBA).

**Revolution der Kinderreichen**

E: PT, Jg. 47, Nr. 74, 29.3.1922. – S. 7, »Von Joseph Roth (Berlin)«. – E: BBC, 26.3.1923

**Die Heimkehr des Imre Ziska**

D: PT, Jg. 47, Nr. 76, 31.3.1922. – S. 3, »Joseph Roth«. – E: BBC, 26.3.1922

*Preßburger Hotelzimmer*] Pressburg, dt. Name von Bratislava.

**Sadhu Sundar Singh**

E: PT, Jg. 47, Nr. 83, 8.4.1922. – S. 6, »Von Joseph Roth (Berlin)«

*Weib des Pharao*] Ernst Lubitschs »Das Weib des Pharao« kam 1922 in die Kinos und wurde ein großer Erfolg; der Film blieb als eines der bestgelungenen Werke der Stummfilmära in Erinnerung.

*Fridericus rex*] Zwischen 1920 und 1923 entstanden insgesamt vier Fridericus-Rex-Filme (1. Teil »Sturm und Drang«; 2. Teil »Vater und Sohn«; 3. Teil »Sanssouci«; 4. Teil »Schicksalswende«), die beim Publikum erfolgreich waren und denen in den späteren Jahren der Republik und während der NS-Diktatur noch weitere folgten.

**6647**

D: PT, Jg. 47, Nr. 87, 13.4.1922. – S. 6, unsigniert. – E: BBC, 7.4.1922, u. d. T. »6647«, – Redaktionelle Vorbemerkung im PT: »Im ›Berl. Börsenkurier‹ schreibt Josef Roth:«

**Armenierpsychose**

E: PT, Jg. 47, Nr. 97, 26.4.1922. – S. 7, »Von Joseph Roth (Berlin)«

*Freunde Talaat Paschas*] Siehe »Die namenlosen Toten«, S. 128 u. Anm.

*»Union et Progres«*] (franz.) Einheit und Fortschritt.

*Unter dem Vorsitz ... Kischs*] Egon Erwin K. (1885-1948), Prager Journalist und Schriftsteller, mit Roth seit dessen journalistischen Anfängen bei den Nachkriegsgründungen »Der Friede« und »Der Neue Tag« gut bekannt. Der »rasende Reporter« war 1921 von Prag nach Berlin übergesiedelt, wo er bis 1933 lebte, von wo aus er aber zwischenzeitlich große Reisen unternahm. Roth hat wiederholt über Kisch geschrieben (siehe »Die Abenteuer in Prag«, S. 552 und »Nachwort« S. 580ff.).

Lit: Patka 1997, passim, besonders »5. Exkurs. Partner in Literatur und Ironie – Joseph Roth«.

**Die Mutter**

D: PT, Jg. 47, Nr. 98, 27.4.1922. – S. 2, »Von Joseph Roth (Berlin)«. – E: BBC, 25.4. 1922

Roth hat zu Beginn seiner journalistischen Tätigkeit viele Male ›aus dem Gerichtssaal‹ berichtet, handelte es sich doch um einen Bereich, den man in der Redaktion nicht ungern einem Newcomer überließ. Für das PT – der Artikel »Die Mutter« ist in diesem Zusammenhang der erste seiner Art – schrieb er nicht als lokaler Gerichtsreporter, und es handelte sich im vorliegenden Fall auch sicher nicht um eine Auftragsarbeit. Vielmehr verhielt es sich wohl so, dass er Texte einschickte oder über eine Agentur anbot, was auch außerhalb Berlins verwendbar schien.

*Kriminal*] Österr. veraltet für Strafanstalt, Zuchthaus.

Lit: F. Hackert, »Der fleißige Chroniker kriminalistischer Ereignisse«. Die Gerichtsreportagen Joseph Roths, in: Eicher 2010, S. 69-80. – H. Chambers, »Eine ganze Welt baut sich im Gerichtssaal auf«. Law and order in the Reportage of Joseph Roth and Gabriele Tergit. In: Vienna meets Berlin. Cultural Interaction 1918-1933. Hrsg. von John Warren u.a., Oxford u.a. 2005, S. 95-108.

**Die Gezeichneten**

E: PT, Jg. 47, Nr. 100, 29.4.1922. – S. 3, »Von Joseph Roth (Berlin)«.

*weite Hosen*] Auch »breite« könnte gemeint sein. In der Druckvorlage »beite«.

**Das Ende der Spielklubs**

E: PT, Jg. 47, Nr. 105, 6.5.1922. – S. 7, »Von Joseph Roth (Berlin)«

**H-moll-Symphonie**

D: PT, Jg. 47, Nr. 118, 23.5.1922. – S. 3, »Von Joseph Roth (Berlin)« – E: BBC, 21.5.1922

*H-moll-Symphonie*] Franz Schuberts 8. Sinfonie (die »Unvollendete«).

*Chopinsche Marsch*] Frédéric Chopin, Klaviersonate Nr. 2, op. 35 (»Marche funebre«).

*die Barkarole*] Die Barkarole aus Offenbachs Oper »Hoffmanns Erzählungen«.

*Wallace*] Oliver George W. (1887-1963), brit.-amerikan. Komponist und Dirigent, wurde besonders durch Filmmusiken bekannt.

**Frau Prompteux**

D: PT, Jg. 47, Nr. 126, 1.6.1922. – S. 3, »Joseph Roth (Berlin)«. – E: BBC, 28.5.1921

**Rings um »Consul«**

E: PT, Jg. 47, Nr. 156, 7.7.1922. – S. 3, sign. »J. R. Berlin, im Juli«

Über Roths Informationsquellen – er stützte sich sicherlich auch auf mündliche Informanten – ist kaum etwas überliefert, sie sind, wie die Personenverwechslung am Beispiel des »Regiments Reinhardt« zeigt, auch nicht durchgehend zutreffend oder nicht zutreffend wiedergegeben. Von Bedeutung sind seine Angaben gleichwohl – und waren es offenbar auch für die Redaktion –, als Ausdruck seiner nur zu berechtigten Sorge über die ›Gefahr von rechts‹, die der noch ungefestigten Republik nicht nur von der zahlenmäßig noch kleinen NSDAP drohte.

*»Consul«*] Die »Organisation Consul« (O. C.) war eine terroristische Geheimgesellschaft, die nach dem Scheitern des Kapp-Putsches

1920 von Hermann Ehrhardt, dem Kommandeur der aufgelösten Marine-Brigade Ehrhardt, zur Fortsetzung des Kampfes gegen die Republik gegründet wurde. Am 21. Juli 1922 wurde sie im Zuge des Republikschutzgesetzes verboten. In Roths Reportagen über den Rathenau-Prozess wird auf die »Geheimnisse der Organisation C.« wiederholt Bezug genommen«

*Luxemburg*] Rosa L. (1870/1871-1919), Politikerin, floh 1898 aus dem damals russischen Teilungsgebiet Polens, wurde in Deutschland Mitglied der SPD, für die sie als Journalistin, Dozentin an der zentralen Parteischule, mitreißende Rednerin wirkte; wiederholt zu Gefängnis verurteilt bzw. in »Schutzhaft« genommen. Sie wurde im Dezember 1918 Mitbegründerin der KPD, im folgenden Januar in Berlin erneut verhaftet und von einem Offizier ermordet. Die Leiche wurde von Soldaten in den Landwehrkanal geworfen.

*Prinz Oskar*] Oskar Prinz von Preußen (1888-1958), der fünfte Sohn Kaiser Wilhelms II., Generalmajor: stand politisch nach dem Ersten Weltkrieg dem »Stahlhelm« und der Deutschnationalen Volkspartei nahe. Er war als entschiedener Gegner der Nationalsozialisten bekannt. Siehe auch den Artikel »Wiederbelebung durch 20000 Zinnsoldaten« über eine Ausstellung, die von ihm eröffnet wurde.

*Westarp*] Kuno Graf von W. (1864-1945), Vorsitzender der Deutschnationalen Volkspartei.

*Heimatbund der Königstreuen*] Gegründet 1921 als »Bayerischer Heimat- und Königsbund in Treue fest«; strebte die Wiederherstellung der Monarchie in Bayern an. Existiert (mit veränderter Zielsetzung) weiterhin als »Bayernbund«.

*Ludendorff*] Erich L. (1865-1937), preußischer Militär, im Ersten Weltkrieg an der Seite Hindenburgs von beherrschendem Einfluss auf die Kriegsführung und Politik des Kaiserreichs, sympathisierte nach dessen Zusammenbruch mit Gegnern der Republik, zunächst mit Kapp, später mit Hitler. Roth äußerte sich über ihn stets mit ausgeprägter Abneigung. Siehe etwa sein »Berliner Bilderbuch«: »Ich habe Ludendorff in der Nähe gesehen. Er wohnt im Hotel Exzelsior. Er sieht aus wie ein arrivierter Mensch aus dem ehrenhaften Gastgewerbe, wie ein Hotelier etwa. Er hat ein starkes Doppelkinn, einen Bauch, wäßrige Augen und den Blick einer gutbürgerlichen, in bescheidenen Grenzen gehaltenen Menschlichkeit. Es ist ein Trost, diesen Mann zu sehen und festzustellen, daß er ein braver, irregeleiteter Spießbürger ist. Dieser Mann konnte nur im Lande der Spießbürger gefährlich werden. Es scheint, als hätte er den Hochverrat betrieben, wie ein bürgerliches Gewerbe. – Er ist der Gastwirt der Reaktion.«

*Kapp-Putsch*] Der von dem konservativen Politiker Wolfgang Kapp (1858-1922) und dem General Walther Frhr. von Lüttwitz (1859-1942) geleitete Umsturzversuch gegen die Reichsregierung im März 1920, der nach wenigen Tagen zusammenbrach.

*Regiment Reinhard*] Das Freikorps Reinhard (korrigiert aus »Reinhardt«) wurde im November 1918 von Wilhelm Reinhard (1869-1955), im Kaiserreich zuletzt Oberst, gegründet. Es war 1919 an der blutigen Niederwerfung des Spartakusaufstandes beteiligt und ging später in der Reichswehr auf, während Reinhard selbst den Dienst quittierte, später Mitglied der NSDAP wurde, über die SA zur SS kam und bis zum SS-Obergruppenführer (und auch General der Infanterie a. D.) aufstieg. – Dagegen war Generalmajor Walther Reinhardt (1872-1930) z. Zt. des Kapp-Putsches Chef der Heeresleitung; er forderte vergeblich den Einsatz der Reichswehr gegen die Putschisten und trat nach Beendigung der Krise zurück.

*»Stahlhelm«*] »Der Stahlhelm. Bund der Frontsoldaten«, 1918 gegründet, entwickelte sich, neben den Gewerkschaften, zur größten außerparteilichen Organisation der Republik. 1930 zählte der Bund ca. 500000 Mitglieder.

Lit: »Berliner Bilderbuch«, DD, 3.6.1924 (II, 118). – [»Leipziger Prozess gegen die Rathenau Mörder«], hier: »Jawoll, Herr Präsident«, NBZ, 6.10.1922 (I, 877). – »Wiederbelebung durch 20 000 Zinnsoldaten«, FZ, 23.9.1924 (II, 247-249).

**Das Haus der Vernünftigen**

E: PT, Jg. 48, Nr. 30, 7.2.1923. – S. 3, »Von Joseph Roth (Berlin)«. – Der Abdruck im PT war offensichtlich durch einen Satzfehler verstümmelt. Die Passage in ekkigen Klammern zu Beginn des Artikels wurde ergänzt nach dem Nachdruck des Artikels in der FZ vom 17.2.1923 (»Das Haus der 100 Vernünftigen«; I, 929).

*Dementia praecox*] (lat.) »vorzeitige Demenz«; (veraltete) Bezeichnung für Schizophrenie.

**Die namenlosen Toten**

D: PT, Jg. 48, Nr, 32, 9.2.1923. – S. 7, »Von Joseph Roth (Berlin)« – E: NBZ, 17.1.1923, u. d. T. »Die Toten ohne Namen«

*Die namenlosen Toten … Polizeikommission*] Im Erstdruck folgt: »Sooft ich das Schaufenster eines Photographen sehe, die Bilder der Lebenden, der Brautleute, der Konfirmationskinder, die lächelnden Gesichter, die weißen Schleier, den papierenen Blumenschmuck, die Orden eines Exzellenzporträts […] – denke ich an jenen Kasten der Toten in der Polizei. Er sollte dort nicht im Korridor des Polizeipräsidiums hängen, sondern irgendwo, an weit sichtbarem Platz, in der Mitte der Stadt, deren Sinnbild er ist. Die Schaufenster mit den Porträts der Lebendigen, der Feierlichen, der festlich Gesinnten geben eine falsche Vorstellung vom

Leben. […] In der Meßterwoche [d.i. die Wochenschau im Kino, siehe die Anm. zu »Rabindranath Tagore in Berlin] müßten diese belehrenden Photographien gezeigt werden, nicht nur die ewigen Paraden, Fronleichnamszüge des Patriotismus, die Badeorte mit den Springbrunnen, den Sonnenschirmen, den magenbitteren Sprudeln, den Terrassen mit Wagnermärschen. So schön ist das Leben nicht, wie man infolge der Meßterwoche glauben könnte.«

*Photographenschaukästen*] In Roths Roman »Rechts und Links« kehrt dieses Motiv wieder: »Er hielt sich vor dem Kasten mit den Photographien unbekannter Leichen auf […] ›Nicht wahr, ein schönes Familienalbum‹, sagte plötzlich eine Stimme hinter ihm.« (8. Kap.)

*Talaat Pascha*] Mehmet Tal'at (Talaat) Pascha (1872-1921), aus Bulgarien gebürtiger osmanischer Politiker, führendes Mitglied im 1908 bzw. 1909 zur Macht gelangten jungtürkischen Komitee, wurde Innenminister, 1917 Großwesir. Verantwortlich für den Genozid an den Armeniern. Floh 1918 nach Berlin, wurde am 15.3.1921 von einem armenischen Studenten ermordet.

Lit: »Die Toten ohne Namen«, I, 914-916. – »Rechts und Links«, IV, 677f. – H. Chambers, »Die Toten ohne Namen«: Gewaltsamer Tod in der Großstadt in Reportagen von Joseph Roth, Theodor Fontane und Egon Erwin Kisch. In: Eicher 2010, S. 81-97.

**Das Schiff der Auswanderer. An Bord der »Pittsburgh«**

D: PT, Jg. 48, Nr. 40, 18.2.1923. – S. 10, »Von Joseph Roth (Berlin)«. – E: NBZ, 15.2.1923

*Kowel*] Stadt in der Ukraine, bis 1939 polnisch, mit hohem jüdischen Bevölkerungsanteil.

*Traurigsten Osten Berlins … Hirtenstraße*] Im Scheunenviertel, über das Roth wiederholt geschrieben hat, speziell auch über die Hirtenstraße. »So traurig ist keine Straße der Welt. Die Hirtenstraße hat nicht einmal die hoffnungslose Freudigkeit eines vegetativen Schmutzes.« (»Juden auf Wanderschaft. Die westlichen Gettos. Berlin.«)

Lit: »Im Scheunenviertel« (Bienert 1996, S. 71-89). – »Juden auf Wanderschaft« II, 827-902; hier S. 867.

**Ahnenfabrik G. m. b. H.**

E: PT, Jg. 48, Nr. 49, 1.3.1923. – S. 8, »Von Josef Roth (Berlin)«

*Armin … ein Cherusker aus Leitmeritz*] Ironisches Wortspiel mit dem röm. Namen (Arminius) von Hermann, dem Fürsten der Cherusker, nach denen eine farbentragende Studentenverbindung (Cheruscia) sich nannte, die so ihre nationale Gesinnung bezeugte. Leitmeritz (Litomerice) liegt in Nordböhmen.

*Ein Klavierspieler massakrierte die Barkarole*] Siehe »H-Moll-Symphonie«, S. 117 und Anm.

*Der völkische »Hammer«*] »Der Hammer. Blätter für deutschen Sinn« (1902-1940) erschien im ebenfalls 1902 gegründeten Hammer-Verlag, Leipzig.

*Zeitschrift des Grafen Reventlow*] Ernst Graf zu R. (1869-1943), ursprünglich Marineoffizier, aber ein Gegner der Flottenbaupolitik Wilhelms II., schied 1899 aus dem aktiven Dienst aus. Danach Politiker und Publizist, gab von 1920 bis 1943 die Zeitschrift »Der Reichswart. Wochenschrift für nationale Unabhängigkeit und deutschen Sozialismus« heraus und stand früh in Verbindung mit Hitler. Mit dem sozialrevolutionären Teil der Deutschvölkischen Freiheitspartei, zu deren Führern er gehörte, trat er 1927 zur NSDAP über, von 1924 bis 1943 war er Mitglied des Reichstags.

*»Wild und Hund«*] Traditionsreiches Jagdmagazin, allerdings keine »deutsche Tageszeitung«.

*Aere perennis*] (lat.) nach Horaz (carm. 3, 30): »Exegi monumentum aere perennius« (»Ein Denkmal schuf ich mir, dauernder als Erz«).

*Herzog*] Rudolf H. (1869-1943), schrieb historische Unterhaltungsromane für das national gesinnte Bürgertum und Industrieromane, wie »Die Stoltenkamps und ihre Frauen« (1917), »einem Schlüsselroman über die Geschichte der Krupp-Dynastie, der zielsicher und zeitgemäß auf das militärische Engagement der rheinischen Schwerindustrie abhebt« (Sprengel).

Lit: P. Sprengel, Geschichte der deutschsprachigen Literatur 1900-1918. Von der Jahrhundertwende bis zum Ende des Ersten Weltkriegs. München 2004, S. 31.

**Preisrattenwürgen**

D: PT, Jg. 48, Nr. 51, 3.3.1923. – S. 3, »Von Joseph Roth (Berlin)«. – E: NBZ, 9.2.1923

*schwarze Schmach*] Schon 1921 hatte Roth sich in einem Artikel »Rehabilitierung der Schwarzen« mit dem Film »Die schwarze Schmach« und dem Begriff insgesamt kritisch befasst und ihm, unter Hinweis auf die »weiße«, die »einzige große Menschenschmach« entgegengestellt. Bereits im Ersten Weltkrieg war die Mobilisierung Farbiger gegen Weiße als Schande bezeichnet worden. Nunmehr handelte es sich um rassistische Propaganda gegen die Beteiligung französischer Truppen aus nord- und westafrikanischen Kolonien bei der Besetzung des Rheinlands und später des Ruhrgebiets. Die Kampagne wurde auch von deutschen Regierungsvertretern und Behörden unterstützt, obwohl die angeblichen Greuel erfunden waren und sich die schwarzen Besatzungssoldaten nachweislich disziplinierter verhielten als die weißen. Siehe auch »Die Not der Schwarzen« und »Der blonde Neger Guilleaume«, S. 199.

*Wer wird denn weinen*] Bereits in »Li-Tai-Pe in Berlin« erwähnt Roth den von dem Schlager- und Operettenkomponisten Hugo Hirsch (1884-1961) für Trude Hesterberg vertonten Songtext in »Die Scheidungsreise« (1918): »Wer wird denn weinen, wenn man auseinandergeht ...«. Li-Tai-Pes Lieder pfeifen, wie Roth zu vermuten vorgibt, »die jungen chinesischen Kavaliere wahrscheinlich auf dem Bummel« wie die hiesigen »Warum denn weinen«. Er zitiert eines der von Li-Tai-Pe im Rausch verfassten Gedichte (»Herunter mit dem Yadekrug / In einem Zug! ...«) und findet es »unserer Nationalhymne«, nämlich »Warum denn weinen«, entschieden überlegen. Zwischen den beiden Texten ist »ungefähr ein Unterschied wie zwischen Peking und der Joachimsthaler Straße; den Yadekrügen und den Likörgläsern; [...] chinesischen Rauschgetränken und den Dielendiktinern«. Aber »nicht der Schnaps an sich ist schlimm, sondern die Nationalhymnen«.

*Stahlbäder*] Bereits durch den Gebrauch des Plurals distanziert Roth sich ironisch von der pathetischen »Stahlbad«-Metapher, die die – nach einer langen Friedenszeit – reinigende Wirkung des Krieges rühmte, in den Materialschlachten an der Westfront allerdings auch in einer bisher nicht gekannten Weise aktuell geworden war. Ernst Jüngers Frühwerk »In Stahlgewittern. Aus dem Tagebuch eines Stoßtruppführers« (1920), ein Bestseller der 20er und 30er Jahre, gewann auch eine wichtige Funktion im Dienst einer Erziehung zum Krieg.

*Freiwilligenkorps Roßbach*] Nach seinem Kommandeur, einem Oberleutnant Gerhard Roßbach (1893-1967), im November 1918 gegründetes Freikorps (auch »Sturmabteilung«), dem u.a. der spätere Kommandant von Auschwitz Rudolf Höß angehörte. An den mit ungewöhnlicher Brutalität geführten Kämpfen im Baltikum beteiligt, Januar 1920 aufgelöst.

*Kapp-Putsche*] Siehe »Rings um Consul«, S. 122 u. Anm.

Lit: »Rehabilitierung der Schwarzen«, BBC, 15.5.1921 (I, 558-562). – »Der blonde Neger Guilleaume«, 8.7.1922 (I, 831f. – Siehe auch Roth 2010, S. 30-33). – »Li-Tai-Pe in Berlin«, BBC, 14.8.1921 (I, 633-636).

### Der falsche Dionysos

D: PT, Jg. 48, Nr. 60, 14.3.1923. – S. 3, sign. »Josephus«. – E: BBC, 7.4.1921

*den Satz eines bekannten deutschen Schriftstellers*] Nicht ermittelt.

*Ein Kapitel Burckhardtscher Renaissance*] Anspielung auf das auch im bürgerlichen Publikum weit verbreitete Werk »Die Kultur der Renaissance in Italien« (1860) von Jacob Burckhardt (1818-1897). Roth bewunderte den großen Basler Gelehrten, wie indirekt ein

Brief an Stefan Zweig erkennen lässt, wenn er, in der Absicht, Zweig besondere Anerkennung zu zollen, dessen Sprache – es handelt sich um den Essay-Band »Die Heilung durch den Geist« – mit der Burckhardts vergleicht: »Und der allerletzte Abschnitt – bis auf ein Paar Tempora imperfect z. B. statt Perfect – ist von einer wahren klassischen Schönheit, erinnert an Burckhardts Prosa, hat die gewichtige Leichtigkeit des wirklich Guten.« [25.9. 1930]

*Nie hat eine … Celly geheißen*] Anspielung auf Celly de Rheydt, siehe »Nackttänze« (S. 85).

Lit: Briefe 2011, S.47.

**Der letzte Azteke aus Gablonz**

D: PT, Jg, 48, Nr. 62, 16.3.1923. – S. 3, »Von Joseph Roth (Berlin)«. – E: NBZ, 13.3.1923, u. d. T. »Begegnung mit dem letzten Azteken. Ein Überlebender aus dem Panoptikum«

*Montecuzoma*] Moctezuma II. (um 1466-1520), der letzte Herrscher des Aztekenreiches.

*Nun ist das Panoptikum aufgelöst und versteigert*] »Castan's Panoptikum«, ein Berliner Wachsfigurenkabinett, das von den Brüdern Louis und Gustave Castan begründet worden war. Es bestand von 1869 bis 1922 und war zuletzt im Gebäude der Münchner Pschorr-Brauerei, Ecke Friedrichstraße/Behrenstraße, untergebracht, unweit der Kaisergalerie, in der sich das Passage-Panoptikum etabliert hatte. Seinen letzten Rundgang »durch die wächserne Kulturgeschichte« hat Roth in dem Artikel »Abschied von Castans Panoptikum« beschrieben.

*Café Bauer*] Von dem Wiener Cafétier Matthias Bauer 1877 in Berlin, Ecke Unter den Linden / Friedrichstraße eröffnetes Kaffeehaus im Stil der Belle Époque, das jedoch bereits 1910 einen neuen Standort gegenüber dem Bahnhof Friedrichstraße fand. Beide Gebäude wurden im Zweiten Weltkrieg zerstört.

*Gablonz*] In Nordböhmen an der Neiße (tschech. Jablonec nad Nisou), bekannt durch seine Glas- und Schmuckwarenbetriebe (Diamantenimitationen).

Lit: »Abschied von Castans Panoptikum«, NBZ, 8.2.1922 (I, 737-739).

**Der fliegende Buchhändler**

D: PT, Jg. 48, Nr. 80, 7.4.1923. – S. 3, »Von Joseph Roth (Berlin)«. – E: NBZ, 3.4. 1923, u. d. T. »Der fliegende Buchhändler. Intellektuelle an der Straßenecke – Botaniker und Philologen«

*Dichter mit den Vornamen »Hanns Heinz« und Rudolf Hanns*] Evtl. Anspielung auf Hanns Heinz Ewers (1871-1943) und Rudolf Hans Bartsch (1873-1952).

**Die Tänzer Gottes**

D: PT, Jg. 48, Nr. 13.4.1923. – S. 3, »Von Joseph Roth (Berlin)«. – E: NBZ, 29.3.1923, u. d. T. »Die Tänzer Gottes und die Straßenbahn. Reuige Sünder – das Gewissen der Welt«.

**11,000.000**

E: PT, Jg. 48, Nr. 242, 17.10.1923. – S. 3, »Von Joseph Roth«

*Carnegie-Stiftung*] Von Andrew Carnegie (1835-1919), einem aus Schottland stammenden amerik. Industriellen und berühmten Philanthropen, 1911 errichtete, weiterhin aktive Stiftung.

*ein wertvolles Buch*] Samuel Dumas, K. O. Vedel-Petersen, Harald Westergaard (Hgg.): Losses of life caused by war. (Publications of the Carnegie Endowment for International Peace. Division of Economics and History 22). Oxford 1923.

*post festum*] (lat.) »nach dem Fest«; »zu spät«.

**Der 20. Oktober**

E: PT, Jg. 48, Nr. 245, 20.10.1923. – S. 1. sign. »rh. Berlin, 19. Oktober«

*Poincaré*] Raymond P. (1860-1934), französ. Staatsmann, 1913-1920 Präsident der Republik, 1922-1924 und 1926-1929 Ministerpräsident. P.s Politik gegenüber Deutschland zielte auf lückenlose Erfüllung der Bestimmungen des Versailler Vertrages, speziell der von alliierter Seite geforderten Reparationszahlungen.

*Status Quo ante*] (lat.) »Stand wie vorher« (vor dem bezeichneten Ereignis).

*Cuno*] Wilhelm C. (1876-1933), Verwaltungs- und Wirtschaftsexperte, 1922-1923 (parteilos) Reichskanzler, um die Revision des Versailler Vertrags und die Regelung der Reparationsfrage bemüht. Sein Aufruf zum passiven Widerstand gegen die Besetzung des Ruhrgebiets durch franz. und belg. Truppen führte zur Lahmlegung der dortigen Industrie und zur Verschärfung der Inflation. Am 12.8.1923 wurde er durch ein Misstrauensvotum der SPD zum Rücktritt gezwungen. Sein Nachfolger wurde Stresemann.

*Stresemann*] Gustav S. (1878-1929), nationalliberaler Politiker, vom 13.8. bis 30.11.1923 Reichskanzler, danach bis zu seinem Tode Außenminister. Nach den schweren Erschütterungen des Ruhrkampfes und der Inflation strebte er Verständigung mit den Westmächten und ein mitteleuropäisches Sicherheitssystem (Locarno-Verträge 1925) an. Zusammen mit dem franz. Außenminister Aristide Briand erhielt er 1926 den Friedensnobelpreis. Äußerungen Roths über Stresemann sind kaum überliefert, 1934 schrieb er über ihn in seiner »Erwiderung auf Joseph Breitbach« harsch ablehnend: »[...] was also mich betrifft, so habe ich, ganz im Gegensatz zum Frankreich Briands, zwischen Stresemann und Hitler nie einen Unterschied gemacht.«

Lit: »Erwiderung auf Joseph Breitbach«, »La Revue hebdomadaire«, 4.8.1934 (II, 518-520, hier 519. (Aus dem Französischen).

**Der Mann, der die Visa besorgt**

E: PT, Jg. 48, Nr. 247, 23.10.1923. – S. 3, »Von Joseph Roth«

Roth hat – anders pointiert – auch in einer Wiener Zeitung über die Umstände der Visumvergabe berichtet.

Lit: »Das österreichische Reisevisum«, NAUB, 2.11.1923 (I, 1055f.).

**Das Land der Sonderbündler**

E: PT, Jg. 48, Nr. 248, 24.10.1923. – S. 4, »Joseph Roth«

*Land der Sonderbündler*] Von August bis Oktober 1923 kam es, von der französischen Besatzungsmacht begünstigt, in mehreren Städten des (mehrheitlich katholischen) Rheinlands zu Separatistenputschen, die aber am überwiegenden Widerstand der Bevölkerung scheiterten. Bereits im November war der »Spuk« (H. Schulze) vorbei. – Die Formulierung des Titels knüpft an den 1843 geschlossenen Bund sieben schweizerischer Kantone an, der 1847 zum Sonderbundskrieg führte, in dem die »Sonderbündler«, (die katholisch-konservative Minderheit) der Übermacht erlagen. Der Bund wurde aufgelöst, die liberale bundesstaatliche Verfassung angenommen.

*Kaiserin Augusta*] 1811-1890, deutsche Kaiserin und Königin von Preußen, Tochter des Großherzogs Karl Friedrich von Sachsen-Weimar und der Großfürstin Maria Pawlowna, vermählt 1829 mit Prinz Wilhelm von Preußen, dem späteren Kaiser Wilhelm I. Als Militärgouverneur am Rhein und in Westfalen, zu dem er 1850 ernannt worden war, lebte der Prinz mit seiner Frau mehrere Jahre in Koblenz.

*Kastorkirche ... Kuno von Falkenstein*] Kuno II. von Falkenstein-Münzenberg (um 1320-1388), 1362 Erzbischof von Trier. Seine Regierungszeit umfasst noch das erste Jahrzehnt des Abendländischen Schismas, das Roth anderthalb Jahre später in Avignon so lebhaft beschäftigen sollte. Kuno ergriff Partei für den römischen Papst. Im Kurkollegium spielte er eine führende Rolle bei der Wahl des Sohnes von Karl IV., Wenzel, zum dt. König.

*Dorten*] Hans Adam D. (1880-1963), Jurist, scheiterte mit seinem Versuch, eine rheinische Republik zu begründen, ein erstes Mal schon 1919 in Wiesbaden. Gemeinsam mit dem Journalisten Josef Friedrich Matthes (1866-1943) bildete er am 25. Oktober 1923 in Koblenz – damals die Hauptstadt der preußischen Provinz Rheinland – die vorläufige Regierung für eine vom Reich wie von Preußen unabhängige Republik, die besondere vertragliche Beziehungen zu Frankreich anstrebe. Lebte nach der Niederschlagung des Putsches bis zu seinem Tod in Frankreich. Auch Matthes emigrierte dorthin, wurde aber 1941 von den franz. Behörden nach Deutschland ausgeliefert und starb im KZ Dachau. Über Matthes und Dorten hat Roth sich in einem Artikel »Die Führer der Rheinländischen Separatisten« ausführlicher geäußert.

*Decker*] Leo Deckers, Fabrikant, rief am 21. Oktober 1923 in dem zur belgischen Besatzungszone gelegenen Aachen die rheinische Republik aus.

Lit: Die Führer der rheinländischen Separatisten, NWA, 18.12.1923 (Roth 1994, S. 231-234). – H. Schulze, Weimar. Deutschland 1917-1933 (Siedler Deutsche Geschichte in 12 Bänden), S. 262f.

**Frau Sacher entschuldigt sich**

E: PT, Jg. 48, Nr. 250, 26.10.1923. – S. 3, »Von Joseph Roth«

*Sacher*] Anna S. (geb. Fuchs, 1859-1930) übernahm nach dem Tod ihres Gatten 1892 die Leitung des berühmten Hotels und behielt diese bis ein Jahr vor ihrem Tode bei.

*eines Entre-Filets*] (franz.) eines Zwischenartikels, einer eingeschobenen (halbamtlichen) Zeitungsnachricht.

**Ebert**

E: PT, Jg. 48, Nr. 257, 3.11.1923. – S. 2, »Joseph Roth«

*Ebert*] Friedrich E. (1871-1925), Sohn eines Schneidermeisters in Heidelberg, wuchs in einem religiös toleranten katholischen Elternhaus auf. Erlernte das Sattlerhandwerk und fand früh Anschluss an die noch illegale sozialistische Bewegung. Von der Polizei auf einer schwarzen Liste geführt, gezwungen von Stadt zu Stadt zu ziehen, um in verschiedenen Berufen seinen Lebensunterhalt zu finden. Nach dem Fall des Sozialistengesetzes führend am Aufbau der deutschen Sozialdemokratie beteiligt. Er wurde 1918 Reichskanzler, 1919 vorläufiger Reichspräsident, später im Amt bestätigt, 1922 wurde seine Amtszeit um drei Jahre verlängert. Von rechtsextremistischer, aber auch von kommunistischer Seite fortgesetzt verunglimpft und verleumdet, behauptete sich Ebert gleichwohl mit strengem Pflichtgefühl, vielfach per Notverordnung, dem Artikel 48 der Weimarer Verfassung. »Sein Bündnis mit der Reichswehr hatte verheerende Folgen für das Ansehen der Republik in der Arbeiterschaft. Aber Ebert war Demokrat, und er diente der Republik in schweren Notzeiten. Im April 1925 wird Paul von Hindenburg im zweiten Wahlgang zu seinem Nachfolger gewählt. Auf den Demokraten folgte ein Monarchist, auf den Sozialdemokraten ein erzkonservativer Militär.« (Sternburg) Roths von Respekt und Sympathie getragene Würdigung zeigt ihn, was Eberts historische Rolle und persönliche Tragik anbetrifft, in fast nahtloser Übereinstimmung mit dem Urteil von Historikern der Gegenwart. Siehe auch »Totenfeier um Mitternacht«.

*Bebel*] August B. (1840-1913), Mitbegründer und Führer der Sozialdemokratischen Partei Deutschlands.

Lit: »Totenfeier um Mitternacht«, FZ, 2.3.1925 (II, 353-354; auch Roth 2010, 66-68). – Sternburg 2009, S. 289.

**Die völkische Armee**

E: PT, Jg. 48, Nr. 258, 4.11.1923. – S. 2, sign. »R. Berlin, 3. November«

*Organisation C.*] Die »Organisation Consul«, siehe »Rings um Consul«, S. 121ff. u. Anm.

*Ludendorff- und Hindenburgbesuchen*] Zu Ludendorff siehe »Rings um Consul«, S. 122 u. Anm. Der preußische Feldmarschall und spätere Reichspräsident Paul von Hindenburg und Beneckendorff (1847-1934) wird in Roths Artikeln vergleichsweise selten und eher beiläufig erwähnt, aber – und nicht anders als in seinen Briefen – stets im Sinn unbedingter Ablehnung, die gewissermaßen gar keiner Erläuterung bedarf: der Name steht wie eine Chiffre für Militarismus und Reaktion. Insofern ist die von Max Krell überlieferte Anekdote, Roth habe am Tag der Reichspräsidentenwahl 1925 in Leipzig zu ihm gesagt: »Wenn es Hindenburg wird, reise ich ab, ich weiß, was dieser Wahl folgen wird«, sinngemäß zutreffend, auch wenn die aus anderen Gründen bereits geplante Abreise Roths nach Frankreich annähernd zeitgleich erfolgte.

*Roßbach*] Siehe »Preisrattenwürgen«, S. 138 u. Anm.

*Rathenaumord*] Walther R. (1867-1922), Industrieller, Schriftsteller und Staatsmann, aus großbürgerlicher jüdischer Familie, fünf Monate nach seiner Ernennung zum Außenminister am 24.6.1922 in Berlin ermordet. Die Täter waren Mitglieder der »Organisation Consul«. Siehe auch den Artikel »Vom Attentäter zum Schmock«, S. 444ff. u. Anm.

*Hitler*] Diese frühe – möglicherweise erste – Erwähnung Adolf Hitlers in Roths Artikeln erfolgte fast zeitgleich mit der in seinem ersten Roman, der vom 7.10 bis 6.11.1923 in der Wiener »Arbeiter-Zeitung« abgedruckt wurde (»Das Spinnennetz«, 12. Kap.)

Lit: »Das Spinnennetz«, IV, 63-146; hier 120. – Max Krell, Das alles gab es einmal. Frankfurt am Main 1961, S. 262.

**Vierzig Mann = 6 Pferde**

E: PT, Jg. 48, Nr. 262, 9.11.1923. – S. 4, »von Joseph Roth«

*Nikolai Nikolajewitsch*] N. N. Jüngere, Großfürst (1856-1929), von Beginn des Ersten Weltkriegs bis 1915 Oberbefehlshaber der russ. Streitkräfte, danach Befehlshaber an der Kaukasusfront.

**Reise in Kaffee**

E: PT, Jg. 48, Nr. 264, 11.11.1923. – S. 4-5, »Joseph Roth«

**Jarres, der neue Reichsminister**

E: PT, Jg. 48, Nr. 265, 13.11.1923. – S. 4, sign. »R. Berlin, 12. November«

*Jarres*] Karl J. (1874-1951), Jurist, 1911 Bürgermeister von Remscheid, 1914-1923 Oberbürgermeister von Duisburg, 1923-1925 Reichsinnenminister und Vizekanzler im Kabinett Marx. Kandidat des Reichsblocks bei der Reichspräsidentenwahl 1925. Da Jarres, obwohl erfolgreich, im 1. Wahlgang nicht die absolute Mehrheit erreichte, wurde für den 2. Wahlgang an seiner Stelle Hindenburg nominiert. Jarres wurde danach wieder Oberbürgermeister von Duisburg, als solcher 1933 von den Nationalsozialisten abgesetzt. Arbeitete nach 1945 als Aufsichtsratsvorsitzender der Klöckner-Werke noch am Wiederaufbau im Ruhrgebiet mit.

**Schweigen im Dichterwald**

E: PT, Jg. 48, Nr. 268, 16.11.1923. – S. 3, »Joseph Roth«

*Kronprinz … »Feste druff«*] Wilhelm, Kronprinz von Preußen und des Deutschen Reiches (1882-1951), der älteste Sohn Kaiser Wilhelms II., führte im Weltkrieg nominell eine Heeresgruppe an der Westfront. Nach dem Sturz der Monarchie verzichtete er auf alle Rechte an der preußischen und deutschen Krone und kehrte 1923 aus dem holländischen Exil nach Deutschland zurück, zunächst ohne sich politisch zu betätigen. 1932 unterstützte er aus taktischen Gründen die Kandidatur Hitlers zum Reichspräsidenten, obwohl er selbst das höchste Staatsamt anstrebte.

*Ein einziger, Heinrich Mann*] Die fundamentale Kritik am wilhelminischen Kaisertum, die Heinrich M. (1871-1950) schon in der Vorkriegszeit formuliert hatte, ließ ihn nach dessen Zusammenbruch bis in die Mitte der 20er Jahre noch vor seinem Bruder Thomas zum repräsentativen Schriftsteller der Republik werden. Heinrich Mann empfand die politischen und literarischen Traditionen des neueren Frankreich als richtungweisend. Bereits »Im Schlaraffenland. Ein Roman unter feinen Leuten« (1900) enthielt eine schneidende Satire auf das Kaiserreich. In »Professor Unrat (1908) verfängt sich der wilhelminische Gymnasiallehrer in den

Netzen der von ihm verfolgten Unmoral. »Der Untertan« (Teilvorabdruck 1914) beschreibt den fehlgeleiteten Bildungsweg eines Menschen in der spätbürgerlichen Gesellschaft preußisch-deutscher Prägung. Es gibt keinen anderen deutschen Schriftsteller, dessen Stilmitteln und literarischen Intentionen der junge Joseph Roth sich so stark verpflichtet erweist, wie Heinrich Mann.

*Thomas Mann ... Rede ... »Vater Ebert«*] Gemeint ist die Rede »Von deutscher Republik«, die Thomas M. (1875-1955) beim offiziellen Festakt 1922 aus Anlass des 60. Geburtstags von Gerhart Hauptmann, in Gegenwart des Reichspräsidenten, gehalten hatte und die ein großes publizistisches Echo fand. In ihr fiel auch das Wort vom »Vater Ebert«, während G. Hauptmann sich als »König der Republik« gewürdigt sah. Die Rede überraschte, weckte aber auch Zweifel, fand sowohl Zustimmung als auch Ablehnung. – Von den Mitgliedern der Familie Mann hat Th. M. die längste Zeit wohl am wenigsten Roths Sympathie gefunden. In den nicht sehr zahlreichen Äußerungen Roths über ihn überwiegen kritische Töne, die sowohl in der politischen Haltung Th. M.s als auch in wechselseitigen künstlerischen Ressentiments zu gründen scheinen. Erst in Roths späten Exiljahren, als Th. M. sich unmissverständlich gegen das NS-Regime erklärt hatte und Roth in ihm nunmehr einen Bundesgenossen sah, änderte sich der Ton.

*Eisner*] Kurt E. (1867-1919), Journalist und Politiker, 1918 von dem aus Arbeiter- und Soldatenräten gebildeten provisorischen Nationalrat zum Ministerpräsidenten des Freistaats Bayern gewählt, am 21.2.1919 in München von dem rechtsradikalen Grafen Arco-Valley erschossen.

*Landauer*] Gustav L. (1870-1919), Schriftsteller und Philosoph, Mitbegründer der »neuen Freien Volksbühne« in Berlin, namhafter sozialistischer Publizist (Vertreter der anarchistischen Richtung). Kam im November 1918 auf Einladung Eisners nach München, um für die Revolution zu wirken, wurde im folgenden Jahr in der ersten Bayerischen Räterepublik Volksbeauftragter für Kultusangelegenheiten; bei der Einlieferung ins Zentralgefängnis Stadelheim von Freikorpssoldaten gelyncht.

*Toller*] Ernst T. (1893-1939), expressionistischer, engagiert antifaschistischer Schriftsteller. Wie Roth Mitglied der »Gruppe 25« und von diesem um seiner politischen Haltung willen sehr geachtet. Roth hat wiederholt über ihn und seine Stücke geschrieben (»Hinkemann«; »Gruß an Ernst Toller«), die Nachricht von Tollers Selbstmord in New York im Mai 1939 hat ihn tief getroffen und wirkte auslösend für den eigenen letalen Zusammenbruch.

*Ludendorff*] Siehe »Rings um ›Consul‹«, S. 122 u. Anm.

*Kahr*] Gustav Ritter von K. (1862-1934), bayerischer Beamter und Politiker. 1920-1921 bayerischer Ministerpräsident. Wurde von Hitler am 8.11.1923 zur Einwilligung in die Putschpläne gegen die Reichsregierung gebracht, ließ den Putsch am folgenden Tag niederschlagen. Im Zusammenhang mit dem angeblichen Röhm-Putsch ins KZ Dachau gebracht und dort ermordet.

*Faulhaber*] Michael von Faulhaber (1869-1952), kath. Theologe, 1917 Erzbischof von München und Freising, 1921 Kardinal.

*Hauptmann ... Die Welt wartet vergeblich*] Gerhart Hauptmann war »in der Republik eine Integrationsfigur ohnegleichen« (W. Leppmann). Der Dichter, der, wie er seinem Tagebuch anvertraute, dem Kaiserreich nicht nachtrauerte, ließ es bei öffentlichen Stellungnahmen, etwa anlässlich der Wahlen zur Nationalversammlung, an Patriotismus nicht fehlen. Damals sah er zum ersten Mal »den deutschen Genius ganz auf sich selbst gestellt, um sein Land, sein Haus, seinen Tempel aufzurichten. Das ist zu verstehen als ein weltgeschichtlicher Augenblick, dem deutsche Jahrtausende in wechselvollen Geschicken entgegenreifen. Laßt uns alle seiner würdig sein.« Er wurde bei Lesungen umjubelt, es erscheint als bezeichnend für die junge Republik, dass sie als Leitbilder zu ihrem Gedeihen weiterhin überdimensionaler Vaterfiguren bedurfte, deren imposante Erscheinung über ihren realen Status hinwegtäuschte. Anlässlich der Feiern zu seinem 60. Geburtstag hatte der Hauptmann-Kult 1922 einen Höhepunkt erreicht. Die Berliner Studentenschaft allerdings distanzierte sich mehrheitlich von ihm, weil er, »nachdem er sich als Republikaner bekannt hat, nicht mehr als charakterfester Deutscher zu betrachten sei« (Graf Kessler, Tagebuch). Thomas Mann, der ihn als Mynheer Peeperkorn im »Zauberberg« verewigte, fand »etwas Attrappenhaftes, bedeutsam Nichtiges« in ihm. Zu seinen aufmerksamen Beobachtern zählte offenbar auch Joseph Roth.

*marod*] (österr.) krank; »marod gemeldet« hier so viel wie »dienstuntauglich« (Soldatensprache), Zweifel am Ernst der Erkrankung sind offenbar erlaubt.

Lit: »Hinkemann«, Vo, 15.4.1924 (II, 158-159). – »Gruß an Ernst Toller«, Vo, 20.7.1924 (II, 221-223). – W. Leppmann. Gerhart Hauptmann. Leben, Werk und Zeit. Bern u.a. 1986, Kap. »Der König der Republik«. S. 300-358.

**Hotel Savoy**

D: PT, Jg. 48, Nr. 270, 18.11.1923. – Unterhaltungs-Beilage, Teilabdruck aus »Hotel Savoy«, Erstes Buch, I (IV, 149-151)

*Hotel Savoy*] »Für den Roman ... bildet Lodsch und das dortige Savoy-Hotel den Hintergrund.« (J. Wittlin).Roth hat die Beobachtung seines polnischen Studienfreunds in seinem Artikel »Brief aus Lodz« (siehe S. 360ff.) indirekt bestätigt. Sein zweiter Roman ist zuerst im Februar/März 1924 in der FZ in Fortsetzungen erschienen. Er beschreibt eine Zeit bald nach dem Ende eines großen Krieges, die aber keinen Ausblick auf einen dauerhaften Frieden erhoffen lässt; es ist mithin »ein Zwischenkriegsroman« (Sternburg); der Roman eines Heimkehrers, der aber ein Außenseiter bleibt, Repräsentant einer ›verlorenen Generation‹. Er und die Menschen, denen er begegnet, finden im ›Hotel‹ eine zeitweilige, stets gefährdete Unterkunft.

Lit: J. Wittlin, Erinnerungen an Joseph Roth. Zit nach: Roth LuW, S. 204. – Mehrens 2000, S. 59-72.

**Hotel Kopřiva**

E: PT, Jg. 48, Nr. 283, 4.12.1923. – S. 3, »Joseph Roth«

**Hungernde Billionäre**

E: PT, Jg. 48, Nr. 287, 8.12.1923. – S. 5, sign. »R. Berlin, im November«

**Lemberg in Düsseldorf**

E: PT, Jg. 48, Nr. 293, 16.12.1923. – S. 4, »Von Joseph Roth (Düsseldorf)«

*Mathiswagen*] Emil Ernst Karl Mathis (Émile Ernest Charles M.; 1880-1956), gebürtig aus Straßburg, entwickelte noch im deutschen Kaiserreich, zunächst mit Ettore Bugatti, Pläne für den Automobilbau (»Mathis & Co.«), trennte sich aber von seinem Partner, da er leichte und billige Fahrzeuge für die Masse fertigen wollte. 1916 desertierte er nach Frankreich und baute nach dem Krieg im französisch gewordenen Elsass seine Werke erfolgreich aus. Im Zweiten Weltkrieg wurden die Anlagen durch Bomben zerstört, nach teilweisem Wiederaufbau von Citroën übernommen.

*Marx mit dem – Papst befreundet*] Wilhelm M. (1863-1946), Politiker, zunächst vom 30.11.1923 bis Anfang 1925, sodann wieder 1926-1928 Reichskanzler. Marx stammte aus einer praktizierenden katholischen Familie, was die im Text genannten Gerüchte begünstigen mochte.

**Louis Hagen, der Finanzmann des Rheins**

D: PT, Jg. 48, Nr. 295, 19.12.1923. – S. 3, »Von Joseph Roth (Köln)«. – E: NAUB, 18.12.1923

*Hagen*] Louis H. (d.i. L. Levy, 1855-1932), Bankier.

*Tochter des bekannten Katholikenführers*] Anna Emma H. war die Tochter Gottfried Hagens (1829-1900), der von Beruf Metallhändler und Bleirohrfabrikant in Köln gewesen war.

**Wir versaufen unsern Ebert sein Zylinder**

D: PT, Jg. 48, Nr. 296, 20.12.1923. – S. 4, sign. »Von Josephus (Chemnitz)«. – E: NAUB, 15.12.1923

**Die Not der Schwarzen**

D: PT, Jg. 48, Nr. 300,25.12.1923 (Teilabdruck). – S. 3, »Von Joseph Roth (Köln)«. – E: NWA, 19.12.1923, u. d. T. »Die deutsche Revanche«

**Der blonde Neger Guilleaume**

D: PT, Jg. 49, Nr. 3, 2.1.1924. – S. 3, »Von Joseph Roth (Wiesbaden)« – E: NAUB, 24.12.1923, u. d. T. »Interview mit dem blonden Neger Guilleaume«

*Schwarzen Schmach*] Siehe »Preisrattenwürgen«, S. 137 u. Anm.

*Eine Dinter-Gestalt*] Artur D. (1876-1948) Schriftsteller und Regisseur, übernahm 1924 in Thüringen die Führung der NSDAP, aus der er jedoch, nachdem er 1927 die »Geistchristliche Religionsgemeinschaft« gegründet hatte, 1928 vorübergehend ausgeschlossen wurde. 1933 wurde er in Thüringen Gauleiter, aus der »Geistchristlichen Religionsgemeinschaft« wurde 1934 die »Deutsche Volkskirche«. Von Dinter stammt der rassistische Hetzroman »Die Sünde wider das Blut« (1918).

*Elvestad*] Sven E. (1884-1934), norwegischer Journalist und Autor zahlreicher in viele europäische Sprachen übersetzter Kriminalromane. Auch in Deutschland viel gelesen.

*Lenau*] Nikolaus L. (d.i. Nikolaus Niembsch, Edler von Strehlenau, 1802-1850), aus Csatád (Ungarn) gebürtiger, spätromantischer Dichter, der bedeutendste österreichische Lyriker des 19. Jahrhunderts vor Hofmannsthal.

*Freytagh-Loringhoven*] Axel Freiherr von F. (1878-1942), Jurist, 1915 o. Prof. in Mitau. 1918 Professor in Breslau. Mitbegründer der deutschnationalen Volkspartei, 1924 Reichstagsabgeordneter. Gegner des parlamentarischen Systems, nach 1933 politisch nicht mehr aktiv. Roth nennt ihn – zusammen mit Roethe – auch in seiner wenig später, nämlich im Februar1924, erschienenen Glosse »Der Korpsstudent«.

*Roethe*] Gustav R. (1859-1926), Germanist, seit 1962 Ordinarius in Berlin, seit 1911 ständiger Sekretär der Preußischen Akademie der Wissenschaften. Roth, der nach 1933 die deutschnationalen Hochschullehrer als mitschuldig am Erstarken des Nationalsozialismus bezeichnete, hat ihn für seine einschlägigen Mahnungen wiederholt als Beispiel genommen. Damit stand er nicht allein, Roethe war für seine Entgleisungen bekannt. »[...] wie der Schmierendirektor einer Witzblatt-Zeitung wirkte Roethe, wenn er in Radmantel und Schlapphut odinhaft herangewallt kam [...]. Ernsten oder komischen Effekt zu erzielen, waren ihm die rohesten Mittel recht; seine Deutschheit posaunte er allstündlich als Teutschtum heraus, seine Witze, motiviert durch den mittelalterlichen Realismus, waren Zoten. Belohnte ihn johlendes Gelächter, so fügte er gern hinzu, diese Freiheit des Tones verdanke er seiner Weigerung, Frauen im Kollegsaal zu dulden [...]. Liberalismus, Parlamentarismus, Aufklärung waren Schimpfworte für ihn und Gelegenheit zu witzigen Exkursen; alles lachte erwartungsvoll, wenn er einen Anlauf in diese Richtung nahm.« (V. Klemperer)

*Rassereinheit*] Korrigiert aus »Rasseeinheit«.

Lit: »Rehabilitierung der Schwarzen«, BBC, 15.5.1921 (I, 558-562). – »Der Korpsstudent«, Vo, 26.2.1924 (II, 63-64; auch in Roth 2010, S. 33-35). – V. Klemperer, Curriculum vitae: Jugend um 1900. Berlin 1989, Bd. 1, S. 356f.,

**Die Mannweiber der Sittlichkeit**

D: PT, Jg. 49, Nr. 4, 4.1.1924. – S. 3-4, »Von Joseph Roth (Köln)«. – E: NBZ, 3.1. 1924

**Die sanierte Stadt**

D: PT, Jg. 49, Nr. 6, 6.1.1924. – S. 5, »Von Joseph Roth«. – E: NWT, 3.1.1924

**Bei der Armee der Separatisten**

D: PT, Jg. 49, Nr. 11, 12.1.1924. – S. 3, »Von Joseph Roth (Köln)«. – E: NZB, 20.12. 1923

*Schlageter*] Albert Leo S. (1894-1923), Kriegsfreiwilliger, Leutnant der Reserve und Freikorpskämpfer im Baltikum und Oberschlesien, im Ruhrkampf an Sprengstoffanschlägen gegen die Alliierten beteiligt; von einem französ. Militärgericht zum Tode verurteilt und standrechtlich erschossen. Seine Verklärung zur nationalen Kultfigur begann schon bald nach der Hinrichtung, H. Johsts Drama »Schlageter« (1933) feierte ihn als »ersten Soldaten des Dritten Reiches«.

*Bela-Kun-Zeit*] Nach Béla Kun (1886-1940), kommunistischer Politiker, 1919 als Volkskommissar des Auswärtigen führend in der kurzlebigen ungar. Räterepublik.

*Lehar*] Anton Freiherr von Léhar (1876-1962), österr.-ungarischer Militär, Bruder des Komponisten Franz Léhar, kämpfte nach 1918 in Ungarn für die Wiederherstellung der Monarchie.

*Organisation C*] Siehe »Rings um ›Consul‹«, S. 121 u. Anm.

**Reisende mit Traglasten**

D: »Prager Tagblatt, Jg. 49, Nr. 44, 21.2.1924. – S. 7, unsigniert. – E: BBC, 4.3.1923. – Redaktionelle Vorbemerkung im PT: »In den reichsdeutschen Eisenbahnzügen gibt es eigene Abteile für Reisende mit Traglasten. In der ›Frk. Ztg.‹ lesen wir hierzu folgende Betrachtung:« (Die Bemerkung bezieht sich auf einen Nachdruck, der am 17.2.1924 in der FZ erschienen war.)

*Reisende mit Traglasten*] Titel korrigiert aus »Reisende mit Tragleisten«.

**Der tapfere Dichter**

D: PT, Jg. 49, Nr. 45, 22.2.1924. – S. 1, »Von Joseph Roth«. – E: Vo, 20.2.1924

*Eisner ... Landauer*] Siehe »Schweigen im Dichterwald«, S. 178 u. Anm.

*Luxemburg*] Rosa L. (1871-1919), aus einer jüd. Kaufmannsfamilie in Zamocs im damals zaristischen Polen gebürtig, nach Mitarbeit in dortigen jüd.-revolutionären Zirkeln Emigration in die Schweiz, übersiedelte nach Studium der Nationalökonomie und Promotion in Zürich 1898 nach Berlin. Mitglied der SPD, politische Publizistin, Dozentin an der Zentralen Parteischule, faszinierende Rednerin; 1914 ein erstes Mal zu Gefängnis verurteilt, 1916 erneut in Schutzhaft genommen, wurde sie Ende Dezember 1918 Mitgründerin der KPD. Am 15.1.1919 in Berlin nach Verhaftung und Misshandlung durch Freikorpssoldaten, von einem Offizier erschossen. Die Leiche wurde in den Landwehrkanal geworfen.

*Liebknecht*] Karl L. (1871-1919), Sohn des SPD-Gründers Wilhelm L., Jura-Studium, Mitglied der SPD-Fraktion im Preußischen Abgeordnetenhaus, später im Reichstag, 1916 wegen Hochverrats zu 4 Jahren Zuchthaus verurteilt, proklamierte am 9. November 1918 vom Balkon des Berliner Schlosses die Freie Sozialistische Republik Deutschland. Mitbegründer der KPD, unterschrieb Anfang Januar den Aufruf des Revolutionsausschusses, der die Regierung Ebert/Scheidemann für abgesetzt erklärte. Am 15.1.1919 in Berlin verhaftet, »verhört« und »auf der Flucht erschossen«.

*Fechenbach*] Felix F. (1894-1933), Journalist, Schriftsteller und Politiker, 1933 in »Schutzhaft« genommen, während der Überführung ins KZ Dachau erschossen.

*Kahr*] Siehe »Schweigen im Dichterwald« S. 178 u. Anm.

*Schrenck-Notzing*] Albert Freiherr von S. (1862-1929), Mediziner, Parapsychologe. Ließ sich 1889 als praktischer Arzt in München nieder, wo er auch als Psychotherapeut tätig war. Durch seine Forschungen auf dem Gebiet des Hypnotismus und der Telekinese sehr bekannt (»Materialisations-Phänomene. Ein Beitrag zur Erforschung der mediumistischen Teleplastie«, München 1914; Zweite, stark vermehrte Auflage 1923). Thomas Mann hat in seinem humoristisch-feuilletonistischen Essay »Okkulte Erlebnisse« (1923) eine der von ihm besuchten Séancen bei Baron

Schrenck-Notzing beschrieben und Abschnitte aus diesem Essay in das Kapitel »Fragwürdigstes« seines Romans »Der Zauberberg« übernommen.

*Mann ... »Die Diktatur der Vernunft«*] Der Band »Diktatur der Vernunft« (Berlin: Verlag Die Schmiede, 1923), eine Sammlung von Aufsätzen und Reden, wie sie Heinrich M. (1871-1950) in den Jahren der Weimarer Republik wiederholt vorlegte.

*»Ihr (der Bürger) Anblick ...«*] Die zitierten Sätze stammen (mit Auslassungen) aus dem Beitrag »Die Tragödie von 1923«, den die (Auswahl-)Edition der »Essays« des Aufbau-Verlags (Berlin 1976) allerdings dem Band »Sieben Jahre« (1931) zuordnet.

**Der Schrei nach dem Fremden**

E: PT, Jg. 49, Nr. 46, 23.2.1924. – S. 3, sign. R. Berlin, im Feber

*Scheunenviertel*] »Der Begriff Scheunenviertel bezeichnete damals wenige Straßenzüge, in denen zahlreiche Juden aus Osteuropa Zuflucht gefunden hatten: Hirtenstraße, Grenadierstraße (heute Almstadtstraße), Dragonerstraße (heute Max-Beer-Straße), Münzstraße und Schendelgasse. Das ursprüngliche Scheunenviertel existierte Anfang der 20er Jahre schon nicht mehr. Seinen Namen hatte es von den Scheunen, die nach einer Feuerverordnung von 1672 gebaut wurden, um brennbare Materialien aus Berlin auszulagern: dahin, wo heute die Volksbühne steht.« (Bienert)

Lit: Bienert 1996, S. 20f.

**Der Bizeps auf dem Katheder**

D: PT, Jg. 49, Nr. 47, 24.2.1924. – S. 4, »Von Joseph Roth (Berlin)«. – E: NAUB, 16.2.1924

*Breitensträter*] Hans B. (1897-1972), Schwergewichtsboxer, 1920 ein erstes Mal im Kampf um die deutsche Meisterschaft erfolgreich.

*jenes Gottes, der altes Eisen wachsen läßt*] Anspielung auf Ernst Moritz Arndts Gedicht »Vaterlandslied« von 1812, dessen erste Zeilen lauten: »Der Gott, der Eisen wachsen ließ, / der wollte keine Knechte, [...]«.

*Roethe*] Siehe »Der blonde Neger Guilleaume«, S. 201 u. Anm.

**Der Kampf um die Meisterschaft**

D: PT, Jg. 49, Nr. 54, 4.3.1924, S. 4 – E: FZ, 3.3.1924 – »Joseph Roth (Berlin)«

*Schürzen*] Korrigiert aus »Schärpen«.

*ein Kampf der Wagen ... Gesänge*] Ironisch abgewandeltes Zitat der Eingangszeile von Schillers Ballade »Die Kraniche des Ibykus«.

*Breitensträter*] Siehe den vorigen Artikel u. Anm.

*Samson-Körner*] Paul K. (1887-1942), Boxer, später Filmschauspieler. Der Erfolg im Kampf um die deutsche Meisterschaft 1924 war bereits sein zweiter Sieg über Breitensträter, der ihm den Titel 1925 aber wieder abgewann. Körner war eigentlich nur ein »Halbschwergewichtsboxer«, dennoch legte gerade er sich den Namen Samson zu.

**Der »Refräng« im Nachtleben**

E: PT, Jg. 49, Nr. 55, 5.3.1924. – S. 2, sign. »Josephus (Berlin)«

*Hugo Hirsch*] Siehe »Preisrattenwürgen«, S. 138 u. Anm (»Wer wird denn weinen«).

*Stolz*] Robert S. (1880-1975), österreich. Komponist (Operetten- und Filmmusik, um 2000 Lieder), lebte seit 1924 vorzugsweise in Wien und Berlin, ging 1938 über Paris in die Emigration.

*Rebner*] Arthur R. (1890-1949), aus Lemberg gebürtiger Operettenlibrettist und Komponist, kam über Wien nach Berlin, 1933 Rückkehr nach Wien und weitere Emigration.

*Rotter*] Fritz R. (1900-1984), österreich. Komponist, Schlagertexter und Kabarettist, gebürtig aus Wien, wo er auch seine Laufbahn begann, übersiedelte in den Zwanzigern nach Berlin. Zusammenarbeit u.a. auch mit Robert Stolz. Schrieb Filmmusiken und -lieder, auch populäre Nonsenstexte. Rotter, jüdischer Herkunft, kehrte 1933 nach Österreich zurück, emigrierte 1936 nach England und von dort weiter in die USA. Nach dem Krieg wieder in Europa, in Ascona gestorben.

**Delinquent Schaper**

E: PT, Jg. 49, Nr. 72, 25.3.1924. – S. 3, »Von Joseph Roth (Berlin)«

**Rose Gentschow**

E: PT, Jg. 49, Nr. 86, 10.4.1924. – S. 4, »Joseph Roth (Berlin)«

Über den Prozess gegen die wegen Totschlags verurteilte Rose Gentschow hat Roth auch in seinem »Berliner Bilderbogen« für das Satireblatt »Der Drache« geschrieben.

*sieht jünger aus*] Korrigiert aus »sieht nicht jünger aus«.

Lit: »Kriminalistisches über zwei Mädchen …«, DD, 15.4.1924 (II, 102-103).

**Das Ende eines Symptoms**

D: PT, Jg. 49, Nr. 88, 12.4.1924. – S. 4, »Joseph Roth (Berlin)«. – E: FZ, 19.3.1924

*Lubitsch*] Ernst L. (1892-1947), aus Berlin gebürtiger Filmschauspieler, Regisseur und Produzent, von Roth wiederholt kritisch gewürdigt. Die großen Historienfilme wie »Anabasis«, durch die Lubitsch in den Nachkriegsjahren international bekannt wurde, interessierten ihn allerdings wenig; in »Lachen links« hat er sie verspottet: »Es führt der Lubitsch durch den märk'schen Sand / Statistenjuden ins gelobte Land.« (»Die Lieblinge der Nation«) Siehe hierzu auch, parodierend, »Heimweh nach Prag«, S. 275. Anerkennend schrieb Roth über Lubitschs spätere Entwicklung in Hollywood als Regisseur subtiler Gesellschaftskomödien: »Der pathetische Massenregisseur [...] hat in Amerika lachen gelernt. Nie wäre es ihm in Deutschland gelungen.« (»Amerikanisiertes Kino«)

Lit: »Die Lieblinge der Nation«, LL, 1.2.1924 (II, 9f.) – »Amerikanisiertes Kino«, FZ, 4.10.1924 (II 256-259, hier 257).

**Der Fürst des Weltalls**

E: PT, Jg. 49, Nr. 167, 17.7.1924. – S. 3, »Von Joseph Roth (Berlin)«

*den Namen Ulrich ererbt zu haben*] Korrigiert aus: »den Namen Ohlerich ererbt zu haben«.

**Das Amt**

E: PT, Jg. 49, Nr. 170, 20.7.1924. – S. 4-5, »Von Joseph Roth (Berlin)«. – Durch ein Setzerversehen lautet die Kopfzeile von S. 4 des PT vom 20.7.1924 »Prager Abendzeitung« und nennt als Datum den 19.7.1924.

**Pietät mit Handgranate**

D: PT, Jg. 49, Nr. 226, 13.9.1924. – S. 3, »Von Joseph Roth (Berlin)«. – E: FZ, 8.9.1924

**Berliner Theater**

E: PT, Jg. 49, Nr. 236, 7.10.1924. S. 2. – »Von Joseph Roth (Berlin)«. – Der Beitrag enthält auch Passagen aus Roths am 26.9.1924 im »Vorwärts« erschienener Rezension »Volkstheater«, s. Siegel 1995, S. 246.

*Direktor Roberts*] Eugen R. (d.i. Eugen Robert Weiss, 1877-1944), gebürtig aus Budapest, nach Jurastudium zunächst Journalist (Theaterreferent des »Pester Lloyd« in Berlin), später Theaterunternehmer, der. u.a. zeitweilig das Hebbeltheater, die Münchner Kammerspiele, das Residenz-Theater und die »Tribühne« leitete; emigrierte 1933 nach London.

*»Helden«*] »Arms and the Man« (1894), Schauspiel von George Bernard Shaw (1856-1950), in deutscher Übersetzung u. d. T. »Helden« (1904).

*Prinzen Oskar von Preußen*] Siehe »Rings um ›Consul‹«, S. 122 u. Anm.

*Aufführung Emil Geyers*] Emil G. (d.i. E. Goldmann, 1872-1942), Theaterregisseur und Intendant, arbeitete an verschiedenen dt. Bühnen, war seit 1913 Intendant der Neuen Wiener Bühne. Mit Max Reinhardt bekannt, der ihn 1925 mit der Direktion des

Josefstädter Theater betraute (bis 1933). Im KZ Mauthausen erschossen.

*Maugham … »Viktoria«*] William Somerset M. (1874-1965), engl. Dramatiker und Erzähler. »Home and Beauty«, wie der Originaltitel der Komödie lautet, entstand 1915 (Uraufführung 1919).

*Deus ex machina*] (lat.) der ›Gott aus der Maschine‹ (nach einer Einrichtung des antiken Theaters, eine Art Schwebevorrichtung über der Bühne, die es erlaubte, einen anders nicht lösbaren Konflikt durch das Auftreten eines Gottes beziehungsweise eines göttlichen Boten zu beenden.

*Spira*] Camilla S. (1906-1997), stand 1924 noch am Beginn ihrer Laufbahn. Bekannt wurde sie 1930 mit der Operette »Im weißen Rössl« und durch Filmrollen, u.a. in »Morgenrot« (1933), einem Heldenlied auf soldatische Pflichterfüllung. Durch die Nürnberger Gesetze als Halbjüdin diffamiert, überlebte sie nur durch glückliche Umstände und erfuhr nach dem Zweiten Weltkrieg noch ein Comeback in zahlreichen Filmrollen, so in »Des Teufels General« und »Rosen für den Staatsanwalt«.

*»Theater in der Königgrätzer Straße«*] 1907/08 von Oskar Kaufmann im Jugendstil erbaut, als Hebbel-Theater eröffnet, 1911 in Theater in der Königgrätzer Straße umbenannt. In den 20er Jahren erlebte das Theater mit hervorragenden Darstellern eine Blütezeit. Der Name des Theaters änderte sich noch mehrfach, zusammen mit dem Straßennamen: 1929 in Theater in der Stresemannstraße, 1934 in Theater in der Saarlandstraße. 1945 in Hebbeltheater rückbenannt, firmiert es inzwischen als Theater Hebbel am Ufer.

*Mit Leopoldstädtischer Ungeniertheit*] Anspielung auf den zweiten Wiener Bezirk (»Leopoldstadt«), in dem viele Juden wohnten.

*Die Zwillings-Ghettobrüder … Golz*] An anderer Stelle bezeichnet Roth die Brüder als »die in Wien und Umgebung verkannten und mit verdienter Liebe behandelten. Sie sind eine Besonderheit, eine Spezialität des ironiebegabten, fruchtbar-geistigen, sich selbst und die anderen karikierenden Judentums« (»Der unwiderstehliche Kassian«).

*»Der unwiderstehliche Kassian«*] In der Druckvorlage irrtümlich »Kassier«. Roth hat die Inszenierung im »Vorwärts« besprochen.

*Roberts*] Ralph Arthur R. (d.i. Robert Arthur Schönherr, 1884-1940), Schauspieler, ab 1921 Regisseur am Komödienhaus in Berlin.

*Hauptmann »weilt« … in Berlin*] Roths ironischer Wortgebrauch lässt sich als diskreter Hinweis auf des Dichters in späteren Jahren unverkennbaren Hang zu feierlichen Selbstinszenierung deuten, die auch seinen Bewunderern nicht verborgen blieb; siehe auch »Schweigen im Dichterwald«, S. 179 u. Anm.

*George*] Heinrich G. (d.i. Georg August Schulz, 1893-1946), Schauspieler, 1936-1944 Intendant des Berliner Schillertheaters.

*Fuhrmann Henschel*] Hauptmanns gleichnamiges Schauspiel, 1898 im Deutschen Theater (Berlin) uraufgeführt.

*Klöpfer*] Eugen K. (1886-1950), Schauspieler, Regisseur und Intendant.

*Michael Kramer*] Die Hauptfigur in Gerhart Hauptmanns gleichnamigem Schauspiel. Roth hat die genannte Inszenierung, aufgeführt»mit jener Feierlichkeit [...], welche die Anwesenheit hoher Gäste anzudeuten pflegt: Gerhart Hauptmann war da«, im »Vorwärts« besprochen.

*Fehling*] Jürgen F. (1885-1968), Regisseur, ein Enkel des Dichters Emanuel Geibel. Von 1922-1944 inszenierte er am Staatlichen Schauspielhaus, Berlin.

*Straub*] Agnes S. (1890-1941), Schauspielerin und Theaterdirektorin.

*Volksbühne*] Der von Oskar Kaufmann geplante und ausgeführte, nach Kriegsausbruch 1914 vollendete Theaterbau an Bülow-Platz (heute Rosa-Luxemburg-Platz), damals »das schönste und modernst ausgestattete Theater Berlins« (R. Freydank) und Heimstätte der Ende des 19. Jahrhunderts entstandenen Volksbühnen-Bewegung.

*Barlachs ... »Der tote Tag«*] Drama (1912) von Ernst Barlach (1870-1938), Uraufführung 1919.

*Tragödie Parzivals ... Mutter Herzeloide*] In Wolframs von Eschenbach (um 1170-1220) Versroman »Parzival«: Bei seiner Mutter Herzeloyde wächst Parzival in einer einsamen Waldlichtung auf. Er ist unkundig des ritterlichen Lebens, dessen Gefahren sein Vater Gahmuret erlag. Der Wunsch, sich zu bewähren, treibt ihn hinaus in die Welt. Die Mutter stirbt darüber vor Kummer.

*Das Ewig-Mütterlich-Weibliche zieht uns hinab*] »Das Ewig-Weibliche / Zieht uns hinan«, lauten die vom Chorus mysticus vorgetragenen Schlussworte von Goethes »Faust, Zweiter Teil«.

*Die Regie Paul Günthers*] Paul G. (1887-1962), Schauspieler, zwischen 1918 bis 1925 am Deutschen Theater in Berlin. Die Erstaufführung von Barlachs »Der tote Tag« in der Inszenierung von Günther fand am 24.5.1923 am Neuen Volkstheater statt.

*Carl Ludwig Achaz*] Carl Ludwig A. (1889-1958) war der Künstlername von C. L. Duisberg, einem Sohn des Chemikers und Großindustriellen Friedrich Carl Duisberg (1861-1935).

Lit: »Der unwiderstehliche Kassian«, Vo, 2.10.1924 (II, 252-253). – »Michael Kramer«, Vo, 27.9.1924 (II, 251.252). – Freydank 1988, S. 351.

**Die heilige Johanna**

E: PT, Jg. 49, Nr. 245, 17.10.1924. – S. 2, »Joseph Roth (Berlin)«

*»Die heilige Johanna«*] »Saint Joan« (1923), ›Dramatische Chronik‹ von George Bernard Shaw (siehe den vorigen Artikel, S. 242 u. Anm.). Roths Besprechung gilt der deutschen Erstaufführung am 14.10.1924 im Deutschen Theater in der Schumannstraße.

*das Erhabene in jenen Staub zu ziehen*] Anspielung auf Schillers gegen Voltaire als den Verfasser des ironischen Epos »La Pucelle d'Orleans« gerichtetes Gedicht »Das Mädchen von Orleans«: »Es liebt die Welt, das Strahlende zu schwärzen / Und das Erhabne in den Staub zu ziehn, / Doch fürchte nicht! Es gibt noch schöne Herzen, / Die für das Hohe, Herrliche entglühn ...«

*Sancta simplicitas*] (lat.) heilige Einfalt.

*Bergner*] Elisabeth B. (d.i. Ella Ettel, 1897-1986), österreich. Schauspielerin, geboren in Drohobyzc (Galizien). Ein unkritischer Bewunderer der Gefeierten war Roth offenbar nicht. Nicht nur in dem vorliegenden Artikel, sondern auch – und noch deutlicher – in seiner Besprechung des Films »Nju« (»Berliner Filmberichte«) äußerte er Vorbehalte. Bronsen hat, gestützt auf ein Interview mit Benno und Marily Reifenberg, erklärt, die Bergner sei »in Roths Augen eine bewundernswerte Künstlerin, aber auch ein ichsüchtiger Unmensch« gewesen, das »Vorbild für Erna, die rücksichtslose, egoistische Schauspielerin, die eine Zeitlang die Frau von Arnold Zipper wird«, Roths Romanfigur, die ihrerseits in einem angeblichen Kriegskameraden des Autors ihr Vorbild habe, wie dieser wiederholt behauptete, die aber auch erkennbar autobiographische Züge trägt. Im Exil ließ Roth der Diva Belegexemplare von »Der Antichrist« und »Beichte eines Mörders« schicken, eine 1936 angestrebte Verfilmung des Romans mit der Bergner kam jedoch nicht zustande.

*Forster*] Rudolf F. (1884-1968), österreich. Schauspieler. Forster hat über die Inszenierung, in der er den Dauphin spielte, in seinen Erinnerungen berichtet: »Das Stück wurde ein Kassenmagnet, etliche zweihundert Male wurde es gespielt. Was man allzu selten erlebt, in Scharen drängte die große und kleine Welt. Selbst die Mühseligen und die Beladenen kamen, um das Stück zu erleben. Täglich waren für Blinde, Taubstumme und Hochbetagte zwanzig Plätze reserviert. Sie kamen knapp vor der Vorstellung, von ihren Betreuern geführt. Die ältesten Kaleschen fuhren vor, mit Damen aus der Vorzeit und noch älteren Kutschern und Pferden. Es war ein abenteuerliches Bild, eine Völkerwanderung.«

*Vallentin*] Maxim V. (1904-1987), Schauspieler, emigrierte über die Tschechoslowakei 1935 in die Sowjetunion; nach dem Zweiten Weltkrieg Intendant des Maxim-Gorki-Theaters in Ost-Berlin und Mitglied des ZK der SED.

*Müthel*] Lothar M. (d.i. Lothar Max Lütcke, 1896-1964), Schauspieler, setzte seine Karriere in der NS-Zeit fort. Lt. Carl Zuckmayer »spintisiererhaft und gleichzeitig doktrinär veranlagt, war einer der ersten Schauspieler einer gewissen Intelligenzklasse, der dem Nationalsozialismus verfiel« (»Geheimreport«, S. 90); 1939-1945 Direktor des Wiener Burgtheaters.

*Hartmann*] Paul H. (1889-1977), Schauspieler, 1913 von Max Reinhardt an das Deutsche Theater engagiert, dessen Ensemble er bis 1924 angehörte.

*Ledebur*] Leopold Ernst Gerhard Freihher von Ledebur (1876-1955), Schauspieler am Staatlichen Schauspielhaus Berlin, seit 1916 auch viele Filmrollen.

Lit: »Berliner Filmberichte«, FZ 12.12.1924 (II, 301-393). – Bronsen 1974, S. 318 u. 637. – R. Forster, Das Spiel mein Leben. Berlin 1967, S. 250.

**Berliner Theater**

E: PT, Jg. 49, Nr. 248, 21.10.1924. – S. 7, – sign. »J. R. Berlin, im Oktober«

*Wallenstein-Trilogie*] Schillers dramatisches Hauptwerk, die einzelnen Teile (»Wallensteins Lager«, »Die Piccolomini« und »Wallensteins Tod«) wurden 1798/99 in Weimar uraufgeführt.

*Jeßners*] Leopold Jeßner (1878-1945) Regisseur, kam über Hamburg und Königsberg 1919 nach Berlin, war Intendant, zeitweilig Generalintendant der Staatstheater. Zunehmend, auch als Jude, Anfeindungen ausgesetzt, ging er 1933, zunächst nach England, in die Emigration. Der Antipode Max Reinhardts vertrat einen radikal antinaturalistischen Stil, aktualisierte und politisierte die Klassiker, inszenierte nicht die Fabel, sondern die Idee der Fabel und entwickelte als Ausdruck der dramaturgischen Disposition eine stufenförmig gegliederte Bühne.

*Krauß*] Werner K. (1884-1959), dt. Schauspieler, spielte in der NS-Zeit u.a. in dem berüchtigten antisemitischen Propagandafilm »Jud Süß« (1940) von Veit Harlan die Hauptrolle. Unter der Regie von Lothar Müthel (s.o.) spielte er 1943 am Wiener Burgtheater die Rolle des Shylock in Shakespeares »Der Kaufmann von Venedig«.

*Straub*] Siehe »Berliner Theater«, S. 245 u. Anm.

*Lossen*] Lina L. (1878-1959), Schauspielerin, 1922-1945 Ensemblemitglied am Berliner Staatstheater.

*Steckel*] Leonard S. (1905-1971), Schauspieler.

*Granach*] Alexander G. (1890-1945), geboren in Werbowitz, Galizien (heute Werbowcy, Ukraine), Theater- und Filmschauspieler. Von Max Reinhardt gefördert, 1933 Emigration. Verfasser der romanhaften Autobiographie »Da geht ein Mensch« (1945 postum).

*Krausneck*] Arthur K. (1856-1941), Schauspieler, 1897-1930 Ensemblemitglied am Berliner Staatstheater.

*Sonik Rainer*] Das ist Antonia Steinkleiber, dt. Schauspielerin, kam nach Engagements in Wien und Prag an das preußische Staatstheater nach Berlin,

*Strindbergs »Erich XIV:«*] Das umfangreiche dramatische Werk von August Strindberg (1849-1912) umfasst auch acht Dramen über Herrschergestalten der schwedischen Geschichte, »Erik XIV« (1899) steht chronologisch an dritter Stelle.

*Deutsch*] Ernst D. (1890-1969), gebürtig aus Prag und seit der Schulzeit mit den Autoren des Prager Kreises befreundet, kam über Wien und Dresden 1917 zu Max Reinhardt nach Berlin, verließ 1933 Deutschland und emigrierte über verschiedene Stationen bis in die USA. Spielte seit 1951 mit größtem Erfolg wieder auf Berliner Bühnen.

**Eine äußerst angenehme Begegnung**

E: PT, Jg. 49, Nr. 248, 21.10.1924. – S. 8, »Von Joseph Roth (Berlin)«

*Der Kronprinz ... jeder Hohenzoll ein Prinz*] Siehe »Schweigen im Dichterwald«, S. 177 u. Anm. – Der nach Deutschland zurückgekehrte Prinz lebte überwiegend in Oels (Schlesien) und vermied politische Auftritte, verfolgte jedoch weiterhin Pläne für eine Wiederherstellung der Monarchie. Im seinem für die »ungemütliche sächsische Wochenschrift« »Der Drache« bestimmten »Berliner Bilderbogen« hat Roth, dem satirischen Charakter des Blattes gemäß, noch weit aggressiver als im »Prager Tagblatt« über den Aufenthalt des Prinzen in Potsdam und Berlin geschrieben. »In Oels gibt es leider keine modernen Zahnärzte. Die dynastischen Zahnschmerzen beginnen sofort, wenn diese die republikanische Zugluft ihrer Heimat fühlen. In Holland hatte er kein Zahnweh, der Kronprinz. Hier aber beginnt es, in den Kiefern zu zucken. Das Gebiß des dekadenten Raubtiers sehnt sich nach der heimatlichen Beute. [...] In ganz Deutschland spürst du keinen republikanischen Hauch. Aber in Potsdam einen monarchistischen. [....] Seit zwanzig Jahren hat sich nichts in Potsdam geändert. Der Kronprinz hat es auf den ersten majestätischen Blick erkannt.«

*Rosner*] Karl R. (1873-1951), Erzähler und Lyriker, gebürtig aus Wien, Sohn von Leopold Rosner, Redakteur der »Gartenlaube«, schrieb auch patriotische historische Romane (»Der König«, 1920).

Lit: »Der Kronprinz ist wieder vorhanden«, DD 25.3.1924 (II, 95-97).

**Eine Revue und ein Prager**

E: PT, Jg. 49, Nr. 252, 25.10.1924. – S. 7, sign. »J. R. Berlin, Ende Oktober«

*Erik Charell*] Erik C. (eigtl. Erich Karl Löwenberg, 1894-1974), deutscher Schauspieler und Regisseur. »An alle!« war seine erste Revue, als besondere Sensation galt, daß er es geschafft hatte, dafür die bekannte Londoner Tanzgruppe der »Tiller Girls«zu verpflichten.

*Abgelegte Empfindungen*] »Empfindungen« korrigiert aus »Erfindungen«.

*ein bißchen Nelson*] Rudolf N. (1878-1960); Operetten-, Revue- und Schlagerkomponist; der »dicke Napoleon des Cabarets« (K. Tucholsky) arrangierte seit 1920 in seinem Nelson-Theater am Kurfürstendamm/Ecke Fasanenstraße erfolgreich Revuen.

*Schulz*] Franz S. (1897-1971), aus jüdischer Prager Familie gebürtig, Gymnasium und (unabgeschlossenes) Studium in Prag, hatte erste literarische Kontakte im Café Arco, ging nach der Heimkehr aus dem Krieg nach Berlin, wo er in den Jahren der Weimarer Republik vorzugsweise als Drehbuchautor erfolgreich war. 1933 Rückkehr nach Prag von dort weitere Emigration nach England und in die USA, nach dem Zweiten Weltkrieg im Tessin ansässig, wo er auch starb.

*Novelle von Maupassant*] »Boule de suif« (»Fettklößchen«), erschienen 1880.

Lit: G. G. v. Bülow, Franz Schulz. Ein Autor zwischen Prag und Hollywood. Prag: Vitalis 1997.

**Reinhardt am Kurfürstendamm**

E: PT, Jg. 49, Nr. 259, 5.11.1924. – S. 7, »Joseph Roth«

*Reinhardt*] Max R. (eigtl. Goldmann, 1873-1943), Schauspieler und Regisseur, debütierte 1890 an einem Wiener Privattheater, wurde 1894 von O. Brahm an das Deutsche Theater in Berlin engagiert, entwickelte aus dem von ihm begründeten Kabarett »Schall und Rauch« das »Kleine Theater«, dessen Direktion er, wie die des Neuen Theaters 1903 übernahm. Weitere Bühnen folgten, 1905 das Deutsche Theater mit den angeschlossenen Kammerspielen. In der Zusammenarbeit mit Hugo von Hofmannsthal wurde Reinhardt auch als Opernregisseur berühmt. In den Jahren vor Beginn des Ersten Weltkriegs wurde der ›Vater des modernen Regietheaters‹, der auch Freilichtaufführungen an historischen Schauplätzen ins Werk setzte, zu einem international bekannten Star. In der Nachkriegszeit verlegte er den Schwerpunkt seiner Tätigkeit nach Wien und Salzburg. 1924 kehrte er nach Berlin zurück, dem er, wenngleich in veränderter Weise, wie auch Roths Rezensionen erkennen lassen, noch bis 1933 verbunden blieb. Er ging ins Exil, den ihm angebotenen Status eines »Ehren-Ariers« lehnte er empört ab.

*»Die Komödie«*] »Das kleine Theater wurde am 1. November 1924 unter den Namen ›Komödie‹ mit Goldonis ›Diener zweier Herren‹ eröffnet. Die Inszenierung, die sich im Stil eines verspielten Rokoko gab, paßte so ganz zum Äußeren des Hauses. Der in zartem Gelb und Kirschrot gehaltene Saal besaß nur ein kleines Parkett, um das sich zwei leicht geschwungene Logenkränze zogen. Ein Rahmen, der genau den Geschmack des Publikums traf, dem Reinhardt ein Repertoire bot, in dem das spätbürgerliche Gesellschaftsstück eine beherrschende Stellung innehatte. – Eine leichte Ware, die oft kaum mehr als eine dramatische Vorlage war.« (Freydank)

*Kaufmann*] Oskar K. (1873-1956), aus Ungarn stammender, seinerzeit führender Theaterarchitekt, der ab 1900 in Berlin arbeitete. Entwarf u.a. das Hebbeltheater, das deutsche Künstlertheater, die Krolloper und die Volksbühne, 1921 das Theater am Kurfürstendamm.

*Krehan*] Hermann K. (1890-1972), Bühnenbildner, auch Zeichner (»H. M. Crayon«).

*Goldoni »Der Diener zweier Herren«*] Dem schon als Kind für die Bühne begeisterten Venezianer Carlo G. (1707-1793) werden mehr als 150 Theaterstücke zugeschrieben, »Il servitore di due patroni« blieb wie keine andere seiner Komödien mit seinem Namen verbunden.

*Familie Thimig*] Wiener Schauspieler-Dynastie. Helene Thimig (1889-1974) war mit Max Reinhardt durch eine langjährige künstlerische und private Beziehung verbunden, 1935 heiratete sie ihn in zweiter Ehe.

*O'Neill ... »Der haarige Affe«*] Eugene O'Neill (1888-1953), »The Hairy Ape« (1922); dt. 1924.

*Roberts »Tribühne«*] Eugen Robert – Siehe »Berliner Theater«, S. 242 u. Anm. – leitete die »Tribühne« seit 1920.

Lit: Freydank 1988, S. 378.

**Reise durch Galizien**

D: PT, Jg. 49, Nr. 278, 27.11.1924. – S. 3, »Joseph Roth«. – E: FZ, 20.11.1924 u. d. T. »Reise durch Galizien. Leute und Gegend«

*Galizien*] Der Name Galizien wird, in der ersten von drei Reportagereisen, die Roth für die »Frankfurter Zeitung« in das nach dem Ersten Weltkrieg wiedererstandene Polen unternommen hat, wie selbstverständlich verwendet; er bezeichnet eine historische Landschaft mit wiederholt veränderten Grenzen. Es handelt sich um die Territorien des erst 1772 entstandenen südpolnischen Kronlands der Donaumonarchie, dem man, um den Raub zu legitimieren, den Namen »Königreich Galizien und Lodomerien« gegeben hatte (als Könige von Ungarn führten die Habsburger in ihrem Titel auch die Namen zweier untergegangener mittelalterlicher Fürstentümer). Geographisch, ethnisch, konfessionell bildete das Land keine Einheit, nach 1918 auch administrativ nicht mehr, nur im Zweiten Weltkrieg, während der deutschen Besetzung, tauchte die Bezeichnung wieder auf. Umso mehr ließen die politischen Schicksale dieser auch sprachlich gemischten, nunmehr zwischen Polen und der Ukraine geteilten Grenzregion »Galizien« auch als literarische Landschaft lebendig bleiben, nicht selten – und besonders auch bei Roth – mythisch überhöht.

*das große Schlachtfeld des großen Krieges*] Tatsächlich war bereits das Jahr 1914 für die noch kriegsungewohnten Truppen besonders opferreich, für die oftmals unzulänglich geführte und ausgerüstete k. u. k. Armee entwickelte sich der Feldzug in Galizien schnell zu einer Katastrophe; daher mussten alsbald auch reichsdeutsche Truppen zur Unterstützung herangezogen werden.

*Berichterstattung ..., die durch das Kupeefenster blickt*] Möglicherweise eine Anspielung auf den Stil der Galizien-Reportagen von Karl Emil Franzos, den Roth merkwürdigerweise nirgends erwähnt, geht es doch um das Werk »des bis dahin berühmtesten Autors galizischer Herkunft [...]. Viele der Motive, die Roth in der Folge wählt, um in ›Leute und Gegend‹ die Armut zu thematisieren, finden sich auch bei Franzos« (M. Müller).

Lit: M. Klańska, Die galizische Heimat im Werk J. R.s. In: Kessler / Hackert 1990, S. 143-156. – F. Hackert, Der Mann aus dem Osten. Galizien als Blickpunkt für Leben und Werk von J. Z. In: ZfKuB 1996, H. 2, S. 55-64. – M. Müller, Konstruierte Distanz – Zu J. R.s erster Galizienreportage »Leute und Gegend«. In: Eicher 2010, S. 169-183, hier S. 176f. – H. Nürnberger, H. Hohnsbeen, K, Schimmel, »... ein Hort Polens im Unglück«. Krakau in der deutschsprachigen Literatur des 19. u. 20. Jahrhunderts. LWU 25 (1992), Heft 1, S. 69-83; Heft 2, S. 177-195.

**Pallenberg am Kurfürstendamm**

E: PT, Jg. 49, Nr. 281, 30.11.1924. – S. 9, sign. »J. R. Berlin, im November«

*Pallenberg*] Max P. (1877-1934), aus Wien gebürtiger Sänger und Schauspieler, »das Urwesen eines herrlichen Kobolds«, wie das PT in seinem Nachruf für den nahe Karlsbad tödlich Verunglückten schrieb, hatte »unter dem Regiestab seines geliebten Reinhardt« auch in Berlin, wo er seit 1910 am Deutschen Theater engagiert war, als »die verwegenste Konsequenz des Improvisationskomikers der commedia dell'arte« (H. Ihering) in vielen Rollen Triumphe gefeiert.

*spielt den »Eingebildeten Kranken«*] Die Titelfigur in Molières »Le malade imaginaire« (1673).

*Dr. Diafoirus*] Der von Argan, dem »eingebildeten Kranken«, ausgesuchte Schwiegersohn, ein pedantischer Mediziner.

*Friedell*] Egon F. (d.i. E. Friedmann, 1878-1938) vielseitiger österreich. Schriftsteller und Kulturhistoriker, auch Schauspieler, der in seiner Frühzeit die Hauptrollen selbst- oder gemeinsam mit Alfred Polgar verfasster parodistischer Einakter spielte; 1922/27 in Berlin und Wien bei Max Reinhardt. Einen dem mit ihm befreundeten Peter Altenberg nach dessen Tod gewidmeten Band hat Roth besprochen (»Ein Denkmal«). Zu Roths Lebzeiten ungedruckt blieb ein Artikel, den er 1938 nach Friedells Freitod schrieb.

Lit: »Ein Denkmal«, BBC, 14.3.1922 (I, 768-769). – »Gegen Selbstmörder«, III, 843-844.

**Lemberg, die Stadt**

D: PT, Jg. 49, Nr. 287, 7.12.1924. – S. 25-26, »Von Joseph Roth«. – E: FZ, 22.11.1924

*Lemberg*] Am Vorabend des Ersten Weltkriegs zählte Lemberg mit mehr als 200000 Einwohnern nach Wien, Budapest, Prag und Triest zu den bedeutendsten Städten der Monarchie. In noch stärkerem Maße als in dem vorangegangenen Artikel über Galizien insgesamt bewegte sich Roth bei der Beschreibung der einstigen Hauptstadt des habsburgischen Kronlandes auf vertrautem Boden. Wiederum macht er auf seine Kenntnis der örtlichen Verhältnisse aufmerksam, lässt aber auch diesmal nicht erkennen, woher seine Vertrautheit stammt: In Lemberg lebten vermögende Verwandte des vaterlosen Gymnasiasten aus Brody, bei denen er regelmäßig oder doch wiederholt die Schulferien verbracht hatte. Dort wohnte auch eine mütterliche Freundin des dreißig Jahre Jüngeren, die gebildete, geschiedene Frau eines Krakauer Universitätsprofessors, die er noch in späteren Jahren wiederholt besuchte. Die Stadt war voll überraschender Angebote des Modernen und Neuen, ein farbiges Völkergemisch verschiedener Konfessionen, eine regionale Metropole mit repräsentativen Bauten und einer großen Garnison: Von Brody aus betrachtet – aber zu seiner Herkunft wollte er sich eben gerade nicht bekennen –, war Lemberg für einen Gymnasiasten eine wachsende Verlockung (die dort ansässigen Kusinen inklusive), mit Buchhandlungen und Zeitungen für den jungen Verseschreiber gewissermaßen unverzichtbar. Den Kusinen sandte man die Gedichte, zwecks Bewunderung, ja auch zu: »Blumen streu ich, duft'ge Rosen / Gebet acht und fangt sie auf! – / Wenn die weichen Lüfte kosen …« Man betätigte sich wohl auch als Postillion: »Dem Kristiampoller hab ich Deine Grüße übergeben; er wäre in den achten Himmel gesprungen, wenn es einen gäbe.« Dieser Mitschüler »kämmt sein Haar und putzt und bügelt seine Hosen schon seit drei Wochen. Alles für Lemberg.« (An Resia und Paula Grübel, 1911 und später) In Lemberg begann Roth zum Wintersemester 1913/14 sein Germanistikstudium, allerdings nur formell, denn nun strebte er bereits nach Wien.

*Der obligate Korso*] Von Roth auch in kleinen Städten Mitteleuropas immer wieder gern beobachtet, siehe etwa den »regelrechten Vormittagskorso«, in dem Artikel »Knigge im Film«; umso mehr natürlich den Korso in Lembergs nach einem Erzherzog benannter einstigen Karl-Ludwig-Straße (später »Straße der Legionen«), in der die Offiziere promenierten.

*Zweimal ... als ein Sieger eingezogen*] Lemberg wurde im Herbst 1914 von den Russen eingenommen und im Sommer 1915 zurückerobert. Roth war damals noch Student. Er befand sich jedoch 1917 im Raum Lemberg. Und vielleicht ist mit der »deutschen Feldzeitung«, die er erwähnt, die »Illustrierte Kriegszeitung der k. u. k. 32. Infanterie-Truppendivision« gemeint, in deren Redaktion er gearbeitet hat und in der er auch ein Gedicht veröffentlichte (»Der sterbende Gaul«). Er war häufig mit der Bahn von und nach Lemberg unterwegs, eine Militärfahrkarte von Lemberg nach Wien, gestempelt am 18. April 1918, aus seinem Besitz ist überliefert.

*Mickiewicz*] Adam Bernard M. (1798-1855), der Begründer der polnischen Romantik (Nationalepos »Pan Tadeusz«, 1834). Roths polnischer Jugendfreund Jozef Wittlin hat das Denkmal in »Mein Lemberg« beschrieben: »Auf hohem Piedestal [...] Mickiewicz zu Füßen einer emporragenden roten Säule. Ein weiter Pilgermantel umhüllt traditionsgemäß seine schmalen Schultern. Der Kopf unbedeckt. [...] Eine geflügelte, schöne, halb entkleidete Frau kommt vom Dach des Hauses Sprecher herabgeflogen und reicht, im Fluge an der Säule klebend, dem erstaunten Dichterpropheten jenes antike Instrument, auf dem weder er noch sonst ein Literat je gespielt hat und das sogar Menschen mit höherer Bildung fälschlich Lyra nennen.«

*Krakau ... ein nationales Museum*] Die alte polnische Krönungsstadt, die im 19. Jahrhundert noch drei Jahrzehnte den Status einer ›Freien Republik‹ genossen hatte, bevor sie 1846 ein weiteres Mal von Österreich annektiert wurde, blieb, obwohl zur Bezirkshauptmannschaft zurückgestuft, doch immer geistiger Mittelpunkt des Landes, in dem die auf die Wiederherstellung der Unabhängigkeit Polens zielenden Kräfte sich trafen. Alfred Döblin, der sich 1924 wesentlich länger als Roth in Polen aufhielt, hat Krakau »den Hort Polens im Unglück« genannt. Als Roth 1928 von Wittlin in Krakau bei der gräflichen polnischen Familie Morstin eingeführt wurde, begegnete er überzeugten polnischen Patrioten. Er verwendete den Namen später für die Hauptfigur seiner Novelle »Die Büste des Kaisers«, aber die Stadt blieb in

Roths Schaffen weiterhin im Hintergrund. Der Bezirkshauptmann von Trotta steigt dort um auf der Reise zu seinem Sohn in Ostgalizien (»Radetzkymarsch«).

Lit: Briefe 1970, S. 23f. – Lunzer 1994, 62ff. – »Knigge im Film« (I, 29-30; siehe auch Roth 2010, S. 15-17. – J. Wittlin, Mein Lemberg. Frankfurt/Main 1994, S. 48f. (Titel der Originalausgabe »Mój Lwów«, 1946). – A. Döblin, Reise in Polen. München 1987 (Taschenbuchausgabe), S. 266.- »Radetzkymarsch«, V, 283. – »Die Büste des Kaisers«, V, 655. – H. Nürnberger, H. Hohnsbehn, K. Schimmel: »... ein Hort Polens im Unglück«. Krakau in der deutschsprachigen Literatur des 19. u. 20. Jahrhunderts. Teil 1. In: LWU 25 (1992), Heft 1, S. 69-83.

**Heimweh nach Prag**

E: PT, Jg. 49, Nr. 301, 25.12.1924. – S. 38, »von Joseph Roth (Berlin)«

*Lubitsch*] Siehe »Das Ende eines Symptoms«, S. 233 u. Anm.

*Porten ... Heldenmutter*] Henny P. (1890-1960), Schauspielerin. »Wie soll ich mich benehmen? – Ich werd' mir die Henny Porten anschaun!«, resümiert Roth 1919 in seinem Artikel »Knigge im Film«. Siehe auch »Die Lieblinge der Nation« (II, 9f.).

*Fridericus-Rex-Marsch*] Mitte der 1860er Jahre von Ferdinand Radeck (1828-1903) komponierter, populärer preuß. Militärmarsch. Für das Trio hat Radeck die Melodie der von Carl Loewe stammenden Vertonung der Ballade »Fridericus Rex« (1837) von Willibald Alexis (1798-1871) verwendet.

Lit: Abdruck des Artikels auch in Roth 2010, S. 59f.; siehe auch Nachwort, S. 584ff. »Knigge im Film« in: »Die Filmwelt«, 16.5.1919 (auch in Roth 2010, S. 15-17)

**Ein junger Conférencier**

E: PT, Jg. 49, Nr. 304, 31.12.1924. – S. 4, »Von Joseph Roth«

**Das Geheimnis der Taschenuhr Glashütte**

D: PT, Jg. 50, Nr. 133, 7.6.1925. – S. 6, »Von Joseph Roth«. – E: FZ, 24.5.1925, u. d. T. »Glashütte«

**Hafen von Marseille**

E: PT, Jg. 50, Nr. 296, 20.12.1925. – S. 19, »Von Josef Roth«

*Die engen Gassen des alten Hafenviertels*] Roth hat wiederholt über Marseille, mit besonderer Aufmerksamkeit auch über die meernahen Viertel der Altstadt geschrieben; vgl. hierzu auch die in »Ich zeichne das Gesicht der Zeit« (2010) abgedruckten Reportagen. Roths erster Aufenthalt (zusammen mit seiner Frau Friedl) fällt in den Sommer 1925: »Ich gehe heute in den alten Hafen für die Nacht. Da ist die Welt, in der ich eigentlich zu Hause bin. Meine Urväter mütterlicherseits leben dort. Jeder Zwiebelhändler mein Onkel.« (An B. von Brentano, 22.8.1925)

*Das Tanzlokal »Nebukadnezar«*] Nicht ermittelt.

Lit: »Marseille«, »Ein Bootsmann«, »Die Gasse der Liebe«. »Im Lande des ewigen Sommers. Marseille. Das große Tor zum Osten«, sämtlich in Roth 2010, S. 80-95 u. 436-439. – Briefe 1970, S. 17.

**Hephata**

D: PT, Jg. 51, Nr. 49, 26.2.1926. – S. 3-4, »Joseph Roth«. – E: FZ, 18.2.1926 u. d. T. »Hephata. Stätte der Menschlichkeit«

**Bericht aus dem Pariser Paradies**

D: PT, Jg. 51, Nr. 95, 21.4.1926. – S. 2, »Joseph Roth«. – E: FZ, 14.4.1926

**Zwanzig Minuten vor dem Kriege**

D: PT, Jg. 51, Nr. 146, 20.6.1926. – S. 5, »Joseph Roth«. – E: FZ, 11.6.1926

**Die zaristischen Emigranten**

D: PT, Jg. 51, Nr. 220, 17.9.1926. – S. 2, »Von Joseph Roth«. – E: FZ, 14.9.1926, u. d. T. »Reise nach Rußland I. Die zaristischen Emigranten«

Der Beitrag eröffnete in der »Frankfurter Zeitung« die Artikelreihe über Roths Russlandreise. Unerachtet der zumindest auf den ersten Blick unvereinbaren Bedingungen der Herkunft und des sozialen Status, gewinnt das Schicksal der zaristischen Emigranten mit dem der nach dem Westen ausgewandeten Ostjuden in Roths Beschreibung vergleichbare Züge.

*Dostojewski*] Fjodor Michailowitsch D. (1821-1881), russ. Romancier und Erzähler, neben Tolstoi von bestimmender Bedeutung für die Rezeption russ. Literatur in Westeuropa und für ein von Dostojewskis Charakteren vermitteltes Bild vom »russischen Menschen«. Roth hat sich nicht nur bei der vorliegenden Gelegenheit von entsprechenden Klischees abzugrenzen versucht, so schrieb er etwa vor Antritt seiner Russlandreise an die »Frankfurter Zeitung«: »Ich weiß zu gut, was westeuropäische Menschen immer wieder vergessen, daß die Russen nicht von Dostojewski sind«(2.6.1926).

*Meyerhold*] Wsewolod Emiljewitsch M. (1874-1940), Schauspieler, Regisseur und Theaterleiter, wirkte vor der Revolution am Moskauer Künstlertheater und an den kaiserlichen Bühnen. Nach der Revolution erhielt er ein eigenes Theater, mit dem er 1930 auch in Berlin und Paris gastierte. Kennzeichnend für seine Bühnenkunst war ihr antinaturalistischer, symbolistischer Stil, der in der UdSSR zunehmend auf den Widerstand der Partei stieß. 1938 wurde sein Theater geschlossen, er selbst 1939 verhaftet und 1940 in Moskau durch Erschießen hingerichtet.

*Stanislawsky*] Konstantin S. (d.i. K. S. Aleksejew, 1863-1938), russ. Schauspieler, Regisseur und Intendant.

*Die »blauen Vögel«*] Anspielung auf das Märchenspiel »Der blaue Vogel« (»L'Oiseau bleu«, 1908) von Maurice Maeterlinck (1862-1949), einem der wichtigsten Vertreter des Symbolismus.

*bei Nikolaus dem Zweiten*] Nikolaus II. Alexandrowitsch (1868-1918), 1904-1917 Zar, mit seiner Familie in Jekaterinburg ermordet.

*Flohmarkt von Clignancourt*] der »marché aux Puces«, an der Porte de Clignancourt (Nordgrenze des 18. Arrondissements), dem ein dort inzwischen nicht mehr ansässiger Flohzirkus vorausging; Ramschmarkt für Antiquitäten.

*Nansen-Pässen*] 1922 von Fridtjof Nansen (1861-1930), damals Hochkommissar des Völkerbunds für Flüchtlingsfragen, zunächst im Hinblick auf russ. Flüchtlinge eingeführte Ausweispapiere, als Passersatz für staatenlose und quasistaatenlose politische Flüchtlinge von 53 Staaten anerkannt; siehe auch »Die Staatenlosen, S. 423ff. u. Anm.

*Lied von der Wolga*] »Das Lied der Wolgatreidler« (Burlaken, siehe »Wolga-Städte und Burlaki«, S. 311ff. u. Anm.), das von Balakirew 1889 in einer Sammlung russ. Volkslieder veröffentlicht worden und von dem großen Bassisten Fjodor Schaljapin populär gemacht worden war.

*Ein Geschenk Alexanders des Dritten*] Es handelt sich wohl einfach um ein Beispiel kaiserlicher Huld. Eine besondere Bedeutung hat die namentliche Nennung – Alexander III. Alexandrowitsch (1845-1894), 1881 Zar – offenbar nicht.

*Denikin*] Anton Iwanowitsch D. (1872-1947), russ. General, kämpfte im Bürgerkrieg auf der Seite der »Weißen«, mithin für die liberale Februarrevolution gegen die Bolschewiki, beherrschte zeitweilig größere Territorien, bis sich seine Freiwilligenarmee 1920 auflöste. Er ging ins Exil.

*Petljura*] Siehe »Das Taftkleid«; S. 31 u. Anm.

*Trotzki*] Siehe »Die Rote Armee«, S. 26 u. Anm.

*Wiederkehr der großen Katharina*] Katharina II., die Große (1729-1796), geborene Prinzessin von Anhalt-Zerbst, 1745 verheiratet mit dem russ. Thronfolger Herzog Peter von Holstein-Gottorp (1762 Zar Peter III.), nach dessen Sturz und Ermordung noch im selben Jahr Zarin von Russland. Während der äußerlich glanzvollen Regierungszeit der »nordischen Semiramis« gewann Russland in Europa und Asien riesige Territorien hinzu, schuf die Bevorzugung des Adels und Versklavung des Bauernstandes innenpolitisch fortwirkende Probleme.

*Katorga*] In der Verbindung von Zwangsarbeit und Deportation besonders schwere Form langjähriger Freiheitsstrafe, die auch gegen politische Gegner Anwendung fand. In Werken der russischen Literatur (Dostojewski, Tschechow) wiederholt behandelt.

*und der Leibeigenschaft*] Danach schließt der Artikel im Erstdruck: »Alle verloren sich. Sie verloren das Russentum und den Adel. Und weil sie nichts mehr gewesen waren als Adelige und Russen, hatten sie alles verloren. Sie sanken aus ihrer eigenen Tragik. Dem großen Trauerspiel entfielen die Helden. Die Geschichte ging unerbittlich ihren eisernen und blutigen Weg. Unsere Augen wurden müde, ein Elend zu betrachten, das sich selbst so billig gemacht hatte. Wir standen vor den Überresten, die ihre eigene Katastrophe nicht begriffen, wir wußten mehr von ihnen, als sie uns erzählen konnten, und Arm in Arm mit der Zeit, gingen wir über die Verlorenen hinweg, grausam und dennoch traurig.«

Lit: »Abenteurer. III. Fürst Awalow-Bermont«, I, 704 (BBC, 8.1.1922). – Briefe 1970, S. 91f.

**Reise mit einer schönen Frau**

D. PT, Jg. 51, Nr. 228, 26.9.1926. – S. 4, »Von Joseph Roth«. – E: FZ, 19.9.1926.

**Die Grenze Niegoreloje**

D: PT, Jg. 51, Nr. 236, 6.10.1926. – S. 2, »Joseph Roth«. – E: FZ, 21.9.1926, u. d. T. »Reise nach Rußland II. Die Grenze Niegoreloje«

**Wolga-Städte und Burlaki**

D: PT, Jg. 51, Nr. 240, 10.10.1926. – S. 3, »Joseph Roth«. – E: FZ, 5.10.1926, u. d. T. »Reise in Rußland IV. Auf der Wolga bis Astrachan«

*Pud*] Früheres russ. Gewicht, entsprechend 40 russ. Pfunden = 16,380 kg.

**Der auferstandene Bourgeois**

D: PT, Jg. 51, Nr. 252, 24.10.1926. S. 4, »Von Joseph Roth« – E: FZ, 19.10.1926, u. d. T. »Reise in Rußland VI. Der auferstandene Bourgeois«

*NEP-Mann*] Geschäftsmann, der von der Neuen Ökonomischen Politik (NEP) profitierte, die Lenin und Trotzki 1921 ausgerufen hatten und die im Dezember 1927 auf dem 15. Parteitag der KPdSU beendet wurde.

*Komsomol*] Mitglied der Jugendorganisation der KPdSU, Abk. aus (russ.) Kommunističeskij solus moludeži, 1918 gegründet, umfasste die 14- bis 26-Jährigen. Die Vorstufe bildeten die Jungen Pioniere, die 9- bis 14-Jährigen.

*Fragonard*] Jean Honoré F. (1732-1806), französ. Maler und Stecher.

**Schule und Jugend in Rußland**

D: PT, Jg. 52, Nr. 18, 22.1.1927. – S. 2-3, »Joseph Roth«. – E: FZ, 18./19.1.1927, u. d. T. »Reise in Rußland. XVII Die Schule und die Jugend«

**Öffentliche Meinung in Rußland**

D: PT, Jg. 52, Nr. 24, 29.1.1927. – S. 3, »Joseph Roth«. – E: FZ, 28.12.1926, u. d. T. »Reise in Rußland. XVI Öffentliche Meinung, Zeitungen, Zensur«

**Im russischen Parkett**

D: PT, Jg. 52, 10.2.1927, S. 2 – E: FZ, 5.2.1927, u. d. T. »Russisches Theater: Im Parkett. Aus der ›Reise in Rußland‹« – »Joseph Roth«

*Nep-Mann*] Siehe »Der auferstandene Bourgeois«, S. 315ff. u. Anm.

*Stanislawski-Bühnen ... Meyerholds Theater*] Siehe »Die zaristischen Emigranten«, S. 300ff. u. Anm.

*Reinhardt*] Siehe »Reinhardt am Kurfürstendamm«, S. 359 u. Anm.

*Lunatscharski*] Anatolij Wassiljewitsch L. (1875-1933), russ. Schriftsteller und Politiker. Roth hat Lunatscharski bei einer Feier im Kreml gehört, konstatierte allerdings nur eine »banale Rede«.

Lit: »Das Rußland-Tagebuch«, 6.11.1926 (II, 1021).

**Knotenpunkt am Morgen**

D: PT, Jg. 52, Nr. 157, 3.7.1927. – S. 3-4, »Von Joseph Roth«. – E: FZ, 24.6.1927

**Die Zivilisierten im Barbarenland**

D: PT, Jg. 52, Nr. 163, 10.7.1927. – S. 6, »Von Joseph Roth (Tirana)«. – E: FZ, 7.7.1929

**Sentimentale Reportage**

D: PT, Jg. 52, Nr. 232, 30.9.1927. – S. 3-4, »Joseph Roth«. – E: FZ, 14.9.1927

**Das Werk**

D: PT, Jg. 53, Nr. 27, 1.2.1928. – S. 3, sign. »Cuneus«. – E: FZ, 28.1.1928. – Redaktionelle Vorbemerkung im PT: »Die ›Frankfurter Zeitg.‹ veröffentlicht ›Briefe aus Deutschland‹, Eindrücke von Wanderungen durch die westdeutsche Industrie, welchen wir folgendes Bruchstück entnehmen:«

Roth zeichnet den Artikel mit »Cuneus« (lat.) der Keil, i. S. v. cuneus ferreus der (eiserne) Keil. Alternativ zu dieser im Anschluss an Bronsen überwiegend akzeptierten Deutung des von Roth in seinen »Briefen aus Deutschland« verwendeten Pseudonyms, weist Schock auf die im übertragenen Sinn verwendete Bezeichnung von cureus für die – keilförmig abgeteilte – Sitzreihe im Theater und den davon metonymisch abgeleiteten Begriff »Zuschauer« hin, eine für Roths Selbstverständnis sicherlich sehr viel näherliegende Erklärung.

Lit: J. R., Briefe aus Deutschland Mit unveröffentlichten Materialien und einem Nachwort von Ralph Schock. Blieskastel 1997, S. 159f.

**Seine k. u. k. Apostolische Majestät**

D: PT, Jg. 53, Nr. 61, 11.3.1928. – S. 3, »Joseph Roth«. – E. FZ 6.3.1928

*K. und K. Apostolische Majestät*] Als Kaiser von Österreich war Franz Joseph I. zugleich Apostolischer König von Ungarn, seit dem österreichisch-ungarischen Ausgleich von 1867 waren die beiden weitgehend selbständigen Reiche bzw. Ländergruppen (deren staatsrechtlicher Charakter wurde diesseits und jenseits der Leitha unterschiedlich ausgelegt) im Wesentlichen durch die Person des Herrschers (Personalunion) und die Portefeuilles Äußeres, Armee und Finanzen verbunden.

*Ischl*] Bad Ischl im oberösterreichischen Salzkammergut, seit 1849 Sommerfrische Kaiser Franz Josephs. Seit Beginn des Weltkriegs fuhr der Kaiser allerdings nicht mehr nach Ischl.

*Parade des 9. November*] Roth hatte sie 1926 eindrucksvoll beschrieben (»Reise in Rußland. X Der neunte Feiertag der Revolution«).

*Zu Radetzkys Zeiten*] Der Feldmarschall war 1831 Oberkommandierender der österreich. Armee in Italien geworden, mit der er 1848 im Krieg gegen Savoyen-Piemont und über die Revolution siegreich blieb. Diese Jahre begründeten seine enorme Popularität, die literarisch durch Grillparzer, musikalisch durch Johann Strauß nachhaltig gefördert wurde. Insgesamt brachte es Johann Joseph Wenzel, Graf Radetzky von Radetz (1766-1858) auf 71 Dienstjahre. Er hatte bereits gegen den jungen General Bonaparte gekämpft. Insofern verkörperte er eine noch ältere, auch vor-nationale Zeit. Seine Familie war tschechisch, mit polnischen und ungarischen Ursprüngen, aber noch weiterhin europäisch versippt.

Lit: »Reise in Rußland. X Der neunte Feiertag der Revolution« II, 626-629 (FZ, 14.11.1926). Siehe auch Roth 2010, 242-246 u. Anm. – »Schönbrunn. Die Besichtigung der Gemälde freigegeben«, I, 165f. (DNT, 4.11.1919). – K. Lipiński, Seine Apostolische Majestät. Zum Bild des Kaisers bei J. R. In: Herrenalber Forum 1994, S. 92-108. Wiederabdruck in Lipiński 1995, S. 71-88.

**Brief aus Polen**

D: PT, Jg. 53, Nr. 166, 14.7.1928. – S. 3-4, »Joseph Roth« – E: FZ, 8.7.1928, u. d. T. »Briefe aus Polen«, 3; »Blick auf die Straßen«

*»Brief aus Polen«*] In Abwandlung des Titels der in der »Frankfurter Zeitung« erschienenen Folge, die sieben Beiträge umfasste, von denen das »Prager Tagblatt« drei nachdruckte.

Lit: K. Lipiński, Joseph Roth als »polnischer« Autor. Seine Übersetzungen u. seine Rezeption in Polen. In Kessler / Hackert 1999, S. 191-200.

**Brief aus Lodz**

D: PT, Jg. 53, Nr. 173, 22.7.1928. – S. 3-4, »Von Joseph Roth«. – E: FZ, 19.7.1928, u. d. T. »Briefe aus Polen«. 4, »Russische Überreste – Die Textilindustrie in Lodz«

*»polnische Manchester«*] Der Aufstieg Manchesters, wo 1789 die erste Dampfmaschine für die Baumwollspinnerei aufgestellt worden war, zu einem der wichtigsten Wirtschaftszentren im 19. Jahrhundert beruhte wesentlich auf der Einführung der Baumwollindustrie. Lodz' rasante Entwicklung lud zu einem Vergleich ein.

*Freytag*] Gustav F. (1816-1895), Dramatiker und Romancier, der »Hausdichter des deutschen Bürgertums« in der zweiten Hälfte des 19. Jahrhunderts und darüber hinaus; sein Roman »Soll und Haben« (1855) transportiert freilich auch ein negatives Polen-Bild. Er lieferte die ideologische Vorbereitung für die deutsche Ost-Expansion in zwei Weltkriegen.

*Liedtke*] Harry L. (1882-1945), dt. Schauspieler, als gutaussehender junger Mann und eleganter Charmeur in den 20er Jahren nicht zuletzt in Produktionen Ernst Lubitschs ein Publikumsliebling.

**Die zweite Liebe**

D: PT, Jg. 53, Nr. 185, 5.8.1928. – S. 3-4, »Joseph Roth«. – E: FZ, 29.7.1928

**Deutsche Minderheiten in Polen**

D: PT, Jg. 53, Nr. 260, 1.11.1928. – S. 3, »Von Joseph Roth«.– E: FZ, 9.9.1928, u. d. T. »Die deutsche Minderheit«

*Unter dem Regime Pilsudskis*] Józef P. (1867-1935), Marschall von Polen, dessen politisches Wirken bereits während der Zarenzeit zunächst konspirativ, später unverhüllt auf Seiten der Mittelmächte die Wiederbegründung Polens zum Ziele hatte, wurde nach 1918, nicht zuletzt als Oberbefehlshaber im russ.-poln. Krieg, zur bestimmenden Figur auch in der poln. Innenpolitik. Ein Staatsstreich verhalf ihm, wie die von Roth gewählte Formulierung andeutet, 1926 zur Begründung eines autoritären Regimes, dem die Verfassung erst kurz vor seinem Tod angepasst wurde. – Nach der Erstveröffentlichung des Artikels gab die vergleichsweise positive Beurteilung der Situation der deutschen Minderheit Anlass zu kritischen Einwänden, auf die Roth antwortete (siehe Lit.).

*»Frage« ...weißruthenische*] Sehr selten (von Roth sonst nirgends) verwendete Bezeichnung für ein Minderheitenproblem, das Polen an seiner damaligen Ostgrenze mit weißrussischer Bevölkerung hatte, analog zu dem mit den ›Ruthenen‹ (= Ukrainern) im einstigen Ostgalizien.

Lit: »Ein Leserbrief und die Antwort« II, 965-970 (FZ, 7.12.1928). – M. Gierlak, Deutsche Presse in Polen 1919-1939. Forschungsstand, -postulate u.-desiderate. In: Schönborn 2009, S. 67-80.

## Der Portier

D: PT, Jg. 54, Nr. 29, 2.2.1929. – S. 3-4, »Joseph Roth« – E: FZ, 24.1.1929

Lit: Wirtz, S. 99-102. – Müller Funk 1998, S. 40-50 (»Wohnort Hotel«)

## Der große Hotelkoch

D: PT, Jg. 54, Nr. 48, 24.2.1929, S. 3-4 – E: FZ, 2.1.1929, u. d. T. »Der Koch in der Küche« – »Joseph Roth«

## Der Kongreß

D: PT, Jg. 54, Nr. 58, 8.3.1929. – S. 3, »Von Joseph Roth«. – E: FZ, 6.3.1929

## Nonpareille aus Amerika

D: PT, Jg. 54, 24.3.1929. – S. 3, »Von Joseph Roth«. – E: FZ, 21.3.1929

## Das Museum

D: PT, Jg. 54, Nr. 74, 27.3.1929. – S. 3-4, »Von Joseph Roth«. – E: FZ, 14.3.1929

## Galante Literatur

D: PT, Jg. 54, Nr. 106, 5.5.1929. – S. 3, »Von Joseph Roth (Berlin)«. – E: FZ, 26.4.1929

## Die k. und k. Veteranen

D: PT, Jg. 54, Nr. 148, 25.6.1929. – S. 3, »Joseph Roth«. – E: FZ, 18.6.1929

*grüne Passepoils*] Passepoil (franz.-österr.): schmaler, andersfarbiger Streifen in den Nähten, besonders bei Uniformen.

## Ein Wiedersehen

D: PT, Jg. 54, Nr. 201, 28.8.1929. – S. 3, »Josef Roth«. – E: MNN, 18.8.1929

*Ludwigstraße*] Gemeint ist offensichtlich die Ludwigstraße in München.

## Die reiche Frau

D: PT, Jg. 54, Nr. 241, 15.10.1929 – S. 2-3, Teilabdruck aus »Rechts und Links«, Erster Teil, II (IV, 623-626)

Lit: Mehrens 2000, S. 119-135.

## Die Puppen

D: PT, Jg. 54, Nr. 244, 18.10.1929. – S. 2, »Joseph Roth«. – E: MNN, 13.10.1929

*Realität von heute kopiert*] »kopiert« korrigiert aus »operiert«.

**Die Staatenlosen**

D: PT, Jg. 54, Nr. 286, 7.12.1929. – S. 2, »Von Joseph Roth«. – E: DTB, 30.11.1929, u. d. T. »Für die Staatenlosen«

*Nansen … »Nansen-Pässe«*] Siehe »Die zaristischen Emigranten«, S. 300ff.) und Anm.

**Weihnachten in Cochinchina**

D: PT, Jg. 54, Nr. 302, 28.12.1929. – S. 3, »Josef Roth« – E: FZ, 11.12.1927, ebenso in Panoptikum 1930. – Der Nachdruck der Erstfassung dieses Artikels S. 120ff.

*»Panoptikum«*] »Panoptikum. Gestalten und Kulissen«, München 1930, die einzige zu Roths Lebzeiten erschienene Teilsammlung seiner journalistischen Arbeiten, eine Auswahl zwischen 1926 und 1929 zuerst in der »Frankfurter Zeitung« erschienener Texte, die Roth auf der Höhe seiner Feuilletonkunst zeigen. »Weihnachten in Cochinchina« bildete für die Leser des »Prager Tagblatts« allerdings keine völlig neue Lektüre, handelte es sich doch um die Neubearbeitung einer von Roth schon 1920 erstmals publizierten Episode (die die Zeitung schon damals gekürzt nachgedruckt hatte).

*Girardihut*] Ein flacher Strohhut mit gerader Krempe, den der österreich. Schauspieler Alexander Girardi (1850-1918) mit Vorliebe trug.

**Die Schönheitskönigin**

D: PT, Jg. 55, Nr. 41, 16.2.1930. – S. 3, »Von Joseph Roth«. – E: MNN, 14.2.1930

*Mißbrauch klassischer Überlieferungen … Paris*] Bei dem berühmten Schönheitsstreit auf dem Berg Ida waren tatsächlich alle Beteiligten schön: Sogar der Richter, der Jüngling Paris, war wegen seiner Schönheit gewählt worden. Schön waren die drei konkurrierenden Göttinnen; Aphrodite, Göttin der Liebe, die Schönste. Schön war selbstverständlich auch Helena, Tochter des Zeus und der Leda, die Paris zugesprochene Belohnung. Dem Eris-Apfel, das Aphrodite überreichte Siegeszeichen, sah man seine Bedeutung (= Zank-Apfel) nicht an. Das weitere Ergebnis war der Trojanische Krieg, unvergänglich in Homers Dichtung.

**Der ewige Tutankhamen**

D: PT, Jg. 55, Nr. 53, 2.3.1930. – S. 2-3, »Von Joseph Roth«. – E: NFP, 28.2.1930

*Tutankhamen*] Tutanchamun (urspr. Tut-anch-Aton, nach Aton, dem Sonnengestirn; um 1347-1339 v. Chr.), König der 18. Dynastie, dessen nahezu unversehrtes Grab im Tal der Könige entdeckt wurde. Die überaus reichen Funde in diesem Grab, aber auch die von Roth erörterten mysteriösen Vorgänge im Anschluss an dessen Öffnung ließen den jung verstorbenen König in Ausstellungen und Literatur zu einer der populärsten Figuren der ägypt. Geschichte werden.

*Carnarvon*] George Herbert, 5. Earl of C. (1866-1923), war seit 1909 in Zusammenarbeit mit dem brit. Archäologen Howard Carter an den Grabungen in Ägypten beteiligt, die 1922 zur Entdeckung des Grabes von Tutanchamun führten, und finanzierte diese mit enormen Summen.

*70 Heller*] Im Erstdruck »neun Pfennig«.

**Der Primgeiger**

D: PT, Jg. 55, Nr. 55, 5.3.1930, S. 3 – E: MNN, 28.2.1930. – »Von Joseph Roth«

**Die Scholle. Ein Lesebuchstück**

D: PT, Jg. 55, Nr. 57, 7.3.1930. – S. 4, »Von Joseph Roth«. – E: MNN, 29.1.1930

*pars pro toto*] (lat.) ein Teil für das Ganze.

**Die Girls**

D.: PT, Jg. 55, Nr. 109, 9.5.1930. – S. 3, »Von Joseph Roth«. – E: DTB, 5.4.1930

*Eine Art Varieté-Nymphen … Töchter der Artemis (die in Hollywood seßhaft ist)*] Die jungfräulich-strenge Göttin hatte naturgemäß keine Töchter. Anlass für den Irrtum eines »amerikanische(n) Polytheismus« gaben möglicherweise die Nymphen der (mit Artemis gleichgesetzten) Diana, von deren erotischen Bedrängnissen – im sittenlosen Europa! – Ovid berichtet, die aber stets passend zu strafen wusste.

**Vom Attentäter zum Schmock**

D: PT, Jg. 55, Nr. 175, 27.7.1930. – S. 2, »Von Joseph Roth«. – E: DTB, 26.7.1930

*Schmock*] Nach der Figur des gesinnungslosen (jüdischen) Zeitungsschreibers Schmock, der gewandt für alle Richtungen schreibt, in Gustav Freytags Lustspiel »Die Journalisten« (1852).

*Berliner Spät-Abendblatt*] Das »Acht-Uhr-Abendblatt«, in dem 1923 auch Artikel Roths erschienen sind, brachte vom 6.6. bis 21.7.1930 unter dem im Text genannten Titel einen gekürzten Abdruck aus Salomons erster Buchveröffentlichung »Die Geächteten«.

*Salomon*] Ernst v. S. (1902-1972), Schriftsteller, Offizierssohn, war seit 1913 Zögling der Kadettenanstalten in Karlsruhe und Berlin-Lichterfelde, kam im Ersten Weltkrieg nicht mehr an die Front, trat aber nach dem Zusammenbruch sofort einem der sich bildenden Freikorps bei, kämpfte 1919 im Baltikum und 1921 in Oberschlesien. 1922 wurde er wegen Beihilfe zum Mord an W. Rathenau zu fünf Jahren Zuchthaus verurteilt. In »Die Geächteten« versuchte er die Verirrungen zu erklären, in die ihn und andere seiner einstigen Kameraden die Zeitumstände in Verbindung mit einer traditionsgebundenen Erziehung geführt hatten. Roth kannte Salomon – was ihm vielleicht nicht mehr gegenwärtig war, jedenfalls bleibt es unerwähnt – bereits aus dem Rathenau-Prozess. In seinem Artikel »Jawoll, Herr Präsident« hat er ihn bereits ein erstes Mal porträtiert. »Er lügt mit einer gewissen Sicherheit und Anmut sogar. Er befleißigt sich einer solchen Präzision, daß die Aussagen unmöglich wahr sein können.«

*Der Mörder Kern*] Ausgeführt wurde der Mord an Rathenau von Erwin Kern und Hermann Fischer. Nach ihrer Flucht wurden sie auf Burg Saaleck gestellt, Kern dabei von der Polizei erschossen; Fischer beging Selbstmord.

*Objektivitäten sich ringen*] Die Formulierung wird verständlicher, wenn man folgende kurze Passage aus dem im »Prager Tagblatt« gestrichenen Abschnitt des Erstdrucks hinzuzieht: »Betrüblich ist nun die Tatsache, daß er ein miserabler Schriftsteller ist und – was damit zusammenhängen mag – ein verschmokter Zeuge. Ein Schriftsteller, der zum Beispiel seine Person – es sind in diesem Fall die beiden geflüchteten Rathenau-Mörder Kern und Fischer – ›frei über die *schwirrenden* Bäume blicken‹ läßt; ein Autor, der schreibt, daß ›in ihnen (Kern und Fischer) nichts anderes wachsen konnte als die gnadenvolle Stille ...‹; ein Berichterstatter, der, ausgestattet mit der Partizipialkonstruktion: ›zwar streng der Rede lauschend‹, den Arabesken seiner Gedanken folgt, die sich um den Mann dort oben auf dem Rednerpult ›verschlungen zogen‹; ein Literat, dem ›plötzlich klar war‹, nach welcher Seite seine (Rathenaus) ›Objektivität sich rang‹; ein Meister seiner deutschen Muttersprache, der ›das Ende seiner (Rathenaus) Rede nur unverstehend hört‹: Dieser illustre Urheber läppischer Wendungen ist zweifellos ebensowenig ein Schriftsteller wie ich ein Fememörder.« (Die geschilderte Szene in »Die Geächteten«, Kap. »O. C.«, S. 270f.)

Lit: »Vom Attentäter zum Schmock«, DTB, 26.7.1930 (III, 239-242: hier 238f.) – Ernst von Salomon, Die Geächteten. Berlin: Rowohlt 1930. – M. J. Klein, Ernst von Salomon, Revolutionär ohne Utopie. Mit einer vollständigen Bibliographie und einem Vorwort von Armin Mohler. Überarbeitete Neuauflage. Aschau 2003. – »Jawoll, Herr Präsident«, NBZ, 6.10.1922 (I, 876-877).

**»Romantik« des Reisens**

D: PT, Jg. 55, Nr. 186, 9.8.1930. – S. 2, »Von Joseph Roth«. – E: FZ, 6.6.1926; dort abschließend: »Anm. d. Red.: Wir können der Leserschaft versichern, daß der Verfasser unbeschadet der geschilderten ›Romantik‹ selten zu Hause anzutreffen ist.«

*wie eine Moschee*] Im Erstdruck: »wie ein Kloster«; offenbar redaktionelle Berichtigung.

*Perron*] (franz.) Bahnsteig.

**Der Altersgenosse**

D: PT, Jg. 55, Nr. 213, 10.9.1930. – S. 2, »Joseph Roth«. – E: LW, 5.9.1930 – Wiederabdruck PT, Jg. 62, Nr. 23, 29.1.1937, S. 3

**Der Mann, der die Ohrfeigen bekommt**

D: PT, Jg. 55, Nr. 246, 18.10.1930. – S. 4, »Joseph Roth«. – E: MNN, 3.11.1929; ein erster Nachdruck in PT bereits am 16.11.1929, S. 3

*Cirque d'hiver*] (franz.) Winterzirkus.

*Partner der Fratellinis*] Seinerzeit berühmte Zirkusfamilie. Einen Auftritt der drei Clowns Fratellini im Zirkus Médrano zu Paris hat »Peter Panter« (= Kurt Tucholsky) beschrieben (zuerst »Vossische Zeitung«, 15.6.1924 (»Die Fratellinis«).

**Kain und Abel**

D: PT, Jg. 57, Nr. 195, 19.8.1932. – S. 3, »Joseph Roth«. – E: FZ, 17.8.1932, u. d. T. »Die Geschichte von Kain und Abel«

*»Und es begab sich ... im Lande Nod«* ]« Siehe 1. Mose 4,8-16.

**Der Held von Solferino**

D: PT, Jg. 57, Nr. 225, 23.9.1932. – S. 3, Teilabdruck aus »Radetzkymarsch«, Erster Teil I (V, 139-151)

*Solferino*] Entscheidende Niederlage des von Kaiser Franz Joseph geführten österreichischen Heeres im Krieg gegen Frankreich und Piemont am 24. Juni 1859; die Gemeinde Solferino, in der Provinz Mantua, südlich des Gardasees gelegen, bildete das Zentrum der österreichischen Aufstellung. Die von Roth geschilderte Episode ist Fiktion, auch seine Darstellung der Kampfhandlungen trägt dichterisch märchenhafte Züge.

**Die Kosaken**

D. PT, Jg. 57, Nr. 232, 1.10.1932. – S. 3, Teilabdruck aus »Radetzkymarsch«, Zweiter Teil, IX (V, 262-263)

*Sotnias*] (russ.) »Hundertschaften«; die Sotnie war eine den Kompanien und Eskadronen entsprechende Truppenabteilung der Kosaken.

**Amerika**

D: PT, Jg. 59, Nr. 214, 13.9.1934 – S. 3, Teilabdruck aus »Der Antichrist«, Kap. »Die Heimat der Schatten« (III, 613-615).

*Mit biblischem Ernst*] Der saloppe Übermut, mit dem Roths »Antichrist« im »Prager Tagblatt« den Lesern angekündigt wurde, stieß im Amsterdamer Verlag begreiflicherweise auf Ablehnung. Walter Landauer schrieb dazu am 28.9.1934 an Roth: »Nur der Kuriosität halber schreibe ich Ihnen, daß das Prager Tagblatt sich tatsächlich geleistet hat, einen Abdruck zu bringen mit einer Einführung: ›Roth hat ein neues Buch ‚Der Antichrist' geschrieben, in dem er sich mit bekannter Leidenschaftlichkeit hauptsächlich gegen das Kino wendet.‹ Ich habe mich bei Max Brod beschwert.« Schon am folgenden Tag nahm er die »Kuriosität« offenbar ernster: »Anbei einen Brief vom Prager Tagblatt. Es wäre gut, wenn Sie sie auf die Unsinnigkeit dieser Einleitung aufmerksam machten. Vielleicht wird dann noch etwas anderes unternommen. Wie ich Ihnen schon oft schrieb und wie die Tatsachen es beweisen, sind wir bei dem Buch vollkommen auf die Presse angewiesen.« (29.9.1934) Der genannte Brief aus Prag ist nicht überliefert, auch ein Schreiben Roths in dieser Angelegenheit, von dem er Landauer Nachricht gab, wahrscheinlich nicht erhalten: »Dem Prager Tagblatt habe ich in Ihrem Sinne geschrieben. Wahrscheinlich wird es noch einen Artikel über meinen Antichrist bringen.« (5.10.1034) In seinem Brief an Brod hatte Landauer erklärt, dass ihm eine Rezension lieber gewesen wäre als ein Abdruck, denn diese würden »mit einer großen Sorglosigkeit gemacht«. Als Beispiel nannte er die Behauptung, beim »Antichrist handle es sich um eine Schrift, hauptsächlich gegen den Kino. Bei einem Buch, das sich auf eine sehr ernste Weise mit religiösen Problemen beschäftigt, ist das tatsächlich ein starkes Stück und übrigens auch eine Schädigung.« (27.9.1934) Brod, der den Vorfall offensichtlich bedauerte, antwortete: »Auf Roths ›Antichrist‹ kommt das Prager Tagblatt nochmals zurück.« (6.10.1934) Das geschah bereits einen Tag später (siehe den folgenden Artikel »Der Mensch, das reißende Tier«). Wie die Edition verzeichnet, schrieb Brod unter diesem Datum noch ein weiteres Mal, mitgeteilt wird daraus aber nur ein P. S.: »Ich brauche wohl nicht zu sagen, daß die erste Notiz über Róth beim 1. Vorabdruck nicht von mir ist.« (7.10.1934)

Lit: Briefe 2005, S. 191 u. 393 (die dortige Angabe, der erstgenannte Teilabdruck, sei am 8.8.1934 im PT erschienen, ist zu berichtigen.)

**Der Mensch, das reißende Tier**

D: PT, Jg. 59, Nr. 235, 7.10.1934. – S. 4-5, Teilabdruck aus »Der Antichrist«, »Der Mensch fürchtet den Menschen« (III, 651-652)

**Zwei Söhne**

D: PT, Jg. 61, Nr. 232, 6.10.1936. – S. 3, Teilabdruck aus »Beichte eines Mörders erzählt in einer Nacht« (VI, 28-33)

**Ankunft im Hotel**

D: PT, Jg. 62, Nr. 104, 4.5.1937. – S. 3-4, »Josef Roth«. – E: FZ, 19.1.1929 (siehe auch: Roth 2010, S. 302ff. u. Anm.)

*Das Hotel, das ich wie ein Vaterland liebe*] Mit dem Artikel »Ankunft im Hotel« beginnt die siebenteilige Folge »Hotelpersonal« die 1929 zuerst in der »Frankfurter Zeitung« erschienen war und aus der das »Prager Tagblatt« noch im selben Jahr zwei Artikel (»Der Portier« und »Der große Hotelkoch«) nachgedruckt hatte. Eine bestimmte Erklärung dafür, warum gerade »Ankunft im Hotel« acht Jahre später ebenfalls nachgedruckt wurde, gibt es nicht und dürfte wohl auch schwerlich noch zu finden sein. Unpolitische Artikel Roths, besonders älteren Datums, erschienen 1937 und 1938 noch wiederholt in österreichischen und tschechoslowakischen Zeitungen, erfuhren keine besondere Behandlung, wurden also gegebenenfalls aus redaktionellen Gründen auch gekürzt. Unbeabsichtigt, darum im Rückblick unwillkürlich umso aussagekräftiger, schließt mit »Ankunft im Hotel« die Reihe der Beiträge Roths im »Prager Tagblatt«. Bereits die ersten Worte des Artikels machen seine Ideenwelt gegenwärtig.

Lit: Wirtz 1997, S. 99-102.

# *Ergänzende Artikel und Rezensionen*

Gruppe I: Nicht im *Prager Tagblatt* erschienene, aber Prag betreffende Artikel Roths in verschiedenen Zeitungen

Gruppe II: Im Verlag des *Prager Tagblatts* in der *Prager Abendzeitung* erschienene Artikel Roths

Gruppe III: Rezensionen und Anzeigen von Werken Roths im *Prager Tagblatt*

## I

### *Die Abenteuer in Prag*

Wir veröffentlichen die nachfolgende amüsante Würdigung eines Prager Buches, trotzdem der Verfasser von der hunderttürmigen Stadt bloß eine literatenhafte Vorstellung hat. Wir empfehlen den persönlichen Augenschein. Die Red.

Dort, wo das Sentiment einen Stich ins Ironische bekommt, das Romantische bewußt wird, die Historie familiär, der Weltgeist witzig, das Ereignis romanhaft, der Mensch Poet und der liebe Gott Großonkel – beginnt Prag, die Residenz des Phantastischen und Verschollenen, der Sonderheiten und der Sonderlinge; Fenstersturz, Huß, Tycho de Brahe, Sprachenstreit, Dalken und Buchteln, Werfel, Sokoln, Egon Erwin Kisch. Dieser (Dichter, Revolutionär, Reporter, Bohemien) hat im Verlag Strache, Leipzig – Wien, ein Buch erscheinen lassen: »Die Abenteuer in Prag«.

Die Welt ist, vom Hradschin aus gesehn, aller Feierlichkeit entkleidet, das Erhabene ist gemütlich, das Imposante vertraut, der Horizontrand eine bekannte Ausflugsgegend. Aber dafür wird Geringes poetisch erhöht, die Straße ein Schauplatz, der Laternenpfahl literarischer Faktor, das Kaffeehaus historisch, die Spelunke Bühnenrequisit, das kleine Mädel Figur. So, aus Pathos und Ironie, Tragik und Humor gemischt ist überhaupt der Mensch aus Prag, richtiger der Mensch zwischen Prag und Wien. Denn der Kultur- und Individualitätenaustausch dieser beiden Städte ist so lebhaft, daß sich durch »Kontinuität« eine ständige Einheitlichkeit des geistigen Menschtypus »zwischen Prag und Wien« herausgebildet hat.

Die »Abenteuer« Kisch's spielen ja auch nicht in Prag allein. Prag ist nur Begriffsbezeichnung, Ausdruck für die innere Wesenswahrheit dieser Abenteuer, nicht Name historischer Wirklichkeit. Die Abenteuer in Prag haben weitverbreitete Familienbeziehungen im ganzen deutschen Kulturgebiet und selbst weiter, nämlich auf Junkergütern in Ostpreußen und Bischofssitzen in England. Der Prager Jude Schmiles Bassewi ist verwandt mit dem preußischen Junker Grafen Bassewitz und ein Onkel Kisch's, des Verfassers, der aus einer alten Judenfamilie stammt, ist Bischof auf Horndon on the hill in Essex. London und Paris, Hydepark und Montmartre, Goethe und die Levetzow und Kischens Tante Lotti: Alles ereignet sich in Prag. Die Welt liegt in Prag.

Diese Tante Lotti ist übrigens eine der köstlichsten Dichtertanten der Weltliteratur. Die einzige Liebe ihres Lebens war Goethe, der alte Goethe, für Tante Lotti der ewig-junge Dichter Egmonts und Werthers. Goethe, dem sie als Backfisch in Marienbad nachläuft, während der ahnungslose Dichter würdig mit der Levetzow auf der Kurpromenade wandelt. Die Levetzow ist Tante Lottis gefährliche Nebenbuhlerin. Dieser Haß ist begreiflich, meint Kisch, der Neffe seiner Tante, »denn sie hat damals in Marienbad große Pläne gehabt und wenn sie ihr geglückt wären, so wäre Tante Lotti die letzte Liebe Goethes gewesen und nicht Ulrike von Levetzow«.

Tante Lotti spricht übrigens gelegentlich einmal von einer Verwandtschaft mit dem Dichter Heine, und Kisch findet zufällig die Art dieser Verwandtschaft heraus. Baruch Austerlitz, in den zwanziger Jahren des achtzehnten Jahrhunderts »der Prager Juden Gemein Aeltester«, ist mit der Familie Geldern verwandt und mittelbar ein Vorfahr Kischs. Der Nachfolger des Baruch Austerlitz nämlich ist Primator Frankl, Simon Wolf Frankl-Spira, der bei der Geburt des Erzherzogs und nachmaligen Kaisers Joseph am 14. April 1741 »zur alleruntertänigsten Freudensbezeigung der Pragerischen Judenschafft« einen prunkvollen Festzug durch die Straßen Prags veranstaltet. Salomon Enoch Kisch heißt der Vater des Urgroßvaters Kisch, dessen Nachkommen nach Holland auswandern und dort die Familie der »holländischen Kische« bilden. Von einem dieser später holländisch Gewordenen erzählt der Verfasser folgende köstliche Episode:

»David Esra Kisch war als kleiner Junge von seiner Mutter zum Kaufmann geschickt worden, um für 5 Neukreuzer Senf zu kaufen. Sehnsucht nach seinem Großvater trieb den Knaben nach Wien. Zu Fuß marschierte er südwärts, bis er hinkam. Der Großvater sandte sofort Post nach Prag, der sicherlich verloren Geglaubte sei bei ihm. Der kleine David blieb in der Kaiserstadt, lernte beim Großvater das Posamentiererhandwerk. Nach mehreren Jahren kehrte er nach Prag zurück, zur selben Tageszeit, da er seinerzeit verschwunden war, und brachte um fünf Neukreuzer Senf und einen Neukreuzer zurück, denn er habe damals einen Sechser mitbekommen.«

Über den Leichenzug eines in Wien verstorbenen Emanuel Ezechiel Kisch sprengt der österreichische Erzherzog Otto mit dem

Pferd, ein Reiterkunststück, ein echter Habsburgerstreich, der übrigens damals in der ganzen Monarchie übel berühmt wurde. Ein Vetter des Vaters Kisch, Posamentierer Joseph Stephan Österreicher, ist ein persönlicher Freund Richard Wagners, ein anderer Verwandter steht in regem Verkehr mit den Mendelssohns. Es ist ein seltsames Gewebe komischer und ernster Beziehungen, und ein Durcheinanderfließen von Literatur, Familie, Kunst und lächerlicher Menschlichkeit. Prager Menschen.

Die Menschen allein sind es nicht. Prager Häuser, Prager Straßen, Prager Parks (»Pärke« würde man in Prag sagen), Prager Schulen, Prager Kirchen, Prager Theater. Kisch trifft in London, in Wien, in Berlin, in der ganzen Welt lauter Prager. Irgendwie sind sie alle mit dem Verfasser verwandt. Katinka und Pepinka, die Arbeiter, die Sträflinge, die Mädchen der Straße und der Besserungsanstalten, die Bischöfe, Dichter und Primatoren. In der ganzen Welt ist Prag. Die ganze Welt ist in Prag.

Es ist ein Buch von den Verschollenen, dem Verschollenen. Das Panorama einer untergehenden Welt. Meyrink ist einer der letzten Repräsentanten ihrer phantastisch-ironischen Geheimnisse und Kisch wird durch dieses Buch ein Vertreter ihrer unwirklichen Wirklichkeit.

Prag ist heute nicht mehr. Praha, die Hauptstadt der Tschechoslowakei, ist neu und nackt. Es ist ein Unterschied wie zwischen dem Rom des Augustus und dem Rom Victor Emanuels. Praha zehrt von den Säften Prags.

Prag, der Begriff, ist heute meist auswärts vertreten. Zum Beispiel durch Egon Erwin Kisch, den Verfasser der »Abenteuer in Prag«, den man im Wiener Café Central umsonst sehen kann, wenn er nicht, wie gerade jetzt, wieder einmal in Praha ist, wo er sich damit beschäftigt, Prag zu suchen.

**Die Abenteuer in Prag**

E: BBC, 19.9.1920, 1. Beilage. – (S. 1), sign. »Von Josef Rot«

*Rot*] Ob die an anderer Stelle nicht belegte Schreibung des Familiennamens, wie Patka annimmt, auf Roth selbst zurückgeht, in dem Sinne wie er auch »Der rote Joseph« als Pseudonym verwendete, muss offenbleiben – auch ein Irrtum oder ein Setzerfehler ist nicht auszuschließen, handelt es sich doch um die erste Veröffentlichung des jungen Schreibers im BBC überhaupt.

*Die Red.*] Die Bemerkung der Redaktion ist mutmaßlich vom damaligen Chefredakteur des Blattes selbst veranlasst worden. Emil Faktor (1876-1942) war Prager und sich dieser Herkunft sehr bewusst. Er förderte Talente, aber seine Redaktion bildete ein

»Team aus lauter Nicht-Berlinern« (Bronsen), er favorisierte den in Wien und Prag gepflegten Stil des Feuilletons.

*Fenstersturz*] Einen ersten gab es bereits 1419 aus dem Neustädter Rathaus, dort fielen der Bürgermeister, sieben Ratsherren und ein Richter dem Zorn der Hussiten zum Opfer. Im Jahr 1618 begann mit dem Sturz der kaiserlichen Statthalter aus dem Fenster der Böhmischen Hofkanzlei in der Prager Burg die Auflehnung der Stände gegen die Habsburger (Beginn des Dreißigjährigen Krieges).

*Huß*] Jan H. (um 1370-1415), tschech. Kirchenreformator.

*Sprachenstreit*] Gab es in der multinationalen Donaumonarchie aus zahlreichen Anlässen, speziell denkt Roth vermutlich an die Sprachverordnungen des österreichischen Ministerpräsidenten Graf Kasimir Badeni 1897, die in den Kronländern Böhmen und Mähren beide Landessprachen im Dienstverkehr der Behörden rechtlich gleichstellte. Sie wurden von deutschnationaler Seite erbittert bekämpft, nicht zuletzt weil sie die Zweisprachigkeit der Beamten erforderlich machten, eine Voraussetzung, die zwar die tschechischen Beamten zumeist erfüllten, nicht aber die deutschen. Die Badenikrise belastete nicht nur das deutsch-tschechische Verhältnis, sondern nährte unter den insgeheim mit dem Bismarckreich sympathisierenden Deutschen auch antihabsburgische und antiösterreichische Emotionen. Badeni wurde abberufen, die Sprachverordnungen zurückgenommen, aber die Unzufriedenheit hielt an, denn nun folgte die Obstruktion der Tschechen.

*Tycho de Brahe*] Dänischer Astronom (1564-1601) am Hof Kaiser Rudolfs II., sein Grab befindet sich in der Teynkirche am Altstädter Ring. Von Max Brod stammt der historische Roman »Tycho Brahes Weg zu Gott« (1916).

*Werfel*] Franz W. (1890-1945), Mitglied des Prager Dichterkreises; siehe auch »Bruder Mensch«, S. 7f. u. Anm.

*Sokoln*] Angehörige der 1862 gegründeten ältesten tschechischen Turnvereinigung und Nationalbewegung (sokol, tschech. »Falke«).

*Egon Erwin Kisch* ] Siehe Nachwort. S. 580ff. sowie »Armenierpsychose«, S. 109f. u. Anm.

*Bassewitz*] Mecklenburgisches Adelsgeschlecht.

*14. April 1741*] Korrigiert aus »14. April 1781« Der spätere Kaiser Joseph II. wurde 1741 geboren.

*Erzherzog Otto*] 1865-1906, der für seinen lockeren Lebenswandel bekannte Bruder des Erzherzog-Thronfolgers Franz Ferdinand.

*Meyrink*] Gustav M. (1868-1932), Autor phantastischer Romane, u.a. »Der Golem (1915), in dem er die jüdische Sage von einem aus Lehm gefertigten künstlichen Menschen behandelt. In der Traumwelt des Erzählers ersteht das alte Prager Judenviertel.

Lit: Patka 1997, S. 276, Anm. 3. – Bronsen 1974, S. 215. – K. Täubert, Emil Faktor. Ein Mann und (s)eine Zeitung (Deutsche Vergangenheit; 109) Edition Hentrich, S. 95.

*

## *Keine Bettler, nur Schnorrer*

Prag, im November

Die Prager Bettler sind fast unsichtbar und es ist rätselhaft, wie sie sich ernähren. Ihre Bescheidenheit bringt sie um.

Zwar sind an allen Türen, in den meisten Hausfluren die bekannten Inschriften zu sehen: »Betteln und Hausieren ist hier verboten«. Aber diese Schilder sind nur aus Prestigegründen da, weil die Häuser etwas auf sich halten. Die Bettler kommen weder in die Häuser noch in die Läden; sie singen nicht; sie wimmern nicht, sie zittern nicht.

In den Durchhäusern – hier und dort – sind ein paar Straßenmusikanten zu sehen, Ziehharmonikaleute und Geiger. Es sind bürgerliche arrivierte Straßenmusikanten. Es sind Straßenmusikanten eines hochvalutarischen Landes. Ich sah einen Leierkastenmann, der am Graben sein Instrument an einen Laternenpfahl band und sich bei einem Schuhputzer einen Stiefel wichsen ließ. Der Leierkastenmann war einbeinig. Aber dieses eine Bein, das ihm geblieben war, sollte sorgfältig aussehen.

An stillen Straßenecken bleibt manchmal ein älterer Herr stehen, grüßt und spricht ein paar Worte. Nun sieht man sein Angesicht. Es ist fahlgrau, wie trockene Erde, zwischen geröteten Rändern liegen kleine Augen und der gelüftete Hut enthüllt einen kahlen alten Schädel, auf dem noch ein paar weiße Haare, gleichsam vergessen wachsen.

Dieser alte Herr, der den Eindruck eines pensionierten Zeichenlehrers macht, wünscht kein Almosen. Man kann ihm, weil man sein Alter, sein Benehmen, sein Aussehen, seinen saubern Rock ehrt, nicht weniger als zwei Kronen geben. Er nimmt sie so entgegen, als reichte er dem Spender die Hand. Mit der Linken lüftet er noch einmal den Hut. Und es sieht so aus, als verabschiedeten sich zwei Menschen, die eben ein kurzes Wiedersehen gefeiert hatten.

Denn in Prag, das eine kultivierte Stadt ist, haben die Bettler die primitive Form ihres Handwerks aufgegeben und eine komplizierte angenommen. Ihre Bettelei nähert sich der höheren Form der Schnorrerei. Und es leben in dieser Stadt ohne Bettler viele Schnorrer.

Der Schnorrer steht keineswegs außerhalb der Gesellschaft, deren Barmherzigkeit er in Anspruch nimmt. Er ist dem Spender in jeder Beziehung gleichgestellt, wenn nicht überlegen. Die Freiheit, die man jedem Bettler übelnehmen würde, wird dem Schnorrer sogar hoch angerechnet. Er hat nicht das Gefühl irgendeiner gesellschaftlichen Minderwertigkeit. Er bleibt nicht vor dem Tisch stehen, er setzt sich an den Tisch. Er darf Intimitäten hören, die er ohnedies bereits kennt. Er fällt nicht unter den Polizeiparagraphen.

Die Schnorrer sieht man in der Prager Altstadt. Sie gehen den ganzen Tag »Besuche machen«. Sie gehen aus einem reichen Haus ins andre. Und weil es in Prag viele reiche Häuser gibt, ist der Tag eines Schnorrers gewinnbringend. Unterwegs treffen sie auch »Bekannte«. Der Schnorrer »Haschile« zum Beispiel trifft viele Bekannte.

»Haschile« ist ungefähr 50 Jahre alt und sieht aus wie ein Mann zwischen 35 und 40. In seinem hageren Gesicht fällt nur die empfindliche, immer gerötete Nase auf. Sie ist wie ein selbständiges Lebewesen in diesem knöchernen Gesicht. Meyrink könnte sie erfunden haben. Sie ist wie einer jener barocken Dach- und Mauervorsprünge, die man in Prager alten Gassen sehen kann. »Haschile« ist überhaupt in dem barocken spezifischen Prager Stil gebaut. Seine dünnen Beine stecken in gelbkarierten Hosen. Die unverhältnismäßig großen, für einen Schnorrer, der tagsüber unterwegs sein muß, unentbehrlichen Füße tragen gelblackierte Schuhe, von der Farbe einer Postkutsche etwa. Der Rock ist grün, von dem Grün einer alten Tanne, das schon ins Bläuliche schimmert. In der Hand trägt »Haschile« einen Stock mit Hirschhorngriff. Manchmal, wenn er einen »guten Bekannten« trifft, streckt der Schnorrer schweigsam die Hand aus. Der »gute Bekannte« fragt: »Was wollen Sie?« Und »Haschile« – und jetzt stellt sich's heraus, daß er auch sonst stottert – »N-n-nichts! Ein Schnorrer bin ich!«

Seine größte Konkurrenz ist der »Wetterprophet«, ein hagerer, großer Mann in einer dunkelblauen Militärpelerine. Dieser Wetterprophet hastet durch die Straßen mit langen Schritten, in der Mitte, zwischen Wagen und Automobilen, scheinbar nichts sehend, durch keinen Zuruf, kein Geräusch gestört. Plötzlich bleibt er stehen, mit einem Ruck, wie ein Mechanismus, dessen Feder abgelaufen ist. Und als wäre im selben Augenblick eine andre in ihm lebendig geworden, schnurrt er seinem Opfer ins Gesicht: »Morgen früh leichte Bewölkung, Aufheiterung zu Mittag, nachmittags langsam einsetzende Winde und Regen.«

Dann hält der Wetterprophet die Hand hin.

Aber die Geschichte dieses Wetterpropheten hat noch eine Vorgeschichte: der jetzt lebende und hier beschriebene ist nicht der originale.

Der eigentliche ist vor zehn Jahren gestorben. Er hinterließ einen Nachfolger. Es scheint, daß dieses Amt in Prag nie aufhören darf und immer wieder an neue übertragen wird, wie die Würde des Dalai Lama.

**Keine Bettler, nur Schnorrer**

E: NAUB, 16.1.1923 (Roth 1994, 212-214)

*Durchhäusern*] Korrigiert aus »Duschhäusern«.

*am Graben*] »Na příkopě«, elegante Einkaufsstraße und Promenade im Anschluss an das untere Ende des Wenzelsplatzes, seinerzeit die ›deutsche‹ Straße Prags, nach K. Tschuppik »eine Art Kindergarten der neueren deutschen Literatur. Das Knäblein im Kinderwagen stammelte gereimt. Zehnjährig sprach der Knabe in freien Versen ...« (»Prag und die Prager«)

*Meyrink*] Siehe »Die Abenteuer in Prag«, S. 552ff. u. Anm.

Lit: K. Tschuppik, Von Franz Joseph zu Adolf Hitler. Polemiken, Essays u. Feuilletons. Hrsg. u. eingel. von Klaus Amann. Wien u.a. 1982 (Österreich-Bibliothek. 1).

*

## *Prag.*
## *Spaziergang in einer verzauberten Stadt*

Eine verzauberte Stadt mit einem ungestümen und rapiden Willen, modernes weltstädtisches Format zu erhalten, alt, klug und skeptisch, jung und drängend, deutsch, jüdisch und tschechisch. Als Hauptstadt eines neuen, kräftigen, strebenden Staates fühlt sie die Verpflichtung, diesen neuen, kräftigen, strebenden Staat zu repräsentieren. Sie tut, was sie kann.

Sie hat ihre Polizisten in eine englische Polizeiuniform gesteckt. Es sind große, brave Männer in dunklen Monturen mit Helmen aus lackiertem Leder, unbewaffnet, sympathisch. Diener der Straße, der Passanten, der Ordnung, des Verkehrs. Man sieht überhaupt keine Waffen in Prag, die Offiziere tragen nur Lederriemen. Man sieht keine Waffen und das bedeutet: Bruch mit der Ritterromantik, Tod dem klirrenden Helden, der auserwählten scheppernden Kaste, die wie ein aufgelöstes Panoptikum durch Europas Straßen wandelt; Anbruch einer sachlichen Zeit, ohne tödliche Symbole, unbehindert durch das Requisit des Ehrenkodex.

Es sieht also sehr friedlich in Prag aus, trotz der nationalen Gegensätze. Die Polizisten sprechen *deutsch*, die Straßentafeln sind nur *tschechisch*, man kann sie also kaum entziffern, denn tschechisch ist eine komplizierte Sprache. Aber ganz Prag weiß, daß die »vodičkova« – »Wassergasse« heißt. Ja, die Wassergasse heißt erst jetzt »vodičkova«. Und der Polizist, der noch in der »Wassergasse« das Zwielicht einer deutsch-jüdischen-tschechischen Welt erblickt hat, weiß nicht, wo sie liegt. Er weiß nur, wo die vodičkova liegt. Obwohl er wie ein englischer Polizist bekleidet ist, bleibt sein Weltmannstum national beschränkt. Sein Staat ist neu, wie seine englische Uniform. Und außer der tschechischen Sprache, die er beherrscht, kann er nur noch die deutsche, von der er sich beherrscht fühlt. Denn er wurde jahrhundertelang von Deutschsprechenden beherrscht. Dennoch habe ich die Empfindung, daß der Mann mit sich reden läßt; daß ich ihm zum Beispiel sagen könnte: »Sie sehen doch, daß ich nicht Tschechisch kann, machen Sie keine Witze und halten Sie mich nicht zum Narren.« Und er wird wissen, wo die Wassergasse ist.

Ja, es ist ein bißchen neu in Prag und riecht nach weltpolitischem Lack. Er verdrängt manchmal den alten welthistorischen Duft. Denn die Stadt hat noch nicht das Gleichgewicht gefunden. Sie neigt ein wenig nach der neuen, ein wenig nach der alten Seite. Sie will eine Hauptstadt sein und sie will eine alte historische Kulturstätte sein. Sie geht ins Morgen und sieht ins Gestern, sogar ins Vorgestern. Man fühlt, wie sie wird. Infolgedessen ist sie reizvoll, interessant und immer aktuell. Sie ist klein an Umfang und strebt ins Weite. Sie ist eine europäische Hoffnung. Sie hat Männer hervorgebracht, die einen europäischen Blick haben.

In ihren Mauern lebt einer der merkwürdigsten Staatsmänner, einer der Gründer des tschechoslowakischen Staates und dessen Oberhaupt: der Präsident *Masaryk*, ein Polyhistor, ein Geistiger, ein Europagläubiger, ein Gerechter, ein Republikaner von majestätischem Format, ein Demokrat mit einer aristokratischen Seele, ein Bürger mit der Liebe zum Volk. Ich habe ihn einmal gesehen. Er kam vom Bahnhof, begrüßt und bejubelt, schlank, einfach, ernst, ein sehr geachteter und von der Klasse geliebter Lehrer. Er war es einmal – es ist schon lange her. Er ist es geblieben. Ein kleines, grünes Hütchen saß volkstümlich auf dem Haupt des Oberhauptes.

Die Sage erzählt, daß Prag in der zweiten Hälfte des achten Jahrhunderts gegründet wurde. Aus dem fünfzehnten Jahrhundert stammt der »Pulverturm«, wuchtig und würdig schließt er einen freien Platz ab und führt in eine alte enge Gasse, in die »Celetná«. Das »Ständetheater« stammt aus dem XVIII. Jahrhundert. Hier fand 1798 die Uraufführung der »Zauberflöte« statt. Aus dem vierzehnten Jahrhundert stammt das Karolinum, der Sitz der Universität, die Karl der Vierte gegründet hat. So könnte ich weiter stundenlang erzählen: vom Klementinum, vom Altstädter Ring, von der St. Jakobskirche, vom Altstädter Rathaus und von der St. Nikolauskirche. Aber diese Dinge stehen im Führer. Die seltsamen Menschen aber stehen nicht im Führer.

Das sind zum Beispiel Amtsdiener. Sie sind wie vergessene, schwarzgelbe Pfähle, die man irgendwo nach dem Zusammenbruch der Monarchie aus Vergeßlichkeit halb und halb aus uneingestandener Pietät stehen gelassen hat. Wenn die Amtsdiener deutsch sprechen, weiß man sofort, daß sie Tschechen sind. Wenn sie tschechisch sprechen, weiß man sofort, daß sie Amtsdiener sind. In der alten Doppelmonarchie gab es außer den vielen eine große Nation der Amtsdiener mit einer eigenen Sprache, eigenen Sitten und Gebräuchen und einer eigenen Weltanschauung. Sie kamen vor in den vielen Korridoren und Portierlogen der vielen Ministerien und Statthaltereien und Bezirkshauptmannschaften der vielen im Reichsrate vertretenen Königreiche und Länder. Viele sind nach dem Zusammenbruch geblieben, wo sie waren. Und diesen hat man es zu verdanken, daß es in den Nachfolgestaaten so österreichisch aussieht.

Viele aber sind heimgekehrt in das Land, aus dem sie ausgezogen waren, um Politik zu machen. Diese leben jetzt in den Korridoren der tschechoslowakischen Ministerien und Regierungsgebäude – am Vormittag. Am Nachmittag kommen sie in ihrem Stammcafé vor. Hier sprechen sie ihre Nationalsprache, deutsche Worte mit tschechischen Endungen.

Von wem sprechen sie? Vom Kronprinzen Rudolf und der Večera; vom Zoologischen Garten in Schönbrunn; von Kramarz; von den neuen Skandalaffären; nicht ohne sie mit alten staatlichen Skandalaffären zu vergleichen. Sie sind die alten Türsteher der Weltgeschichte. Sie waren in den Vorzimmern der Monarchie. Sie tragen lange, schwarze Schlußröcke mit goldenen Knöpfen und eine hohe, zylinderförmige österreichische Amtsmütze mit Schild. Sie lebten zweitens vom Gehalt und erstens von Trinkgeldern. Das können sie nicht vergessen. Der Abend schleicht durch das Lokal und zündet die Gaslampen an. Die Amtsdiener stehen auf, um nach Hause zu gehen. Ihre Bewegungen sind alt, ihre Augen schwach, sie tragen uralte Zwicker auf geröteten Nasenspitzen. Paarweise gehen sie heim. Sie sind historische Überreste. Sie sind die letzten Männer ihrer Nation, des Volkes der Amtsdiener. Sie haben schon Enkel und Urenkel. Diese wissen nichts mehr vom Kronprinzen und der Večera. Sie werden auch Skandale erleben, aber nicht vergleichen können. Diese alten Männer tragen noch Backenbärte. Manchmal sehen sie aus, wie vervielfältigte Franz Josephs. In ihren Ohren rumort noch die Gott-erhalte-Melodie.

In vielen Winkeln rumort sie noch. Man sieht Generäle aus vergessenen Jahrzehnten vor dem Weltkrieg. Männer mit Gicht und Zipperlein, ein historischer Spuk. In ihren Häusern hängt noch das Bild vom guten Kaiser Franz. Der Feldmarschall des Weltkriegs Hötzendorf ist ein Jüngling in ihren Augen. Die neuen tschechischen Stabsoffiziere sind Kadettenschüler. Was war das nur für ein Krieg, dieser Weltkrieg? Anno 66, das war eine Zeit! Nein solche Kriege kommen nicht wieder! Die Habsburger sind tot. Die alten

Offiziere leben ohne Folie, ohne Hintergrund, ohne Sinn. Sie sind wie Personifikationen ihrer eigenen Erinnerungen.

Sie gehen zeitig schlafen. Um acht Uhr abends ist ein ganz moderner Korso. Da sind junge Menschen in neumodischen Anzügen, sie könnten direkt aus London gekommen sein. In uralten winkligen Gassen leuchtet rötliches Licht. Das sind Nachtlokale. Die Häuser wissen noch die Landknechtslieder aus dem dreißigjährigen Krieg. Jetzt hören sie die letzten Jazzbands, die Javas, die Tangos. Man kann nie auslernen.

So schweigsam, wie hier, sind nirgends die Häuser nach Mitternacht. Die Betrunkenen dämpft die Ehrwürdigkeit der Plätze. In den Gassen erstirbt jeder Laut. Romantische Menschen gehen hier spazieren und führen skeptische Gespräche. Denn inmitten dieser unwahrscheinlichsten Märchen lebt ein altes ungläubiges Geschlecht, das zum Spott neigt und zur Selbstverspottung. Die Romantik wird nie kitschig, weil sie an die Skepsis grenzt. Die Ironie mischt sich mit der Wundergläubigkeit. Meyrink kam aus dieser Sphäre, ein Metaphysiker und ein Höhner.

Wer hätte das Recht, mehr über Prag zu schreiben, als was er auf einem Spaziergang sieht? Es gibt zu viele Kenner, zu viele Prag-Gelehrte, die auch vom Schreibfach sind. Prag ist eine Fakultät, eine Wissenschaft und fast eine Weltanschauung.

**Prag. Spaziergang in einer verzauberten Stadt**

E: *Neueste Zeitung. Illustrierte Tageszeitung mit Versicherung*. Frankfurt a. M., 14.5. 1932, Folge XII einer Serie »Die ›Neueste‹ zeigt Deutschland und die Welt«. »Von Joseph Roth«

*Bild vom guten Kaiser Franz*] (1768-1835), 1792-1806 als Franz II. dt. Kaiser, 1804-1835 Kaiser von Österreich. Die während seiner Regierungszeit gültigen Fassungen der 1797 eingeführten Volkshymne (gewissermaßen ein Gegenentwurf zur Marseillaise), auf die Roth offenbar anspielt, begannen stets: »Gott erhalte unsern Kaiser, / Unsern guten Kaiser Franz.« Diese beiden Zeilen wurden am Schluss aller vier Strophen wiederholt. Das Attribut war wohl vorzugsweise der Metrik geschuldet, bereits der Nachfolger, der einen dreisilbigen Vornamen hatte, blieb mit einem lapidaren »Unsern Kaiser Ferdinand« unangefochten, das Attribut »gut gerade für Kaiser Franz erregte noch im Nachhinein Zorn (Karl Kraus schrieb eine giftige Parodie) oder eben Ironie.

*Masaryk*] Thomáš Garrigue M. (1850-1937), Soziologe und tschech. Staatsmann, 1918-1935 erster Staatspräsident der Tschechoslowakei, deren eigentlicher Gründer er war. Äußerungen Roths über Masaryk sind sehr selten und eher beiläufig, die vorliegende erscheint umso bemerkenswerter, als Roths vorbehaltlose Anerkennung – 1932 – einem Mann galt, der durch seine Politik wesentlich zum Zerfall des habsburgischen Vielvölkerstaats beigetragen hatte.

*»Ständetheater« ... »Zauberflöte«*] Die Aufführung war wohl bereits 1794. Im Ständetheater (seit 1945 Tyl-Theater) erfolgte 1787 auch die Uraufführung des »Don Giovanni«.

*Kronprinzen Rudolf und der Večera*] Der Sohn Kaiser Franz Josephs, Erzherzog-Kronprinz Rudolf (1858-1889), nahm sich mit seiner Geliebten, der noch nicht achtzehnjährigen Baronesse Mary Vetsera, in seinem Jagdschloss Mayerling das Leben. Rudolf, der längere Zeit in Prag in Garnison gestanden und auf dem Hradschin residiert hatte, galt als reformfreudig und slawophil, auch wurde sein Tod als zeichenhaft für die Krise der Monarchie verstanden.

*Kramarz*] Karel Kramář (1860-1937), Politiker, Führer der tschech. Nationalbewegung und erster Ministerpräsident der Republik. Er war 1915, unter Verletzung seiner Immunität als Parlamentsabgeordneter, verhaftet, vor einem Militärgericht des Hochverrats angeklagt und zum Tode verurteilt worden. Das Urteil wurde nicht vollstreckt, Kramář 1917 wieder auf freien Fuß gesetzt, die Wirkung des Prozesses auf das Meinungsbild der Öffentlichkeit gleichwohl verheerend. Der einstige Chefredakteur des »Prager Tagblatts« Karl Tschuppik schrieb unter dem Eindruck der Ereignisse im Oktober 1918: »Steigt ihnen heute nicht die Schamröte ins Gesicht, jenen edlen Recken des Mauldeutschtums, wenn sie sich daran erinnern, daß sie einst den Justizmord an Dr. Kramář mit Höhenfeuern, Musik und Freudengeheul begrüßten [...].«

*Hötzendorf*] Franz Freiherr (1918 Graf) Conrad von Hötzendorf (1852-1925), Feldmarschall, 1906-1917 (mit Unterbrechung, da er sich mit den von ihm angestrebten Präventivkriegsplänen gegen Serbien und Italien politisch nicht durchsetzen konnte) Chef des Generalstabs. Auch 1914 Wortführer der Kriegspartei. »Conrad hatte das Pech, auf doppelte Art verkannt zu sein: die Militärs hielten ihn für einen großen Politiker, die Politiker für einen großen Strategen – er war keins von beiden, sondern ein wirklichkeitsfremder Bramarbas ...« (K. Tschuppik).

*Meyrink*] Siehe »Die Abenteuer in Prag«, S. 552ff. u. Anm.

*die Gott-erhalte-Melodie*] Sie liegt der 1797 von Joseph Haydn komponierten österreichischen Volkshymne zugrunde, Haydn hat sie im langsamen Satz seines Streichquartetts op. 76, Nr. 3 (1799, »Kaiserquartett«) auch in Variationen durchgeführt. Hoffmann von Fallersleben schrieb für sie 1841 im großdeutschen Sinne sein »Lied der Deutschen«, das sie später zur deutschen Nationalhymne werden ließ. Sie ist aus einem burgenlandkroatischen Volkslied bekannt, mögliche Anregungen finden sich auch bei Bach und Mozart.

Lit: K. Tschuppik, »Wir müssen uns schämen«, »Der Friede«, 31.10.1918; ders. »Der Feldherr Conrad von Hötzendorf«. In: »Das Tage-Buch VIII (1927), S. 610-613, zit. nach: Ders., Von Franz Joseph zu Adolf Hitler. Polemiken, Essays und Feuilletons. Hrsg. u. eingel. von Klaus Amann, Wien u.a. 1982.

## II

### *Menschen am Sonntag*

Am Sonntag ist die Welt mit Leere angefüllt, wie ein großer glasheller Luftballon. Mädchen in weißen Kleidern wandern, heruntergefallenen Sonntagsglockenklängen gleich, durch die Straßen und duften sehr nach Stärke, Jasmin und Liebe.

Der Himmel ist gewöhnlich frisch getüncht. Die Häuser schwimmen in Sonne, und die Türme klettern licht und behände aufwärts. Am Rande der Stadt fängt die Natur an, durch Verbotstafeln gekennzeichnet. Sie ist grün in der Hauptsache und besteht aus lauter Ansichtskarten.

Die Natur ist am Sonntag sehr wichtig. Ihretwegen ist der Sonntag da. Alle während der Wochentage abgebrochenen Beziehungen zwischen ihr und den Menschen stellt der Sonntag wieder her. Er ist überhaupt die Brücke zu den vergessenen und verschütteten Heiligtümern der Erde: zu Wald, Wannsee, Lunapark und zum Herrgott.

Die Menschen weihen den Sonntagsmorgen ein durch Kirchenglocken, Teppichklopfen und Frühstückskaffee im Bett. Sie öffnen die Fenster und spüren Freiheitsluft. Sie sperren die Schränke und Kästen auf und legen seltene Kostbarkeiten an zur Feier der Arbeitslosigkeit, an der ihre Seele hängt.

Am Sonntag stehe ich am Fenster. Die gegenüberliegende Wand meines Nachbarhauses hat alle ihre Fensterflügel ausgebreitet, gläserne Schmetterlingsflügel, als wollte sie – husch! Hast du nicht gesehn! – auf und davon fliegen. Sie kann's nicht; immer bleibt sie beschwert mit Möbeln, Menschen und Schicksalen.

Die ebenfalls sich gewandelt haben: mein Nachbar, gestern noch ein doppelter Buchhalter (seit fünfundzwanzig Jahren bei der Firma »ohne einen Anstand gehabt zu haben«) – und heute: nicht einmal ein einfacher mehr. Gott im Herzen und Morgenkaffeegeschmack noch im Mund, eilt er, hemdbeärmelt, ans Fenster, einen Zug Freiheitsluft trinken.

Wie ich ihn so sehe, alltäglich, im dünnen Rock mit seinen Händen, die, wie Fransen zum Ärmel gehörig, aus diesem herausbaumeln, wächst er sich mir zum Helden einer Geschichte aus, mehrerer

Geschichten. Er könnte, denke ich, zum Beispiel eines Tages eine viel besser bezahlte Stellung bekommen, aber er kann nicht kündigen. Vielleicht stand er schon ein paar Mal vor der doppelt gepolsterten Tür seines Chefs und sein Mut ward gedämpft wie die Bewegungen der doppelt gepolsterten Tür und sein Herz glich einem nachgiebigen Sitzkissen, einem jener Lederkissen, auf denen der erste Prokurist zu sitzen pflegte.

Einmal nach einem Sonntag hatte er sich mit Mut vollgepumpt, einen ganzen Sonntag lang, aber am Montag früh kam der Chef und schenkte ihm irgendeine Kleinigkeit: einen Füllfederhalter vielleicht oder ein Tintenfaß und die Angestellten legten Blumen auf sein Pult, weil just jener Montag sein Jubiläum einer fünfundzwanzigjährigen Tätigkeit bei der Firma war. Und er hatte es vergessen. Und er kann nicht kündigen.

Und »Gabriel« ist bestimmt sein Vorname.

Heute aber, am Sonntag, wird Gabriel sein Grammophon vor sich auf den Tisch stellen. Und eine Caruso-Platte (»Ach, wie so …«) aus Kautschuk und Melodie strömt Sang und Klang einer ungekannten zahlen- und stahlfederlosen Welt über Gabriel.

Auch Kanarienvögeln ist der Sonntag zugänglich. Im Fenster des ersten Stocks steht der Käfig und der Kanarienvogel deklamiert ein Gedicht von Eichendorff. Es kann auch eins von Baumbach sein.

Auf dem roten Tischtuch aus Peluche ruht ein weißer Läufer, ein gesticktes Deckchen. Und die Kinder stützen immer ihre Ellbogen auf das Tuch und verursachen Falten.

Nie sah ich die Mutter anders, als im blauen Schlafrock. Sie ist sehr leise, sie trägt schon von Natur aus Pantoffeln und sie hat gewiß eine verbitterte, schlurfende Seele.

Sie züchtigt die Kinder, weil sie das Tischdeckchen verschieben. Wozu brauchte sie Tischdeckchen? dachte ich und schickte ihr einmal zwei Reißnägel in einer Zündholzschachtel mit Gebrauchsanweisung. Aber sie prügelte die Kinder immer noch.

Heute am Sonntag brachte sie den Kindern Kuchen. Und die Kinder verursachten Falten auf der Tischdecke, aber die Mutter stand am Fenster und ergötzte sich an des Kanarienvogels Deklamationen. Und sie trug eine weiße Bluse. Und gewiß keine Pantoffeln.

Aber der Abend ist traurig. Am Abend sehe ich die graugesprenkelte Katze am Fensterbrett im dritten Stocke sitzen. Die Lehrerin ist ausgegangen.

Immer, wenn von der Turmuhr ein Schlag auf die kupfernen Dächer der Stadt fällt, streckt sich die Katze. Ich glaube, sie zählt die Schläge, denn sie wartet auf die Lehrerin.

Manchmal sieht sie auch hinunter und wedelt, wenn die Lehrerin kommt, mit dem Schwanz, da sie ja kein Taschentuch hat.

Am Sonntag ist die Lehrerin ihren Bruder besuchen gegangen, der ein Hauptmann in Pension ist und schwerhörig. Es dauert sehr lange, bis man ihm erzählt hat, daß nichts zu erzählen ist. Deshalb verspätet sich die Lehrerin.

»Ich werde sie also entlassen!« sagt die Katze und ist sehr aufgeregt.

Die Sonntagsabende sind schal und bitter, als wären sie bereits Montage. Gabriel ist ein Doppelter, die Mädchen bügeln die zerknitterten weißen Kleider und riechen nach Brotstullen. Die Welt ist voll.

**Menschen am Sonntag**

D: PAZ., 5.7.1921. – S. 4, »Von Joseph Roth (Berlin)«. – E: BBC, 3.7.1921

*Lunapark*] Der 1909 am Halensee in Berlin eröffnete Vergnügungspark, damals der größte in Europa, der bis 1933 bestand. Siehe auch Roths »Berliner Bilderbuch«.

*Caruso-Platte (»Ach, wie so …«)*] Die Kanzone des Herzogs in Verdis »Rigoletto«: »La Donna è mobile / Qual piuma al vento …« (»Ach, wie so trügerisch / sind Frauenherzen«), eine Glanznummer für Tenöre, so auch für den großen Enrico Caruso.

*Peluche*] (franz.) Wollsamt, Plüsch.

*Baumbach*] Rudolf B. (1840-1905), dt. Dichter, schrieb u.a. naturverbundene Lyrik und gesellige Lieder (»Hoch auf dem gelben Wagen«).

Lit: »Berliner Bilderbuch«. ›Die Zeit der Rummelplätze ist angebrochen‹, DD, 10.6. 1924 (II, 119).

*

## *Die Stimme seines Herrn*

Der Versuchung, an die Spitze dieser Ausführungen als Motto dem in den letzten Jahrzehnten meist gelesenen und erfolgreichsten Vers der gesamten deutschen Lyrik zu setzen, bin ich nur deshalb entgangen, weil ich jetzt Gelegenheit finde, diesen Vers gleich im Textanfang zu zitieren. Er lautet: »Bims die Händ' mit Abrador!« … Mit dieser Dichtung in mittelbarem Zusammenhang steht der Protest der Berliner Akademie der Künste gegen die Verbimsung, Abradorisierung, ich meine: Verplakatierung der Berliner Wände und Straßen. Nur des Geldes wegen sollte und soll sie sich ereignen. Die Mauer, die Straße, die Stadt brauchen Geld und vermieten als Ausrufer, Trommler, Trompeter. Die Akademie der Künste, obligate Hüterin des guten Geschmacks, die aber auch schon Geldeswert zu schätzen gelernt hat, weiß einen Ausweg: sie schlägt das von ihr zensurierte und approbierte »künstlerische Plakat« vor. Ein gelernter Trommler soll trommeln; ein Blasinstrumentenvirtuose trompeten; ein Tenor der Staatsoper ausrufen. Ein großer Lyriker (heißt das ferner) soll nun eine zarte poetische Verbimsung der Welt durch Abrador vornehmen. Davon können die Kunst, die Stadt und der Fabrikant leben. Und der gute Geschmack ist gewahrt. Weil die Verbimsung in eine metaphorische und klangreiche Aufforderung gekleidet wird. Weil Verse von Ewigkeitswert Abrador preisen werden, wie bis jetzt nur Liebe, Nachtigallenschlag und hohes Menschentum gepriesen wurden.

Was ist ein »künstlerisches Plakat«? Der Ausdruck des letzten Schamrestchens, den der Betrieb unsinniger Weise immer noch vor der Akademie der Künste behält. Und in einer grotesken Gleichzeitigkeit: schlauer Praktiken Sinn, der weiß daß der Massenmensch, der bei der Aufnahme von Eindrücken dank einem nicht mausetot zu schlagenden Instinktüberrest (aus einer bimslosen Zeit) dem kategorischen Imperativ des künstlerischen Werkes gehorcht. Zumindest des künstlerisch sich gebärdenden Werkes. Da Kunst es grundsätzlich ihrem Wesen folgend ablehnen muß, dem Geschäft zu dienen, bleibt dieses auf den Kitsch angewiesen. Und dank einer Verbildetheit des Massenmenschen wirkt der Kitsch (keine Antikunst, sondern eine Mißkunst, ein mißratenes Kunstfamilienmitglied gleichsam) stärker als Kunst. So hätte ein Goethe niemals Abrador den Erfolg verbürgt. Sondern ein Mann, ein Miß-Goethe sozusagen, der Meier heißt und aus der bescheidenen Stille eines beschaulichen Gelegenheitsdichterheims ewige Begriffe an die Litfaßsäulen der Welt spritzt. Und das ist in der Ordnung. Kein Dichter braucht sich mit Bimsen zu beschäftigen. (Er müßte denn jener Aufforderung, die Händ' zu bimsen – und selbst das erfolglos – sofort nachkommen.) Plakate, geschäftliche, ehrliche und häufig unehrliche Anpreisungen lächerlicher Dinge, soll nur der Meier machen. Ihre stärkste Wirkung erzeugt der Kitschier. Die Linie ist gewahrt. Ich meine: die Einheitlichkeit von Inhalt, Ausdrucksform und Tendenz. Die Akademie der Künste aber schließt jenen Kompromiß, den uns das »künstlerische Plakat« bereits beschert hat, das »Kunstgewerbe«, die Verquickung von Majestät und Profit, den Versuch, Ewigkeit und allerbeste Rasierseife in einer Schaumblase zu vereinen. Was die Kunst ablehnt, propagiert die Akademie der Künste: das künstlerische Plakat. Da wir doch ohnehin dem Plakat nicht entgehen, so machen wir's wenigstens geschmackvoll – ist ungefähr die Parole. Also zum Beispiel: die Venus von Milo, der Arm und Hand ersetzt werden, damit sie ein hygienisches Mittel halte. Das wäre die letzte Konsequenz des »künstlerischen Plakats«.

Wie sind Plakate beschaffen? Einer Rasierklinge absolute Schärfe erkenne ich daran, daß sie einen laufenden Dackel entzweigeschnitten hat. Der Dackel ist aus Bauholz, scheint mir, denn wo sind seine Eingeweide? Sein Antlitz aber ist lebendig, das schlaudumme Gesicht eines Dackels. Also ein lebendiger Dackel. Wie kann er weiterlaufen? Entzweigeschnitten? Mit fröhlichem Gesicht? Schnuppernd, Straßenecken suchend, Weibchen und Atzung? Dieser von einer Rasierklinge entzweigeschnittene Dackel ist wirksam. Weil er vollkommen unkünstlerisch ist. Weil er unmöglich ist. Weil auf keinem Planeten ein durch eine Rasierklinge entzweigeschnittener Dackel harmlos weitergelaufen ist. Weil ein bestialischer Humor in diesem Bild steckt. Ein Henker hat es gemalt. So sind nun einmal alle Plakate nicht! Sondern zumeist verkörperte Tendenz. Ich meine: »Die Stimme seines Herrn«. Dieses Grammophon, sagte der Fabrikant, ist so vortrefflich, daß jeder Hund die Stimme seines Herrn wieder erkennt, wenn sie aus dem Trichter grunzt. Ich möchte ein wirkungsvolles Plakat! Was tat der Maler? Er ging hin und übersetzte die Tendenz ins Bildhafte: Er malte einen Hund, der die Stimme seines Herrn erkennt. Zu den »künstlerischen Plakaten« gehört nun dieses weitverbreitete von der »Stimme seines Herrn« nicht. Allein, es ist bezeichnend für das System aller Plakatmalerei. Da wird die Phrase (irdischer Überrest eines längst verstorbenen Bildes) neu aufgeschminkt und zu scheinbarem Leben erweckt. Ich sah ein Plakat (»und es war ein »künstlerisches«), das mit den Worten begann: »Tiefes Dunkel herrscht über …« Darunter ein Bild: Herrschendes, sichtbar herrschendes schwarzes Dunkel! Es erfüllte die ganze Plakatfläche bis zum untersten Rande, aus dem (künstlerisch wirklich gut) eine neue Glühlampe langsam, Dunkel bezwingend, Siegerin über Nacht und Nebel, aufleuchtete. Darunter stand: »… bis die X-Lampe nicht angezündet wird«. Das Bild, die Zeichnung eines Meisters, war die Translation einer sprachlichen Wendung in's Bildhafte. (Süßlich-säuerlicher Mundgeschmack des Betrachters wie beim Anblick einer aufgeputzten Jubelgreisin.) Was kann das Plakat Anderes sein, als die Illustration einer sprachlichen Wendung, einer »Phrase«? Denn das Plakat hat »Tendenz«. »Tendenz« (das heißt hier: Hinarbeiten auf praktischen Erfolg), eine Tätigkeit, durch kein Kunstmittel auszudrücken. Nur durch die sprachliche Wendung. Politische Plakate sind die besten Beispiele: Illustrationen zu Leitartikelphrasen sind sie ausnahmslos.

Oh, wir haben genug künstlerische Marmorstiegen in den Warenhäusern und sie führen nicht zu Thronen empor, sondern zum Verkaufsstand von Hosenträgern! Wir haben genug Kunstgewerbe!

Madonnen, mit dem Jesuskind in der einen, dem Aschenbecher in der anderen Hand! Ich lasse mich zu dem unerhörten, vermessenen Schrei hinreißen: Wir pfeifen auf Plakatwände überhaupt! Wir wollen die Stimme seines Herrn gar nicht hören! Litfaßsäulen sind gut genug! Unsere Goethes sollen nicht bimsen, unsere Rembrandts nicht abradorisieren! Die Meiers sollen's weiter tun. »Wirkungsvoll« ist keine Kunst. Und die Akademie nicht eine Akademie der Wirkungskünste! Oh, Gott! Hätte ich doch nur einen Plakatmaler zur Stelle! Und er würde Euch illustrieren, wie ich mich selbst hin- und herreißen ließ zu diesem Schrei! ...

**Die Stimme seines Herrn**

D: PAZ, 13.7.1921. – S. 3, »Von Joseph Roth (Berlin)«. – E: BBC, 10.7.1921

*Venus von Milo*] Die 1820 auf der Kykladeninsel Melos (ital. Milo) aufgefundene Statue aus hellenistischer Zeit; im Louvre aufgestellt.

*

## *Radiophon*

Die amerikanischen Zeitungen berichten vom »Radiophon«, einer prachtvollen Erfindung, die von Edison begutachtet und als eine Sensation des Jahrhunderts bezeichnet wurde.

Das Radiophon ist für das menschliche Ohr ungefähr, was ein Fernrohr fürs Auge ist: Ein Radiophon vergrößert die Geräusche der Welt und treibt sie ins Unermessene. Wollte der Mensch mittels eines Radiophons einem Donnergrollen lauschen, sein Trommelfell käme in Gefahr, zu platzen.

Das Zirpen einer Grille wird, durch das Radiophon vernommen, zum Geräusch eines Gewitters; das pianissimo einer behutsamen Geige zum hohen Lärm einer aufgeregten Riesenorgel; und das Summen einer Mücke hört sich an, wie ein Bläserchoral.

Es wird also keine Geheimnisse mehr in der Welt geben: Die geflüsterte Beichte eines verzagten Sünders wird preisgegeben allen neugierigen Ohren einer Gemeinde, die dank dem Radiophon zur Meute geworden ist; das zärtliche Liebesgesäusel eines versunkenen Paares in der Parkallee wird den rohen Spaziergängern mit Radiophon schamlos deutlich gemacht und rauschend; das trauliche Geplauder im Familienkreise wird allen Nachbarn fürchterlich zu Gehör gebracht.

Es gibt keine geheimen Konferenzen mehr, keine geflüsterten Beratungen, keine »Siegel der Verschwiegenheit«. Das Radiophon erbricht sie. Die Diskretion ist laut geworden, die Stummheit redet, die Stille schreit.

Es war zu wenig Lärm in der Luft. Die Todesrufe der Sterbenden waren zu sanft, um das Ohr der Lebendigen zu rühren. Die Niedertracht kreischte, aber man hörte sie nicht und blieb gleichgültig. Das Trommelfeuer der Gemeinheit machte die Erde erbeben, aber ungerührt blieben die Schützen und die Nicht-Betroffenen.

Es war höchste Zeit, daß ein Radiophon erfunden wurde.

Denn es gingen auch viele wunderbare und wertvolle Klänge und Geräusche der menschlichen Taubheit verloren.

Niemand lauschte mehr dem Sang der Nachtigall und dem Zirpen des Gewissens. Keiner horchte auf die Stimme der Vernunft, und jeder ließ sie übertönt werden von dem Schrei des Instinkts.

Weiß jemand, wie wunderbar es raschelt, wenn zwei Gräser sich berühren? Oder, wenn ein Schmetterling seine Flügel bewegt? Oder, wenn die angeblich lautlosen Blütenflocken im Spätfrühling fallen?

Wie, wenn alles Unhörbare Klang bekäme? Wenn tausend helle Glocken im zarten Wehen eines Lufthauchs klängen?

Das Flattern einer Fledermaus ist vielleicht gewaltig wie das Knattern eines Aeroplans?

Und wir sehen ein, daß es keine übermäßige Leistung bedeutet, wenn wir großen Lärm machen. Wir lernen, daß es Millionen Stimmen in der Natur gibt, majestätischer als Orgeln, imposanter als alle Hymnen der Maschinen und der Technik.

Das Radiophon ist eine Erfindung, auf die wir stolz sein können; und die uns bescheiden machen kann.

**Radiophon**

D: PAZ, 31.3.1922 – S. 3, »Von Joseph Roth (Berlin)«. – E: BBC, 28.3.1922

*Edison*] Thomas Alva E. (1847-1931), amerikanisches Erfindergenie. Der Autodidakt entwickelte über 2000 Geräte und elektrische Verfahren, von denen er mehr als 1000 zum Patent anmeldete.

## III
### [*Otto Roeld:*] *Die Rebellion*

Andreas Pum ist ein Invalide. Er hat im Krieg ein Bein verloren, aber Andreas Pum trägt eine Auszeichnung. Andere sind schlechter weggekommen, aber nicht jeder darf eine Auszeichnung tragen. Das ist der Lauf der Welt! Wer nicht zufrieden ist, ist ein Heide. Der Heide verachtet die Instanzen. Aber an Gott und den sonnigen Horizont des braven Mannes reicht die kritische Vermessenheit der Rebellen nicht heran. Andreas Pum wird – es besteht kein Zweifel – eine Prothese bekommen. Eine richtige Prothese. Und da Gott die Seinen nicht verläßt, erhält er überdies die »Lizenz«, die Lizenz zum Drehorgelspielen, jene Lizenz die die Freiheit des Berufs giriert, vor der die Polizisten zurückweichen, stramm salutieren – o die Großen haben gut vorgesorgt, und wer die Gesetze achtet, darf sich ihres Schutzes freuen … Andreas Pum heiratet. Andreas Pum ist glücklich.

Was könnte wohl den Lauf der Welt behindern, eines, der auf einem Beine humpelt? Man kommt nicht weit; das Ausmaß solcher Schritte ist gering, die Sehnsucht abgeschlossen. Am Himmel flattern die Wolken und das bunte Ölbild des Leierkastens nährt die Phantasie. Wenn es regnet, bleibt man zu Hause. Genügsamkeit schützt vor den Unbilden des Wetters, den Komplikationen des Betriebs. Andreas Pum hat seine »Lizenz«. Mag über uns die Welt in Stücke gehen: unten, in den Niederungen, bleibt die Problematik das Lebens in rührender Greifbarkeit. Wer stört diese Braven? Wer könnte sie stören? Wer hätte Zeit, Interesse, sie zu vernichten? … Andreas Pum ist ein braver Mann und auch die anderen Menschen sind nicht böse. Nur: – daß irgendwo, weit, weit oben in der obersten Instanz, die alchymistische Formel einer Causalität verwahrt sein muß, die Schicksal und Schicksale aneinanderkettet. Nicht die Menschen sind böse, aber der ist böse, der den Menschen zum Trampel werden ließ, zu jenem vierschrötigen Ungetüm, das ahnungslos sich durch die Straßen wälzt und ahnungslos Unheil und Verderben stiftet. Warum – – kein Philosoph kann es ergründen – – mußte Herr Arnold, Chef der Firma Arnold & Hahn, ein peinliches Liebesabenteuer erleben, er, der vorher und nachher jenen Andreas Pum niemals gesehen hat? Und warum mußte er, schlecht gelaunt, seinen Zorn gerade an diesem Mann auslassen, ein Renkontre heraufbeschwören, das diesem die Besinnung raubt, ihn tätlich werden läßt? – – Nun sitzt Andreas Pum in Arrest. Sein Glück, sein Heim, die Frau und die »Lizenz« sind ihm entzogen worden. Er stirbt als Opfer eines momentanen, kaum Minuten dauernden rebellischen Gedankens. Er will erzählen, erklären, aufklären, aber kein Mensch hat Zeit, seine Geschichte anzuhören. Nichts bleibt übrig von ihm, als der hymnische Protest, zu dem ein Dichter in der Stunde seiner Auflösung die Worte leiht zum Schrei einer gepeinigten Seele …

Dieser Dichter ist *Joseph Roth.* Er kennt die Kerkerzelle des Unglücks und er verdankt seine Sprache einem Tastgefühl, das in diesem Dunst sich tausendfach verfeinert hat. Ein Buch, das die Tragik eines Einzelnen zur Schuld jener werden läßt, die ahnungslos über Leichen gehen.

Es ist in einer Serie der Romane des XX. Jahrhunderts im Verlag »Die Schmiede« erschienen.

Otto Roeld

**[Otto Roeld:] Die Rebellion**

E: PT, Jg. 49, Nr. 263, 9.11.1924 Unterhaltungs-Beilage, Rubrik, »Der Büchertisch«

*Otto Roeld* ] Pseudonym von Otto Rosenfeld (1892-1943), Inhaber eines exquisiten Prager Kaffeegeschäftes und Schriftsteller. »Als Schriftsteller trat er im *Prager Tagblatt* mit Kurzgeschichten und Betrachtungen über Lebensfragen, Prager Besonderheiten und die leichte Muse hervor, die er teilweise mit Otto Roeld zeichnete, weil er, wie man in Prag kolportierte, aus seinem Namen und dem was er schrieb, den Senf eliminiert hatte.« (Binder 2008, S. 299)

Lit: Hartmut Binder: Kafkas Welt. Eine Lebenschronik in Bildern. Reinbek bei Hamburg 2008

*

## [*Rudolf Thomas: Der blinde Spiegel / April*]

*Von Joseph Roth* sind bei J. W. Diez in Berlin zwei Bändchen erschienen: mit zarter Hand verewigte Schicksale Liebender. Es scheint, daß *»Der blinde Spiegel«* vor dem *»April«* geschrieben ist. Er ist nicht mehr als ein gutes Feuilleton – was sicher nicht wenig ist –, die traurige Geschichte eines Wiener Mädchens vom Abschluß ihrer Pubertät bis zum Abschluß ihres Lebens. Die Art, dieses Leben zu sehen und zu schildern, ergreift, ergreift gerade noch, erschüttert nicht. »*April*« aber ist nicht mehr fern von Hamsun. Der Mann, der in eine kleine Stadt verschlagen wird und zwischen einer irdischen und einer himmlischen Liebe lebt, ist ein Verwandter Nagels, des Helden der Mysterien. Von Werk zu Werk macht Roth auf seinem Weg von Osten nach Westen einen großen Schritt. Das Werk (aus östlichem Geist und westlicher Stilkultur) am Ende dieses Weges wird vollendet sein. Th.

**[Rudolf Thomas: Der blinde Spiegel / April]**

E: PT, 7.6.1925, Unterhaltungs-Beilage

*Th.*] Das ist Rudolf Thomas (1895-1938), langjähriger Stellvertretender Chefredakteur des »Prager Tagblatts«« unter Siegmund Blau, dessen Nachfolger er zuletzt wurde.

*Mysterien*] »Mysterier«, der zweite Roman (1892) von Knut Hamsun (1859-1952).

*

[Anzeige:]

Ein neuer Dichter:

*Joseph Roth, Die Flucht ohne Ende*

Ganzleinen Rm. 6.50

Aus den vielen glänzenden Besprechungen nur eine:

Das Buch lag auf dem Tische, als der Freund kam. Der las vier Sätze mitten heraus. Und wollte es haben, ungelesen wie es war, gierig fast. Und hatte doch nur vier Sätze gelesen, mitten heraus. *Dieses Buch, nicht Dichtung, sondern Beobachtetes, ist ein Buch der Zeit, ein Buch des Menschen von heute*. Es ist das Werk eines Menschen, der die Seele des Russen besitzt und den Verstand, die Augen des Amerikaners, – es gibt keine Landschaft, kein Ereignis in diesem Buche, das nicht dastünde in Einmaligkeit, unwiederholbar für immer ... mit einer Deutlichkeit lebendig gemacht und mit einer Schärfe gesehen, die ... vermengt mit dem Leid über diese Wahrheitsliebe und die unstillbare Sehnsucht – kaum ihresgleichen hat in der modernen deutschen Literatur. Prager Abendblatt

Kurt Wolff Verlag / München

E: PT, Jg. 52, Nr. 299, 18.12.1927, Unterhaltungs-Beilage, Rubrik »Aus neuen Büchern«

# Nachwort

## *Joseph Roth, Prag und das »Prager Tagblatt«*

Für Götz Krutein

Die vorliegende Textsammlung enthält im Hauptteil sämtliche Artikel Roths, die – nach dem gegenwärtigen Kenntnisstand – im *Prager Tagblatt* erschienen sind und ihm sicher zugeschrieben werden können. Einige weitere, für seine Arbeit und für sein Verhältnis zu Prag bezeichnende Texte, denen aus unterschiedlichen Gründen eine Sonderstellung zukommt, sind im Anhang abgedruckt. Roths Präsenz in dem Prager Blatt umfasst die Jahre von 1917 bis 1937, also annähernd – kontinuierlich veröffentlichen konnte er erst nach dem Ende des Ersten Weltkriegs – den gesamten Zeitraum, in dem er literarisch in Erscheinung trat. Es sind Daten, die recht genau auch der kurzen Lebensdauer der Ersten (1918-1938) und Zweiten (1938-1939) Tschechoslowakischen Republik entsprechen. Das *Prager Tagblatt*, bereits 1875 gegründet, hatte sich aus bescheidenen Anfängen zur meistgelesenen deutschsprachigen Zeitung im Habsburgischen Kaiserreich außerhalb Wiens entwickelt. Ohne politisch gebunden zu sein, aber in liberalem und demokratischem Geist redigiert, gegenüber der Staatsmacht loyal und tschechischen Kultureinflüssen gegenüber aufgeschlossen, genoss sie auch in den Jahren der Republik (diesseits und jenseits der Grenzen) weiterhin hohes Ansehen. Ihr Feuilleton erlebte nun eine Glanzzeit. Seit 1933 erwuchs ihr freilich in Hitlers NS-Staat ein übermächtiger Feind. Der deutschen Besetzung Prags und Errichtung des ›Protektorats Böhmen und Mähren‹ folgte das schon erwartete Ende fast unmittelbar. Die letzte Ausgabe des *Prager Tagblatts* erschien am 4. April 1939.

Die zeitlichen Entsprechungen zwischen der Geschichte eines Staates, der Biographie eines Schriftstellers, dem Aufstieg und Niedergang einer Zeitung haben eine gemeinsame Ursache, den bereits genannten, von 1914 bis 1918 währenden Krieg mit seinen unabsehbaren Folgen. Eine und nicht die geringste von ihnen war die Entstehung der Tschechoslowakei als einer der Nachfolgestaaten Österreich-Ungarns; historisch betrachtet das *Wiedererstehen* der tschechischen Staatlichkeit. Eine andere, sehr viel weniger spektakuläre, der Versuch eines mittellosen Kriegsheimkehrers, unter Verzicht auf Fortsetzung des Germanistikstudiums als Journalist seinen Unterhalt zu finden. Der Literatur hätte (Moses) Joseph Roth sich gewiss in jedem Fall zugewandt, aber die weitere Ausbildung seiner Begabung und seine Lebensumstände wurden durch den Krieg, die »Urkatastrophe dieses Jahrhunderts«, wie man ihn zutreffend bezeichnet hat, fortdauernd verändert. Rückblickend erscheinen die folgenden zwei Jahrzehnte als eine nie wirklich befriedete Zwischenkriegszeit. Im Osten Europas waren dem ersten großen Krieg und der russischen Revolution lokale Konflikte und ein verheerender Bürgerkrieg gefolgt. Griechenland unterlag der Türkei im Kampf um Besitzungen in Kleinasien, Italien eroberte Äthiopien. Stärker noch als bereits dieser verspätete Kolonialkrieg stand der Bürgerkrieg in Spanien schon im Zeichen des Faschismus und probte den zweiten umfassenden Konflikt. Roth erkannte das fortschreitende Unheil (»die Hölle regiert«[1]), in seiner Entschlossenheit zum Widerstand blieb er unbeirrt. Mehrere Romane und viele Reportagen Roths überliefern seine Er-

1 An S. Zweig 14.2.1933 (Briefe 2011, S. 91).

fahrung der östlichen Welt, der er entstammte. Eine Bezeichnung, die bald nach seinem Tode zuerst von Politikern verwendet wurde und später auch Eingang in die geschichtswissenschaftliche Diskussion fand, hätte seiner Erfahrung der Epoche wohl am ehesten entsprochen: der Begriff eines zweiten Dreißigjährigen Krieges für die Jahre von 1914 bis 1945, der die Ereignisse in ihrem Zusammenhang zu erfassen bestimmt war.

Die Tschechoslowakische Republik bildete (im kleineren Maßstab) einen Vielvölkerstaat wie das aufgelöste Kaiserreich auch. Tschechen, Deutsche, Slowaken, Ungarn, Polen und Ukrainer sahen sich, nicht gleichermaßen freiwillig, eingeschlossen in Grenzen, die teils, wie in Böhmen und Mähren, historisch begründet wurden, teils, wie in der Slowakei, die immer zu Ungarn gehört hatte, mit dem Nationalitätenprinzip, das aber auch dort Minderheitenprobleme zeitigte. Unlösbar waren die damit verbundenen Streitigkeiten in der demokratisch verfassten ČSR gleichwohl nicht, unter günstigeren Umständen sogar reich an Chancen. Erst in Verbindung mit dem neuerdings entstandenen politischen und weltanschaulichen Konfliktpotential, das von außen auf sie eindrang, sind sie ihr zum Verhängnis geworden. Zuletzt erfüllte sich ihr Geschick (des Staates, der Zeitung, die diesen lange verteidigt hatte, und des im Exil lebenden Schriftstellers) fast zeitgleich binnen weniger Wochen. Das war ein – freilich sehr sinnreich anmutender – Zufall, was die Vorgeschichte anbetrifft: Roths Selbstzerstörungsprozess hätte etwas früher oder später enden können. Die Zeitung befand sich in einer nicht nur momentanen Krise. In Deutschland durfte sie längst nicht mehr ausgeliefert werden, somit seit März 1938 auch nicht mehr in Österreich. Nachdem das Münchner Abkommen die letzte noch funktionierende Republik in Mitteleuropa dem braunen Diktator preisgegeben hatte, war das Blatt nur noch ein Schatten seiner selbst und seiner jüdischen Redakteure wegen zu einer Belastung für die eigene, nunmehr von Berlin abhängige Regierung geworden. Aber nichts, was im März 1939 noch folgte, war zufällig. Vielmehr bedeutete Hitlers jüngster Gewaltakt einen entscheidenden Schritt auf dem Weg zum Krieg, die kampflose Einnahme der einstigen ›Zitadelle Europas‹ eine tiefe Demütigung für alle, die versucht hatten, ihn mit Zugeständnissen zu befriedigen. Roth, der nie aufgehört hatte, zu warnen, hat diesen Absturz noch erlebt und erbittert kommentiert: »jetzt da die Boa constrictor sich um den Prager Hradschin schlingt …«.[2] Sein Tod in Paris, wenige Wochen später, hat ihm erspart, im folgenden Jahr Zeuge und mutmaßlich Opfer der Niederlage Frankreichs zu werden.

Roths im *Prager Tagblatt* erschienene Artikel entstanden größtenteils in Deutschland, weitere in Österreich, Polen, Frankreich, Russland und Albanien, kaum einer in Prag oder dessen Umfeld. Im Ausland – von Prag aus betrachtet – fanden sie auch ihre Stoffe. Selbst wenn Roths Feuilletonkunst zuletzt einen Rang erreicht, der die Frage nach Örtlichkeiten und Grenzen vergessen lässt, ist doch offensichtlich, dass die Schiffssignale, die er in seinem einsamen Hotelzimmer wahrnimmt, vom Meer und nicht von der Moldau stammen. Im *Prager Tagblatt* bildet der Artikel »Heimweh nach Prag«, 1924 in der Weihnachtsbeilage erschienen, als Äußerung über sein Verhältnis zu Prag *die* Ausnahme schlechthin. Auch in anderen Journalen oder in privaten Mitteilungen sind einschlägige Bekundungen selten, dann aber immer sehr persönlich (aber was wäre bei Roth nicht persönlich?), manche noch kaum bekannt, ›ambivalent‹ (was aber zumeist doch nur bedeutet, dass sie in ihrem Kontext verstanden sein wollen) und überraschend. Die Erörterung dieser wenigen, aber für das Interesse un-

2 »›Schwarzgelbes Tagebuch‹«, 17. März 1939, in: *Die österreichische Post* (Paris), 1.4.1939« (III, 905).

entbehrlichen Texte und Passagen ist der weiteren Darstellung vorangestellt (*»Eine Hoffnung Europas«*, *»Eine Heimat für Heimatlose«*, S. 580ff.).

Roths Verbindung zum *Prager Tagblatt* hat noch einen weiteren Beteiligten – es ist die Stadt Libussas selbst. Es ließe sich wohl auch sagen, die Stadt des Rabbi Löw, Franz Kafkas, oder des Präsidenten Tomaš G. Masaryk, Letzteres hätte Roth wahrscheinlich am besten gefallen. Prags Geschichte und Vorgeschichte sind viele Namen eingeschrieben, bedeutenden Anteil daran hatte auch die Literatur. Als Roth nach Prag kam, nährte sie sich noch immer aus drei Quellen, einer tschechischen, einer deutschen und einer jüdischen. (Johannes Urzidil unterschied vier ethnische Quellen: Deutschtum, Tschechentum, Judentum, Österreichertum.)[3] In der mittlerweile tschechisch dominierten Stadt, in der das Deutsche die Sprache einer kleinen Minderheit geworden war, entfaltete sich eine Fülle dichterischer Talente. Einige von ihnen (es genügt an Rilke und Kafka zu erinnern) erlangten Weltruhm, wozu indirekt auch die politischen und wirtschaftlichen Verwerfungen, rassischen Verfolgungen des Jahrhunderts beitrugen, denn mit den Menschen gingen auch Ideen und Werke in die Weite und fanden gegebenenfalls einen günstigen Nährboden. »Prager deutsche Literatur« ist für den so überraschenden wie viel beredeten Vorgang eine abkürzende, begrifflich nur unscharf konturierte Bezeichnung. Die ihr üblicherweise zugeordneten Dichtungen sind ganz überwiegend aus deutsch-jüdischem Geist entstanden, sie stammen allerdings nicht nur von aus Prag gebürtigen Autoren. Die multikulturelle Stadt wurde zum Kristallisationsort einer komplexen, doch wohl bereits als tragisch sich abzeichnenden Konstellation. Roth war in Prag nur Gast; seine Bedeutung aus dortiger

3 J. Urzidil, Da geht Kafka. Zürich u.a. 1965. S. 6.

Perspektive marginal, ein österreichischer Journalist, der das Zeitgeschehen mit Aufmerksamkeit, Witz und Sorge verfolgte. Seine Kollegen wissen, er ist ein großes Talent, aber in den zwanziger Jahren schreibt im *Prager Tagblatt* alles, was Rang und Namen hat, da ist er einer unter vielen und nicht der Erste.

Dennoch, und wohl auch gerade darum, waren die Bekanntschaften, die er damals schloss, für seine Entwicklung als Schriftsteller und für seine Gedankenwelt von großer Bedeutung. Zwischen Prag und Wien ist in diesem Zusammenhang nicht immer genau zu trennen, den aus Prag gebürtigen Journalisten und Historiker Karl Tschuppik beispielsweise, von 1910 bis 1917 Chefredakteur des *Prager Tagblatts,* dem dieses seine *literarische* Prägung wesentlich verdankte, hat Roth möglicherweise erst in der frühen Nachkriegszeit in Wiener Redaktionen kennengelernt. Er blieb Tschuppik, der Roth in einer Widmung als den »letzten Ritter (s)einer Welt«[4] rühmte, jedoch bis zu dessen Tod eng verbunden. Man geht schwerlich fehl, wenn man in Tschuppik den Mentor für Roths späteres Bild vom österreichischen Kaiserstaat erblickt (im Verein mit der besonderen Aufmerksamkeit und Sympathie für den Kranz der slawischen Kronländer). Den »Marquis Prosa« Alfred Polgar, dem Roth für seinen Stil so viel verdankte, kannte er persönlich wohl auch zunächst aus Wien, aber Polgar war fester Mitarbeiter des *Prager Tagblatts.* Wenn Roth in seiner Besprechung von Kischs *Die Abenteuer in Prag* von einer aus »Pathos und Ironie, Tragik und Humor« gemischten »Einheitlichkeit des geistigen Menschtypus ›zwischen Wien und Prag‹« spricht, die sich herausgebildet habe – diese naturgemäß sehr zeitgebundene Beobachtung traf für seine Erfahrung sicherlich zu.

4 »Abschied von Karl Tschuppik«, III; 721-724; hier 723.

Aber auch Berlin war für Prag wichtig, wichtiger bereits als Wien, kulturell und vor allem politisch. Literarisch gab es zahlreiche Kontakte und aktive Mittler wie Max Brod, der von Prag aus unermüdlich tätig war, aber auch Prager, die in Berlin ansässig geworden waren, wie Emil Faktor, Chefredakteur des *Berliner Börsen-Couriers*, und Willy Haas, Herausgeber der von ihm zusammen mit Ernst Rowohlt 1925 begründeten Wochenschrift *Die Literarische Welt.* Roth hat davon profitiert, annähernd drei Jahre lebte er selbst, ungeachtet seiner Vorbehalte, in Berlin, das damals wie heute wieder magnetisch anziehend wirkte. Auch viele seiner Berufskollegen drängte es in den zwanziger Jahren dorthin, wo Roth ihnen erneut begegnete. Später traf er mit Polgar, Kisch, Ernst Weiß, um nur diese zu nennen, im Exil wieder zusammen. Aber er war auch mit Max Brod bekannt, von 1924 bis 1939 Kulturredakteur des *Prager Tagblatts*, von dem ihn gewiss manches trennte – Brod war Zionist –, aber gewiss nicht das Anliegen einer deutsch-tschechischen Annäherung, die Brod als seine eigenste publizistische Aufgabe betrachtete und für die er sich mit den ihm zur Verfügung stehenden Mitteln – auch durch Übersetzungen – aktiv einsetzte.[5]

Nicht wenige von Roths Prager Bekannten und deren Angehörige sind Opfer der Shoa geworden. Auch sie ist inzwischen Geschichte. Schlägt man aber die alten Zeitungen

5 Brod schreibt 1924 an Leoš Janáček: »Ich trete in das ›Prager Tagblatt‹ ausdrücklich mit dem Vorbehalt ein, daß ich dort politisch nichts zu tun habe. Übrigens ist das ›Prager Tagblatt‹ sehr gemäßigt, wohl das gemäßigteste deutsche Blatt in der Republik, und es hat mich gerade zu dem Zweck engagiert, um von nun an regelmäßig über tschechische Kunst und Kultur zu berichten, was gewiß ein großer Fortschritt im Sinne der Völkerversöhnung ist.« (6.2.1924), zit nach: Praha – Prag 1900-1945. Literaturstadt zweier Sprachen, vieler Mittler. Hrsg. von Jozo Džambo im Auftrag des Adalbert Stifter Vereins München. Passau 2010, S. 99 (Barbora Šrámková, Max Brod – Ein Mittler aus alten Zeiten, S. 93-106).

auf, wird die Vergangenheit – weil noch ungefiltert – in bewegender Weise lebendig.

## *»Heimat für Heimatlose«,[6] »Hoffnung Europas«[7] – Prag in den journalistischen Texten Joseph Roths*

> »Dort, wo das Sentiment einen Stich ins Ironische bekommt, das Romantische bewußt wird, die Historie familiär, der Weltgeist witzig, das Ereignis romanhaft, der Mensch Poet und der liebe Gott Großonkel – beginnt Prag, die Residenz des Phantastischen und Verschollenen […]«
>
> Josef Rot [!], *Die Abenteuer in Prag*[8]

»Beginn« ist vieles *in* dieser und *um* diese Rezension von 1920, eine erste Skizze Prags aus Roths Feder, ein erstes Zeugnis über sein Verhältnis zu Egon Erwin Kisch, eine erste Arbeit für den *Berliner Börsen-Courier*, bei dem er damals noch nicht fest angestellt war; buchstäblich zu Beginn, nämlich der Rezension vorangestellt, eine Warnung der Redaktion, der Verfasser habe von Prag nur eine »literatenhafte Vorstellung«, man möge sich selbst informieren. *Der* gibt sich so sorg- und schwerelos wie möglich, ein Leichtmut will er sein, das »Heimweh nach Prag«, wie es sich auch im Titel dieses Bandes niedergeschlagen hat, folgte später. Er beobachtet ziemlich respektlos. »Die Welt ist, vom Hradschin aus gesehn, aller Feierlichkeit entkleidet, das Erhabene ist gemütlich […], der Horizontrand eine bekannte Ausflugsgegend.« Er hört sich an wie Heinrich Heine, wenn er Göttingen beschreibt. Wie kam es übrigens zu der merkwürdigen Schreibung des Namens, »Rot«, die sich liest wie ein Farbklecks, ist das ein besonders plakatives Pseudonym – er hat auch als »Der rote Joseph« signiert – oder einfach

6 Siehe »Heimweh nach Prag«, S. 274.
7 Siehe »Prag. Spaziergang in einer verzauberten Stadt«, S. 558ff.
8 Siehe S. 552ff.

ein Setzerfehler? Die Setzer waren lustlos und hatten wahrscheinlich keine böhmische Köchin: Gleich im ersten Absatz, wo von »Dalken und Buchteln« die Rede ist, steht in der Druckvorlage »Wuchteln«

Roths und Kischs Bekanntschaft und kollegiale Freundschaft rührte aus dem Jahr 1917[9] und der ersten Nachkriegszeit her. Kisch, der um fast ein Jahrzehnt ältere Abkömmling einer angesehenen Prager Familie, war dem namenlosen Anfänger damals in jeder Weise voraus: als stets produktiver Journalist, der, noch als Lokalreporter der *Bohemia,* dazu beigetragen hatte, einen eklatanten Spionagefall in der k. u. k. Armee, die Affäre des Generalstabschefs des Prager Korps, Oberst Redl, öffentlich zu machen (sein Anteil an dieser Enthüllung war aber wohl wesentlich geringer, als er es später darzustellen wusste); Autor eines klassischen Reports über die österreichische Niederlage in Serbien 1914 (*Soldat im Prager Korps*, später unter dem Titel *Schreib das auf, Kisch*); gleichwohl dekorierter Oberleutnant; Kenner der Prager Halb- und Unterwelt, Frauenfreund und schon bald auch Klassenkämpfer, mit einem Wort »everybodie's darling« (M. Patka). Humorvoll und hilfsbereit, wie Zeitgenossen ihn übereinstimmend beschreiben, kam er gewiss auch diesem vielversprechenden Benjamin in der Redaktion der kurzlebigen Nachkriegsgründung *Der Neue Tag* freundlich entgegen. Gemessen an Roths späteren stilistischen und seelischen Abenteuern erscheinen Kischs handfeste *Abenteuer in Prag* und anderswo als eher konventionell, aber als Autoren literarischer Reportagen haben beide mehr als eine Wegstrecke gemeinsam. Auch Kisch war ein phantasievoller Gestalter der Realität und in ihren theoretischen Überlegungen kommen Roth und Kisch einander sehr nah, wobei sich gelegentlich abzeichnet, dass es Kisch ist, dem die Priorität

9 Patka 1997, S. 276.

gebührt.[10] Roth gab zuletzt das Schreiben von Reportagen auf zugunsten der verstärkten Hinwendung zum Roman.

Wissen um das Handwerk und ein Schuss Boheme verband sie über alle Widersprüche hinweg. Ihre Beziehung verlief nicht bruchlos, riss aber auch nie ganz ab. Politisch war ihre Entwicklung schon bald denkbar gegensätzlich verlaufen, was zu malerischen Auftritten führte.[11] Roth hat Kisch als Schriftsteller noch wiederholt hohes Lob gezollt: »Was Kisch mitteilt, ist Wirklichkeit von sensationellem Rang. Wieviel ›Kunst‹ gehört dazu, eine nackte Realität zu einer künstlerischen Wahrheit zu machen?«[12] Im Exil rühmt er an dem ›Materialisten‹, die »Gnade des echten Schriftstellers«, die ihm »eine besondere, ich möchte fast sagen, einmalige und einzige Bedeutung gibt«.[13]

Roths Besprechung im angesehenen *Berliner Börsen-Courier* musste Kisch 1922 durchaus willkommen sein, denn der zeitweilige Kommandant der Roten Garde in Wien sah sich dort heftigen Angriffen ausgesetzt. Für Roth war sie zugleich ein Feuerwerk in eigener Sache – und wirklich, jemand in der Redaktion hob wohl erstaunt die Brauen. Vermutlich waren es die Brauen des Chefredakteurs Emil Faktor selbst,

10 Houska berichtet, Arnold Zweig »habe besonders bei den journalistischen Arbeiten von Roth den Einfluß von Kisch gespürt« (Patka 1997, S. 280).

11 M. v. Riccabona berichtet von einer Begegnung Roths mit Kisch und jungen Tschechen im Café: »Roth zu Kisch: ›Was für ein grauslicher Bolschewikenjud', hahahaha!‹ Kisch zuckte mit den Achseln, gestikulierte mit Handbewegungen, wie man sie am ehesten bei großen Kursschwankungen an der Börse sehen kann und sagte: ›Was willst Du denn, Du grauslicher schwarzgelber Habsburg-Jud?‹ Roth lachte und trank, dann: ›Dieser gottverdammte Hitler, sogar den Antisemitismus hat er uns versaut.‹« Zit. Patka 1997, S. 277.

12 »Einbruch der Journalisten in die Nachwelt«, FZ, 19.12.1925 (II, 519-521); Abdruck auch in Roth 2010, S. 229-232.

13 »Kein rasender Reporter. Egon Erwin Kisch zum 50. Geburtstag«, NDB, Juni 1935 (III, 675).

der für den Stil des Wiener Feuilletons, wie er in Prag ebenfalls gepflegt wurde, empfänglich war, aber auch nicht eben leicht zufriedenzustellen. Dem Artikel des künftigen Mitarbeiters – denn um einen solchen handelte es sich bei Roth – wurde eine Warnung vorangestellt.[14]

Auch den Artikel *»Keine Bettler, nur Schnorrer«* hätte Roth in einer Prager Zeitung wohl nicht veröffentlichen können, anderswo hingegen wurde er gewiss gern gedruckt (so 1923 in einer Wiener Zeitung). Von der generellen Tendenz der Literatur zur Indiskretion einmal abgesehen – diese ihr angeborene Neigung, alles zu beobachten und zu benennen, auch und gerade das, was sich der Beobachtung und Benennung eher entziehen möchte – enthielten Roths Ausführungen nichts Verletzendes, im Gegenteil, seine Erzählung von nicht alltäglichen Erscheinungen, wie er sie auf den Straßen Prags beobachtet haben will, ließ ein gewisses Maß an Identifikation mit seinen ›Opfern‹ erkennen. Roth hat einen empfindlichen Sinn für Rituale, nicht die abgestumpften und gedankenlosen interessieren ihn, sondern die feinen Formen der Donquichotterie, Reservoire der Würde. Seine höflichen, diskreten Bittsteller, gepflegte, fast aristokratische Sonderlinge, sind allerdings keine Prager Besonderheit, er kennt sie auch aus Galizien (»Lemberg. Die Stadt«). Roth hat die Merkmale einer Kunst der literarischen Reportage, wie er sie im Verein mit Kisch vertrat, auch für den Roman vom Typus *Die Flucht ohne Ende* in Anspruch genommen. Er hat sie in diesem Zusammenhang etwas provokant formuliert: »Ich habe nichts erfunden, nichts komponiert. Es handelt sich nicht mehr darum zu ›dichten‹. Das wichtigste ist das Beobachtete«[15] – und in eleganter Weise selbst unterlaufen. Er hat als Beobachter vorzüglich gedichtet. Er hat damit nach Erfindung der »Neuen Sachlichkeit«

14 Siehe S. 552.
15 »Die Flucht ohne Ende«, IV, [391].

– sie war bekanntlich weder neu noch sachlich – lebhafte Zustimmung gefunden. Bei näherer Untersuchung seiner Vorgehensweise blieb einige Verwirrung nicht aus. In keiner Textsorte, deren er sich bedient hat, ließ er es mit Beobachtung genug sein. Etwas, was sich nicht wahrnehmen, schon gar nicht messen lässt, kommt hinzu. Vielleicht hätte Emil Faktor auch im Fall der Prager Schnorrer den persönlichen Augenschein empfohlen. Die besondere Mischung aus Zartheit, Wehmut und Komik in Roths Betrachtungsweise ginge dann allerdings verloren.

Der unvollkommene Zustand der Welt spiegelte sich fast stets auch im Zustand seiner eigenen Finanzen. Von Roths Auftreten als Schnorrer berichten dramatische Anekdoten. Er hat auch beim *Prager Tagblatt* gepumpt.[16] Einmal aber, und man muss den Text bis zu Ende lesen, um zu verstehen, wie das zustande kommt, fällt er scheinbar aus der Rolle und argumentiert nicht, wie wir ihn zu kennen glauben. Prag und Böhmen werden nicht namentlich genannt, aber es ist klar, dass sie mit dem »glücklichen Ausland« gemeint sind, aus dem er gerade kommt, um als Korrespondent das winterliche Deutschland zu bereisen.[17]

Den Text *»Heimweh nach Prag«*, Elegie und Glosse zugleich, schrieb Roth in Berlin, sicherlich noch unter dem frischen Eindruck wiederholter Aufenthalte in Prag wäh-

16 »Ich bin vollkommen ohne Geld. Ich war in der mißlichen Lage, mir beim Prager Tagblatt Vorschuß zu nehmen – diese Art, auf Reisen zu gehn, ertrage ich nicht.« An Benno Reifenberg, 23.4. 1927 (Briefe 1970, S. 102).

17 Deutschland leidet Not, aber – anders als im ›Ausland‹ – fahren dort die Züge dennoch pünktlich, für Heizung, Beleuchtung und Sauberkeit ist gesorgt. Roth stellt dem ›Schlendrian‹ im ›glücklichen Ausland‹ ernsthaft die preußisch-deutschen ›Sekundärtugenden‹ entgegen, aber nur um zuletzt nur noch deutlicher herauszustellen, was er vermisst: »Es fehlt in Deutschland an einem regulierenden Bewußtsein.« (»Reise durch Deutschlands Winter«, FZ, 9.12.1923 (I, 1076-1079, hier 1079).

rend der zurückliegenden Inflationszeit, als er sich in Berlin zeitweilig nicht mehr hatte behaupten können.[18] Von Bronsen in zahlreichen Interviews gesammelte Auskünfte bilden auch für diese Phase von Roths Biographie eine unentbehrliche, mittlerweile leider fast versiegte Quelle. Aber im Anschluss an die Interviews gefertigte Notizen Bronsens sind zum größeren Teil erhalten geblieben. Darin finden sich Beobachtungen, die für die Biographie nicht berücksichtigt wurden, gelegentlich vermögen sie auch dazu beizutragen, ein späteres Missverständnis zu erklären. Der Interviewer hat notiert, welchen Eindruck er von den Befragten und ihren Antworten gewonnen hat: Tanja Tschuppik berichtet von einem etwas extravaganten, aber sympathischen Tausendsassa, der nicht ohne Stolz die schöne, zarte Frau präsentiert, die er soeben in Wien geheiratet hat, der aber auch der Frau des Chefredakteurs aus der Hand lesen und die Zukunft vorhersagen kann. Noch als Witwe findet sie ihn in der Erinnerung entzückend. Seine Frau hat ihr weniger gefallen, sie sprach so wenig, blieb fremd. Die Roths kamen öfters, *er* warb um Aufträge, wollte Artikel schreiben. Roth hat lange Spaziergänge unternommen, die jüdischen Denkmäler Prags kennengelernt.[19] Johannes Urzidil, der damals als Korrespondent des *Berliner Börsen-Couriers* in Prag lebte und mit

18 Siehe S. 274-276.

19 Interview mit Tanja Tschuppik, Nachlass Bronsen, DOK. Wie Bronsens Notizen belegen, hat Tanja Tschuppik ihren verstorbenen Mann Walter Tschuppik als Chefredakteur der *Prager Abendzeitung* bezeichnet. In der Biographie (Bronsen 1974, S. 231ff.) erscheint dieser dagegen als Chefredakteur des PT, was zweifelsfrei falsch ist, denn das war, als Nachfolger von Walter Tschuppiks älterem Bruder Karl, der das Blatt bis 1917 geleitet hatte, Siegmund Blau. Es mag den Irrtum begünstigt haben, dass die *Prager Abendzeitung* im Verlag des *Prager Tagblatts* erschien, ein Nachfolgeorgan der ursprünglichen Abendausgabe des PT. – Bronsens Interviews sind für Roths Aufenthalte in Prag noch immer die wichtigste Quelle.

den beiden Gästen alsbald einen herzlichen Verkehr pflog, spürte, dass sie sich sehr liebten, aber auch wie ernst dieser muntere junge Kollege eigentlich war. Für einen gewohnheitsmäßigen Trinker hielt er ihn damals noch nicht.

Teile des Romans *Das Spinnennetz* sind in Prag entstanden. Gleichwohl war das Zwischenspiel an der Moldau schon an sein zumindest vorläufiges Ende gelangt, Roth nach Berlin zurückgekehrt. Er durfte offenbar davon ausgehen, dass die Prager Redaktion weiterhin gern bereit war, sich seiner Mitarbeit zu bedienen. Gemessen an der Zahl der zum Druck gelangten Beiträge galt das für 1924 noch mehr als jemals zuvor, und eine im Auftrag der *Frankfurter Zeitung* unternommene Reportagereise nach Galizien hatte ihn vor kurzem vermutlich wiederum auch nach Prag geführt.

Im Juni 1924 war Franz Kafka gestorben, dessen Novelle *Ein Hungerkünstler* in diesem Jahr zugleich mit Roths Romanen *Hotel Savoy* und *Die Rebellion* im Berliner Verlag »Die Schmiede« erschien. Roth hatte eine als »Trauerfeier für Kafka« gedachte Berliner Lesung des Rezitators Ludwig Hardt besucht und tief beeindruckt darüber berichtet.[20]

Aber die Verbindungen nach Frankfurt festigten sich ebenfalls und geben Anlass zu noch weiter reichenden Hoffnungen. Über diese wird begreiflicherweise nichts mitgeteilt, stattdessen folgen – man fühlt sich an Erich Kästner erinnert – mitleiderregende Informationen, wie man als ›möblierter Herr‹ an der Spree wohnt und isst: Dort hängen über Klavieren Hirschgeweihe, Schnitzel hebt man aus »Tunke«, Vermieterinnen (Offizierswitwen) tragen mit einem Hakenkreuz gezierte Broschen am Adamsapfel. Die ungeliebte Stadt erscheint Roth wie der »Wartesaal eines großen Bahnhofs«.[21]

20 »Ludwig Hardt rezitiert Kafka«, FZ, 8.11.1924 (II, 275f.).
21 Siehe S. 274. Urzidil resümierte, gemäß Bronsens Notiz, kurz: »Berlin – für Roth zu grob.« Interview mit Johannes Urzidil, Nachlass Bronsen, DOC.

Er formuliert einen Konditionalsatz, den er, »aus rhythmischen Gründen« am Schluss wiederholt: »Wenn ich keine Sehnsucht nach Paris hätte, hätte ich Heimweh nach Prag.«

Möglicherweise ist daraus eine Überschrift erst durch die Redaktion geworden, das lässt sich nicht mehr klären. Das Heimweh im Konjunktiv war eine hübsche, aber eigentlich traurige Erfindung, die sich in der Bestimmung »eine Heimat für Heimatlose« fortsetzte. Als Roth im Frühjahr 1925 endlich nach Paris kam, hat er zunächst allen Kummer vergessen. Vielleicht hatte er mit seinem Artikel im Geiste bereits Abschied genommen. Man kann übrigens der Meinung sein, dass es sich bei »Heimweh nach Prag« vorzugsweise um eine Hommage an das *Prager Tagblatt* handelte. Es waren die Berufskollegen (und eventuell deren Frauen), aus denen sein Freundes- und Bekanntenkreis sich zusammensetzte, die Mitarbeit an der Zeitung bildete für ihn die unentbehrliche Voraussetzung, um sich auch der Stadt zugehörig zu fühlen, in der das deutsche Element nur noch eine stets kleiner werdende Insel bildete und die fehlende Kenntnis des Tschechischen ihn wie von selbst zum Außenseiter und Beobachter werden ließ. Diese Rolle mochte Roth freilich noch nicht einmal unwillkommen sein.

In der Redaktion fehlte es nicht an Köpfen mit westeuropäischen Sympathien. Einer, von dem dies offenbar im besonderen Maße galt, war der stellvertretende Chefredakteur Rudolf Thomas. In Brods Roman *Rebellische Herzen* wird er als »der Kronprinz« vorgestellt, ein elegant-genialischer junger Bohemien. Er war mit Roth fast gleichaltrig, beide schrieben, ihren ähnlichen Interessen entsprechend, gelegentlich auch über ähnliche Themen und Stoffe. Da sie überdies noch ähnliche Siglen verwendeten, kann insbesondere die Zuordnung der Sigle »th« Probleme bereiten.[22] »Hier 2

22 Auf die Aufnahme der »th«-signierten Titel ist verzichtet worden, konsequenterweise daher auch auf den Artikel »Nachruf

Visitkarten fürs Prager Tagblatt. Herr Thomas spricht auch französisch«, schrieb Roth 1928 empfehlend an seinen jungen Freund Pierre Bertaux.[23] Es war Thomas, der für Roths neben seinen journalistischen Arbeiten entstandene frühe Erzählprosa die Worte fand: »Von Werk zu Werk macht Roth auf seinem Weg von Osten nach Westen einen großen Schritt. Das Werk (aus östlichem Geist und westlicher Stilkultur) am Ende dieses Weges wird vollendet sein.«[24] Thomas starb noch vor Roth, er nahm sich, zusammen mit seiner Frau, 1938, nach dem Münchner Abkommen das Leben.

Für Roths Sehnsucht nach Paris hatten sicherlich auch seine tschechischen Leser Verständnis – für das gebildete tschechische Publikum war das Blatt eine Instanz –, blickten sie doch selber, und zwar über Deutschland hinweg, nach Westen aus, und dies nicht erst seitdem Frankreich der politische und militärische Verbündete der jungen Republik geworden war. Der Weg der tschechischen Kultur in die europäische Moderne führte nach Westeuropa – Deutschland als »Relaisstation« blieb dabei bewusst ausgespart.[25] Roth,

auf einen Selbstmörder« (PT, 9.5.1922), den Siegel in seiner Bibliographie Roth zugeordnet hat. In diesem wie in anderen Fällen fehlt es nicht an Gründen, Roths Verfasserschaft zu unterstellen, zumal die Sigle »th« von Roth in anderen Blättern zweifelsfrei benutzt worden ist. Manche dieser Artikel zeigen Roth zudem in Prag direkt vor Ort und mit kleinen redaktionellen Aufgaben betraut (ein Eisgang auf der Moldau, Hinweise für den weihnachtlichen Büchertisch, Filmbesprechungen usw.). Eben daraus erwachsen aber auch wieder Zweifel an seiner Autorschaft, solange nicht sicher zu belegen ist, dass Roth sich zur fraglichen Zeit in Prag aufgehalten hat bzw. ob das überhaupt möglich war.

23 Briefe 1970. S. 124. Im Unterschied zu der zweiten Karte, die für Siegmund Blau gedacht war, ging diese Karte anscheinend verloren.

24 Rezension zu »April« und »Der blinde Spiegel«, siehe S. 571.

25 F. Prinz in »Deutsche Geschichte im Osten Europas. Böhmen und Mähren. Hrsg. von F. Prinz. Berlin [2]1995, S. 476.

der »Franzose aus dem Osten«, wie er sich gelegentlich selber sah,[26] hat sich in seinen Reisebildern aus Ostmitteleuropa wiederholt analog geäußert, so auch in den Artikeln aus Galizien 1924.

Aber wie steht es mit den Zeilen an den Chefredakteur des *Prager Tagblatts* Siegmund Blau, die er Pierre Bertaux mit auf den Weg gab, um den begabten Sohn seines Förderers Felix Bertaux in Prag zu empfehlen: »Lieber Herr Dr. Blau, Herr Pierre Bertaux ist einer der liebenswürdigsten Franzosen und mein Freund, lernbegierig und wohlerzogen *und* ironisch genug, um den Ton unserer geistigen Heimat Prag zu verstehen.«[27] War das nur Artigkeit, oder wie verstand er sich selbst, wenn er von Prag als einer »geistigen Heimat« sprach, an der er teilhatte?

Sicherlich war es nicht das Prag der Vergangenheit, das ihn bevorzugt interessierte. Auch zwei Artikel über Adalbert Stifter, die er 1931/32 in der *Frankfurter Zeitung* veröffentlichte, bestätigen diesen Eindruck.[28] Darüber, wie die Stadt in Mythos und Sage, Geschichte und Dichtung, in ihren Baudenkmälern lebte, hat er sich nur ganz beiläufig geäußert.

Überraschend kam vor wenigen Jahren ein bisher auch bibliographisch unbekannter Artikel Roths wieder ans Tageslicht, der im Mai 1932 in einer Frankfurter Regionalzeitung erschienen ist: *»Prag. Spaziergang in einer verzauberten Stadt«*.[29] Es ist nicht bekannt, wann der Beitrag entstanden ist, aber da er als zwölfter in einer Folge von Städtebildern erschien, die die Zeitung veröffentlichte, möchte man an-

26 An B. Reifenberg, 1.10.1925, Briefe 1970, S. 98.

27 Bronsen 1974, S. 235; siehe auch Briefe 1970, S. 124, Brief an P. Bertaux vom 6.3.[1928]; dort irrtümlich »heutigen Heimat«.

28 »Zu einer Schrift über Stifters ›Witiko‹«, FZ, 4.9.1932 (III, 458-460), Abdruck auch in Roth 2010, S. 355-358 u. Anm.

29 *Neueste Zeitung*, Frankfurt a. M., 14.5.1932. Siehe S. 558ff.

nehmen, dass er nicht allzu lang gelagert hat. Der Text überrascht, der Rückschlüsse wegen, zu denen er Anlass gibt. Immerhin war der Verfasser auch der Autor des in schweren Arbeitsnöten entstandenen, noch nicht völlig beendeten »alt-österreichischen Romans« *Radetzkymarsch*. In Briefen beschrieb Roth seine damalige private Situation als trostlos, politisch sollte er sich unter dem Eindruck der ›Machtergreifung‹ Hitlers kaum ein Jahr später ausdrücklich zur Monarchie bekennen.[30] Der Artikel in der *Neuesten Zeitung* spricht eine andere Sprache. Kein auch nur unterschwelliger Vorbehalt gegen die Existenz dieses Nachfolgestaats der Donaumonarchie wird laut, im Gegenteil, der Verfasser begegnet diesem Staat und seiner aufstrebenden Hauptstadt mit offenkundiger Sympathie. Vor allem findet Roth würdige Worte für den Gründer dieser Republik, den Präsidenten Masaryk, in dem er eigentlich einen Widersacher sehen müsste, denn Masaryk hatte während des Weltkriegs zielbewusst auf die Begründung eines eigenständigen tschechischen Staates hingearbeitet. Als er mit diesem Vorhaben Erfolg hatte, war das Schicksal des Kaiserreiches entschieden. Aber so wie Masaryk den Geist seiner Republik verstanden wissen wollte, war Prag »eine europäische Hoffnung«.[31] Roth entdeckt zwar in der eigentümlichen Patina der Stadt weiterhin auch pittoreske schwarzgelbe Tönungen – dafür hatte er mittlerweile eben einen ganz scharfen Blick! –, aber es ist das neue, sachliche, zivile Prag, für das er Partei ergreift.

Man hatte sich *diesen* Roth aufgrund mancher Anzeichen vielleicht schon früher für sich selbst zurechtgelegt, aber für die Verifizierung dieser Annahme fehlte es an Belegen. Hier ist einer. Eher beiläufig geäußert, gleichwohl ein erhellendes

30 An S. Zweig, 28.4.1933 (Briefe 2011, S. 102).

31 *Neueste Zeitung. Illustrierte Tageszeitung mit Versicherung*, Frankfurt a. M., 14.5.1932. Siehe S. 558ff.

Zeugnis für Roths politisches Wahrnehmungsvermögen, das ihn bereits in der Frühzeit der Weimarer Republik ausgezeichnet hatte. Damals hatte er schonungslos gemahnt. Der ›Spaziergänger‹ von 1932 ist nicht weniger ernst gestimmt, die Krisenzeichen sind noch sehr viel deutlicher geworden. Er nutzt die Gelegenheit, um zu zeigen, dass es das demokratische Beispiel gibt. Was die Hoffnung, von der er schreibt, beziehungsweise deren Scheitern für die tschechisch-deutsche Kultursymbiose bedeutete, hat Johannes Urzidil 1968 in einem der Erinnerung an Masaryks Republik gewidmeten Buch formuliert: »Hätte sich die Tschechoslowakische Republik im Geiste ihres Gründers T. G. Masaryk organisch weiterentwickelt, so gäbe es auch heute noch eine deutsche Literatur und Kultur in Prag und in den böhmischen Ländern.«[32] Die wichtigste Voraussetzung hierfür bildete freilich, dass es gelungen wäre, Hitler rechtzeitig in die Schranken zu weisen, das wäre nicht nur für zwei benachbarte Völker, sondern für ganz Europa von rettender Bedeutung gewesen. Roths politisches Grundanliegen und die »Hoffnung«, die er 1932 mit »Prag« verband, waren weder illegitim noch irreal. Irreal wurde sie erst durch die fehlende Hilfe der verbündeten und ›neutralen‹ Großmächte, die ihre Passivität gar noch mit abwägender Vorsicht bemäntelten: »Ein recht fernes Land, von dem wir wenig wissen« (»a far away country of which we know little«), wie Neville Chamberlain seine Verlegenheit unübertroffen formulierte.

32 J. Urzidil, Rückblick auf die tschechisch-deutsche Kultursymbiose. Zit. »HinterNational. Johannes Urzidil. Ein Lesebuch von Klaus Johann und Vera Schneider. Potsdam 2010 (= Potsdamer Bibliothek Östliches Europa), S. 247.

## »Joseph Roth und – warum gerade? – Böhmen«

Es war dies eine keineswegs nur rhetorische Frage des tschechischen Germanisten Leoš Houska, die er als Referent des Hohenheimer Roth-Symposiums im mitteleuropäischen ›Wende‹-Jahr 1989 stellte. Die Sektion »Interpretation und Kritik« gliederte ihren Stoff auch nach historischen und geographisch-topographischen Gesichtspunkten. Bei mehreren slawischen Ländern fällt es da nicht schwer, an Roth zu denken. Aber Böhmen? Houska gab seinem Referat den Titel, der das Problem auf den Punkt brachte. In einer Anmerkung berichtete er, wem er seinen Stoff verdankte: »Als ich das Thema für meine Diplomarbeit an der Universität Leipzig im Jahre 1957 suchte, wollte ich etwas finden, wo die Symbiose, das Miteinander der tschechisch-deutschen bzw. tschechisch-österreichischen Kulturwelt zum Vorschein gekommen wäre. Ich verdanke es Herrn Professor Hans Mayer, daß er meine Aufmerksamkeit auf den österreichischen Schriftsteller Joseph Roth lenkte.«[33]

Das ist ein anregendes Beispiel dafür, wie eines älteren Gelehrten Erinnerungen an einen zeitweilig fast vergessenen Autor, über Krieg und Zusammenbruch hinweg, zunächst in den akademischen Betrieb und weiter beim lesenden Publikum Einlass finden. Auf die damalige Roth-Forschung, soweit es eine solche überhaupt schon gab, konnten weder Mayer noch Houska sich nennenswert stützen. Vor allem wusste man zu wenig über den Umfang und die Erreichbarkeit der Quellen. Roths Feuilletons, Reportagen, Glossen

33 L. Houska, Joseph Roth und – warum gerade? – Böhmen. In: Kessler/Hackert 1990, S. 137-141; hier S. 141. – L. Houska, Das erzählende Werk von Joseph Roth. Diplomarbeit für die Abschlußprüfung der Philos-Fak. im Fach Germanistik, Karl Marx-Universität, Leipzig 1958 (nicht veröffentlicht). – Ders., Joseph Roth und das Haus Habsburg. Diss. Praha 1971 (überarbeitete Fassung von 1959).

lagen zum größeren Teil noch in den Zeitungen, in denen sie erschienen waren, begraben. Es gab keine Bibliographie, Archive waren zerstört, Briefwechsel verloren. Als Journalist war Roth in der zweiten Hälfte des vorigen Jahrhunderts erst wieder zu entdecken. Die Werkausgabe und ihre Neuauflagen (1956, 1974-75, 1989-91) lassen den damit verbundenen – im Verhältnis zur ›Rückgewinnung‹ der Romane zeitlich versetzten Arbeitsprozess erkennen, der auch die Roth-Interpretation, im Ganzen und im Detail, verändert hat: Das journalistische Œuvre erweckte zunehmend ein dem Romanwerk vergleichbares Interesse, in ihren Spitzenleistungen erschienen beide Werkgruppen als von ebenbürtiger Ausdruckskraft. Stufenweise, dem erneuten Bekanntwerden der Texte entsprechend, änderte sich aber auch das Bild des Journalisten. Besonders das demokratische und soziale Engagement im Frühwerk des kunstreichen Feuilletonisten trat ins Blickfeld.

Vermeintliche oder wirkliche Meinungsänderungen eines Zeitungsschreibers sind freilich auch nicht ohne Bezug zum Geist der Zeitungen, für die er schreibt. Roth hatte für Blätter sehr unterschiedlicher Couleur gearbeitet. Daraus ergaben sich wie von selbst interpretatorische Überlegungen, die im Hinblick auf das *Prager Tagblatt* aber eine veränderte Fragestellung erfordern. In keiner andern Zeitung war er so lange mit Beiträgen präsent wie in dieser Zeitung, und bis in die jüngste Gegenwart wurden immer noch neue bekannt, wenn es sich auch überwiegend um Nachdrucke handelte. Gegenüber Schätzungen, wie sie noch 1974 in Bronsens Biographie erschienen, hat ihre Zahl sich inzwischen mehr als vervierfacht. Das *Prager Tagblatt* nimmt damit, bibliographisch gesehen, keineswegs den Spitzenplatz ein, aber nur vier oder fünf Blätter sind ihm voraus, von denen das wichtigste die *Frankfurter Zeitung* ist. Es macht sich bemerkbar, dass die Geschäftsleitung in Frankfurt über längere Zeiträume hinweg ihren Anspruch durchsetzen konnte, Roth exklusiv zu drucken. Als dieser sich Ende der zwanziger Jahre vorübergehend von der *Frankfurter Zeitung* lossagte, ließen sich die Prager diese Chance nicht entgehen. Die Zahl der Nachdrucke nahm wieder deutlich zu. Es war eben die Zeit, in der Roths Feuilletonkunst ihren Höhepunkt erreicht hatte.

Bei anderen Zeitungen wie der *Neuen Berliner Zeitung – 12 Uhr-Blatt,* dem *Berliner Börsen-Courier,* dem *Vorwärts,* in denen Roth ebenfalls häufiger als im *Prager Tagblatt* erschien, ist zu berücksichtigen, dass es sich dabei um sehr intensive, aber relativ kurze Zeiten der Mitwirkung handelte. Für die Roth-Forschung waren diese scharf abgegrenzten Arbeitsbereiche begreiflicherweise besonders interessant. Die Mitarbeit am *Prager Tagblatt* verlief hingegen relativ unspektakulär. Der wichtigste der von ihm behandelten politischen Themenkreise, die Gefährdung der Weimarer Republik und der Demokratie durch nationalistische Strömungen, insbesondere durch den Aufstieg des Hakenkreuzes, ist auch im *Prager Tagblatt* schon sehr früh und bis Anfang der dreißiger Jahre durchgehend gegenwärtig. Für die Tschechoslowakei bedeutete die politische Entwicklung in Deutschland zunächst noch keine unmittelbare Gefahr, aber die Redaktion unterschätzte potentielle spätere Risiken offenbar nicht. Sie gab Roths Hinweisen auf die Situation im Nachbarland Raum und unterstützte ihn durch in Absprache mit ihr unternommene Reisen. Indirekt ist Roth auch für das Judentum in der Tschechoslowakei ein hellsichtiger Warner gewesen. Seine Behandlung der ostjüdischen Problematik fehlte im *Prager Tagblatt* dagegen ganz. Nichts über *Juden auf Wanderschaft,* keine Leseprobe oder Rezension zu *Hiob.*

Vorsichtig ausgleichend hat Roth nie geschrieben; er polarisierte, mögliche Missverständnisse eingeschlossen. Auch nach seinem Tod blieb das so. So frisch Roths Texte häufig anmuten: Er beschreibt eine vergangene Welt.[34] Und da es zweifellos Städte und Örtlichkeiten gibt, die stärker im Focus des Interesses an Roth stehen und er über diese auch deutlich mehr geschrieben hat als über Prag, hat Houska kaum Nachfolger gefunden. In Pavel Doležals verdienstvoller Dissertation über die politische Ausrichtung des *Prager Tagblatts*, speziell in der Masaryk-Ära, bleibt Roths Name unerwähnt.

Die Vertreibung der Deutschen und die Etablierung eines stalinistisch geprägten, kommunistischen Regierungssystems nach 1945 verwies die Tschechoslowakei für die Roth-Forschung diesseits und jenseits des Eisernen Vorhangs gewissermaßen in einen toten Winkel. Gegen einen ›habsburgischen Mythos‹ waren die Tschechen resistent wie kein anderes Volk der einst »im Reichsrat vereinigten Königreiche und Länder«. Roths Artikel »Habsburg und die Tschechoslowakei« hatte schon bei seinem Erscheinen 1935 für entschiedene Entgegnungen gesorgt.[35] Seine eindeutige Sympathie für die Tschechische Republik in Verbindung mit harscher Kritik an den ›Sudetendeutschen‹ mochte nach dem Unglück der Vertreibung als parteiisch erscheinen, denn Opfer des Desasters gab es nun auf beiden Seiten genug. Für die nachwachsenden Jahrgänge handelte es sich bei diesen Problemen schon bald nicht mehr um ihre Geschichte.

Für die von Ideologisierung und Tabuisierung geprägte Kulturpolitik der Ostblockstaaten war eigentlich alles, was mit diesem westlichen Vorposten Prag zusammenhing, ein heißes Eisen. Aber auch die ›technischen‹ Schwierigkeiten

34 Um über Roth einen historischen Roman zu schreiben, wäre, man mag es kaum glauben, nach Sir Walter Scott der beste zeitliche Abstand (»sixty years ago«) schon verpasst.

35 »Habsburg und die Tschechoslowakei«, PT, 19.7.1935 (III, 677-679).

hielten an. Das Archiv des *Prager Tagblatts* hat, anders als das der *Bohemia,* die NS-Herrschaft anscheinend nicht überdauert. Auch private Aufzeichnungen und Briefe gingen zumeist verloren. Viele Redaktionsmitglieder waren Juden, denen, wenn sie nicht rechtzeitig emigriert waren, allenfalls überstürzte Flucht als letzter Ausweg geblieben war. Über Vereinbarungen Roths mit der Redaktion, über deren Entscheidungen und Vorgehensweise weiß man daher weiterhin nur wenig oder nichts. Wo Lücken geblieben sind, die nicht vernachlässigt bleiben dürfen, steht als Resultat, öfter als gewünscht, nur die Möglichkeitsform.

Von einer »geistigen Heimat Prag« hatte Roth geschrieben, was ist damit gemeint? Die Hauptstadt Böhmens, gar die der Länder der böhmischen Krone ist es nicht, das Land spielt in Roths Romanen oder Reportagen so gut wie keine Rolle. Wo – die Fälle sind selten – Örtlichkeiten benannt werden, fehlt jede lokale Färbung. Auch das historische Prag mit seinen architektonischen Reichtümern jeder Art ist es nicht, nicht einmal die jüdischen Denkmäler finden Erwähnung. In den Literaturgeschichten und Sagenbüchern hat Prag einen festen Platz mit klassischen Werken und Stoffen, darunter auch solchen, von denen Roth als Autor zehren oder doch Notiz nehmen wird. Wenn er von Prag spricht, fehlt es. Es liegt nicht daran, dass er nichts sagt. Man spürt es nicht. Wenn er aus bestimmtem Anlass ein paar Örtlichkeiten aufzählt, bleibt es bei einer Aufzählung. Er lässt es auch schnell wieder sein.

Für den Leser ist das möglicherweise ein wenig enttäuschend. Kein Wandern der Steine am Grunde der Moldau, kein Rosmarin, der nachts unter der steinernen Brücke eine Rose umflicht, kein Mozart in der Bertramka, kein einsamer Kaiser auf dem Hradschin.

Prag fasziniert Roth als eine moderne Stadt. Sie »hat keine Sentimentalität«. Er bejaht ihr Lebensgefühl, es ist »eine

Stadt, in der ich niemals zu Hause war und in der ich jeden Augenblick zu Hause sein kann«. Den morbiden Reiz Wiens nachzuempfinden – er hat die Stadt in einer kritischen Phase des Übergangs erlebt –, ist Roth nie müde geworden. Ganz anders Prag, das er in stürmischem Aufschwung vorfand. Eine zivile, demokratische Stadt, wie es sich gehört.

Das historische Prag ist unauffällig gegenwärtig, wenn Roth in dem zweiten der bereits erwähnten Artikel über Adalbert Stifter, aus Anlass einer germanistischen Neuerscheinung dessen Roman *Witiko. Eine Erzählung* behandelt. Über Stifter zu schreiben war ausdrücklich sein Wunsch gewesen.[36] Es geht ihm weniger um den Roman und seinen mittelalterlichen Stoff als um seine jüngere und jüngste Rezeptionsgeschichte. Mit Lob bedacht wird die redliche Arbeit der Germanisten (der Leser empfindet fast mit Beschämung sein gläubiges Vertrauen in eine ältere deutsche Bildung), aber auch die Aufgeschlossenheit – »gerade in dieser Zeit« – der »offiziellen Kultur-Stellen der Tschechoslowakei«, die »den Zeugnissen deutsch-böhmischer Literatur kein geringeres Interesse entgegenbringen als den tschechischen«. Anders die politischen Behörden, die »gelegentlich einen törichten und nutzlosen ›nationalen Eifer‹ gegenüber der deutschen Minderheit beweisen«, und deutsche Kritiker, die auf ihr Desinteresse an dem tschechischen Stoff noch stolz zu sein scheinen. »Es ist leider an der Zeit, ausdrücklich *Banalitäten* zu wiederholen: ein ›deutscher Stoff‹, behandelt in miserablem Deutsch, gehört der deutschen Literatur *nicht* an; ein *›fremder‹* Stoff, in *echtem* Deutsch *ist ein Bestand der deutschen Literatur.*«[37]

Völkischen Eigendünkel lässt er nicht gelten, aber tsche-

36 An F. T. Gubler, 31.1.1931, Briefe 1970, S. 192.
37 »Zu einer Schrift über Stifters ›Witiko‹«, PT, 4.9.1932 (III, 458-460), Abdruck auch in Roth 2010, S. 355-358 u. Anm.

chische Charaktere, Augenmaß und Wirklichkeitssinn haben seine Sympathie (»Der Mann, der die Visa besorgt«). Die Sudetendeutschen urteilt er recht summarisch ab. Den Tschechen hat es Roths schlechter Ruf als Habsburgschwärmer anscheinend etwas erschwert, wahrzunehmen, dass er auf ihrer Seite war. »Vierzig Mann 6 Pferde« könnte, entsprechend drastischer verfasst, auch Jaroslav Hašeks Schwejk erzählen. Für Hašek wusste er noch eine andere Aufgabe: »Wäre er nicht allzu früh gestorben, wer weiß, er hätte noch ein Buch geschrieben, in dem sein neues tschechisches Vaterland eine ebenso ironische Spiegelung erfahren hätte wie sein altes österreichisches.«[38]

## *»Von Joseph Roth (Prag)«*

In ersten Veröffentlichungen Roths im *Prager Tagblatt* folgt seinem Namen der Zusatz »Wien« oder »derzeit im Felde«. Eine Ausnahme bildet das Gedicht »Nervenchok«,[39] erschienen am 6. Oktober 1918, nun lautet der Zusatz »Prag«. Aus anderer Quelle ist über diesen Aufenthalt kurz vor Kriegsende nichts bekannt. Roths eigene märchenhaft ausgesponnene Angaben – russische Kriegsgefangenschaft, Flucht, mühsame Heimkehr – passen am wenigsten dazu. Es ist nicht unwahrscheinlich, dass es sich damals um seinen ersten Aufenthalt in der böhmischen Hauptstadt überhaupt gehandelt hat. Zwar hatten ihn Besuche bei Verwandten, vermutlich in Schul- oder Semesterferien, wiederholt in ein namentlich nicht bekanntes Städtchen in Mähren geführt. Fast der ganze erste Teil des *Radetzkymarschs* (2.-8. Kapitel) spielt in der »kleinen Bezirksstadt W. in Mähren«. Auch in

38 »Bücher von Soldaten. Frankreich – Tschechoslowakei – Deutschland.«, FZ, 15.8.1926 (II, S. 585-587).

39 Siehe S. 10.

Beiträgen Roths für das Feuilleton – siehe »Die k. u. k. Veteranen« – klingt Erinnerung an einen solchen Aufenthalt an.[40] Wie man neuerdings vermutet hat, handelt es sich dabei um Wischau (Vyškov), nahe Austerlitz (Slavkov). Ein gelegentlicher Ausflug von dort nach Prag ist vorstellbar, aber es gibt dafür keinen Beleg.

Aufenthalte Roths in Wien 1918 sind mehrfach belegt, ob es sich dabei um Urlaube oder um dienstliche Aufträge handelt, wissen wir nicht, auch nichts von Umwegen über Prag. Es besteht jedoch kein Anlass, an der Angabe der Redaktion zu zweifeln, auch verwundert es nicht, dass gerade sie sich informiert zeigt. Wahrscheinlich war Roth gerade ihretwegen gekommen oder er hatte zumindest die Gelegenheit genutzt, sich bekannt zu machen.

Im letzten Kriegsjahr wird Prag auf Besucher vielerorts grau und niederdrückend gewirkt haben. Die schlechte Versorgungslage in Verbindung mit einem eher ungünstigen Klima zehrte, wie wir etwa aus der Biographie Kafkas wissen, an der Gesundheit ihrer Bewohner. Die Tuberkulose grassierte. Abgezehrt und abgerissen erschien übereinstimmenden Augenzeugen damals auch der Soldat Joseph Roth.

Wie sah die Zeitung aus, von der als Mitarbeiter akzeptiert zu werden, damals sein begreiflicher Ehrgeiz war? Der nunmehr seit vier Jahren währende Krieg hatte das Erscheinungsbild der österreichischen Zeitungen verändert. Unbedruckt gebliebene Zeilen oder gar Spalten ließen Eingriffe der Zensur erkennen, oftmals war ihr Umfang beklagenswert. Im Deutschen Reich waren solche weiße Flächen unzulässig, sie mussten anders gefüllt werden, in Österreich wurden sie geduldet. Sie verfehlten nicht, die Neugier zu wecken, weil es sich bei den amtlicherseits unterdrückten Texten sicherlich um besonders interessante gehandelt haben

40 »Die k. u. k. Veteranen«, S. 403-410.

musste. Berichte über die Kriegslage erforderten viel Seitenraum, das *Prager Tagblatt,* das für seinen zuverlässigen Nachrichtenteil bekannt war, informierte auch in diesem Zusammenhang im Ergebnis erstaunlich objektiv. Die Leitartikel des Chefredakteurs Karl Tschuppik hatten daran allerdings zunächst den geringsten Anteil, sie ließen es an selbstgewissem Patriotismus und in Verbindung damit an Herabsetzung des Gegners nicht fehlen. Für den Berichtszeitraum des vorliegenden Bandes sind Tschuppiks damalige Polemiken nicht unmittelbar von Interesse, aber sie dürfen auch nicht unerwähnt bleiben im Hinblick auf später von ihm eingenommene Positionen, die für Roth wichtig waren. Routiniert war Tschuppik sicherlich: Die Berechtigung der Zensur erkannte er ausdrücklich an, warnte aber zugleich, dass, was freilich noch wichtiger sei, bei ihrer Ausübung die Wahrheit Schaden nehmen könne. Dergleichen kam vor – wie er am Beispiel der französischen Berichterstattung entrüstet erläuterte. Mit der so verfassten Wahrheit über die *französische* Zensur zeigte sich die österreichische einverstanden.

Aber nicht nur die Gesinnungen der Einzelnen, sondern auch die Vorgänge selbst erscheinen im Rückblick als nicht leicht deutbar. Das *Prager Tagblatt* druckte die amtlichen Kommuniqués über die Kriegslage, ohne sie in Frage zu stellen, und ergänzte sie gegebenenfalls durch maßvolle Erklärungen. Hinzu kamen aber häufig auch Auszüge aus den Heeresberichten der Feindstaaten, die ebenfalls unkommentiert blieben, aber ein durchaus anderes Bild vermittelten. So auch an diesem 6. Oktober 1918: Der deutsche Heeresbericht meldete Abwehrerfolge, etwas verklausuliert auch ›planmäßige Absetzbewegungen‹; der französische hingegen stetiges Vordringen (Cambrai war wiedergewonnen), eine Viertelmillion Gefangene und Tausende erbeutete Geschütze in den zurückliegenden Wochen. Auch dies wurde von der Zensur akzeptiert, eine für den späteren, mit der

Propagandapraxis autoritärer Staaten unfreiwillig vertrauten Leser kaum verständliche Vorgehensweise. War das nun Nachlässigkeit, eine Mischung aus Bürokratie und Überforderung, oder spielte der Zensor bereits mit, war man mithin dabei, sich selbst abzuschaffen?

Inhaltlich war die Zeitung nicht anders gegliedert als in Friedensjahren. Die äußere Ordnung versprach, wie ungewöhnlich die Nachrichten auch immer lauteten, einen Rest von Normalität. Alles an seinem gewohnten Platz, ein diffuses Nebeneinander für unterschiedliche Bedürfnisse, wie die Leserschaft es gewohnt war und dementsprechend aufbereitet fand. Der 6. Oktober 1918 war ein Sonntag. Die Morgenausgabe enthielt Nachrichten, Kommentare, Anzeigen und feuilletonistische Beiträge, darunter auch zwei Gedichte. Der Leitartikel wies auf die epochale Bedeutung der Rede des neuen deutschen Reichskanzlers Max von Baden vom Vortag hin, der die Friedensbereitschaft Deutschlands in Verbindung mit weitreichenden Zugeständnissen und konstitutionellen Veränderungen ankündigte – während die große Schlacht an der Westfront weiterging, die man bei fehlender Kompromissbereitschaft des Gegners bis zum bitteren Ende durchkämpfen wollte. Wer nur ein wenig zwischen den Zeilen zu lesen verstand, musste erkennen, dass hier noch sehr viel mehr angedeutet als ausgesprochen worden war. Auf den Seiten 3 und 4, dem bevorzugten Platz für längere Feuilletons, beschrieb Alfred Polgar ein Gespräch mehrerer Kunstfreunde über Probleme des Expressionismus. Den passenden Rahmen lieferte ein Spaziergang durch das nächtliche Wien, der nicht enden wollte und zuletzt einen Schutzmann zu der Frage veranlasste: »Was suchen die Herren eigentlich?« – »Die Wahrheit«, erhielt der Beamte zur Antwort, samt einer Zigarre. Die vierte Seite meldete aber auch die weitere Ausbreitung der Spanischen Grippe: Sie raffte bekanntlich mehr Menschenleben dahin als alle Anstrengungen der gegnerischen Parteien in diesem Krieg – und in kürzerer Zeit. Weitere militärische Nachrichten vom Balkan ließen erkennen, dass sich der Krieg in der letzten Phase der Erschöpfung befand. Die Lokalnachrichten meldeten die Schließung der Schulen wegen bestehender Infektionsgefahren. Die Beilage »Kleine Zeitung« enthielt einen Bericht des in Berlin lebenden Prager Schriftstellers Franz Schulz[41] über das dortige Panoptikum. Das Prager »Neue Deutsche Theater« wollte am Nachmittag *Hannerl* (*Dreimäderlhaus*, 2. Teil) zu Gehör bringen, am Abend Leo Falls *Die Rose von Stambul* – die Uraufführung dieser Operette lag erst zwei Jahre zurück, damals war man mit dem Osmanischen Reich noch verbündet, jetzt war es dabei zu kapitulieren.

Auf derselben Seite – es gab an diesem Sonntag kein »Unterhaltungs-Blatt« – befanden sich auch die bereits genannten Gedichte. Das eine, betitelt »Venus triumphans«, der Name des Verfassers ist mildtätig vergessen, schwelgte in Draperien, die einem Gemälde Makarts entstammen mochten: »Ich denke dich auf einem Wagen, / Auf einem Thron mit stillem Sinn, / Von wild'sten Pferden fortgetragen, / Der Pagenliebe Königin […].« Bei dem zweiten Gedicht handelte es sich um Roths »Nervenchok«, er behandelte schonungslos das Elend durch Kriegshandlungen an Leib und Seele zerrütteter Soldaten. Das Nebeneinander der beiden Gedichte ließ die Unverträglichkeit des Gleichzeitigen grell hervortreten. Ein »immerwährendes Zugleich«, das Demetz als ein Merkmal der Stadt bezeichnet hat,[42] lässt sich auch am Wesen der Zeitung festmachen.

Ein nur unvollständig überliefertes und fast unbekannt gebliebenes Erzählvorhaben Roths erinnert an seinen Besuch

41 Siehe Roths Artikel »Eine Revue und ein Prager«, S. 255ff.
42 P. Demetz, Nachwort zu J. Urzidil, »Prager Triptychon«, Salzburg und Wien 1997, S. 226.

in Prag im Herbst 1918: *Die Geschichte des Heimkehrers Heinrich P.* Das Typoskript umfasst nur wenige Seiten.[43] Ein Ich-Erzähler berichtet von einem Freund, den er im Krieg kennengelernt hat und dessen »so merkwürdiges, so heiter-tragisches, so gewollt-ungewolltes Schicksal« er mit keinem anderen zu vergleichen weiß. Unerwartetes stünde ihm auch gewiss noch bevor, weshalb sein Familienname sorgfältig verschwiegen bleiben müsse. Nach dieser vielversprechenden Vorstellung beginnt die eigentliche Erzählung: Unverletzt in seine Heimatstadt Brünn zurückgekehrt, erlebt P. dort die ersten Tage der Revolution. »Aus einem Offizier der österreichischen Armee war er durch den Zusammenbruch der Monarchie plötzlich ein ziviler Staatsbürger des neuen tschechischen Staates geworden.« Er fühlt sich gedrängt, aufzuschreiben, was er erlebt hat, darüber hinaus aber fühlt er sich durch das politische Geschehen eher gehemmt, in einer wie immer gearteten Weise zu handeln. Das Angebot in die im Entstehen begriffene tschechoslowakische Armee einzutreten (auch dort braucht man jetzt Offiziere), nimmt er ebenso wenig wahr wie eine noch andere, etwas undeutliche Offerte, dem neuen Staat zu dienen. Deutscher Patriotismus ist bei dieser Ablehnung nicht im Spiel, aber auch kein anderes übergeordnetes Engagement. P. lässt sich auszahlen und verlangt »eine Marschroute nach Prag«. Er hat den Entschluss gefasst, »sein tägliches Brot mit der Schriftstellerei« zu verdienen.

Noch ist P. seiner Begabung nicht sicher. In Prag sucht er den Rektor seines Gymnasiums auf, »der für das Stadtblatt Theaterkritiken zu schreiben pflegte«, und erhält von diesem »eine Empfehlung an die Redaktion des Tagblatts«. Dort liefert er die Niederschrift seiner Revolutionserlebnis-

43 Die Roth-Ausgabe verzeichnet dieses unbetitelte Fragment nach den Eingangsworten »Immer seltener werden in dieser Welt … « IV, 49-53.

se ab, der Artikel erscheint am nächsten Tag. P. bleibt nicht in Prag, er zieht weiter in die Schweiz, nach dem *Tagblatt* öffnen ihm nun noch andere Zeitungen die Türen. Zum Leben reichen seine Honorare allerdings nicht. Da ist es ihm hochwillkommen, dass ein Kriegskamerad, der in Berlin reich geheiratet und eine einträgliche Stelle gefunden hat, durch einen seiner Artikel auf ihn aufmerksam geworden, ihn einlädt zu einer Reise nach Marseille. Damit bricht das Manuskript ab.

Die wenigen Seiten des undatierten Bruchstücks lassen noch nicht erkennen, wie diese Geschichte weitergehen sollte. Vielleicht wusste Roth es selbst nicht, aber einige für seine Stoffwelt charakteristische Ansätze sind erkennbar, nicht minder die ihnen zugrunde liegenden persönlichen Erfahrungen, die in seiner Phantasie Fortsetzung fanden. Zuallererst das Heimkehrermotiv, das für seine frühen Romane so wichtig werden sollte, für den Protagonisten verbunden mit dem Dienstgrad eines Offiziers, der ein besonderes Treueverhältnis zum Monarchen und seinem Staat begründete. Ferner die Hinwendung zum Journalismus als Brotberuf, die Anerkennung von P.s Begabung durch einen akademischen Lehrer, sein Erscheinen im *Tagblatt*, das ihn unverzüglich druckt – kein simples Poetenlatein, wir befinden uns eben in Prag! Demetz berichtet von Sonntagsausflügen eines Familienangehörigen, der bei jeder Partie ein expressionistisches Gedicht verfasste, das man am folgenden Dienstag in der Zeitung lesen konnte.[44]

Wer hinter »P.« steckt, ist nicht schwer zu erraten. Es fehlt dem vom Erzähler seinem ›Helden‹ umgehängte Inkognito, das unbedingt gewahrt werden soll, eigentlich nur das Bekenntnis: »Meinen Namen werdet ihr nie erfahren, ich bin der Kaiser Joseph.« Aber ganz zuletzt »Marseille«,

44 P. Demetz, Nachwort zu J. Urzidil, »Prager Triptychon«, Salzburg und Wien 1997, S. 221.

dieses unauffällig benannte Reiseziel, dahinter verbirgt sich intensive Sehnsucht. Kennengelernt hat Roth die Stadt zuerst 1924 (und hat fasziniert über sie geschrieben),[45] ist auch mehrmals zurückgekehrt. Es ist dieselbe Sehnsucht, die auch aus seinem zu Lebzeiten ebenfalls ungedruckt gebliebenen, ungleich bedeutenderen Text *Die weißen Städte* spricht und aus seiner Sehnsucht nach Paris. Die große Hafenstadt am Mittelmeer, er betrachtete sie wohl wie ein Tor in eine nicht näher zu bezeichnende, aber jeglicher Erfahrung geöffnete Freiheit, die Welt »jenseits, hinter dem Zaun«.[46] Auf dem Weg dorthin war Prag in seiner Erzählung gewissermaßen eine Etappe.

In den ersten Nachkriegsjahren erlaubten die Verhältnisse es Roth nicht, sich seine Reisewünsche zu erfüllen. So kehrte er zuächst nach Wien zurück, wo er im April 1919 ein erstes Mal als Journalist eine geregelte Tätigkeit fand. Als *Der Neue Tag* ein Jahr später wegen Unrentabilität eingestellt wurde, suchte er sein Glück in Berlin. Diese Phase währte bis Mitte 1923, nun konnte er sich wegen der fortschreitenden Inflation vorübergehend dort nicht länger behaupten. Ein weiteres Zwischenspiel in Wien folgte, verbunden mit wiederholten Aufenthalten in Prag.

Seine Beziehungen zum *Prager Tagblatt* hatten zwischenzeitlich nicht geruht. Die Zahl der Beiträge aus seiner Feder nahm annähernd kontinuierlich zu: Waren es 1918 ganze drei, so 1919 elf, 1920 zehn, 1921 15, 1922 18, 1923 26. Offensichtlich konnte man ihn brauchen, wenn auch das stärkere Interesse an dieser Zusammenarbeit zunächst sicherlich auf seiner Seite war. Auf die Einsendung weiterer Gedichte leistete er offenbar schon bald Verzicht. Auch die märchen-

45 Siehe S. 284-287, »Hafen von Marseille«, ferner die Artikel »Marseille« und »Im Land des ewigen Sommers« in Roth 2010, S. 80-83 u. 92-95.

46 »Die weißen Städte«, [Einleitung], Roth 2010, S. 101.

haften Elemente, die in seiner frühen Prosa dominiert hatten, verloren an Bedeutung. Die Stimmungsbilder, die er aus Wien sandte, lassen ihn hingegen, unabhängig davon, ob es sich um Alltagsbegebenheiten oder um charakteristische, kritisch verstandene Zeitvorgänge handelt, schon sehr bald als den ebenso genauen wie phantasievollen Beobachter erkennen, der in ihm steckte. Er fiel auf, obgleich man sonst wenig von ihm wusste, begegnete man ihm mit Sympathie. In Ludwig Oldens Nachruf »In memoriam Joseph Roth«, ist er der »abgerüstete junge Offizier, der, ebenso stolz wie sichtbar arm, manchmal abends erschien, von Tschuppik, dem Chef vom Dienst mit großem Respekt empfangen, und kleine Artikel, prägnante kurze Schilderungen des Wiener Alltags brachte«.[47] Karl Tschuppik war inzwischen nach Wien umgezogen und stand dort einige Monate der Redaktion des *Neuen Tags* vor. Es war der Anfang einer Freundschaft, die bis zu Tschuppiks Tod, 1937, währen sollte. Von Roths (und auch Tschuppiks) späterer, um Verständnis werbender, melancholischer Sympathie für das einstige Kaiserreich lassen seine damaligen Artikel noch nichts spüren. Im Gegenteil: Die aristokratische Führungsschicht, das Herrscherhaus eingeschlossen, aber auch die unfähigen Generale und servilen Professoren verfallen einem scharfzüngigen Verriss. Aber in der allerorten spürbaren Not der Nachkriegsjahre, die schwer auf Wien lastete, war für eine solche Rückbesinnung ja auch nirgendwo sonst Raum.

Nachdem Roth am 1. Juni 1920 nach Berlin übersiedelt war und dort schon bald für verschiedene Blätter zu arbeiten begonnen hatte, verstärkte sich vorübergehend noch der kämpferisch-soziale Zug seines Frühwerks. Auch in dem, was davon in Prag zum Abdruck gelangte, ist das spürbar, aber doch abgemildert, wie es eben mit dem Geist des *Prager*

47 L. Olden, »In memoriam Joseph Roth«; DNTB, 3.6.1939, S. 545, zit. Bronsen 1974, S. 200 und Briefe 1970, S. 613.

*Tagblatts* vereinbar war. Kennzeichnend für den Journalisten Roth wurde ja auch ein anderes innenpolitisches Kampffeld, das freilich mit den sozialen Problemen zusammenhing: Seine frühe Aufmerksamkeit für die Gefahr, die der deutschen Republik von rechts erwuchs, damit verbunden die durch nichts zu verunsichernde Ablehnung Hitlers und seiner Partei.

### *Prag und die »Juden aus dem alten Österreich«*

Am 2. Juni 1922 erschien im *Prager Tagblatt* ein nicht namentlich gezeichneter Artikel »Prag als Literaturstadt«.[48] Er ist offensichtlich in der Redaktion entstanden, denn er setzt Vorarbeiten voraus, die nur von dieser selbst in die Wege geleitet werden konnten. Der oder die Verfasser – von »wir« und »uns« ist die Rede – treiben mit ihrem Thema zunächst ein wenig Schabernack. Es sei das nicht so ganz richtig, selbst wenn man Brünn und Olmütz usw. zu Prag rechne, dass, wie gelegentlich behauptet werde, die ganze deutsche Literatur aus Prag stamme, denn schließlich seien Hauptmann, die Brüder Mann, Stefan George, Trakl, die Lasker-Schüler und andere Sterne am Literaturhimmel der neuen Zeit keineswegs tschechoslowakische Deutsche. Dennoch: Rilke, Werfel, Kornfeld, Ernst Weiß, Brod, Franz Leppin, Rudolf Fuchs seien es, andere, wie Meyrink, seien es fast; und zu einer Zeit, wo noch das Café Arco in Blüte gestanden habe, hätte der selige Oberkellner Pošta wohl glauben können, er halte mit seinen Krediten tatsächlich die

48 »Prag als Literaturstadt«. In PT, 2.6.1922, S. 6, Rubrik »Bühne und Kunst«. Siehe auch Margarita Pazi, Fünf Autoren des Prager Kreises. Frankfurt am Main u.a.1978, S. 38ff., die auf das Erscheinen der Rundfrage auch in der »Deutschen Zeitung Bohemia« (DZB) hinweist.

ganze deutsche Literatur aus.[49] Seither aber sei es sehr still geworden. Die nächtlichen Dispute – soweit sie nicht Max Brod mit einem Zugereisten fortführe – seien verstummt.

Nun geht es ernstlich zur Sache. Es handelt sich um Fragebriefe, die man an Autoren gesandt hat, die Prag verlassen haben, viele sind weggegangen. Ernst Weiß, Paul Kornfeld und Gustav Meyrink werden mit ihren Antworten zitiert, von Rilke und Werfel wird nur gesagt, dass ihre Gründe privater Natur gewesen seien. Es folgt das als unabweisbar empfundene Resümee: »Bleibt nur ein Häuflein Unentwegter, das die Tradition hütet. Es wird immer kleiner und eine neue Generation von der Klasse der früheren scheint nicht heranzuwachsen.«

Am folgenden Tag, dem 3. Juni, erschien unter demselben Titel noch ein Nachtrag. Ein Brief von Werfel war verspätet eingegangen, in dem er mitteilte, dass er Prag 1911 als Zweiundzwanzigjähriger endgültig verlassen habe. »Für den Nichttschechen, so scheint es mir, hat diese Stadt keine Wirklichkeit.«[50] Die Redaktion kommentierte den Brief nicht.

Es sind Probleme der Verständigung in der sprachlich zweigeteilten Stadt, aber auch der Nachkriegszeit, die als Gründe für den Wegzug genannt werden: nationale Zwistigkeiten, ein echter Kreativität abträgliches Moment von Unnatur und intellektueller Überhitzung in der deutschen

49 Die »Arconauten« – wie Karl Kraus sie spöttisch nannte – waren oftmals sehr junge, noch ungefestigte poetische Talente, darunter auch Absolventen des Stefansgymnasiums, die begreiflicherweise nur über wenig Taschengeld verfügten. Abrechnen musste aber auch Franz Werfel allmonatlich mit Pošta. Da ging es um die zahlreichen Literaturzeitschriften, die dieser im Auftrag Werfels für das Café zu bestellen hatte. (F. S. Jungk, Franz Werfel. Eine Lebensgeschichte. Frankfurt/M. 1987, S. 39.) Vom mannigfaltig beanspruchten Oberkellner Pošta erzählt auch Johannes Urzidil in »Die verlorene Geliebte«, München, Wien 1956, S. 194ff.

50 PT, 3.6.1922, S. 6.

Kulturszene, wirtschaftliche Probleme, als noch unbewältigte Folge der neuen Grenzziehungen. Der aus Brünn gebürtige Ernst Weiß liebt Prag, von dessen Atmosphäre er sich gefördert fühlt und wo er treue Freunde gefunden hat, aber ohne einen Brotberuf könne ein deutscher Autor in der Tschechoslowakei nicht leben, der Markt für seine Bücher ist zu klein. Suche er sich aber einen Verlag in Deutschland, so reichen die Honorare des Wechselkurses wegen auch nicht aus. Die Reichsmark ist schwach, die Krone stark. Mit dem unfreiwilligen Mut des echten Künstlers fügt Weiß hinzu, selbstverständlich sei, ob man von seinen Büchern leben könne, zuletzt eine nachrangige Frage. Den Ausschlag gibt für ihn, dass er zu alt sei, um Tschechisch zu lernen, wenn er seine Mitmenschen nicht verstehen könne, ginge es nicht.

Der Artikel enthält keine systematische Analyse. Unklar bleibt etwa, wie viele Autoren überhaupt befragt wurden und wie viele antworteten. Die etwas unprofessionell anmutende Vorgehensweise passt recht gut zu dem, was Max Brod in seinem Roman *Rebellische Herzen* – später unter dem Titel *Prager Tagblatt. Roman einer Redaktion*[51] – und Friedrich Torberg in seinen barocken Erinnerungen *Die Tante Jolesch*[52] zum Arbeitsstil dieser Redaktion mitgeteilt haben. Was sie in Druck gibt, weckt Vertrauen und ist lesenswert, aber dargeboten wird es mit leichter Hand, einer unangestrengten, fast lässigen Gebärde. Wer im *Prager Tagblatt* schreibt, weiß, dass er sich nicht nur für das dortige Publikum äußert. Seine Plattform ist eine überregionale Zeitung im besten Sinn, bodenständig, jedoch ohne allen

51 M. Brod, »Rebellische Herzen«, Roman. Frankfurt am Main 1957; »Prager Tagblatt. Roman einer Redaktion« (Taschenbuchausgabe) 1968. Siehe auch Brods Autobiographie »Streitbares Leben«, München 1960.

52 F. Torberg, »Die Tante Jolesch oder Der Untergang des Abendlands in Anekdoten.« München 1975.

Provinzialismus und ohne Pedanterie. Zur Liberalität dieser Zeitung gehört auch eine gewisse Ungezwungenheit der Vorgehensweise, die man sich nicht nehmen lässt.

Wie »Prag als Literaturstadt« die Situation aus dem Blickwinkel von 1922 beschreibt, mochte auch der junge Journalist Joseph Roth sie wahrnehmen, einer der vorübergehend »Zugereisten«, von denen in dem Artikel die Rede war. Roths ›Begegnung‹ mit Prag ist in erster Linie eine politische gewesen; eine literarische am ehesten da, wo sich die Literatur, gegenwartsbezogen, mit der Politik berührt. Was er über Prager Autoren schrieb, fand nur zum kleineren Teil den Weg ins *Prager Tagblatt*, ist aber selbstverständlich auch durch seine Prager Erfahrungen, nicht zuletzt durch persönliche Kontakte mitbestimmt. An Berührungen mit Prager Autoren und ihren Werken fehlte es auch in Deutschland nicht, und nichts schien natürlicher. Der gesamte deutsche Sprachraum war ihre gemeinsame Basis. Aber Roths Aufmerksamkeit für Pragerisches war geweckt, er registriert es, wenn ihm auf der Bühne das Stück eines Pragers oder Prager Schauspieler begegnen.[53] Es hieße zu viel erwarten, wollte man bei ihm nach einer Zusammenfassung dieser Eindrücke, etwa im Sinne eines Begriffs wie »Prager deutsche Dichtung« und deren spezielle Problematik suchen. Wie die Rundfrage zeigt, war man auch vor Ort noch durchaus damit beschäftigt, über sich selbst nachzudenken. Keinen Anteil hatte an allen diesen Überlegungen freilich das, was später wirklich geschah: Verfolgung, Tod und Vertreibung aus »rassischen« und »völkischen« Gründen, das unwiderrufliche Ende, das in der Folge auch die Erinnerungen veränderte.

Faszinierend, für manche auch lähmend, hat die Stadt an der Moldau auf Ungezählte gewirkt. Wer sie von Jugend auf kannte und dennoch eines Tages verlassen musste, trug ihr

53 Siehe S. 258, »Eine Revue und ein Prager«.

Bild mit sich fort. Aber sie konnte bei einer Wiederbegegnung auch enttäuschen, sie war noch nicht die »verlorene Geliebte«, wie sie Jahrzehnte später in Johannes Urzidils Erzählung Gestalt gewann.[54] Am stärksten wirkte ihr Zauber wohl in der nahen böhmischen Provinz. Ihr Mythos hatte allerdings auch unheroische Aspekte, gerade die ›Boheme‹ ließ ihn für bürgerliche Familien dort Gefahren wittern, redselige Großväter kannten Beispiele. Dann geriet nicht eine Geliebte in Verlust (das wäre wohl noch zu ertragen gewesen), stattdessen ein hoffnungsvoller Sohn. Erwartungsfroh zog es den Maturanten hin zu der berühmten Prager Alma Mater, sein Studienfleiß (Bologna war noch nicht erfunden) wollte nicht enden, zuweilen kehrte einer leichter aus Amerika zu den heimatlichen Randgebirgen zurück als aus der »Goldenen Stadt«.

Wahrscheinlich sind Roth von Prager Autoren zuerst Rilke und Werfel mit Gedichten bekannt geworden. Da er selbst Gedichte schrieb, mussten sie ihn besonders interessieren, und vielleicht war es für seinen Entschluss, eigene Verse an das *Prager Tagblatt* einzusenden, sogar mitbestimmend, dass die böhmische Hauptstadt sich mit einem Male, und in so Aufsehen erregender Weise als literarische Pflanzstätte erwies. Anklänge an beide Dichter sind denn auch in Roths Gedichten wahrgenommen worden,[55] da er als Lyriker schon bald verstummte, bleibt dies freilich nur von antiquarischem Interesse. Über Rilkes *Marien-Leben* (1913) hat er sich in einem zu seinen Lebzeiten ungedruckt gebliebe-

54 Johannes Urzidil, Die verlorene Geliebte. München, Wien 1956. Es handelt sich um elf autobiographisch grundierte, aber sorgfältig komponierte Erzählungen, die Verlusterfahrungen unterschiedlichen Charakters aus Kindheit und Jugend des Erzählers behandeln – stets vor dem Hintergrund der verlorenen Heimat(stadt).

55 Sültemeyer 1976, S. 27.

nen Manuskript drastisch geäußert: Die Handschrift lässt auf seine Studentenzeit schließen, wozu auch das Erscheinungsjahr der kleinen Dichtung passen würde: »Wenn in deutschen Landen die Sitte bestände, einem Dichter für jeden schlechten Vers eine Ohrfeige zu versetzen [...]« beginnt der Text. Die Rede ist aber auch von Rilkes »schlichten, innigen Liedern, die er uns bei seinem ersten Auftreten vorsang«, und damit kann zuallererst nur *Larenopfer* (1896) gemeint sein mit seinen zahlreichen Erinnerungen an Prager Örtlichkeiten (»im Sinne eines poetischen Fremdenführers«, W. Leppmann), historische und folkloristische Vorgänge bis hin zu dem einfachen Vierzeiler: »Mich rührt so sehr / böhmischen Volkes Weise, / schleicht sie ins Herz sich leise, / macht sie es schwer.« Es waren nicht zuletzt die slawischen Kinderfrauen, von denen die deutschen Dichter Ostmitteleuropas zehrten.

Über den Erzähler Ernst Weiß, dessen Rang er sogleich erkannte, hatte Roth 1921 anlässlich einer Lesung aus *Franta Slin* im Rowohlt-Verlag ein erstes Mal im *Berliner Börsen-Courier* berichtet: »Die unerbittliche Konsequenz dieses unerbittlichen Kriegsgeschicks mit der grausamen Genauigkeit nüchterner Tatsachensprache verfolgt und verzeichnet zu haben, ist ein unschätzbares Verdienst eines überaus schätzenswerten Dichters.«[56] 1928 folgte in der »Frankfurter Zeitung« die Besprechung des Romans *Boetius von Orlamünde*, wiederum voll hohen Lobs, besonders von Weiß' Sprache; aus dem Munde Roths also ein höchstes Lob: »Man kennt die klare, gewissenhafte, reiche und genaue Sprache von *Ernst Weiß*. In diesem Buch ist sie auch noch behutsam und bedächtig, an manchen Stellen verhalten, schamhaft fast, schön, stark und schüchtern, wie der junge Boetius selbst, der sie schreibt.«[57] Inzwischen hatte Weiß Roths Ro-

56 »Franta Slin«, BBC, 12.5.1921 (I, 557f.).
57 »Boetius von Orlamünde«, FZ, 25.11.1928 (II, 999f.).

mane *Hotel Savoy* und *Die Rebellion* sehr anerkennend rezensiert.[58]

Beide Autoren sind in den zwanziger Jahren auch persönlich miteinander bekannt geworden, ein engeres persönliches Verhältnis ergab sich jedoch trotz ihrer Übereinstimmung in künstlerischen Fragen nicht. Gegenüber Pierre Bertaux äußerte Roth sich damals: »*Ernst Weiß*, von dem Sie schreiben, ist eher eine Erscheinung typique, wenn Sie Prag und die Juden aus dem alten Österreich besser kennen würden. Er ist ein Mensch aus dem Ghetto.«[59] In den Exiljahren kreuzten sich ihre Wege in Paris. Weiß, der von Beruf Mediziner war, hat Roths Vorbehalte gespürt, denn nach dessen Tod schrieb er an Stefan Zweig: »Es hat mir immer sehr leid getan, daß der arme Roth meine Freundschaft von sich gewiesen hat, ich schwieg ja, sooft wir zusammen waren, still, aber er muß aus meinem Blick herausgelesen haben, wie bitter es mir war, – schon als einem Arzt, – zu sehen, wie er gegen sich gewütet hat, genau so wie Sie es sagen.«[60] Weiß nahm sich am Tage des deutschen Einzugs in Paris das Leben. Als Künstler hat Roth ihn wie keinen anderen seiner Prager Bekannten respektiert. – Gustav Meyrink findet bei Roth nur mehr oder weniger konventionelle, der expressionistische Dramatiker Paul Kornfeld keine Erwähnung. Roth hat in Berlin nicht selten Theaterrezensionen geschrieben – im *Prager Tagblatt* erschienen Besprechungen aus seiner Feder gehäuft im Herbst 1924 – doch handelte es sich dabei wohl überwiegend um Auftragsarbeiten.

58 Die Besprechung erschien u. d. T. »Die Jugend im Roman« (BBC, 4.1.1925, siehe Briefe 2011, S. 567).
59 An P. Bertaux, 7.3.1929 (Briefe 1970, S. 148).
60 E. Weiß an S. Zweig, 31.5.1939 (Briefe 2011, S. 565). Der Anhang des Briefwechsels Roths mit Stefan Zweig verzeichnet noch weitere Äußerungen über Roth aus der Korrespondenz der beiden Autoren.

## *Prager Zeitungen.*
## *Thomaš Masaryk und das »Prager Tagblatt«*

Als Roth zu veröffentlichen begann, gab es in Prag zwei deutsche Zeitungen, deren überregionales Renommee ihn locken konnte. Die ältere war die 1827 gegründete *Bohemia*, die jüngere das *Prager Tagblatt*, das seit 1875 herauskam. Als eine dritte Zeitung von vergleichbarem Rang trat 1921 noch die von der Regierung subventionierte *Prager Presse* hinzu, die allerdings an die Auflagenhöhe der beiden anderen Blätter nicht heranreichte.

Die *Bohemia* (nach 1919 firmierte sie als *Deutsche Zeitung Bohemia*) war die Zeitung des nationalliberalen deutschen Bürgertums, ihre ablehnende Haltung gegenüber allen politischen und kulturellen Einflüssen von tschechischer Seite unübersehbar. An ihrer biedermeierlichen Wiege – »Unterhaltungsblätter für die gebildeten Stände« lautete damals der Untertitel – war ihr das garstige politische Lied nicht gesungen worden. Eine belletristische Wochenschrift zunächst, wurde sie 1848 eine großbürgerlich-liberale Tageszeitung, im Sprachenstreit der neunziger Jahre nahm sie entschieden Partei. Auf der Gegenseite empfand man sie als antitschechisch.

Bestrebungen nach mehr Selbstbestimmung, wenn nicht nach einer den ethnischen Gegebenheiten entsprechenden Neugliederung des Reiches gab es vielerorts im multinationalen Österreich-Ungarn. Nirgendwo wurde diese Auseinandersetzung mit größerer Heftigkeit ausgetragen als in Böhmen, dem wirtschaftlich führenden und reichsten Kronland der cisleithanischen (= österreichischen) Reichshälfte. Seit 1867 war der Staat in der komplizierten Form einer Doppelmonarchie verfasst, die zwei seiner Nationen staatsrechtlich einen Vorsprung sicherte, von dem besonders die Ungarn nicht lassen, mit dem die slawischen Völker aber sich nicht abfinden mochten. In Mähren gelang ein »Ausgleich« schließlich doch. Das lag wohl an der milderen Landesnatur, die überall Spuren hinterließ und auch die Menschen versöhnlicher stimmte. Im benachbarten Böhmen verband sich der aktuelle Konflikt mit jahrhundertealten, glanz-, aber auch leidvollen Erinnerungen. Kein Zweifel, die Renaissance der tschechischen Kulturnation war ein eindrucksvolles Phänomen und keineswegs notwendig antideutsch. Vielfach waren es deutsche Gelehrte, die ihr den Weg gebahnt hatten. »Sie sind unsere Lehrer!«, wusste Masaryk und sprach es auch aus. Das zahlenmäßig kleine, aber sehr vermögende deutsche Bürgertum in Prag war an seine Vorrangstellung gewöhnt und schloss sich gegen das nationaltschechische Element ab. Die *Bohemia* nahm diese Abwehrhaltung in die tschechisch dominierte Republik mit. Bereits 1919 wurde ihr Erscheinen durch die Behörden für ein Vierteljahr eingestellt. Dann meldete sie sich zurück und vertrat ihre Anliegen noch zwei Jahrzehnte, bis sie sich zuletzt in einer Weise erfüllten, die keinem Einsichtigen gefallen konnte. Nicht wenige ihrer Redakteure waren Juden, wie etwa Ludwig Winder, der zu Max Brods engstem »Prager Kreis« gehörte. Ihnen blieb nur die rechtzeitige Flucht, enden sollte ihr Exil auch 1945 nicht.

Das *Prager Tagblatt* war aus noch bescheideneren Anfängen hervorgegangen (*Mercys Anzeiger*, der hauptsächlich Annoncen publizierte). Mit der *Bohemia* konkurrierend, entwickelte die Redaktion ebenfalls ein qualitätvolles Feuilleton, das sich aber tschechischen Kulturelementen gegenüber aufgeschlossen zeigte. »Politische Information [...] unter Vermeidung nationaler Polemik« hatte bereits Heinrich Mercy, der erste Besitzer der Zeitung, einer »Wohllöbl. K. K. Polizeidirektion« in seinem Ersuchen um Druckerlaubnis in Aussicht gestellt.[61] Das gelang offenbar so

61 Doležal 2004, S. 45.

glaubwürdig, dass das *Prager Tagblatt* zeitweise auch zur meistgelesenen Zeitung des tschechischen Publikums wurde, denn das tschechische Pressewesen lag noch weit zurück. Eine besonders wichtige Zielgruppe bildet das jüdische Publikum, und zwar gleichgültig, ob es mehr dem Tschechentum oder dem Deutschtum zuneigte. Ein Scherz berichtet von einem *Tagblatt*-Redakteur, der bekannt habe, niemand trauere mehr als er, wenn ein jüdischer Böhme sterbe, denn dann sei ein Abonnent gestorben; umgekehrt freue sich niemand mehr als er über eine jüdische Hochzeit. Sie war gleichbedeutend mit einem Abonnement.

Das Feuilleton des *Prager Tagblatts* gewann erst nach 1900 Bedeutung. Das war das Verdienst zweier aufeinanderfolgender Chefredakteure, zunächst Heinrich Teweles, dann Karl Tschuppik. Hingegen war es schon früh für die Zuverlässigkeit seines Nachrichtenteils bekannt, an dem sich Handel und Gewerbe orientieren konnten. Für das *Prager Tagblatt* war es ein Vorteil, dass es bevorzugt eine Wirtschaftszeitung war und auch als eine solche geschätzt wurde; man erwartete von ihm keine politische Parteilichkeit. Überparteilich blieb es ja auch noch in den zwei Jahrzehnten der Republik: Sein Verhältnis zu Staat und Regierung war uneingeschränkt loyal (und das war unter den gegebenen Umständen freilich Parteinahme genug), aber darüber hinaus gab es keine Bevorzugung. Auch dem Staat gegenüber behauptete es seine Unabhängigkeit, was sich schon daran zeigt, dass die Prager Regierung, als sie für die Bedienung ihrer Interessen ein eigenes Sprachrohr suchte, eine Neugründung anregen musste, die sie fortan als offiziöses Regierungsorgan subventionierte: die *Prager Presse.*

Die Zeitungen konkurrierten wie die Meinungen, die sie vertraten, was nicht ausschloss, dass sich diese Meinungen auch änderten und die Multiplikatoren samt ihren Instrumenten mit ihnen. Zeitungen bleiben Zeitungen, und so ist, wie Fontane einst die klagende Einsicht eines der Regierung nahestehenden Schulmanns überlieferte, »auch das konservativste Blatt immer noch mehr Blatt als konservativ«. Zwischen den Redakteuren, von denen der eine oder andere überdies mehr durch Zufall beruflich in ein politisches Lager geraten war, in das er gerade nicht gehörte, gab es ›grenzüberschreitende‹ Beziehungen, kollegialen Austausch und echte Freundschaft, wie das Beispiel Kisch – Roth bereits gezeigt hat.

Es ist anzunehmen, dass das *Prager Tagblatt* von Anfang an Roths Wahl war, als er zwischen dieser Zeitung und der *Bohemia* zu wählen hatte. Die Geschichte der beiden Blätter wird ihn dabei sehr viel weniger wichtig gewesen sein als ihr aktuelles Erscheinungsbild. Das *Prager Tagblatt* kannte er überdies vermutlich schon aus Lemberg, sein vermögender Onkel Siegmund Grübel und noch andere Verwandte waren Geschäftsleute (Die Grübels handelten auch mit Hopfen, den bekamen sie nirgends in besserer Qualität als in dem dafür berühmten böhmischen Saaz.) In der *Bohemia* erschienen erst 1938, offenbar ohne sein Zutun durch eine Agentur vermittelt, einige Nachdrucke älterer Arbeiten Roths. Zu den Redakteuren der *Prager Presse* hatte er Kontakte, er wurde dort auch rezensiert, 1935 erschien ein Kapitel aus seinem Napoleon-Roman *Die hundert Tage* als Leseprobe; journalistische Beiträge hingegen nicht. (Sie sind, nach allem, was bisher bekannt wurde, auch in anderen Prager Zeitungen spärlich: im *Prager Mittag*, in der *Prager Abendzeitung*, im *Sozialdemokrat* und in dem Wochenblatt *Die Wahrheit*.) Sicher ist, dass nach seinen politischen Grundanschauungen, wie die Zukunft noch erweisen sollte, sein Platz beim *Prager Tagblatt* war.

Nachdem die Pariser Friedensverträge die Grenzen des neuen Staates festgeschrieben hatten, setzte sich das *Prager Tag-*

*blatt* mit den verfügbaren publizistischen Mitteln engagiert für die Verständigung zwischen Tschechen und Deutschen ein. Die Hoffnung auf eine »zweite Schweiz«, wie sie in den Reden einiger Politiker aufklang, bedurfte eines konstruktiven Miteinanders, für das sie in zahlreichen eigenen Beiträgen warb, aber auch indem sie ihre Spalten öffnete für hochrangige Mitglieder der Regierung und Mitglieder deutscher Parteien, die grundsätzlich zur Zusammenarbeit bereit waren. Diese aus der Geschichte der ČSR als »deutscher Aktivismus« bekannte politische Richtung feierte nach den Parlamentswahlen von 1925 einen ersten Erfolg. Zwei deutsche Minister traten in die zu bildende Koalitionsregierung ein.

Der Aktivismus, ein Weg zur Normalität, behauptete sich einige Jahre, dann erlitt er durch die Wirtschaftskrise der frühen dreißiger Jahre, die vor allem in den industrialisierten Randgebieten Böhmens viele Familien in Not stürzte, einen schweren Rückschlag. Es war die Stunde Konrad Henleins, der die von ihm geführte Sudetendeutsche Partei zur stärksten Partei der Republik machte. Das *Prager Tagblatt,* das fortan den sich formierenden *Jung-Aktivismus* unterstützte, kommentierte den Wahlausgang: »Henlein hat keine bürgerliche ›liberale‹ Vergangenheit zu tragen – die der schwerste Makel ist, den man heute jemandem anfechten kann –, die Agitation seiner Anhänger wurde unterstützt durch die schwere wirtschaftliche Not des tschechoslowakischen Deutschtums, durch die zahlreichen Fehler und Unterlassungen der tschechischen Politik gegenüber den Sudetendeutschen, durch den inneren Prozeß, der sich seit einigen Jahren im gesamten Deutschtum vollzieht.«[62] Zwei Jahre später, 1937, ging Henlein auf ›Anschluss‹-Kurs.

Als die Unterzeichnung des Münchner Abkommens bekannt wurde, berichtete das *Prager Tagblatt:* »Die Tsche-

62 *Prager Tagblatt*, 21.5.1935, zit. Doležal 2004, S. 76f.

choslowakei erlebt ihre schwersten Tage, das tschechische Volk durchschreitet eine der tragischsten Epochen seiner Geschichte. […] Der Republik blieb nichts übrig, als sich diesem Diktat zu beugen. […] In den Straßen der tschechoslowakischen Städte sah man gestern weinende Menschen. Sie brauchen sich ihrer Tränen nicht zu schämen. […] Tausendmal haben die Tschechen bewiesen, daß sie die Hingabe des Lebens nicht scheuen, um nationale Güter zu retten, die bei der Nation von Komensky und Masaryk, nicht nur materielle, sondern vor allem auch sittliche Güter, die Werte der Freiheit und Humanität sind.«[63]

Masaryk ist die Erfahrung erspart geblieben, dass sein Lebenswerk in der von ihm angestrebten Form gescheitert war. Er starb 1937, zwei Jahre nachdem er aus gesundheitlichen Gründen auf die Fortführung des Präsidentenamtes verzichtet hatte. Unter den Staatsoberhäuptern im (östlichen) Mitteleuropa der Zwischenkriegszeit war er durch Beruf und Lebensgeschichte ein absoluter Solitär. Die andern waren Militärs in höheren und höchsten Dienstrangen. Der Zusammenbruch der drei Kaiserreiche hatte für die betroffenen Territorien auch das Ende der jahrhundertealten monarchischen Ordnung bedeutet, eine tiefe Erschütterung des Lebensgefühls, den Ausbruch reaktionärer Gewalt und ein Bedürfnis nach neuer stabiler Ordnung. In Deutschland war der greise Feldmarschall von Hindenburg vom Volk direkt gewählt worden. In Budapest residierte ein Admiral (einen Zugang zum Meer besaß Ungarn freilich nicht mehr) als Reichsverweser. In Polen hatte Marschall Pilsudski alle Macht an sich gezogen. In der Tschechoslowakei hatte man einen früheren Professor für Soziologie zum ersten Präsidenten gewählt, einen Mann, der auch als Politiker Geschichte geschrieben hatte, seinem eigentlichen Wesen nach

63 *Prager Tagblatt*, 21.10.1938, zit. Doležal 2004, S. 85f.

aber von strenger Geistigkeit und unbeugsamen Ethos war. Er war von einfachster Herkunft, der Sohn eines Kutschers auf einer kaiserlichen Domäne in Mähren.

Die Tschechen verehrten ihren alten Präsidenten, der nur drei Jahre jünger war als Hindenburg und diesen im Amt noch überdauern sollte; Respekt konnten ihm auch seine Gegner nicht versagen und fürchteten wohl auch seinen Tod als das Ende einer Ära. Seine Autorität, sein Beispiel wurden gebraucht. Der Präsident war der stärkste Garant der erhofften Verständigung gewesen, einer Nation von Bürgern zweier Völker, gleichberechtigt in einem Staat. Die wichtige Rolle, die das *Prager Tagblatt* in diesem Zusammenhang spielte, wird durch das von Doležal gesammelte Material eindrucksvoll belegt.

Roths politische Erfahrungen umfassten vor allem Niederlagen und Zusammenbrüche, die ihm aber bei vernünftiger Betrachtung als keineswegs unausweichlich erschienen, sondern die Folge von Unfähigkeit der Verantwortlichen oder die Verblendung der von ihnen regierten Massen waren. Das Nationalitätenproblem und die Situation von Minderheiten beschäftigten ihn, aber auch der aus Dilettantismus und verbrecherischer Berechnung entstandene Krieg und nach dem Krieg die Wiederkehr der alten Mächte, beispielhaft repräsentiert von einem geschlagenen Feldmarschall oder einem Admiral ohne Schiffe, der aber doch genügend Unterstützung fand, um, nunmehr auf einem Schimmel, als Sieger über die Revolution siegreich in Budapest einzuziehen. Von den Hindenburgs und Horthys erwartete Roth nichts. Wie anders Masaryk, wie anders insgesamt dieser Versuch einer – bei allen ihren Mängeln – vernunftgelenkten demokratischen Gründung mitten in einem vom Revanchismus zerrissenen Kontinent! Und welche Aus- und Umwege blieben noch, wenn auch diese »Hoffnung Europas« dem andrängenden Faschismus erliegen würde?

Als Roth sich Ende der zwanziger Jahre zunächst in feuilletonistischen Arbeiten wie »Seine k. u. k. Apostolische Majestät«, »Die k. u. k. Veteranen« oder auch »Konzert im Volksgarten« mit der Monarchie und ihren Lebensformen zu beschäftigen begann, war er mit dieser neu erwachten Sympathie durchaus kein Einzelgänger. Unverkennbar waren die Autoren, die noch im Kaiserreich aufgewachsen waren, von der kulturellen Atmosphäre »Kakaniens« geprägt, mochten sie nun aus Böhmen oder der Bukowina, aus Galizien oder Dalmatien, aus den im engeren Sinn österreichischen Ländern oder aus Wien selbst stammen. Diese Literatur besaß traditionsbildende Kraft, und glaubte man dem Bekenntnis der Autoren, hatte Österreich keine treueren Anhänger als seine ostgalizischen Juden. Hatte nicht bereits Alfred Polgar bemerkt, Deutschland und Österreich seien durch die gemeinsame Sprache getrennt? Es war Robert Musil, der in einem Kapitel seines Romans *Der Mann ohne Eigenschaften* diese Erscheinung wie beiläufig auf den Punkt gebracht hatte – nach einer vorangegangenen gleichsam märchenhaften Beschreibung des Landes »Kakanien«, die an elegischem Glanz ihresgleichen suchte. »Es ist passiert, sagte man dort, wenn andre Leute anderswo glaubten, es sei wunder was geschehen; das war ein eigenartiges, nirgendwo sonst im Deutschen oder einer andern Sprache vorkommendes Wort, in dessen Hauch Tatsachen und Schicksalsschläge so leicht wurden wie Flaumfedern und Gedanken.«[64]

Roth war ein guter Beobachter, aber weder ein Politiker noch ein Historiker, sondern ein Literat. Zuweilen lässt er seine Figuren mit krasser Unbedingtheit über Vorgänge

64 R. Musil, Der Mann ohne Eigenschaften. Erster Teil. Eine Art Einleitung. 8. Kap. Kakanien. Berlin 1930.

sprechen, die seiner persönlichen Erfahrung eigentlich fernliegen. Was er über die alte Monarchie weiß, kommt das nicht aus einer noch anderen Perspektive, als er sie haben konnte? Der rasende Zorn seines Grafen Chojnicki (*Die Kapuzinergruft*) über die politische Verblendung und verhängnisvolle Rolle der Sudetendeutschen, woher hat er das? Half ihm da auch das Urteil von Freunden, Zusammenhänge zu sehen und zu ordnen? Es ist ein Zorn, wie ihn mit gleicher Intensität 1935 sein langjähriger Freund Karl Tschuppik erhoben hat. Einige vorläufige Überlegungen (vorläufig, denn Tschuppiks journalistisches Werk ist erst zum Teil wieder der Vergessenheit entrissen), über Roths Beziehung zu Tschuppik seien an den Schluss dieses Nachworts gestellt.

Roths Freundschaft mit Karl Tschuppik war anderer Art als die mit Gefährten seiner Jugend wie Józef Wittlin oder Soma Morgenstern, die treu zu ihm hielten, die Welt aber letztlich doch mit anderen Augen sahen als er. Tschuppik war ein Freund seiner Gedanken, besser noch ein Anreger und Lehrer seiner Gedanken. Stefan Zweig hat anlässlich Tschuppiks Tod an Roth geschrieben oder auf andere Weise teilnehmende Worte nach Ostende übermitteln lassen, wo Roth sich gerade befand. Die Antwort darauf ist erhalten geblieben, und sie ist sehr beredt: »Lieber Freund, ich danke Ihnen, daß Sie bei dieser Todesnachricht an mich gedacht haben. Tschuppik war mir aus vielen Gründen viel näher, als Sie gewußt haben, und sein Tod hat mir – mitgeteilt durch ein Telegramm einer Ztg: ›Bitten expreß Nachruf Tschuppik‹ um 7 h morgens – jegliche Kraft genommen. Ich bin vollkommen irre. Am Herzen: Angina pectoris sterben sie alle ...«[65] Der genannte Nachruf erschien in »Das neue Tage-Buch« (»An Karl Tschuppiks Grab«. 31.7.1928). Roth schrieb noch einen ausführlicheren Nachruf für den *Christ-*

65 28.7.1937 (Briefe 2011, S. 338).

*lichen Ständestaat*, auf den er Zweig aufmerksam machte (»Abschied von Karl Tschuppik«).[66] Ähnlich wie sein ebenfalls 1938 entstandener Grillparzer-Essay sind beide Nachrufe, besonders der zweite, in eminentem Maße auch Darstellung der eigenen Imagination. Tschuppik geschah dabei aber insofern kein Unrecht, als zwischen den Vorstellungen und den Reaktionsweisen Tschuppiks und Roths eben tatsächlich eine frappante Ähnlichkeit bestand. Das ist kaum verwunderlich, handelte es sich aufgrund ihres Altersunterschieds doch um ein Lehrer-Schüler-Verhältnis – nicht wenn es sich um das künstlerische Vermögen handelte, da war Roth der Stärkere, wohl aber wenn es um historische Kenntnisse und die Vertrautheit mit der Lebenswirklichkeit der Monarchie ging. Da war ihm Tschuppik wie ein älterer Bruder um entscheidende Jahre voraus und Roth offenbar ein gelehriger Zweiter. Mit Stolz berichtet Roth, Tschuppik habe ihm seine letzte Publikation, den bei Allert de Lange erschienenen Roman *Ein Sohn aus gutem Hause*, mit den Worten gewidmet: »Dem letzten Ritter meiner Welt«.[67]

Im Vorwort seiner 1928 erschienenen Biographie *Franz Joseph I. Der Untergang eines Reiches* hat der ›Sohn aus gutem Haus‹ – der gleichnamige Roman trägt autobiographische Züge – dargelegt, wie er sich verstanden wissen wollte: »Der Verfasser dieses Buches gehört jener Gattung Österreicher an, die im habsburgischen Reich ihre eigentliche Heimat hatten. Sechs Generationen seiner Familie haben dem Reich teils als Soldaten, teils als Beamte gedient. In direkter Folge: Franz Tschuppik, unter Maria Theresia Feldarzt im Heere des Reichsgrafen Ulysses von Browne, starb nach der Schlacht bei Prag 1757; Kajetan Tschuppik, 1752-1821, war Pionieroffizier in der Armee des Generals Baron de Beaulieu, die im österreichischen Italien gegen den jun-

66 2.8.1937 (Briefe 2011, S. 339).
67 III, 721-724; hier 723.

gen Bonaparte kämpfte; Franz Tschuppik, 1790-1853, Gubernialrat der böhmischen Stadthalterei. Friedrich Tschuppik, gestorben 1887, Domänendirektor der böhmischen Güter des Kaisers Ferdinand; Friedrich Tschuppik, Ingenieur der österreichischen Nordwestbahn. Der Sohn dieses Mannes, der Autor des Buchs, hat als Journalist in Prag und in Wien dreißig Jahre österreichischer Geschichte miterlebt.«[68]

Über Kindheit und Jugend des »streitbaren Bohemiens« (Amann), ist wenig bekannt. Geboren ist er 1876, nach einer verbreiteten Lesart in Mělník am Zusammenfluss von Elbe und Moldau, wobei dazu zu passen scheint, dass auch Leitmeritz eine Station in seiner Biographie bildete (wohl des Gymnasiums wegen.) Als wahrscheinlicher gilt inzwischen aber das Städtchen Hořovice (zwischen Prag und Pilsen).[69]

Er wandte sich früh dem Journalismus zu, 1898 (oder 1899) wurde er Redakteur beim *Prager Tagblatt* und 1910 mit 34 Jahren Chefredakteur dieser Zeitung. 1917 verlor er seine Stellung, offenbar weil er einer geplanten, aber nicht verwirklichten Fusion des *Tagblatts* mit der *Bohemia* im Weg stand. Er ging nach Wien, wo er an Gründungen der letzten Kriegs- und ersten Friedenszeit beteiligt war (*Der Friede* und *Der Neue Tag*), hauptsächlich aber für das *Neue Wiener Tagblatt* arbeitete. 1923 wurde er Chefredakteur der ersten Wiener Boulevardzeitung *Die Stunde*. Seine (Mit-) Verantwortung für die skrupellosen Entgleisungen dieses Blatts verstrickte ihn in eine Auseinandersetzung mit Karl Kraus, veranlasste ihn zum Rücktritt und ließ ihn 1926 Wien mit Berlin vertauschen, wo er fortan journalistisch freiberuflich arbeitete. Mit *Franz Joseph I.* begann er eine Reihe von Biographien.

68 F. Tschuppik, Franz Joseph I. Der Untergang eines Reiches. Hellerau bei Dresden 1928, S. 10.
69 Prokopp 1994, S. 8.

Bereits 1929 erschien *Elisabeth. Kaiserin von Österreich*, 1931 *Ludendorff, die Tragödie des Fachmanns*. 1934 sollte noch *Maria Theresia* folgen, aber da hatte Tschuppik Berlin Hitlers ›Machtergreifung‹ wegen schon wieder verlassen, das Werk erschien in Roths Exil-Verlag in Amsterdam. In gewisser Weise handelte es sich um eine parallele Entwicklung. Während Roth sich seit Ende der zwanziger Jahre vermehrt als Romancier verstand, verlagerte sich bei Tschuppik der Schwerpunkt der Produktivität zur Historik. Wie Roth mit *Hiob* (1930) und *Radetzkymarsch* (1932) war auch Tschuppik mit seinen kenntnisreichen, aber sehr persönlich erzählten Biographien erfolgreich, und wie dieser wurde er in gewisser Weise um den Erfolg gebracht, denn der deutsche Markt war beiden ab 1933 verschlossen. Obschon kein Jude, zog Tschuppik den Abscheu der Nazis anscheinend noch heftiger auf sich als Roth, dafür genügte wohl schon sein *Ludendorff*. Tschuppik war kein Historiker vom Fach – man ließ ihn das auch spüren –, sein Versuch einer Aufhebung der Grenzen zwischen Wissenschaft und Literatur ging »wahrscheinlich zu Lasten der Wissenschaft«,[70] aber er schrieb mit intensivem historischen Interesse und mit einem wachen Bewusstsein für die Probleme der Gegenwart. Wenn Roth in Berlin war, traf er sich mit Tschuppik und anderen Literaten offenbar regelmäßig. Nach 1933, als Tschuppik wieder in Wien lebte und mit seiner Frau im Hotel Bristol eine billige Wohnung bezogen hatte (auch er lebte, wie sein Freund, lieber im Hotel), ließ Roth keine Möglichkeit aus, ihn dort zu besuchen. Österreich und sein Verhältnis zu Deutschland wird für sie ein wiederkehrendes Thema gebildet haben. *Maria Theresia* – Roth hat das Buch rezensiert – war von Tschuppik bewusst im Hinblick auf

70 K. Amann (Hrsg.), Karl Tschuppik. Von Franz Joseph zu Adolf Hitler. Polemiken, Essays und Feuilletons. Wien u.a. 1982 (Österreich-Bibliothek. Bd. 1), S. 19.

ihre Auseinandersetzung mit Friedrich II. verfasst worden. Der Krieg Österreichs mit dem Angreifer Preußen war auch ein Krieg der Werte.[71]

Das wurde umso aktueller, je deutlicher die auf die Alpenrepublik bezüglichen aggressiven Absichten Hitlers erkennbar wurden. Roths und Tschuppiks journalistische Arbeiten dienten inzwischen fast ausschließlich dem politischen Kampf. Beide haben sich in diesem Zusammenhang nicht gescheut, um der größeren Gefahr willen, die Hitlers »Drittes Reich« für Österreich darstellte, durch ihre Mitarbeit für Blätter wie *Der christliche Ständestaat* ein Regime zu unterstützen, das selbst autoritäre, ›austrofaschistische‹ Züge trug. Für Tschuppiks geschichtliches Weltverständnis stellte sich zudem immer wieder die Frage nach den Ursachen der entstandenen Fehlentwicklung und deren maßgebende Stationen (wie etwa Königgrätz 1866). Als die Hauptschuldigen am innenpolitischen Scheitern des Kaiserreiches erkannte er die Deutschnationalen, die Sudetendeutschen spielten dabei eine herausragende Rolle. Roth folgte ihm in diesen Auffassungen in der Sache uneingeschränkt, allenfalls erscheint gelegentlich die bittere Aussage durch einen Zug von Melancholie gemildert. »Freilich sind es die Slowenen, die polnischen und russischen Galizianer, die Kaftanjuden aus Boryslaw, die Pferdehändler aus der Bacska, die Moslems aus Sarajewo, die Maronibrater aus Mostar, die ›Gott erhalte‹ singen. Aber die deutschen Studenten aus Brünn und Eger, die Zahnärzte, Apotheker, Friseurgehilfen, Kunstphotographen aus Linz, Graz, Knittelfeld, die Kröpfe aus den Alpentälern, sie alle singen ›Die Wacht am Rhein‹.«[72]

Bei alledem waren Roth und Tschuppik aber gesellige Naturen, lebhaft, auch zur Selbstironie begabt, sehr trink- und gewissermaßen auch rollenfest, Tschuppig gegebenenfalls

71 Ebd., S. 25.
72 »Die Kapuzinergruft«, 5. Kap. (VI, 235).

auch zur Derbheit fähig. Als ihm 1935 aus dem böhmischen Grenzstädtchen Asch ein kleines Satireblatt zugeschickt wurde, mit einigen harmlosen Reimereien, die seinen Zorn auf die Sudetendeutschen wie eine fixe Idee behandelten, antwortete er mit einer eher sanften Polemik, die er zusammen mit dem Gedicht in seiner Wiener Zeitung abdruckte.[73] Diese Entgegnung versah er mit der Überschrift »Man neckt uns in Asch«. In seinem Roman *Die Zwillinge von Nürnberg* beschreibt Hermann Kesten die Begegnung zweier befreundeter Literaten, von denen der eine Roth, der andere Josef Wunder heißt, aber, einiger Abweichungen unerachtet, erkennbar Karl Tschuppik nachgebildet ist. Die Szene spielt in einem Pariser Café:

> »Beide Wiener Dichter, Wunder und Roth, glichen einander bis zu einem gewissen Grad, sie hatten dieselben gelblich zerkauten Schnurrbärte, dasselbe betrunkene schwimmende Glitzern in den blauen Augen, dieselben großen Grundsätze im edlen Herzen, dasselbe gute, menschenfreundliche Lächeln und Handeln, dasselbe poetische Feuer, einen ähnlichen ätzenden Witz, die gleichen viel zu dünnen Beine in zu engen Hosen, dieselben dünnen blonden Haare, das gleiche gütige Fuchsgesicht, dieselbe trunkene Weisheit. Aber Wunder war um zwanzig Jahre älter, und das Alter hatte seine Maske so überecht gemacht, daß sie schon theatralisch wirkte. Wunder und Roth winkten einander auf dieselbe wunderhöfliche altmodische Weise zu. Und Roth stand langsam und würdevoll auf, […] begrüßte Wunder, indem er ihm eine Minute lang die Hand schüttelte, wobei beide sich verneigten und kleine formvolle Kratzfüße machten und selig lächelten […].«[74]

73 NAUB, 16.1.1923 (Roth 1994, S. 212-214).

74 H. Kesten, Die Zwillinge von Nürnberg, s. auch: Ders. »Dichter im Café«, Frankfurt u.a. 1963, S. 378f.

Das intime Einverständnis, das Roth und Tschuppik verband, beschränkte sich nicht auf Äußerlichkeiten (die vielmehr Ausdruck dieses Einverständnisses waren), sondern erwuchs aus einem übereinstimmenden Blick auf die Zeitvorgänge, wie er sich fortschreitend herausgebildet hatte. Die politischen Ereignisse hatten ihren Einsichten eine schauerliche Aktualität verliehen, sie aber paradoxerweise eher vereinsamt, als in eine Gemeinschaft Gleichgesinnter eingebunden.

## *Vom Beginn des Exils bis zum Ende des »Prager Tagblatts«*

Roths mit dem Beginn der nationalsozialistischen Herrschaft in Deutschland tiefgreifend veränderte Lebens- und Arbeitsbedingungen haben nicht, wie man vielleicht hätte erwarten können, zu einer vermehrten Zusammenarbeit mit dem *Prager Tagblatt* geführt. Da ihm in Deutschland erscheinende Zeitungen alsbald ohne Ausnahme verschlossen waren und er den Bruch mit der *Frankfurter Zeitung* sogar von sich aus beschleunigt hatte, war er künftig auf Blätter angewiesen, die außerhalb Deutschlands erschienen, und tatsächlich hat er, vor allem in Frankreich und Österreich, in den folgenden Jahren noch viel publiziert. Neu entstandene Arbeiten aus der Feder des Journalisten haben sich im *Prager Tagblatt* jedoch nicht gefunden. Zwischen 1933 bis 1937 erschienen noch einige Textproben aus neuen Buchveröffentlichungen sowie der Nachdruck eines einzigen Feuilletons aus dem Zyklus »Hotelpersonal«, der offensichtlich nicht auf einer Initiative Roths beruhte.[75] Das ist schon alles. Roth bemühte sich um die Entsendung von Rezensions-

75 Die Wiener Manuskript Vermittlung war für Roth tätig, vgl. Briefe 1991, S. 246.

exemplaren, weitere Initiativen sind nicht bekannt. Es gibt keine Anhaltspunkte für eine Verstimmung oder gar einen Konflikt. In der personellen Zusammensetzung der Redaktion hatte sich keine für Roth nachteilige Veränderung ergeben. (Die etwas verunglückte Bemerkung eines Redakteurs nach dem Erscheinen von *Der Antichrist* wußte Max Brod durch den Abdruck einer zweiten Textprobe in Verbindung mit einer geeigneten Vorbemerkung zu korrigieren.)[76] Wie lässt sich die Zurückhaltung der Zeitung, wenn man das entstandene Defizit so nennen will, verstehen?

Das lässt sich mit abschließender Sicherheit gegenwärtig nicht beantworten. Nahe liegt jedoch die Annahme, dass die Entwicklung, die Roth in Verbindung mit den Zeitumständen genommen hatte, mit den politischen und wirtschaftlichen Rücksichten, die das *Prager Tagblatt* zu nehmen hatte, auch mit dessen Stil, nicht mehr vollauf vereinbar schienen. Seit 1933 standen Roths journalistische Arbeiten fast uneingeschränkt im Dienst des politischen Kampfes, den er kompromisslos und mit schärfster Polemik führte. Die zahlreichen politischen Flüchtlinge aus Deutschland hätten eine solche Parteinahme in den Spalten der Zeitung gewiss verstanden, das Stammpublikum jedoch sicherlich nicht. Noch war man selbst nicht direkt betroffen, man hatte Zeit, abzuwarten, die politischen Konstellationen konnten sich auch wieder ändern. Geschah dies nicht oder nicht in gewünschter Weise, so musste man gegebenenfalls lernen, auch mit einer ungeliebten Zukunft zu leben. Faschistische oder halbfaschistische Regime gab es mittlerweile nicht nur in Deutschland. Probleme gab es auch in Demokratien. So, und vielleicht noch zurückhaltender, sahen es wohl auch die Besitzer der Zeitung. Sie wollten keinen Konflikt.

Noch anderes gab es, wofür Roth sich engagierte, was zur

76 Siehe die Anmerkung zu »Amerika«, S. 550 u. Anm.

Welt des *Prager Tagblatts* aber schon länger nicht so recht passen wollte. Seine tiefe Sympathie für das Ostjudentum und in Verbindung damit die harsche Kritik, die er an den assimilierten Westjuden übte. Den Zionismus erkannte er bestenfalls als eine Teillösung an. Aber assimiliert waren die jüdischen Leser und die Redaktion der Zeitung ganz überwiegend, und Zionist war wiederum nun ein Mann wie Max Brod, der maßgebliche Kulturregisseur. Von Roths großem Essay *Juden auf Wanderschaft* ist bezeichnenderweise nie die Rede, auffälliger noch, daß es auch im Anschluss an *Hiob*, seinen ersten großen Romanerfolg, weder eine Leseprobe noch eine Rezension gibt. Wieder anders die Monarchie der Habsburger, die ist für die Zeitung schon ein Thema, dem in den zwanziger Jahren reichlich Platz eingeräumt wurde (Briefveröffentlichungen, Erinnerungswerke), aber inzwischen hat man die damit verbundenen nostalgischen Elemente scheuen gelernt. Der *Radetzkymarsch* findet ungeteiltes Lob, aber das ist in bezeichnender Weise formuliert, Roth habe »den tiefsten, unaktuellsten Beitrag zu diesem Thema geschaffen, in seinem Buch spiegelt sich am reinsten und klarsten das Siechtum der Großmacht.«[77]

Je länger die NS-Herrschaft in Deutschland dauerte, desto schwerer wog das Bedenken, dass Roth in einem unversöhnlichen Gegensatz zu ihr stand. Wäre man entschlossen gewesen, den bisherigen Kurs der Zeitung unverändert fortzusetzen, so wäre dieses Bedenken ohne Bedeutung gewesen; aber ebendas war nicht der Fall. Im Oktober 1938 veröffentlichte *Die neue Weltbühne* einen Nachruf auf den nach dem Münchner Abkommen, zusammen mit seiner jungen Frau, freiwillig aus dem Leben geschiedenen, noch vergleichsweise jungen Rudolf Thomas, der erst vor kurzem in die Position des Chefredakteurs aufgerückt war. Verfas-

77 Siehe S. 460 u. Anm.

ser des Nachrufs war kein Geringerer als Berthold Viertel, unter dem Pseudonym »Parolles«.[78] Er erinnert sich zunächst an das letzte Kriegsjahr, an den April 1918, als er, von der Front zurückkehrend, für ein halbes Jahr der Redaktion der Zeitung angehört hatte. Das war dasselbe Jahr, in dem auch Roth nach Prag gekommen war, Viertel hätte ihm vielleicht noch begegnen können. Von Roth wissen wir nicht, wie sein Eindruck war, umso interessanter ist, dass Viertel eine heitere Stimmung vorfand und sich offenbar sofort wohlfühlte. »Es arbeiteten gute und vor allem gütige Leute dort und nahmen es leicht; sie liebten den prager Witz und die prager Küche, und in die ewig schöne Stadt selbst waren sie ewig verliebt.« Dann berichtet er von einem anderen Besuch in der alten Herrengasse, 1933, eine Woche nach dem Reichstagsbrand, das Haus ist von Flüchtlingen überfüllt.Auch Thomas hat das miterlebt, vielleicht war diese Erfahrung für seinen Freitod mitbestimmend. Aber »Parolles« erwägt noch einen anderen Grund, vielleicht zog Thomas »die tragische Konsequenz einer Haltung, die sich auch bei der größten Geschmeidigkeit als unhaltbar erwies? Es soll nicht verschwiegen werden, dass das *Prager Tagblatt* längst ein ausgehöhltes und erwachsenes Bollwerk – also keines mehr – jenes Liberalismus gewesen ist, der diese Welt nicht mehr verstand, bis sie ihm endgültig nicht mehr gefiel?« (»Diese Welt gefällt mir nicht mehr?«, hatten die ersten Worte von Thomas' Abschiedsbrief gelautet.) »Parolles‹« fährt fort: »Es entsprach der altgewohnten, der eingefleischten Verträglichkeit, sich auch mit dem Teufel vertragen zu wollen, in Prag nicht weniger als in England; aber der Teufel versteht keinen Spass in Dingen des Seins und Habens. Das Blatt versuchte seit Jahren, ein Kompromiss mit dem Drit-

78 Parolles (d. i. Berthold Viertel), Chefredakteur Rudolf Thomas. In: »Die neue Weltbühne«, Jg. 34, Nr. 43, 27. Oktober 1938, S. 1365-1368.

ten Reich anzubahnen. Rudolf Thomas wurde zum Repräsentanten dieser mehr als schwankenden Stellung [...].«

Viertel ist ein erfahrener, vertrauenswürdiger Zeuge, aber selbstverständlich wünschte man noch mehr Informationen und auch von anderer Seite. Intrigante Auseinandersetzungen in der Redaktion, die zur Ablösung des langjährigen Chefredakteurs Dr. Simta (= Siegmund Blau) geführt hatten, beschreibt Max Brod in *Prager Tagblatt. Roman einer Redaktion.* In seiner Autobiographie *Streitbares Leben* berichtet er von seiner Flucht aus Prag in letzter Minute, als deutsche Truppen schon die Grenzen überschritten hatten. Der Einstellung des *Prager Tagblatts* folgte schon am nächsten Tag (5. April), hergestellt in den bisherigen Räumen für Redaktion und Druckerei, die erste Ausgabe der Zeitung, die ihm nachfolgen und zugleich als Organ des Reichsprotektors dienen sollte, *Der Neue Tag. Tageszeitung für Böhmen und Mähren* (1939-1945).[79]

»Kde domov můj? / Kde domov můj?« Mit einer (sogleich wiederholten) Frage nach dem ›Heim‹ beginnt der Text von Tschechiens Nationalhymne, vergegenwärtigt sodann Naturschönheiten Böhmens und folgert: »Mezi Česky domov můj«. Die offizielle deutsche Übersetzung, wie sie In der ČSR zwischen 1918 und 1938 auch in den deutschsprachigen Schulen gesungen wurde, lautete: »Wo ist mein Heim, / Mein Vaterland? [...] Böhmen ist mein Heimatland.« Dieser (ersten) Strophe der Hymne folgte, in anderer Vertonung, noch eine lebhafte slowakische Strophe, aus der hervorging, dass es in der Tatra blitzt und donnert. Das klang interessant, war aber ziemlich weit weg. Die sprachlich vorgegebene Gleichsetzung Böhmen = Česky, erwies sich später leider als viel gefährlicher.

79 Doležal 2004, S. 51.

Joseph Roth, »ein Ostjude auf der Suche nach einer Heimat« (M. Reich-Ranicki), misstraute Nationalhymnen. Dafür gab es Gründe, er wusste wohl auch, dass es keine Heimat für ihn gab. Aber die Regeln für Exilanten, Hotelgäste, unstet Reisende, sind in mancher Weise einander ähnlich. Man darf einkehren. In diesem Sinne war Prag für Roth eine Einkehr. Und das ist schon alles – nicht wenig – und bedarf keiner besonderen Pointe.

# Dank

Der Herausgeber dankt tschechischen und deutschen Kolleginnen und Kollegen, hilfsbereiten Freunden, Verlag und Institutionen, die ihn bei seiner Arbeit auf vielfältige Weise unterstützt haben. Sein besonderer Dank gilt einem für ihn engsten Kreis von Beteiligten, die ihm durch ihre zuverlässige Präsenz und spezielle Qualifikation auch in Krisen ein Gefühl von Sicherheit gaben: der Bibliograph Rainer-Joachim Siegel, Heinz Lunzer und Victoria Lunzer-Talos, Fritz Hackert, Andreas Haller als Lektor. Rainer-Joachim Siegel hat zu wiederholten Malen in selbstloser Weise von ihm für die geplante Neuauflage seiner Bibliographie gesammeltes, noch nicht veröffentlichtes Material zur Verfügung gestellt – eine für die fristgerechte Fertigstellung des vorliegenden Bandes wesentliche Hilfe. Dankbar genannt seien auch Pavel Doležal, Leoš Houska und Marcus G. Patka, die durch ihre Arbeiten im weiteren Zusammenhang wichtig waren. Der Blick auf Böhmen in Literatur und Geschichte, der sich von hier aus eröffnet, führt in eine kaum zu ermessende Weite. Der Herausgeber empfindet sich allen Autoren dankbar verpflichtet, die darüber ›grenzüberschreitend‹ schrieben. Dass Prag und Böhmen in der deutschsprachigen Literatur stofflich und thematisch auch nach 1945 anregend gewirkt haben und in meisterhafter Weise behandelt wurden, ist eine schöne Erfahrung.

*Helmuth Nürnberger*

# *Inhalt*